國家圖書館章鈺藏拓題跋集録

◎冀亞平 輯

國家圖書館出版社

圖書在版編目(CIP)數據

國家圖書館章鈺藏拓題跋集録／冀亞平輯.—北京：國家圖書館出版社，2008.11
ISBN 978-7-5013-3961-7/K·1713

I. 國… II. 冀… III. ①金文－拓片－中國－古代－圖集
②石刻文－拓片－中國－古代－圖集 IV. K877

中國版本圖書館 CIP 數據核字（2008）第 173599 號

書 名	國家圖書館章鈺藏拓題跋集録
著 者	冀亞平輯
出 版	國家圖書館出版社（100034 北京市西城區文津街 7 號） （原北京圖書館出版社）
發 行	010-66139745 66175620 66126153 66174391（傳真）66126156（門市部）
E-mail	btsfxb@nlc.gov.cn（郵購）
Website	www.nlcpress.com →投稿中心
經 銷	新華書店
印 刷	北京聖彩虹製版印刷技術有限公司
開 本	880×1230（毫米） 1/16
印 張	24
版 次	2008 年 11 月第一版第一次印刷
字 數	290 千字 194 幅圖
印 數	1-1500 册
書 號	ISBN 978-7-5013-3961-7/K·1713
定 價	290.00 圓

前 言

國家圖書館建館初期，兩位著名金石拓本收藏家曾供職於此，他們是曾任館長的梁啓超先生和兼任京師圖書館編修的章鈺先生。二先生均以收藏拓本宏富、攷訂嚴謹、題跋眾多而著稱。梁先生藏拓目錄及題跋已於一九九五年由榮寶齋出版社出版發行。今將章鈺先生的藏拓及題跋整理出版，以紀念先生誕辰一四〇周年。

章鈺字式之，其號、別稱有堅夢、茗理、蟄存、負翁、晦翁、霜根老人、長孺、憖闇、曙戒學人、老式、北池逸老、全貧居士等，室名齋號有崇禮堂、茗理簃、不門齋、算鶴量鯨室、四當齋、蟄存齋等。江蘇省蘇州市人，生於清同治四年（一八六五），民國二十六年（一九三七）卒於北京。章鈺年幼時就喜好學習，己丑恩科中舉後，以宋朝尤袤“饑讀之以當肉，寒讀之以當裘，孤寂而讀之以當友朋，幽憂而讀之以當金石琴瑟”語顏其室曰“四當齋”，聚書兩萬卷遍讀之，尤長於金石目錄及乙部掌故之學。晚年僑居京津，精研古籍，尤擅校勘之業。清光緒二十九年（一九〇三）進士（二甲第十四名）通籍後，返鄉舉辦初等小學堂四十所，以啓發民智，是蘇州開辦小學的創始人。曾歷任刑部湖廣清吏司行走，南洋、北洋大臣幕僚，京師圖書館編修，一九一四年任清史館纂修。著有《讀書敏求記校證》、《胡刻通鑒正文校宋記》、《宋史校勘記》、《四當齋集》等。

國家圖書館藏章鈺舊藏金石拓本數量頗巨，共計二一〇四種，二四九五件。所藏整幅拓本大都爲其建立了專藏，割裱本、卷軸分別歸入善拓、裱本、裱軸、法帖諸類。

關於章鈺的專藏：

所謂專藏，在圖書館就是專門爲某一人的藏品單獨立類排架或建庫。它的設立是對該收藏家及其所藏藏品的注重和認同。我認爲，專藏應該具有藏品主人爲名人，藏品收藏量較大並具有一定的文獻和文物價值，藏品裝裱一致並有本人題籤、題跋和鈐印等特點。

專藏是國家圖書館善本特藏部金石拓本組藏品中頗具特色和佔有重要地位的藏品之一。近百年來，國家圖書館通過採訪、傳拓及社會名流捐贈等方式搜集了大量的金石拓片，其中不乏名人收藏者。在所藏的十三萬件（不含甲骨拓片）拓片中，幾家名人的專藏就有六七三三種一一二〇一件，爲此，我們特設了專藏類。如以版本見長的顧千里專藏（一一一五種一九七二張），以藏經幢見長而自名爲“五百經幢齋”的葉昌熾專藏（三一四種一一八〇件），曾任我館館長的梁啓超專藏（五九九種六八八件）以及繆繼珊專藏（一一〇二種三〇五一張）。另外，還有各地類中的陸和九藏品（一〇六七種一一三七張），裱本類中的王錫棨、叢蘭溪藏品（六五四種七〇八張）。就其種數（以登錄號計，以下同）而言，章鈺專藏在顧氏千里、梁氏啓超、繆氏繼珊、葉氏昌熾等諸專藏中數量是最多的，共計一八七六種二二二三張，而且都是整幅拓本，具有很高的文獻價值。一九九四年，章鈺先生之孫章鼎先生來館了解祖父的藏品情況，得知其先人的藏品在國家圖書館被列爲專藏予以妥善保管，甚感欣慰。再次來館時，章鼎先生送給我一張新近顧廷龍先生撰寫的章鈺先生墓碑墨蹟的照片以作紀念。

關於章鈺的其他藏拓：

由於藏品的入館年代和裝潢形式所致，章氏的一些藏品還散見於善拓（十七種二十一冊二張）、裱本（一三一種一三八冊八張）、法帖（十八種三十七冊）、裱軸（五十七種六十軸）、墓誌（五種六張）諸類中，共計二二八種一九六冊十六張六十軸。

章鈺藏拓的幾個特點：

一、年代跨度長。章鈺藏拓所涉及的年代從先秦到民國，歷朝歷代均有。其中先秦（二十六種）；秦（八種）；漢，附王莽（九十五種）；三國（十五種）；晉（二十種）；十六國（一種）；南朝（二十一種）；北朝（三一六種）；隋，附鄭（八十八種）；唐，附燕、日本（九八四種）；五代十國，附大理（二十四種）；宋，附齊、西夏（三一四種）；遼（十種）、金（二十三種）、元，附越南（三十七種）、明（五十一種）、清（四十八種）、民國（二十三種），其中以唐代爲最。

二、拓本的種類齊全。以藏拓的原物介質區分有青銅器（四十五種）、石刻（一九七八種）、磚（七十一種）、瓦（一種）、陶（二種）、泥（二種）、鐵（二種）、鉛（二種）、雙勾（一種）等，其中以石刻爲最；以其用途區分有墓誌、墓碑、祠廟、畫像、造像、題名題記、法帖、硯等，其中以墓誌最多，達一〇三五種；另外，還有西夏文碑，日本題名碑刻、越南鐘銘、蒙古和朝鮮的碑刻。

三、拓本較好。章鈺所藏的拓本多爲清朝末年、民國初年所拓，傳拓品質較高，還有一些全形拓。這些藏品中不乏佳品，有些可稱稀世之本。如日本的《多胡郡碑》、越南的《昭光寺鐘銘》。特別是元刻元拓《趙孟頫書太上玄元道德經》，是刻拓本傳世極少，甚爲珍貴。此帖已於一九九九年九月由北京圖書館出版社珂羅版影印出版。

四、裝裱統一。整幅的拓片均經過托裱，並折疊爲三十八乘二十二釐米、三十一乘十七釐米兩種規格，右下角印有紅色小格，用以書寫朝代、年月。

五、題跋多。在二一〇四種藏品中有章氏題跋的多達一三四〇種（《四當齋集》收錄的五種，兩者略有異同）。這些題跋大多附於題籤之上（有章氏題籤的二〇二八種）。題跋字數多寡不一，有洋洋近千言者，亦有寥寥數語者，此次共輯錄出近四萬字。題跋明確註明年月的有二四〇餘種，最早的是一八八九年，最晚的是一九三六年，大多在二十年代以後。這些題跋或考訂版本優劣，如《孔宙墓碑》跋謂："首行'少習家訓'，'訓'下石損處與'川'旁中筆未連，十行'其辭曰'，'辭'字存大半，十四行'歿'之'回'尚可見，皆舊拓之證"；《天一池記》跋謂："此紙精采古黝，必五百年前物，雖未敢定爲范氏遺物，然爲絕無僅有之品則確然無疑”。或註明石刻所在和沿革，如《劉仁願墓碑》跋謂：“雪堂募工拓於朝鮮”。或註明拓本來源，如《呂超墓誌》跋謂：“雪堂贈，稀有之品”。或正史補史，如《元景造像記》跋謂：“元景即魏書壽興傳載目作墓誌曰洛陽男子，姓元名景，可證傳云，世宗初爲徐州刺史，此刻結銜營州刺史，在太和中則在其前，可補史闕”。或攷訂真僞，如《馮子琛妻孟氏墓誌》跋謂：“書撰均劣，然非贋作”。或評論書法，如《元思墓誌》跋謂：“書體極雄秀，近出佳品”；《穆氏新兆塋記》跋謂：“王壽卿以篆名北宋，此楷書亦勁秀可愛”。或評論文章，《孫思暢墓誌》跋謂：“浮藻聯翩，文字之厄運極矣”。或評價稱謂，如《李君妻鄭秀實墓誌》跋謂：“撰者親外甥，稱謂殊新”。此外，從這些題跋中還可了解一些章氏朋友往來的情況。

六、鈐印多。在二一〇四種藏品中有鈐印蹟達一九九五種，鈐有章氏之印章達六十餘種，如：章、鈺、章鈺、章鈺印、章鈺之印、章鈺私印、章鈺日利、章鈺曾讀、章鈺長壽、章鈺題記、章鈺借觀、章鈺之印信、章式之、章式之辛亥以後文字、章氏金石、臣鈺之鉢、式之、式之所得、式之題記、式之七十後作、老式、堅孟、堅孟長物、堅孟過眼、茗理、茗理簃、茗理書記、茗理題記、茗理金石文、霜根、霜根學人、霜根老人、霜根七十後文翰、充隱、勉憙、蟄存、蟄存齋、長壽、長孺、四當齋、四當齋珍藏記、江南老教書人、句無舊族、曙戒學人、負翁、乙丑生、同治乙丑生、不鬥齋、長洲、長洲章氏、長洲金石、長洲章鈺、長洲章鈺秘匧、長洲章氏崇禮堂印、長洲章氏攷藏金石書畫之印、崇禮堂印、憖闇、鹿巖精舍、北池逸老、如今記意江南樂、墾紙田主、草心花淚、忘憂佳玩、別有傷心無數、看足柳昏華暝、蝶夢還周等閒章名印，有的還刻有幾種形式。這些鈐印大多是小篆體，大的五點二釐米見方，小的僅零點七釐米見方。

此外，章氏的文章和書法在當時也是非常出名的，特別是他的小楷，故有“求字者填戶牖”之說。在館藏拓片中，章氏撰文的有十五種，其中《四當齋集》收錄九種；章氏書寫的碑文更是多達二十六種。

這次收錄的藏品共計二一一四種，其中章鈺藏品二一〇四種（其中拓片二一〇二種，影印墨蹟一種，雙勾一種）；非章鈺的藏品十種（其中四種爲有章氏題跋的，六種爲章氏撰寫碑文的）。總之，章鈺豐富的藏拓、爲數眾多其撰寫的碑文和題跋，不僅爲我們提供了豐富的文獻和攷訂拓本的資料，還爲我們留下了可供欣賞的書法藝術作品。

一九七五年，我分配到國家圖書館善本特藏部金石拓本組工作後，第一次跟隨王敏先生整理的搨片就是章鈺所藏。二〇〇三年，善本特藏部張志清主任讓我將章鈺藏拓中的題跋集錄出來，内容包括題名、年代、館藏號、題跋。經一年多之努力，終於脫稿付梓。因才疏學淺，不免有舛誤之處，敬請方家不吝指教。在整理過程中，得到吳元真先生和史睿先生鼎力幫助，在此表示誠摯的感謝。

冀亞平

二〇〇五年五月

張爾田撰《章鈺傳》

先師章式之先生傳（首題）

先師式之先生章氏，諱鈺，字堅孟，又字茗理，别署曰蟄存、負翁、晦翁，晚年自號霜根老人。其先出於閩太傅仔鈞，至先生三十八世。曾祖明芳，服賈於諸暨，始由越遷蘇之長洲，遂著籍爲其縣人。祖國彪、父瑞徵，隱德不仕。先生生有異稟，事母劉太夫人以孝聞。幼即嗜學，家貧，父節衣食爲購《日知録》、《困學紀聞》令讀之。先生自謂："生平學業之基實肇於此。"年弱冠補博士弟子員，肄業於紫陽書院學古堂，稱高才生。己丑恩科中試舉人，名聞日劭，乃益下帷攻苦，聚書二萬卷遍讀之，尤長於金石目録及乙部掌故之學，與人講貫，窮日夜不倦，從游者亦日衆。屢上春官，光緒癸卯始成進士，以主事用籤分刑部湖廣清吏司行走。方是時，朝廷新罹庚子之敗，鋭意變法，士夫澆説、朋黨漸起，先生曰："此豈吾仕時耶"，告歸奉母。而大吏有知先生者，奏辦吴中學務，先生爲之擘畫區處，立初等學四十所，絃歌達於四境，士蒸蒸焉向風。歷南洋、北洋大臣幕府，以勞保加四品銜，調外務部，母服闋始到官，充一等秘書、庶務司幫主稿，兼京師圖書館編修。辛亥國變，棄官從好遊食於京沽間。先生自以爲於國事無所裨，而文獻之寄不可以無傳，故即以讀書報三百年養士之澤。讀書不求善本，則郢書燕説，謬種流傳，爲學之大蠹。於是發奮遍校群書。取宋尤延之饑當肉、寒當衣、孤寂當朋友、幽憂當金石琴瑟語，揭所居曰"四當齋"，日坐其中，丹鉛不去手。聞有孤槧異笈，必輾轉傳録。時流人居海上，多藏家佐其鎡畬，見聞日富，蓋讎校之學吴中最盛，顧、黄而後，先生承其緒，益恢而大之。凡人間未見之書，經兵燹散出及流傳海外者，比之珠船，一字千金，先生左右採獲，輔之以博學淵識，慎思詳擇，遂以發諸老先輩未發之覆，天不愛道、地不愛寶，亦其時然也。所校讎中，通鑒正文據宋本校出脱誤七千數百條，自爲之記，曰：有宋天台胡身之身。丁末造避兵山谷前，爲《資治通鑑》撰著之作既毁，乃復購他本，以成今日流傳之註本。惟胡氏所謂他本之外就註文攷之。有云蜀本者，有云杭本者，有云傳寫本者，後賢之爲通鑑學者大都爲胡註，匡益於正文則尠致力。吾鄉顧澗蘋序，張敦仁通鑑識，誤云興文署本非出梅磵親刊，欲糾其誤，必資於興文本之上。今兩宋大字、中字、小字，附釋文、未附釋文諸刊，即零卷殘帙猶艱數覯，蓋舊槧之難得。而異文之待校，前人固有欲爲之而無從措手者。鈺自宣統辛亥以後，僑寄津郊，以校書遣日。江安傅沅叔得宋槧百衲本，約同用鄱陽胡氏翻刻興文署本校讀。上海涵芬樓有宋刻一種出百衲本之外，明孔天胤刊無註本源出宋槧，先後借校，始知張敦仁識誤，及常熟張瑛校勘記，功未及半，幸較二百九十四卷中脱誤衍倒蓋在萬字以上，脱文五千二百餘字，關係史事尤大。桑海餘生，得見老輩所未見，爰手寫校記，編爲三十卷，讀涑水書或有取焉。錢遵王《讀書敏求記》傳録本多舛誤，海昌管庭芬嘗有校本未刻，先生據之復根求原文所出，自史志及目録家言可以參攷者，合新舊所得又數千事，佚聞墜掌，燦然備具，名之曰“校證”，論者謂不獨有功管氏，且兼可以庀史。《漢書・郊祀志》“毋令奸人有以窺朝者”傳本皆是“者”字。先生得景祐本，審視之，“者”實作“昔”。援《穀梁傳》“莊七年夏四月辛卯昔，恒星不見”爲證，知“昔”“夕”古通，文義乃較傳本爲勝。《宋史》刻本疏漏孝宗紀，脱葉盧抱經已補之，先生復從元至正六年本校出田況傳脱葉共四百字。《南齊書》則據蜀大字本補卷七第三葉，卷十六第十葉，糾明人修補本之謬脱，皆前人屐齒所未到者。其他所校薛居正《五代史》、《契丹國志》、《大金國志》、《三朝北盟會編》諸大部鉅帙，丹黄叢雜，多未寫定。歲甲寅，清史館開，館長趙公禮聘先生爲纂修，所修乾隆朝大臣傳、忠義傳及藝文志又數十百萬言，稿藏於家。先生與人和易，不爲厓岸行，而其仲介然有以自守。當官則以經術潤飾吏事，侃侃焉不阿眾論。在部時，“駁覆明儒湛若水”及“准元儒劉因從祀”兩議皆先生主稿，皆其學術命脈之所寄。生平尤惓惓於故知黄子壽師也，身後爲輯刊其遺集。通好有以詩文相質者，雖片紙隻字，必藏弆於遺薹。舊聞故家善俗，不辭甄表，身既隱矣，絕口不掛世事。《小雅》匪風之思，宗周彼稷之痛，時時於詩篇中微發之作，爲文章不名一家，而未嘗一詭於義法間。賦小詞含思綿眇之慨然，想見其爲人。書入能品，晚年猶能作細字，求者填戶牖。徒以運厄，陽九甘自堙晦，不欲大修，襮於人人，而方聞亮節屹然，爲清末一代宗匠。異日者當與遺山諸賢同其論處，此固非爾田一人之阿言也。年七十有三以疾考終於北都廪寢。彌留之際口佔庭誥，教誡諸子，遺命以故國冠服斂。嗚呼！可以知先生之志矣。爾田從游最早、受知最深，同事史館。又且十年嘗謁先生於燕座，先生從容謂曰：“我弟子眾多，然能文章者，惟子及金天翮，而知予之生平，尤莫若子。區區志行，不願供人描畫，我死當以傳相屬”，爾田垂涕不敢辭。先生初娶於胡，繼配王，賢明能內助，以是得盡力於學。子四人：元善、元美、元群、元羲，皆材。諸子承母命，以先生遺書歸燕京大學圖書館保存，矜式後學，成父之志，尤足紀云。

丁丑十月，受業弟子錢唐張爾田謹撰

顧廷龍撰《章鈺墓碑》

校勘學家章鈺先生墓碑（額）

章先生名鈺，字式之，江蘇蘇州市人。清光緒二十九年（一九零三年）進士，通籍後返鄉舉辦初等小學堂四十所，以啓發民智，爲蘇州開辦小學之創始人，至今鄉里稱頌其功。晚年僑居京津，精研古籍，尤擅校勘之業。著有《讀書敏求記校證》、《胡刻通鑒正文校宋記》、《宋史校勘記》、《四當齋集》等，均爲世所傳誦。先生生於一八六五年，卒於一九三七年，歸葬蘇州横塘鄉梅灣村。建國後，邑人葉聖陶、俞伯平、顧頡剛、王伯祥具函蘇州市人民委員會，申請得允維護墓地，以彰前修，俾後學得瞻仰遺型焉。

一九九三年後學顧廷龍敬撰並書

目 錄

章鈺藏拓目及題跋釋文

中姜卣　商（前一六世紀—前一〇四六）　章專一五一五
跋：有盛祭酒名印收之。
（全形拓）

商貨　商（前一六世紀—前一〇四六）　章專一五二二

戈罍；仲義父盨　殷、西周晚期　裱軸一一二九
（全形拓）

大盂鼎　西周早期　裱軸一一四七

大盂鼎　西周早期　裱軸一一六六
跋：未歸滂喜齋前拓本。壬戌二月得於津市。（內跋）盂鼎道光初年出郿縣，最後歸潘文勤公，洗剔而後文字明顯，愙齋有釋文，照錄一過，以資諷籀。丙寅七月章鈺並記。

大克鼎　西周晚期　裱軸一一六〇

大克鼎　西周晚期　裱軸一一六四

井人女鐘　西周晚期　裱軸一一三七
跋：壬戌十月茗理重裝。　（內）積古齋作"邢尗鐘"，筠清館作"井人殘鐘"，從古堂作"邢節每鐘"，此據海豐吳氏題並錄釋文。丙寅七月霜根記。　鈺案："顯"即"顯"字，見虢季子盤。　此鐘鼓間鑿文，其象長喙曲頸，橢身而短距，儼然鳧形也。《考工記》鳧氏爲鐘，鄭氏無說，正義攻木之節下云：族氏世業以名官，若鳧氏姚氏之屬。是鳧必爲創鑄鐘鏄人之氏。《廣韻》多載古姓，十虞鳧下亦不及，是鳧之爲氏泯滅久矣。此真古義，後人未見此器，故不見徵引也。諦玩悟此記之。丙子清明，式之。
（全形拓）（圖版一）

井人女鐘　西周晚期　裱軸一一四五
跋：積古齋作"邢尗鐘"，筠清館作"井人殘鐘"，從古堂作"邢節每鐘"，此據海豐吳氏題並錄釋文。丙寅七月章式之。積古本右鼓失拓，"顯"即"顯"字，與虢盤同。
（全形拓）

吳季子之子逞劍　春秋晚期　裱軸一一六五

無叀鼎　西周晚期　裱軸一一二一
（全形拓）

頌鼎　西周晚期　裱軸一一四九

跋:嘉興張氏清儀閣舊藏器。丙寅孟秋命元美界烏絲寫愙齋先生釋文。長洲章鈺。

頌簋　西周晚期　裱軸一一四〇

籤跋:頌敦精拓本,己未裝。

内跋:頌敦全文,嘉興張氏清儀閣舊藏器。　頌所作器有鼎有壺有敦,文字皆同,惟言作器處則分別作"鼎"作"壺"作"敦"。鼎與壺"周賓"下均有"廿家"二字,敦獨無之。傳世者鼎、壺皆一見,敦則愙齋集録者凡四,濰縣陳氏、陝西蘇估皆有蓋無器,禾中姚氏則蓋器俱全,此爲叔未先生所藏,亦蓋器俱全。自記云器文爲沙土所蝕,蓋文則無損也。别有史頌鼎、史頌盤,作者一人而文字則異矣。丙寅七月,霜根讀記。

（全形拓）（圖版二）

虢季子白盤　西周（前一〇四六—前七七一）　裱軸一一七二

跋:丁巳正月南歸閲市得原拓本。據愙齋釋文析一行爲二行書之。丙寅徂暑。

秦公簋　春秋早期　裱軸一一五八

跋:此器辛酉出隴上,執友上虞羅叔言參事得墨本二份,以一見貽。戲仿篆題並録釋文藏之。十二月朔鈺記。上文十行在器腹,此文五行在蓋内,連屬讀之。"趚文武"鍾文"趚"下有重文,此器當亦有之,恐爲鏽所掩。"畯疐在天"薛書作"在立",此器則明明是"在天"。鐘文亦止於"宜"字,何耶?此九字在蓋之表面,爲後來增刻。是月坡公生日,再録羅參事語。茗簃記於聽鵑僦舍。

周襄王賜晉文公黄鉞　周襄王（前六五一—前六一九）　章專〇四〇一

跋:其事不見經傳,鉞式極可玩。

（全形拓）

子璋鐘　春秋晚期　裱軸一一一九

跋:子璋鐘爲清儀閣所藏,與程木庵一器銘文相同。程器全列在前兩鼓,張器則合前後回環,讀之略有異耳。程器吾鄉吳愙齋中丞有釋文,爲迻録一過。丙寅七月始涼長洲章鈺寫記。

邾公華鐘　春秋晚期　裱軸一一二四

跋:積古齋作周公華鐘,此據海豐吳氏説並録其釋文。

（全形拓）

洹子孟姜壺　春秋（前七七〇—前四七六）　裱軸一一七〇

洹子孟姜壺　春秋（前七七〇—前四七六）　裱軸一五九〇

石鼓文　戰國秦獻公一一年（前三七四）　裱本二三三七

跋:光緒庚寅汪郎亭先生贈官祭酒時監拓本,癸亥三月與阮文達盛祭酒兩摹本同裝。鈺記。

戈頭銘文　戰國（前四七五—前二二一）　章專一五一三

跋:有文十餘,内"三年"二字可識,聞出陝中。

虢季氏敦銘 附戰國（前四七五—前二二一）末 章專一五一四
跋：入《攈古録》"孫"下有重文，録作十九字，微誤。

子中姜鎛 附戰國（前四七五—前二二一）末 章專一五二八

中作旅簠 附戰國（前四七五—前二二一）末 章專一五二九

庚午盂 周（前一〇四六—前二二一） 裱軸一一六九
跋：文入海豐吳氏《攈古録》金文，而未定何器，惜子苾先生未見此全形拓本也。丙寅暑雨四當齋撿記。（全形拓）

嶧山碑（元重刻） 秦始皇二八年（前二一九） 裱本二一四八
跋：癸酉閏夏裝。

泰山銘；琅邪銘 秦始皇二八年（前二一九） 裱本二一九四
跋：張客亭先生名鏡，吾吳中老輩。鈺弱冠前得見之先生，讀書未成，以說文爲學，晚年主渡僧橋堍沐泰山堂藥肆事，蝨處市樓。一小案皆肆中簿籍，一案雜置許學諸書，得少暇即抄撮考訂。有施北硯吉貝居風趣，錢塘汪柳門侍郎與之譚藝最契，篆書"彰許隱韓室"一匾贈之。鈺老來追想前塵時一及之。此本亦常物，而有先生跋語則珍重萬倍矣。豈寂定光中，果有感兆之理邪。書以誌異。甲戌四月十一日章鈺舊都織女橋寓齋。（圖版三）

秦始皇詔瓦量 秦始皇（前二二一—前二一〇） 章專〇四〇三
跋：篆文甚精，簠齋印未可信據。
（全形拓）

琅邪臺刻石 秦二世元年（前二〇九） 裱軸九〇三

秦度 秦（前二二一—前二〇六） 章專〇四〇二
跋：桐城張仲嘉藏器，留待考定。
（全形拓）

秦權 秦（前二二一—前二〇六） 章專〇四〇四—一
跋：四十字，諸家著録甚多，不知本藏所在。

秦權 秦（前二二一—前二〇六） 裱軸一一一七

符勺等器拓本 秦（前二二一—前二〇六） 章專一五一二
跋：勺文係嵌金，不能摹拓，故鈎刻於石，尺寸同原器。兩符均流出海外，新郪乃秦未稱帝時器，陽陵則始皇乙卯元年後作也。
（全形拓）（圖版四）

群臣上壽刻石　漢後元六年（前一五八）　章專一四九四

盧□□墓記　漢徵和三年（前九〇）　章專〇四〇八

跋："和"上字似"徵"字，徵和爲漢武紀元似年代過遠，作北魏太武、延和則山桑非魏郡，疑不能明，留以俟考。（圖版五）

魯孝王刻石　漢五鳳二年（前五六）六月四日　章專〇〇九一

單于和親磚　漢宣帝（前七四—前四九）　章專〇四一七

跋：雪堂藏。此等平面磚俱出塞上，當爲西漢宣帝時造。

鴈足鐙　西漢建昭三年（前三六）　裱軸一一三六

跋：瑞敏郡王奕誌贈定邸建昭鴈足鐙拓本。長洲章氏。

（全形拓）

小泉直一範　王莽始建國一年（九）　章專一五一六

跋：三面三背無殘損，知爲銅質，李氏《古泉彙》未收。

天鳳四年陶文　王莽天鳳四年（一七）　章專〇四〇九

中牟倉氏藏磚　漢建武二一年（四五）　章專〇四一〇

江原完城旦墓誌　漢永平五年（六二）八月二日　章專〇四一一

昆弟六人買地記　漢建初元年（七六）　裱軸九三四

跋：德清俞先師跳山訪古歌爲陶心雲作，長洲章鈺得拓本，敬録補空。丙寅七月廿四日。

孟津徒磚誌;甲骨集拓　漢元和四年（八七）　裱本二二三三

跋：此類磚誌初云出靈寶，故羅雪堂參事有弘農磚録之刻亦沿其誤，後知出孟津，有跋在渠丙寅稿中，今據以署端。戊辰七月長洲章鈺記。　羅録外又有湮陽端忠敏《匋齋藏石記》後附刻二卷，此冊所存不過得半，且更殘損漫漶，特以兩年以來四方兵動，估人裹足，忽得此數十紙，真有醉人爲瑞光景，爰喜而手治之，以資觀覽。（圖版六）

少室石闕銘　漢延光二年（一二三）三月三日　裱本二二九〇

跋：漢篆無多，另裝便於閲也。

開母廟石闕銘　漢延光二年（一二三）　裱本二三三八

跋：癸亥五月長洲章氏裝本。

嵩山三闕　漢延光四年（一二五）三月　裱本二二七五

跋：（三）以覃溪説題，此足拓，有可補前人所釋之未及者。（四）前十數行殘字歷來失拓。（五）上截殘篆文未知何屬。（六）上虞羅叔言覓工精拓，壬戌三月分貽全分雜裝八幅。（八）下附殘字未知何屬，且誤倒。

永建五年食堂刻石　漢永建五年（一三〇）二月廿三日　　章專〇〇九二

黄腸石　漢永建（一二六—一三二）　　章專〇四〇五

跋：（三）人名“第”下字泐。（七）羅錄“三”作“二”。（二八）此應作“石仲又”。（三九）羅目“十”作“七”。（四六）羅目載有三年者，未知即此石不。

陽嘉殘碑　漢陽嘉二年（一三三）　　裱軸九四二

跋：此石已燬於火，拓本不多見。此紙爲中牟倉澹庵所貽，有仲懌撫部名印，益珍視之。辛未二月記。

大吉祥宜子孫磚　漢永和五年（一四〇）□月　　章專〇四一二

跋：此非晉穆帝時作，已改作硯矣。

景君碑並陰　漢漢安二年（一四三）八月六日　　章專〇〇九三

李固墓碑　漢建和元年（一四七）　　裱軸一〇〇六

乙瑛碑　漢永興一年（一五三）六月十八日　　章專〇〇九四

孔謙墓碑　漢永興二年（一五四）七月　　章專〇〇九五

孔君墓碣　漢永壽一年（一五五）　　章專〇〇九六

韓敕造孔廟禮器碑並陰側　漢永壽二年（一五六）九月　　章專〇〇九七

韓敕造孔廟禮器碑　漢永壽二年（一五六）九月　　裱本二三一四

跋：癸亥十月王韶九寄贈，看似漫漶，較近時墨本已勝之。式之記。

鄭固墓碑　漢延熹一年（一五八）四月廿四日　　章專〇〇九八

馬君興墓記　漢延熹五年（一六二）七月十日　　章專〇四一三

跋：此疑磚刻，末行首尾二字均不了。

杜臨爲父通作封記　漢永和二年（一六三）二月卅日　　裱軸九六四

封龍山頌　漢延熹七年（一六四）正月　　裱軸九一二

跋：壬戌小除裝成，茗簃得於津上。

孔宙墓碑並陰　漢延熹七年（一六四）七月　　章專〇〇九九

孔宙墓碑　漢延熹七年（一六四）七月　　裱本二二〇四

跋：首行“少習家訓”，“訓”下石損處與“川”旁中筆未連；十行“其辭曰”，“辭”字存大半；十四行“歿”之“回”尚可見，皆舊拓之證，紙墨亦極清朗，宜珍視之。戊午五月二十九日聽鵑僦舍記。（圖版七）

武氏祠畫像　漢永康一年（一六七）　章專〇一一五
跋：此第五石第一層畫，最佳，近拓每置之，此紙雖殘，極可玩也，原題亦內家，惜無姓名。此紙已比近拓本殘損略少，故收之。壬申故都記。（圖版八）

衡方墓碑並陰　漢建寧一年（一六八）九月十七日　章專〇一〇〇

史晨前後碑　漢建寧二年（一六九）三月七日　章專〇一〇一

史晨碑　漢建寧二年（一六九）三月七日　裱本二三五〇
跋：此乾隆間昇碑後拓本，故每行三十六字，較亮弟舊藏一冊遠不如也。癸卯隆冬式之。

西狹頌　漢建寧四年（一七一）六月十三日　裱本二二四〇
跋：丁未十月曙戒署檢。

孔彪墓碑並陰　漢建寧四年（一七一）七月十三日　章專〇一〇二

孫成買地券　漢建寧四年（一七一）九月廿八日　裱軸一一四八
跋：叔言於光緒甲辰秋月持贈。誤脱"歲月"。
（鉛版）

孔褒碑　漢建寧四年（一七一）　章專〇一一〇

竇武畫像　漢建寧四年（一七一）　章專〇四一四

武榮墓碑　漢建寧（一六八—一七二）　章專〇一〇三

楊淮表記　漢熹平二年（一七三）二月廿二日　裱軸一〇七九

魯峻墓碑　漢熹平二年（一七三）四月廿二日　章專〇一〇四

營陵置社碑　漢熹平三年（一七四）十月廿三日　章專〇一〇六

熹平石經後記殘字　漢熹平四年（一七五）三月　裱軸八六一；一一〇八

熹平石經　漢熹平四年（一七五）三月　章專〇一〇五

熹平石經　漢熹平四年（一七五）三月　章專〇四〇六
跋：（五）羅氏集錄尚有二小塊。公羊係文公十二至十四年，須合二小塊足之。（七）羅叔言分贈拓本，癸亥九月章鈺考定。(八)與"月"字平者乃"鄄"之殘。(九)春秋公羊經僖公十二年,此少其半。(一五)後首內弦醢使人相祭,"後"字至"醢"上一字計七十四字,與《兩漢金石記》所錄同。(一六)聞與儀禮、公羊、論語諸殘石同地所出,尚未考定。此數位集錄未收。(一七)詩商頌殘字,丙寅正月得之。(二六)兩殘塊併合得全字七,半字一,癸亥九月叔言分贈。(三九)列繫辭,下另有一石可證。(四〇)洛陽出土,下一紙爲石之反面。反面者誤倒。"觀"上當爲"東"字,"將"下爲"堂溪"字,有筆蹟可認,"奪倫"作"論",古通用字。(四一)集錄謂不知何經。(四二)此數位集錄未收,字體亦不似。(四三)此數位集錄所未收。

熹平石經 漢熹平四年(一七五)三月 裱本二三七七

跋:石經未必全爲中郎書,此殘字出中郎手無疑。

熹平石經殘字 漢熹平四年(一七五)三月 善拓五一六

跋:鄭氏易註北宋尚存一卷,《崇文總目》稱存者爲文言、說卦、序卦、雜卦四篇,是鄭本文言自爲一傳也。今得此石證明,千古快事。提要舉出增未見此。甲戌十一月記。(圖版九)

熹平石經殘字 漢熹平四年(一七五)三月 裱軸一〇二九

跋:雪堂參事自遼東拓贈裝成,錄其考釋。己巳十一月廿九日霜根寓津上記。

熹平石經殘字 漢熹平四年(一七五)三月 裱軸九五七

跋:羅叔言學部題贈漢石經殘字直幅。茗簃。

(雙勾本)

潘乾墓碑 漢光和四年(一八一)十月廿一日 章專〇一〇七

跋:有舊墨本,爲匪人攫去。

曹全碑 漢中平二年(一八五)十月廿一日 裱本二三四五

跋:壬戌重裝。

曹全碑 漢中平二年(一八五)十月廿一日 裱軸一〇七二

鄭季宣碑並陰 漢中平三年(一八六)四月廿八日 章專〇一〇八

建安殘石;武梁祠畫像題字 漢建安六年(二〇一)八月廿二日 裱本二一八四

跋:(一)此拓出亮弟遺篋,因錄太倉陸星農先生增祥《八瓊室金石補正》稿以備參考,六行"宀"上"討"字甚明晰,陸先生所未釋也。戊午二月初二日。"討"下"宀"乃"官"字,此拓甚明晰。癸亥正月十七日校記。　(二)中牟倉兄澹庵贈黏存廢冊,乞老友高兄遠香考釋。戊午重九茗簃。　宋資州博雅堂亦有此刻,計三碑,文字相同,見史繩祖學齋佔畢,歷代金石家尠言及者,不知世有傳本否。丙寅二月廿一日霜根記。(圖版一〇)

師檐福弩機款識 漢建安廿二年(二一七)四月十三日 章專〇四一五

跋:嘉興張氏舊藏,今流轉津市。入《攈古錄》。

朱君長刻石　漢（前二〇六—二二〇）　章專〇一一一

魯相謁孔廟碑　漢（前二〇六—二二〇）　章專〇一一二

孔子見老子畫像題字　漢（前二〇六—二二〇）　章專〇一一三

孔子見老子畫像　東漢（二五—二二〇）　裱軸九五二

漢畫像　漢（前二〇六—二二〇）　章專〇一一四

跋：此石舊在東阿縣境，今流轉津上，恐將爲海外貞珉矣。己巳十月霜根記。（圖版一一）

鏊銘　漢（前二〇六—二二〇）　章專〇四〇四—二

跋：見《長安獲古編》。

張飛破張郃銘　漢（前二〇六—二二〇）　章專〇四一六

跋：許珊林稱爲簡勁蒼秀，楊望堂雙鈎存之，以趙撝叔說爲非。（圖版一二）

曹廷掾磚　漢（前二〇六—二二〇）　章專〇四一八

跋：雪堂所藏。

萬□磚　漢（前二〇六—二二〇）　章專〇四一九

跋：下一字不可識，雪堂所藏。

淳于磚　漢（前二〇六—二二〇）　章專〇四二〇

跋：羅雪堂定爲漢刻。

种多墓誌　漢（前二〇六—二二〇）　章專〇四二一

跋：據近人說列漢代。

張君及妻趙氏合葬誌　漢（前二〇六—二二〇）　章專〇四二二

跋：北平兩漢均隸中山國，己巳得此墨本。

鼎胡步壽宮瓦當　漢（前二〇六—二二〇）　章專〇四二四

八字平面磚　漢（前二〇六—二二〇）　章專〇四三〇

跋：疑記工之作，不敢妄定。

宜子孫等九字磚　漢（前二〇六—二二〇）　章專〇四三一

跋：雪堂藏。

十二字磚　漢（前二〇六—二二〇）　章專〇四三二

跋：磚從西北來，疑與單于和親十二字陰文磚爲一類。

八字平面磚　漢（前二〇六—二二〇）　章專〇四三三

跋:雪堂藏。

十二字平面磚　漢（前二〇六—二二〇）　章專〇四三四

跋:雪堂藏。

千秋萬歲磚　漢（前二〇六—二二〇）　章專〇四三五

跋:“涼”下疑“州”字。

富開治黄腸石　漢（前二〇六—二二〇）　章專〇四三六

跋:雪堂與黄腸石拓本同贈,當爲石之側文。庚午二月。

衛女治黄腸石　漢（前二〇六—二二〇）　章專〇四三七

跋:與富開治一拓同類。

包千萬磚　漢（前二〇六—二二〇）　章專〇四三八

跋:字不可識,疑“包千萬”三字。丙寅中秋前一日記。

馮晉磚　漢（前二〇六—二二〇）　章專〇四四〇

跋:姚貴昉目爲澄泥雞範,今藏方藥雨處。

行草書磚刻　漢（前二〇六—二二〇）　章專〇四四一

跋:字不可識,疑一字,非“女七”二字。

四十一磚刻　漢（前二〇六—二二〇）　章專〇四四二

跋:“四十一”三字非隸非楷,疑在魏晉間。

劉君塚窆石題字　漢（前二〇六—二二〇）　章專一五〇一

㝴一金化布範　附漢（前二〇六—二二〇）末　章專一五一一

跋:㝴一金化方足布,李竹朋《古泉彙》著錄一品,此其範也。每範八品,顛倒置之,昔無著錄,極堪珍異。“㝴”乃“潁”字之省。己巳六月廿九日記。（圖版一三）

半兩範　附漢（前二〇六—二二〇）　章專一五一七

熒陽宮燈　附漢（前二〇六—二二〇）　章專一五二〇

跋:云在方藥雨許。

壺銘　附漢（前二〇六—二二〇）末　章專一五二七

（全形拓）

華嶽廟碑陰題名　漢（前二〇六—二二〇）　　　　　　　　　　　　　　　　　　　　　　　褑軸八九〇

跋：此華嶽廟殘碑陰拓本，《關中金石記》云乾隆四十四年修理嶽廟五鳳樓下所出。《涵真閣漢碑文字跋》有云錢唐趙晉齋至二華搜求古刻，此種僅存上列四十字，並"曼節郭咥"等字不可得見，此紙一律無損，與王蘭泉侍郎著錄本符合，是必出土時初施氈墨本也，可寶之至。己巳暑雨章式之。左行。

劉曜碑　漢（前二〇六—二二〇）　　　　　　　　　　　　　　　　　　　　　　　褑軸九〇四

李夫人墓門題字　漢（前二〇六—二二〇）　　　　　　　　　　　　　　　　　　　　　　　褑軸九三六

楊宗墓闕　漢（前二〇六—二二〇）　　　　　　　　　　　　　　　　　　　　　　　褑軸一〇八二

富貴昌磚　漢（前二〇六—二二〇）　　　　　　　　　　　　　　　　　　　　　　　褑軸一一二二

跋：雪堂題贈漢廿四字吉語磚。壬戌十月朔茗簃記。

（磚）

玄妙觀三清殿露臺畫像　年代不詳（—二二〇）　　　　　　　　　　　　　　　　　　　　　　　褑本二一五八

跋：癸酉病四月後檢閱，十月初八日記，霜根老人。（內）"建初七年癸丑"上六字在中右，見邵本。建初紀元者四：漢章帝八年，晉李特一年，後秦姚萇八年，西涼李暠十二年，暠之九年值癸丑，此亦非是，且涼吳相距極遠，不能附會也。　此畫像刻在吾郡玄妙觀三清殿露臺下南東西三面石上。鈺丱角後即嬉游其下，未之奇也，中年後始好石墨，讀葉緣督《語石》云：潘文勤曾遣工拓過。吳退樓尺牘又以此函贈陳簠齋，思鄉懷古，急欲得之，然亦無從謂法也。此廿六紙乃小市賈人攜示，極以爲慰。比同年邵伯絅舊藏多出八紙，然邵本別有二紙，一紙上刻雲，中刻一人屋下俯欄觀魚，下刻一魚，右刻字三行，文云："邑子張樂李□造像一區，戊□戊午造"十五字；一紙刻一樹二鵲，下有芝鹿，與廿六紙中一紙略同，但鹿有大小之別耳。壬申十一月望日大風後寒甚，點校於織女橋寓齋。時年六十有八。　比又承世好潘景鄭承弼寄補數紙，此冊後五開是也。第一開五鵲乃三官殿物，非露臺石也。癸酉十月初八日補記。

（圖版一四）

磚文集拓　漢（前二〇六—二二〇）　　　　　　　　　　　　　　　　　　　　　　　褑本二二三〇

跋：戲書莊子語。

弃之磚瓦　漢（前二〇六—二二〇）　　　　　　　　　　　　　　　　　　　　　　　褑本二三二六

跋：戲書曹大家語。

蜀中石闕拓本　漢（前二〇六—二二〇）　　　　　　　　　　　　　　　　　　　　　　　褑本二三三二

跋：癸亥秋暑茗簃付裝因記。

受禪表　三國魏黃初一年（二二〇）十月廿九日　　　　　　　　　　　　　　　　　　　　　　　褑本二一八六

跋："世且三"三字可辨，比新本爲勝。丙辰六月鈺記。

王君廟門碑　三國魏黃初五年（二二四）　　　　　　　　　　　　　　　　　　　　　　　章專〇一二〇

曹真碑　三國魏太和五年（二三一）　　　　　　　　　　　　　　　　　　　　　　　章專〇一一九

范式墓碑並陰　三國魏青龍三年（二三五）一月六日　章專〇一一八

魯政妻許氏墓誌　三國魏景初（二三七—二三九）　章專〇四四九

跋：烏丸於漢建安十一年爲魏太祖擊破，悉徙其族居中國，後又封其渠帥爲王，詳見《三國志·烏丸傳》及裴註引魏略，此散王當爲三十餘王之一，此誌應列曹魏爲允。甲子二月廿四日考記。（圖版一五）

正始石經　三國魏正始（二四〇—二四九）　章專〇四〇七

跋：（二）殘字乞羅世兄雙鈎，校初出土本尚有可補處。（四）雪堂贈本，此殘石散存各家，鈺已得八九矣。（六）此與文公九年十年十一年一石爲前後面，較爲後出。（八）石藏黃縣丁氏，不輕椎拓，及門從濟南覓贈。爲今出君奭一石之下一角。（九）中間一行乞羅子期世講據未殘本雙鈎。（一八）羅雪堂得此石拓一紙見貽。甲子春三月。（一九）魏石經未殘者皆古文篆隸三字直寫，此獨作品字式，當更考之。同一書尤不應分兩式。

正始石經　三國魏正始（二四〇—二四九）　裱本二二四一

跋：合新出六石舊出一石裝之，並乞羅世講鈎已佚二行。茗簃記。

正始石經殘字　三國魏正始（二四〇—二四九）　裱本二四一一

跋：丙寅正月廿日辟兵城南，夜訪雪堂因贈。霜根。

正始石經春秋殘字　三國魏正始（二四〇—二四九）　裱軸一一〇四

正始石經尚書殘字　三國魏正始（二四〇—二四九）　裱軸一一〇五

陳蘊山墓誌　三國魏景元三年（二六二）九月六日　章專〇四五八

跋：與王基諸刻同時，書蹟已由分入楷矣。

呂猛妻馬氏墓記　三國魏（二二〇—二六五）　章專〇六七〇

跋：（二）大陵，兩漢屬太原郡，晉屬太原國，元魏改受陽，是此刻在元魏前，寧朔將軍始曹魏，以王渾爲之，元魏亦有此官，列從第四品。甲子二月廿四日記。（圖版一六）

頓丘人墓記　三國魏（二二〇—二六五）　章專〇六七一

跋：頓丘郡魏屬司州，今直隸清豐縣境，是魏刻也。雪堂所藏。

禪國山碑　三國吳天璽一年（二七六）一月　章專〇一一六

跋：壬戌九月斐庵游陽羨得此以贈。

天發神讖碑　三國吳天璽一年（二七六）八月一日　章專〇一一七

跋：端忠敏覆本，石存兩江督署煦園，國變未知遭劫否。　平生所見多本，惟雪堂本爲宋拓，劉聚卿本爲明拓之佳者。　此碑學者惟故友陽湖趙君堅太守，又曾見伊墨卿臨本。（圖版一七）

張光墓記　晉泰始一年（二六五）　章專〇四五九

臨雍頌並陰　晉泰始四年（二六八）　章專〇一二一

跋：典午朝大掌固，作長跋別存小集中。壬申餞春日寓舊京記。

張伯通造像記　晉太康三年（二八二）五月廿八日　章專〇四六〇

跋：字極佳，然不似典午書體。

太康三年磚　晉太康三年（二八二）六月廿七日　章專〇四二五

跋：秀水王補安拓寄。

呂望表　晉太康十年（二八九）三月十九日　裱本二一六九

成晃墓誌　晉元康一年（二九一）七月十六日　章專〇四六一

跋：碑爲其女夫所立，出土未久。壬申歲除森玉贈本。"辛未"誤"壬申"。

成晃墓誌　晉元康一年（二九一）七月十六日　章專一五三〇

跋：文係女夫所作，但不出姓，誌文稱碑，同時張朗碑同之。

范陽人墓誌　晉□康五年（二九五）　章專〇四二三

跋：文無漢刑法字，不敢列入徒役一類，故入人罪也。

左棻墓誌並陰　晉永康一年（三〇〇）四月廿五日　章專一五三一

跋：兄左思傳，父雍，以誌校之，乃以字彥雍爲名，脫"彥"字，且失名也。誌爲趙君萬里所藏，壬申仲春攜贈。鈺記。（圖版一八）

張朗墓誌並陰　晉永康一年（三〇〇）十一月十五日　章專一五三二

李□墓誌　晉永寧一年（三〇一）□月二十日　章專〇四六二

跋：漢安帝、晉惠帝、後趙石只皆永寧紀年，此未易定。

建興四年磚　晉建興四年（三一六）　章專〇四二六

跋：此晉愍帝時物，蜀建興不值丙子，吳侯官侯成李雄俱無四年。

蘭亭序　晉永和九年（三五三）三月　法帖六九二

跋：不知何本，就原裝修治存以待考。癸亥上元茗簃。

蘭亭序集拓　晉永和九年（三五三）三月　法帖六九三

跋：末一種是天一閣下石本，然以近拓天一本校之，此本末行與長樂一行相隔不及寸，彼本則至四寸許。細審拓紙毫無割裂伸縮痕蹟，疑不能明。其他小小異同尚多，舉其顯而易見者。乙亥四月廿三日負翁記。（圖版一九）

蔡沖墓誌　晉太元二年（三七七）中節二日　章專〇四六三

跋:紀年太元,吳大帝、前涼張駿、晉孝武帝均有之,吳無二年,涼與晉有之,以皆晉官名,姑列晉代。(圖版二〇)

爨寶子碑 晉大亨四年(四〇五)四月上旬 　　裱本二四〇九

跋:茗理簃藏本。

劉韜墓誌 晉(二六五—四二〇) 　　章專〇四六四

跋:陳粟園舊藏,與黃小松拓本時代相近。摹本甚多,此出原石無疑。近人謂歸常州費氏,不知何據。(圖版二一)

韓弘墓記 晉(二六五—四二〇) 　　章專〇四六五

跋:"魏郡韓弘"四字,爲誌墓之最簡者。

郝厥墓誌 晉(二六五—四二〇) 　　章專〇四六六

跋:平陶兩漢屬太原郡,晉屬太原國,此刻當在魏前,以魏改平陶爲平遙也。甲子二月廿四日記。左行。(圖版二二)

黃庭內景經 晉(二六五—四二〇) 　　善拓五四三

跋:長洲章氏藏。　(內)鈺案:此冊原佚一開。經首五行有戲鴻堂帖可得彷彿,五行前則不知作何語。秘殿珠林著錄素絹本第三十七行缺三字,以此冊連所佚一開核之,應缺在三十九行,且僅二字非三字。冊後三正朱文印必明人或明以前人之刀筆,近今無此體。冊首小長方印似有"天壽"二字朱文,下一方似有"□氏性間"朱文,"間"乃"卿"字之殘。　右錄董氏《戲鴻堂帖》案,此本首題七字是瘦金體,董存宣和一印則出宋徽宗手無疑。董帖出黃素真蹟而不知有此石本。此拓墨色沈古,決不在戲鴻氈蠟後,其究竟無從質問也。晚香亦刻坡公書十三句,則出公自運而非臨義和原蹟也。丙子午日章鈺記。(圖版二三)

張産碑 十六國前秦建元四年(三六八)十月一日 　　裱本二三五九

元嘉二年磚 南朝宋元嘉二年(四二五) 　　章專〇四二七

石驅銘 南朝宋元嘉一七年(四四〇)三月十六日 　　章專〇六七四

跋:試問有一筆似晉宋人否,題款更不類李鍾,鈺以優貢知縣,附和辛亥奇變,聞亂中掠奪舊物甚多,此其一邪。(圖版二四)

□熊造像記 南朝宋元嘉二五年(四四八)七月廿三日 　　章專〇六七三

跋:"廿"下"子"上已殘,當是"廿五年""戊子",始康郡晉豐縣爲今四川成都府成都縣境。(圖版二五)

爨龍顔碑 南朝宋大明二年(四五八)九月 　　裱本二二一〇

劉懷民墓誌 南朝宋大明八年(四六四)一月十四日 　　章專一五三四

石門山詩刻　南朝宋（四二〇—四七九）　　褾軸九〇八
跋：滂喜齋舊藏，松鄰所贈。

呂超墓誌　南朝齊永明十一年（四九三）十一月十九日　　章專一五三六
跋：雪堂贈，希有之品。

爲父母造像記　南朝梁天監二年（五〇三）六月十三日　　章專〇七一九
跋：像刻甚精，書蹟難信。

天監十年磚　南朝梁天監十年（五一一）　　章專〇四二八

益州過軍記　南朝梁天監十三年（五一四）十二月　　章專〇七二〇—一
跋：梁刻罕見，伯褧所贈。

瘞鶴銘　南朝梁天監十三年（五一四）　　褾本二二一二
跋：較近人逐字精拓者有自然之趣。壬戌三月茗簃所得。

瘞鶴銘　南朝梁天監十三年（五一四）　　褾本二二五五
跋：長洲章氏藏。

瘞鶴銘　南朝梁天監十三年（五一四）　　褾本二二五八

井欄題字　南朝梁天監十五年（五一六）　　章專〇七二一

蕭秀西碑陰　南朝梁天監十七年（五一八）　　章專〇一三三

蕭憺碑　南朝梁普通三年（五二二）十一月　　褾本二二七二

井欄記　南朝梁大同九年（五四三）四月八日　　章專〇七二三
跋：貞松居士定爲僞刻。

程虔墓誌　南朝梁太清三年（五四九）二月廿八日　　章專一五四九
跋：希有之品，無意遇之。

慧影造像記　南朝梁大同元年（五三五）十一月五日　　褾軸九五三

楊公則墓誌　南朝梁（五〇二—五五七）　　章專〇七二四
跋：書體與鶴銘爲近，癸亥八月所得。

要離梁鴻墓刻　南朝梁（五〇二—五五七）　　章專一五〇八
跋：光緒三十年爲匋齋尚書購去，今不知所在。乙丑生乙丑記。

盧子真妻李氏墓誌　北魏神䴥五年（四三二）九月六日　章專一五三三
跋：書撰均不似北朝，而有理堂藏石刻記，過而存之。

嵩高靈廟碑　北魏太延（四三五—四三九）　善拓五五四
跋：此碑據方藥雨《校碑隨筆》說乃最舊拓本。丙辰六月十三日檢記。

鮑纂造像記　北魏太平真君三年（四四二）一月十八日　章專〇六〇七
跋：後魏紀年殆未有先於此者。

康知法造像記　北魏皇興五年（四七一）六月三十日　章專〇六〇八
跋：皇興刻石，罕見　。

康知法造像記　北魏皇興五年（四七一）六月三十日　章專〇六〇九
（全形拓）

邑義信士女等五十四人造像記　北魏太和七年（四八三）八月三十日　章專〇六一〇
跋：石在晉北，言者不詳。書法極雄強茂密之觀。

陶超墓誌　北魏太和十四年（四九〇）八月五日　章專一五三五

吊比干文　北魏太和十八年（四九四）十一月四日　裱本二二八〇
跋：甲午得於海王村，丙寅二月付裝。

趙阿祥妻石定姬墓記　北魏太和十九年（四九五）　章專〇四四三
跋：唐縣魏屬定州中山郡。

元楨墓誌　北魏太和二十年（四九六）十一月廿六日　章專〇四四四
跋：魏石正宗，結體與張猛龍爲近。

元偃墓誌　北魏太和廿二年（四九八）十二月二日　章專〇四四五

元簡墓誌　北魏太和廿三年（四九九）三月十八日　章專〇四四七

元景造像記　北魏太和廿三年（四九九）四月八日　章專〇六一二
跋：元景即魏書壽興傳載目作墓誌曰洛陽男子，姓元名景，可證傳云，世宗初爲徐州刺史，此刻結銜營州刺史，在太和中則在其前，可補史闕。　此刻在大淩河旁，雪堂閱日本人南滿游記知之，覓工拓贈。（圖版二六）

畢小妻蘇貫針銘　北魏太和廿三年（四九九）六月二日　章專〇四四八
跋：雪堂藏磚。

元彬墓誌　北魏太和廿三年（四九九）十一月廿日　章專〇四四六

元定墓誌　北魏景明一年（五〇〇）十一月十九日　章專〇四六七

跋：叔言贈本。

元羽墓誌　北魏景明二年（五〇一）七月廿九日　章專〇四六八

跋：松鄰寄贈授經所得新出土拓本。

磚誌　北魏景明三年（五〇二）二月六日　章專〇四六九

跋：次行"順郡陽"當作"順陽郡"，刻者以"ㄱ乙"正，今尚可辨。順陽，今南陽府淅川縣東。

袁超造像記　北魏景明三年（五〇二）四月六日　章專〇六一三

韓貞等七十四人造像記　北魏景明三年（五〇二）五月九日　章專〇六一四

元誘妻馮氏墓誌　北魏景明三年（五〇二）十一月十八日　章專〇四七〇

元弘嬪侯氏墓誌　北魏景明四年（五〇三）三月十一日　章專〇四七一

跋：叔言贈。

高伏德等造像記並側　北魏景明四年（五〇三）四月二日　章專〇六一五

跋：首題大魏國，可訂王蘭泉說，大元國、大明國皆昉於保寧寺鐘款題大宋國之誤。金色主一名爲王蘭泉、葉鞠裳題主像號所未及。（圖版二七）

僧暈造像記　北魏正始二年（五〇五）二月四日　章專〇六一一

跋：書蹟極雄強茂密之觀。石藏義州李氏。

元鸞墓誌　北魏正始二年（五〇五）十一月十七日　章專〇四五〇

元始和墓誌並蓋　北魏正始二年（五〇五）十一月十八日　章專〇四五一

元思墓誌　北魏正始四年（五〇七）三月廿五日　章專〇四五四

跋：書體極雄秀，近出佳品。

元鑒墓誌　北魏正始四年（五〇七）三月廿六日　章專〇四五三

跋：此如今人所作，亡國書不意作備者久矣。

元壽妃麴氏墓誌　北魏正始四年（五〇七）八月十六日　章專〇四五二

跋："魏"誤"唐"。

元緒墓誌　北魏正始四年（五〇七）十月三十日　章專〇四五五

張洛都葬塚記　北魏正始五年（五〇八）五月十七日　章專〇四五六

高慶碑　北魏正始五年（五〇八）八月十日　章專〇四五七

惠猛墓誌　北魏正始（五〇四—五〇八）　章專〇六六七

元協墓誌　北魏永平一年（五〇八）十一月六日　章專〇四七二

元祥墓誌　北魏永平一年（五〇八）十一月六日　章專〇四七三

元繼次妃石碗墓誌　北魏永平一年（五〇八）十一月廿三日　章專〇四七四

元願平妻王氏墓誌　北魏永平二年（五〇九）十一月廿三日　章專〇四七五

王誦妻元氏墓誌　北魏永平三年（五一〇）一月八日　章專〇四七六

元保洛墓誌　北魏永平四年（五一一）二月廿六日　章專〇四七八
跋：俶詭已甚。

元侔墓誌　北魏永平四年（五一一）十一月五日　章專〇四七七
跋：作碑式，下當有座，背記世系，與他誌異。

雲峰山論經書詩　北魏永平四年（五一一）　裱本二二五四

鄭羲下碑　北魏永平四年（五一一）　裱本二三〇六
跋：此碑曾仿寫數十過，一無所得，乃遯入趙宋門徑，近且愈趨愈下矣。展閱一再，自悔不迭。丁未十月四日茗理簃記。（圖版二八）

張僧順等造像記　北魏永平（五〇八—五一二）　章專〇六一七

張僧順等造像記　北魏永平（五〇八—五一二）　章專〇六五七
跋：有大代永平字。

馮子琛妻孟氏墓誌　北魏延昌一年（五一二）二月十五日　章專一五三七
跋：書撰均劣，然非贋作。

元詮墓誌　北魏延昌一年（五一二）八月廿六日　章專〇四七九

元詮墓誌　北魏延昌一年（五一二）八月廿六日　章專〇四八〇
（石印本）

元顥妃李元姜墓誌　北魏延昌一年（五一二）八月廿六日　章專〇四八一
跋：文書雙美，以他石改刻者，惜此拓不緻。

元演墓誌 北魏延昌二年（五一三）三月七日 章專〇四八二

跋：新出土。石藏析津姚氏。

元顯儁墓誌並蓋 北魏延昌二年（五一三）三月七日 章專〇四八三

跋：徐森玉以高價購贈，己未九月。

元君妻韓氏墓誌 北魏延昌二年（五一三）十一月廿三日 章專〇四八五

跋：十年來，以魏誌價高芒麓古塚均被發，且有發丘中郎主持，其間新出者均爲所有，又真贋雜出，故已停收，此紙乃偶得者。癸酉臘月記。（圖版二九）

元颺妻王氏墓誌 北魏延昌二年（五一三）十二月四日 章專〇四八四

跋：石歸日本，拓本難得，此叔言所贈。

司馬昞妻孟敬訓墓誌並蓋 北魏延昌三年（五一四）一月十二日 章專一五三八

拓跋濬嬪耿氏墓誌 北魏延昌三年（五一四）七月十五日 章專〇四八六

跋：新出土。松鄰居士所贈。

長孫瑱墓誌 北魏延昌三年（五一四）十月廿一日 章專一五三九

跋：文有“統御左右”語，是銜上“領御仗左右”，即其本身職官。長孫不對乃祖言，係其姓也。然則“史”字何解，疑不能明。（圖版三〇）

元颺墓誌 北魏延昌三年（五一四）十一月四日 章專〇四八七

跋：石出洛陽，未幾即爲東人購之而去，拓本難得，以番佛卅頭易之。（圖版三一）

元珍墓誌 北魏延昌三年（五一四）十一月四日 章專〇四八八

跋：新出元氏各誌此爲最精，授經所拓贈。

拓跋弘嬪成氏墓誌 北魏延昌四年（五一五）二月九日 章專〇四八九

王紹墓誌 北魏延昌四年（五一五）閏十月廿二日 章專一五四〇

馮公碑 北魏延昌（五一二—五一五） 章專〇四九〇

皇內司□光墓誌 北魏熙平一年（五一六）八月廿六日 章專〇四九一

元彦墓誌 北魏熙平一年（五一六）十一月十日 章專〇四九二

跋：新出土，世極珍之。

吐谷渾璣墓誌 北魏熙平一年（五一六）十一月廿一日 章專一五四一

跋：刻成後復有添識，他石所罕見也。丙寅八月。

楊胤墓誌　北魏熙平一年（五一六）十一月廿二日　章專一五四二
跋:此石本末詳雪堂題籤,嘉惠可感也。

元懷墓誌　北魏熙平二年（五一七）八月廿日　章專〇四九三

王誦妻元貴妃墓誌　北魏熙平二年（五一七）八月廿日　章專〇四九五
跋：松鄰極稱之，乞授經拓本寄津。己未小春。　有深改其文作元容誌者，津上曾見之。甲子二月記。　誦歿戊申,氏歿丁酉,先十二年,故定年如下。（圖版三二）

元遙墓誌　北魏熙平二年（五一七）九月二日　章專〇四九四

元新成妃李氏墓誌　北魏熙平二年（五一七）十一月廿八日　章專〇四九六

（佛弟子）眷□造像記　北魏熙平（五一六—五一七）　章專〇六一八
跋:書極俶詭,幾不可識。

拓跋濬嬪耿壽姬墓誌　北魏神龜一年（五一八）三月八日　章專〇四九七

孫寶憘造像記　北魏神龜一年（五一八）三月廿日　章專〇六一九
跋:鐫人奕奕有神。

王遷墓誌　北魏神龜二年（五一九）二月五日　章專一五四三

元祐墓誌　北魏神龜二年（五一九）二月廿三日　章專〇四九九
跋:叔言贈。　妻常妃季蘩正光四年合葬誌石流入海外,拓本最不易得。乙丑閏月鈺記。（圖版三三）

賈思伯碑　北魏神龜二年（五一九）四月　裱本二三六八

元珽妻穆氏墓誌　北魏神龜二年（五一九）十月廿七日　章專〇四九八
跋:松鄰轉貽徐氏藏石初拓精本。

元騰墓誌　北魏神龜二年（五一九）十一月九日　章專〇五〇〇

元譿墓誌　北魏神龜三年（五二〇）十一月十四日　章專〇五〇一
跋:神龜三年即正光元年,薨在三月,改元在七月。

元孟輝墓誌　北魏神龜三年（五二〇）十一月十五日　章專〇五〇二

法度墓銘　北魏正光一年（五二〇）八月十四日　章專〇五〇六
跋:雪堂藏磚。

唐雲墓誌 北魏正光一年（五二〇）九月十二日 章專〇五〇五

元君妻趙光墓誌 北魏正光一年（五二〇）十月廿一日 章專〇五〇四

劉阿素墓誌 北魏正光一年（五二〇）十月 章專〇五〇三
跋："同火人"三字未見他處。

元寔貴嬪司馬顯姿墓誌 北魏正光二年（五二一）二月廿二日 章專〇五一一
跋：近年出土，書蹟勁秀無匹。

馮迎男墓誌 北魏正光二年（五二一）三月廿六日 章專〇五〇九
跋：近爲浙人所得，松心轉索見貽。癸亥暑雨式之。

張安姬墓誌 北魏正光二年（五二一）三月廿九日 章專〇五一〇

涿縣磚刻 北魏正光二年（五二一）四月三十日 章專〇四二九
跋：《攈古録》云定興張氏藏，此打本得於津市，霜根記。

張秀林等造像記 北魏正光二年（五二一）五月十五日 章專〇六二〇

王遺女墓誌 北魏正光二年（五二一）八月廿日 章專〇五一二
跋：書體俶詭，不稱上乘。

王僧男墓誌並蓋 北魏正光二年（五二一）九月廿日 章專〇五〇八
跋：上虞羅叔言藏石，壬戌六月贈墨本。

楊氏墓誌 北魏正光二年（五二一）十一月三日 章專〇五〇七

張猛龍碑 北魏正光三年（五二二）一月廿三日 裱本二三四八
跋：庚申七月重裝。

正光三年造像記 北魏正光三年（五二二）二月三日 章專〇六二二

盧令媛墓誌 北魏正光三年（五二二）四月三十日 章專〇五一三

賈良造像記 北魏正光三年（五二二）十一月九日 章專〇六二一
跋：上陽文小字似出漢人手，極可愛。

僧信造像記 北魏正光四年（五二三）一月二日 章專〇六五六
跋：（一）前一殘石斧鑿較新，姑附存之。（二）此石當出大城縣境，以瀛州章武郡平舒縣乃北魏建置知之歲在丁丑爲正光紀元之二十一年也。

馬鳴寺根法師碑　北魏正光四年（五二三）二月三日　　褑本二三九四
跋：浩蕩遒逸，蘇書初祖。　（內）碑廿二行，行卅字，此拓失拓首行，末行亦未全。《八瓊室金石補正》始見著錄，惟錄文間有誤者。近見一未斷本，惜未校過。壬戌六月朔記。（圖版三四）

元倪墓誌　北魏正光四年（五二三）二月廿七日　　章專〇五一四

元秀墓誌　北魏正光四年（五二三）二月廿七日　　章專〇五一五

元倓墓誌　北魏正光四年（五二三）二月廿七日　　章專〇五一六
跋：石已裂，出土未久，當有整者，待物色得之。

元引墓誌　北魏正光四年（五二三）二月廿七日　　章專〇五一七

元秀墓誌　北魏正光四年（五二三）二月廿七日　　章專〇五一八
跋：三代有考而無妣，文中有“精書易”“善禮傳”語。

元靈曜墓誌　北魏正光四年（五二三）三月廿三日　　章專〇五二〇
跋：佳品。

元斌墓誌　北魏正光四年（五二三）十一月廿七日　　章專〇五一九

元謐墓誌　北魏正光五年（五二四）閏二月三日　　章專〇五二一
跋：雪堂聞之而未得，爲馳書滬友覓之。

元平墓誌　北魏正光五年（五二四）三月十日　　章專〇五二五

李覆宗造像記　北魏正光五年（五二四）三月廿日　　章專〇六二三
跋：浭陽端忠敏於光緒季年得此，此文有“高門大族常居永好”語，朱拓其全爲饋歲之品，其實覆宗非吉語也。壬戌六月晦記。（圖版三五）

慈慶墓誌　北魏正光五年（五二四）五月十八日　　章專〇五二七
跋：尼統未見魏書，撰書均列姓名。癸亥出土，叔言贈。

劉根四十一人等造像記　北魏正光五年（五二四）五月三十日　　章專〇一二二
跋：廠估謂有四翻本，此屬原石，以方藥雨說勘之，或可信也。

孫遼浮圖銘　北魏正光五年（五二四）七月廿五日　　章專〇五二八
跋：原石本。

元子直墓誌　北魏正光五年（五二四）八月六日　　章專〇五二二
跋：文雅令可誦。

元協妃李媛華墓誌　北魏正光五年（五二四）八月六日　章專〇五三〇

跋：伯宛郵寄初出土董氏墨本。

王璨墓誌　北魏正光五年（五二四）十一月三日　章專〇五二四

跋："瑹"乃"璨"之别體。

元崇業墓誌　北魏正光五年（五二四）十一月十四日　章專〇五二三

元悦妃馮季華墓誌　北魏正光五年（五二四）十一月十四日　章專〇五二九

元寧墓誌　北魏正光五年（五二四）十一月十五日　章專〇五二六

跋：自云漢後而不及拓跋，諸帝則非魏宗室也。

曹望憘造像記　北魏正光六年（五二五）三月廿日　裱軸一一〇〇

跋：石入美洲，拓本極難得。（内跋）佛說彌勒下生經一卷，西晉竺法護譯，入大藏萬等部，拓跋以來，造像至多，此曹望憘一石獨據經文，雕造當出深入佛乘者所爲。石歸濰縣陳簠齋碑畫軒，宣統辛亥後與君車漢石同入法國，此拓氈墨精到。丙寅秋暑曝畫題而藏之。

鄧定安造像記　北魏孝昌一年（五二五）八月十五日　章專〇六二四

跋："信"上當有"清"字，"安"上爲"完"爲"定"不敢妄釋。

王君妻元華光墓誌　北魏孝昌一年（五二五）九月廿四日　章專〇五三七

元顯魏墓誌　北魏孝昌一年（五二五）十月廿六日　章專〇五三二

元焕墓誌並蓋　北魏孝昌一年（五二五）十一月八日　章專〇五三三

元熙墓誌　北魏孝昌一年（五二五）十一月廿日　章專〇五三四

元晫墓誌　北魏孝昌一年（五二五）十一月廿日　章專〇五三五

元纂墓誌　北魏孝昌一年（五二五）十一月廿日　章專〇五三六

元誘妻薛伯徽墓誌　北魏孝昌一年（五二五）十一月廿日　章專〇五三八

元寶月墓誌　北魏孝昌一年（五二五）十二月三日　章專〇五三一

跋：名見魏書，可補宗室傳。壬申三月記。碑估云此初拓求售之樣張也。左行。（圖版三六）

吴高黎墓誌　北魏孝昌二年（五二六）一月十三日　章專〇五四四

跋：上有造像，疑非埋諸土中者，近已鑿去矣。

元濬妻于僊姬墓誌　北魏孝昌二年（五二六）四月四日　章專〇五四三

跋:于闐國主女,入魏文成皇帝宫,壽至九十。

阰僧達等四十人造像記 北魏孝昌二年(五二六)六月二日 章專〇六二五

跋:"阰"字不可識,"昌"上字缺,魏元號有孝昌,丙午其二年也。

元乂墓誌 北魏孝昌二年(五二六)七月廿四日 章專〇五三九

跋:"乂"即"義"也,魏書備詳,凶德誌墓者曲筆至此,信異聞也。

元寍嬪李氏墓誌 北魏孝昌二年(五二六)八月六日 章專〇五四二

跋:"景崚垣""崚"字當即"陵"之或體。

丘哲妻鮮于仲兒墓誌 北魏孝昌二年(五二六)八月十八日 章專〇五四五

元壽安墓誌 北魏孝昌二年(五二六)十月十九日 章專〇五四〇

跋:魏書有傳,名字互易。辛酉出土,壬戌夏得之。

元珽墓誌並蓋 北魏孝昌二年(五二六)十月十九日 章專〇五四一

跋:松鄰贈森玉精拓本。

公孫猗墓誌並蓋 北魏孝昌二年(五二六)十一月十四日 章專一五四五

寇治墓誌 北魏孝昌二年(五二六)十一月十七日 章專一五四六

于纂墓誌 北魏孝昌二年(五二六)閏十一月七日 章專一五四七

焦兒奴造像記 北魏孝昌二年(五二六) 章專〇六二六

跋:此刻字蹟較大,石藏羅氏凝清室。

董偉墓誌 北魏孝昌三年(五二七)二月十六日 章專〇五四六

胡明相墓誌 北魏孝昌三年(五二七)五月廿三日 章專〇五四八

跋:伯宛贈精拓本。

張神龍等造像記 北魏孝昌三年(五二七)七月十日 章專〇六二七

跋:後列建義元年一刻,此僅見者。

臨菑縣六十人等造像記 北魏孝昌三年(五二七)八月十三日 章專〇六二八

張敬墓誌 北魏孝昌三年(五二七)九月十三日 章專一五四四

跋:壬戌出土,末有妄人鑿字去之。

元固墓誌 北魏孝昌三年(五二七)十一月二日 章專〇五四七

元暐墓誌 北魏武泰一年(五二八)三月十六日 章專〇五四九

陳天寶造像記 北魏武泰一年(五二八)四月八日 章專〇六二九
跋:武泰元年爲梁大同二年,此南人之僑於北者。

楊逸墓誌 北魏永安一年(五二八)五月廿二日 章專一五四八

元悌墓誌並蓋 北魏建義一年(五二八)六月十六日 章專〇五五一
跋:精整無匹。

元悛墓誌 北魏建義一年(五二八)七月十二日 章專〇五五〇
跋:稱曾祖母、祖母皆曰親,母曰頓李,不可曉,書蹟寬博可喜。(圖版三七)

元略墓誌 北魏建義一年(五二八)七月十八日 章專〇五五二
跋:董授經拓本,伯宛乞得寄贈。

元廞墓誌 北魏建義一年(五二八)七月十八日 章專〇五五三

元毓墓誌 北魏建義一年(五二八)七月三十日 章專〇五五四
跋:己未九月雪堂贈本。

元昉墓誌 北魏建義一年(五二八)七月三十日 章專〇五五六

元鑑妃吐谷渾氏墓誌 北魏建義一年(五二八)八月十一日 章專〇五五七
跋:辛酉歲莫叔言購贈。

元周安墓誌 北魏建義一年(五二八)九月七日 章專〇五五五
跋:此魏書中之最靈秀者。

元欽墓誌 北魏永安一年(五二八)十一月八日 章專〇五五八
跋:初出土精拓本。

元景略妻蘭將墓誌 北魏永安一年(五二八)十一月廿日 章專〇五五九
跋:叔言贈本。

元湴墓誌 北魏永安二年(五二九)三月九日 章專〇五六一

元維墓誌 北魏永安二年(五二九)三月九日 章專〇五六五

笱景墓誌並蓋 北魏永安二年(五二九)四月三日 章專〇五六三
跋:案:即魏書苟頹之孫,書中以字景戀,誤"戀"爲"鑾"而失景名,出土未久,宜專作一跋張之。壬申

三月負翁。（圖版三八）

元繼墓誌　北魏永安二年（五二九）八月十二日　章專〇五六四
跋：庚午秋初見墨本，未雪堂宗室傳註所未及收者。

邢巒妻元純阤墓誌　北魏永安二年（五二九）十一月七日　章專〇五六〇
跋：再醮歸釋，文則述婦德甚備。

元恩墓誌　北魏永安二年（五二九）十一月十九日　章專〇五六二
跋：細審諱“恩”非“思”也，字“子惠”尤可證。甲子二月初四日檢記。

元液墓誌　北魏永安三年（五三〇）二月十三日　章專〇五六六

元誨墓誌　北魏普泰一年（五三一）三月廿七日　章專〇五六八

元弼墓誌　北魏普泰一年（五三一）八月十一日　章專〇五六七
跋：文極組織之能，書手亦當時高選。

武昭王墓誌　北魏普泰一年（五三一）八月十一日　章專〇五七〇
跋：元天穆誌如蓋文題之，或云石今殘損矣。甲戌六月。

張玄墓誌　北魏普泰一年（五三一）十月一日　章專〇五六九
跋：蘇市翻刻本。

張玄墓誌（翻刻）　北魏普泰一年（五三一）十月一日　裱本二二九三

邢安周等造像記　北魏普泰二年（五三二）七月十五日　章專〇六三〇

王相買地券　北魏中興二年（五三二）十二月六日　章專〇四三九
跋：雪堂藏磚。　“興”上一字如爲“太”字，“年”下二字如爲“壬申”則爲北燕刻。有“買縣”字，當爲“買田券”，以字蹟審之，或後魏中興年刻。左行。（圖版三九）

元延明墓誌　北魏太昌一年（五三二）七月廿八日　章專〇五七一

元延明墓誌　北魏太昌一年（五三二）七月廿八日　裱本二二三五
跋：此拓新出，幾二千字，書撰均名手，魏誌中冠冕也。

元顥墓誌　北魏太昌一年（五三二）八月廿三日　章專〇五七二
跋：此石已毁。癸亥七月十八日記。

元顥墓誌　北魏太昌元年（五三二）八月廿三日　裱軸八五〇
跋：撰書均佳，石已佚。乙丑六月茗簃撿記。

元項墓誌　北魏太昌一年（五三二）八月廿三日　章專〇五七三

元文墓誌　北魏太昌一年（五三二）十一月十九日　章專〇五七四

元徽墓誌　北魏太昌一年（五三二）十一月十九日　章專〇五七五

元膾墓誌　北魏太昌一年（五三二）十一月十九日　章專〇五七六

元鑽墓誌　北魏永熙二年（五三三）十一月廿五日　章專〇五七七
跋：己未十月松鄰寄贈新出土董氏墨本。

王悅及妻郭氏墓誌　北魏永熙二年（五三三）　章專〇五七八

韓顯祖等造塔像記　北魏永熙三年（五三四）六月廿八日　章專〇六三二
跋：塔主、象主、光明主、邑主、齋主並列，又有稱邑老者。此石已流入日本。

賈景等造像記　北魏永熙三年（五三四）九月八日　章專〇六三一

司馬王亮等造像記　北魏（三八六—五三四）　章專一四九一
跋：列名人以王氏爲多。書體論之，當屬元魏。

觀海童詩　北魏（三八六—五三四）　裱本二三〇八
跋：（內）此詩自陽湖孫氏輯入《續古文苑》誤題觀海島，嗣後人人沿誤，無訂正之者，其實"童"字甚了，詩中亦涉及之。辛酉四月廿一日茗簃。道昭同時尚有登百峰五言，石存半截，光緒初福山王文敏移入京邸，秘不示人，庚子後爲徐梧生所得，亦極珍惜，老友羅雪堂偶得重分，因以分贈。謂論經觀海皆粗石，風霜剝蝕，不若百峰之筆法可見。此冊裝成，特附記之。（圖版四〇）

元玕墓誌　東魏天平二年（五三五）七月廿八日　章專〇五七九

惠究道通造像記　東魏天平二年（五三五）八月一日　章專〇六三三
跋：鐫刻甚精，拓手亦緻。庚午閏夏收於津市。

惠究道通造像記　東魏天平二年（五三五）八月一日　章專〇六三四
跋：象刻極精，集樓見於市上，借拓以贈。

高盛墓碑　東魏天平三年（五三六）五月廿八日　裱本二二九一
跋：（內）高盛與高肅、高翻稱爲磁州三高，係光緒二十四五年先後出土。此碑僅存上截。高翻中間亦剝落，高肅未見也。丙辰七月初二日記。　上元宗氏藏有高肅舊拓本，僅半截，有龔定庵題記。近拓全碑聞廠肆有之。（圖版四一）

李慧珍等造蓮花記　東魏天平三年（五三六）十二月　章專〇六三五

跋:作蓮瓣形,疑佛座也,四人當爲姊妹行。

元鷙妃公孫甑生墓誌　東魏天平四年(五三七)七月十六日　章專〇五八〇
跋:首列祖父及祖母仕履家世極詳。

劉霻周造塔記　東魏天平四年(五三七)十二月十九日　章專〇六一六

劉霻周造塔記　東魏天平四年(五三七)十二月十九日　章專〇六三六
跋:"霻"下脱"周"字。丙寅四月校。

法儀六十人造像記　東魏元象一年(五三八)四月廿日　章專〇六四〇

元象元年造像記　東魏元象一年(五三八)　章專〇六三九

姚敬遵造像記　東魏元象二年(五三九)三月廿三日　章專〇六四一
跋:"敬"誤"景",一時兩誤,何如兩不誤之爲愈也。

閭伯昇及妻元仲英墓誌　東魏興和二年(五四〇)十月廿八日　章專〇五八三
跋:夫婦各誌而同石,較後之稱暨配合葬誌者爲得體。

孫思賓等三十七人造像記　東魏興和二年(五四〇)十二月□九日　章專〇六四二

敬顯儁碑並陰　東魏興和二年(五四〇)　善拓五四四

元寶建墓誌　東魏興和三年(五四一)八月廿一日　章專〇五八六
跋:雪堂分贈初出土拓本,己未九月。

元鷙墓誌　東魏興和三年(五四一)十月廿二日　章專〇五八七

元子邃妻李豔華墓誌　東魏興和三年(五四一)十一月十七日　章專〇五八五
跋:元公不見其名,必拓跋氏疏族,文頗豔逸。

李仲璇修孔子廟碑　東魏興和三年(五四一)十二月十一日　裱本二三〇〇
跋:仲璇修廟事見魏書,歐公集古已著於錄,安得見六一藏本也。　(内)八行"尚想伊人"句"尚"字上大半與"伊"字右半可見,"人"字完好。校碑者定爲嘉道間拓手,此鈺弱冠時得秀水杜筱舫觀察遺物。丙辰重裝記之。(圖版四二)

李挺墓誌　東魏興和三年(五四一)十二月廿三日　章專〇五八四
跋:即李寶傳之神俊,傳云小名"提","提"乃"挺"之誤。

李顯族造像記　東魏興和四年(五四二)十月八日　章專〇六四三

元悰墓誌　東魏武定一年（五四三）三月十九日　章專〇五八八
跋：周養庵藏石，癸亥五月拓贈。

道奣造像記　東魏武定一年（五四三）十二月二日　章專〇六四四
跋：文爲姚兄景庭拓贈，象爲後得，未知是一事否。

楊顯叔造像記　東魏武定二年（五四四）三月十四日　章專〇六四六

李玉鈞造像記　東魏武定二年（五四四）八月一日　章專〇六四五

元湛妃王令媛墓誌並蓋　東魏武定二年（五四四）八月八日　章專〇五八九

元湛墓誌並蓋　東魏武定二年（五四四）八月八日　章專〇五九三
跋：廿四行空末格，廿五行擠寫一字，知古人書丹亦係横寫。

元湛墓誌並蓋；元湛妃王令華墓誌　東魏武定二年（五四四）八月八日　裱本二三五八

元顯墓誌　東魏武定二年（五四四）八月廿日　章專〇五九〇
跋：不題首行誌銘，異體均僅見。

元均及妻杜氏墓誌　東魏武定二年（五四四）八月廿日　章專〇五九四

張氏妻□連阿妃墓銘　東魏武定二年（五四四）十月四日　章專〇五九二
跋：雪堂藏磚。

隗天念墓誌　東魏武定二年（五四四）十一月廿九日　章專〇五九一
跋：原歸義州李氏，雪堂贈。

龍門寺鐘銘　東魏武定二年（五四四）　章專〇六七五
跋：有"武定"字、"龍門寺道人"字、"淨金"字、"造種"字，惜不盡可識。

張願德造像記　東魏武定三年（五四五）四月十二日　章專〇六四七

元睟墓誌　東魏武定三年（五四五）十一月廿九日　章專〇五九五
跋：石藏南潯張氏，甲子六月門人李希民覓寄。

道憑造像記　東魏武定四年（五四六）四月八日　章專〇五九七
跋：自題造字，不知所造爲何，非後人爲道憑墓刻也。前題誤。

元融妃盧貴蘭墓誌　東魏武定四年（五四六）十一月廿二日　章專〇五九六
跋：叔言贈。

豐樂七帝二寺邑義人造像記　東魏武定五年（五四七）二月八日　章專〇六五〇—一
跋：又有一石，上鐫二象，文則皆同，惟空白字一格，下一石是否一事亦待考。"僧寵"云云又有一石文同而不全。

豐樂七帝二寺邑義人造像記　東魏武定五年（五四七）二月八日　章專〇六五〇—二
跋：又有一石文同而行數不同，上無刻象，又有一石有刻象，文得半。

武定五年造像記　東魏武定五年（五四七）二月　章專〇六五三

王惠略等五十人造像記　東魏武定五年（五四七）七月三日　章專〇六四八

王蓋周等一百三十四人造像記　東魏武定五年（五四七）七月四日　章專〇六四九

朱舍捨宅造寺記　東魏武定五年（五四七）七月九日　章專〇六五二

元澄妃馮令華墓誌　東魏武定五年（五四七）十一月十六日　章專〇五九八

元凝妃陸順華墓誌　東魏武定五年（五四七）十一月十六日　章專〇五九九

兗州刺史碑　東魏武定五年（五四七）　章專〇六〇〇
跋：文書均出當時高手，上半及首數行殘，可惜。　羅目作諫議大夫晉陵縣公鄭公殘碑，當據佳本題之。（圖版四三）

相里□墓誌　東魏武定五年（五四七）　章專〇六〇一
跋：雪堂藏磚。

武定鐘銘　東魏武定五年（五四七）　章專〇六〇六

僧寵等造像題名　東魏武定五年（五四七）　章專〇六五一
跋：刻象奕奕有神，文未全。又有"僧寵"云云一石無刻象。疑四拓本一事而重刻。

唐小虎造像記　東魏武定六年（五四八）五月三日　章專〇六五四
跋：此石聞已流轉海東。

魯□墓誌　東魏武定六年（五四八）六月十四日　章專〇六〇三
跋：雪堂藏磚。

元延明妃馮氏墓誌　東魏武定六年（五四八）十月廿二日　章專〇六〇二
跋：丁卯十月萬公雨贈此拓本。

道瓚碑　東魏武定七年（五四九）四月八日　章專〇六〇四

源磨耶壙記　東魏武定八年（五五〇）三月六日　章專〇六〇五
跋：雖無可取，然非僞作。

吕望廟碑　東魏武定八年（五五〇）四月十二日　裱本二〇〇三
跋：茗簃福本。

劉譚剛墓誌　東魏（五三四—五五〇）　章專〇六五五
跋：晉郡守皆加將軍，無者爲恥，詳見《通考》，此或晉刻。

趙振造像記　東魏（五三四—五五〇）　章專〇六六三
跋：鐫奉佛人奕奕有神，古工藝真不可及。

元君墓誌蓋　東魏（五三四—五五〇）　章專〇六六五
跋：乙丑三月周伯澄世講所贈。

巨世光造像碑並陰側　西魏大統六年（五四〇）七月十五日　章專〇一二三
跋：張仲仁所贈。

李神覆造像記　西魏大統十三年（五四七）六月十九日　章專〇六三七
跋：（一）姓名以意定之，所刻獅象極有生趣。（二）象作騎象形，罕見。

陳神姜等造石像記　西魏大統十三年（五四七）九月八日　章專〇一二四

杜魯清等造像記　西魏大統十三年（五四七）十一月十五日　章專〇六三八
跋：附刻邑女黄鳳皇，姓名極新豔。

杜照賢等十三人造像記　西魏大統十三年（五四七）十一月十五日　章專〇七一八
跋：此造像四面刻，此僅得十分之一耳。未見年月，當爲齊刻。

王道念等造像記　魏（三八六—五五七）　章專〇一二五
跋：無年月，當在魏代。

高槁造像記　魏（三八六—五五七）　章專〇六五八
跋：“高”字不可識。

楊靈禮造像記　魏（三八六—五五七）　章專〇六五九
跋：雕工可玩。

种子路造像記　魏（三八六—五五七）　章專〇六六〇

种子路造像題名　魏（三八六—五五七）　章專一四八五

法香建塔記　魏（三八六—五五七）　章專〇六六一
跋：（一）姚貴昉所得，後拓者有雪堂題字。（二）雪堂藏石，字蹟可喜。

魏石殘字　魏（三八六—五五七）　章專〇六六六
跋：雪堂所貽。

盧奴墓誌　魏（三八六—五五七）　章專〇六六八
跋：有“盧奴”字，盧奴漢晉魏皆屬中山，今定州治也。

安喜丞墓誌　魏（三八六—五五七）　章專〇六六九
跋：安喜縣魏屬定州中山郡，今直隸定州境。雪堂所藏。

吳□恩墓記　魏（三八六—五五七）　章專〇六七二
跋：雪堂藏磚。

元賢墓誌　北齊天保二年（五五一）十一月三日　章專〇六七六
跋：（二）叔言曾以初出土一紙見贈，此李希民從藏家拓贈，拓手較佳。

牛景悅造石浮圖記　北齊天保三年（五五二）七月八日　章專〇六七八

天保鐘銘　北齊天保三年（五五二）八月　章專〇六九四

崔頠墓誌　北齊天保四年（五五三）二月廿九日　褙軸一〇四二

張祖造像記　北齊天保四年（五五三）四月　章專一四八九
跋：字多妄鑿，旁有“癸酉”字而元號不可識。

暢洛生等造像記　北齊天保五年（五五四）四月二日　章專〇六七九
跋：名曰天宫頌文，未見他刻。

馬阿顯兄弟等造像記　北齊天保五年（五五四）六月廿日　章專〇六七七—一

張景林造像記　北齊天保五年（五五四）八月一日　章專〇六七七—二

張景林造像記　北齊天保五年（五五四）八月一日　章專〇六八二
跋：“景”誤“敬”，側文五行疑非一時事。

張黑奴妻王洛妃墓記　北齊天保五年（五五四）十月七日　章專〇六八一
跋：雪堂藏磚。

高劉二姓造像記　北齊天保七年（五五六）三月一日　章專〇六八六
跋：（二）文有“爲邊地衆生”云云，是苦於兵劫者。

魏世儁妻車延暉墓記　北齊天保七年（五五六）八月廿五日　章專〇六八五
跋：雪堂藏磚。

纂息奴子墓記　北齊天保八年（五五七）五月廿四日　章專〇六八三
跋：雪堂藏磚。

纂息奴子墓記　北齊天保八年（五五七）五月廿四日　章專〇六八四
跋：與當時體迥異。此雪堂贈本。

定國寺碑　北齊天保八年（五五七）六月十五日　裱本二二四三
跋：銘末四句悲絕超絕，令人讀之有遺世之思。甲戌十二月廿五日記。此碑有傳摹本，見《復初齋集》二十一卷。

楊六墓記　北齊天保八年（五五七）七月十二日　章專〇六八八
跋：雪堂藏磚。

靜明等修塔造像碑　北齊天保八年（五五七）十一月廿九日　章專〇六八九

智靜造像記　北齊天保八年（五五七）十二月十三日　章專〇六九〇
跋：字作陽文，罕見。

朱氏邑人等造像記　北齊天保八年（五五七）十二月　章專〇六八七
跋：石在慶雲，北人相傳劉文清秘此以自成書派者。

魯思明等造像記　北齊天保九年（五五八）二月八日　章專〇六九一

宋敬業等造塔頌　北齊天保九年（五五八）三月六日　章專〇六九二

楊廣濟造像記　北齊天保（五五〇—五五九）　章專〇六九三

張胡仁墓記　北齊河清一年（五六二）八月十八日　章專〇六九五
跋：雪堂藏磚。

北齊造像記　北齊河清一年（五六二）八月廿日　章專〇六九六
跋："清"誤"青"。

智滿造像記　北齊河清二年（五六三）七月廿日　章專〇六九七

朱曇思等一百人造塔記　北齊河清四年（五六五）三月四日　章專〇六九八
跋：曾藏太倉姚古鳳處。

潘景暉造像碑並陰側　北齊天統一年（五六五）四月八日　章專〇一二九
跋：張仲仁贈本。

法儀優婆姨等造像記　北齊天統一年（五六五）七月十五日　章專〇一二七
跋：復初贈，未見著錄。

柴季蘭等四十餘人造四面像記並側　北齊天統一年（五六五）八月　章專〇一二八
跋：太子像最有神。石在平鄉，陳伯玉手拓。

劉僧信造像記　北齊天統二年（五六六）四月十日　章專〇七〇四

南子胤造像記　北齊天統二年（五六六）七月十五日　章專〇六九九

北齊造像記　北齊天統二年（五六六）九月八日　章專〇七〇〇
跋：姓名已泐，四面皆刻佛象，亦罕見。

宋買等二十二人造像記　北齊天統三年（五六七）四月八日　章專〇七〇二
跋：萃編"崇僊"誤"崇化""桃捧"誤"機捧"，知待校尚多。

張敬儒造浮圖並素像記　北齊天統三年（五六七）五月廿七日　章專〇七〇三

姚景等造像記　北齊天統三年（五六七）十月八日　章專〇七〇一

靜妃（光林寺尼）造像記　北齊天統四年（五六八）三月一日　章專〇七〇五

李福玉造像記　北齊天統四年（五六八）三月廿六日　章專〇六七七—三

𠪚歲墓記　北齊天統五年（五六九）四月廿六日　章專〇七〇六
跋：雪堂藏磚。

宇文長碑　北齊天統五年（五六九）八月三日　章專〇一三〇
跋：豐碑至羅氏《蒿里遺文》目始見著錄。癸酉五月得於廠肆。

道洪墓記　北齊武平一年（五七〇）十月十七日　章專〇七〇七
跋：雪堂藏磚。

李紹□造像記　北齊武平二年（五七一）五月廿日　章專〇七〇八
跋：青縣姚貴昉用舊紙所拓，"平"上似"武"字。

武平造像記　北齊武平三年（五七二）二月五日　章專〇七〇九
跋：象刻至精，福山王氏舊藏。

王福芝造像記 北齊武平三年（五七二）五月十五日 章專〇七一〇

跋：（一）文字及人名均可疑。（二）此品疑僞，不足存也。

潘文勤藏石拓本 北齊武平三年（五七二）閏十二月十六日 裱本二二六八

跋：茗理乙巳所得。（內）長洲葉緣督昌熾《語石》卷十云潘文勤藏石以崔文修誌爲第一，此冊未列入，當屬後得。宣統紀元正月檢記。（圖版四四）

逢遷造像記 北齊武平四年（五七三）十一月八日 章專〇七一一

邸明玉造像記 北齊武平五年（五七四）六月廿三日 章專〇六七七—四

邸明玉造像記 北齊武平五年（五七四）六月廿三日 章專〇七一二

跋："邛"字待考。

圓照圓光造雙像記 北齊武平六年（五七五）五月廿六日 章專〇七一三

郭季遵造像記 北齊武平六年（五七五）六月廿一日 章專〇七一四

跋：古樸可信。

合邑五十人造像記 北齊武平七年（五七六）一月十五日 章專〇一三一

跋：癸亥八月伯宛轉贈。文有"邊地衆生"云云，當出西北諸省。

慧圓道密等造像記 北齊武平七年（五七六）九月 章專〇七一五

跋：武平七年丙申十二月始改隆化，此係九月刻。

東魏北齊造像叢拓 東魏—北齊（五三四—五七七） 章專〇六六四

□文造像記 北齊（五五〇—五七七） 章專〇七一七

跋：審其書蹟當在北齊，以罕見存之。

僧族造像碑 北周天和一年（五六六）二月八日 章專〇一三四

跋：額上所鐫一人彈琵琶，一人吹笙，下列鐫像極俶詭，當有佛家故事。

苟法襲造像記 北周天和二年（五六七）六月 章專〇七二九

跋：周天和二年。未見著錄，書蹟可喜不可學。

華嶽頌 北周天和二年（五六七） 章專〇一三六

薛迴顯造像記 北周天和三年（五六八）四月八日 章專〇七三〇

跋：文無長語，書蹟精整，出士大夫手。

□妙法師碑 北周天和五年（五七〇）三月十五日 章專〇七三一

跋:文云“薨於宜州崇慶寺”,僧稱薨,罕見,宜州亦存考。蘭泉侍郎以下吴、陸、繆諸家均無其目。(圖版四五)

陶器刻文 北周天和(五六六—五七二) 章專〇七二七
(全形拓)

李元海兄弟造像碑 北周建德一年(五七二)九月十五日 章專〇一三五
跋:額上兩面均鐫奏樂狀,極可供器式之參考。壬申浴佛日檢閲。(圖版四六)

元壽安妃盧蘭墓誌並蓋 北周大象二年(五八〇)十一月廿日 章專〇七二八
跋:孫孝矩魏書無名,羅雪堂據補魏書宗室傳註。

高樹二十二人等造像記 北周大定一年(五八一)六月三十日 章專〇七二五
跋:後梁宣帝亦以大定紀元,未知孰是,但非金世宗耳。

張僧哲等造像記 北周(五五七—五八一) 章專〇六六二
跋:(一)書蹟可喜。(二)當爲元魏物,惜存半截。

北朝造像頂 北朝(三八六—五八一) 章專一四八〇
跋:云出定州塔下,佛座下有魏齊年號,未聞其詳。

朱玉成造像記 隋開皇二年(五八二)十月十五日 章專〇七三三

董暉寶等造像記 隋開皇四年(五八四)九月十五日 章專〇七三四

樊敬賢七十人等造像記並陰側 隋開皇五年(五八五)五月十日 章專〇一三七

樊敬賢七十人等造像記並陰 隋開皇五年(五八五)五月十日 章專〇七三六

夏村造像記 隋開皇五年(五八五)七月七日 章專〇七三八—一
跋:右有開皇十三年造像記,唐大中二年題名。

天宫義井記 隋開皇五年(五八五)九月十五日 章專〇七三七
跋:有開井事,有邑平正、邑老之稱,可供考據。

龍藏寺碑 隋開皇六年(五八六)十二月五日 裱本二三五二
跋:碑側罕見。甲子附裝。

董石保等造像記 隋開皇七年(五八七)一月三日 章專〇七四一

靜元造像記 隋開皇七年(五八七)九月十五日 章專〇二三五
跋:無年月,未見著録。

靜元等造像記　隋開皇七年（五八七）九月十五日　章專〇七三九

王景道造像記　隋開皇八年（五八八）四月八日　章專〇七四二

殷洪纂等造像記　隋開皇八年（五八八）八月八日　章專〇七四〇
跋：首題大隋楊主，甚奇。

郭遵道妻管妃造像記　隋開皇九年（五八九）三月廿三日　章專〇七四四

章仇氏刻佛在金棺上經　隋開皇九年（五八九）十二月　章專〇一三八
跋：舊藏本，脱上截及側紀年號，故復收之。式之。

張景略墓誌　隋開皇十一年（五九一）一月十六日　章專〇七四五
跋：古歡樓藏。

惠瑗造像記　隋開皇十二年（五九二）二月八日　章專〇七四六

羅寶奴造像記　隋開皇十三年（五九三）五月二日　章專〇七三八—二

惠雲法師墓誌　隋開皇十四年（五九四）三月十二日　章專〇七四七
跋：末行刻銘側，陳粟園藏舊拓本。

王伏榮等造像記　隋開皇十四年（五九四）六月十一日　章專〇七四八

鞏賓墓誌　隋開皇十五年（五九五）十月廿四日　章專〇七四九
跋：陳粟園藏初拓本。

陳黑闥造像記　隋開皇十六年（五九六）二月十一日　章專〇七五〇

陳茂墓碑　隋開皇十八年（五九八）十一月　章專〇一三九
跋：此石久湮，近始有拓本。王琴德萃編釋八百七十餘字，竭一日之力計可識者一千五百五十餘字，萃編不可恃，此其尤者。（圖版四七）

孟顯達碑　隋開皇二十年（六〇〇）十月廿八日　裱本二四〇七
跋：茗簃。

孟顯達碑　隋開皇二十年（六〇〇）十月廿八日　裱軸九四四

魏比丘造像記　隋開皇（五八一—六〇〇）□月十五日　章專〇七五一

道寂塔記　隋仁壽一年（六〇一）一月廿日　章專〇七五二

□孝言造像記　隋仁壽二年（六〇二）二月八日　章專〇七五四

跋：亡父殆謂亡者之父，妄作可笑。

朱脩墓誌　隋仁壽二年（六〇二）　章專〇七五五

跋：有"魏故"字，與魯政妻一刻體制相同，亦曹魏誌也。

蘇慈墓誌　隋仁壽三年（六〇三）三月七日　裱本二四〇六

跋：此碑初出土紛傳爲李仲約學士僞作。曾於錢塘汪侍郎師案頭見學士手寫此碑，全文跋語不辯，又不承故作疑陣。私謂此係文人沾沾自喜積習。仲約書道間架筆力誠足追配古人，一種蕭疏森竦之致，則時代限之，有不可同年語者，姑作此說，爲知者商之。光緒丁未十月初六日剪燈記。　刻手一刀直下，勁挺無倫，無些子做作，與元公姬夫人兩誌脗合，的係隋物，無事置疑。戊午五月廿九日記。（圖版四八）

徐道真造像記　隋仁壽三年（六〇三）九月七日　章專〇七五七

姚伯兒造像記　隋仁壽三年（六〇三）九月十日　章專〇七五六

跋：文有"邊地衆生"云云，當在塞外出土。

鞠遵及妻董氏合葬誌　隋大業二年（六〇六）一月六日　章專〇七五九

跋：葬於盧奴，盧奴今直隸定州，用筆結體與龍藏寺碑爲近。　石歸吴縣吴氏窓齋，世好顧起潛輾轉乞贈。癸酉四月既望六十九歲負翁記。（圖版四九）

李淵造像記　隋大業二年（六〇六）一月八日　章專〇七五八

跋：元代覆刻本。

楊德墓誌　隋大業四年（六〇八）十月廿一日　章專〇七六〇

跋：以文中楊彪之後知其姓。

龍華碑　隋大業四年（六〇八）　章專〇一四一

跋：據《攈古錄》題之，乙亥立秋前一日涼甚，負翁記。

寧贙墓碑　隋大業五年（六〇九）四月　裱本二三九五

呂胡墓誌　隋大業五年（六〇九）十一月十日　章專〇七六一

跋：文云漢末都亭侯布十五世孫，尚未考知何姓。　布即呂布，范書陳志傳均載封都亭侯，先考可笑。丙寅六月望。（圖版五〇）

范高墓誌　隋大業六年（六一〇）四月十七日　章專〇七六三

羊瑋墓誌　隋大業六年（六一〇）九月十五日　章專〇七六四

程氏墓誌　隋大業六年（六一〇）九月廿四日　章專〇七六二

跋："仗"字據文補，司仗見隋書后妃傳，敘年七十五，入宫時年已三十有五，知非周宫人即陳宫人也。（圖版五一）

楊秀墓誌　隋大業六年（六一〇）十月八日　章專〇七六六

跋："飛雀""游魚"皆用楊震傳事，然震字伯起，官司徒太尉，未官司空，文乃云"司空起之後"，疑莫能質也。丙寅六月十四日記。

董穆墓誌　隋大業六年（六一〇）十一月三日　章專〇七六七

跋：有"安葬大吉"字。

梁瑰墓誌　隋大業六年（六一〇）十一月廿九日　章專〇七六八

跋：文云"漢大將軍冀後"，則瑰乃梁姓。

段模墓誌　隋大業六年（六一〇）十二月五日　章專〇七六九

跋：壬戌八月廿二日雪堂分贈，茗理記。

朱氏墓誌　隋大業六年（六一〇）十二月廿日　章專〇七七〇

跋：隋書有司彩無典彩，六典在六司之上，可補史闕。

甄元□銘　隋大業六年（六一〇）　章專〇七六五

跋：此疑磚刻。

劉則墓誌並蓋　隋大業七年（六一一）四月六日　章專〇七七一

陳氏墓誌　隋大業七年（六一一）四月廿九日　章專〇七七二

跋：言司而不言所司，殆待缺者，"別房"疑"病坊"之類。

李氏墓誌　隋大業七年(六一一)五月廿二日　章專〇七七三

跋：隋書尚寢有掌扇傘燈燭者，司燈即所屬也。

陳叔毅修孔子廟碑　隋大業七年（六一一）七月二日　章專〇一四〇

跋：文中名句絡繹，隸法疑從漢夏丞等碑出。

元鍾墓誌並蓋　隋大業七年（六一一）十月廿一日　章專〇七七四

孟孝敏妻劉氏墓誌　隋大業八年（六一二）二月廿二日　章專〇七七五

跋：土工副監乃孝敏父官。

何氏墓誌　隋大業八年（六一二）二月廿二日　章專〇七七六

跋：年十有六，當從煬帝時入宫，金谷屯當是離宫所在地。

蕭氏墓誌　隋大業八年（六一二）七月廿五日　章專〇七七九

跋:此殆無職掌者,故歿以六品禮葬之。

□喑及妻趙氏墓誌 隋大業八年(六一二)十一月十四日 章專〇七八〇

跋:曠年即東漢鉅鹿郡廣年縣,今直隸永年縣。 大業六年值庚午,誌云歲在壬申,疑不能明也。(圖版五二)

陳氏墓誌 隋大業九年(六一三)一月十六日 章專〇七七八

跋:外患坊當即當時病坊之名。

蕭球墓誌 隋大業九年(六一三)二月十六日 章專〇七八二

跋:昭明太子曾孫,仕於隋朝。

姜明墓誌 隋大業九年(六一三)二月廿八日 墓誌六〇九九

張業墓誌 隋大業九年(六一三)二月廿八日 章專〇七八一

姚太墓誌 隋大業十年(六一四)八月十九日 章專〇七八三

跋:云“前虞之苗,後秦之裔”,則姚其姓也。

姜氏墓誌 隋大業十一年(六一五)一月十六日 章專〇七八七

跋:隋書有司樂無典樂,當隸於六尚中尚儀之下。

崔玉墓誌 隋大業十一年(六一五)一月廿七日 章專〇七八八

明雲騰墓誌 隋大業十一年(六一五)二月九日 章專〇七八六

跋:隋制置縣令,丞尉之下有正,見百官志,此誌結銜是也。

嚴元貴墓誌 隋大業十一年(六一五)三月五日 章專〇七八九

伍道進墓誌 隋大業十一年(六一五)三月十四日 章專〇七九〇

跋:書蹟高秀無倫。

蕭濱墓誌 隋大業十一年(六一五)四月廿三日 章專〇七八四

跋:銘後綴文四句,在可解不可解之間。

田氏墓誌 隋大業十一年(六一五)六月五日 章專〇七九一

跋:採女三十七員,見隋書。

曹海凝墓誌並蓋 隋大業十一年(六一五)六月十五日 章專〇七九二

跋:此石新出,與已佚之常醜奴誌如出一手,可寶、可寶。

曹海凝墓誌並蓋;楊神威墓誌 隋大業十一年(六一五)六月十五日 裱本二三五七

跋:(一)與常醜奴誌如出一手,癸亥正月得之。(二)唐楊神威誌意境相同,因附裝於後。甲子三月。

元智妻姬氏墓誌 隋大業十一年(六一五)八月廿四日 裱本二三五四
跋:已斷本。(内)此二碑爲包世臣氏所劇賞。乙亥歲見一本,椎拓極精,後爲武進費氏所得。今春道出申江,於族叔碩卿案頭又見一本,神採□□,較前見本乃勝,便坐借觀,至今心醉。此本不全而筆意尚可見,篝燈細勘,擇其尤者表而出之。甲午四月堅孟記。 近見兩誌全文,擬臨寫缺字,乃下筆無一是者,心煩手倦,得半而止,殊自哄也。庚申四月二十九日。(圖版五三)

程諧墓誌並蓋 隋大業十一年(六一五)十月廿六日 章專〇七八五
跋:蓋文第六字存疑,端氏今澤州沁水縣地。

蕭沆墓誌 隋大業十一年(六一五)十一月十四日 章專〇七七七
跋:"沆"音苟起切,父瑾,葬九年,另有誌,此誌文字均勝。庚午七月記。

李元墓誌 隋大業十二年(六一六)二月三日 章專〇七九五
跋:文有徐庾餘韻。

楊厲墓誌 隋大業十二年(六一六)七月十八日 章專〇七九四
跋:新出土,陽湖董氏精拓寄贈。

王世琛墓誌 隋大業十二年(六一六)七月三十日 章專〇七九六
跋:書蹟安雅中攸,文情淒咽,不得以尋常誌文例之。

楊氏墓誌 隋大業十二年(六一六)八月四日 章專〇七九七
跋:司言隋書屬尚宫局。"北邙"作"望",罕見。

卞鑑墓誌並蓋 隋大業十二年(六一六)十月二日 章專〇七九八

張浚墓誌 隋大業十二年(六一六)十月二日 章專〇七九九
跋:"簿"古作"薄",石刻屢見。

唐直墓誌 隋大業十二年(六一六)十月廿六日 章專〇八〇〇

宋永貴墓誌並蓋 隋大業十二年(六一六)十一月廿一日 章專〇七九三
跋:陳粟園舊藏,《八瓊室金石補正》有考釋。

杜君妻鄭善妃墓誌 隋大業十三年(六一七)十月七日 章專〇八〇一
跋:"逝於宫城内史省"五(七)字當考,書蹟是董美人誌一派。

義寧二年造像記 隋義寧二年(六一八)三月十九日 章專〇八〇二
跋:刻象可玩,附者年號不可辨。

王明府墓誌並蓋　隋（五八一—六一八）　章專〇八〇三
跋：銘文待考。

趙朗造像記　隋（五八一—六一八）　章專一四八七
跋：年號已泐，亦齊隋間刻文。

趙敬僊造像記　隋（五八一—六一八）　章專一四九〇

五朱泉範　附隋（五八一—六一八）　章專一五二三
跋：《古泉彙》收五朱云：民利古錢多銅，翦其輪郭，所餘甚輕小。又引彙考云其初翦輪爲之，其後竟特鑄此種小錢，此範可以證成彙考之說。式之。（圖版五四）

富邊宜墓誌　年代不詳（ —六一八）　章專一四九五

李□粎篆字殘石　年代不詳（ —六一八）　章專一四九六

韋匡伯墓誌並蓋　鄭開明二年（六二〇）七月廿□日　章專一九九〇

觀音寺碣　唐武德五年（六二二）　章專〇八〇四

盧文構妻李月相墓誌　唐武德八年（六二五）十二月廿五日　章專一五五〇
跋：疑李姓。

宗聖觀碑　唐武德九年（六二六）二月十五日　章專〇一四二

崔長先墓誌　唐武德九年（六二六）二月廿三日　章專一五五一
跋：誌蓋已失，漢崔駰官長岑令，故補其姓長。

孔子廟堂碑　唐武德九年（六二六）十二月九日　裱本二一五一
跋：四十年前見於蘇市，難得之至。己巳收於津市，重裝因記。　芳堅館題此本揚詡者至矣，爲錄一過。壬申十一月長洲章鈺織女橋寓齋記。（圖版五五）

崔誌墓誌　唐貞觀一年（六二七）二月廿九日　章專一五五二

段君妻張女羑墓誌　唐貞觀二年（六二八）十一月七日　章專一五五三
跋：四月景子朔，通鑑目錄則爲丁丑。戊子爲貞觀二年，十一月癸卯朔，與通鑑目錄合。（圖版五六）

寶室寺鐘銘　唐貞觀三年（六二九）五月廿九日　裱本二四〇一
跋：嚴東有或作冬友在關中一日遊其寺，見寺壁甚厚，以石擊之，鏗然有聲，破而得此，遂拓以歸。唐世鐘銘以景龍爲最先，此又在景龍前，語見趙懷玉《亦有生齋集》。戊申八月二十九日。（圖版五七）

房彥謙碑陰及側　唐貞觀五年（六三一）三月二日　章專〇八〇五

張纂妻趙氏墓誌　唐貞觀六年(六三二)五月廿九日　章專〇八〇八

跋:"戚"乃"張"字之誤。丙寅六月十六日坐雨校記。粟園藏過。

賈通墓誌　唐貞觀七年(六三三)六月十四日　章專一五五四

跋:隋亡不仕,伊人可懷。

張明墓誌　唐貞觀七年(六三三)七月廿四日　章專一五五五

□遠墓誌　唐貞觀七年(六三三)十月廿八日　章專一五五六

解深墓誌　唐貞觀八年(六三四)一月廿一日　章專一五五七

張岳墓誌　唐貞觀八年(六三四)三月四日　章專一五五八

韓仁師墓誌　唐貞觀八年(六三四)五月三十日　章專〇八〇七

跋:書勢極似虞書汝南公主誌,安知不出永興手也。

孫隆墓誌　唐貞觀八年(六三四)十一月廿八日　章專一五五九

太倉粟窖磚刻　唐貞觀八年(六三四)十二月廿日　章專〇八〇六

跋:此貞觀八年所刻,與二十三年和糴窖文同,已佚去,見近人毛鳳枝《關中金石存逸考》所列職官,大者在後,小者在前,當時公家文字類如此也。"石"作"碩"或可解,"遷"乃"千"字之代真罕見也。

美人賦　唐貞觀九年(六三五)四月十六日　善拓五三九

跋:宋紙宋拓,未審所出,戊午六月茗理記。(內)"台州市房務抵當庫記"一印,覃溪跋,代州馮氏藏。淳化閣帖殘本亦有之。淳化無此賦而此賦有此印,所出未詳,記以俟考。戊午九月廿二日鈺識。(圖版五八)

蔣玄符墓誌　唐貞觀十年(六三六)十月十七日　章專一五六〇

王玉兒墓誌　唐貞觀十年(六三六)十一月四日　章專一五六一

李氏(汝南公主)墓誌　唐貞觀十年(六三六)十一月十六日　章專一五六二

跋:篋有明拓本,分行不同,末無"丁亥朔十六日"六字。

王護墓誌　唐貞觀十一年(六三七)二月廿九日　章專一五六三

羅君副墓誌　唐貞觀十一年(六三七)八月廿一日　章專一五六五

唐遜妻柳婆歸墓誌　唐貞觀十二年(六三八)閏二月廿七日　章專一五六六

張琮墓碑 唐貞觀十三年（六三九）二月十一日 章專〇一四三

順禪師塔銘 唐貞觀十三年（六三九）二月廿二日 章專〇八一〇

蕭琮妻蔡氏墓記 唐貞觀十三年（六三九）五月四日 章專〇八〇九
跋：磚藏上虞羅氏。

張君妻秦祥兒墓誌 唐貞觀十四年（六四〇）一月十七日 章專一五六七

姜行本紀功碑 唐貞觀十四年（六四〇）六月廿五日 章專〇一四四
跋：全拓舊本雪堂謂不易得，故復收之。壬戌。

姜行本紀功碑 唐貞觀十四年（六四〇）六月廿五日 章專〇一四五
跋：此碑於光緒六年在鮑詠西世丈所見，朱拓本，係令子賦芹太守從軍喀式喀爾就近從巴里坤拓歸，今改卌年矣。庚申五月十四日酷暑記。（圖版五九）

魏君妻雷氏墓誌 唐貞觀十四年（六四〇）十一月三日 章專一五六八

孟保同墓誌 唐貞觀十四年（六四〇）十一月九日 章專〇八一一
跋：紀年數目字作大寫，罕見。

于孝顯碑 唐貞觀十四年（六四〇）十一月十日 裱本二三〇一
跋：茗理簃藏本。

高昌王造像碑並陰 高昌（ —六四〇） 章專〇一三二
跋：羅雪堂有詳跋。出吐魯番，流傳甚罕，此陳堯齋方伯官新疆藩司時拓本。辟地在津，因以見贈。 羅叔言參事據以補所撰《西陲石刻錄》。（圖版六〇）

慧靜塔銘 唐貞觀十五年（六四一）四月廿三日 章專〇八一二

薄氏墓誌並蓋 唐貞觀十五年（六四一）五月廿五日 章專一五六九

侯君妻劉氏墓誌 唐貞觀十五年（六四一）十月九日 章專一五七〇

伊闕佛龕碑 唐貞觀十五年（六四一）十一月 裱本二二六一
跋：梅祖庵藏，茗簃借臨。（內）後五十年丁巳三月見棱伽舊藏本，因錄題句。

杜榮墓誌 唐貞觀十五年（六四一）十二月十五日 章專一五七一

劉粲墓誌 唐貞觀十六年（六四二）六月廿五日 章專一五七三

張孝緒墓誌　唐貞觀十六年（六四二）九月廿七日　章專一五七四
跋：字與北朝近。隋大將軍入唐改縣令，仍以大將軍入銜。

迴論師塔記　唐貞觀十六年（六四二）十月十日　章專〇八一三

劉政及妻董氏墓誌　唐貞觀十六年（六四二）十一月廿日　章專一五七五
跋：化隆今甘肅西寧縣治。銘文當在石側，此未全。

姚孝寬墓誌　唐貞觀十七年（六四三）十月廿七日　章專一五七六

馬志道墓誌並蓋　唐貞觀十七年（六四三）十二月廿八日　章專一五七七

大智塔記　唐貞觀十八年（六四四）四月十二日　章專〇八一四

姚暢墓誌　唐貞觀十八年（六四四）八月十九日　章專一五七八

崔法師龕銘　唐貞觀十八年（六四四）十一月十五日　章專〇八一五

大申優婆夷塔記　唐貞觀十九年（六四五）二月八日　章專〇八一六

大雲塔銘　唐貞觀十九年（六四五）六月十□日　章專〇八一七

霍漢墓誌　唐貞觀十九年（六四五）六月廿五日　章專一五七九

董君妻任氏墓誌　唐貞觀十九年（六四五）七月十八日　章專一五八〇
跋：初唐精品。

宋君妻斑氏墓誌　唐貞觀二十年（六四六）二月廿七日　章專一五八一

靜感塔記　唐貞觀二十年（六四六）三月廿一日　章專〇八一八

張君妻齊氏墓誌　唐貞觀二十年（六四六）五月十一日　章專一五八二

尹貞墓誌　唐貞觀二十年（六四六）五月廿九日　章專一五八六
跋：此誌爲潢匠遺失，忽然遇之，極可喜，文書均初唐佳品。

李護墓誌　唐貞觀二十年（六四六）六月一日　章專一五八五
跋：首行直起，貞觀年間"世"字不改寫。

楊士達墓誌並蓋　唐貞觀二十年（六四六）七月十二日　章專一五八四

傅叔墓誌並蓋　唐貞觀二十年（六四六）十月十四日　章專一五八九

跋:葬唐貞觀廿年。葬時入唐將卅年,仍題隋代,古人不沒其實也。妻梁歿唐,並傳君而唐之,何耶。

孫伯悅塔記 唐貞觀二十年(六四六)十月十五日 章專〇八一九
跋:唐貞觀造刻。

段師墓誌 唐貞觀二十年(六四六)十一月二日 章專一五八三
跋:殷州當今四川宜賓縣,此誌首行失姓。

宇治橋斷碑 日本大化二年(六四六) 裱軸八五六
(日本)

徐純墓誌 唐貞觀□年(六二七—六四六)十一月十六日 章專一五六四
跋:葬年剗損,"貞觀"二字尚可見。書蹟婉潤,尤便初學。

元質墓誌 唐貞觀廿一年(六四七)四月六日 章專一五八七
跋:磚刻不禁重椎,癸亥三月周養安手拓以贈。

慧休塔銘 唐貞觀廿一年(六四七)四月八日 章專〇八二〇

萬德墓誌 唐貞觀廿一年(六四七)六月五日 章專一五九〇
跋:以他石改鐫。

孔長寧墓誌 唐貞觀廿一年(六四七)八月廿八日 章專一五九一

康婆墓誌 唐貞觀廿一年(六四七)九月一日 章專一五八八
跋:康國王之後歸唐,婆名甚新,足與馮婦徐夫人並舉,爲男以女名者之談助。式之。甲子記。(圖版六一)

張育墓誌 唐貞觀廿二年(六四八)二月廿一日 章專一五九二

段儼妻李氏墓誌 唐貞觀廿二年(六四八)三月廿二日 章專一五九六
跋:石在吾吳,此摹本備數。

張行滿墓誌 唐貞觀廿二年(六四八)四月廿三日 章專一五九三
跋:疑張姓。

丘蘊墓誌 唐貞觀廿二年(六四八)六月廿三日 章專一五九四

張通墓誌 唐貞觀廿二年(六四八)七月廿七日 章專一五九五

關英墓誌 唐貞觀廿三年(六四九)三月十一日 章專一五九七

楊昭墓誌 唐貞觀廿三年(六四九)三月十七日 章專一五九八

劉君妻楊成其墓誌　唐貞觀廿三年（六四九）六月十八日　章專一五九九

李良墓誌　唐貞觀廿三年（六四九）七月十八日　章專一六〇〇

王文鷟妻趙氏墓誌　唐貞觀廿三年（六四九）九月四日　章專一六〇一

董柱墓誌　唐貞觀廿三年（六四九）十一月廿日　章專一六〇二

斛斯達墓誌　唐貞觀廿三年（六四九）十二月三日　章專一六〇三

樂達墓誌並蓋　唐永徽一年（六五〇）四月廿九日　章專〇八二二
跋：蓋文直書姓名，罕見。

樊興墓碑　唐永徽一年（六五〇）七月九日　章專〇一四六

張藥墓誌　唐永徽一年（六五〇）十一月一日　章專〇八二一
跋：父名藥子。羅目定張姓。

湯君妻傷大妃墓誌　唐永徽二年（六五一）一月十五日　章專〇八二四

潘卿墓誌　唐永徽二年（六五一）一月廿七日　章專〇八二三

張義墓誌並蓋　唐永徽二年（六五一）八月廿三日　章專〇八二五

楊藝墓誌　唐永徽二年（六五一）九月十六日　章專一六〇四

牛君妻申好墓誌並蓋　唐永徽三年（六五二）二月十日　章專一六〇六

皇甫德相墓誌　唐永徽三年（六五二）六月四日　章專一六〇七

王則墓誌　唐永徽三年（六五二）十月一日　章專一六〇五
跋：以葬年入題，誌體所罕見。雪堂題爲王則。

趙安墓誌　唐永徽三年（六五二）十月十三日　章專一六〇八

魏德墓誌　唐永徽三年（六五二）十月廿五日　章專一六〇九

劉建墓誌　唐永徽三年（六五二）十一月十九日　章專一六一〇
跋：以女及孫入誌，亦可入《金石例》也。書蹟佳。

張欽墓誌　唐永徽三年（六五二）十二月一日　章專一六一二

跋:“蘭儀無歇,玉度長存”八字極雋雅。壬申五月晦記。

張洛墓誌　唐永徽四年(六五三)一月廿一日　章專一六一一

劉普曜墓誌　唐永徽四年(六五三)二月十四日　章專一六一三

劉裕墓誌　唐永徽四年(六五三)二月廿日　章專一六一四
跋:與寄奴同姓名,不知何所取也。

梁有意墓誌　唐永徽四年(六五三)二月廿七日　章專〇八二七

顔人墓誌　唐永徽四年(六五三)三月十日　章專一六一五

張逸墓誌　唐永徽四年(六五三)三月廿一日　章專一六一六

安延墓誌　唐永徽四年(六五三)四月廿八日　章專一六一七

李智墓誌　唐永徽四年(六五三)五月十日　章專一六一八

楊逸墓誌　唐永徽四年(六五三)六月廿六日　章專一六一九

周藻墓誌　唐永徽四年(六五三)七月廿三日　章專一六二〇

劉攬墓誌　唐永徽四年(六五三)八月三日　章專一六二一

史君妻田氏墓誌　唐永徽四年(六五三)八月十一日　章專一六二二

曹氏墓誌　唐永徽四年(六五三)八月廿一日　章專一六二三

何盛墓誌　唐永徽四年(六五三)八月廿三日　章專一六二四

三藏聖教序　唐永徽四年(六五三)十月十五日　章專〇一四七

段會墓誌　唐永徽四年(六五三)十二月十九日　章專〇八二六

段會墓誌　唐永徽四年(六五三)十二月十九日　章專一六二五
跋:此與夫人呂氏合葬誌。

慧登塔記　唐永徽五年(六五四)一月二日　章專〇八二九

趙嘉墓誌　唐永徽五年(六五四)二月廿一日　章專一六二六

王素墓誌　唐永徽五年（六五四）二月三十日　章專一六二七

王才墓誌　唐永徽五年（六五四）三月廿四日　章專一六二八

顔相墓誌　唐永徽五年（六五四）四月廿七日　章專一六二九

萬年宮銘　唐永徽五年（六五四）五月十五日　章專〇一四八

侍肅墓誌　唐永徽五年（六五四）閏五月廿八日　章專一六三〇
跋：戊午九月，中牟倉澹庵手拓見貽。

席泰墓誌　唐永徽五年（六五四）七月廿九日　章專一六三一
跋：書撰均初唐上駟。

姬推墓誌　唐永徽五年（六五四）八月十七日　章專一六三二
跋：永徽五年值甲寅，誌誤癸丑。

楊貴墓誌　唐永徽五年（六五四）九月廿五日　章專一六三三
跋：文書並美。

李強墓誌　唐永徽六年（六五五）一月十一日　章專一六三四

王寬墓誌　唐永徽六年（六五五）二月九日　章專一六三五
跋：羅目"竟"作"寬"。其妻合葬，特附誌後不別誌，此石其例也。

房基墓誌　唐永徽六年（六五五）二月廿日　章專一六三六

吕君妻張須摩墓誌　唐永徽六年（六五五）三月　章專一六三七

桓彦墓誌　唐永徽六年（六五五）五月三日　章專一六三八
跋：書蹟可悟北朝至唐轉關處。

黄羅漢墓誌　唐永徽六年（六五五）七月一日　章專一六三九
跋：唐以"永"字建元者凡六，惟永徽有六年，是"永"下脱字乃"徽"字也。（圖版六二）

王惠墓誌　唐永徽六年（六五五）十月廿四日　章專一六四〇
跋：以祖謚標題，卒於隋大業，葬於唐永徽。

張義墓誌　唐永徽六年（六五五）十一月六日　章專一六四一

徐君通墓誌　唐永徽六年（六五五）十二月十一日　章專一六四二

高儼仁墓誌　唐永徽六年（六五五）十二月廿五日　章專一六四三

牛和祚妻王氏造像記　唐顯慶一年（六五六）五月六日　章專〇八三〇

韓長墓誌　唐顯慶一年（六五六）六月廿一日　章專一六四四
跋：邙山初出，名已鑱損不可識。

賈統墓誌　唐顯慶一年（六五六）六月廿七日　章專一六四五

車詵墓誌　唐顯慶一年（六五六）九月十一日　章專一六四六
跋：題銜諱當可法。

郭君妻張某墓誌　唐顯慶一年（六五六）九月廿一日　章專一六四七
跋：誌文稱諱某，他誌無似此者。

程鷩墓誌　唐顯慶一年（六五六）十二月十二日　章專一六四八

王段墓誌　唐顯慶二年（六五七）一月十四日　章專一六五七

元則墓誌　唐顯慶二年（六五七）三月八日　章專一六四九

段秀墓誌　唐顯慶二年（六五七）三月廿一日　章專一六五〇
跋：舊誌磨刻，四周存字尚多。

王立墓誌　唐顯慶二年（六五七）六月三日　章專一六五一
跋：妻早卒吴山官署，立解官未攜柩歸，故歿而招魂合葬之。

慧澄塔記　唐顯慶二年（六五七）七月八日　章專〇八三一

絳綱墓誌　唐顯慶二年（六五七）七月十六日　章專一六五二
跋：絳氏爲渴侯所改，見魏書官氏志。

王玄墓誌　唐顯慶二年（六五七）九月十七日　章專一六五三
跋：十一世祖珦，則玄乃王姓，既署行以議年，與漢書義異。

李信墓誌　唐顯慶二年（六五七）十一月六日　章專一六五四
跋：松鄰極重之，以重分見贈。

姚忠節墓誌　唐顯慶二年（六五七）十一月廿二日　章專一六五五
跋：文云“居職纍載”而以處士題之，未審所謂。

三藏聖教序並記　唐顯慶二年（六五七）十二月十五日　章專〇一四九

跋:世重"雁塔""同州"二刻,其實行滿書亦豈易及。

支懷墓誌　唐顯慶二年(六五七)十二月十九日　章專一六五六
跋:與顯慶四年一石文同。細揣字蹟,多搔頭弄姿處,疑此爲僞作。丙寅三月十九日校記。

張優婆夷塔記　唐顯慶三年(六五八)一月四日　章專〇八三二
跋:出家女造塔。

高達墓誌並蓋　唐顯慶三年(六五八)一月廿三日　章專一六五八

曹君妻慕容麗墓誌　唐顯慶三年(六五八)一月廿三日　章專一六五九

妙信塔記　唐顯慶三年(六五八)二月八日　章專〇八三三

妙德塔記　唐顯慶三年(六五八)二月八日　章專〇八三四

信法寺彌陀像碑　唐顯慶三年(六五八)四月八日　章專〇一五〇

正信塔記　唐顯慶三年(六五八)四月八日　章專〇八三五

李靖碑　唐顯慶三年(六五八)五月　善拓五五五

馬壽墓誌　唐顯慶三年(六五八)九月十八日　章專一六六〇

爨君妻張端墓誌　唐顯慶三年(六五八)九月廿三日　章專一六六一

王公塔銘　唐顯慶三年(六五八)十月十二日　章專〇八三七
跋:"說罄"下十一行完好,極可珍。
(清初拓)

楊道綱墓誌　唐顯慶三年(六五八)十月廿三日　章專一六六二

暴賢墓誌　唐顯慶三年(六五八)十月廿四日　章專一六六三
跋:羅目定暴姓。

杜延基妻薛瑤華墓誌　唐顯慶三年(六五八)十二月一日　章專一六六四
跋:文書均初唐之佳者,或以僞刻目之傎矣。

慧雲塔記　唐顯慶三年(六五八)十二月八日　章專〇八三六

張達妻李氏墓誌　唐顯慶四年(六五九)二月二日　章專一六六五

成願壽墓誌 唐顯慶四年（六五九）三月廿五日 章專一六六六
跋：卒王世充開明元年，即唐武德二年，其妻耆壽，受唐封縣君。

張安都墓誌 唐顯慶四年（六五九）四月三日 章專一六六七

季君妻王摩墓誌 唐顯慶四年（六五九）五月廿六日 章專一六六八
跋：文曰女於李氏，疑非正嫡，故亦不及其夫名諱，曰瘞亦輕辭。

支懷墓誌 唐顯慶四年（六五九）七月九日 章專一六六九
跋：記卒以年號，記葬以干支，與吉懷惲誌同。有僞造一石。

田通墓誌 唐顯慶四年（六五九）七月十日 章專一六七〇
跋：末行另記年月爲異。此當時體，屢見，上說誤。

豆盧遜墓誌 唐顯慶四年（六五九）八月廿八日 章專〇八三八
跋：粟園藏本。

董明墓誌 唐顯慶四年（六五九）十月廿七日 章專一六七一
跋："董"誤書"張"。

范信墓誌 唐顯慶四年（六五九）十月三十日 章專一六七二

皇甫弘敬墓誌 唐顯慶四年（六五九）十月三十日 章專一六七三

蕭君妻柳氏墓誌 唐顯慶五年（六六〇）二月十三日 章專一六七四

蕭君妻袁客仁墓誌 唐顯慶五年（六六〇）二月十三日 章專一六七五
跋：篋中曾有殘誌，審係□□□□□只有此一紙，檢出一校，即此誌之後半也。辛酉十一月初八日記。疑係兩石，此爲前半，未及年月，姑列隋代。 辛酉十一月，叔言贈誌二百餘種，中有蕭公夫人袁客仁誌，知即此石之前半也。離而復合，爲之驚喜欲狂。初八日記。 當係兩面刻，此其後半。（圖版六三）

樊寬墓誌 唐顯慶五年（六六〇）二月十三日 章專一六七六
跋：子先卒，三女造墓銘之事極可風。 此鄉先達吳窓齋中丞藏石，有蓋，四字曰"樊公墓誌"。此拓失其蓋也。丙寅六月望。（圖版六四）

任素墓誌 唐顯慶五年（六六〇）四月廿七日 章專一六八三

關預仁妻茹氏墓誌 唐顯慶五年（六六〇）九月四日 章專一六七七

高德墓誌 唐顯慶五年（六六〇）十月三日 章專一六七八

許行師墓誌並蓋 唐顯慶五年（六六〇）十一月廿三日 章專一六七九

跋:標題在末行而非左行,誌體中僅見。

孫君妻祖氏墓記　唐顯慶六年(六六一)一月廿四日　章專〇八三九
跋:又開元廿六年磚誌。

張武墓誌　唐顯慶六年(六六一)二月七日　章專一六八〇
跋:顯慶五年之明年乃龍朔元年。

朱琳墓誌　唐顯慶六年(六六一)二月八日　章專一六八一
跋:卒年顯慶辛酉即龍朔元年。羅目作諱"琳",殘未若此之甚也。

王敏墓誌　唐顯慶六年(六六一)二月十九日　章專一六八二

王寬墓誌　唐龍朔一年(六六一)三月十九日　章專一六八四
跋:羅目作王寛。

奇長墓誌並蓋　唐龍朔一年(六六一)四月九日　章專一六八五
跋:此姓可當奇姓矣。

王朗及妻魏氏合葬誌　唐龍朔一年(六六一)四月廿一日　章專一六八六

侯君妻譚二娘墓誌　唐龍朔一年(六六一)八月廿一日　章專一六八七

竹妙墓誌　唐龍朔一年(六六一)九月廿三日　章專一六八八
跋:文書雙絕,足與姬夫人、董美人鼎足而三。

爨君墓誌　唐龍朔一年(六六一)十月八日　章專一六八九

房寶子墓誌　唐龍朔一年(六六一)十月十一日　章專一六九〇
跋:寶子字子寶,此名字相應之最奇特者。

郭壽墓誌　唐龍朔一年(六六一)十月十一日　章專一六九一

張興墓誌　唐龍朔一年(六六一)十月廿三日　章專一六九二

張士高墓誌　唐龍朔一年(六六一)十月廿三日　章專一六九三
跋:兩面刻,書蹟似魏,爲唐誌別調。

王積善墓誌　唐龍朔二年(六六二)三月廿五日　章專一六九四
跋:撰者以五十七稱壯齒,不肖屆是年矣,惟奉宋賢不學則老而衰之說以自策也。辛酉十一月初八日記。(圖版六五)

劉君妻賈令珪墓誌　唐龍朔二年（六六二）四月十四日　章專一六九五

張伯通墓誌　唐龍朔二年（六六二）四月十四日　章專一六九六

侯君妻竇氏墓誌　唐龍朔二年（六六二）五月廿六日　章專一六九七

董氏墓誌　唐龍朔二年（六六二）六月二日　章專一六九八

跋：題稱共城縣，不出姓氏，讀文知所適爲爾朱氏。

張禮墓誌　唐龍朔二年（六六二）六月廿七日　章專一六九九

跋：撰書皆佳，拓手不緻。

索玄墓誌　唐龍朔二年（六六二）七月廿二日　章專一七〇〇

宫君妻秦沖墓誌　唐龍朔二年（六六二）八月十日　章專一七〇一

皇甫相貴墓誌　唐龍朔二年（六六二）九月四日　章專一七〇二

辛驥墓誌並蓋　唐龍朔二年（六六二）十一月十七日　章專一七〇四

跋：崔行功文後半刻於蓋石四周。

趙氏造像記　唐龍朔三年（六六三）一月七日　章專〇一五一

跋：右側女形當即趙氏。

趙敬造像記　唐龍朔三年（六六三）一月七日　章專〇八四一

跋：側鐫七言四句，極罕見，倉澹庵手拓與元美。

孫君妻宋氏墓誌　唐龍朔三年（六六三）二月十二日　章專一七〇五

杜君綽墓碑　唐龍朔三年（六六三）二月　裱本二四〇五

跋：高正臣書三碑之一，此冊殘缺錯亂，姑以充數。式之。

段文會墓誌　唐龍朔三年（六六三）四月二日　章專一七〇六

鄧威墓誌　唐龍朔□年（六六一—六六三）四月三日　章專一七〇八

（同州）聖教序　唐龍朔三年（六六三）六月廿三日　裱本二二八八

跋：戊申十二月得於吳下。（内）山民得意藏品，輒作小畫附於卷耑，此其一也。戊午五月二十九日檢記。（圖版六六）

張君妻程令秀墓誌　唐龍朔三年（六六三）八月廿一日　章專一七〇七

道因法師碑　唐龍朔三年（六六三）十月十日　　襪本二二八一

跋：（内）此碑純用隸法，結體險而不剽，雖出李唐，頗有北朝氣境。譬諸文則臨川，譬諸詩則山谷也。碑文尤雄邁，非多寶、玄秘所及。堅孟識。（圖版六七）

李英墓誌　唐龍朔□年（六六一——六六三）十□月五日　　章專一五七二

袁相墓誌　唐龍朔□年（六六一——六六三）十二月十□日　　章專一七〇三

劉仁願墓碑　唐龍朔三年（六六三）　　章專〇一五二

跋：雪堂募工拓於朝鮮。

（朝鮮）

李文及妻劉氏墓誌　唐麟德一年（六六四）二月十八日　　章專〇八四五

跋："戒律"之"戒"、"八十有二"之"有"未泐，方屬舊拓，吳縣劉禧延說。癸酉十二月二十日。式之。（圖版六八）

邊師墓誌並蓋　唐麟德一年（六六四）二月廿四日　　章專一七〇九

王才及妻毛氏合葬誌　唐麟德一年（六六四）三月十三日　　章專一七一〇

宋璋墓誌　唐麟德一年（六六四）七月廿七日　　章專一七一一

跋：晏城今何地待考。

孟師墓誌　唐麟德一年（六六四）十一月二日　　章專一七一二

跋：亞聖之後尚稱騶人。

梁秀墓誌　唐麟德一年（六六四）十一月五日　　章專一七一三

跋：春秋九十二，妻曹氏九十七。

段蹟妻藺氏墓誌　唐麟德一年（六六四）十一月五日　　章專一七一四

王君墓誌並蓋　唐麟德一年（六六四）十二月十一日　　章專一七一五

惠仁寶造像記　唐麟德二年（六六五）九月十日　　章專〇八四三

跋：王韶九藏石。

趙仁表墓誌並蓋　唐麟德二年（六六五）十月四日　　章專〇八四四—一

跋：刻磚爲之，戊午出土，拓本極可珍貴，松鄰所贈。　仁表係磚誌，已歸武進董氏。老友吳松鄰手拓一本以贈。忽從洛陽賈人得此紙，遂有劍合之喜。辛酉二月鈺記。（圖版六九）

趙仁表墓誌蓋　唐麟德二年（六六五）十月四日　　章專〇八四四—二

（僞）

員照師塔記　唐乾封一年（六六六）二月八日　章專〇八四六

顔仁楚墓誌並蓋　唐乾封一年（六六六）二月廿三日　章專二〇二八
跋：書蹟寬博可喜。

許士端墓誌　唐乾封一年（六六六）五月十九日　章專一七一六
跋：入唐不仕，書蹟秀邁，羅目未載。

于志寧碑　唐乾封一年（六六六）十一月　裱本二二六二
跋：癸酉夏裝。

董榮墓誌　唐乾封二年（六六七）八月十四日　章專〇八四七
跋：隋官入唐不仕。

王和墓誌　唐乾封二年（六六七）十月廿二日　章專一七一七

張仁墓誌　唐乾封二年（六六七）十月廿二日　章專一七一八

段儉妻李弟墓誌　唐乾封二年（六六七）十月廿八日　章專一七一九

郭君墓碑　唐乾封二年（六六七）十一月廿八日　章專〇八四八
跋：據碑額題署，《山右石刻叢編》存廿一行，此缺更多。

郭君墓碑　唐乾封二年（六六七）十一月廿八日　裱本二三四四
跋：較萃編缺者更多，蘇齋謂用褚法，所未喻也。

婁敬墓誌　唐乾封二年（六六七）閏十二月十七日　章專一七二〇
跋：與漢奉春君同姓名。

謝通墓誌　唐乾封二年（六六七）閏十二月十七日　章專一七二一

張朗墓誌　唐乾封二年（六六七）閏十二月廿七日　章專一七二二

張對墓誌　唐乾封三年（六六八）一月廿五日　章專〇八四九
跋：乾封三年即總章元年，葬以正月，改元在十一月。劉燕庭拓贈陳粟園。

張彦墓誌並蓋　唐乾封三年（六六八）一月廿五日　章專一七二三
跋：蓋字頗雄偉可觀。

延慶道場碑　唐乾封三年（六六八）　章專〇一五三
跋：上造像往往失拓，此墨本亦較近拓清朗。

苻君母張曜本墓誌 唐總章一年（六六八）二月三十日 章專一七二四

張德墓誌 唐總章一年（六六八）三月十二日 章專一七二五

孫處信墓誌 唐總章一年（六六八）五月十九日 章專一七二六

彭義墓誌 唐總章一年（六六八）七月廿四日 章專一七二七

趙師墓誌 唐總章一年（六六八）十月十九日 章專一七二八

李泰墓誌 唐總章一年（六六八）十一月二日 章專一七三〇

王德墓誌 唐總章二年（六六九）二月十一日 章專一七三二

唐仁軌墓誌 唐總章二年（六六九）二月廿三日 章專一七三一

范彥墓誌 唐總章二年（六六九）二月廿四日 章專一七三三
跋：文書俱美。

王令墓誌 唐總章二年（六六九）三月廿八日 章專一七三四

康達墓誌 唐總章二年（六六九）七月八日 章專一七三五

趙義墓誌 唐總章二年（六六九）九月廿六日 章專一七三六

道安塔記 唐總章三年（六七〇）二月十五日 章專〇八五〇
跋：總章三年即咸亨元年。

杜善榮妻張氏墓誌 唐總章三年（六七〇）三月十一日 章專一七三七

碧落碑 唐總章三年（六七〇） 章專〇一五四
跋：從錢竹汀說題之，俗稱碧落碑。乙丑季春。

樊玄紀墓誌並蓋 唐咸亨一年（六七〇）十月四日 章專一七二九

司馬興墓誌 唐咸亨一年（六七〇）十月四日 章專一七三九
跋：文鋪敘先世不及本身，“二十”作“廿”，“四十”作“卌”，皆唐石罕見。癸酉八月廿七日記。係司馬興之後半。（圖版七〇）

趙國燕太妃墓碑 唐咸亨二年（六七一）十二月廿七日 裱本二二二四
跋：乙亥春月元善自長安物色得之。高正臣書杜公綽碑久列昭陵碑數，此則新出土也。

費胤斌墓誌 唐咸亨三年(六七二)十二月三日 章專〇八五一
跋:"李"乃"費"之誤。

鄭惠王造石塔記 唐咸亨四年(六七三)十月八日 章專〇八五三
跋:僧洪滿書,殊開拓可喜。

韓寶才墓誌 唐咸亨四年(六七三)十一月九日 章專〇八五四
跋:粟園舊藏,武進陸氏定爲覆刻本。咸亨四年值癸酉,誌誤己酉。

胡月光造像記 唐咸亨四年(六七三)十二月廿七日 章專〇八五二

龐懷伯邑人等造像記 唐咸亨五年(六七四)五月八日 章專〇一五五
跋:老友吳伯宛藏石。

張貞墓誌 唐咸亨五年(六七四)八月七日 章專〇八五五
跋:舊石改刻,殘字尚多。咸亨五年即上元元年,葬以八月七日甲申,改元以八月,壬辰乃十五日也。(圖版七一)

蘇昱德政碑 唐咸亨(—六七四) 裱本二二五六
跋:始著錄於《山右石刻叢編》,書蹟與殷令名爲近,惜氈墨不精,且多裱失。甲戌十一月廿六日北池新寓記。

王君妻柏氏墓誌並蓋 唐上元一年(六七四)八月廿九日 章專〇八五六
跋:陳粟園藏。上元元年值庚子,誌誤甲戌。此高宗上元非肅宗上元,高宗上元元年歲次甲戌。上說誤。丙寅六月十六日雨窗校記。(圖版七二)

王君妻柏氏墓誌 唐上元一年(六七四)八月廿九日 墓誌五四〇一

馬周墓碑 唐上元一年(六七四)十月 章專〇一五六

楊□宗造像記 唐上元二年(六七五)一月廿五日 章專〇八五九
跋:乙亥爲唐前上元二年。

張善開造像記 唐上元二年(六七五)十月八日 章專〇八八八—一
跋:庚申四月。

牛師羨兄弟造像記 唐上元三年(六七六)四月廿日 章專〇八六〇

僧紹(明徵君)碑 唐上元三年(六七六)四月廿五日 章專〇一五七
跋:何義門謂此碑唐代已燬,宋代重刻,觀其豐穎如新,疑未然也。銘文缺"珂月"二字,可據《江寧金石記》補之。乙丑章式之。(圖版七三)

僧紹（明徵君）碑　唐上元三年（六七六）四月廿五日　裱本二二二三
跋：高正臣書，負翁老來書學所寄，乙亥四月整理訖記之。

許洛仁妻宋善主墓誌　唐上元三年（六七六）五月廿四日　章專〇八六一
跋：趙悲庵考爲儀鳳元年，臨海宋氏藏石。

許洛仁妻宋善主墓誌　唐上元三年（六七六）五月廿四日　章專〇九五七
跋：無臨海宋世犖藏石鑿款，疑爲摹本。

魏法師碑並陰　唐儀鳳二年（六七七）十一月十五日　章專〇一五八
跋：老友葉鞠裳極稱之，甲子歸里得此於集寶齋。

魏法師碑並陰　唐儀鳳二年（六七七）十一月十五日葬　裱本二二四二
跋：石在句容，與明徵君碑爲江表雙璧。四當齋藏。葉緣督極稱此碑。王補庵年家覓舊本爲贈。

舍利塔銘　唐儀鳳三年（六七八）四月八日　章專〇八六三

穆宜長墓誌　唐儀鳳三年（六七八）四月十日　章專〇八六二
跋：疑磚刻。

兜率天下生成佛經碑並陰側　唐儀鳳三年（六七八）七月十五日　章專〇一五九
跋：唐儀鳳三年。石在直隸高陽。戊辰十月記（陽）。正面刻經文，此刻頌及刻經者姓名（陰）。儀鳳三年刻經之兩側。霜根。（側）

兜率天下生成佛經碑並陰側　唐儀鳳三年（六七八）七月十五日　章專〇一六〇
跋：此經不見大藏經目，惟日本續藏經目有唐憬興彌勒下生經疏、彌勒成佛經疏各一卷，當就熟於彼教經典者詢之。　儀鳳三年戊寅，上距一戊寅爲隋皇泰元年，再上距一戊寅爲北齊天保九年，此刻經主結銜有曰齊任隋任者，未知其審。　此經係四周迴刻，左爲經尾，右則題記，末幅也。心經"五蘊皆空"，"蘊"下多一"等"字，乙丑十月姚迂廬所贈。茗理裝記。（圖版七四）

王留墓誌　唐儀鳳四年（六七九）五月五日　章專〇八六四
跋：陳粟園藏過。儀鳳四年即調露元年，葬以五月，改元則在六月。

管俊墓誌　唐調露一年（六七九）十月十四日　章專〇八六五
跋：卒年十三，各家未著錄。古歡樓遺物。

管均墓誌　唐調露一年（六七九）十月十四日　章專〇八六六
跋：陳粟園藏本。

泉男生墓誌　唐調露一年（六七九）十二月廿六日　章專〇一六一

裴令範妻李氏墓誌　唐永隆二年（六八一）二月九日　　章專〇八六七
跋：磚誌。

法樂墓誌　唐永隆二年（六八一）三月廿三日　　章專〇八六八

法燈墓誌並蓋　唐永隆二年（六八一）三月廿三日　　章專〇八七一
跋：同時有法樂一誌，乃其女兄弟也。粟園藏拓。　永隆二年即開耀元年，葬以二月，改元在十月，《新唐書》作九月。（圖版七五）

般若波羅蜜多心經　唐永隆二年（六八一）　　章專〇八七〇

開業寺碑　唐開耀二年（六八二）二月八日　　裱本二三一五
跋：石在元氏縣，直隸唐刻此爲最完。癸亥十一月茗簃記。

賈文行墓誌　唐永淳一年（六八二）八月十二日　　章專一七四〇

少林寺詩書碑　唐永淳二年（六八三）九月廿五日　　章專〇八七二
跋：永淳二年即弘道元年。

武曌御制詩　唐永淳二年（六八三）九月廿五日　　裱本二二一一
跋：（內）武曌荒亂無足言，此書則念母情切，未嘗無一節可取。棘人恃將彌年矣，繙帠及此，爲之怦怦。丁未九月杪茗理記。（圖版七六）

孫義普墓誌　唐文明一年（六八四）五月廿一日　　章專〇八七三
跋：孫、趙、羅三目，王、方、陸三編及八瓊稿均未著錄。陳粟園舊藏。

程氏塔銘　唐文明一年（六八四）十月五日　　章專〇八七四
跋：《八瓊室金石補正》錄文五行首一字作“冰”，此似“外”之殘字。九行“元”上無字，此係“明”字，文明睿宗年號，距顯慶四年計二十六年矣。已未至甲申以遷葬，故去卒年遼遠也，謂爲龍朔元年，殊未精審。十三行“女”上“阿”字亦補正所未錄。（圖版七七）

謝大沖造像記　唐垂拱一年（六八五）五月十日　　章專〇八八八—三

八都壇實錄碑　唐垂拱一年（六八五）十月一日　　章專〇一六三
跋：甲戌月當頭夕攄額文題。

八都壇實錄碑　唐垂拱一年（六八五）十月一日　　章專〇八七五

張貞墓誌　唐垂拱一年（六八五）□月廿八日　　章專一七四一
跋：漫滅已甚，癸酉八月廿五日。

唐墓誌四種　唐垂拱二年（六八六）四月四日　　裱本二三九一

跋:王行淹、李仁德、司馬夫人、杜行方。甲子四月得舊本重裝。(內)比來蒐羅蒿里文字已得一千一百餘種,始知新者易得,舊者難逢。舊石整張則難之尤難者也。此四種皆上虞羅雪堂參事從開封碑估覓致。茗簃。（圖版七八）

王行威墓誌 唐垂拱二年(六八六)九月五日 章專〇八七六

跋:陸氏《八瓊室金石補正》稿云石爲劉燕庭所得,置浙淨慈寺,兵後無存。此拓本爲陳粟園舊藏,即燕庭初得時贈本也。(圖版七九)

白鶴觀碑 唐垂拱二年(六八六) 章專〇一六二

跋:《山右石刻叢編》錄文潦草,據補一百七十餘字。己未大寒。

李定品靈廟文 唐垂拱三年(六八七)十月廿五日 章專〇八六九

跋:此灰身塔誌之類。

龐德威墓誌 唐垂拱三年(六八七)十一月廿二日 章專〇八七七

跋:陳粟園舊藏未斷本,近拓下截泐數十字。

陳護墓誌並蓋 唐垂拱四年(六八八)一月廿三日 章專〇八七八

跋:卒年一百有一。陳粟園藏初出土拓本。近已碎爲四大塊,方藥雨說。

美原神泉詩碑陰 唐垂拱四年(六八八)四月戊□日 章專〇八七九

梁寺及妻唐惠兒合葬誌;梁師亮墓誌 唐垂拱四年(六八八)十一月十七日 善拓五四五

跋:一爲畢澗飛藏,一爲張叔未藏。寺誌尤難得。甲子四月記。　右節錄葉鞠裳侍講梁寺誌跋刻入緣督文集,誌文不入青浦王氏、武進陸氏、太倉陸氏三金石編,知拓本不多。精妙或不及沈本,亦可珍矣。梁師亮誌全文見王氏萃編,此已裂爲三塊,篋中別有陳粟園藏本與之相同,然皆百年上氈墨也。歲在甲戌正月十四日春雪霜根學人鈺舊都寓齋記,時年正七十。　三行“門”誤“明”,七行“龔”誤“襲”,十行衍“戰”字。　越日覆檢知十二行“平生”之“生”誤作“見”,十四行“緣督”二字應改“奇觚廎”三字。粗心浮氣,老而不改,奈何。(圖版八〇)

佛頂尊勝陀羅尼經 唐永昌一年(六八九) 章專〇八八〇

佛頂尊勝陀羅尼經 唐永昌一年(六八九) 章專〇八八一

邢郭墓誌 唐天授一年(六九〇)十月廿九日 章專一七四二

神贍影塔銘 唐天授二年(六九一)四月八日 章專〇八八四

杜山威等造像記 唐天授二年(六九一)九月七日 章專〇八八三

跋:書蹟秀勁,叔言遊洛歸以爲贈,云已流入海外矣。

王玄裕及妻張氏合葬誌並蓋 唐天授二年(六九一)十月廿三日 墓誌五四〇五

張玄弼墓誌 唐天授三年（六九二）十一月六日 章專〇八八二

跋：古歡樓舊藏。道光壬寅席介石得六石：一張元弼邱夫人合葬誌；一處士景之；一新定太守朏；一鄖縣丞孚，又河南府參軍軫二誌，後出尚多，此最初出之第一種，見長白興詩跋。永昌載初一年兩元三年，俟考。（圖版八一）

張玄弼墓誌 唐天授三年（六九二）十一月六日 裱本二四二二

跋：此與景之、慶之、敬之爲襄陽張氏誌最初出之四種，經棱伽山民題藏，尤爲可珍，惟云石在河南殊誤。己未七月初二日坐雨茗理記。（圖版八二）

張慶之墓誌 唐天授三年（六九二）十一月六日 裱本二四二三

跋：張氏四誌殆出一人手，若論瘦勁有筆趣，似此石爲尤佳。壬申臘月初九夕，霜根檢記。（圖版八三）

張景之墓誌 唐天授三年（六九二）十一月六日 裱本二四二四

張敬之墓誌 唐天授三年（六九二）十一月六日 裱本二四二五

張景之墓誌 唐天授三年（六九二）十一月六日 章專〇八八六

跋：陳粟園藏本。初出土六種之二。天授三年即如意元年。

大雲寺彌勒重閣碑 唐天授三年（六九二）十一月十八日 章專〇八八五

跋：唐刻佳品，未見著錄，癸亥七月廿三日記。

智積造像記 唐長壽二年（六九三）八月 章專〇八八八—二

程玄景墓誌 唐長壽三年（六九四）一月廿二日 章專〇八八七

跋：陳粟園藏本。

劉基墓誌 唐天冊萬歲一年（六九五）十月廿二日 章專〇八八九

仇道朗墓誌並蓋 唐萬歲通天一年（六九六）五月廿六日 章專〇八九〇

跋：八瓊補正稿云西安出土，劉燕庭得之，今不知存佚，此粟園藏。

封祀壇碑 唐萬歲登封一年（六九六）十二月 章專〇一六四

跋：薛書較石淙爲勝，此墨本尚舊。壬戌冬十月。

梁師亮墓誌 唐萬歲通天二年（六九七）三月六日 章專〇八九二

跋：陳粟園舊藏，距今將百年，然已斷石爲三矣，知全文之不易得也。（圖版八四）

馮善廓等造浮圖銘 唐萬歲通天二年（六九七）四月十四日 章專〇八九一

王仁求墓碑 唐聖曆一年（六九八）十月十日 章專〇一六六

跋：額題"大周故河東州刺史之碑"十字，此失拓，石在雲南安寧州。　仁求唐臣，以子官僞周，故額題"大周"。文首尚稱"唐故"，易代之際文字間已爲難如此，爲之一嘆。癸亥七月記。（圖版八五）

昇僊太子碑　唐聖曆二年（六九九）六月十九日　　裱本二二二七

跋：（内）劉文清書爲本朝第一，咸謂其浸淫晉帖，遂入神化，今觀此碑，則用筆結體處處符合，乃知東武書道根本所在，世俗但震其名，而未嘗一考索耳。光緒戊申十二月章鈺記。　此拓尚舊，凡字旁朱記皆王琴德萃編旁註字也。惜裱失"御製"二字及有當陽之碣況大字。癸亥元夕。（圖版八六）

蕭績墓誌並蓋　唐聖曆二年（六九九）十月十六日　　章專〇八九五

跋：鴻朗之文抗衡四傑，蓋亦精絕。

袁氏權殯碣　唐聖曆三年（七〇〇）一月十五日　　章專〇八九四

跋：近拓多缺字，此陳粟園舊藏。

戴希晉墓誌　唐聖曆三年（七〇〇）二月二日　　章專〇八九三

于大猷墓碑　唐聖曆三年（七〇〇）十一月十二日　　章專〇一六五

跋：首二行漫漶，拓工惜紙未拓。癸亥秋日津市得之。

夏日遊石淙詩　唐久視一年（七〇〇）五月十九日　　裱本二二八四

馮名墓誌　唐久視一年（七〇〇）十月廿八日　　章專一七四三

跋：葬應城。

秋日宴石淙序　唐大足一年（七〇一）　　裱本二二八五

辛仲連妻盧八娘墓記　唐長安二年（七〇二）□月十九日　　章專〇八九八

跋：舊石改鐫，字蹟未泯，有燕庭朱記，爲陳粟園所藏。

順陵碑　唐長安二年（七〇二）　　章專〇八九七

跋：十九行本，或云近又斷爲四矣。

順陵碑　唐長安二年（七〇二）　　章專一四七四

尚真墓誌　唐長安三年（七〇三）八月九日　　章專〇九〇二

楊君妻杜氏墓誌　唐長安三年（七〇三）十月十五日　　章專〇九〇一

智法師塔銘　唐長安三年（七〇三）十月廿五日　　章專〇九〇三

王美暢妻長孫氏墓誌並蓋　唐長安三年（七〇三）　　章專〇九〇〇

跋：劉燕庭藏石，拓贈陳粟園。

慶林觀鐘銘 唐長安四年（七〇四）十月二日 章專〇九〇四

造阿彌陀像記 唐武周□□年（六九〇—七〇四）□月廿日 章專〇八九六

涅般經 唐武周（六九〇—七〇四） 裱本二三六四
跋：唐薛嗣通書。筠清館覆宋拓一通，謂石已佚，誤也。壬戌六月。

李德子造像記 唐神龍一年（七〇五）十月二日 章專〇八八八—四

盧正道清德碑 唐神龍三年（七〇七）五月八日 章專〇一六七

盧正道敕 唐景龍一年（七〇七）十月十七日 章專〇一六八

許君及妻楊氏合葬誌 唐景龍三年（七〇九）七月十九日 章專〇九〇六
跋：據《八瓊室金石補正》稿題。古歡樓舊藏本。近拓多損，首行尤甚。

王震墓誌並蓋 唐景龍三年（七〇九）十月廿六日 章專〇九〇五
跋：梁載言文，弟蒙隸書。

申屠行墓誌 唐景龍三年（七〇九）十二月二日 章專一七四四
跋：字蹟俶詭。癸酉八月廿八日病起試筆。

□瑤墓誌 唐景龍四年（七一〇）四月四日 章專〇九〇七
跋：此百年前拓本，姓已漫漶，趙錄作顔，係據銘文題之。古歡樓舊物。 瑤以卅有二歲卒，故銘以顔子爲比，趙錄作顔姓，未可據也。丙寅六月十六日雨窗校記。（圖版八七）

蕭思亮墓誌並蓋 唐景雲二年（七一一）二月十五日 章專〇九一一
跋：首行"唐"字未泐，係舊拓本。古歡樓藏過。

獨孤仁政墓碑 唐景雲二年（七一一）二月廿七日 章專〇九〇八

蘇瑰神道碑 唐景雲二年（七一一）三月四日 章專〇一六九

王璬石浮圖銘 唐景雲二年（七一一）四月八日 章專〇九〇九

景龍觀鐘銘 唐景雲二年（七一一）九月十五日 章專〇一七〇
跋：極偉麗之觀。

景龍觀鐘銘 唐景雲二年（七一一）九月十五日 裱本二二八二
跋：乙亥八月上丁鈺記。

郭思訓墓誌 唐景雲二年（七一一）十二月十五日 章專〇九一〇
跋：劉燕庭拓本，陳粟園藏印。

多胡郡碑 日本和銅四年（七一二）三月九日 章專〇二三八
跋：和銅四年當唐玄宗太極、延和、先天之元年。激素飛清閣有雙鈎本。（圖版八八）（日本）

田義起石浮圖頌 唐太極一年（七一二）四月八日 章專〇九一二

崔忻井口刻石 唐開元二年（七一四）五月十八日 章專〇九一三
跋：遼海乃有此刻，可略考見有唐柔遠遺蹟。乙丑閏月。 檢《海外貞珉錄》，此石今藏日本宮內省，不復加氈墨矣。此紙以無意得之，劇可喜也。六月十四日再記。（圖版八九）

周公祠碑 唐開元二年（七一四）十二月五日 裱本二二一四

周公祠碑（偃師縣） 唐開元二年（七一四）十二月五日 裱本二三四九

戴令言墓誌 唐開元二年（七一四）十二月七日 章專〇一七三

鄭玄果墓誌 唐開元二年（七一四）十二月廿九日 章專〇九一四
跋：陳粟園舊藏，補訪碑錄“杲”作“果”，此從陸星農說。

法藏塔銘 唐開元四年（七一六）五月廿七日 章專〇九一五
跋：書法至美，首行作隸勢，罕見。

裴公妻賀蘭氏墓誌 唐開元四年（七一六）十二月十九日 章專〇九一六
跋：陳粟園藏拓本。陪葬僧塔，作者以爲禮也。

嘉運影塔銘 唐開元五年（七一七）三月廿三日 章專〇九一七

姚彝神道碑 唐開元五年（七一七）四月廿七日 章專〇一七四

崔君妻鄭氏墓誌 唐開元五年（七一七）十月廿五日 章專〇九一八
跋：誌石以宋錢俶、游師雄爲巨，此則爲之先矣。

張貓造像記 唐開元六年（七一八）八月八日 章專〇九一九
跋：嘉定廖星石自海州拓贈，寄到時值奉直兵門。壬戌。

唐興寺碑 唐開元六年（七一八）九月二日 章專〇一七五

華嶽精享昭應碑 唐開元八年（七二〇）三月 章專〇一七七
跋：劉升八分可觀，題名字蹟則尤私所嗜也。

王慶墓碣　唐開元八年（七二〇）九月十一日　章專〇一七六
跋：似佛幢，八棱，二三棱互倒，唐隸之最近漢法者。

本願寺舍利塔碑　唐開元九年（七二一）二月十五日　章專〇一七一
跋：據《攈古録》題有陰有側，此未全也。

興福寺碑　唐開元九年（七二一）十月廿三日　章專〇九二五
跋：比近拓爲勝。

吴文碑　唐開元九年（七二一）十月廿三日　裱本二四一四

王修福墓誌　唐開元九年（七二一）十一月三日　章專一七四五
跋：癸酉九月書。

王慶墓誌　唐開元九年（七二一）十一月六日　章專〇九二三
跋：作横方式，誌石罕見。

郭思謨墓誌　唐開元九年（七二一）十一月十七日　章專〇九二四
跋：古歡樓藏本。

夏侯法寶墓誌　唐開元九年（七二一）十一月廿九日　章專〇九二二
跋：作碑式，文則由石側連刻，極罕見，藥雨贈本。

長孫安墓誌　唐開元九年（七二一）十一月　章專〇九二一

荀懷節墓誌　唐開元九年（七二一）十二月廿四日　章專〇九二〇
跋：叔言贈。

李文安石浮圖銘　唐開元十年（七二二）四月八日　章專〇九二六

董虔運墓誌　唐開元十年（七二二）九月廿九日　章專〇九二七

田嵩墓誌　唐開元十一年（七二三）一月廿八日　章專〇九二八
跋：文書均勝，出士夫手筆。

董守貞墓誌　唐開元十一年（七二三）二月一日　章專〇九三〇

阿史德覓覓妻阿那氏墓誌　唐開元十一年（七二三）十月十日　章專〇九三一
跋：陳粟園舊藏，近聞原石已佚。

折君妻曹明照墓誌　唐開元十一年（七二三）十一月廿三日　章專〇九三二

跋:書蹟凋疏,爲陳粟園舊物,則亦百年前氈墨矣。

折君妻曹明照墓誌 唐開元十一年(七二三)十一月廿三日 墓誌五四一一

賜少林寺御書並賜田磑敕 唐開元十一年(七二三)十二月廿一日 裱本二一六二

跋:此二文在一石,別有賜書,刻裴漼書少林寺碑陰者,太宗署名同而書蹟迥異,疑御書有兩刻,各金石家均未詳記也。甲戌日長至鈺記。 (內)太宗告不過令寺僧助順,賜田乃即位後事,僧徒誇大其功,將前給告文列於其首,書此碑者乃云賜少林寺柏谷塢莊,漫不分別,各金石家亦從未置疑,極可異也。甲戌十一月十七日負翁記。明人題漢柏意在效顰米元章檜贊,相去不知幾由旬也。 首五行似褚河南,最可喜也。 "壽"字結法與高正臣書明徵君碑全同,且前後數百字與明碑自題銜名亦相似,惟此紀年爲開元十一年,彼爲上元三年,相去卌餘年,未必爲一人所書。(圖版九〇)

御史臺碑 唐開元十一年(七二三) 裱本二三〇三

跋:(內)據青浦王氏《金石萃編》,此拓鐫人"趙"下"禮鐫"二字已殘,嵌入碑中題名"鄭愚"等下字亦經裱失,不足貴也。以紙墨尚舊姑以充架。甲戌四月初七坐雨記。(圖版九一)

唐端墓誌 唐開元十二年(七二四)六月廿六日 章專〇九三四

跋:陳粟園藏本。

淨業塔銘 唐開元十二年(七二四)十月廿五日 章專〇九三三

跋:"玄""弘"等字均以國朝廟諱鑱損,《語石》中可添一則。

涼國長公主碑 唐開元十二年(七二四) 裱本二二二五

跋:有崇雨舲印,疑籤字亦出其手。式之記。

靈泉寺僧塔銘 唐開元十三年(七二五)□月廿日 章專〇九三五

薛君妻裴氏墓誌 唐開元十四年(七二六)二月廿三日 章專〇九三六

跋:劉燕庭贈陳粟園初出土拓本。以考終稱女卒,似他處未見。

陳憲墓誌 唐開元十四年(七二六)十一月十六日 章專〇九三七

跋:姓在缺處,萃編定爲"陳",然亦安知其非"柴"也。陳粟園藏本。

思恒塔銘 唐開元十四年(七二六)十二月十五日 章專〇九三八

跋:陳粟園舊藏。"云云"字旁寫,石刻罕見。

端州石室記 唐開元十五年(七二七)一月廿五日 章專〇九四一

跋:"國"字未損本。元祐戊辰二月廿有八日當塗郭祥正子功來治州事,即明年以其日上書乞骸骨。端州石室題字見覃溪題蘇文忠謹奉別功甫奉議墨蹟後。

石浮圖銘 唐開元十五年(七二七)二月八日 章專〇九四〇

寶手像塔銘(左右) 唐開元十五年(七二七)三月一日 章專○九三九

楊澹造陀羅尼經幢 唐開元十六年(七二八)十一月八日 章專○一七八
跋:書蹟極工,幢中精品。壬戌正月得於津市。

敬節塔銘 唐開元十七年(七二九)七月十五日 章專○九四二
跋:此石近已破裂,完本難得,雪堂極稱之。乙丑閏月十三日記。

高嶸墓誌 唐開元十七年(七二九)十月十六日 章專○九四三

史待賓墓誌 唐開元十八年(七三○)閏六月廿三日 章專○九四五
跋:"西門豹"截去"西"字。

朱庭瑾墓誌 唐開元十八年(七三○)二月四日 章專○九四七
跋:異之,後本吳郡人,葬於洛陽。

劉庭訓墓誌 唐開元十八年(七三○)十月十六日 章專○九四四

孟頭墓誌 唐開元十八年(七三○)十月廿八日 章專○九四六

陶禹墓誌 唐開元十九年(七三一)二月十二日 章專○九二九
跋:文於三代後即書姚崇之婿,亦罕見也。

胡明期母曹氏墓誌 唐開元十九年(七三一)四月七日 章專○九四九
跋:撰者署銜亦閱考訂。

千秋亭記 唐開元十九年(七三一)五月五日 章專○九四八
跋:近康有爲實私習此刻而成一派,乃所著廣雙楫有卑唐一篇,真欺人也。(圖版九二)

郭君墓誌 唐開元十九年(七三一)十一月廿七日 章專○九五○
跋:石花如牡丹,亦可玩。

王令墓誌並蓋 唐開元二十年(七三二)二月十一日 章專○九五三
跋:陳利見文,唐逸書,有蓋。後附其子記祖父母葬所。

闕特勤碑並陰側 唐開元二十年(七三二)十月七日 章專○二三七
跋:庚申十二月三六橋贈。碑有兩側,此拓不知爲左爲右。
(蒙古)

朱公妻王氏墓誌 唐開元二十年(七三二)十一月廿一日 章專○九五四
跋:"拓"字據文添入,賀季真先有戴令言誌,亦隸書。

孫節塔銘並蓋　唐開元二十年（七三二）　章專〇九五一
跋：誌稱居士稱塔銘，蓋稱府君稱墓誌，何也。

來慈墓誌　唐開元二十年（七三二）　章專〇九五二
跋：粟園藏印。

張軫墓誌　唐開元廿一年（七三三）十月十六日　章專〇九五八
跋：《八瓊室金石補正》末行"石"字作方圍。陳粟園舊藏。初出土六種之六。

景賢塔記　唐開元廿三年（七三五）八月十二日　章專〇九六〇
跋：此拓不緻，充數而已，癸亥七月廿三日裱成。

張釗造像記　唐開元廿三年（七三五）十一月十五日　章專〇一八〇

梁義方墓誌　唐開元廿三年（七三五）閏十一月三日　章專一七四六

白鹿泉神君祠碑　唐開元廿四年（七三六）三月　章專〇一八一

義福塔銘　唐開元廿四年（七三六）七月六日　章專〇九五九

邵真及妻馬氏合葬誌　唐開元廿四年（七三六）十月廿六日　章專一七四七
跋：文字均拙，唐石下駟。

裴光庭墓碑　唐開元廿四年（七三六）十一月　章專〇一八二
跋：癸酉九月星五宗老自山西攜贈。

陳敬忠墓誌並蓋　唐開元廿五年（七三七）一月廿一日　章專一七四八
跋：改"開元"爲"開黄"，可供談助。

楊偘墓誌並蓋　唐開元廿五年（七三七）八月十日　章專一七四九

景賢塔銘　唐開元廿五年（七三七）八月十二日　裱本二二二二
跋：甲子六月得舊拓本，茗簃記於津市。

不空法師塔記　唐開元廿五年（七三七）八月　章專〇九六一
跋：此刻在疑似間。

李勖妻鄧氏墓誌　唐開元廿五年（七三七）十一月十四日　章專一七五〇
跋：勖五十七卒開元廿五年，夫人卒八十七而不紀年號，疑當在至德後矣，書體近魯公。（圖版九三）

李素墓誌　唐開元廿六年（七三八）一月十三日　章專一七五一
跋：銘文三四語極有味。

惠隱塔銘　唐開元廿六年（七三八）二月六日　章專○九六三

元氏墓誌　唐開元廿六年（七三八）五月十七日　章專一七五二
跋：文中不著夫姓，元氏以景穆後知之。

任城縣橋亭記　唐開元廿六年（七三八）閏八月五日　章專○一八三

王固己墓誌　唐開元廿六年（七三八）閏八月六日　章專一七五三

王忌墓誌　唐開元廿六年（七三八）十月廿日　章專一七五四

靈覺塔銘　唐開元廿六年（七三八）十月　章專○九六二

夏侯思泰墓誌　唐開元廿六年（七三八）十一月八日　章專一七五五

宋祖堪墓誌並蓋　唐開元廿六年（七三八）十二月一日　章專一七五六

慕容明墓誌　唐開元廿六年（七三八）十二月七日　章專一七五七
跋：誌石以有裨史事爲第一，此誌是也。癸酉立冬日。

□智淳墓誌　唐開元廿六年（七三八）　章專○九六四
跋：此誌細審乃左行，第二行二字爲"諱"，則智淳乃字可知。

大房山投龍壁記　唐開元廿七年（七三九）三月　章專○九六五
跋：石爲某氏藏，墨本罕見，書蹟極可喜也。

易州鐵像頌　唐開元廿七年（七三九）五月三日　裱本二三二八
跋：潘文勤每喜初學學之，以其可藥枯瘠之病也。茗簃記。

趙庭墓誌　唐開元廿七年（七三九）八月廿四日　章專一七五八
跋：羅目未載，書蹟與寫經爲近。

鄭賓妻崔攀墓誌　唐開元廿七年（七三九）八月三十日　章專一七五九

白知新墓誌　唐開元廿七年（七三九）十月十四日　章專一七六○

常來墓誌　唐開元廿七年（七三九）十月廿五日　章專一七六一
跋："雖"字"於"字之左半用蘭亭法。

趙庭秀墓誌　唐開元廿七年（七三九）十月廿六日　章專○九六六

崔玄隱墓誌　唐開元廿七年(七三九)十月廿六日　章專一七六二

張易墓誌　唐開元廿七年(七三九)十一月廿六日　章專一七六三

趙知慎墓誌　唐開元廿八年(七四〇)三月十六日　章專一七六四
跋:書蹟遒麗可喜。

張仲臣墓誌　唐開元廿八年(七四〇)四月十四日　章專〇九六八

張孚墓誌　唐開元廿八年(七四〇)六月十四日　章專〇九六七
跋:上截作碑首式,惜未全拓。陳粟園藏。初出土六種之四。

田琬德政碑　唐開元廿八年(七四〇)十月十六日　章專〇一八四
跋:文無"仁"字,此據于氏《天下金石誌》題之。

裴積墓誌　唐開元廿九年(七四一)二月廿日　章專〇九六九—一
跋:粟園舊藏。此百年前拓本,附新拓一紙,益覺舊者可貴。

裴積墓誌　唐開元廿九年(七四一)二月廿日　章專〇九六九—二

裴坦墓誌　唐開元廿九年(七四一)二月廿日　章專一七六五

鄧君妻王晤空墓誌　唐開元廿九年(七四一)三月三日　章專一七六六

多寶塔銘　唐開元廿九年(七四一)閏四月十八日　章專〇九七〇

楊璡妻源內則墓誌　唐開元廿九年(七四一)五月廿三日　章專一七六七

夢真容碑　唐開元廿九年(七四一)六月一日　章專〇一八五
跋:別有盩厔一本。

李君妻嚴真如海墓誌　唐開元廿九年(七四一)七月一日　章專一七六八
跋:氏字真如海。

李君妻嚴真如海墓誌　唐開元廿九年(七四一)七月一日　墓誌五四一八

鐵彌勒像頌　唐開元廿九年(七四一)　章專〇一八六
跋:房璘妻高氏書,庚申歲寒,中牟倉濬庵贈。

臥佛寺陀羅尼經幢　唐開元(七一三—七四一)　章專〇一七二

李秀碑　唐天寶一年(七四二)一月十□日　章專〇九七三

陳令望造心經碑並側　唐天寶一年（七四二）四月八日　章專〇九七一
跋：陳令望書，極有味，存之。

陳令望造心經碑　唐天寶一年（七四二）四月八日　章專〇九七二
跋：碑額一手書，尊曰陳公，閹人自大可笑。

告華嶽府君文　唐天寶一年（七四二）四月十日　章專〇九七五
跋：韓擇木八分書，上下題字多可喜。式之。

崔君妻朱氏墓誌　唐天寶一年（七四二）四月廿三日　章專一七六九
跋：文中“盛吉之恩”句待考。

趙巨源墓誌　唐天寶一年（七四二）四月廿三日　章專一七七〇

兖公頌　唐天寶一年（七四二）四月廿三日　褑本二三〇五
跋：舊拓本，壬戌春重裝。

李元福妻鞏氏造像記　唐天寶一年（七四二）十月二日　章專〇九七四

靈巖寺碑　唐天寶一年（七四二）十一月十五日　章專〇一八八
跋：前人均謂已佚，近始訪出。

苑玄亮墓誌　唐天寶一年（七四二）十一月十九日　章專一七七一

賜張九齡敕　唐天寶一年（七四二）　章專〇一八七
跋：“賜”字誤作“贈”。

崔君妻獨孤氏墓誌　唐天寶二年（七四三）十一月二日　章專一七七二
跋：子季梁撰書爲繼母者，足以爲師表矣。

陳周子墓誌　唐天寶二年（七四三）十一月十四日　章專一七七三
跋：周子以毁卒，誌爲其父作。

隆闡法師碑　唐天寶二年（七四三）十二月十一日　章專〇九七六

隆闡法師碑　唐天寶二年（七四三）十二月十一日　褑本二三〇九
跋：“隆闡”二字誤作“懷惲”。小年玩物，缺失已多。庚申八月在津付裝。

李褘妻吕氏墓誌　唐天寶三年（七四四）閏二月三日　章專一七七四

索思禮墓誌　唐天寶三年（七四四）八月十二日　章專一七七五

宇文琬墓誌 唐天寶三年(七四四)十月廿日 章專一七七六

王訓墓誌 唐天寶四年(七四五)二月廿一日 章專一七七七

司馬元禮墓誌 唐天寶四年(七四五)八月十七日 章專一七七八

大奉國寺故上座龕塋記 唐天寶四年(七四五)九月廿五日 章專〇九七七

諸葛明悊妻韓氏墓誌 唐天寶四年(七四五)十月廿五日 章專一七七九

王爽墓誌 唐天寶四年(七四五)十月廿五日 章專一七八〇

苗君墓誌 唐天寶四年(七四五)十一月廿日 章專一七八一

跋:雪堂定爲苗氏,或其拓本較明顯也。

張香子造像記 唐天寶五年(七四六)四月十六日 章專〇九五五

跋:此所造必老君之類,應身不知何義。

淨藏塔銘 唐天寶五年(七四六)十月廿六日 章專〇九七八

董昭墓誌並蓋 唐天寶六年(七四七)二月十四日 章專〇九八〇

張軫妻邵氏合祔誌 唐天寶六年(七四七)十月十二日 章專〇九七九

跋:陳粟園舊藏。據太倉陸氏金石補正稿題籤。初出土六種之五。

李迪墓誌 唐天寶六年(七四七)十一月廿五日 章專一七八二

李戢墓誌 唐天寶六年(七四七)十二月廿日 章專一七八三

跋:與妃鄭氏誌同時出土,即昌黎撰碑曹成王之父也。

宋遙墓誌並蓋 唐天寶七年(七四八)一月十一日 章專一七八四

跋:宋鼎文,鄭長裕書,皆佳。

潘智昭墓誌 唐天寶七年(七四八)七月五日 章專〇九八二

跋:粟園藏過。

淨覺墓誌 唐天寶七年(七四八)十一月十八日 章專〇九八一

李君妻竇氏墓誌 唐天寶七年(七四八)十一月廿四日 章專一七八五

玄林禪師神道前後碑 唐天寶八年(七四九)二月十五日 章專〇一八九

玄林禪師碑 唐天寶八年(七四九)二月十五日 裱本二二一三

薛義墓誌　唐天寶八年（七四九）七月廿八日　章專一七八六

高琛墓誌並蓋　唐天寶八年（七四九）八月廿二日　章專一七八七
跋：邢宙文，有蓋。

吳福將墓誌並蓋　唐天寶八年（七四九）十一月十一日　章專一七八八
跋：周頎文遺言兩妻不合葬，"將""福"下脱文。

李經墓誌　唐天寶九年（七五〇）二月一日　章專一七八九

盧復墓誌　唐天寶九年（七五〇）二月十三日　章專一七九〇
跋：書蹟似出寫經高手。

高荊玉墓誌並蓋　唐天寶九年（七五〇）四月九日　章專一七九一

張超等建陀羅尼經幢　唐天寶九年（七五〇）八月廿九日　章專〇一九〇

崔虡延墓誌　唐天寶十年（七五一）三月廿二日　章專一七九二

梁令珣墓誌　唐天寶十年（七五一）四月十八日　章專一七九三

崔湛墓誌　唐天寶十年（七五一）八月十日　章專一七九四
跋：閻伯璵文，書體極腴秀，森玉辛未歲杪贈本。

高琛妻杜蘭墓誌並蓋　唐天寶十年（七五一）十月十一日　章專一七九五
跋：子早卒，子婦崔氏主葬，有蓋。

王志悌及妻李氏合葬誌　唐天寶十年（七五一）十一月五日　章專一七九六
跋："張安"二字乃"王誌"之誤。以判入甲科六官縣尉。

烏善智墓誌　唐天寶十年（七五一）十一月五日　章專一七九七
跋：書蹟渾厚可喜，未見著錄。

李諶妻崔氏墓誌　唐天寶十年（七五一）十二月十一日　章專一七九八
跋：婦德可宗，撰書亦稱之。

張德墓誌　唐天寶十一年（七五二）二月廿四日　章專一七九九

永泰寺碑　唐天寶十一年（七五二）三月五日　章專〇一九一

永泰寺碑　唐天寶十一年（七五二）三月五日　裱本二三六七
跋：萃編□製妙絕，此"規"字尚存，舊拓也。壬戌七月式之。

劉君妻王光贊墓誌　唐天寶十一年（七五二）十一月廿七日　章專一八〇〇

張璬墓誌　唐天寶十二年（七五三）二月十二日　章專一八〇一

張朏墓誌並蓋　唐天寶十二年（七五三）八月廿六日　章專〇九八三
跋：舊拓本。初出土六種之三。

劉感墓誌　唐天寶十二年（七五三）十月三十日　章專〇九八四
跋：陳粟園舊藏，近已泐損，且有摹刻本。

張元中妻令狐氏墓誌　唐天寶十二年（七五三）十二月四日　章專〇九八六
跋：古歡樓物。

段常省塔銘　唐天寶十二年（七五三）　章專〇九八五
跋：文字雙美，舍報歸林係用佛家報身之説，近人列諸僞刻，殊誤。粟園舊藏。

陳令忠妻韓氏墓誌並蓋　唐天寶十三年（七五四）四月十六日　章專一八〇二
跋：《通典》麟德元年改雲中都護府爲單于大都護府，領縣一曰金河。　誌出歸化城，文字均佳，可爲墓誌中罕見之品。（圖版九四）

智通塔銘　唐天寶十三年（七五四）六月三日　章專〇九八九
跋：行狎爲海岳初祖。

孫志廉墓誌　唐天寶十三年（七五四）六月八日　章專〇九八八
跋：靈巌山館舊藏石，今已佚矣。

劉玄豹妻高氏墓誌　唐天寶十三年（七五四）七月十五日　章專〇九九一
跋：李漸文。

黄撝妻劉氏龕銘　唐天寶十三年（七五四）八月十日　章專〇九八七
跋：圓式，旁鐫花紋，與埋幽者迥別，惜上半割損。

裴銑墓誌　唐天寶十三年（七五四）閏十一月十一日　章專〇九九四

李詒墓誌　唐天寶十三年（七五四）閏十一月廿九日　章專〇九九〇
跋：詒曾爲楊國忠所知，撰者其“叔”左角字尚可辨。

李隆基第五孫女墓誌並蓋　唐天寶十三年（七五四）閏十一月廿九日　章專一八〇三

東方朔畫像贊　唐天寶十三年（七五四）十二月一日　裱本二二四四

張安生墓誌　唐天寶十四年（七五五）二月十二日　章專〇九九二
跋:第二十行脱"知"字。旁註古歡樓舊藏本。

崔克讓墓誌　唐天寶十四年（七五五）二月十六日　章專一八〇四
跋:葬揚州江陽縣。

韋瓊墓誌並蓋　唐天寶十四年（七五五）五月十三日　章專〇九九三
跋:粟園藏過。

劉智墓誌　唐天寶十五年（七五六）五月十九日　章專一八〇六
跋:張遘文,又有一石作蘇靈芝書者,此叔言所贈本。天寶十五載即至德元載,葬以五月,改元在七月。　（拓片跋）此誌有撰人無書人,有題武功蘇靈芝書者乃僞作。出土後劉燕庭即攜至浙靈隱寺,兵火後不知存佚,八瓊言之此拓甚新,疑八瓊語未審也。甲子三月二十九日拾記。（圖版九五）

張希古墓誌　唐天寶十五年（七五六）四月二日　章專一八〇五
跋:宣統辛亥秋月先友蔣伯斧贈本。聞有摹刻。　天寶十五載即至德元載,葬以四月,改元在七月。（圖版九六）

哥舒翰葬馬銘　唐天寶（七四二—七五六）　章專一一五三
跋:不能無疑,然亦不能與蘇玉華、黄葉和尚並視之。

杜欽墓誌　燕聖武一年（七五六）　章專一九九二
跋:羅叔言云文中光妃年號乃改刻。　鈺案:相州至唐妃有文云相州安陽縣人,則決非後燕慕容熙時可證。（圖版九七）

長孫君妻杜氏墓誌　燕聖武二年（七五七）十月十七日　章專一九九六
跋:左行。雪堂贈。

憫忠寺寶塔頌　唐至德二年（七五七）十一月十五日　章專〇九九五
跋:欽定《日下舊文考》考之甚詳,靈芝文人爲賊所涴,可閔也。

憫忠寺寶塔頌　唐至德二年（七五七）十一月十五日　章專〇九九六

李昊墓誌　唐乾元一年（七五八）八月廿一日　章專〇九九八

陸振威妻王氏墓誌　唐乾元一年（七五八）十月五日　章專一八〇七

思道墓誌　唐乾元一年（七五八）十二月二日　章專〇九九七
跋:雪堂贈。

陳君妻李氏墓誌並蓋　唐乾元二年（七五九）十月十六日　章專一八〇八

嚴公九日南山詩 唐乾元二年（七五九） 章專〇九九九
跋：吉光片羽，惜未見太白書蹟也。壬申三月晦日。

光福寺額敕 唐乾元三年（七六〇）四月三日 章專〇一九三
跋：葉鞠老定爲嚴武書。

龍日寺西龕石壁詩刻 唐乾元三年（七六〇）四月十三日 章專〇一九二
跋：葉緣督定爲嚴武自書。

龍日寺西龕石壁詩刻 唐乾元三年（七六〇）四月十三日 章專〇二〇六
跋：葉緣督以鴻朗莊嚴目之。壬申中秋讀記。

宋文博墓誌 燕順天二年（七六〇）七月九日 章專一九九五
跋：諱下無名又未空格，極奇。

楊光墓誌 燕順天二年（七六〇）十月十三日 章專一九九一

劉奉芝墓誌 唐上元二年（七六一）一月十一日 章專一〇〇〇
跋：僅入三錄，度出土未久。

鮮于氏離堆記 唐寶應一年（七六二）五月十五日 章專〇一九四

崔克讓妻張氏墓誌 唐寶應一年（七六二）十月六日 章專一八〇九
跋：葬揚州。

程元皓墓誌 唐寶應一年（七六二）十二月廿五日 章專一七三八
跋：唐將陷於安史之亂，復以反正得官，文乃有紓禍遠害之詞，何其謬也。元年當爲肅宗上元元年，當檢兩唐書得其名，此石已改作明人誌蓋，故不全。雪堂考唐書程日華傳，知此誌乃其父元皓也，卒寶應元年。丙寅八月初十日燈下記。（圖版九八）

焦璀墓誌 唐寶應一年（七六二）十二月廿七日 章專一八一〇

元復業墓誌 唐廣德一年（七六三）八月十四日 章專一八一一
跋：行書與晉法爲近。

李寶臣紀功碑 唐永泰二年（七六六）七月一日 章專〇一九五

十七帖 唐大曆一年（七六六）十一月 善拓五五六
跋：（内）江鄞堂半氈齋跋文一則，南溪字見後顔跋，知撕去半葉，即江氏所書也。二疑中前一說尚可謂無識者妄加印記，後一說則證據確鑿無可置辯。然究是罕見之品，理應寶之。癸酉十二月廿八日負翁補録，時年六十又九，舊京織女橋寓齋。（圖版九九）

辛庭墓誌 唐大曆一年（七六六）十二月十七日 章專一八一二
跋：書蹟如元魏，唐石罕見，安慶緒僞號，此誌有之。（圖版一〇〇）

鐵元始贊；承天軍城記 唐大曆一年（七六六） 章專一〇〇一

峿臺銘 唐大曆二年（七六七）六月十五日 章專〇一九七

王訓墓誌 唐大曆二年（七六七）八月七日 章專一〇〇二
跋：粟園曾藏。

古衍墓誌 唐大曆三年（七六八）五月五日 章專一〇〇三
跋：滂喜齋舊藏石，今不知誰屬。叔言贈拓本。

㢈廎銘 唐大曆三年（七六八）閏六月九日 章專〇一九八

義琬禪師墓誌 唐大曆三年（七六八）八月十九日 章專一〇〇四
跋：劉燕庭拓本，粟園藏印。

浯溪銘 唐大曆三年（七六八） 章專〇二〇七

浯溪零拾 唐大曆三年（七六八） 裱本二三六五
跋：壬戌六月茗簃。

竇叔華妻崔緼墓誌並蓋 唐大曆四年（七六九）十月廿日 章專一八一三
跋：歿尼舍，葬父母塋，有蓋。文爲季父祐甫作，書三代皆缺筆，疑出一手，極可寶。（圖版一〇一）

李湍墓誌 唐大曆四年（七六九）十二月廿日 章專一〇〇五
跋：邵說文，有蓋。

李琰墓誌並蓋 唐大曆四年（七六九） 章專一八一四
跋：蓋有“府君”字，當誤。處子內兄崔陽元文，以在家菩薩目之。

逍遙樓榜書 唐大曆五年（七七〇）正月一日 裱軸八八〇

福興寺碑 唐大曆五年（七七〇）六月一日 章專〇二〇一
跋：鈺愛從申書與歐陽公異趣，此本拓較舊。乙丑茗簃。

福興寺碑 唐大曆五年（七七〇）六月一日 章專〇二三四
跋：張從申書此石外，僅見改修吳季子廟碑，餘皆佚矣。（圖版一〇二）

庾賁德政碑 唐大曆五年（七七〇）九月三日 章專〇一九九
跋：陽冰篆勢之一種。

臧希晏墓碑 唐大曆五年（七七〇）十月十五日 章專〇二〇〇

三教道場文 唐大曆六年（七七一）四月十五日 章專〇一九六
跋：碩老所贈蜀刻。

靈泉寺詩 唐大曆六年（七七一）四月十五日 章專一〇〇七

崔文修墓誌 唐大曆六年（七七一）八月廿九日 章專一八一五

觀身經銘；永僊觀碑 唐大曆六年（七七一）十月 章專一〇〇六
跋：（一）均集右軍書，兩事一石，甚罕見，緣督《語石》未舉其例也。（二）均集王書，均不清朗。

謙卦碑 唐大曆七年（七七二） 章專一〇一八
跋：張大用跋殘字八，細審八字中一二爲國初，七八爲縣治尚可識，重刻未題年月。案：吾宗簡甫於嘉靖二十二年刻文待詔撰書鄉飲酒碑，今存蘇州府學，此刻相距先後當不甚遠，且張跋隸勢與鄉飲碑相同，當即待詔代書上石。（圖版一〇三）

元結墓碑 唐大曆七年（七七二） 裱本二二五三

黄石公祠記並陰 唐大曆八年（七七三）七月十五日 章專〇二〇二

張銳墓誌 唐大曆九年（七七四）三月四日 章專一八一六
跋：父書子誌，題銜已奇，又以姊夫題諱，不知用何禮也。

李濤墓誌並蓋 唐大曆九年（七七四）四月廿八日 章專一〇〇八
跋：獨孤及文。誌以名家撰文爲難得，此文不知入毗陵集否，當一檢之。 此文正在亦有生齋刻本，名人誌墓之作閲千數百年而復見於世，此誌之外未嘗有二，爲之狂喜。（圖版一〇四）

李濤墓誌 唐大曆九年（七七四）四月廿八日 章專一〇一六
跋：濤爲獨孤至之之姊夫，卒後作誌，此文前半是也。獨孤夫人卒後肅爲作誌，此文後半是也。合窆刻石合二文爲一，而肅專其名，以大曆十二年至之已歿於常州刺史任也。（圖版一〇五）

王忠嗣神道碑 唐大曆十年（七七五）四月三日 章專〇二〇三
跋：書撰皆勝有關史事，以賤值得之，殆與貞臣有夙緣也。（圖版一〇六）

如願律師墓誌 唐大曆十年（七七五）七月十八日 章專一〇〇九
跋：陳粟園舊藏，今已破碎。

崔昭遠墓誌 唐大曆十年（七七五）十月廿四日 章專一八一七
跋：文中“遠祖姜後”，“遠”屬下讀，此誤題。

楊崇墓誌　唐大曆十年（七七五）　章專一八一八
跋：生逢平世，但不仕耳，以高士標目，過矣。

妒神祠碑　唐大曆十一年（七七六）五月十六日　章專一〇一一

王景秀墓誌　唐大曆十一年（七七六）八月廿九日　章專一〇一〇
跋：粟園舊物。

王履清神道碑　唐大曆十二年（七七七）二月廿日　章專一〇一二

竇君妻楊瑩墓誌　唐大曆十二年（七七七）十一月廿二日　章專一八一九

李濤妻獨孤氏墓誌並蓋　唐大曆十二年（七七七）□月十七日　章專一〇一三
跋：文中有"俾肅爲銘"語，疑"肅"爲作者名也。夫人長其弟至之一歲，夫亡後依至之，故卒於常州刺史官舍，肅爲梁肅，肅從至之游者，故爲夫人作誌也。

虞景莘墓誌　唐大曆十二年（七七七）十二月廿二日　章專一八二〇
跋：虞山人虞仲之後，葬端委鄉，文書不似唐人，何也？

明覺寺尼心印記　唐大曆十三年（七七八）一月廿七日　章專一〇一四
跋：前刻真言，葬曰歸妙，極雅令。

薛公造石阿彌像贊　唐大曆十三年（七七八）二月廿一日　章專一〇一七
跋：碩卿宗老贈本，在富順羅浮洞。

崔沔墓誌　唐大曆十三年（七七八）四月八日　章專一〇一五
跋：有蓋極佳，與夫人王氏誌誤裝一幅。

崔沔墓誌　唐大曆十三年（七七八）四月八日　章專一八二一
跋：李北海書名蓋代，乃用徐珙隸書，何也？　珙與書夫人誌之元至，檢書均未見其人，元書極似北海所書法華寺碑，疑北海又出黃僊鶴、伏靈芝，故技爲之，且疑假珙名者亦出一手也。（圖版一〇七）

崔沔妻王方大墓誌並蓋　唐大曆十三年（七七八）四月八日　章專一八二二
跋：蓋題尚書僕射。書人元至頗有流動充滿之緻。　此紙上幅爲孝公誌蓋，下幅爲孝公夫人誌。連孝公誌陽陰二面並四紙，一分先後所得，故誤題如後。（圖版一〇八）

無憂王寺寶塔銘　唐大曆十三年（七七八）四月廿五日　章專〇二〇四
跋：據原題書之亦可謂累贅矣，然書蹟極可愛也。茗理記。

李休墓誌　唐大曆十三年（七七八）七月十七日　章專一八二三
跋：與元和五年畢君趙夫人誌同出直隸某縣，與邙洛迥異。

辛雲京妻李氏墓誌　唐大曆十三年(七七八)七月廿四日　章專一八二四

跋:命婦出家,歿尚追贈,唐制待考,"用"書作"円"。

李嘉珍墓誌　唐大曆十三年(七七八)十月廿五日　章專一八二五

趙湲心妻裴婉墓誌　唐大曆十三年(七七八)十一月七日　章專一八二六

□震墓誌　唐大曆十三年(七七八)十一月廿四日　章專一八二七

吴延陵季子廟碑　唐大曆十四年(七七九)八月廿七日　章專〇二〇五

跋:藏先公所遺翦裱一本,拓手較佳,此甲子花朝閲市所收也。

吴延陵季子墓字(摹)　唐大曆十四年(七七九)八月廿七日　章專〇二〇八

跋:長洲章鈺敬藏。

吴延陵季子廟記　唐大曆十四年(七七九)八月廿七日　裱本二一九一

跋:鈺六十後自號負我翁也。乙丑八月。　碑在江蘇丹徒縣,高六尺七寸,廣四尺四寸,連題及書鐫人二行共二十行,行三十字。文載《唐文粹》,泐字均據文粹補註。《金石後錄》曰:《記》曰:泰伯之讓讓以賢,季子之讓賢以讓。論議甚精,用字未醒,如曰"讓於賢,賢而讓",不待申說而豁然矣。又曰:《記》曰:舊以泰伯之廟在於蘇臺,季子之祠像設東面云云,似有改作而不詳,其處今横山越溪之間,臺與祠廟皆不可問。閶門内僅有泰伯廟,不聞有季子祠,碑亦無考。案:郡城泰伯廟由來已古,咸豐庚申燬於髮逆,同治某年蘇撫固始吴元炳重建,中奉泰伯,左仲雍,右季子,皆南向。此碑即於是時檄縣拓出以備考證。吴平齋極推重之。先公即因緣得此拓本,距今將五十年矣。從申工書,當時與顔、徐並重。所書淮南節度使崔圓頌德碑、法慎律師碑,柳識元靖先生碑,獨孤及鏡智禪師碑,楊綰王師乾碑,樊晃怪石銘,建中元年李瀚漢黄公碣均見趙德夫《金石錄》。元靖兩見拓本,一藏端忠愍,一歸費峐懷,且見杜文瀾翻本,餘皆不知在亡。《復齋碑錄》載有大曆五年許登潤州上元縣銅井鎮《福興寺碑》,陸邵聞氏目爲今存者,亦並未見。從申書導源有晉王氏,同時實足與北海抗顔行,松雪似亦得訣於斯。歐陽公云"得其所書之碑輒棄去",不知何指,竊爲之不平。竇臮《述書賦》謂:"張氏四龍名揚海内,厥有季弟工夫少對,又烏得易而視之。"《述書賦》註云:"工正行書,結字緊密,近古所無。"觀此碑及元靖碑,但覺其疏古,而前人顧雲龍者,可見密之一字在氣體而不在形蹟也。壬子九月十四日臨仿十過畢,拉雜記之。(圖版一〇九)

張敬因碑　唐大曆十四年(七七九)　章專一一五二

跋:石爲端忠敏介弟端錦牧許州所得,後入《匋齋藏石記》,標題如上,其實無確據也,辛亥兄弟均殉國,極可憫敬。(圖版一一〇)

顔勤禮碑　唐大曆十四年(七七九)　裱本二二七四

跋:松心贈本,癸酉五月長洲章鈺記。

蕭俱興墓誌　唐大曆十五年(七八〇)一月十六日　章專一八二八

跋:卒稱崩背,不可爲訓。

景教流行中國碑並側 唐建中二年（七八一）一月七日 章專〇二〇九

李君妻賈嬪墓誌 唐建中二年（七八一）三月廿三日 章專一八二九
跋：後有"後一千三百年爲劉黄頭所發"一行。

段干木廟碑 唐貞元一年（七八五）八月七日 章專一〇二一

楊君妻裴氏墓誌並蓋 唐貞元一年（七八五）十一月十七日 章專一〇二〇
跋：古歡樓曾藏。此石已殘，存百餘字，臨桂況周儀說。

杜氏墓誌 唐貞元一年（七八五）十一月十七日 章專一八三〇

蘇公塔誌 唐貞元二年（七八六）五月六日 章專一〇二二
跋：古歡樓藏。

李戢妃鄭中墓誌 唐貞元二年（七八六）七月廿二日 章專一八三一
跋：死夢驚回世已非，尚從藝苑散珠璣。待誰録入碑英卷，與抗昭王敬太妃。戊午九月二十六日檢讀漫附小詩。（圖版一一一）

景昭墓碑 唐貞元三年（七八七）一月十五日 章專〇二一〇
跋：知名者四十年，今始見之，歡喜無量。乙丑，茗簃。

景昭墓碑 唐貞元三年（七八七）一月十五日 裱本二二四五
跋：（內）此碑藏有整張連額舊本，以竇氏述書最精，元善南行物色得之，因付裝成冊，以便臨仿。癸酉二月初六日記。（圖版一一二）

司馬墓誌 唐貞元三年（七八七）四月一日 章專一八三二
跋：尾云"義比春秋後"，誌似是書名，未知其審。

田侁墓誌並蓋 唐貞元三年（七八七）八月四日 章專一八三三
跋：標題下無梅植之獲石刻記一行，此拓在道光壬寅前。側有道光丙申包世臣刻記。

張延賞碑 唐貞元三年（七八七）十月五日 章專一八三四
跋：有關史事，不得與他誌等視。

鄭晃墓誌 唐貞元四年（七八八）八月十五日 章專一〇二三
跋：晃以術士得官，文頗翔實。未見著録者。癸亥八月初七日在津市得之。

文宣王廟碑 唐貞元五年（七八九）二月十七日 章專〇二一一

文宣王廟碑 唐貞元五年（七八九）二月十七日 章專〇二一二
跋：在今涿州，書蹟有晉人遺意。癸亥七月廿四日記。

孫君妻李氏墓誌 唐貞元五年（七八九）五月廿日 章專一〇二四
跋：夫侄公轉文並書，有蓋。

李元諒頌 唐貞元五年（七八九）十月十一日 章專〇二一三

韋端妻王氏墓誌 唐貞元六年（七九〇）二月廿三日 章專一〇二五
跋：陳粟園藏初出土拓本。韋乃韋端，有元堂誌，瞿木夫説詳《金石續編》。

正性墓誌 唐貞元六年（七九〇）十月八日 章專一〇二七

姜嫄公劉廟碑 唐貞觀六年（七九〇）十一月九日 裱本二四〇二
跋：篆額尤可喜。

分竹頌 唐貞元六年（七九〇） 章專〇二一四

王俊墓誌 唐貞元八年（七九二）二月五日 章專一〇二八
跋："俊"字誤書。

張石墓誌 唐貞元八年（七九二）二月十七日 章專一八三五
跋：葬潞府，書體特佳。

盧嶠墓誌 唐貞元八年（七九二）二月十八日 章專一八三六

張君妻王氏墓誌 唐貞元八年（七九二）三月廿二日 章專一八三七

王庭瑰妻馮氏墓誌 唐貞元八年（七九二）十月廿七日 章專一〇二六
跋：古歡樓藏。

盧嶠妻崔氏墓誌並蓋 唐貞元九年（七九三）十月三日 章專一八三八

盧寂墓誌 唐貞元九年（七九三）十月廿六日 章專一八三九

源君妻蔣婉墓誌並蓋 唐貞元十年（七九四）九月二日 章專一八四〇
跋：子晉文，有蓋。

諸葛武侯新廟碑 唐貞元十一年（七九五）一月十九日 章專〇二一五
跋：改鑿失真，"鐫字人彭城"數位萃編失録。

陳諸墓誌 唐貞元十一年（七九五）四月十二日 章專一八四一
跋：左相希烈之孫。

田侊墓誌並蓋 唐貞元十一年（七九五）八月廿七日 章專一八四二
跋：銘末無梅記一行，與貞元三年誌同時氈墨。

田君墓誌 唐貞元十二年（七九六）四月六日 章專一八四三
跋：文有異塋同塋之說，足供議禮參考。

李汲墓誌並蓋 唐貞元十二年（七九六）十一月廿二日 章專一八四四
跋：歿揚州旅館。

王仲堪墓誌並蓋 唐貞元十三年（七九七）四月六日 章專一八四五
跋：葬地燕夏鄉，“夏”或作“下”，無定字也。

靈慶公神祠碑並陰 唐貞元十三年（七九七）八月廿日 章專〇二一六
跋：戊午中牟倉錫青贈本。

來治安妻田氏墓誌 唐貞元十三年（七九七）九月十二日 章專一八四六

李侯七墓誌 唐貞元十三年（七九七）十一月三日 章專一八四七
跋：隨父揌葬，其兄撰文。

實照墓誌 唐貞元十三年（七九七）十二月十九日 章專一〇二九

劉建墓誌 唐貞元十四年（七九八）十二月八日 章專一〇三〇
跋：陳粟園藏過。

李阜妻崔無生忍墓誌 唐貞元十五年（七九九）六月廿四日 章專一八四八
跋：子道古文，張文哲書。

崔程墓誌 唐貞元十五年（七九九）八月十三日 章專一八四九
跋：誌係程弟書，三代惟父諱缺筆。元配同穴，繼娶則否，此唐制之見於此者。（圖版一一三）

道安禪師碑 唐貞元十五年（七九九）十月廿日 裱本二二四七
跋：葉《語石》載未斷本，此固不知，較萃編則多數十字，亦可寶也。鈺記。

徐浩墓碑 唐貞元十五年（七九九）十一月廿四日 章專〇二一七

張氏墓誌 唐貞元十六年（八〇〇） 章專一八五〇
跋：撰書均劣，姑以充數。

鄭潍墓誌 唐貞元十七年（八〇一）五月五日 章專一八五一

豆盧君妻魏氏墓誌 唐貞元十七年（八〇一）十一月十四日 章專一九九七

跋:十二而嫁,二十二而寡。

豆盧君妻魏氏墓誌 唐貞元十七年(八〇一)十一月十四日 章專一八五二
跋:以他誌改刻,存字尚多。辛巳爲貞元之辛巳係據羅說。

李孫孫墓誌 唐貞元十七年(八〇一)十二月三日 章專一八五三
跋:父藩撰文,極悽咽可傳。

明演塔銘 唐貞元十八年(八〇二)一月廿二日 章專一〇三一
跋:文後及文下列其弟子名氏,與他石不同。

張氏女殤墓誌 唐貞元十八年(八〇二)一月廿七日 章專一八五四
跋:兄安時撰文,極真摯。

孫嬰墓誌並蓋 唐貞元十八年(八〇二)二月九日 章專一八五五
跋:侄男保衡文,極馴雅。有蓋。

孫嬰殤女墓誌並蓋 唐貞元十八年(八〇二)二月九日 章專一八五六
跋:兄保衡文,極佳,有蓋。父嬰,已有誌。

幻覺墓誌並蓋 唐貞元十八年(八〇二)七月廿二日 章專一〇三二
跋:大師尼也,侄弇爲文,其稱祖考府君即大師父也。

張游藝墓誌 唐貞元十八年(八〇二)十二月一日 章專一八五七
跋:高弘規撰文不落套,書用平原法。

韓弇妻韋氏墓誌 唐貞元十九年(八〇三)一月九日 章專一八五八
跋:此誌大可考索。丙寅八月十二日記。

孫君妻李氏墓誌 唐貞元十九年(八〇三)四月廿二日 章專一八五九
跋:客娶有子未廟見而卒,姑恩令傍先兆,唐人猶知禮意也。

畢游江墓誌 唐貞元十九年(八〇三)七月一日 章專一〇三三
跋:古歡樓藏初出土拓本。

王郊墓誌 唐貞元十九年(八〇三)閏十月七日 章專一八六〇
跋:嗣澤王潤撰書。貞元十九年羅雪堂說。

陳皆墓誌 唐貞元二十年(八〇四)二月十五日 章專一〇三五
跋:崔芃文,自稱故吏。皆之政績可紀,著作尤多,碑誌有裨史事,此百不得一者也。(圖版一一四)

武珍妻裴氏墓誌 唐貞元二十年(八〇四)七月一日 章專一八六一

跋:武珍歿於王事,裴氏能撫孤。石出揚州。

高彥墓誌 唐貞元二十年(八〇四)十二月十三日 章專一〇三四
跋:雪堂贈本。

劉談墓誌 唐貞元廿一年(八〇五)四月廿一日 章專一〇三七
跋:石藏南皮張氏,叔言以六朝全分易七紙,此其一也。

楚金禪師碑 唐貞元廿一年(八〇五)七月廿五日 章專一〇三六

張詵妻樊氏墓誌 唐永貞一年(八〇五)十月廿日 章專一〇三八
跋:後附心經真言。劉燕庭拓本,陳粟園所藏。

陳義墓版文 唐永貞一年(八〇五)十二月廿五日 章專一〇三九
跋:八瓊補正稿云石存諸城劉氏,此拓贈粟園者。

魏和墓誌 唐元和一年(八〇六)二月十五日 章專一〇四〇

劉通妻張氏墓誌 唐元和一年(八〇六)八月廿五日 章專一〇四一
跋:撰文者譽其子,非子撰可知,而銘曰殲我慈母,何也。

李昕妻姜氏(昭成寺尼)墓誌 唐元和二年(八〇七)二月八日 章專一〇四二
跋:稱姜氏處,尊之曰神,未見其例。

乘廣禪師碑 唐元和二年(八〇七)五月廿七日 章專〇二一八
跋:劉禹錫撰書,緣督極稱之,此拓未緻也。

高岑墓誌 唐元和二年(八〇七)八月十七日 章專一八六二
跋:首行銘文字較大。

李三十三娘墓誌並蓋 唐元和三年(八〇八)五月十九日 章專一八六三
跋:祔葬外兄墓,名非冥昏,實即冥昏也。

裴復墓誌 唐元和三年(八〇八)七月廿二日 章專一〇四四

陸君妻宋氏墓誌 唐元和三年(八〇八)九月十九日 章專一八六四
跋:此誌存疑。

龍泉記 唐元和三年(八〇八)高蘩月十八日 章專一〇四三

龍泉記 唐元和三年(八〇八)高蘩月十八日 章專一〇四五

武侯祠碑　唐元和四年（八〇九）二月廿九日　章專〇二一九

武侯祠碑　唐元和四年（八〇九）二月廿九日　裱本二三二九
跋：碑陰爲原刻，書法雄厚可喜，尚少碑側。甲戌冬至。

王大釗墓誌　唐元和四年（八〇九）十月十三日　章專一〇四六

陳諸妻獨孤氏墓誌並蓋　唐元和四年（八〇九）十月廿四日　章專一八六五
跋：作者汭乃夫人之君舅也，文中稱夫人，殊怪。癸酉八月廿七日記。

何載墓誌並蓋　唐元和四年（八〇九）十一月十八日　章專一八六六
跋：緋魚袋稱賞，爲異。

孫素朱墓誌　唐元和四年（八〇九）十一月十八日　章專一八六七
跋：漫漶不易通，疑一家非一人，"元"下字不可識，姑列唐末。

袁秀巖墓誌　唐元和五年（八一〇）二月二日　章專一〇四八

畢君妻趙氏墓誌　唐元和五年（八一〇）八月廿二日　章專一〇四七
跋：文内"蕭相國議"云云極可考索，三子入仕而葬事涉及夫弟，亦見叔之敬事其嫂矣。

李君妻彭氏墓誌　唐元和五年（八一〇）九月十二日　章專一八六八
跋：儀徵張丙炎藏石。

苻載妻李氏墓誌　唐元和七年（八一二）八月七日　章專一八六九
跋：載有親喪，故稱孤子，繼婦能善視子女，亦可風。

孫起墓誌並蓋　唐元和七年（八一二）十二月十二日　章專一八七〇
跋：侄保衡文。文中姑叔之稱不知何解。

南巖亭記　唐元和七年（八一二）　章專一〇四九

秦士寧及妻王氏合葬誌　唐元和八年（八一三）二月廿五日　章專一八七一
跋：書三代諱皆爲字不成。

劉通墓誌　唐元和八年（八一三）十月十八日　章專一八七二
跋：儀徵榕園張氏藏石。

張曛墓誌並蓋　唐元和八年（八一三）十一月廿三日　章專一八七三
跋：文有關係，書法尤秀拔。

高承金墓誌　唐元和八年（八一三）十二月十七日　章專一八七四

喬進臣買地券　唐元和九年（八一四）九月廿七日　章專一八七五
跋："保人管公明、東方朔"云云可資譚助。

劉密妻崔氏墓誌　唐元和九年（八一四）十月六日　章專一八七六

陳志清墓誌　唐元和九年（八一四）十月六日　章專一八七七

李方乂墓誌　唐元和九年（八一四）十一月十七日　章專一八七八

魏邈墓誌　唐元和十年（八一五）四月八日　章專一〇五〇
跋：子匡贊撰書。

李輔光墓誌　唐元和十年（八一五）四月廿五日　章專一〇五二
跋：損字無多，與近拓迥別。陳粟園舊藏。

性忠墓誌　唐元和十年（八一五）七月十三日　章專一〇五一
跋：弟爲出家女兄作誌，性忠則林甫五世子孫也。

石默啜墓誌　唐元和十一年（八一六）八月廿四日　章專一〇五四
跋：銘詞前八句是五律一首。

申屠暉光墓誌　唐元和十一年（八一六）十一月廿四日　章專一八七九
跋：其子軫書，故"光"字缺筆，金城人。

李繼墓誌　唐元和十一年（八一六）十一月廿九日　章專一〇五三
跋：卒以元和四年，應以返葬之年入目。後有崔氏信巫云云，極奇。粟園藏印。

李岸及妻徐氏合葬誌　唐元和十一年（八一六）十一月廿九日　章專一八八〇

崔君妻竇氏墓誌　唐元和十二年（八一七）閏五月十三日　章專一八八一
跋：繼妻稱後夫人，他誌已見之。

李崗墓誌並蓋　唐元和十二年（八一七）六月廿四日　章專一〇五七

李君妻盧氏墓誌並蓋　唐元和十二年（八一七）六月廿七日　章專一八八二
跋：從祖叔卓文，歿於妹婿之官舍。

盧雄妻崔熅墓誌並蓋　唐元和十二年（八一七）七月十六日　章專一〇五八
跋：文情真摯，不以側豔爲工。

崔稃及妻鄭氏合葬誌　唐元和十二年（八一七）七月十六日　章專一八八三

使院石幢記　唐元和十二年（八一七）九月十二日　章專一〇五五
跋：（一）此卅年前拓本，較萃編缺字，然下截多出十字，有足補萃編者。聞近則毀壞更甚矣，宜珍視之。（五）"予之"二字萃編未錄。（六）"躬期"二字萃編未錄。（七）"李仲瑜"三字萃編未錄。第一行"宿"字亦未錄，此於官制有關係，當檢史誌證之。（八）"李宀"二字萃編未錄。（圖版一一五）

蔣氏子墓記　唐元和十二年（八一七）九月廿九日　章專一〇五六

趙誠妻宗氏墓誌　唐元和十二年（八一七）九月廿九日　章專一八八四

王君墓誌　唐元和十二年（八一七）十月五日　章專一八八五
跋：誌無王君名，"枚臯"作"梅"，罕見。

契義墓誌　唐元和十三年（八一八）七月三日　章專一〇六一

西門珍墓誌　唐元和十三年（八一八）七月廿日　章專一〇六〇
跋：陳南叔克明舊藏本。生壙先葬其妻，即將本人事敘入，題曰墓誌銘，古人信無忌諱也。卒後改補，故石有磨蹟。（圖版一一六）

李仍叔女德孫墓誌　唐元和十三年（八一八）七月廿七日　章專一八八六

憲超塔銘　唐元和十三年（八一八）十月廿日　章專一〇五九

盧□造像碑　唐元和十三年（八一八）　章專〇二二〇

李弘亮墓誌　唐元和十四年（八一九）二月廿四日　章專一八八七
跋：近年出土，此係拓樣。

蕭子昂墓誌　唐元和十四年（八一九）三月廿五日　章專一〇六四

鄭造妻崔玨墓誌　唐元和十四年（八一九）五月十九日　章專一八八八
跋：兄群撰文，以季妹題之，可入石例。

王守廉墓誌　唐元和十四年（八一九）十月廿八日　章專一八九〇
跋：守廉先卒，以妻合葬作誌。門人李希民贈。

邵才志墓誌並蓋　唐元和十四年（八一九）十一月十六日　章專一〇六二
跋：陳粟園藏。

崔載墓誌並蓋　唐元和十四年（八一九）十一月十六日　章專一〇六三
跋：八瓊補正稿云石歸潘氏，今不知攜歸吳中否。此拓有粟園藏印，則在歸滂喜齋之先矣。　旁列畫像十二人。（圖版一一七）

崔嶛及妻張氏合葬誌　唐元和十四年（八一九）十一月廿二日　章專一八八九
跋：伏廬贈本。

楊君妻趙氏墓誌　唐元和十五年（八二〇）二月十二日　章專一八九一
跋：吳郡顧方肅撰，方肅乃趙氏後夫，元和十五年爲庚子，明年改長慶，文云永新元年，又曰歲在戊戌，疑莫能明。（圖版一一八）

韋端墓誌　唐元和十五年（八二〇）五月一日　章專一〇六五
跋：古歡樓藏初出土拓本。

王佺及妻李氏合葬誌　唐元和十五年（八二〇）十月十日　章專一八九二
跋：葬青州。

弓君及妻郭氏合葬誌並蓋　唐元和十五年（八二〇）十月廿七日　章專一八九三
跋：文有"大限"云云，今俗尚有之，不知更見他處否。

司馬宗妻孫堅靜墓誌　唐元和十五年（八二〇）十一月廿二日　章專一〇六六
跋："號"字旁作"虎"（缺末筆），陳氏古歡樓藏舊本。

何叔平妻劉氏墓誌並蓋　唐元和（八〇六—八二〇）　章專二〇〇〇
跋：端忠敏題贈王文敏墨本。癸亥得於津市。

李會昌墓誌　唐長慶一年（八二一）十二月九日　章專一八九四

曲系及妻蔡氏墓誌　唐長慶二年（八二二）十二月廿日　章專一八九五
跋：荼毗後數年招魂合葬。

□溫造盧舍那佛記　唐長慶三年（八二三）三月十九日　章專〇二二一

范阿九墓誌　唐長慶三年（八二三）四月十三日　章專一八九六
跋：雪堂題爲范氏，此本已不可辨矣。

周望墓誌　唐長慶三年（八二三）四月廿五日　章專一八九七
跋：窆朔州天寧軍，書蹟遒緊，一新耳目。

顏永墓誌　唐長慶四年（八二四）二月廿九日　章專一八九八
跋：張丙炎藏石。

崔恕墓誌　唐長慶四年（八二四）八月七日　章專一八九九
跋：云殁甲辰歲，天寶後廣德、長慶、中和皆有甲辰，不知屬何朝。

浯溪記 唐寶曆一年(八二五)五月廿三日 章專一〇六九

盧子鶩墓誌 唐寶曆一年(八二五)八月二日 章專一〇六七
跋:名係出土時妄人鑱去。

沈朝墓誌 唐寶曆一年(八二五)八月十日 章專一〇六八
跋:磚刻,已碎。

解晉卿妻張氏墓誌 唐寶曆一年(八二五)九月三日 章專一九〇〇

諸葛澄墓誌 唐寶曆一年(八二五)九月十五日 章專一九〇二

郭柳及妻周氏趙氏合葬誌 唐寶曆一年(八二五)十一月廿五日 章專一九〇三

何洪墓誌 唐寶曆二年(八二六)八月十九日 章專一九〇一
跋:名不可見,似未入官而銜獨署之,何也。

楊贍墓誌 唐寶曆二年(八二六)八月廿五日 章專〇九五六
跋:"贍"字缺末筆,乃後人所書。壬戌八月澹庵轉贈。

鄭仲連墓誌 唐寶曆二年(八二六)十一月七日 章專一〇七〇

盧士瓊墓誌 唐大和一年(八二七)九月一日 章專一〇七一
跋:文能指實王陸諸編未及考釋。舊藏粟園。

李鼎墓誌 唐大和一年(八二七)九月一日 章專一〇七二
跋:夫人廣陵藥氏,姓中稀見。

梁守謙墓誌 唐大和二年(八二八)二月廿三日 章專二〇二九
跋:雪堂贈本。

劉棲楚墓誌並蓋及陰 唐大和二年(八二八)五月十二日 章專一〇七三
跋:(一)李逢吉文,唐風楚雨樓藏石。(三)己未叔言載石寓津,拓全分爲贈。十月鈺記。

王遜墓誌 唐大和四年(八三〇)二月廿七日 章專二〇三〇
跋:遜似未官,而以父官蘇州司戶參軍題銜,疑不能明。"留生何謝"四字殊雋。(圖版一一九)

東郡懷古詩刻 唐大和四年(八三〇)六月一日 章專一〇七四
跋:文饒以隸書稱,此石疑佚後覆刻,故"大和"誤"太"。

鄭準墓誌 唐大和四年(八三〇)八月廿五日 章專一〇七五
跋:考詳《八瓊室金石補正》稿。《吳郡金石目》云石藏陸直,潘氏云得之洞庭東山。 文見《古刻叢

鈔》。“嗟乎”作“嗚呼”，“葬”作“窆”，“請余於文”作“請文於余”，疑好事者本叢鈔而重書之。（圖版一二〇）

強君妻杜氏墓誌 唐大和四年（八三〇）九月廿四日 章專一九〇五
跋：書雖草亦有可意處。

高誠墓誌 唐大和四年（八三〇）十月一日 章專一九〇四
跋：揚州人云渤海者，從郡望也。

吳達墓誌 唐大和四年（八三〇）十月廿日 章專一〇七六
跋：古歡樓舊藏。

劉渶潤妻楊珽墓誌並蓋及跋 唐大和四年（八三〇）十月廿九日 章專一〇七七
跋：陳粟園舊藏。刻者朱弼，自署吳郡。

李氏墓誌 唐大和五年（八三一）季月 章專一九〇六
跋：有“大和辛亥”字，下截又有小字可認。癸酉八月廿八日記。

馬儆墓誌 唐大和六年（八三二）一月四日 章專一九〇七
跋：文中極表不干其舅韋氏，惜已漫漶。

甄叔塔碑 唐大和六年（八三二）四月三十日 章專〇二二二
跋：有額，惜有破損。

甄叔塔碑 唐大和六年（八三二）四月三十日 章專〇二二三
跋：與乘廣一拓均老友夏閏枝屬贛友覓寄。辛酉。

王承宗妻李元素墓誌 唐大和六年（八三二）五月八日 章專一九〇八

龍泉記 唐大和六年（八三二）七月立秋日 章專一〇八一

劉密墓誌 唐大和六年（八三二）七月十九日 章專一〇七八

大德置粥院記 唐大和六年（八三二）□月二日 章專一〇七九

大德置粥院記 唐大和六年（八三二）□月二日 章專一〇八〇

崔慎經妻李平墓誌 唐大和七年（八三三）二月六日 章專一九一九
跋：大和七年誌成，開成遷塋，就舊誌復題年月。

辛幼昌墓誌 唐大和七年（八三三）三月廿七日 章專一九一六

沈傳師及妻題名 唐大和七年(八三三)七月廿一日 章專一〇八四
跋:沈書僅傳羅池廟碑孤拓,得此知前人搜訪未盡也。

辯空塔銘 唐大和七年(八三三)八月十五日 章專一〇八三

硤石寺上方閣記 唐大和七年(八三三)十月廿二日 章專一〇八二
跋:宗人星五遊晉得此攜贈。癸酉九月。

崔蕃墓誌 唐大和七年(八三三)十一月八日 章專一〇八五
跋:古歡樓藏。

阿育王寺常住田碑 唐大和七年(八三三)十二月一日 章專〇二二四
跋:浙東佳刻,老友高遠香從杭市得之。

阿育王寺常住田碑 唐大和七年(八三三)十二月一日 裱本二四一二

李琮墓誌並蓋 唐大和八年(八三四)二月十五日 章專一〇八六
跋:山東諸城劉氏藏石,舊爲古歡樓所收。

田伾等造尊勝陀羅尼經幢 唐大和八年(八三四)六月廿九日 章專一〇八八

王振墓誌並蓋 唐大和八年(八三四)八月廿四日 章專一九〇九
跋:有“懋遷貨居”語,是行商而客死者。

楊迴墓誌 唐大和八年(八三四)八月廿四日 章專一九一〇

周著墓誌 唐大和八年(八三四)十一月八日 章專一九一一

朱君妻趙氏墓誌並蓋 唐大和八年(八三四)十一月十四日 章專一〇八七
跋:粟園藏。

田万昇墓誌 唐大和八年(八三四)十一月廿日 章專一九一二
跋:葬潞城。

杜君妻李氏墓誌 唐大和九年(八三五)四月十日 章專一九一三
跋:文尚諧,適卒年七十而有華如桃李語,亦可怪也。癸酉八月廿六日記。

楊孝直墓誌 唐大和九年(八三五)四月廿五日 章專一九一四

龍宮寺碑 唐大和九年(八三五)四月廿五日 裱本二二四九
跋:緣督賞異殊甚,乞老友高遠香從杭肆求之。壬戌十月。癸亥正月廿一日據補王述庵《金石萃編》六字,似此拓尚舊也。式之。

徐及及妻劉氏墓誌並蓋 唐大和九年(八三五)十月廿八日 章專一〇八九
跋:後記墓地步界及立契用錢、地主保人數目姓名,趙錄註嘉定瞿氏藏本,而八瓊室補正稿未錄,令人費解,此拓本經陳粟園金蘭坡藏過。(圖版一二一)

裴澣妻杜氏墓誌並蓋 唐大和九年(八三五)十一月廿九日 章專一〇九〇
跋:劉燕庭拓本,陳粟園所藏。

張源墓誌 唐大和十二年(八三八)十月一日 章專一九一五
跋:字蹟不似唐人。大和只九年,此云十二年,自留破綻,僞品。

李彥崇墓誌 唐開成一年(八三六)七月三十日 章專一九一七
跋:葬江陽。癸酉八月廿八日。

龍興寺經幢 唐開成二年(八三七)一月一日 章專〇二二六
跋:久無拓本,老友高遠香訪得,覓工拓寄。 老友葉緣督收幢最多,自署幢主,此其所推許者。(圖版一二二)

金剛會碑 唐開成二年(八三七)四月一日 章專一〇九二

馮宿墓碑(前半) 唐開成二年(八三七)五月 章專〇二二五
跋:後半漫漶,雪堂據校舊本亦僅前半。茗理簃記。

陳汭墓誌 唐開成三年(八三八)四月廿二日 章專一九一八
跋:弟湘乞假護喪爲文刻石。

崔渙墓誌並蓋 唐開成三年(八三八)十月十九日 章專一九二〇
跋:侄孫倬文,處士公乘銳書。妻葬他所有年,以衣服合窆,敘入文中。

大泉寺新三門記 唐開成三年(八三八)十一月廿六日 章專〇二二七

基公塔銘 唐開成四年(八三九)五月十六日 章專一〇九三
跋:書蹟勁折,似李北海。

基公塔銘 唐開成四年(八三九)五月十六日 章專一〇九四
跋:曩見殘裝本,補萃編空缺,今得其全,信可喜也。霜根。

衛司妻輔德一墓誌 唐開成四年(八三九)八月廿七日 章專一九二一
跋:後有河東子加銘一則。癸酉八月廿八日。

仇志誠墓誌並蓋 唐開成四年(八三九)十月一日 章專一〇九五
跋:葬單于府,在歸化城南,塞外誌石罕見。

楊澄妻程氏墓誌　唐開成四年（八三九）　章專一九二二

崔撰母杜氏墓誌並蓋　唐開成五年（八四〇）十一月十二日　章專一〇九七
跋：撰兄倬文極得體，有蓋。

孫君妻李氏墓誌並蓋　唐開成五年（八四〇）十一月廿四日　章專一〇九八
跋：子景商文，有蓋。

趙君妻夏侯氏墓誌　唐開成五年（八四〇）十一月廿四日　章專一九二三

李潘墓誌　唐開成五年（八四〇）十二月廿四日　章專一〇九六
跋：親兄恭仁文極切摯，書人蕭子真柴瘠不稱。潘生八歲即賜登第，後佐常山帥王承元歸國，是誌文之可補史者。（圖版一二三）

陀羅尼經碑　唐會昌一年（八四一）九月二日　章專一〇九九
跋：精整完善，未見著錄。

李璆墓誌並蓋　唐會昌一年（八四一）十一月廿四日　章專一九二四

鄭過真墓誌並蓋　唐會昌二年（八四二）一月廿五日　章專一九二五
跋：道士蘇玄賞文，有蓋。

楊公弼墓誌　唐會昌二年（八四二）七月十三日　章專一九二六

趙君妻張氏墓誌　唐會昌三年（八四三）五月廿六日　章專一一〇〇
跋：撝叔謂誌中書、篆、刻三人書名甚異。古歡樓藏。

魏邈妻趙氏墓誌　唐會昌五年（八四五）十一月廿三日　章專一一〇一
跋：粟園藏過。行中添註字甚多，未見他石有如此者。

韋塤妻溫瑗墓誌　唐會昌六年（八四六）六月二日　章專一九二七
跋：作者自稱孝弟，不典甚矣。

衛景初墓誌並蓋　唐會昌六年（八四六）十月五日　章專一九二八
跋：式小而不率。癸酉八月廿六日。

鄭公新建天王記　唐會昌六年（八四六）十二月廿二日　章專〇二二八

王惲墓誌　唐會昌七年（八四七）一月廿四日　章專一九二九
跋："惲"不成字，末有書人名，疑子避諱缺筆。

盧踐言墓誌 唐大中一年（八四七）閏三月七日 章專一九三〇
跋：誌中別子當是外婦所出，非妾子也。從兄懿文。

張鋒妻史氏墓誌並蓋 唐大中一年（八四七）四月十五日 章專一一〇二
跋：蓋文疑非一事。癸酉八月廿七日。

張鋒妻史氏墓誌 唐大中一年（八四七）四月十五日 章專一九三一
跋：癸酉八月廿五日霜根久病始起試筆。

張亮墓誌 唐大中一年（八四七）七月十九日 章專一九三二

劉舉墓誌並蓋 唐大中一年（八四七）八月廿一日 章專一九三三

崔遷墓誌並蓋 唐大中一年（八四七）九月十日 章專一九三四
跋：撰文裴沆，名見文中。

劉士弘墓誌 唐大中一年（八四七）十月十七日 章專一九三五
跋：葬滄州，比出關洛者難得。

張榮秀妻郎氏墓誌並蓋 唐大中二年（八四八）一月廿四日 章專一九三六
跋：定海方藥雨藏石，庚申歲暮拓贈。四周鐫十二神極可愛。

劉沔神道碑 唐大中二年（八四八）十二月 章專〇二二九
跋：柳誠懸書，較馮宿少漫漶，不多見也。茗簃得於燕下鄉。

張鋒墓誌 唐大中三年（八四九）二月十七日 章專一九三七
跋：文冗書劣。癸酉八月二十五日記。

王守琦墓誌 唐大中四年（八五〇）一月廿三日 章專一一〇三
跋：海豐吳氏謂陽湖董氏藏石，粟園得拓本。

朱萱墓誌 唐大中四年（八五〇）九月八日 章專一九六三
跋：夫人後祔，添鑿一行。

翟君妻高婉墓誌 唐大中四年（八五〇）十月五日 章專一九三八

邵君妻盧氏墓誌 唐大中四年（八五〇）十月廿八日 章專一九三九

范義墓誌 唐大中四年（八五〇）十一月廿二日 章專一九四〇
跋：諱皆爲字不成，乃其子自書。

支子珪墓誌並蓋 唐大中四年（八五〇）十一月廿七日 章專一九四一

柳知微妻陳蘭英墓誌　唐大中四年（八五〇）十二月十一日　章專一九四二
跋：書蹟是誠懸家法。

劉繼墓誌　唐大中四年（八五〇）十二月廿九日　章專一九四三
跋：女婿所撰，文尚雅飭。

楊瑰妻孟氏墓誌　唐大中五年（八五一）一月九日　章專一九四四
跋：文有典則。

李從證墓誌　唐大中五年（八五一）一月廿三日　章專一一〇四
跋：書撰列姓名並列篆額人似不多見。粟園藏。

岳林寺塔記　唐大中五年（八五一）　章專一一〇五
跋：石在浙奉化縣，門人吳賡夔訪得拓寄津上。

孫二十九女墓誌　唐大中六年（八五二）五月廿四日　章專一九四五
跋：文係卅四兄景撰，極有法，可入再續《唐文粹》。

董惟靖墓誌　唐大中六年（八五二）六月十九日　章專一九四六
跋：作者係中表兄弟，而稱內表弟、外兄，可廣梁氏《稱謂錄》。

劉君妻郭氏墓誌　唐大中六年（八五二）閏七月九日　章專一一〇六
跋：海豐吳氏謂舊在大名，後爲沈西雍所藏。“大中”之“大”此刻作“太”。

耿光晟墓誌　唐大中七年（八五三）四月十三日　章專一九四七

朱敬之妻盧子玉墓誌　唐大中七年（八五三）四月十三日　章專一九四八
跋：“敬”誤“景”。

歸仁晦妻支氏墓誌　唐大中七年（八五三）七月一日　章專一九四九

賜司馬承禎書詩並禁山敕碑　唐大中八年（八五四）四月廿一日　章專一一〇七
跋：僅存上半，有足校正陸劭聞《金石續編》處。

趙建遂及妻董氏王氏合葬誌　唐大中九年（八五五）二月十七日　章專一九五〇

林夫人墓誌　唐大中九年（八五五）五月十五日　章專一一〇八
跋：葉緣督《語石》謂此誌爲閩碑之尤。粟園藏。誌上篆額。

圭峰塔碑　唐大中九年（八五五）十月十三日　裱本二一六八
跋：此本紙墨頗舊，筆意可見，惜有缺佚。

盧子謩妻鄭氏墓誌　唐大中九年（八五五）十一月十五日　章專一九五一
跋：外孫所撰。

韓昶墓誌　唐大中九年（八五五）十二月十五日　章專一九五二

岳林寺塔銘　唐大中十年（八五六）一月廿日　章專一一〇九
跋：石在浙奉化，吳生與塔記同寄。癸亥七月茗簃。

劉君妻霍氏墓誌　唐大中十年（八五六）一月廿九日　章專一九五三

支光墓誌並蓋　唐大中十年（八五六）五月十八日　章專一九五四
跋：歿大曆七年，吳人葬吳，從孫而遷窆於洛。

支叔向墓誌　唐大中十年（八五六）五月十八日　章專一九五五
跋：書蹟兼茂密疏散之長，極耐把玩。

李晝墓誌　唐大中十年（八五六）六月　章專一九五六

李君墓誌　唐大中十年（八五六）十月廿四日　章專一九五七
跋：書撰出他人，諱其名不書，其先代亦爲缺筆，可謂失體。

孫景商墓誌並蓋　唐大中十年（八五六）十月廿七日　章專一九五八
跋：蔣伸文，子備書。孫蔣廿年交誼敘述極詳。

鄭恕己墓誌　唐大中十年（八五六）十一月九日　章專一一一〇
跋：中有“安史亂常，士庶流離”數語，讀之三歎。壬戌三月十九日。

康叔卿妻傅氏墓誌　唐大中十年（八五六）十一月廿五日　章專一九五九

李君妻鄭秀實墓誌　唐大中十年（八五六）十一月廿七日　章專一一一一
跋：撰者親外生，稱謂殊新。

馬攸墓誌並蓋　唐大中十一年（八五七）二月廿二日　章專一一一四

陳立行墓誌　唐大中十一年（八五七）四月廿九日　章專一一一二
跋：《擴古録》云皇唐甲子四周歲在丁丑乃大中十一年也。“行”録誤“本”。　擴古覆出一目，姓名撰書均同。“立行”不誤“立本”，“子全晉”誤作“于全益”。云皇唐甲子四周歲在丁丑蓋梁貞明之三年，晉王李存勖稱唐天祐之十四年，此書謂精審而復誤至此，存考。（圖版一二四）

劉洽妻姚氏權葬石表並蓋　唐大中十一年（八五七）五月廿四日　章專一一一三
跋：積點成畫，鐫法獨異。古歡樓舊藏。據此知表亦入窆，與後人表墓之説不同。

法隆寺陀羅尼經幢　唐大中十一年（八五七）十一月十五日　章專一一一五

跋：寫人有初唐遺意，石在金華，越中佳品。

盧宏及妻崔氏墓誌　唐大中十二年（八五八）二月廿七日　章專一一一七

跋：此葬蘇州嘉興之刻石，至咸通二年别有一歸窆誌矣，既遷柩而又連石載歸，長途數千里，何其不憚跋涉也。（圖版一二五）

鄭遇及妻崔氏合葬誌　唐大中十二年（八五八）二月廿七日　章專一一一九

跋：陳粟園藏過。

陸日峴妻王氏墓誌　唐大中十二年（八五八）五月六日　章專一九六〇

跋："用"寫作"円"，唐刻屢見，不知所諱爲誰，此其一也。

朗官題名石柱　唐大中十二年（八五八）十一月廿日　章專〇二三〇

湯華墓誌　唐大中十二年（八五八）十一月廿八日　章專一一一八

跋：臨海洪氏藏石，拓存古歡樓。

□冥墓誌　唐大中十二年（八五八）　章專一一一六

跋：諱冥，杜去疾述，大中十二年擢第。陳粟園舊藏。　雪堂藏六舟僧裝本已於九十行間裂爲二石，九行"恨無"、十行"茕茕"等字佚去矣。此拓甚足珍也。壬戌九月廿一日晨起記。（圖版一二六）

王公素墓誌　唐大中十三年（八五九）四月十四日　章專一九六一

跋："素"字缺筆，上二代不缺筆，未知何例。

張君妻王氏墓誌　唐大中十三年（八五九）四月廿三日　章專一九六二

廣惠塔銘　唐大中十三年（八五九）六月十八日　章專一一二〇

盧公則墓誌　唐大中十三年（八五九）十月十二日　章專一九六四

蓋紹墓誌　唐大中十三年（八五九）十月十八日　章專一九六五

跋：羅雪堂贈。

袁君妻王氏墓誌　唐大中十四年（八六〇）四月五日　章專一九六六

跋：（一）後得此誌，已殘其半，此紙可珍。丙寅八月十一日記。（二）大中十四年即咸通元年，有不殘者，此可備考。

鄭堡墓誌　唐大中十四年（八六〇）十月廿一日　章專一九六七

跋：福先院待考，兄撰文稱公，未免失辭。

盧宏及妻崔氏合葬誌　唐咸通二年（八六一）三月廿八日　　章專一九六八
跋：從重表侄鄭融文。宏卒年六十三，妻後一年卒，年三十六，何二人年齡之相懸也？

申胤及妻施氏墓誌　唐咸通二年（八六一）十月九日　　章專一九六九
跋：集樓所貽，不知所藏。

馬惟良及妻王氏合葬誌　唐咸通三年（八六二）一月七日　　章專一九七〇

李璋妻盧氏墓誌　唐咸通三年（八六二）一月十六日　　章專一九七一
跋：夫李璋文，極真切。璋乃絳之子，書内家三代皆缺筆。

王君妻孫氏墓誌　唐咸通三年（八六二）九月十八日　　章專一九七三
跋：石出廣州，較爲難遇。

程修己墓誌並蓋　唐咸通四年（八六三）四月十七日　　章專一一二二
跋：粟園藏。

王公晟妻張氏墓誌　唐咸通四年（八六三）七月十三日　　章專一一二三
跋：有棲霞牟氏刻記，陳粟園藏過。有印。

尊勝陀羅尼經幢　唐咸通四年（八六三）八月廿一日　　章專一一二一

楊籌妻王卿云墓誌　唐咸通五年（八六四）五月四日　　章專一一二四
跋：粟園藏印。

苗紳妻庾氏墓誌　唐咸通五年（八六四）六月十八日　　章專一九七四

中嶽廟碑　唐咸通六年（八六五）二月五日　　章專〇二三一

朱氏造幢記　唐咸通六年（八六五）四月五日　　章專一一二五
跋：有“河東裴南□撰”字可辨。僅見趙悲庵訪目，云在江蘇華亭青龍鎮。

鄧珝墓誌　唐咸通六年（八六五）七月廿七日　　章專一九七五

孫嗣初墓誌　唐咸通七年（八六六）七月三十日　　章專一九七六
跋：松鄰所贈，云將嵌藏京師慈仁寺顧亭林先生祠壁。

劉仕偱墓誌　唐咸通八年（八六七）一月廿五日　　章專一一二六
跋：“仕”誤書“元”。《攈古錄》諸城劉氏藏石。粟園藏拓本。

孔蚪妾杜令儀墓誌並蓋　唐咸通八年（八六七）四月十日　　章專一九七七
跋：蚪弟玩文，子婿杜體仁書。有蓋。

李郴妻宇文氏墓誌　唐咸通八年（八六七）八月六日　章專一一二七
跋：粟園藏本。

李郴妻宇文氏墓誌　唐咸通八年（八六七）八月六日　章專一九七八
跋：夫郴爲文，卒年卅一而四子三官，疑非所出。"國"字作"国"，尤奇。癸酉八月二十七日記。（圖版一二七）

三會院陀羅尼經幢　唐咸通九年（八六八）三月廿七日　章專〇二三二
跋：碩老所得蜀刻，未見著錄，以八面幢並一紙。

孔方紹墓誌並蓋　唐咸通九年（八六八）八月十一日　章專一九七九
跋：子鄰文，侄郢書。

李守弘妻王氏墓誌　唐咸通九年（八六八）十月六日　章專一九八〇

文宣王廟記　唐咸通十一年（八七〇）三月十日　章專一一二八

文宣王廟記　唐咸通十一年（八七〇）三月十日　章專一一二九
跋：書撰視永興一碑，殆難以道里計。

戎仁詡妻劉氏墓誌　唐咸通十一年（八七〇）三月廿一日　章專一九八一
跋：家於金陵，遂爲縣人，此江左石刻之一也。

王公晟及妻張氏合葬誌　唐咸通十一年（八七〇）八月四日　章專一一三〇
跋：燕庭拓本，粟園所藏，《攈古錄》謂舊在老米鋪內。

李纓妻楊蕙墓誌　唐咸通十四年（八七三）十一月廿三日　章專一一三一
跋：粟園藏印。

孔紓墓誌　唐咸通十五年（八七四）三月　章專一一三二
跋：咸通十五年即乾符元年，卒在三月，改元在十一月。舊藏陳粟園。

王容墓誌　唐咸通（八六〇—八七四）七月十八日　章專一九七二
跋：邊有十二肖像神，極可玩。文云"午咸通"，當是"咸通壬午"。

劉阿延墓誌　唐乾符二年（八七五）四月廿四日　章專一九八二
跋：此下殤也，乃亦有誌，癸酉八月小建。鄉先達吳窓齋視學陜甘得唐誌六，爲《文安縣主》，貞觀二十二年；《湯夫人傷氏》，永徽二年；《裴君》，咸亨四年；《楊夫人韋氏》，永隆二年；《比丘尼法燈》，永隆二年；一即此也，爲最後得者，亦可快也。九月初六日拾記。（圖版一二八）

強瓊妻王氏墓幢　唐乾符三年（八七六）二月廿四日　章專一一三三

跋:後附陀羅尼經咒。栗園藏印。

趙虔章墓誌 唐乾符三年(八七六)九月廿日 章專一一三四
跋:栗園舊藏本。

李氏墓誌 唐乾符六年(八七九)四月七日 章專一一三五
跋:栗園藏印。

玉臺寺碣 唐乾符六年(八七九)七月十八日 章專一一三六
跋:僧靈幹書,近太宗結構,立石紀辰時亦他所未見。

郭全豊及妻宋氏合葬誌 唐乾符六年(八七九)閏十月十一日 章專一九八三

申屠君妻賀氏墓誌 唐乾符六年(八七九)十一月五日 章專一九八四

善悟塔銘 唐廣明一年(八八〇)七月九日 章專一一三七

敬延祚墓誌 唐中和三年(八八三)二月十一日 章專一一三八
跋:陳栗園藏本,入《八瓊室金石補正》。

戚高墓誌 唐中和三年(八八三)十月廿七日 章專一一三九
跋:吾祖籍諸暨人,書蹟遒厚,晚唐罕見。

萬壽寺記 唐景福一年(八九二)八月一日 章專一一四〇
跋:可考柳玭官位及長安城寺名。

盧君妻(盧允奇母)劉氏墓誌 唐景福二年(八九三)八月七日 章專一九八五
跋:(一)石經鑱壞,拓手尤劣,姑以充數而已。己巳坡公生日記。(二)此誌僅見《續語堂碑錄》,云在滄州,此張親家覓寄。

李氏再修功德記碑 唐乾寧一年(八九四)十月五日 章專一一五八
跋:文載羅叔言《西陲石刻錄》,此拓未全。

崔鱶及妻鄭氏合葬誌 唐乾寧五年(八九八)八月六日 章專一九八六
跋:弟因姊命爲甥作誌。

苻進昌墓誌並蓋 唐光化三年(九〇〇)十一月十八日 章專一九八七
跋:似數世同葬,文義不甚了了,書客鄉貢明經韓知進自署甚備,殆不知厚顔者。墓在馬邑荒傖之地,宜無責焉。(圖版一二九)

邢汴及妻周氏合葬誌 唐天祐十年(九一三)十月廿二日 章專一九八八
跋:葬平山縣。

孟璠墓誌 唐天祐十二年（九一五）閏二月五日 章專一一六四
跋：漫漶至多，幸姓名尚存。

孟璠墓誌 唐天祐十二年（九一五）閏二月五日 章專一九八九
跋：有藏石人刻跋詳之。癸酉八月廿六日。

張宗諫墓誌 唐天祐十三年（九一六）四月一日 章專一九九八
跋：羅目“宗”下乃“諫”字。　唐以天祐四年亡，晉稱天祐至十九年，吳稱天祐至十五年，張爲河内人，則石晉人耳，題仍繫唐，當時必有説，俟考。（圖版一三〇）

法門寺塔廟碑 唐天祐十九年（九二二）二月廿六日 章專〇二三三
跋：天祐四年唐亡，李茂貞從晉稱天祐十九年，即梁末帝龍德二年。

賈尊聞造浮圖銘 唐（六一八—九〇七）□□一年七月十五日 章專一一五九
跋：“辛”下似“亥”字，辛亥值改元唐惟景云，漫漶不敢定也。

王太貞墓誌 唐（六一八—九〇七）五月十七日 章專二〇〇九
跋：續娶曰後夫人，再續曰繼夫人，可補《稱謂録》。

黄□造像記 唐（六一八—九〇七）六月 章專一四八四

□德墓誌 唐（六一八—九〇七）□□十□年十月廿六日 章專二〇〇六
跋：蒿里文目“令”下空一格有“德”字，此不可見。

劉君妻侯氏墓誌 唐（六一八—九〇七）壬申年十月 章專二〇〇七
跋：但云“卒唐壬申歲”而無年號，疑天祐丁卯後五年。

崔詹墓誌 唐（六一八—九〇七）十一月七日 章專二〇一四
跋：“崔”字已漫漶，《元和姓纂》崔有清河東武城一望與誌文合，故定之。　詹以天祐四年登第，是年唐亡，以後歷數官，首行仍列唐號，疑不能明。左行。（圖版一三一）

杜君妻朱氏墓誌 唐（六一八—九〇七）十一月廿五日 章專二〇〇五
跋：庚申歲寒倉澹庵贈。

爾朱逵墓碣 唐（六一八—九〇七）十一月 章專一一六一
跋：古歡樓藏拓本。季卿氏韓，名韻海，平湖人，藏有應公鼎，筠清館著録。庚申十月廿二日鈺記。（圖版一三二）

祈嶽降雨頌 唐（六一八—九〇七） 章專〇二三六

善業泥 唐（六一八—九〇七） 章專一一四二

跋:像刻甚精,存之。

歆律師支提塔頌　唐(六一八—九〇七)　章專一一四三

沙彌尼清真塔銘　唐(六一八—九〇七)　章專一一四四

尊勝陀羅尼經幢　唐(六一八—九〇七)　章專一一四五

跋:光緒十四年四月貴築黄子壽師即園課士時所賜,壬戌八月記已三十五年矣。

張懷政刻善惡因果經　唐(六一八—九〇七)　章專一一四六

跋:書法雄秀,惜存半截。

佛頂尊勝陀羅尼咒　唐(六一八—九〇七)　章專一一四七

跋:自題嵩山隱士高岑書。

華梵並刻經幢　唐(六一八—九〇七)　章專一一四八

跋:有“特進試鴻臚卿”字,乃唐物也。

佛經四種　唐(六一八—九〇七)　章專一一四九

跋:原有一紙,云出青城。

佛經　唐(六一八—九〇七)　章專一一五〇

跋:字體造中唐。

經幢　唐(六一八—九〇七)　章專一一五一

跋:存字無多,不能考定。

惠山石床題字　唐(六一八—九〇七)　章專一一五四

跋:陳東塾以二篆即出宋人手,非陽冰所書,與竹云覃溪說迥異。

阮客舊居題詩　唐(六一八—九〇七)　章專一一五五

跋:庚申五月以軸改裝。此係裝軸題籤,爲潘文勤書蹟。

唐詩二首　唐(六一八—九〇七)　章專一一五六

跋:人名年號均佚,審係七律二首,每行十字,前首用尤韻,後首用刪韻也。己巳九月廿三日坐雨記,負翁。(圖版一三三)

深慰帖　唐(六一八—九〇七)　章專一一五七

跋:真蹟今在潞州徐石雪處,癸酉夏至霜根記。“河”誤作“洲”。

善業泥造像　唐(六一八—九〇七)　章專一一六〇

宫城圖　唐（六一八—九〇七）　章專一四七八

大明興慶二宫圖　唐（六〇八—九〇七）　章專一四七九

唐造像　唐（六一八—九〇七）　章專一四八三
跋：無文字，以鐫刻精好存之。

常玄師兄妹造像記　年代不詳（　—九〇七）　章專一四八六
跋：字蹟與牛師羨一石相類，必同時同地事。

□君弘造像題名　年代不詳（　—九〇七）　章專一四八八
跋：有"息上柱國"字，字體近中唐。

鄧澤造像記　年代不詳（　—九〇七）　章專一四九二
跋：舒縣兩漢皆有，後則晉與南齊皆屬廬江郡，文有"邊地"字，則不知當屬何地，且當何代，當詢此石出土地定之。乙丑七月初二日記。（圖版一三四）

鏡非鏡　年代不詳（　—九〇七）　章專一五一八
跋：有云三代甲飾者，實無所據。

鉛質環形拓　年代不詳（　—九〇七）　章專一五一九
跋：字不易識，存以待考。

張君墓誌蓋　唐（六一八—九〇七）　章專一九九三

邦王妃崔氏鎮符命石刻　唐（六一八—九〇七）　章專一九九四
跋：此亦墓誌，上列符籙與佉佛者，刻經數行，同例《張詵妻樊氏誌》所刻係心經真言。（圖版一三五）

安魂石刻　唐（六一八—九〇七）　章專二〇〇一
跋：有小字一石，其文正同。

安魂石刻　唐（六一八—九〇七）　章專二〇〇二

安魂石刻　唐（六一八—九〇七）　章專二〇〇三

安靈鎮神五氣天文　唐（六一八—九〇七）　章專二〇〇四

徐君墓誌蓋　唐（六一八—九〇七）　章專二〇〇八
跋：係他石改刻，尚見遺蹟。

劉氏墓誌蓋　唐（六一八—九〇七）　章專二〇一〇

女道士李氏南方鎮墓文並蓋　唐（六一八—九〇七）　章專二〇一一

女道士李氏北方鎮墓文並蓋　唐（六一八—九〇七）　章專二〇一二

女道士李氏中央鎮墓文並蓋　唐（六一八—九〇七）　章專二〇一三

蘇城石刻拓本（有鐵香爐）　唐（六一八—九〇七）　裱本二一五七

跋：僑吳王補安寄贈聽鵑僦舍。（內）（《量虛塔》）吾郡北禪寺爲唐代舊名，見皮陸唱和詩，律師之稱唐思恒外罕見，疑此爲唐刻也。　（《徐大師銘》）滂喜齋後人潘景鄭承弼於癸酉年在婁門外訪得，文不可讀，額字開拓可喜。徐道士無蹤蹟可尋，與前唐北禪寺律師誌同爲額存文佚，真巧合也。是年景鄭寄貽一紙。十二月初二日式之識。　（《報恩寺香花亭柱》）王補安云此石於壬戌春北寺修破殿始發見，甫拓兩紙，翌晨再往則已鑿去無一字矣，是此紙殊可珍也。癸亥七夕。"五年"上似"道"字之半，疑宋乾道。　（《三清殿石柱》）殿外露臺石欄刻像已另裝一冊，必同時物也。　臧氏必周樗之亡妻，以遺奩作功德記唐代即有此風俗，元稹詩衣裳已施行看盡，其一證也。坡公真相院記則爲母夫人遺物，人往而情不與之俱往，可以風薄俗也。癸酉十一月世好潘景鄭承弼拓此寄贈，信筆記之。三清殿以石爲柱，閎深如殿宇，每柱上刻諸天尊名號，曾見拓本。景鄭謂高處須搭架，故未及施氈墨，此石柱則在下層，然四面皆柱，亦決不止此四事也。（圖版一三六）

張旭草書集拓　唐（六一八—九〇七）　善拓五五八

跋：三種皆在西安，千文各家著錄皆殘，此拓非缺佚也。玩其墨氣，蓋在二百年前，與明拓《聖母帖》同珍視之。甲子八月鈺記。

盧府君神道碑　唐（六一八—九〇七）　裱本二二四八

跋：北海撰書今不多見，癸酉閏夏霜根得之。

鍾公墓誌　五代梁開平五年（九一一）四月十九日　章專一一六二

跋：劉燕庭拓本，陳粟園藏本。

南溪池亭及九龍廟碑　五代梁貞明三年（九一七）三月廿七日　章專一一六三

張稹墓誌　五代唐天成二年（九二七）十一月一日　章專一九九九

羅周敬墓誌　五代晉天福二年（九三七）十月六日　章專一一七〇

跋：古歡樓舊藏。

孫思暢墓誌　五代晉天福五年（九四〇）十一月十一日　章專一一七一

跋：浮藻聯翩，文字之厄運極矣。

馬文操神道碑　五代晉天福六年（九四一）五月廿五日　章專〇二三九

跋：全節之父殉難於唐，此碑未見著錄。己未八月十二日檢記。

石屋洞造像題名集　五代晉天福九年（九四四）十一月廿四日　裱本二二三二

跋:凡與後得同者以墨圈志之。霜根記。　此種造像《兩浙金石志》僅收四十餘刻,前得百餘種亦未全也。閏盦復以守杭時所得拓本貽予,互相比勘,復得十餘品,而前所得者有三十種尚在此外,固知工人隨意氈椎,無一定數目也。"應真泉"三字似各家未經著錄,足以肩隨雲峰、天柱諸刻,最爲可珍。癸酉閏月苦雨,右髀痠楚以伏案爲苦。鈺記。(圖版一三七)

王廷胤墓誌　五代晉開運二年(九四五)四月十四日　章專一一七二

萬佛溝採石記　五代周顯德一年(九五四)十二月　章專一一七三

跋:靈泉寺全拓之一種。

韓通妻董氏墓誌　五代周顯德二年(九五五)九月七日　章專一一七四

蕭處仁墓誌　五代周顯德三年(九五六)七月廿四日　章專一一七五

董池聖母廟碑　五代周顯德五年(九五八)四月十五日　章專一一七六

棲巖寺舍利殿記　五代周顯德六年(九五九)九月九日　章專一一七七

跋:《攈古錄》尚有碑側銜名,此未全。霜根。

王公造彌勒殿記　十國前蜀武成一年(九〇八)四月十三日　章專一一六八

跋:前蜀石刻,在四川富順,劉燕庭所遺碩老贈本。

常鍵造三聖龕記　十國前蜀武成一年(九〇八)五月十五日　章專一一六九

跋:光緒甲午乙未間碩卿宗老所貽,原籤附存。

李濤妻汪氏墓誌　十國吳順義四年(九二四)十二月　章專一一六五

跋:石藏揚州李氏,羅兄叔言分贈手拓本。

風山靈德王廟碑　十國吳越寶正六年(九三一)七月廿三日　章專一一六六

跋:碑在武康,此拓尚舊,可遇不可求也。癸酉閏夏。

太安寺香爐記　十國吳大和五年(九三三)七月十五日　章專〇一二六

王通(仁遇)墓誌　十國吳大和七年(九三五)八月十日　章專一一六七

跋:大和年號與唐文宗同,作太者誤也。雪堂贈。　"通"字羅目作"仁遇"二字。　按:乙未爲天祚元年,誌云大和七年,俟考。(圖版一三八)

崇化寺西塔記　十國南唐中興一年(九五八)七月廿四日　章專一四七三

跋:吳氏係國戚,《兩浙金石志》收三品皆以延字排行,中興係南唐後主年號,未幾即改交泰,薛史宋史及陸氏《南唐書》均同,此作七月,疑不能明也。庚午八月初二日記。(圖版一三九)

光孝寺西鐵塔記　十國南漢大寶六年(九六三)五月十七日　章專一一八〇

跋:南漢大寶六年。羅叔言遊粤時所拓。

光孝寺東鐵塔記　十國南漢大寶十年(九六七)　章專一一八一

石暎墓誌　十國北漢天會八年(九六四)四月廿四日　章專一一八二
跋:先進仕漢,卒宋,故不書年號。陳粟園藏本。　唐天祐元年值甲子,此恐非是,故定爲宋初。(圖版一四〇)

石城碑　大理明政三年(九七一)　章專〇二四一
跋:王蘭泉考爲當宋開寶四年。

韓通墓誌　宋建隆一年(九六〇)二月二日　章專一一七八

(唐江王乳母)杏氏墓誌　宋建隆四年(九六三)五月十日　章專一一七九
跋:江王即徐知證,南唐臣,宋故,用宋紀年。

擬惠休上人詩　宋乾德五年(九六七)十二月廿五日　章專一三四五

摩利支天經黄帝陰符經　宋乾德六年(九六八)十一月九日　章專一一八三

張仲荀抄高僧傳序　宋乾德六年(九六八)　章專〇二四〇
跋:夢英惡劄,過而存之。癸亥三月廿七日記。

牛知讓墓誌　宋開寶三年(九七〇)十月五日　章專一一八四
跋:改葬於宋,歷仕梁唐晉三朝人物也。

馬測墓誌　宋開寶三年(九七〇)十月十七日　章專一一八五
跋:以獻書周世宗得出身。

吴廷祚墓誌　宋開寶五年(九七二)二月廿三日　章專一一八六
跋:宋瑫文。宋史有傳,誤“廷”作“延”,墓誌以見史者爲貴,此紙可寶也。

法門寺浴器靈異記　宋太平興國三年(九七八)四月　章專一一八八

西湖南北山題名　宋太平興國三年(九七八)十二月二日　裱本二一六六
跋:西湖南北山題名至多,偶得數種,以當臥遊。癸亥三月記。

清靜經、護命經、生天得道經　宋太平興國五年(九八〇)二月廿一日　章專一一八九

龍興寺三門記　宋太平興國七年(九八二)閏十二月廿三日　章專〇二四二
跋:王禹偁文,十三月者,是年閏十二月也。式之記。

錢俶墓誌 宋端拱二年(九八九)一月十五日 章專一一九〇
跋:古歡樓舊藏,去秋雷峰塔圮,王所刻寶篋經,鈺幸得一卷藏之。

溫仁朗墓誌並蓋 宋淳化一年(九九〇)十二月一日 章專一一九一
跋:徐鼎臣篆蓋,珍貴孰甚,森玉藏石,壬申四月贈本。

溫仁朗墓誌並蓋 宋淳化一年(九九〇)十二月一日 章專一一九二
跋:徐鼎臣篆蓋,極難得,叔言贈初出土本。丙寅四月。

朱方新砌十字市街起初井記 宋淳化三年(九九二)四月十六日 章專一一九三
跋:鄒樹文寄贈,云新出鎮江城外。辛未六月記。

潤州砌大市磚街施主題名刻石 宋淳化三年(九九二)四月十六日 章專一一九四
跋:羡姓滿姓可入稀姓録,冷姓則詩人秋江其後也。

惠廣大師塔銘 宋淳化五年(九九四)六月十二日 章專〇二四三

苻昭願墓誌 宋咸平四年(一〇〇一)八月廿一日 章專一一九六

吴元載墓誌並蓋 宋咸平五年(一〇〇二)十一月廿三日 章專一一九七
跋:廷祚其父,元吉其弟,昭明其子,東海野僂張舜賓文。

西嶽廟乳香記 宋咸平六年(一〇〇三)九月十五日 章專一一九八

吴元吉墓誌並蓋 宋景德四年(一〇〇七)一月廿三日 章專一二〇〇
跋:王琛文,劉惟清書,蓋作草書,特異。

元贇造香幢記 宋景德四年(一〇〇七)四月八日 章專一一九九
跋:八面小石幢,並拓成一紙,聞張叔未藏一石,可作帽架,當即此類。

先天太后贊碑 宋大中祥符七年(一〇一四)一月廿二日 章專〇二四四

北嶽安天元聖帝碑 宋大中祥符九年(一〇一六)四月廿一日 章專〇二四五

勃興頌 宋天禧三年(一〇一九)五月十一日 章專〇二四六
跋:在虞書廟堂碑之陰。

張郁墓誌 宋天禧四年(一〇二〇)閏十二月廿七日 章專一二〇一

三聖佛龕記 宋天聖二年(一〇二四)三月一日 章專〇二四七

勸慎刑文 宋天聖六年(一〇二八)二月 章專〇二四八

跋："用"書作"冎"，與周公廟碑同，不知因何而諱，無能言之者。 "用"寫作"冎"，係避當時皇太后祖諱，"通"作"迵"而然，此所謂奉行過度也。天聖、明道本可證前說未是。（圖版一四一）

絳州夫子廟碑 宋天聖十年（一〇三二）六月廿八日 章專一二〇二
跋：集右軍書。

解州鹽池新堰箴 宋天聖十年（一〇三二）十月五日 章專〇二四九
跋：集右軍書，覃溪曾逐字考訂，夏閏枝得之。

吴昭明墓誌 宋天聖十年（一〇三二）十一月四日 章專一二〇三
跋：張伯玉文，王積中書。

苻承煦墓誌 宋明道三年（一〇三四）三月十三日 章專一二〇四

延慶院舍利塔記 宋景祐三年（一〇三六）六月廿七日 章專一二〇六
跋：集王書至佳，惜不與玉真公主靈壇祥應記同得。

种放會真詩 宋寶元一年（一〇三八） 章專一二〇八
跋：在岱廟環詠亭。

衛廷諤妻徐氏墓誌 宋寶元二年（一〇三九）八月十三日 章專一二〇九
跋：八瓊室補正有考並訂《古誌石華》之失。叔言贈。

章氏等題名 宋慶曆二年（一〇四二）立夏前一日 章專一二一〇
跋：宋人之見於金石文極少，此可珍也。鈺印。

彌勒變相記 宋慶曆四年（一〇四四） 章專〇二五〇

晉卿等題名 宋慶曆五年（一〇四五）五月六日 章專〇二五一

合州北□山刻石 宋慶曆五年（一〇四五） 章專〇二五二

夔州知州題名記 宋慶曆六年（一〇四六）十一月立冬日 章專〇二五三

三明寺大悲殿碑 宋慶曆七年（一〇四七）四月八日 章專一二一一
跋：縣城北宋某年被淊，此石近始出土，李蘷庵拓贈。

禮法門寺真身塔詩 宋慶曆八年（一〇四八）三月廿九日 章專一二一三

劉永墓誌 宋慶曆八年（一〇四八）十月八日 章專一二一二
跋：書人列撰人之前。

北嶽廟碑　宋皇祐二年(一〇五〇)一月十九日　章專〇二五四
跋:韓魏公撰書。

祖無擇題名　宋皇祐二年(一〇五〇)二月十三日　章專一二一五

丁寶臣王逢等題名　宋皇祐二年(一〇五〇)九月廿九日　章專一二一四

吴溍妻杜氏墓誌　宋皇祐三年(一〇五一)十月七日　章專一二一六
跋:子執中撰文極質,書者爲太君外孫。

文彦若墓誌　宋皇祐三年(一〇五一)十月七日　章專一二一七
跋:潞國公弟,書撰均駿整可法。

嵩臺石室記　宋皇祐五年(一〇五三)五月　章專一二一八
跋:壯石室之勝,其詞甚美。

柳子厚祠堂記　宋至和三年(一〇五六)二月二日　章專一二一九
跋:祠存永州。

雲堂洞題名　宋嘉祐歲二日庚戌(一〇五六)　章專一四九七
跋:癸酉閏月閏枝贈。陽冰書,此係當時另拓者。字字可識,浙誌多方圍可怪。

魏處約墓誌　宋嘉祐三年(一〇五八)十二月十二日　章專一二二〇
跋:文爲吕夏卿撰,有裨史事,當詳考之。

陳文澤捨財記　宋嘉祐四年(一〇五九)三月十五日　章專一二二一
跋:在常熟城内。

文彦博題名　宋嘉祐五年(一〇六〇)三月十八日　章專一二二三

宿少林寺詩　宋嘉祐五年(一〇六〇)四月一日　章專一二二二
跋:癸酉八月二十九日。

嘉祐石經　宋嘉祐六年(一〇六一)三月　裱本二一六七
跋:長洲章氏藏。

劉奕墓碣　宋嘉祐六年(一〇六一)四月十九日　章專〇二五五
跋:蔡忠惠撰書,後萬安橋記一年,亦用顔法,可師也。乙亥四月。

醉翁亭記　宋嘉祐七年(一〇六二)十月十七日　章專〇二五六
跋:石在費縣,又有"竹鶴"二篆,在吾蘇郡學。

韓愷墓誌 宋嘉祐七年（一〇六二）十一月廿九日 章專一二二四

張稚圭等題名 宋嘉祐八年（一〇六三）七月二日 章專一二二五

張正中墓表 宋治平一年（一〇六四）六月廿七日 章專二〇一六

晝錦堂記 宋治平二年（一〇六五）三月十三日 章專〇二五七

黄君祥等題名 宋治平二年（一〇六五）四月 章專一二二六

何令孫墓誌 宋治平三年（一〇六六）七月九日 章專一二二七

跋：姚奭文，尹材書，張冕篆蓋，惜蓋失拓。令孫爲歐陽公、范文公及尹師魯所知，文亦典實，是宋誌上品。

劉景墓誌 宋熙寧二年（一〇六九）二月六日 章專一二二九

跋：弟光被疫，景被染而沒，景行至篤，光文亦可傳。

趙宗道妻崔氏墓誌 宋熙寧二年（一〇六九）十一月十日 章專一二二八

魏處約妻趙氏墓誌 宋熙寧二年（一〇六九）閏十一月十五日 章專一二三〇

瀧岡阡表 宋熙寧三年（一〇七〇）四月十五日 裱本二一九九

跋：養薄逾於祭豐，此言見賞神龍。不肖無父無母，到今追悔無從。甲戌五月廿一日七旬初度，叩謁影堂後揮淚書。長洲章鈺式之記。（圖版一四二）

韓恬墓誌 宋熙寧四年（一〇七一）二月廿八日 章專一二三二

跋：魏公遺文，未知入安陽集否。

向宗道等題名 宋熙寧四年（一〇七一）三月廿七日 章專一二三三

趙子淵墓誌 宋熙寧四年（一〇七一）十一月四日 章專一二三一

鄆州學新田記 宋熙寧五年（一〇七二）九月十五日 章專一二三四

跋：記爲滕公元發作，公吾郡鄉賢也，祠在城中草橋北堍。

任顒墓誌 宋熙寧五年（一〇七二）十一月廿七日 章專一二三六

跋：祖無擇文，可補宋史。戊午出土，董授經藏石。

祖士衡墓誌並蓋 宋熙寧五年（一〇七二）十二月十日 章專一二三五

跋：姪無擇文，先賢邵氏書並篆蓋，誌石中至寶。

韓琦墓誌 宋熙寧八年（一〇七五）十一月二日 章專一二三八

跋:《安陽金石志》云明人重刻,鈺疑行款改動,故不作誌式。中有誤字,亦改刻之證。

蓮盆銘 宋元豐一年(一〇七八)一月一日 章專〇二五八
跋:盆在閬中懷安,今侯官縣地。稱妻曰室中,未見他處。壬戌歲暮雪堂以重分見貽。未見著錄。越歲三月裝成記。戊午爲元豐元年,此刻作九年,疑磨過重刻致誤。 案:室中又見元豐乙丑烏石山王勝題刻。(圖版一四三)

黄茅岡詩刻 宋元豐一年(一〇七八)九月十七日 章專一二五六

趙仲伋墓誌 宋元豐二年(一〇七九)五月十一日 章專二〇一七
跋:撰者蔡確與書人刻人均稱臣。

常景造像記 宋元豐二年(一〇七九)七月十二日 章專一二四一
跋:此悼其子而作,所鐫者子之象也,上題"佛象"誤。

趙仲伋妻劉氏墓誌 宋元豐三年(一〇八〇)三月十日 章專一二四二
跋:吾宗遺文之一。對宗室稱臣,疑奉詔撰書,否則必當時體也。己未九月雪堂所贈。

趙仲伋妻劉氏墓誌 宋元豐三年(一〇八〇)三月十日 章專二〇一八
跋:此即仲伋夫人,書撰及刻者均稱臣,兩誌同。吾宗子厚公被大謗,遺文罕見。此其所作也,極莊雅可誦。(圖版一四四)

金剛經碑 宋元豐三年(一〇八〇)四月廿五日 裱本二二一八
跋:每見必收,平生微尚梅,亦聞人跋:語費解。癸酉小寒。 (内)此拓以無聊收之,頃見一本,則殘破漫漶已甚,後有同治二年許應鑅跋,係記重得此石本末,是此本紙墨亦舊矣。尋常之品分品級如此,可記也。甲戌伏日鈺。 跋者梅植之蘊生卒道光癸卯,跋中"辛"下缺字非"卯"即"丑",而以"丑"字爲近。辛丑則道光二十一年也。八月初八日記。(圖版一四五)

蘇軾乳母任採蓮墓誌 宋元豐三年(一〇八〇)十月廿四日 章專一二四三
跋:乳公及公姊又護視公三子,可謂有恒德者矣。宜公之以此刻報之也。《晚香堂帖》亦刻之,不知從此刻出否,然已更失神採。戊辰八月朔日鈺記。(圖版一四六)

韓魏公祠堂記 宋元豐七年(一〇八四)六月十八日 章專〇二五九

海市詩刻 宋元豐八年(一〇八五)十月廿九日 章專〇二六〇
跋:石在山東蓬萊,有摹刻本,不足取也。壬申中秋鈺記。

吴道子畫像跋尾 宋元豐八年(一〇八五)十一月 章專〇二六一
跋:石與海市詩並在蓬萊,壬申初秋得之。八月望鈺記。

興安王廟詩 宋元豐八年(一〇八五)十二月十二日 章專一二四四

楊皓題記　宋元豐（一〇七八—一〇八五）　章專〇三五五

跋：原題元豐乙酉，今存“酉”字。鈺案：元豐有辛酉，無乙酉。極似山谷書體。（圖版一四七）

白氏兄弟祈母安樂刻石　宋元祐二年（一〇八七）十一月廿二日　章專〇二六二

郭祥正等題名並石室記　宋元祐三年（一〇八八）三月三十日　章專〇二六三

三清殿記　宋元祐三年（一〇八八）八月十五日　裱本二二七九

跋：宗城宋縣，屬河北東路大名府，今直隸廣平府威縣境。宋人集右軍書爲碑記者絳州夫子廟碑、忻州東嶽廟碑、解州鹽池堰箴、龍泉普濟禪院碑、玉兔寺淨居詩外，以鈺所收景祐二年濟源延慶禪院舍利塔記出楊虛己手，爲最得山陰意境，此刻遠不逮矣。後題有裝人塑人。葉緣督謂唐楊將軍新莊象銘。莊即裝飾字，塑人僅慶曆五年法門寺重修九子母記之王澤而外於斯石再見之。檢各家目均未著錄，亦可珍也。甲戌三月望日鈺記。（圖版一四八）

郝質妻朱氏墓誌　宋元祐三年（一〇八八）十一月七日　章專一二四五

布衾銘　宋元祐三年（一〇八八）　章專一二四六

跋：庚申春日倉澹庵所贈。

何君妻柴氏墓誌　宋元祐四年（一〇八九）九月十七日　章專一二四八

余戩墓誌　宋元祐四年（一〇八九）十二月廿四日　章專一二四九

跋：文尚可通，字不成字，記四至外記葬法，記送葬人，記石匠，記陰陽人，又有車輿人數、進香人名，足供嗜石墨者譚助。壬戌十一月初三日記。（圖版一四九）

濮巖銘　宋元祐五年（一〇九〇）一月九日　章專〇二六五

京兆府學移經記　宋元祐五年（一〇九〇）九月廿日　章專一二五〇

跋：足考石經掌故，安民所刻，尤爲可珍。

陳靖葬父母誌　宋元祐五年（一〇九〇）十一月三十日　章專一二五一

跋：重葬疑即遷葬。石歸定海方氏。

宸奎閣碑　宋元祐六年（一〇九一）一月三日　章專〇二六六

跋：明人覆刻本，聞日本有原石拓本一紙，雪堂極稱之。（圖版一五〇）

伯夷叔齊墓碑　宋元祐六年（一〇九一）六月八日　章專〇二六七

跋：山谷所書，秀勁無匹。

伯夷叔齊墓碑　宋元祐六年（一〇九一）六月八日　裱本二二五〇

跋：昔人稱黄書草不及行，行不及真，此碑純用褚法，可寶可寶。（內）文入宋刻豫章黄先生文集，知爲雙井經意之作也。己巳十一月十一日讀記。鈺。　此碑在山西永濟，文載《山右石刻文編》，有考訂語而未及篆額之文勛。案：勛字安國，官太府寺丞，卒於山谷前，故山谷集有勛之真贊。李姑溪稱勛篆方嚴勁正，未嘗妄下一筆。東坡又爲作篆銘，有安國用筆意，在隸前魯壁周鼓汲冢秦山等語，推許甚至。北宋篆勢向推王魯翁及吾宗望之先生，安國遺蹟他無所見，則此額上六字亦可爲吉光片羽矣。同月十三日霜根學人坐雪寫記。（圖版一五一）

顔真卿新廟記 宋元祐七年（一〇九二）四月廿七日 章專〇二六四

跋：米襄陽記公僊蹟，虚舟謂湖州當亦有一石語較允也。元章楷法可寶。（圖版一五二）

顔真卿新廟記 宋元祐七年（一〇九二）四月廿七日 章專〇二六八

趙瞻神道碑 宋元祐七年（一〇九二）五月廿五日 章專〇二六九

跋：入《三巴孴古志》，蔡書至佳，不以人廢。壬申年收。

劉松茂等題名 宋元祐八年（一〇九三）六月一日 章專一二五四

跋：文云同瞻古刻，不知古刻爲何代物。紀年元祐癸酉，即鈺鎮庫寶王晉卿畫軸同歲事也，後八百四十一年。六十九翁式之記。（圖版一五三）

石輅墓誌 宋元祐八年（一〇九三）十月十七日 章專一二五三

跋：孝錫文，無咎字均不多見，得之謂與元祐諸賢有緣也。

吳良墓誌 宋元祐八年（一〇九三）十二月廿九日 章專一二五二

跋：一鄉曲善士書撰，均無可取。

雪浪盆銘；觀海堂蘇帖 宋紹聖一年（一〇九四）四月廿日 裱本二二六〇

跋：此刻圓形手自剪貼空葉，冀行氣不失。丙寅八月。

靈裕法師傳 宋紹聖一年（一〇九四）十二月八日 章專一二五八

蘇軾等訪象老題名 宋元祐（一〇八六—一〇九四） 章專一二五五

跋：同題名孫敏行有紹聖元年北嶽廟題名，在直隸曲陽。

趙德麐題字 宋元祐（一〇八六—一〇九四） 章專一二五七

跋：辛酉暮春吳松鄰老友拓贈，云石出洛中。 聊復翁字德麐，然名令畤泰山題名書名，此刻不敢指實，如係題名，則此篆蹟踵王軒、徐鉉、徐鍇而爲四矣，横書尤可喜。 松鄰題句，茗理迻寫，辛酉午月午日午時。（圖版一五四）

試劍石題字 宋紹聖二年（一〇九五） 裱軸一五八七

跋：此潘文勤手蹟。試劍題今佚，覺石、長遠二題則潘錄所遺。

蝶戀花辭 宋乙亥（ —一〇九五）十一月十日 裱軸九三八

仇公著墓誌 宋紹聖三年（一〇九六）十月十七日 章專一二六二

韓翼冑墓記 宋紹聖三年（一〇九六）十二月三日 章專一二六三

韓正彦妻艾氏墓誌 宋紹聖三年（一〇九六）十二月三日 章專一二六四

慕容伯才遺戒 宋紹聖四年（一〇九七）二月六日 章專一二六五
跋：王寀編次，王森書石，誌拓中特出之品。

韓宗厚墓誌 宋紹聖四年（一〇九七）九月廿二日 章專二〇一九
跋：中多事實，書尤秀拔。

韓宗厚墓誌 宋紹聖四年（一〇九七）九月廿二日 章專一二六六

游師雄墓誌 宋紹聖六年（一〇九九）十月十七日 章專一二六七
跋：古歡樓舊藏，惜未見我宗賢所書額也。鈺乙丑記。

黄庭堅題名 宋建中靖國一年（一一〇一）二月三十日 章專〇二七一
跋：近拓本殘處“仲”字“冬”字已缺。癸酉正月校。

梁彦通神道碑 宋建中靖國一年（一一〇一）八月十九日 章專〇二七二
跋：石在東平，乙丑閏月羅貞松贈本。

三十六峰賦 宋建中靖國一年（一一〇一）九月廿三日 裱本二二一七
跋：學蘇得髓，氈墨尤精。甲戌夏雨負翁欣賞題耑。

銅鐘贊 宋建中靖國一年（一一〇一）九月 章專一二七一
跋：書蹟宕逸可喜，癸酉八月廿九日記。

綦立等題名 宋建中靖國（一一〇一）某月九日 章專〇二七三
跋：碩卿宗老所得蜀刻，未見著録。

劉晦叔等題名 宋崇寧一年（一一〇二）三月十七日 章專一二七四
跋：宋僊民籍貫可異，三封漢屬朔方郡，今河套西岸。

靈巖寺佛偈;曹娥碑 宋崇寧一年（一一〇二）十一月 裱本二一七二
跋：（內）吾卿潘文勤寶此爲枕秘，中牟倉澹庵從東賈覓贈。庚申七月暨望。

朱守信墓誌並蓋 宋崇寧一年（一一〇二）十二月廿三日 章專一二七二

朱昪符題名 宋崇寧一年（一一〇二）十二月廿四日 章專一二七三
跋：石在四川新都王稚子闕旁，攗古定爲崇寧元年。

崇福院施主記　宋崇寧二年(一一〇三)三月廿五日　章專一二七五

終南山雜詠　宋崇寧二年(一一〇三)六月一日　章專一二七六

劉客㞒墓誌　宋崇寧三年(一一〇四)三月十三日　章專一二七九

敕封惠應王牒　宋崇寧三年(一一〇四)九月廿七日　章專一二七七

靜應廟敕告　宋崇寧三年(一一〇四)十月八日　章專一二七八

蕪湖縣新學記　宋崇寧三年(一一〇四)八月　章專〇二七四

苻守誠墓誌　宋崇寧四年(一一〇五)一月十三日　章專一二八二

雙松堂記　宋崇寧四年(一一〇五)四月十七日　章專一二八〇
跋:石在洛陽存古閣,此拓舊而不緻。甲子三月初六日記。

文宣王贊碑　宋崇寧四年(一一〇五)　章專一二八一

黄庭堅題名　宋(　—一一〇五)　章專一三四六

澹山巖詩刻　宋崇寧(一一〇一—一一〇六)九月七日　章專〇二七五
跋:楊海琴拓本。

鹽官縣詩　宋崇寧(一一〇二—一一〇六)　裱軸一〇九〇
跋:洪介亭題。介亭宜黄人,嘉慶七年翰林,覃溪集屢見。(内跋)大興翁氏復初齋集吳槎客摹寄坡公鹽官縣絶句殘石詩,章鈺補錄。

辟雍詔後序　宋大觀一年(一一〇七)二月　章專〇二七六
跋:應覓詔文同存之,蔡京額,惜亦失拓。

章吉老墓表;朱樂圃墓表　宋大觀一年(一一〇七)　裱本二二〇五
跋:吉老宗賢,樂圃鄉賢,先後得此,敬裝一冊。鈺記。(内)吉老别有墓誌一石,亦米元章書撰,較此爲謹嚴,曾見同鄉老輩毛意香裒舊藏孤本臨存别紙,歸安陸氏《穰梨館帖》覆刻一過,僅得匡廓。癸酉歲莫鈺記。　此表刻入《寶晉齋法帖》第九卷,筆勢均同而帖本字間擠縮,轉不若碑本之蕭散,帖爲宋拓孤本,有元趙孟頫題字、藏印及明顧從義、吳廷諸家朱記,價值巨萬,照錄原跋如上。乙亥八月十七日。　《樂圃先生墓表》,同治蘇州府志載之,他不經見。志註在支硎山,世交潘景鄭承弼拓此寄贈則云在靈巖,與韓蘄王墓相近,與志註别一條說相同。案:志冢墓門樂圃先生墓下既錄米表又錄國朝徐筠朱長文墓辨略言:志先生墓者耿秉,云葬支硎山南,其父忠穆公之右;表先生墓者米芾,云葬至德鄉,從光祿公之塋。支硎屬至德鄉,靈巖不屬至德鄉。盧熊府志謂在支硎山,與誌、表合,靈巖東麓之說荒誕不足憑。鈺又案:冢墓門贈刑部尚書朱億墓註在支硎山龍池,子忠穆公,公綽附億爲長文祖,公綽爲長文父，又知江陰縣朱耜墓亦註在南峰龍池。耜爲長文子，是長文祖，父及子皆葬支硎，表誌均同。此說則徐氏之辨信矣，今石所在乃在靈巌，因何遷貿不能明也。米友仁重建大成殿記今在郡學。老米書蹟郡中僅此而已。宋賢兩絕，允宜珍視。都穆寓意編云："老米朱樂圃墓表一卷非真蹟，在吳江張氏，是另有摹本。"陳繼儒秘笈云："米南宮樂圃墓誌手蹟在辰玉家見之"，疑"誌"乃"表"之誤，皆談此表所應類及者，特附舉之。甲戌四月鈺。　又案：鈺六歲至十八歲蔭居在郡城，郡城隍廟東雍熙寺西。檢志壇廟門，郡廟於明洪武二年以雍熙寺改建第宅。園林門云樂圃在雍熙寺西，載圃中名勝甚詳。寺觀門云雍熙寺明初即郡廟東重建。以鈺所親涉，郡廟誠深邃宏敞，廟後則爲蔬圃，圃之北則市河限之，對岸爲范文正公義莊。廟右數百武外亦市河，俗呼挨河沿，獨廟東一帶市廛櫛比臨街，佔地無多，後則瓦礫堆積，一若坡陀起伏，雜樹據之。幼年在此放風箏、捉蟋蟀諸遊戲歷歷可溯，於樂圃舊蹟杳無所見矣。志於樂圃本條下續云：明萬曆間申文定公構賜間堂其中，今尚存一片廢地，何曾有此。鈺爲同治人，志爲同治修，是當襲舊志之說，經咸豐庚申之劫，賜間堂已遭兵燹重修，諸老輩未親履其地爲之刊正也。又案：此表與上同裝吉老表同入別下齋刊《寶晉英光集》，集無而石有者，可斷爲集之脱文，集有而石無且關文理出入則不得用朱文公以石刻校昌黎集之舊例矣。懼爲古人增瘖痏，故不具列。元章論晉刻誤字詩曰："自古寫字人，用字或不通。意足我自足，放筆一戲空。"是顛老本性如此，不得以繩墨加之，爲誦一過以爲解。是日爲小滿節，霜根學人舊都織女橋寓齋記。　章表：六開："民爲"下集無"道上聖神靈"五字。二十開："許氏"下集有"旌"字。朱表：三開："謀政"下集有"所急"二字。九開："太平"下集有"之功，制禮作樂，以比隆商周則是書也豈虛文哉此先生"二十二字。十二開："松悲"下集無"嗚呼哀哉"四字。據別下齋刻《寶晉英光集》校。（《四當齋集卷四/七下》）（圖版一五五）

遊龍多山詩　宋大觀二年（一一〇八）六月九日　　章專〇二七七

韓君妻時氏墓誌　宋大觀三年（一一〇九）十一月廿日　　章專一二八五

跋：所生子僑後改名俁，見抦葬誌。

韓跂一侄六殤子墓誌　宋大觀三年（一一〇九）十一月廿日　　章專一二八六

大觀通寶幣　宋大觀（一一〇七—一一一〇）　　章專一二八七

跋：考《錢說》，諸家未及如此巨品，二文少異，疑兩面錢也。

孔子手植檜贊　宋大觀（一一〇七—一一一〇）　　章專一三四九

鶴林老圃偈　宋政和一年（一一一一）十月十一日　　章專〇二七八

跋：書人得顔平原骨髓，宋政和元年定州刻石

吕超等造義井記　宋政和一年（一一一一）　　章專一五〇六

河瀆靈源王廟碑　宋政和二年（一一一二）一月　　章專〇二七九

跋：書蹟秀健可法。甲子三月四當齋署記。

韓僖母時氏改葬誌　宋政和二年（一一一二）七月五日　　章專一二八八

謝動等遊石門洞題名　宋政和三年（一一一三）二月廿四日　　章專一二九一

跋："謝"誤"楊"，廣西臨桂。

龍多山錄石刻 宋政和三年（一一一三）四月廿六日 章專〇二八〇

龍多山錄石刻 宋政和三年（一一一三）四月廿六日 章專〇二八一

穆氏先塋表並跋 宋政和三年（一一一三）九月十六日 章專一二八九

穆伯初墓表 宋政和三年（一一一三） 章專一二九〇

苻守誠妻張趙氏（秀容縣君）墓誌 宋政和四年（一一一四）七月十二日 章專一二九二

跋：張植文極雅潔，張勸書與米元章波瀾莫二，篆蓋者爲黄伯思，則欲見其書蹟者數十年矣，而失拓何也。戊辰十二月望日霜根寒坐檢記。（圖版一五六）

五僊祠記 宋政和四年（一一一四）十月十五日 章專〇二八二

跋：書蹟倜儻可喜。

乾明院建塔記 宋政和五年（一一一五）二月一日 章專一二九三

周文王廟詩 宋政和五年（一一一五）五月 章專一二九四

跋：北周無文王之稱，武帝亦不名堅，須詳考乃定。此紙少末行，後跋可補校《三巴昚古志》。隋高祖名堅，頭上角出次詩疑指此。強獨樂造像爲周文王，上係誤書。（圖版一五七）

謝彦臨潼詩刻 宋政和六年（一一一六）五月 章專一二九六

陳寂之墓誌 宋政和七年（一一一七）四月十二日 章專一二九九

跋：書蹟似出蘇門。粟園藏過。

陳煜墓誌 宋政和七年（一一一七）二月十一日卒後六一日葬 章專一三〇〇

跋：此上殤也，字之曰叟，得毋非禮。

穆翬墓表 宋政和七年（一一一七） 章專一二九七

跋：翬爲庭秀孫，伯初子，三世皆王壽卿書表，又正書一記，別有山谷題壽卿篆書共七紙，先後得之，殊可快也。壬戌十月十二日記。（圖版一五八）

應逢棨等題名 宋政和八年（一一一八）十月三日 裱軸八六七

穆氏新兆塋記 宋重和一年（一一一八）十二月一日 章專一三〇一

跋：王壽卿以篆名北宋，此楷書亦勁秀可愛。

杜宗象墓誌 宋重和二年（一一一九）二月十四日 章專一三〇二

跋：杜太后之裔。

杜宗象墓誌　宋重和二年（一一一九）二月十四日　章專一三〇三

郝瑋妻趙氏墓誌　宋宣和一年（一一一九）四月廿七日　章專一三〇六

遊師孟墓誌　宋宣和一年（一一一九）六月十五日　章專一三〇五
跋：松鄰所贈。

韓君姫劉氏墓誌　宋宣和一年（一一一九）九月十七日　章專一三〇七

苻佾墓誌　宋宣和二年（一一二〇）六月三日　章專一三〇八

真相院舍利塔銘　宋宣和三年（一一二一）十月　裱軸一〇九八
跋：松鄰貽鄭盦遺物。（内跋）潘文勤公題字，門下門生長洲章鈺得滂喜齋藏本。甲子八月重裝謹記。

榮事堂記　宋宣和四年（一一二二）五月廿日　章專一三一〇

李章墓誌　宋宣和四年（一一二二）十一月十一日　章專一三一一
跋：云葬信德府堯山縣，今出順德府唐山縣地，望適合。

玉筍　宋宣和四年（一一二二）　章專一三〇九
跋：（一）葛勝仲題所謂林文節即林希子中也。"玉筍"二隸字當即希書，在神宗朝責監杭州樓店務，當即其時先後所書。（二）此石題字宣統初在吾友王勝之所見之，言在湖北某氏寶惜，不許拓傳，渠以學使之力，輾轉設法，僅得一紙耳，今以無意遇之，可喜孰甚。（三）檢《墨妙亭碑目考》、《吳興金石志》皆不錄全文，知張秋水、陸存齋皆未見過墨本，或云石今爲天津曹氏所藏，未知果否。甲子二月返南祭埽時所得。鈺記。（圖版一五九）

祭汾東祠記　宋宣和五年（一一二三）五月七日　章專一三一四
跋：德麐與坡公遊此石書蹟極似坡公，知師友濡染之力深入至此，又藏有德麐三字題名，篆勢如三體石經中古文一種。霜根。（圖版一六〇）

城隍廟碑　宋宣和五年（一一二三）十月一日　章專一三一三
跋：金君仲廉贈云：乃翁官縉雲教官時所拓，閱今將五十年矣。

王安裔墓誌　宋宣和六年（一一二四）閏三月廿三日　章專一三一六
跋："裔"誤書"理"。燕山府惟宣和季年屬宋，此遼官至宋時而與妻合葬者。

韓嵒墓誌　宋宣和□年（一一一九—一一二五）五月十三日　章專一三二〇

施宗慶墓表　宋宣和七年（一一二五）九月廿二日　章專一三一八
跋：書法神似坡公。

顏真卿像記　宋靖康一年（一一二六）七月八日　章專一三二一

滿公幢記　宋靖康二年（一一二七）十月九日　章專一三二二

藥師龕記　宋建炎三年（一一二九）五月廿日　章專一三五〇

跋：繆目云佛巖藥師龕記，正書，額篆書，建炎三年五月二十日，在四川大足。此紙有劉燕庭圖記，當即此石，惟年號已不可辨矣。（圖版一六一）

吳積中妻許氏墓誌　宋建炎三年（一一二九）九月廿八日　章專一三二三

跋：叔言分贈本。用舊石改刻，下幅其背文也。瑞安孫太僕衣言《遜學齋集》有誌跋。

戒石銘　宋紹興二年（一一三二）七月十五日　章專〇二八四

跋：宋太宗御製，黃庭堅正書，中列高宗跋，行書，下列呂頤浩跋，正書，篆額，在道州。

蓋瀓等四人題名　宋紹興四年（一一三四）九月六日　章專〇二八五

遊龍多山詩　宋紹興六年（一一三六）六月　章專〇二八六

遊龍僊書詩　宋紹興七年（一一三七）二月三十日　章專〇二八七

石悏等題名　宋紹興八年（一一三八）清明日　裱軸一〇八九

朱近買地券　宋紹興九年（一一三九）十一月一日　章專一三二四

跋：每行順逆相間，末二行順寫，死於劉豫僭號阜昌。

孔子廟大成殿碑　宋紹興十一年（一一四一）四月一日　章專〇二八九

吳郡大成殿碑　宋紹興十一年（一一四一）四月一日　裱本二三一三

跋：米友仁書，石在郡學。（內）此碑墨蹟尚在世間，見常熟邵松年《古緣萃錄》，其先爲詒晉齋所藏。壬申十一月朔前學弟子章鈺記。前題微誤，蓋英煦齋所藏而成邸題後也，粗心可戒。（圖版一六二）

遊龍多山詩　宋紹興十一年（一一四一）十一月　章專〇二八八

劉□等題名　宋紹興十二年（一一四二）五月四日　章專〇二九〇

李靖上西嶽書刻石　宋紹興十六年（一一四六）七月　法帖六五二

跋：藤縣刻本。茗簃。

永州鐘銘　宋紹興二十年（一一五〇）　章專一三二五

王德神道碑　宋紹興廿五年（一一五五）九月　章專〇二九二

跋：宋史有傳，葬江寧鐘山，此碑未見著錄。

周祜題名　宋紹興廿六年（一一五六）　章專〇二九一

妙喜泉銘　宋紹興廿七年（一一五七）三月一日　章專〇二九四

跋：老友高遠香先以唐《阿育王常住田碑》見贈，此刻在其碑陰。

妙光塔銘　宋紹興廿九年（一一五九）七月十五日　章專〇二九五

跋：癸亥七月門人吳賡夔由鄞寄贈，茗簃記。

拙詩見意殘刻　宋紹興廿九年（一一五九）九月廿三日　章專〇二九三

四十二章經　宋紹興廿九年（一一五九）十一月　法帖六九一

跋：癸酉閏夏裝記。（內）讀後跋知北宋時有富鄭公諸賢分書金經石刻，惜未之見，此石體例猶是而人類不齊，洪文安文敏昆弟外以得見虞雍公之書蹟爲幸。癸酉十二月廿六日長洲章鈺在舊都付裝，時年六十有九。（圖版一六三）

蘇城井欄拓本　宋紹興三十年（一一六〇）十一月一日　裱本二一五六

跋：癸亥題記，不飲此中水者十五年矣。（邢氏義井）舊拓"邢"下乃"邦常"二字，係淳熙十□年，此泐。（大成坊）此石舊在大成坊，詳見葉緣督《語石》第五卷，拓本出姚氏，不易多得，不意於舊京遇之。（彩雲里義井）："顧衖復泉"四字分兩面刻，此未及拓，有崇禎七年四月字，在顧衖一面之左。此似爲亡者作功德，《吳郡金石目》題爲"顧衖復泉井題記"，未知何據。此石今歸邑人顧氏。壬申以拓本乞題。（十廟前井）王補安原籤"景定五年上谷重修義井題記"，當有所本。王說當本《吳郡金石目》細審此刻，實不符也。（畫禪寺東井）《語石》云：圓明院方便泉在畫禪寺東，元大德十年立，皇慶元年重修，字小如豆，清朗未損。此拓兩年號隱隱可辨。"方便泉"三字疑尚有一面，此或失拓。字大四五分，此豆殆吳中所呼牛踏扁耶一笑。細閱第二行施主下實是"章"字，是吾宗之隸蘇籍者，見於石刻固不多也。甲戌三月十七日負翁稿。（殘井）此紙可辨者第一行"都"字，二行"重修義井"字，三行"使宋九娘"字，餘皆泐，同式一紙更甚。（圖版一六四）

羅浮洞造像記二　宋紹興卅一年（一一六一）三月五日　章專一二六八

跋：碩老所貽，原籤附存。

羅浮洞造像記二　宋紹興卅一年（一一六一）三月五日　章專一二六九

跋：碩卿宗老贈。

張雖老等避暑題名　宋紹興卅二年（一一六二）五月廿九日　章專〇二九六

跋：碩卿宗老贈蜀刻，未見著錄。

柳本尊傳　宋紹興（一一三一—一一六二）　章專一二七〇

跋：碩卿宗老贈本。《三巴孴古志》著錄。"眉山"下"德"字孴古作"趙"，知失校必多。

陸游等題記　宋乾道一年（一一六五）二月三日　章專〇二九七

陸游遊定林題名 宋乾道一年（一一六五）七月四日 章專一三二六

李深甫喜雨題名 宋乾道二年（一一六六）七月九日 章專〇二九八
跋：碩老贈蜀刻，未見著録。

遊山記 宋乾道三年（一一六七）夏四六日 章專〇二九九

叔漁等鐘山題名 宋乾道三年（一一六七）八月十日 章專一三二七
跋：書蹟倜儻可喜。

追餞任子長刻石 宋乾道四年（一一六八）四月七日 章專〇三〇〇

蔡輿文題名 宋乾道四年（一一六八）七月二日 章專〇三〇一

宇文休等題名 宋乾道五年（一一六九）三月廿四日 章專〇三〇三

通濟堰記 宋乾道五年（一一六九） 章專一三二八
跋：石湖田園雜興詩帖已得拓本，此爲夏閏枝所贈。

趙櫄之題名 宋乾道六年（一一七〇）二月社日 章專〇三〇四

馮長□趙櫄之題名 宋乾道六年（一一七〇）四月十九日 章專〇三〇二

賈選等題名 宋乾道六年（一一七〇）八月三十日 章專一三二九
跋："賈"下字漫漶。有"以西江月詞爲壽"云云。

杜國光題名 宋乾道七年（一一七一）立秋 章專〇三〇五

張夫人夢佛記 宋乾道九年（一一七三）五月上浣 章專〇二八三

張夫人夢佛記 宋乾道九年（一一七三）五月上浣 章專〇三〇六
跋：碩老所貽。

夷陵題名 宋乾道九年（一一七三）七月十六日 章專一三三〇

丁夢臣等題名 宋淳熙一年（一一七四）十二月十三日 章專〇三〇七

□似之墓表 宋淳熙三年（一一七六）十二月十日 章專二〇二〇

文聖與詩刻 宋淳熙三年（一一七六） 章專〇三〇八

韓世忠神道碑 宋淳熙三年（一一七六） 章專〇三五七

張激題名 宋淳熙七年(一一八〇)九月九日 章專〇三〇九

五絕詩刻 宋淳熙七年(一一八〇)十月廿四日 章專〇三一〇

奉香題名 宋淳熙八年(一一八一)五月三日 章專〇三一二

石湖榜書並記 宋淳熙八年(一一八一) 章專〇三一一
跋:記文不載他書,刻已漫漶,爲錄一通,尚缺多字。癸酉臘月。

謝世英題名 宋淳熙八年(一一八一) 章專〇三一三

趙起文等題名 宋淳熙十年(一一八三)十二月廿二日 章專〇三一四

觀鶴銘詩 宋淳熙十一年(一一八四)一月十日 章專〇三一六
跋:羅叔言得其父吳王乾道庚寅金書楞嚴咒,適借同觀。辛酉十月十七日。

沈汝一題名 宋淳熙十一年(一一八四)一月廿□日 章專〇三一五
跋:後有雲遊道人題二行。

楊光奉親避暑中巖詩 宋淳熙十四年(一一八七)初伏 章專〇三一七
跋:宗老碩卿先生所訪蜀刻拓本,光緒甲午後所贈,不見著錄。

黄中美神道碑 宋淳熙十五年(一一八八)一月廿八日 裱本二二七三
跋:玉節金和窺其用筆似出虞永興。鈺記。(内)此冊得於廠肆,脱去二葉爲文中最嚴正處,疑爲惡其害己而去之也,補寫其文以便誦法,文據《八瓊室金石補正》,字不成字,留待重寫。碑中梗概及子孫次第清具刻於螭首之石,如左方蓋一十九字,爲嘉靖本《晦庵先生文集》云脱文,餘尚小有異同,宜即用朱子以石刻校韓集例校之。壬申長至節長洲章鈺敬識。 見近拓本,此石已殘至八九塊,缺字不可計,此拓雖脱二葉,係屬硬傷,極可寶也。整張邊紋係回式,中嵌古玉器形,刻人一行在邊文内。癸酉二月廿六日記。(圖版一六五)

酒官碑 宋淳熙十六年(一一八九)八月十二日 章專〇三一八
跋:在四川夾江縣,隸書不失漢法。宗老碩卿贈本。

趙顯譔題名 宋淳熙□年(一一七四—一一八九)□月廿三日 章專〇三二一

通神庵榜書 宋淳熙(一一七四—一一八九) 章專〇三一九
跋:宋孝宗御書,下刻簑衣真人事實。石在蘇州玄妙觀。

韓公題名 宋淳熙(一一七四—一一八九) 章專〇三二〇

于宜之題名 宋紹熙一年(一一九〇)二月十六日 章專〇三二二

趙實甫題名 宋紹熙二年(一一九一)仲□月 章專〇三二三

王氏墓記　宋慶元一年（一一九五）四月廿三日　章專〇三二四

九曜石題名　宋慶元一年（一一九五）十二月八日　裱本二三三〇
跋：楊幼雲有手拓本，見雪橋詩話餘集。

盧坦傳語碑　宋慶元二年（一一九六）四月　章專〇三二五
跋：郡學石刻。

范氏復義宅記　宋慶元三年（一一九七）七月立秋　章專〇三二六
跋：鈺髫年僦居郡廟前，廟後有河，河之北即義莊所在也。屢經兵燹，規模無改於舊度，孔宅外如此者或尠，今得此記，讀之益歎賢人之澤長矣。（圖版一六六）

龍多山詩刻　宋慶元四年（一一九八）一月廿一日　章專〇三二七

范氏義莊題名　宋慶元六年（一二〇〇）閏二月十五日　章專〇三三〇

曹坤題名　宋慶元六年（一二〇〇）五月八日　章專〇三二九
跋：有捧硯字。

乞臺榜書　宋慶元六年（一二〇〇）　章專〇三二八

王松年題名　宋嘉泰一年（一二〇一）五月十六日　章專一三三三

世功保蜀忠德碑　宋嘉泰三年（一二〇三）十月十七日　章專〇三五八

思無邪公生明題字　宋嘉泰三年（一二〇三）　章專〇三三一

開禧元年題名　宋開禧一年（一二〇五）□月三日　章專〇三三二
跋：碩老贈蜀刻，未見著録，馮姓名未審。

虞英題名　宋開禧二年（一二〇六）清明日　章專〇三三三
跋：與馬次張一刻同時，故並見次張字書蹟亦同，閎字仲容，馬刻可證。碩卿宗老手贈蜀刻拓本，未見著録。（圖版一六七）

馬次張等題名　宋開禧二年（一二〇六）　章專〇三三四
跋：碩卿宗老手贈蜀刻。丙寅當是開禧二年。

申大受題字　宋開禧四年（一二〇八）春　章專〇三三五

杜元老等題名　宋嘉定四年（一二一一）閏二月十六日　章專〇三三六

陸侃墓誌　宋嘉定五年（一二一二）六月九日　章專一三三六

方信孺三刻詩境題字　宋嘉定七年（一二一四）一月十五日　章專一三三四

龍多山詩刻　宋嘉定七年（一二一四）十一月廿三日　章專〇三三八

入對酌别刻石　宋嘉定七年（一二一四）　章專〇三三七

蘇州學記　宋嘉定八年（一二一五）十月十六日　章專〇三三九
跋：嘉定八年盧祖皐重立。歲甲子花朝學弟子章鈺讀識。

鄭子思題記　宋嘉定九年（一二一六）花朝前七日　章專〇七二〇—二

楊仲禹等題名　宋嘉定九年（一二一六）五月十二日　章專〇三四一
跋：繹文義則王萬里乃客也。宗老碩卿所得蜀刻，未見著録。

楊仲禹等題名　宋嘉定九年（一二一六）七月三日　章專〇三四〇
跋：碩老贈蜀刻，未見著録。

李杞墓誌　宋嘉定十三年（一二二〇）六月廿四日　章專一三三五

晁革父等題名　宋嘉定十七年（一二二四）中秋日　章專〇三四二
跋：宗老碩卿先生贈蜀之一，各家未見著録。“蜀”下脱“刻”字。

太上斷除伏連碑　宋寶慶一年（一二二五）九月六日　章專〇三四三
跋：宗老碩翁手贈蜀刻，未見著録。

玄宗像贊　宋寶慶一年（一二二五）臘日　章專〇三四四
跋：唐吴道子原本重摹入石，在蘇州玄妙觀。癸酉秋潘景鄭贈。

趙虞臣題名　宋寶慶二年（一二二六）仲秋前三日　章專〇三四五
跋：宗老碩卿所訪蜀刻拓本，不見著録。

黔陽重修縣治記　宋紹定一年（一二二八）五月　章專一三三七

陳萬卿墓誌　宋紹定二年（一二二九）一月廿一日　章專一三三八
跋：宣統辛亥出土。

平江圖　宋紹定二年（一二二九）　章專〇三六一
跋：坊巷非故，河道填塞尤多，何年復我邦家，一按故蹟。郡人章鈺寓津記。

潘子儀妻劉真善墓誌　宋紹定五年（一二三二）閏九月一日　章專一三四〇

潘子儀墓誌　宋紹定五年（一二三二）閏九月十三日　章專一三三九

思無邪公生明題字 宋淳祐一年（一二四一）元正 章專〇三四六

跋：郡庠石刻。

疏廣傳語碑 宋淳祐一年（一二四一）四月 章專〇三四七

跋：郡庠石刻。

潘牥題名；章岷等題名 宋淳祐三年（一二四三）中秋 裱軸八五二

跋：潘題在試劍石旁厓上，章題在劍池石壁上。上四字及右邊粉書均潘文勤手筆。

天文圖 宋淳祐七年（一二四七）十一月 章專〇三五九

跋：石在蘇州府學，府志列於宋代。

地理圖 宋淳祐七年（一二四七）十一月 章專〇三六〇

跋：石在蘇州府學，下截說略極可玩味。

□叔敏題名 宋淳祐七年（一二四七） 章專〇三四八

跋：強圉協洽爲丁未，疑淳熙十四年，碩老所得蜀刻，未見著錄。淳祐七年亦值丁未，未知其審。（圖版一六八）

趙希墅等題名 宋淳祐九年（一二四九）春 章專一三四一

跋：鐘山三種之一，壬申冬倬庵所贈。

黔陽縣登科題名碑 宋淳祐十二年（一二五二）冬 章專一三四二

跋：下列舒夢桂姓名後附元至正朱守諒詩刻。

金剛般若波羅蜜經 宋寶祐二年（一二五四）十二月廿六日 善拓五一一

跋：四當齋藏。（內）此拓極精，失去江上翁刻跋據同治焦山志補錄。跋文“用率更寫聖教”六字不甚可解。志稱石在石壁庵，康熙乙巳摹勒，今已殘損，原籤有朱士松刻字，即跋中茂如之名，題者知之，益見氈蠟之舊矣。陳跋記年洪武丙午，洪武無丙午，必有誤也。甲戌二月鈺。（圖版一六九）

觀德榜書 宋寶祐三年（一二五五）一月九日 章專〇三四九

跋：郡學豐碑之一，五十二年舊學弟子章鈺記。

林光世等題名 宋寶祐四年（一二五六）上巳日 裱軸一〇六〇

逸老堂記 宋開慶一年（一二五九）七月一日 章專〇三五〇

跋：平生愛張溫父書碑，碣尤罕見，吳賡夔爲予物色得之。（圖版一七〇）

朱掞墓誌 宋咸淳一年（一二六五）九月一日 章專一三四三

跋：閩石難得，此雪堂所贈。戊辰六月。

余充國妻張氏墓誌 宋咸淳五年（一二六九）九月廿三日 章專一三四四

蘇唐卿題名 宋（九六〇—一二七九）淳□丁未正月 章專〇三五六

跋："淳"下字漫漶，淳熙、淳祐均有丙午、丁未年，待考定。宗人碩老贈蜀刻，未見著録。（圖版一七一）

龍多倡和十詠 宋（九六〇—一二七九） 章專〇三五一

賢同年酬唱詩刻 宋（九六〇—一二七九） 章專〇三五二

跋：宋賢名蹟，存吴郡學。

竹鶴榜書 宋（九六〇—一二七九） 章專〇三五三

跋：鈺離乳抱後，先君攜遊郡學，指此教之，謂此生識字始此可也，今五十六年矣。甲子四月章鈺付裝。（圖版一七二）

遊伯畏伐石紀事 宋（九六〇—一二七九） 章專〇三五四

唐宋晉祠題名 唐—宋（六一八—一二七九） 章專一一四一

跋：初唐至北宋中，多聞人書刻均勝。

靈裕塔銘 宋（九六〇—一二七九） 章專一三四七

瘞鶴銘 宋（九六〇—一二七九） 章專一三四八

跋：焦山壯觀亭摩崖，王弇州云不失初意。

青州佛寺記 宋（九六〇—一二七九） 章專一三五一

跋：端忠敏藏石，入藏石記，上題據之。

泰山吟 宋（九六〇—一二七九） 章專一四九八

跋：當出趙宋人手，不知石所在。

癸巳題名 宋（九六〇—一二七九） 章專一五〇二

居士照娘墓記 宋（九六〇—一二七九） 章專一五〇七

跋：此必墓前石誌，書蹟似宋人。

四川宋刻經目録 宋（九六〇—一二七九） 裱本二一五五

跋：刻經至多，此則專刻經目並詳卷數，《三巴舂古志》亦未著録，知拓此者鮮矣。碩卿宗老贈本。鈺謹記。

石臺孝經題名 宋（九六〇—一二七九） 裱本二一六三

跋：光緒壬午蒙師張先生歸自關中，以此爲賜，今四十二年矣。癸酉鈺識。

歸去來辭 宋（九六〇—一二七九） 裱本二四二〇

跋:押角朱文“眉公”二字印爲元美認出,是此本曾入晚香堂矣,何所刻蘇帖迴不如也。己未十二月二十七日記。(圖版一七三)

天際烏雲帖　宋(九六〇—一二七九)　法帖六九四
跋:漢貞閣主人所贈。丙午四月茗理記。

謝客巖榜書　宋(九六〇—一二七九)　裱軸一〇五九

孟邦雄墓誌　齊阜昌四年(一一三三)七月廿日　章專一三六二
跋:陳粟園舊藏。

禹蹟圖;華夷圖　齊阜昌七年(一一三六)十月一日　章專一三六三

感通塔碑　西夏天祐民安五年(一〇九四)一月十五日　章專〇二七〇
跋:天祐民安五年爲宋哲宗元祐九年,石在甘肅武威。

鍾馗逐鬼圖　西夏(一〇三八—一二二七)　章專一五二五
跋:姚貴昉云此爲西夏佛家物,出歸化城。今以紋中七星揣之,似鍾馗逐鬼一類事,當屬道家厭勝品。負翁審定。(圖版一七四)

智辛塔記　遼應曆二年(九五二)十月廿五日　章專一三五二
跋:遼應曆二年當後周廣順二年。

張正嵩墓誌　遼乾亨三年(九八一)十一月八日　章專一三五三
跋:全文似乃父誄誌,非細審不知爲正嵩也。遼時文事荒陋可想。

張思忠墓誌並蓋　遼重熙八年(一〇三九)二月十七日　章專二〇一五
跋:即正嵩子。

四大部經成就碑記　遼清寧四年(一〇五八)三月一日　章專一三五四
跋:遼石拓者不多,此記關係刻經掌故,尤可取也。

澄方遺行塔銘　遼大安六年(一〇九〇)三月八日　章專一三五五
跋:“光”字缺筆。避遼太宗德光諱也。大安七年當宋元祐六年,攈古有目余未見。

安和尚塔　遼壽昌一年(一〇九五)四月　章專一三五六
跋:“昌”上鑿損,爲“壽”爲“盛”不可定,決非“明”字。方藥雨贈本。

王昱葬誌　遼壽昌二年(一〇九六)七月廿二日　章專一三五七
跋:《紀元編》作壽隆註,一作壽昌,今見此誌,可證明矣。庚申夏六月香山徐君建侯得此石於張家口,遼中州咸康縣爲今盛京錦州廣寧縣地,非張家口也。丙寅九月初五日晨記。

寧鑑墓誌　遼乾統十年(一一一〇)五月廿八日　章專一三五九

跋:卒當宋大觀四年。誌有南宋字,係遼中稱謂也。

雲居寺續秘藏石經塔記　遼天慶八年(一一一八)五月十七日　章專一三六〇
跋:辛未夏五霜根檢記。

遼殘石　遼(九〇七-一一二五)　章專一三六一

普照寺碑　金皇統四年(一一四四)十月廿日　章專〇三六二
跋:已裂成二十餘塊。

張行願墓誌　金天德二年(一一五〇)九月十一日　章專一三六五
跋:金誌最難得,天德二年當宋紹興之二十年。

普照寺鐘銘　金天德三年(一一五一)九月十四日　章專〇三六三
跋:(一)山陽丁儉卿考此成書見頤志齋刻本。(二)上虞羅叔言寓山陽,辛亥僑津上以舊本見貽。(圖版一七五)

彦戒和尚塔銘　金正隆三年(一一五八)十月九日　章專一三六七

趙好古墓誌　金大定三年(一一六三)六月　章專一三六八

德誠戒師塔銘　金大定五年(一一六五)八月十日　章專一三六九

陳令望心經碑陰題記　金大定十四年(一一七四)　章專一三七〇
跋:此端忠敏藏石,此拓年號漫漶,據攈錄書之。

普恩寺大殿記　金大定十六年(一一七六)八月一日　章專〇三六四
跋:(内)宋朱少章弁使金被留,世以蘇武後一人重之。王金撰文必不書金皇統年號,疑書人妄加,少章必不受也。此碑未見著錄,當詳考。(圖版一七六)

法智法師塔記　金大定二十年(一一八〇)三月廿日　章專一三七三

田裕壙記　金大定二十年(一一八〇)四月廿七日　章專一三七一
跋:新出土,石在津市。癸亥八月。

田裕壙記　金大定二十年(一一八〇)四月廿七日　章專一三七二

博州廟學記並陰　金大定廿一年(一一八一)六月廿九日　章專〇三六五

善英禪師塔銘　金大定廿九年(一一八九)二月十五日　章專一三七四
跋:甲子七月雪堂贈本。

王福墓碑　金明昌一年(一一九〇)七月十五日　章專一三七五

程明遠墓誌　金明昌二年（一一九一）一月廿四日　章專一三七六
跋：各家未有著録。

文景公長老記　金明昌二年（一一九一）五月　章專一三七七

明昌鐘銘　金明昌五年（一一九四）四月五日　章專一三七八
跋：（一）此題未確，聞定縣興物也。（三）借屍還魂，李白蓮事可資譚助。（四）計十六紙，合裝四幅。癸酉十二月。

蜀先主廟碑　金承安四年（一一九九）四月十五日　章專〇三六六

釋迦如來三身銘　金承安五年（一二〇〇）七月十五日　章專一三八〇

奥屯良弼題名　金泰和六年（一二〇六）二月十一日　章專一三八一
跋：後列金國書。雪堂藏石。

鄭公墓誌　金大安二年（一二一〇）四月十三日　章專一三八二
跋：此似數代合墓刻石，已入羅目。簠齋印存疑。

開化寺羅漢院前殿記　金大安三年（一二一一）九月九日　章專一三八三

國書碑　金（一一一五—一二三四）　章專〇三六七
跋：從王琴德萃編署檢。

鮮于府君碑　元至元十八年（一二八一）四月十日　裱本二二三九
跋：松雪此書得鍾繇意境，迥勝他作。辛酉九月廿三日小極玩此，因題。

范文正公（仲淹）祠記　元至元卅一年（一二九四）一月廿日　章專〇三六九

范文正公義莊規矩碑　元至元卅一年（一二九四）　章專〇三六八

伯夷頌　元大德四年（一三〇〇）二月初吉　法帖六五一
跋：章鈺藏本。（内）大賢遺墨曾入秦賈兩家，可知小人未嘗不欽重，是亦懿好之同，不覺自然發見也。權勢所在，大寶歸之，古今名蹟類此被點辱者不少，不獨鈐山堂書畫記也。乙亥五月初九日致祭舊都公祠，奉此冊神位前以蘄感格，幸充讀祝生歸而敬書於後，鄉後學章鈺記，時年七十又一。　次行"重"下脱"君子"二字，三行"今"字應作"來"。書畢校記，憶老友顧鶴逸隱君云真蹟尚藏范氏後人處，未知究何如也。　近見《高義園帖》四卷覆刻此真蹟，爲乾隆五十九年裔孫來宗主辦，前冠高宗御題，接刻牟巘後諸家跋及三松老人而止，中間名人甚多，鐫法亦工。來宗跋中云：刻後一年，原蹟全遭火刦，是鶴逸前説乃傳聞之誤。跋又云：明代曾刻於建業之玉麐堂，不知尚有傳本否也。江夏籍後裔迪襄奉以乞題，附四十字應之，今附於後。鄉黨自好者，於今見已罕。堂堂氣節字，早付溝中斷。一聖兩大賢，法戒在此卷。敬奉一瓣香，我心鄙石轉。同年十月十八日始雪，北池寓齋再記。（圖版一七七）

定演壽塔記　元大德八年（一三〇四）四月　章專一三八四

漁莊記　元大德十年（一三〇六）閏一月中浣　　章專一三八五

跋：松雪帖刻者皆矯揉造作，此石較有樸拙之氣。

蘭亭敘　元至大二年（一三〇九）九月十六日　　章專一四七二

跋：不知誰所臨款，書款不足信也。己巳九月廿三日坐雨記。

楊瓊神道碑　元皇慶二年（一三一三）一月十三日　　章專〇三七一

跋：姚燧文，趙孟頫書。

弘公和尚壽塔記　元延祐四年（一三一七）二月　　章專一三八六

龍興寺祝延聖主本命長生碑　元延祐四年（一三一七）十一月　　章專〇三七二

跋：宋王孫趙孟頫書，令人慨歎。癸亥霜降茗簃記。

道德經　元延祐五年（一三一八）十一月　　善拓五四六

跋：元刻元拓，前人所謂親見僊人吹玉笛也。茗簃秘笈。（内）安素軒覆本。首行改作“老子”二字，前有趙字“大雅”二字印，末善夫兩行，夾葉有鮑勳茂跋四行，正文末添“老子終”三字。（圖版一七八）

釋迦佛龕記　元延祐五年（一三一八）　　章專一三八七

大開元寺興致碑　元延祐六年（一三一九）一月　　章專一三八八

跋：元石，無碑字，姑從《攈古録》署之，上刻元宗及勝光法師像，極有意致，畫人竇恭，惜無可考。（圖版一七九）

廣福寺觀音殿記　元延祐七年（一三二〇）二月　　章專〇三七三

跋：松雪書碑體格與翰劄迥異。此石在江陰。

敬元長墓碣　元延祐七年（一三二〇）三月　　章專〇三七〇

旬城驛路記並側　元延祐七年（一三二〇）十一月　　章專一三八九

跋：未見著録。

平江路儒學碑　元至治一年（一三二一）七月十三日　　章專〇三七四

跋：楊載撰，趙孟頫書。甲子三月在津門付裝。

答里麻世禮墓誌　元泰定一年（一三二四）二月廿八日　　章專一三九一

跋：入《蒿里遺文目》。

太平南陽宫鐘銘　元泰定一年（一三二四）三月廿六日　　章專一三九〇

玄真觀記　元天曆二年（一三二九）三月上旬　　章專一三九二

跋：俚俗無關係，以未見著録姑存之。

李欽嗣墓誌　元後至元三年（一三三七）十一月廿四日　章專二〇二一
跋：漫漶在姓名處，葬江陽。癸酉八月廿八日。羅目爲晉寧《李欽嗣誌》。

慶元路廟學記　元後至元五年（一三三九）五月一日　章專〇三七五
跋：癸亥五月及門吳賡夔在鄞拓贈，七月初八日署記。

石鼓文音訓　元後至元五年（一三三九）五月廿六日　裱本二三七二

馮祜墓誌　元至正二年（一三四二）四月九日　章專一三九三
跋：葬陝西咸寧。

馮祜墓誌　元至正二年（一三四二）四月九日　章專二〇二二

莫高窟造像記　元至正八年（一三四八）五月十三日　章專一三九四
跋：附有梵文，伯絅所贈。

桂岩長老終身錢記　元至正九年（一三四九）四月十五日　章專一三九五
跋：蔣蔣山自平山拓拓贈，《攈古錄》未收。

范仲淹置義田記　元至正十年（一三五〇）七月十五日　章專〇三七七
跋：此石仍存蘇城范文正公祠。

文正書院碑　元至正十年（一三五〇）七月　章專〇三七六

修公道行碑　元至正十二年（一三五二）　章專一三九六
跋：門生蔣蔣山令平山拓贈，《攈古錄》所未收。

東嶽廟碑　元至正十四年（一三五四）三月廿日　章專一三九七

昭光寺鐘銘　越南昌符九年（一三五五）二月下浣　章專一四六七
跋：壬申夏日邵伯絅同年贈本。
（越南）

賀秘監祠堂記　元至正二十年（一三六〇）七月十六日　章專一三九八

周侯興學碑　元至正廿一年（一三六一）三月十六日　章專〇三七八
跋：書人錢逵不能出松雪門戶，當時風尚也。癸酉十月初二日記。（圖版一八〇）

玄妙觀三門記　元（一二七一——一三六八）　章專〇三七九
跋：松雪書。

吳公遺行記　元（一二七一——一三六八）　章專一三九九

達公塔銘　明洪武十六年（一三八三）九月廿一日　　章專一四〇〇

跋：釋來復文，日本沙門中巽書。壬申冬邵伯絅同年所貽。

慧曇塔銘　明永樂八年（一四一〇）秋　　章專一四〇一

跋：宋濂文，劉基書。

陳祥墓誌並蓋　明正統二年（一四三七）十月廿九日　　章專二〇二三

跋：蓋文雙鈎，葬揚城。癸酉八月廿五日記。

歸去來辭　明正統五年（一四四〇）十一月初　　章專〇三八〇

跋：明人刻本，石存蘇州定慧寺。甲戌夏日潘景鄭寄贈。重立此碑本末朱西生先生綬知止堂文集詳之。中秋後二日記。

竇敬墓誌　明正統六年（一四四一）二月十七日　　章專二〇二四

跋：（一）作者張益，吾吳鄉先哲。（二）鄉先正張益文極有法度。癸酉八月二十七日鈺題籤。

孔哲墓誌　明正統十二年（一四四七）五月　　章專二〇二五

捨供卓香爐記　明景泰六年（一四五五）三月二日　　章專一四〇二

蘇郡儒學碑　明成化四年（一四六八）三月　　章專〇三八一

跋：徐武功書，可悟祝允明書體所自出。甲子三月鈺記。

李靖獻西嶽書刻石　明成化八年（一四七二）五月五日　　章專一四〇四

跋：明成化嶽廟刻本。

范仲淹神道碑　明成化十二年（一四七六）十月　　法帖六五〇

跋：蘇祠重刻本。（内）范文正公神道碑在洛陽墓前，係王洙隸書，蘇州家祠重刻一石以廣流傳，爲賢裔者於誼應，然惟不將原碑精摹存真已覺可議，又此刻自公至用之九十字爲原刻所無，當時歐陽公深以堯夫擅删爲非載邵氏聞見錄，茲乃一仍六一原文，得不以失先人初意爲嫌邪。立石知府劉瑀見府志職官，書人吳槩未審任履。范祠石刻向禁傳拓，潘景鄭再三請之，乃得數紙，上加文正公家舊印，亦可知其珍重。癸酉坡公生日，章鈺記，時年六十又九。（圖版一八一）

朱見沂妃張氏壙誌並蓋　明成化十五年（一四七九）十二月十日　　章專一四〇五

龍祥墓誌　明成化十七年（一四八一）二月廿九日　　章專一四〇六

跋：明誌不多見，此石爲李東陽文，尤可喜也。

朱訏漈妃郭氏壙誌　明弘治十一年（一四九八）十月八日　　章專一四〇七

朱訏漈及妃郭氏楊氏合葬誌　明正德七年（一五一二）十月九日　　章專一四〇八

顏魯公祠記　明正德十三年(一五一八)八月十五日　章專一四〇九
跋:明鄉先正盧雍師邵書,曾桉四川以表章先賢爲事。鈺記。

平宸濠碑　明正德十五年(一五二〇)一月晦日　裱本二一六一
跋:高秀冠世。鈺記。

田園雜興詩刻　明正德十六年(一五二一)八月　法帖六五四
跋:壬戌重裝。

寶山書院碑　明嘉靖四年(一五二五)十一月　章專〇三八二

南園遺蹟碑　明嘉靖十三年(一五三四)一月十五日　章專〇三八三

鄉飲酒碑　明嘉靖廿二年(一五四三)　章專〇三八四
跋:讀之如遊三代以上,雍容揖讓於其間,何其盛也。三老昆山周壽誼年百有十歲,洵稱人瑞。文待詔隸書,吾宗刻之,皆可珍。周老人自昆山徒步一日往還赴蘇鄉飲事,見明周元暐涇林續記。

嚴鳳墓誌　明嘉靖廿三年(一五四四)一月八日　章專二〇二六
跋:文待詔撰書,得於廠肆,癸酉八月二十七日記。

顧嶼墓誌　明嘉靖廿三年(一五四四)五月八日　章專一四一二
跋:收及明誌,無聊之極致。

顧嶼墓誌　明嘉靖廿三年(一五四四)五月八日　章專一四一六

疏鑿吕梁洪記　明嘉靖廿四年(一五四五)四月　章專〇三八五
跋:邑先正文待詔書,紙墨極舊,於無意得之。

疏鑿吕梁洪記　明嘉靖廿四年(一五四五)四月　章專一四一三
跋:明文待詔書。邵伯絅同年乞題,譚復堂先生象手此爲贈。

顧璘墓誌　明嘉靖廿五年(一五四六)三月廿七日　章專一四一四
跋:文待詔精楷幾六千言,墓誌中奇秘之品。茗理記。

丁之喬墓誌並蓋　明嘉靖廿六年(一五四七)三月　章專一四一五
跋:文停雲書,已漫漶,蓋文篆勢則可法也。辛未出土。石藏杭州城外超山乾元觀,伏廬所貽。

文賦帖　明嘉靖廿六年(一五四七)九月十六日　法帖六七九

張穆墓誌　明嘉靖廿七年(一五四八)十一月二日　章專一四一七

蘇州府學義田碑　明嘉靖卅六年(一五五七)八月　章專〇三八六
跋:文徵明行書,甲子二月乞老友高遠香覓工拓得。

蘇州學碑　明嘉靖卅八（一五五九）一月　章專〇三八八

跋：文待詔書此碑獨用顔平原法，名家固無所不能也。

岣嶁碑　明嘉靖卅九年（一五六〇）　章專〇三八七

跋：繹高簡跋覆刻於石紐，石紐今四川汶川縣境，是此亦蜀刻，與楊用修刻於成都者另爲一石。事本荒古，孫王各家皆著録，故亦收之。

赤壁賦　明嘉靖（一五二二—一五六六）　法帖六六一

跋：此以筋骨勝，與妙巖寺碑同爲趙書上品。（内）劉繼莊《廣陽雜記》記赤壁有二賦，堂庭中巨碑鐫前賦，乃松雪書。嘉靖中，黄岡令孟津刻即此拓也。吴氏《攈古録》説與之合。癸酉小除得此，劇可喜。惜爲妄人描失。負翁漫記。（圖版一八二）

漕運新渠記　明隆慶三年（一五六九）一日　裱本二一六〇

跋：公瑕藏有墨蹟，從未聞有碑刻也，得此極可喜，裝成記之。

湯盤墓誌　明萬曆六年（一五七八）二月廿五日　裱本二三七四

跋：湯之行誼及撰書人均見郡志，吴市不可得也。壬申得於舊都。

峨眉山普賢金殿碑　明萬曆卅一年（一六〇三）九月　章專一四一八

跋：集書人吴士端與重書范文正碑之吴概同，不見郡志。

虞蘇遺范　明萬曆卅一年（一六〇三）　法帖六五六

跋：兩種墨氣皆舊，不知何本藏卅餘年矣。癸亥八月重裝。（内）辛未五月二十日，先鈺六十七歲初度前一日，據戲鴻堂本補足思翁跋語殘字。據戲鴻堂臨補五行，間格尚遠，何論神採，唐突古人，罪過罪過。辛未五月，鈺。　上“格”字乃“架”字之誤，此前五日燈下所臨，甫半而肝陽上越，汗出如瀋，妄人妄事，宜爲坡公所呵責也。（圖版一八三）

史松峰妻楊氏墓誌並蓋　明萬曆卅六年（一六〇八）十二月七日　章專二〇二七

跋：米萬鍾篆額。癸酉八月廿八日。

正道禪師碑　明萬曆卅七年（一六〇九）一月　章專〇三八九

跋：名家碑版書與翰牘異法，後隸跋爲長洲戚伯堅書，此鄉先正也，未詳其出處。（圖版一八四）

墨池堂法帖　明萬曆卅八年（一六一〇）冬日　法帖六八四

跋：光緒辛丑重裝。不門齋長物。

墨池堂法帖　明萬曆卅八年（一六一〇）冬日　法帖六九五

跋：吴文暉字翼萬，海鹽人，乾隆戊子舉人，有《燈庵遺詩》，錢竹汀爲之作傳。子即東發，字侃叔，以金石學名於時。霜根記。

精忠祠碑　明天啓二年（一六二二）十月　章專〇三九〇

蘇州府儒學碑 明天啓四年(一六二四)四月 章專〇三九一
跋:嚴永思書氣息與董思翁爲近。甲子二月拓而藏之。

郎兆玉買地券 明天啓七年(一六二七)十月廿一日 章專一四一九
跋:券書每順逆相間,此近在天啓間尚同之,今則未之聞。

快雪堂法帖 明崇禎十四年(一六四一) 法帖六七八
跋:(一)羅叔言藏顔魯公《明遠帖》真蹟,何蝯叟題此四字。(二)曙戒學人裝成因記。(三)快雪殘本,乙巳六月廿八裝成記之,時正雷雨大作。

虞山招真治碑 明(一三六八—一六四四) 章專〇三九二
跋:重刻本。

道州刺史廳壁記 明(一三六八—一六四四) 章專一四二〇

劍門雜賦 明(一三六八—一六四四) 章專一五〇九
跋:未見著録,疑爲明代。

雁塔題名 宋—明(九六〇—一六四四) 裱本二三三三
跋:甲戌秋日元善自長安攜呈。

黄忠端公(尊素)斷碑硯 明(一三六八—一六四四) 裱本二三七九

大晚香堂蘇帖 明(一三六八—一六四四) 法帖六八三
跋:(三)乙巳六月晚香堂殘本蘇書裝成,適因病暑服此,戲爲題之。廿七日茗理居士。(六)此册以超超、東方、云何數帖爲至精,荻浦以下當別存之。乙巳九月初一日。(一〇)兩賦似不及三希之精,黄州詩則似勝之。乞居常州狀,向在過云樓,今歸武進某氏。

松鶴圖 清康熙十九年(一六八〇)春日 章專〇三九九
跋:負翁檢廢紙存之。

遊九鯉湖詩 清康熙廿一年(一六八二) 章專〇四〇〇
跋:曾刻木在慈仁寺中,今已被佔,不知尚存否。
(木)

香節圖 清康熙卅九年(一七〇〇)八月十三日 章專〇三九三
跋:辛未九月裝存,霜根。

太白全圖 清康熙卅九年(一七〇〇)中秋 章專〇三九四
跋:"山"下落"圖"字,負翁。

楊維斗祠記 清雍正十三年(一七三五) 章專一四七一
跋:松陵某君屬署先生遺墨册以此爲贈。乙丑除夕。

城隍廟碑 清乾隆十七年（一七五二）五月 章專一四二三
跋：險而不怪，豈今之牛鬼蛇神者所能夢見。

介如峰御筆石刻 清乾隆廿二年（一七五七）二月 章專〇三九五
跋：崇禮堂藏本。

妙法蓮華經觀世音菩薩普門品 清乾隆廿六年（一七六一）二月 法帖六七七
跋：跋中所說三官經係仿鍾太傅體，墨蹟在武進唐企林處。

鄭季宣碑側 清乾隆五十一年（一七八六）八月 章專〇一〇九

蘇州府學記 清乾隆五十四年（一七八九）十月 章專〇三九六
跋：梁山舟侍講書，用柳誠懸法。甲子三月讀記。

千墨庵法帖 清嘉慶十九年（一八一四）七月 法帖六八六
跋：（套籤）吾鄉罕見，得於北中，存原裝寶之。（内）吾郡貝氏千墨庵帖少時即聞其名，詢諸長老，咸謂咸豐庚申前當道以粵逆踞江寧將東下修築城垣爲備，此帖石與懷米山房吉金圖石同充公用，以故新拓絕蹟。此函尚是初拓原裝，一無殘損。吉金圖三十年前先得滂喜藏本，此寏人篋中雙璧也。丙子五月廿一日初度檢玩漫志。（圖版一八五）

孔子廟堂碑 清嘉慶廿四年（一八一九）六月 裱本二二七七

雙牛圖 清同治四年（一八六五） 章專一四三〇
跋：同治牛兒年生人題記。

蘇州府學後記 清同治七年（一八六八）十一月一日 章專〇三九八
跋：撰文者丁中丞日昌，而我祖姑丈徐變堂大令炳奎實奉檄將作先朝議，府君則承長者命督土木工。鈺時已離提控，輒攜至工次得見諸石，至今若目前也。甲子三月長洲章鈺記。

華嶽廟碑 清同治（一八六二—一八七四） 章專〇三九七
跋：文有法度，篆書亦俊偉，與三峰相稱。鈺印。

李偉行墓誌 清光緒二年（一八七六）四月廿四日 章專一四三二

潘曾綬墓誌並蓋 清光緒九年（一八八三）十一月十五日 章專一四三四
跋：趙之謙撰書，門下晚學生章鈺署。

黃文節公像 清光緒十年（一八八四） 章專一四三五

景廉神道碑 清光緒十二年（一八八六）十一月廿七日 章專一四三八
跋：此碑出公手書，事見日記，然不能盡當鄙心也。

詠雪樓榜書　清光緒十四年（一八八八）十二月廿六日　章專一四三九
跋：貴築師遺文，爲陶樓文鈔失編之一。鈺謹記。

留別學古堂諸生詩　清光緒十六年（一八九〇）九月　章專一四四〇
跋：師於光緒庚寅冬作古後，鈺料理市石，察書存儲講堂，一再變遷，已難蹤蹟，俯仰三十年，可爲痛哭也。乙丑章鈺記。（圖版一八六）

洪鈞諭祭文　清光緒十九年（一八九三）八月廿五日　章專一四四二—一
（章書）

洪洛出缺恩諭碑　清光緒十九年（一八九三）八月廿五日　章專一四四二—二
跋：侍郎爲倪先師最初受業生，此爲鈺廿五歲後書。
（章書）

福神靈感昭應碑　清光緒二十年（一八九四）十一月　章專一四四三
跋：式之光緒甲午年書。
（章書）

高郵致用學堂碑　清光緒廿四年（一八九八）七月　章專一四四五
跋：光緒二十四年代皖中宗人希瑗邦直書。

黃君復等遊惠泉山題記　清光緒三十年（一九〇四）十一月廿六日　章專一四四九

端方若水洞題記　清光緒三十年（一九〇四）十一月　章專一四四八

張樞墓誌並蓋　清光緒三十年（一九〇四）　章專一四四六
跋：式之壬戌年書，文則代秦侍郎撰也。
（章書）

端方像　清光緒卅二年（一九〇六）　章專一四四七
跋：石在學古堂舊址，贊文爲鈺丙午年所書。
（章撰、書）

皇貴妃寶函鑰匙盒文　清光緒（一八七五—一九〇八）　章專一四五一
跋：附西圍巡檢印文，己巳八月初四日檢記。

魏齊隋造像集拓　清光緒年間集（一八七五—一九〇八）　善拓五九八
跋：長洲章氏藏。（內）魏、齊、隋三朝造像廿四種，原裝成冊，係老友吳伯宛所藏沈韻初物，中有劉喜海、瞿木夫、胡鼻山諸朱記，與韻初同時契好魏稼孫、趙撝叔印尤多。齊高叡兩種爲北朝造像中無上上品，尚有阿閦象一種，當從靈壽人訪之。甲戌長至後二日。　此光緒某年得之鳴琴室楊馥堂手，尚有顧亭林手札數通、錢牧齋楞嚴經疏序稿一篇、查聲山字冊等件，均同時價購。國變後與伯宛重集。春明顧先生祠重建，即以手札還伯宛刻入顧祠集帖，錢、查等件亦物歸原主。伯宛貧病老懶、長物於生前散盡，今歿已十年矣，追想前遊，爲之腹痛。負翁同日記。（圖版一八七）

胡祥鑅墓誌並蓋 清宣統一年（一九〇九）閏二月十六日 章専一四五三

跋：式之宣統元年撰書。

（章撰、書）

朱之榛墓誌並蓋 清宣統一年（一九〇九）三月十四日 章専一四五四

跋：式之宣統庚戌年書。

（章書）

王羲之臨諸葛亮帖 清（一六四四—一九一一） 法帖六七五

跋：其究竟不能斷定，宋人兩跋則似可據也。式之。（內）真蹟爲義州李文石葆恂藏過，見所著《海王邨所見書畫錄》。光緒季年同在白下，惜未借觀，以定其是否右軍臨本也。甲戌十月廿三日北池寓廬負翁。（圖版一八八）

唐安寺碑 年代不詳 章専一四七五

跋：後半拓未全，不省何代。

鳳山宗祠書院匾額 年代不詳 章専一四七六

跋：均不可識，疑乩文也，侄孫成癸亥七月寄津。光緒己丑初見，乙未再見，癸卯三見，均不識一字。鈺記。

邕璋龠 年代不詳 章専一四七七

青玉造佛像 年代不詳 章専一四八一

跋：據姚貴昉口說。

登百峰山詩 年代不詳 章専一四九九

跋：雲峰皆粗石且漫漶，筆法不易見，此拓本最不易遇也。

殘墓誌 年代不詳 章専一五〇〇

跋：君諱可見，知爲誌石，諱下似"寵"字，"大"下字不可擬，極悶。

繡谷榜書 年代不詳 章専一五〇三

跋：先友蔣伯斧所贈。

佛經殘石 年代不詳 章専一五〇四

跋：分數截刻之，以便裁割成帙，行十七字，與宋藏同。

寶梁經 年代不詳 章専一五〇五

跋：光緒庚寅在廠肆得一紙，越三十二年復見此，存之。

棲霞寺碑 年代不詳 章専一五一〇

跋：紀年辛亥不知何朝，記者姜言姓名當存。

天下太平風調雨順錢 年代不詳 章專一五二一

大蒲璧 年代不詳 章專一五二四

硯銘詩刻 年代不詳 章專一五二六

跋:先賢明道先生諱顥無水旁,此必僞作,盲目收存,可以爲戒。壬申三月廿日記。

七姬權厝誌 年代不詳 裱本二一八七

跋:三十歲得之,七十歲題之,或云黄小松書體本,此所未喻也。　《七姬權厝誌》翻刻本,光緒中葉得於吾蘇漢貞閣,疑即唐仁齋所爲以誑人者也。比日吳湖帆以一冊寄請題,品紙墨沈古,似原石明拓,惟文中"是非若所安也"句,"若"字作"子"字證諸,後附陸潤之借韓宗伯藏本臨摹者亦作"若"不作"子",尚疑莫能定也。湖帆得之吳興蔣氏,蔣氏得之上元宗氏。宗耿吾既曾乞端忠敏題二絕,似極珍重。此本因何轉入他笈,今已作古,無從追問矣。予題錄後,甲戌十一月朔霜根記。　七姬贊:三心五嘱,垂曜江東。賦命不猶,秉性寔同。變彼諸姬,先後媵潘。女君何人,公主隆安。黄葉西風,大義激我。請死君前,誰云不可。逝矣孤凰,隨者六鵲。雲路先驅,以待賢嫡。金翠異色,赤石等心。七弦迸絕,如剖素琴。鬼蜨相依,神鴉自訴。不及山塘,五人有墓。作箴繼張,招魂託宋。盍築齊雲,香昇花供。真本蘭亭,留此一紙。雌蜺連蜷,用光彤史。　鬼蜨宵偎,神雅曉訴。贊文改數字,將來入稿付刻。乙亥六月廿七日記。(圖版一八九)

道德經(終南山古樓觀) 年代不詳 裱本二二〇八

跋:亮之遺物,辛酉十月重裝。

金禹卿妻袁氏墓誌並蓋 民國五年(一九一六)四月十日 章專一四五六

跋:宣統辛亥後所書,節母子祖澤於光緒辛巳同入學。辛未六月廿一日記。

(章書)

安徽義園義地記 民國五年(一九一六)六月 章專一四五七

跋:式之丙辰年在津寓所書,辛未十一月移居舊都織女橋記。

(章書)

王得庚墓表 民國六年(一九一七) 章專一四七〇

跋:式之丁巳年書。

(章書)

頤園記 民國八年(一九一九)一月 章專一四五八

跋:式之己未年書,石在郡城汪氏義莊。

(章書、跋)

王燮墓表 民國九年(一九二〇)四月 章專一四五九

跋:式之己未年撰書。

(章撰、書。《四當齋集》卷八/二五上)

鄒嘉來神道碑 民國十年(一九二一)十二月十五日 章專一四五五

跋:陳三立文,鄭孝胥篆蓋,鈺書丹。
（章書）

羅福葨及妻汪壽保墓碣並陰及側　民國十一年（一九二二）六月　　章專一四六〇
跋:式之壬戌年書。
（章書陰並記）

韓紹徽死事碑銘　民國十一年（一九二二）　　章專一四四四
跋:式之壬戌書,未署名。
（章書）

梅花硯題記　民國十二年（一九二三）九月　　章專一四六三
跋:式之癸亥年書。
（章書）

陳恩梓墓誌並蓋　民國十二年（一九二三）十一月十九日　　章專一四六一
跋:式之甲子年書。
（章書）

古器拓本　民國十三年（一九二四）前輯　　善拓五六九
跋:（一）凡入夢鄀草堂吉金圖正續編者均加標目。（二）甲子歲朝春津上所贈,癸酉歲寒鈺記。

言良鈐墓表　民國十三年（一九二四）　　章專一四三一
跋:式之甲子十一月書,乙丑十一月廿五日記。是年歲朝春余年六十,書此碑時在奉直混戰後,題此籤時在張馮混戰後也。（圖版一九〇）
（章書）

沈受吉及妻丁氏吴氏合葬誌並蓋　民國十三年（一九二四）　　章專一四三三
跋:式之癸亥年書。
（章書）

江蘇旅津公塋紀念碑　民國十四年（一九二五）八月　　章專一四六五
跋:中多不典語,爲通俗記不得不然,刻手尤劣。
（章撰、書）

錢駿祥墓誌並蓋　民國二十年（一九三一）二月　　章專一四二九
跋:庚午冬杪霜根經意之作,辛未六月記。
（章撰。《四當齋集》卷八/八下）

金石拓本雜存　附民國二十年（一九三一）　　善拓五二二
跋:冊中以吴王夫差鑑款爲最可珍。辛未十一月記。（内）貞松贈拓,後又見吴夫差玉印印本。甲戌三月初四日記。

劉鳳翰墓誌並蓋 民國廿三年(一九三四)七月六日 章專一四五二
跋:甲戌撰文之一,華壁臣書丹。重九日負翁記。
(章撰。《四當齋集》卷八/一二下)

蓮庵清興 附民國廿四年(一九三五)前 裱本二二二〇
跋:再入都來,方知茫父可與語古,然已作古矣,存此志佩。乙亥小除夕。

古泉拓本 民國年間(一九一二—一九三四)輯 善拓五七三
跋:舊有彝齋記,爲葉氏平安館藏物。甲戌七月得之。

管禮秉及妻陳氏合葬誌並蓋 民國廿四年(一九三五)四月廿五日 章專一四六八
跋:極意撰書,刻已走樣,甲戌冬季負翁自記。
(章撰、書、篆。《四當齋集》卷八/一六上)

任鳳賓墓誌並蓋 民國廿五年(一九三六)一月廿六日 章專一四六九
(章書)

銅磬銅鐘三器合拓 民國年間(一九一二—一九三七)輯 善拓五三七
跋:長洲章氏藏本。(内)右天臺國清寺舊藏,唐銅刻經文三器合裝本。案:上虞羅叔言參事振玉《台州金石錄》序云:國清寺有大中五年銅磬,四周刻多心經,後由寺歸檇李金氏,今則久佚,而墨本尚有存者。又予齋藏銅鐘墨本,刻佛說阿彌陀經一卷,末無年月,而小楷端謹,與大中磬字蹟相同,殆一時所作,亦必國清舊物之早佚者。鈺於甲子二月返里,得鐘拓本,經叔言題過,定爲全拓,今裝第一分。大中銅磬僅海豐吳氏《攈古錄》曾一著錄,下載潛研堂跋尾續載張復純云,此磬向在國清寺,桐鄉汪某以腴田卅畝易得之,今爲鎮洋畢尚書所有,與叔言說畧異,今裝第三分。中一器近年流轉遼中,叔言亦有跋文,定爲與彼二器同時製作,今裝第二分。叔言既備有三器,鈺則得鐘後十年乃得二磬,墨緣相等,雅可喜也。二磬一爲合肥蒯若木壽樞藏,一爲東莞容希白庚藏,先後由伏廬老友請求得之,良朋嘉惠,特附誌之。甲戌十一月二十日,霜根學人章鈺在舊都北池寓齋書。(《四當齋集》卷四/六下)(圖版一九一)

銅器泉幣磚瓦集拓 民國年間(一九一二—一九三七)輯 善拓五八三
(有考釋)

附一：

非章鈺藏品章氏題跋

史晨碑　漢建寧二年（一六九）三月　　　　　　　　　　　　　　　　　　　　　　　　　禄本二二六五

跋：此碑乾隆前拓本皆三十五字，昇碑後行末一字乃可拓。此本正以未拓末一字爲乾隆前拓本之據。藏者反謂損壞一字，殊爲可怪。亮弟遺篋拾得，爲書所知記之。癸丑臘八夕章式之記於津門。（圖版一九二）

廣政石經　後蜀廣政一年（九三八）　　　　　　　　　　　　　　　　　　　　　　　　　善拓五〇八

跋：廬江劉健之觀察暨得蜀石經孤本周禮卷九、卷十共七十五葉半，卷十二之二十二葉；又左傳卷十五共五十三葉半，卷二十之三十五行；又公羊卷二十二之九葉；又穀梁卷九之二葉。我同年絅齋書來屬爲題記，鈺年來頗見新出土之漢石經殘字、魏三體石經數百字斷石，而於蜀石經先見陳雪峰景刊本外，得借讀上虞羅叔言參事所藏穀梁卷六之首五行，此五行從内閣大庫殘紙中撿出，首行爲"春秋穀梁傳文公第六"九字，次行爲"范寧集解"四字，經文自元年起會葬止，註文自繼正起繼弑止，與紹熙本無異同，上有"東宫書府"四字印，長白某氏藏。穀梁成公第八之三十五行則亦寓目一過，同時出内庫者也。曩從貴池劉蔥石所得觀汴宋石經全帙，自矜眼福。蜀石經自宋人著錄後，最近惟楊用修謂蜀刻九經最爲精確，似曾見全本，以後藏家皆不言其詳，蓋散佚者久矣。健之乃於斯文將喪之秋，多方蒐集，得經註都四五萬言，尊經好古之心至可欽尚。所恨旅泊津橋尚未及啓笈，請觀有所開悟也，顧有一事足爲同好告者。晁公武謂孟蜀石經公穀二傳，皇祐中田況補刻，況傳在宋史，今本無官成都事，鈺則從元刊本補出況傳脱文一葉計四百字，南雍本、殿本均脱，盧抱經先生曾據元本補孝宗紀一葉入《群書拾補》，此四百字中正載況由渭州知成都府事，此則有裨於談蜀石故事者，以諗絅齋，當爲一快。不見健之十餘年矣，當亦嘉我拾遺補藝，雅有同心也。歲在甲子二月朔日，長洲章鈺在聽鵑僦舍寫記。（《四當齋集》卷四/七上）（圖版一九三）

天一池記　元至正七年（一三四七）五月十五日　　　　　　　　　　　　　　　　　　　　禄軸一一三

跋：案：全紹衣先生《天一閣藏書記》云：閣之初建，鑿一池於其下，尚未署名。搜碑版，忽得吳道士龍虎山《天一池石刻》，元揭文安公所書，有記，在其陰。爲適與是閣鑿池之意，因以爲閣名。以故今所傳《天一閣碑目》有"天一池記"一目，即當年所以題閣之墨本也。世傳掘地得石刻字，固未足信耳。嗣後未見著錄，《金石萃編未刻稿》亦無之，海豐吳氏《攈古錄》有此目，而下註浙江鄞縣范氏拓本，則知其未得後來氈墨也。此紙精采古黝，必五百年前物，雖未敢定爲范氏遺物，然爲絕無僅有之品則確然無疑。歐陽圭齋以精健閒雅品曼碩書，真能道出骨髓矣。伯絅同年遊廠肆，以無意遇之，屬疏其畧，志我眼福，羡君墨緣。壬申五月廿四日，長洲章鈺記。（《四當齋集》卷四/八下）（圖版一九四）

王大淮妻程氏墓表　清道光廿七年（一八四七）十二月一日　　　　　　　　　　　　　　　　禄軸五六四

跋：案：撰文吳宜人張緭英字孟緹，爲翰風先生之長女，有《澹鞠軒詞選》，有《國朝列女詩錄》。篆額者其妹紈英若綺，有《餐楓軒集》。書者亦其妹綸英婉紃，取法北碑，尤負重名。此碣合同懷姊妹表彰一人。翠墨中罕有比例。王、程二姓並吾吳人，自愧生晚，故家舊聞未嘗耳。及王大令係正途入官，同治府志表中未載。三邑科第譜嘉慶庚午舉人有王仲清，字少梁，順天籍，景山官學教習，山東知縣，仕履與碣合，當即其人。大淮知爲改名，碣云副車，譜列正榜則譜之誤也。文述孺人閨行甚備，官衙被火，掖兩姑出險一節尤足震爆耳目，爲巾幗所難。清門數典，既同三宋齊名；大孝忘身，又爲中吳表隱。伯蘋同年屬題爲書所見質之。癸酉二月長洲章鈺記。（《四當齋集》卷四/九下）（圖版一九五）

大行皇太后挽詞　宋（九六〇—一二七九）　法帖六七一

跋：宋庵精能所至此，爲之駴歎。霜根記。

（影印墨蹟）

附二：

非章鈺藏品章氏撰文

柳兆薰墓表　清光緒二四年（一八九八）一月書　各地八五五九
（章撰、書。（《四當齋集》卷八/一八下）

張晉昭妻龐氏墓誌　民國二年（一九一三）四月五日　墓誌四六七九
（章撰、書）

張晉昭墓誌　民國年十二（一九二三）二月十六日　墓誌四六七一
（章撰、書）

陸廷楨墓表　民國十六年（一九二七）六月　墓誌六三〇九
（章撰。《四當齋集》卷八/二二下）

顧麟士墓誌　民國二十年（一九三一）二月　墓誌四三一九
（章撰、書、篆。《四當齋集》卷八/一三下）

顧元昌墓誌　民國廿二年（一九三三）十二月五日　墓誌四三四八
（章撰、書、篆。《四當齋集》卷八/一五上）

圖一·一. 井人女鐘跋

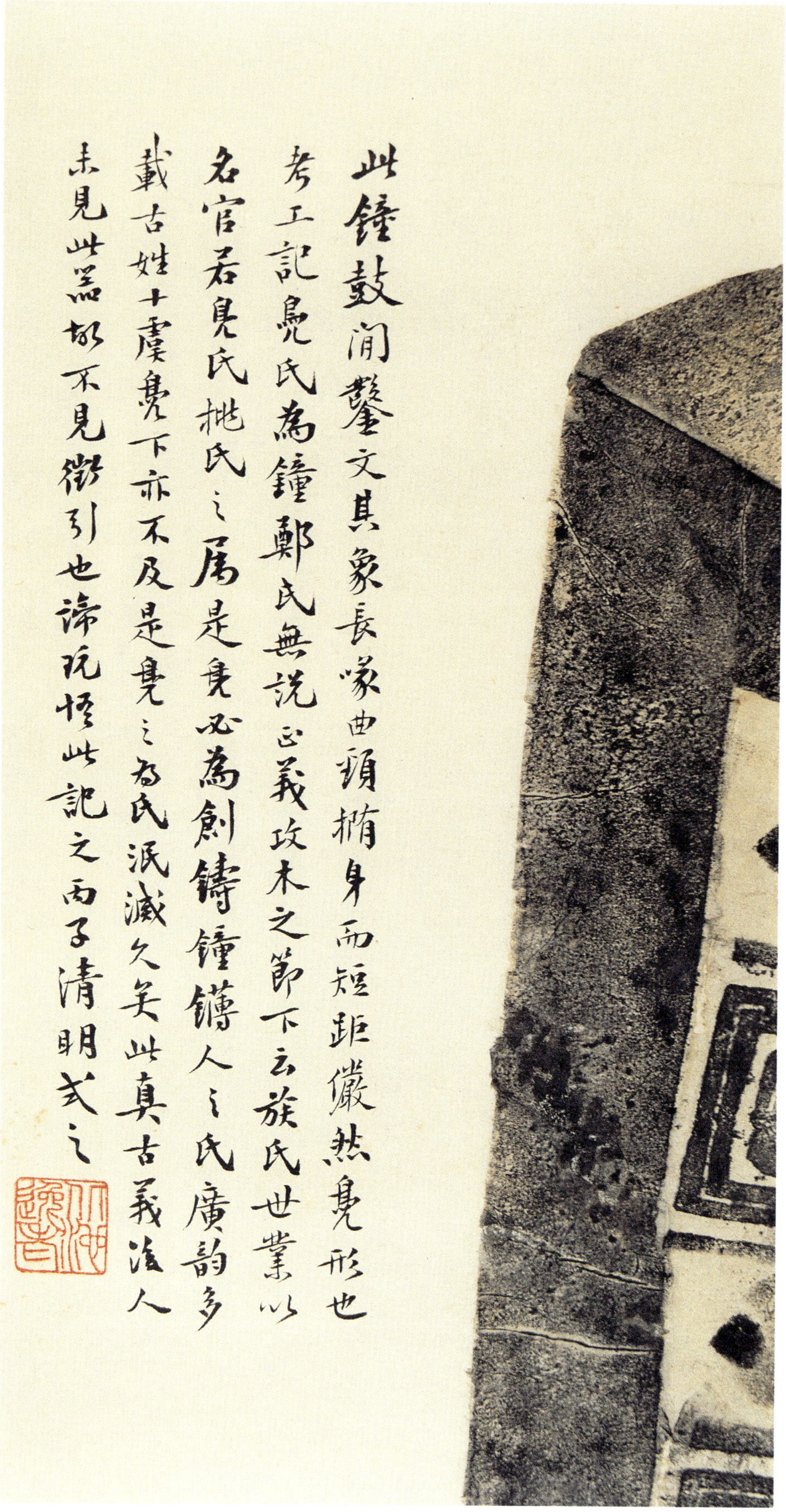
此鐘鼓閒鑿文其象長喙曲頸稍身而短距儼然鳧形也
考工記鳧氏為鐘鄭氏無説正義攻木之節下云旋氏世業以
名官若鳧氏桃氏之屬是鳧必為創鑄鐘鎛人之氏廣韻多
載古姓十虞鳧下亦不及是鳧之為氏泯滅久矣此真古義後人
未見此器故不見徵引也諦玩悟此記之丙子清明式之

圖一·二. 井人女鐘跋

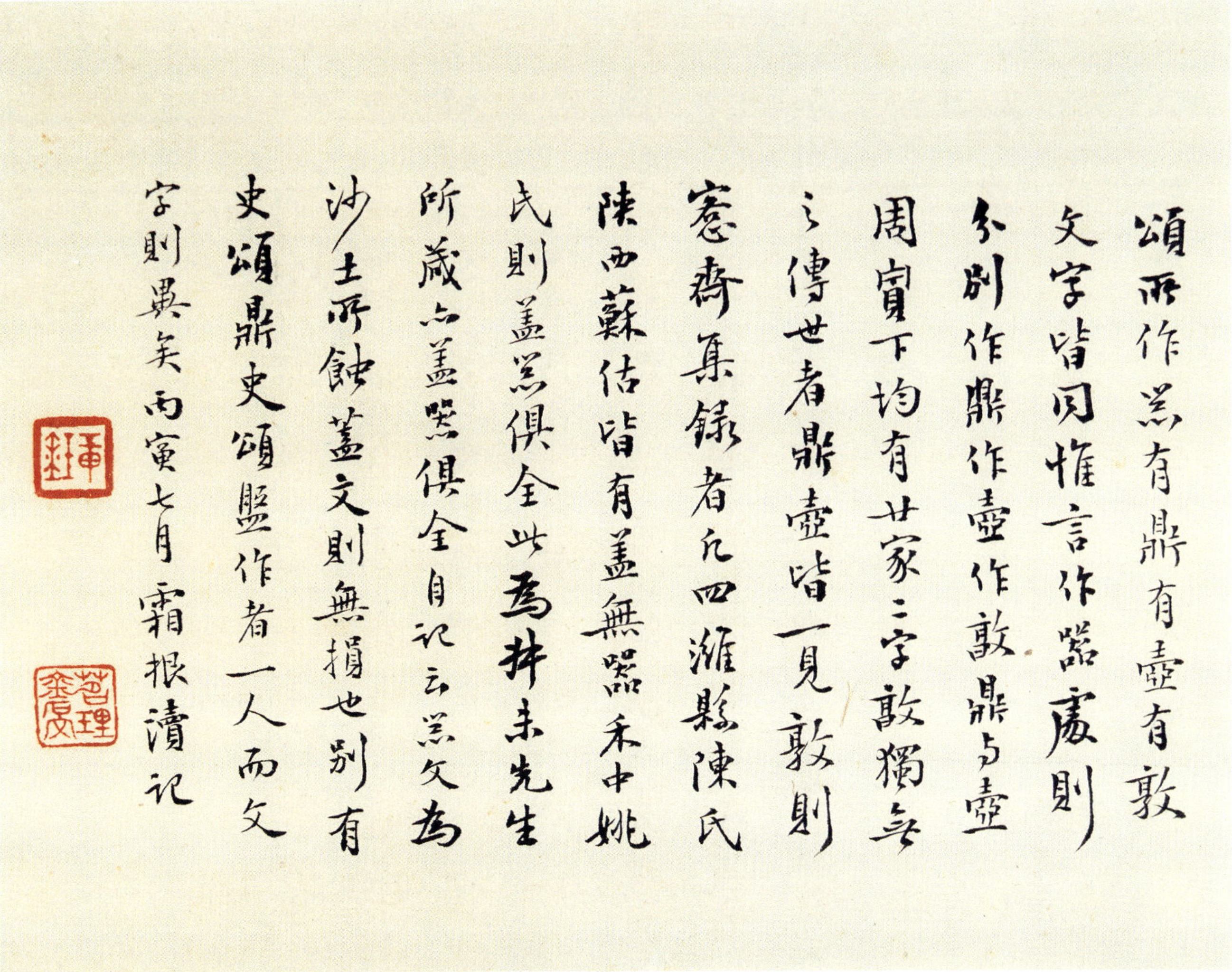
頌所作器有鼎有壺有敦
文字皆同惟言作器處則
分別作鼎作壺作敦鼎與壺
周賈下均有廿家二字敦獨無
之傳世者鼎壺皆一見敦則
愙齋集錄者凡四濰縣陳氏
陝西蘇估皆有蓋無器禾中姚
氏則蓋器俱全此為拜朱先生
所藏亦蓋器俱全自記云器久為
沙土所蝕蓋文則無損也別有
史頌鼎史頌盤作者一人而文
字則異矣丙寅七月霜根讀記

圖二. 頌簋跋

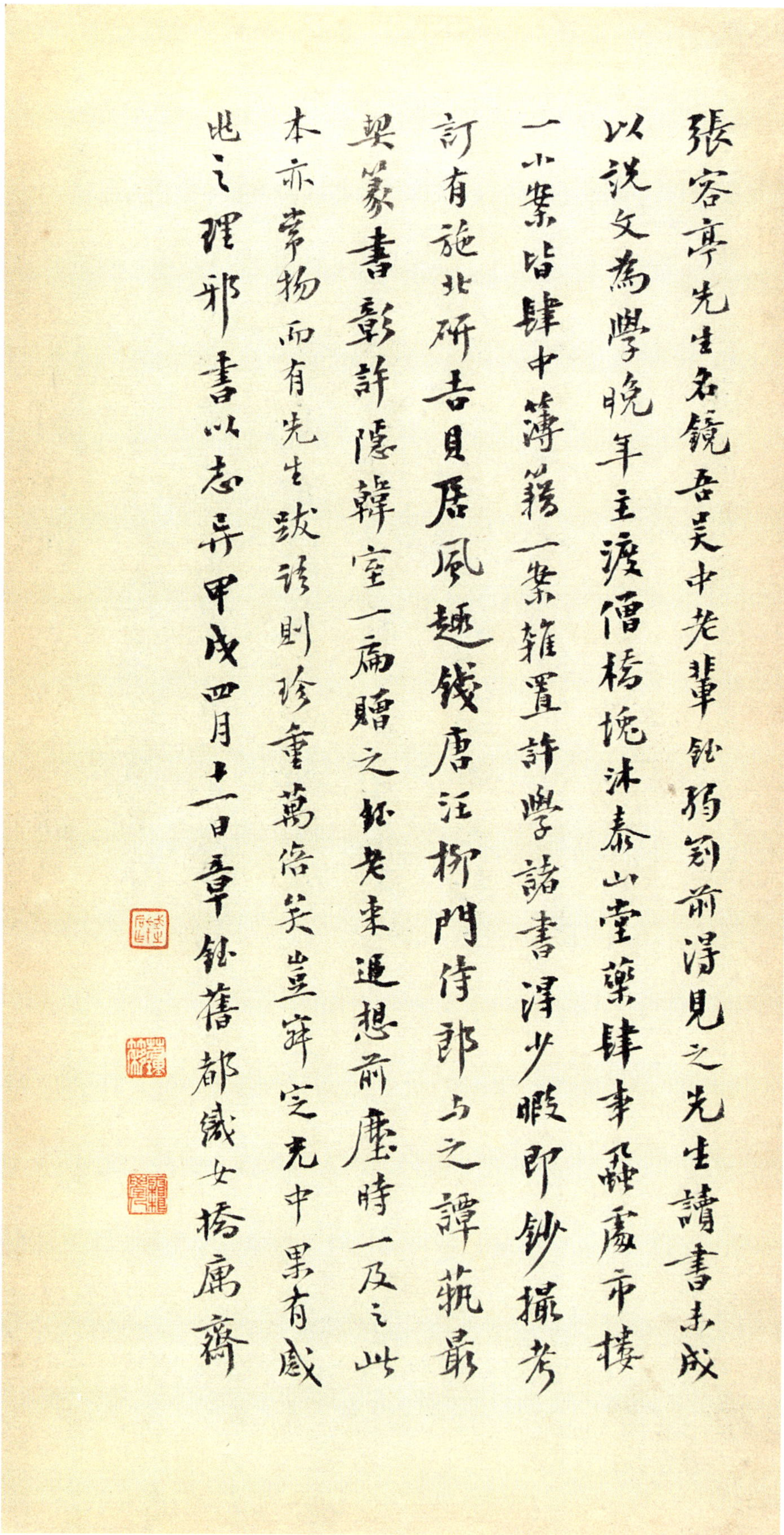
張容亭先生名鏡吾吴中老輩鈺猶竊前得見之先生讀書未成以說文爲學晚年主渡僧橋挽沐泰山堂藥肆事發處市樓一小案皆肆中簿籍一案雜置許學諸書得少暇即鈔撮考訂有施北研吉貝居風趣錢唐汪柳門侍郎與之譚蓺最契篆書彰許隱韓室一扁贈之鈺老來遥想前塵時一及之此本亦常物而有先生跋語則珍重萬倍矣豈非宝光中果有感召之理邪書以志异甲戌四月十一日章鈺舊都識女橋席齋

圖三. 泰山銘；琅邪銘跋

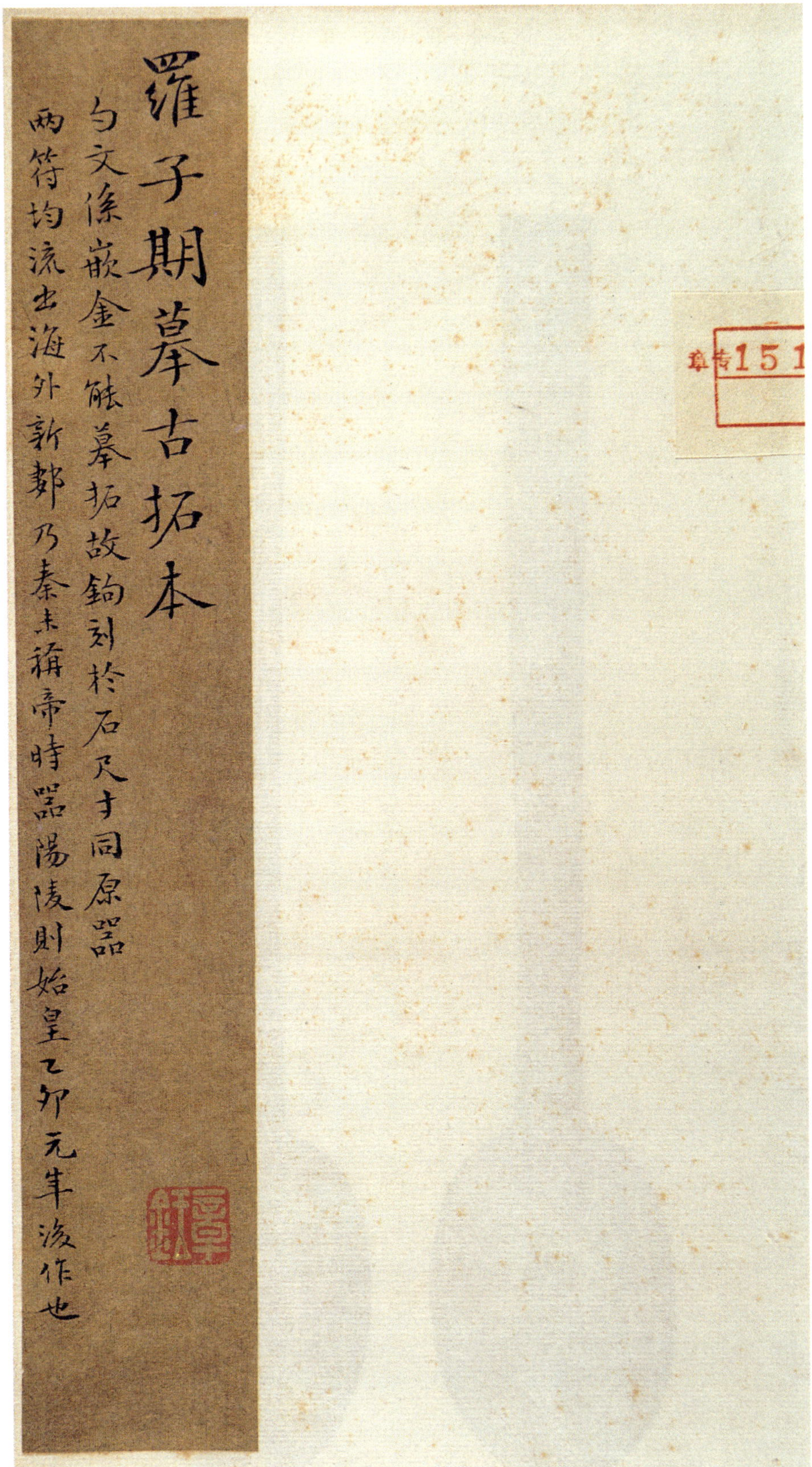
羅子期摹古拓本
勺文係嵌金不能摹拓故鉤刻於石尺寸同原器
兩符均流出海外新鄭乃秦末稱帝時器陽陵則始皇乙卯元年後作也
151

圖四. 符勺等器拓本跋

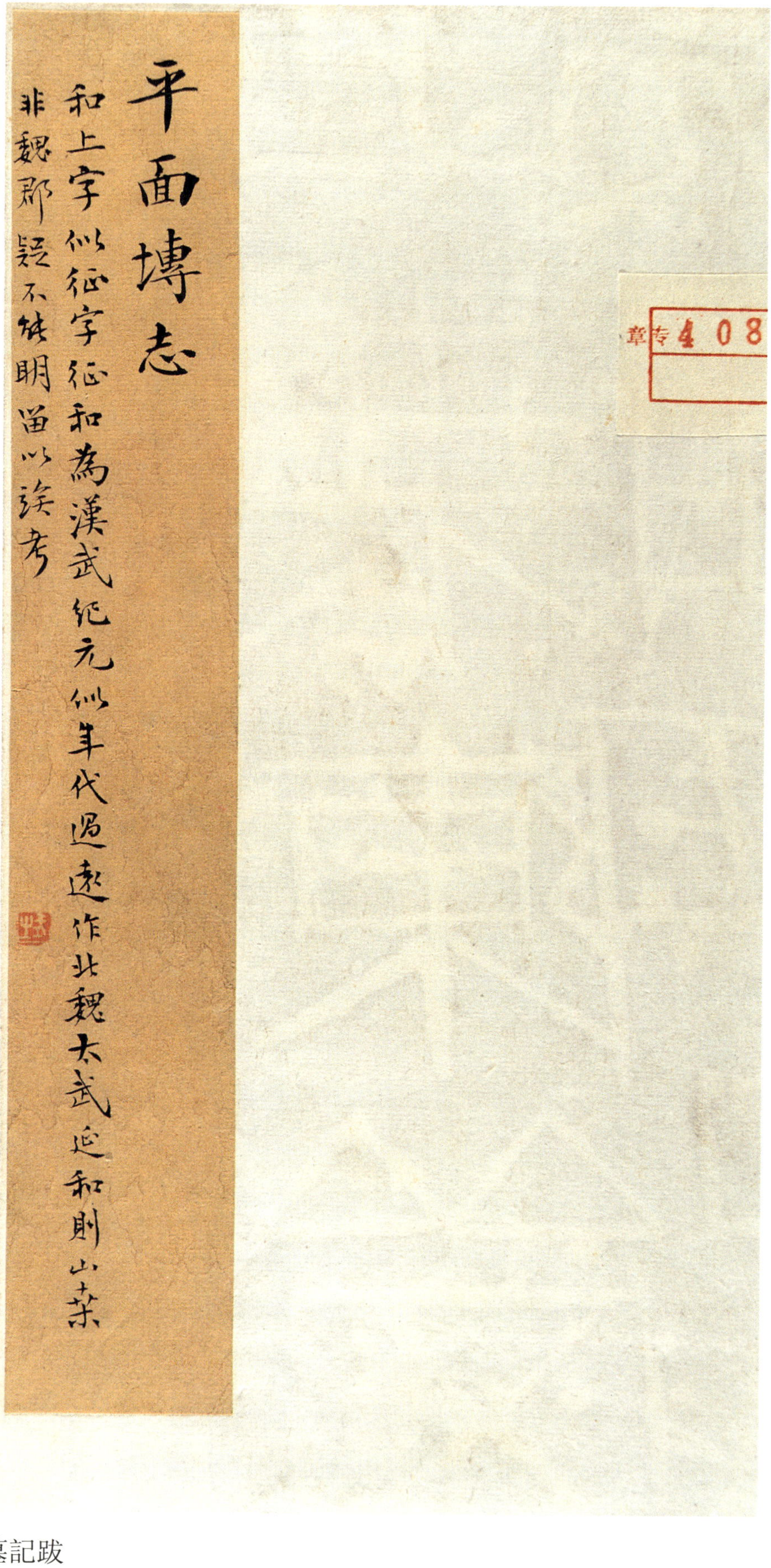

圖五．盧□□墓記跋

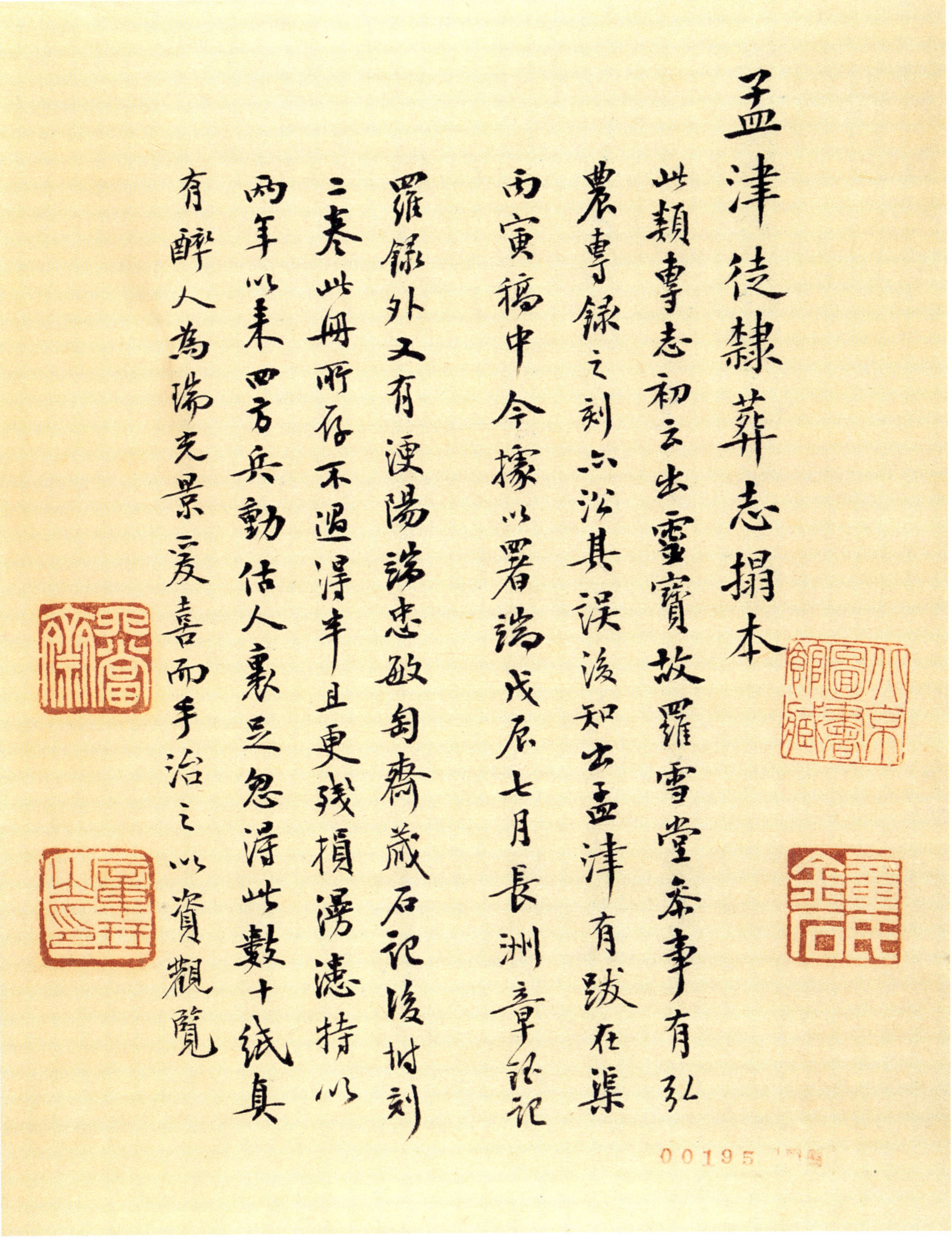

圖六. 孟津徒磚誌；甲骨集拓跋

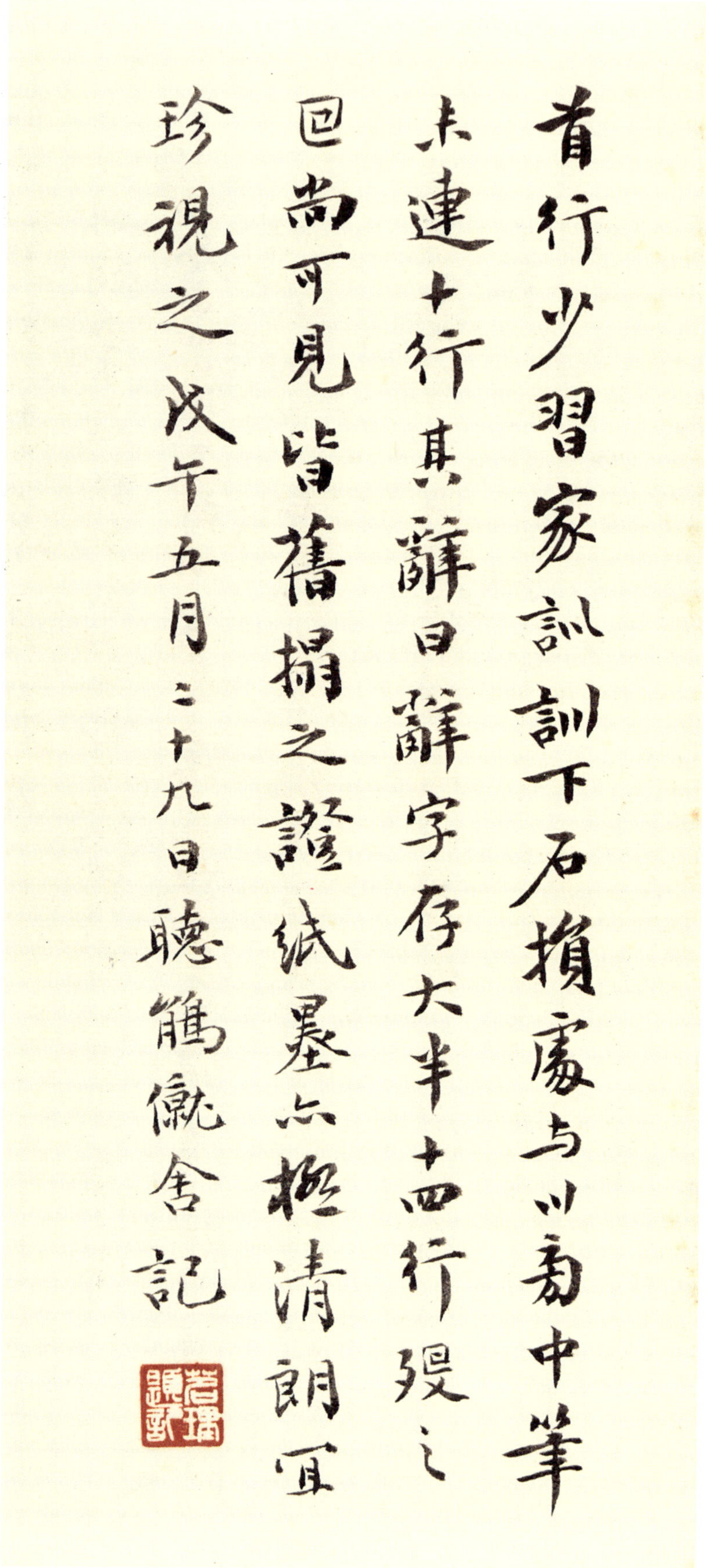
首行少習家訓訓下石損處与川勇中筆
未連十行其薛曰薛字存大半十四行殷之
回尚可見皆舊搨之證紙墨亦極清朗宜
珍視之 戊午五月二十九日聽鸝僦舍記

圖七. 孔宙墓碑跋

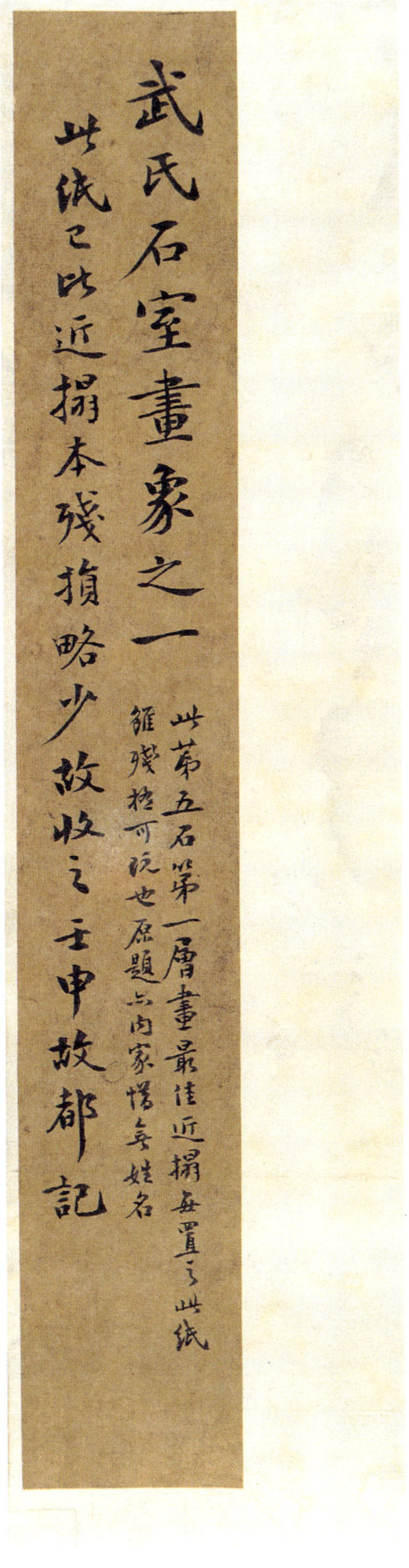
武氏石室畫象之一
此第五石第一層畫最佳近搨無異之此紙
雖殘損可玩也原題亦內家搨無姓名
此紙已比近搨本殘損略少故收之 壬申故都記

圖八. 武氏祠畫像跋

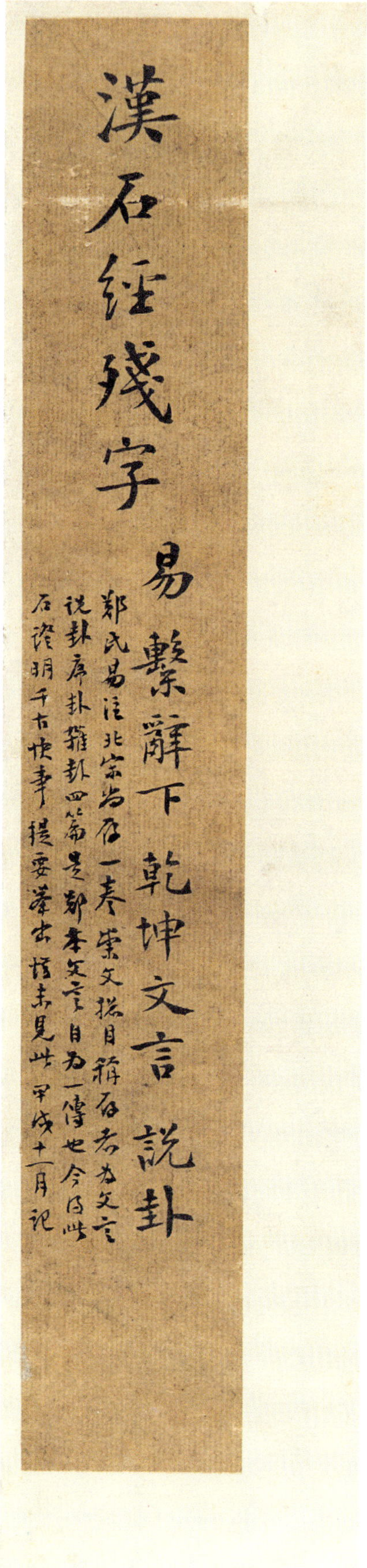
漢石經殘字
易 繫辭下 乾坤文言 說卦
鄭氏易注北宋尚存一卷崇文總目稱存者爲文言
說卦序卦雜卦四篇是鄭本文言自爲一傳也今得此
石證明千古快事 提要著錄未見此 甲戌十一月記

圖九. 熹平石經殘字跋

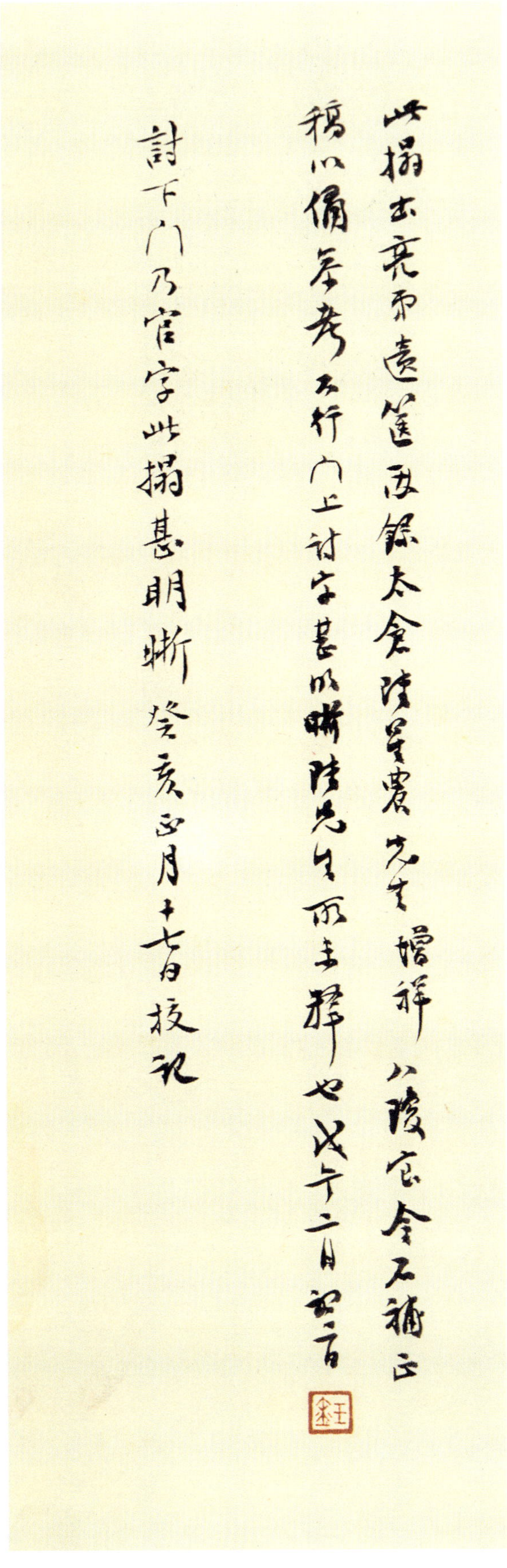

圖一〇·一. 建安殘石；武梁祠畫像題字跋

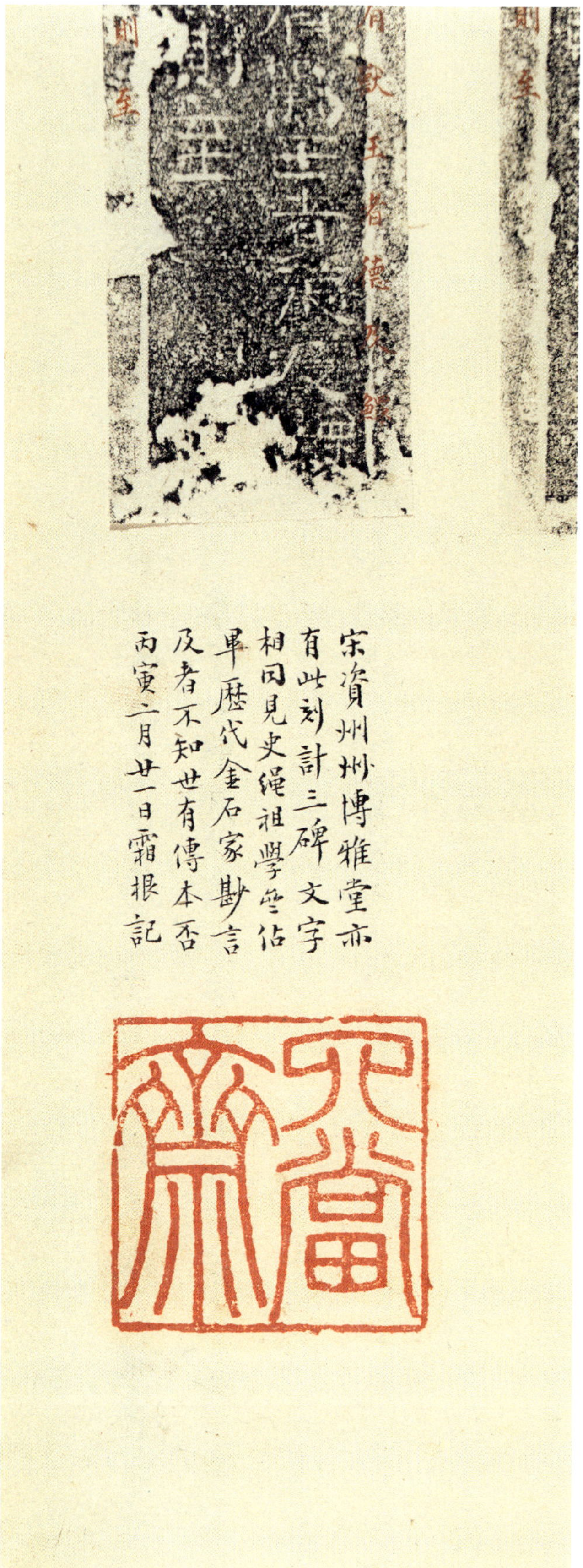

圖一〇·二．建安殘石；武梁祠畫像題字跋

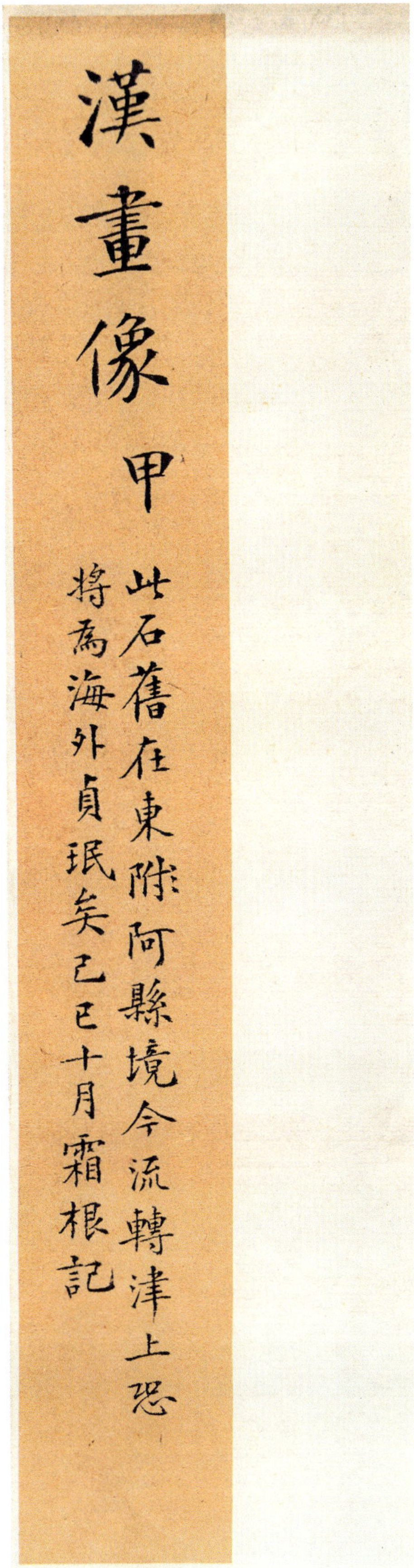

圖一一. 漢畫像跋

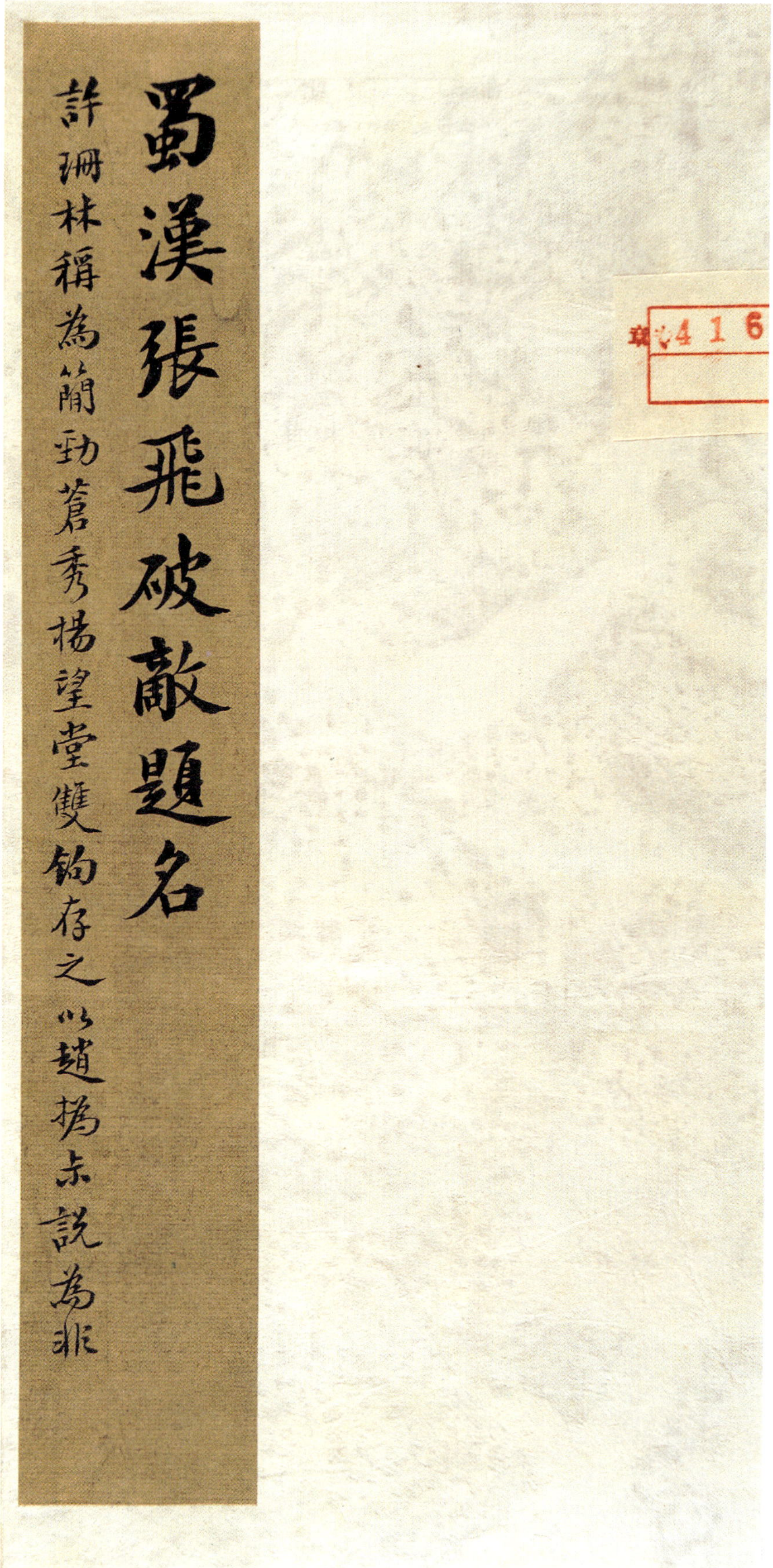

圖一二．張飛破張郃銘跋

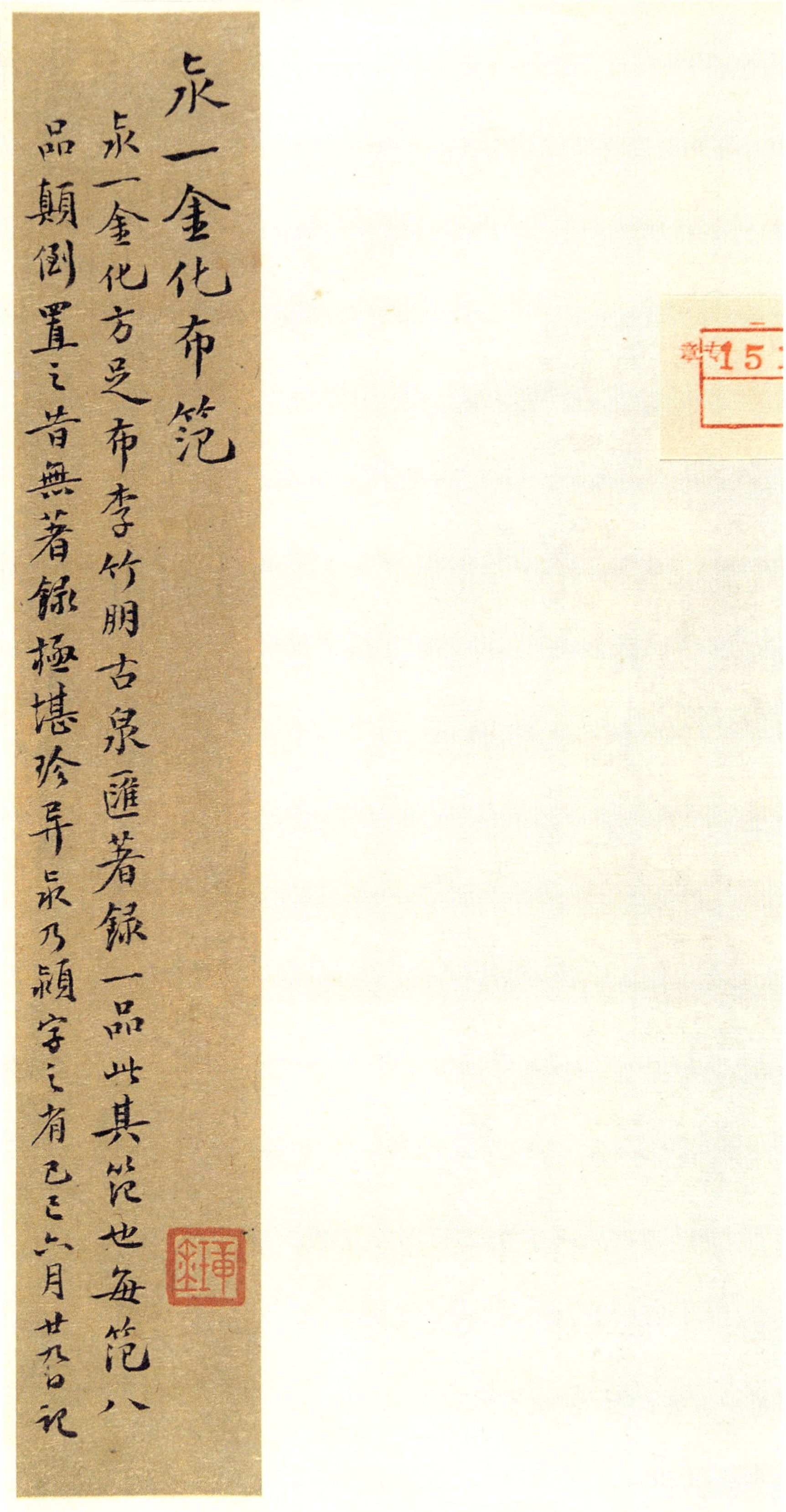

泉一金化布范
泉一金化方足布李竹朋古泉匯著錄一品此其范也每范八品顛倒置之昔無著錄極堪珍异泉乃頴字之省己巳六月廿四日記

圖一三．泉一金化布範跋

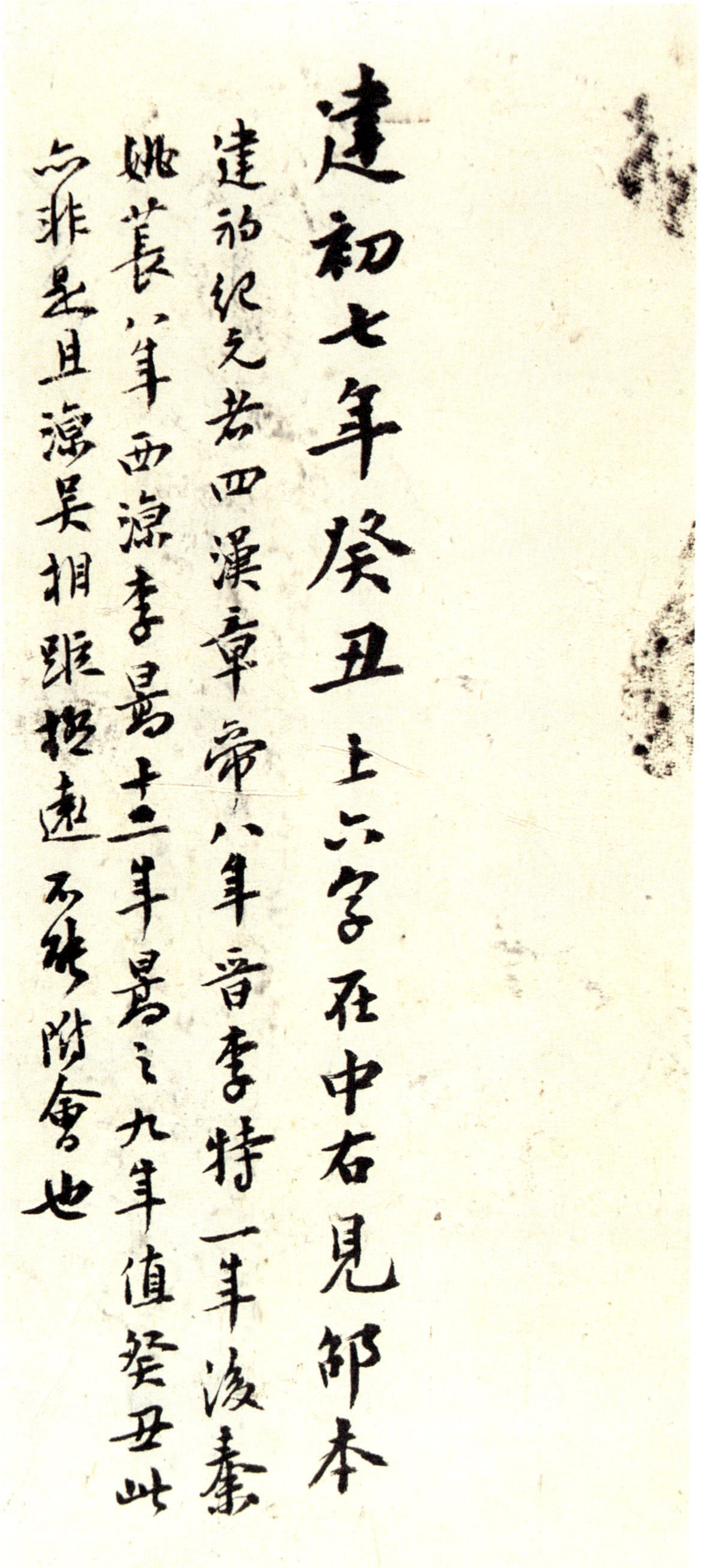
建初七年癸丑上六字在中右見邵本
建初紀元若四漢章帝八年晉李特一年後秦
姚萇八年西涼李暠十二年暠之九年值癸丑此
亦非是且涼吳相距極遠不能附會也

圖一四·一. 玄妙觀三清殿露臺畫像跋

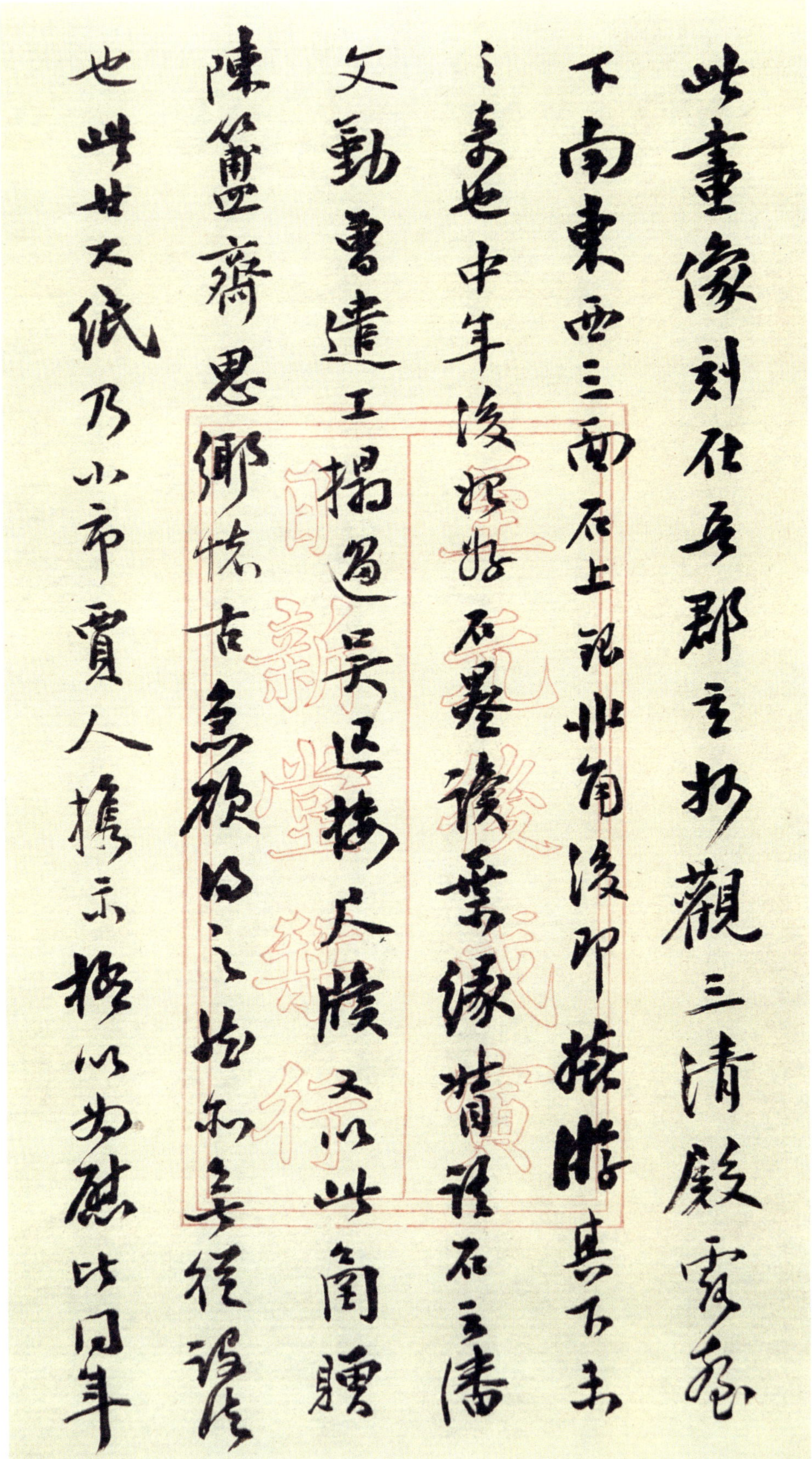

圖一四 · 二. 玄妙觀三清殿露臺畫像跋

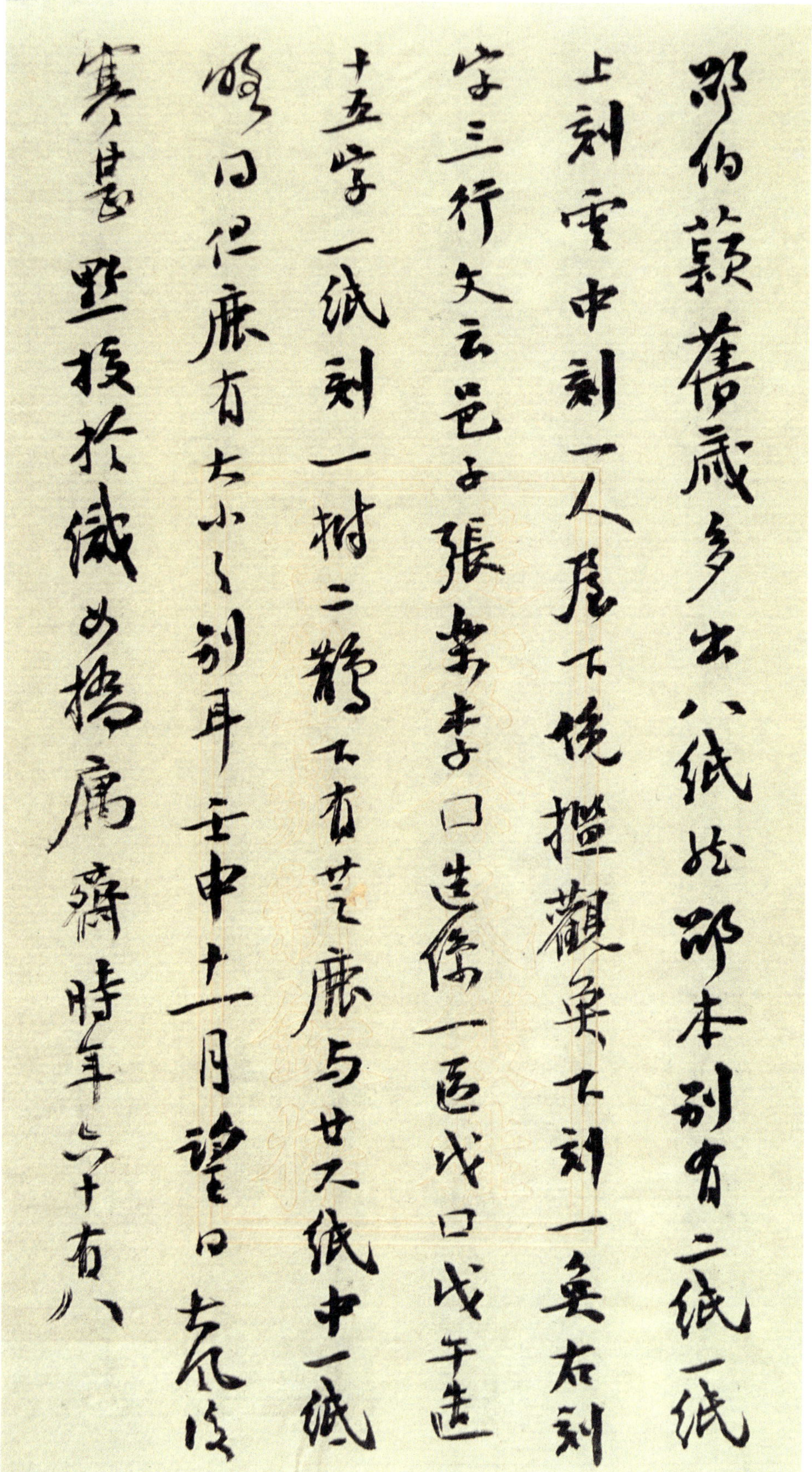
邵伯褧舊藏多出八紙，然邵本別有二紙一紙
上刻雲中刻一人居下繞欄觀，又下刻一兔，右刻
字三行，文云邑子張崇李口造像一區戊口戊午造
十五字一紙，刻一樹二鶴，下有芝，鹿與廿八紙中一紙
略同，但鹿有大小之別耳。壬申十一月望日去非跋
寒人甘暨投於織女橋廣齋，時年七十有八

圖一四·三.　玄妙觀三清殿露臺畫像跋

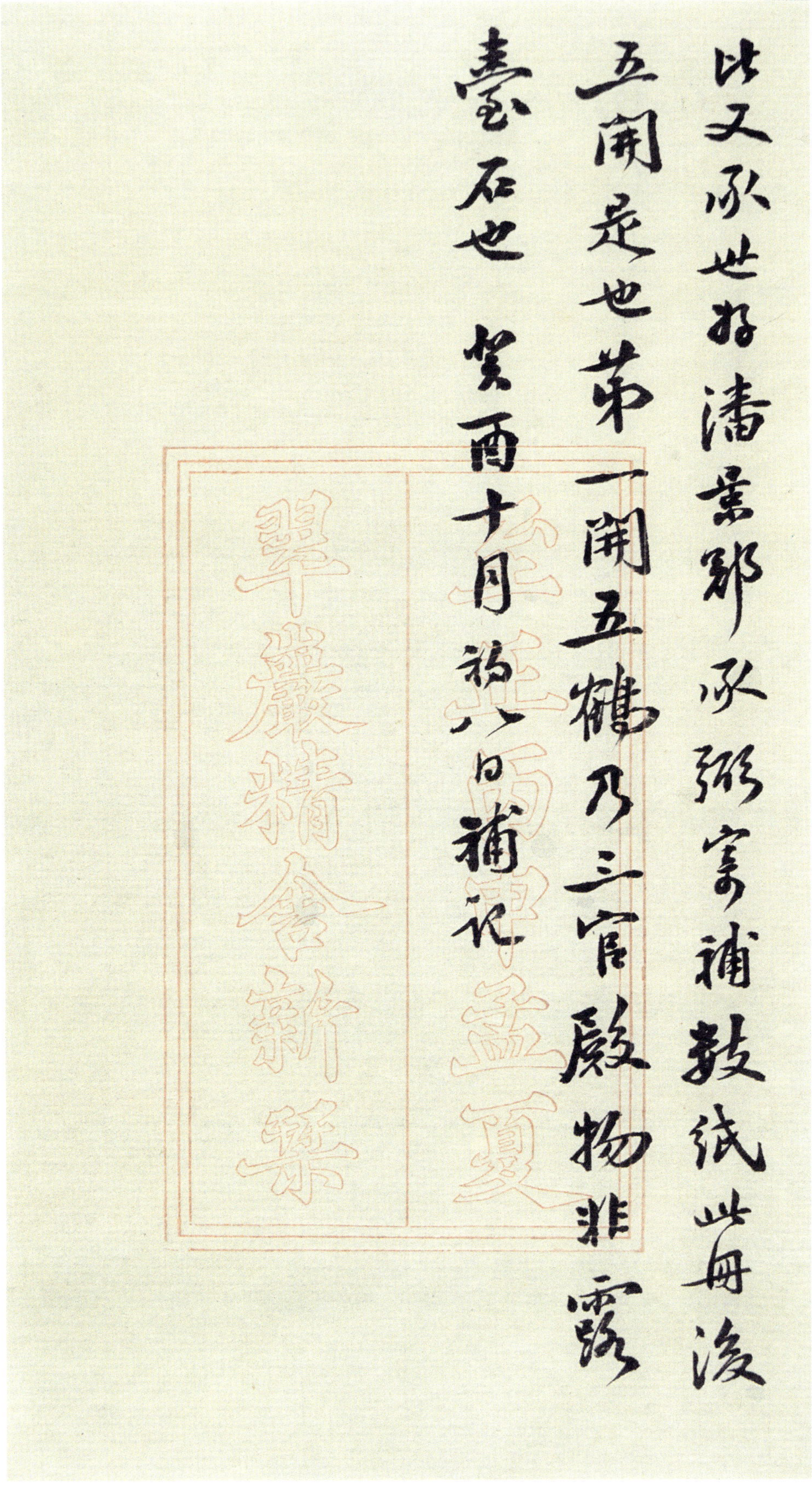

此又承世好潘景鄭承弼寄補數紙此冊後五開是也第一開五幢乃三官殿物非露臺石也　癸酉十月初八日補記

圖一四·四. 玄妙觀三清殿露臺畫像跋

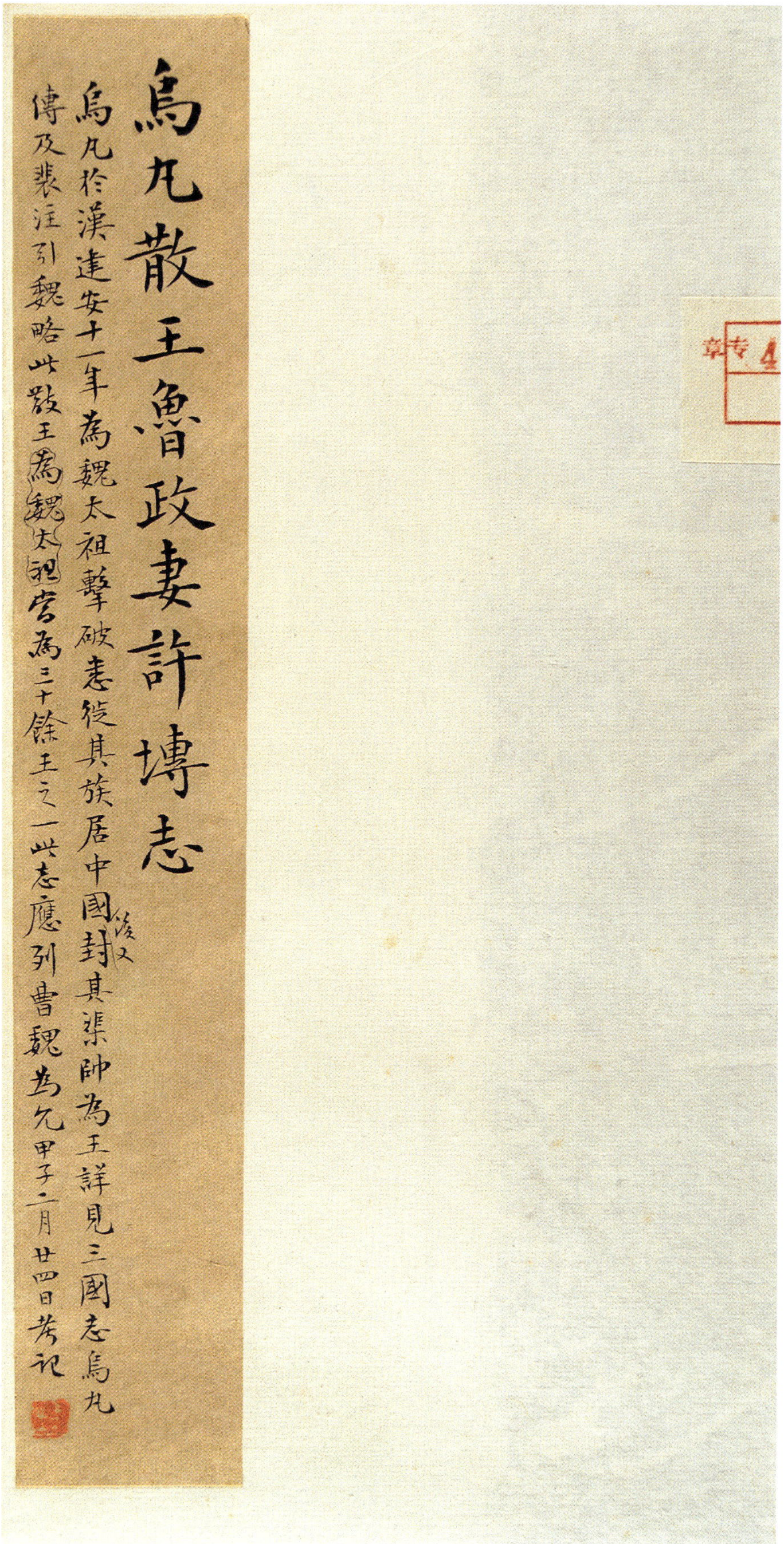

圖一五．魯政妻許氏墓誌跋

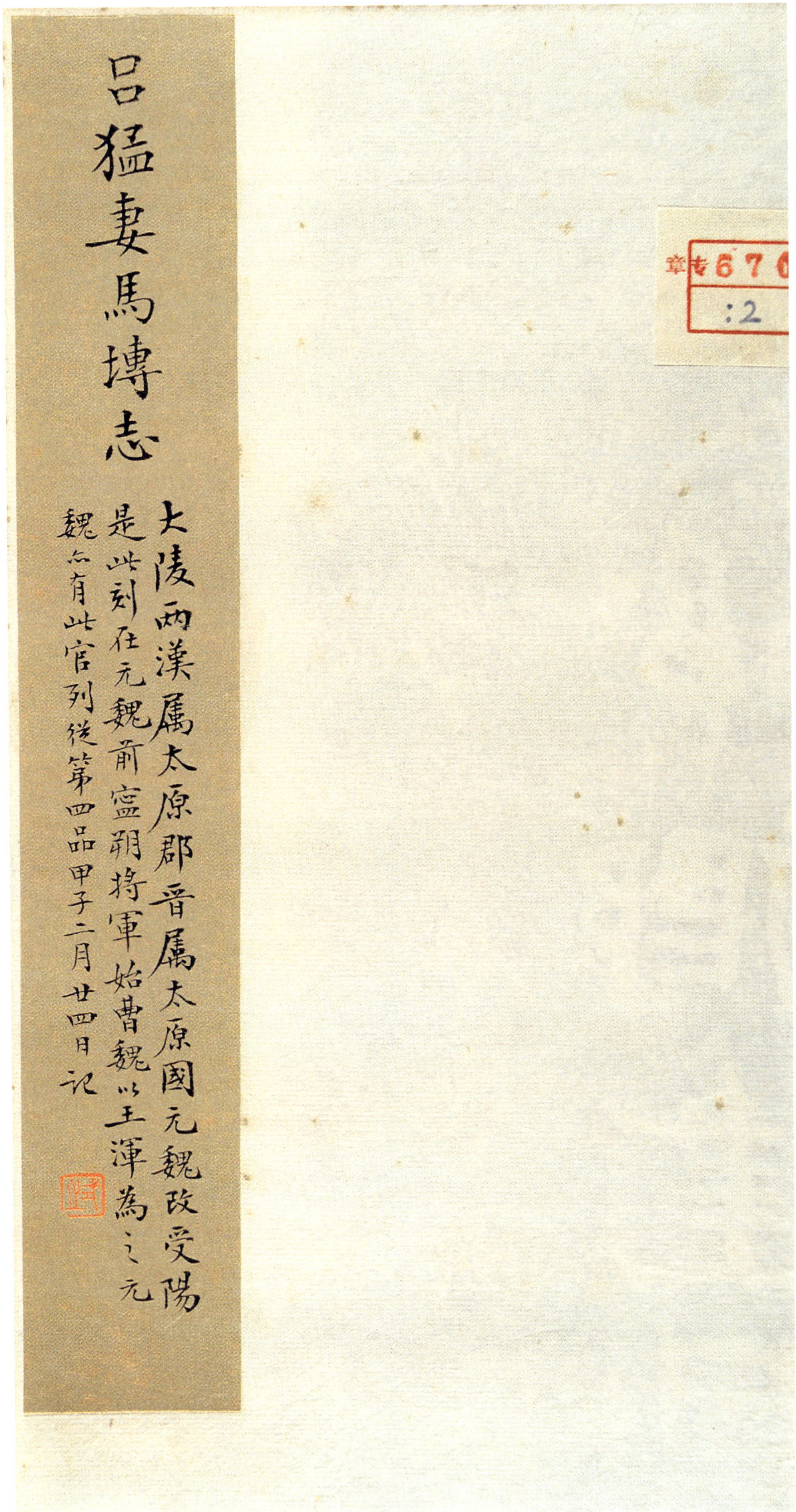

圖一六. 呂猛妻馬氏墓記跋

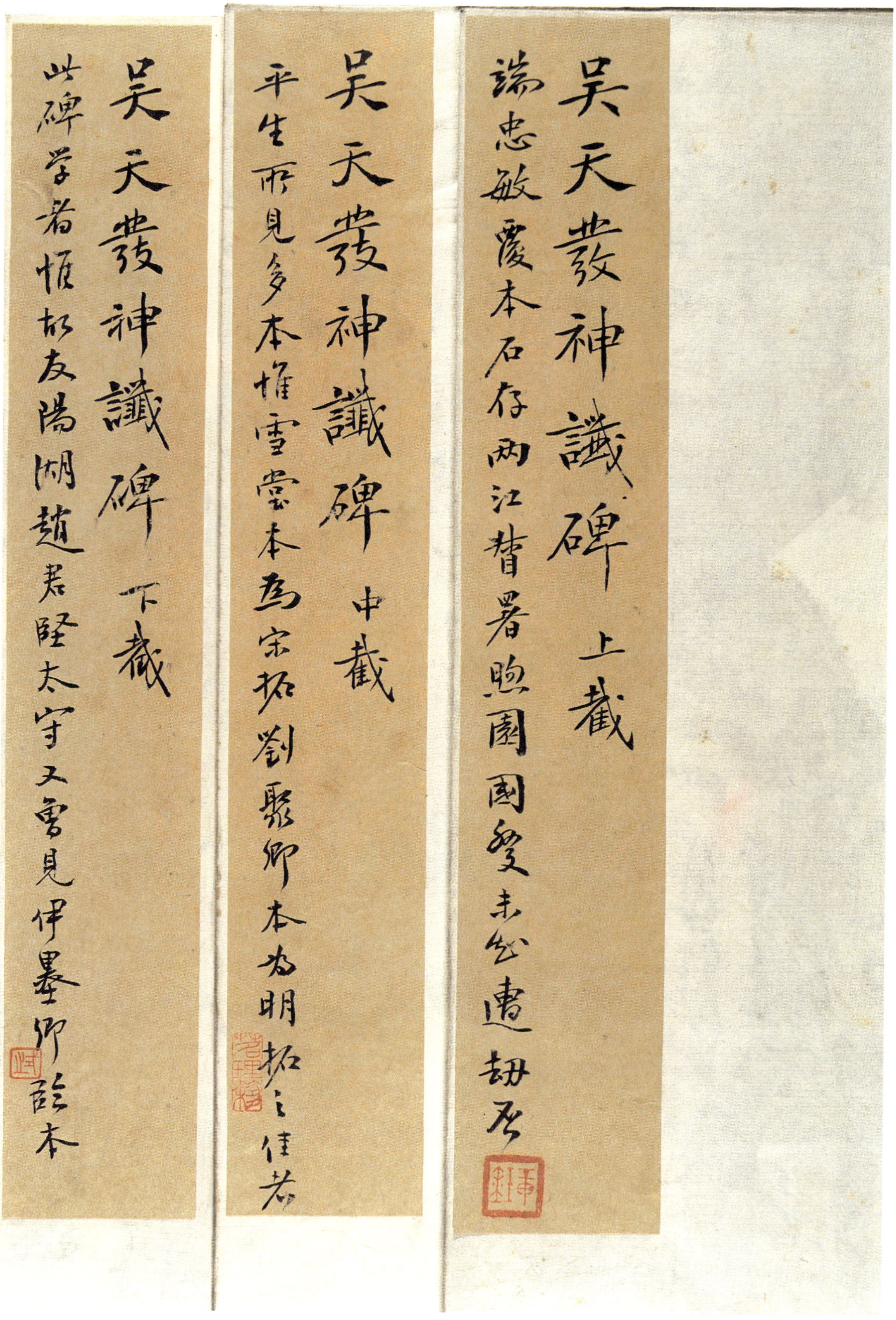
吴天發神讖碑 上截
端忠敏藏本石存兩江督署煦園國變未幾遭劫灰
吴天發神讖碑 中截
平生所見多本惟雪堂本爲宋拓劉聚卿本爲明拓之佳者
吴天發神讖碑 下截
此碑學者恆故友陽湖趙君經太守又曾見伊墨卿藏本

圖一七. 天發神讖碑跋

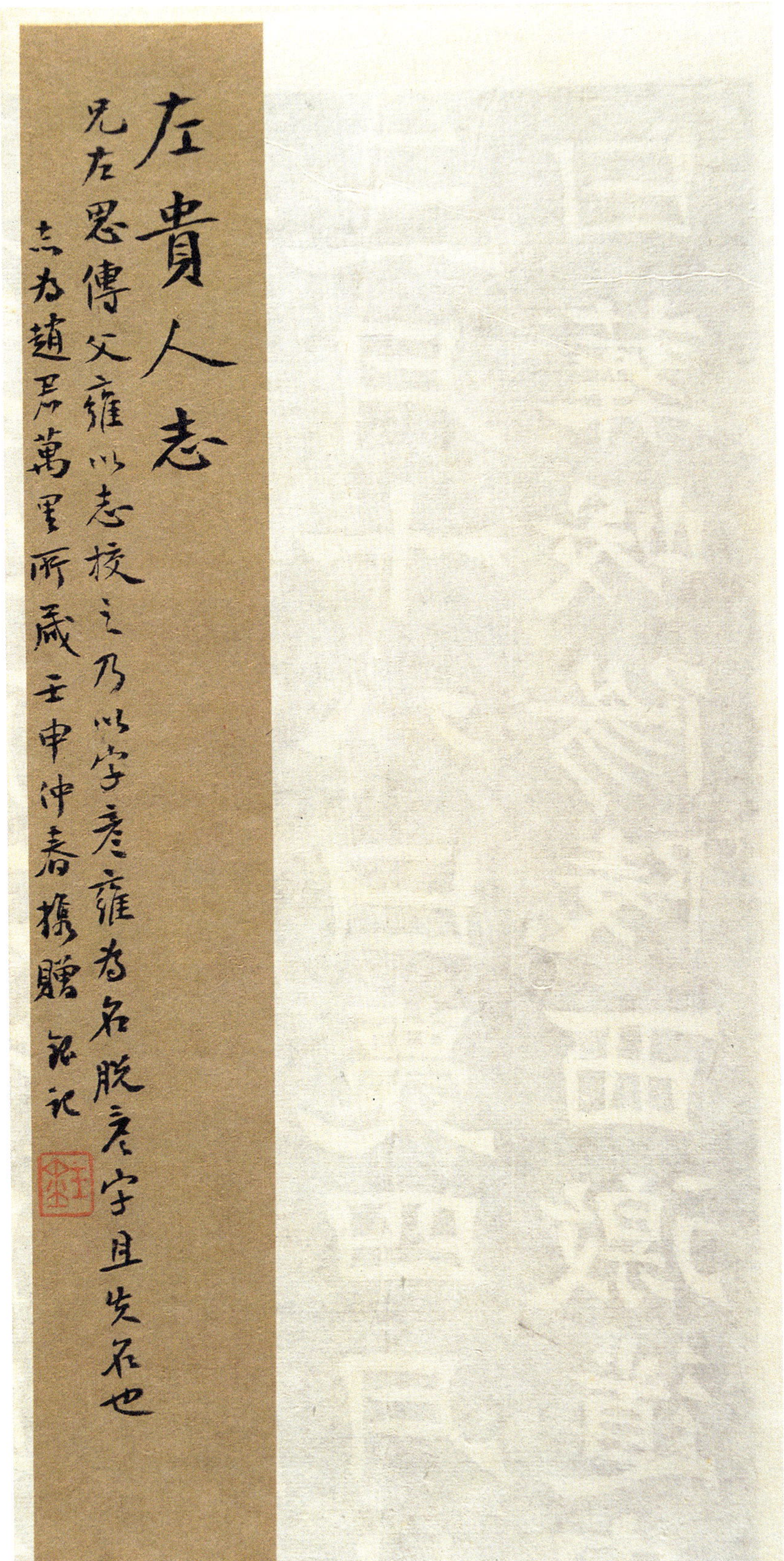

圖一八．左棻墓誌跋

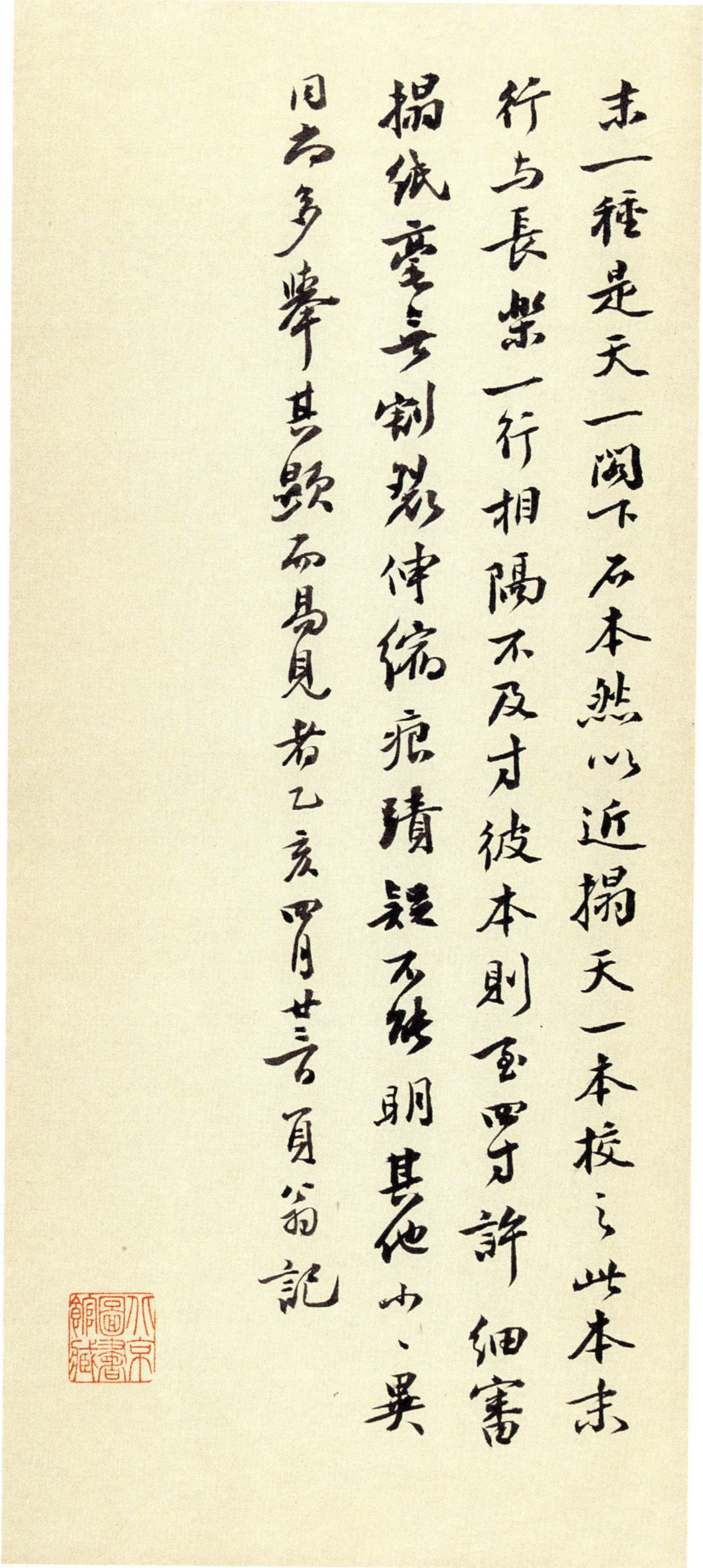
未一種是天一閣下石本然以近搨天一本校之此本未
行與長槩一行相隔不及寸彼本則至四寸許細審
搨紙塵土剝裂伸縮痕蹟疑不能明其他小小異
同者多矣其顯而易見者乙亥四月廿三日貞翁記

圖一九. 蘭亭序集拓跋

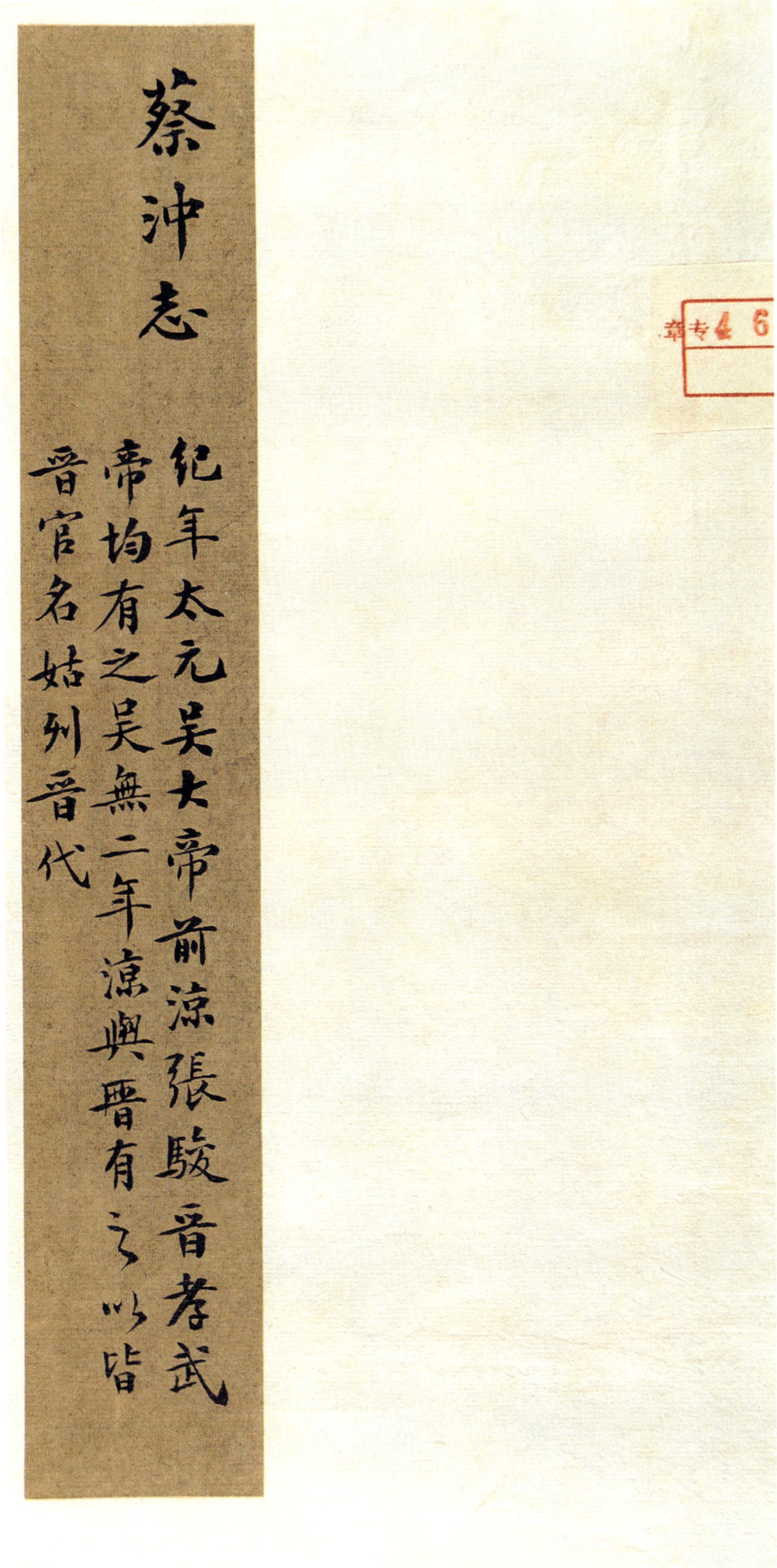

蔡沖志

紀年太元吳大帝前涼張駿晉孝武
帝均有之吳無二年涼與晉有之以皆
晉官名姑列晉代

圖二〇. 蔡沖墓誌跋

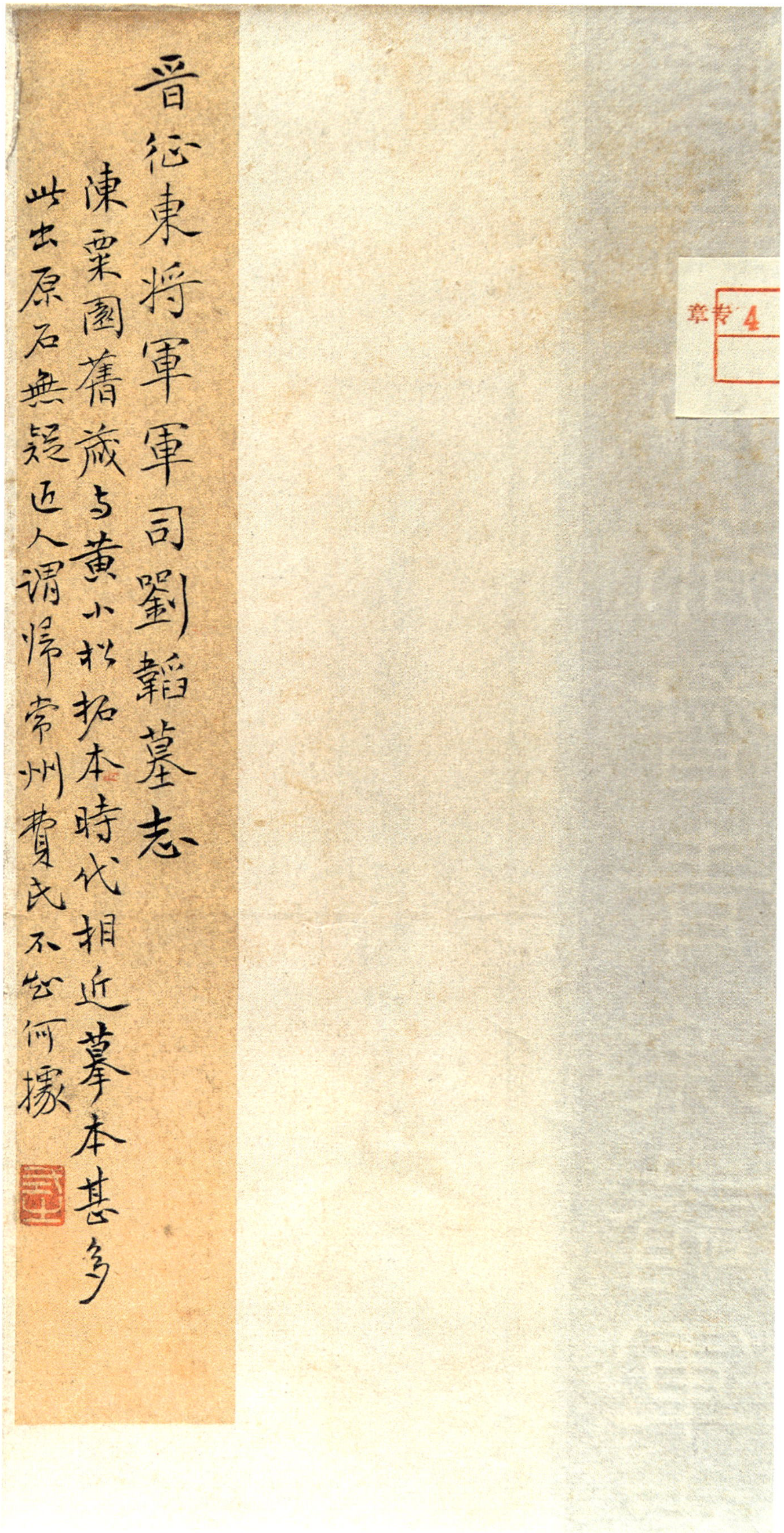
晉征東將軍軍司劉韜墓志
陳粟園舊藏與黃小松拓本時代相近摹本甚多
此出原石無疑近人謂歸常州費氏不知何據
章专 4

圖二一．劉韜墓誌跋

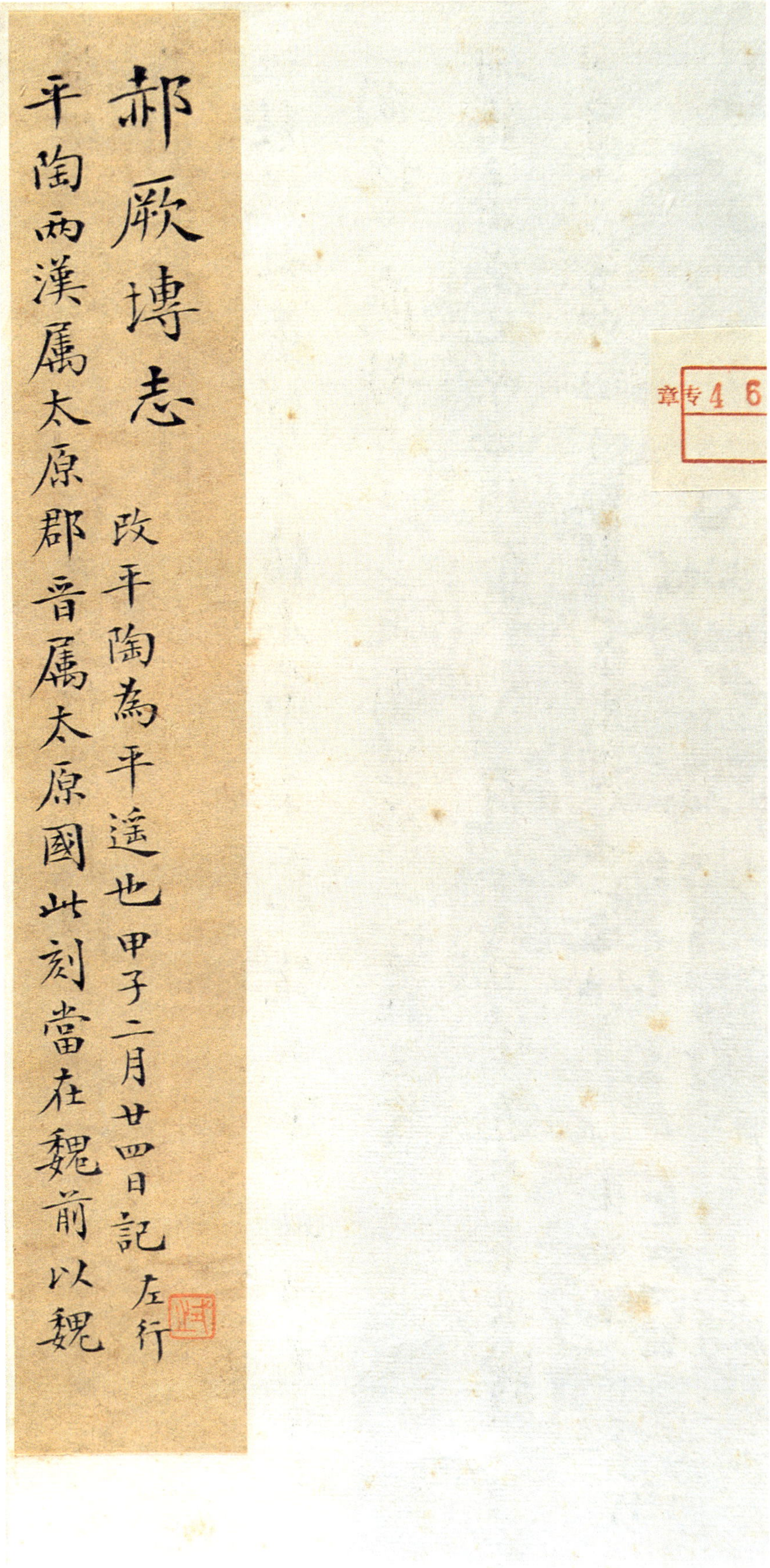

圖二二．郝厥墓誌跋

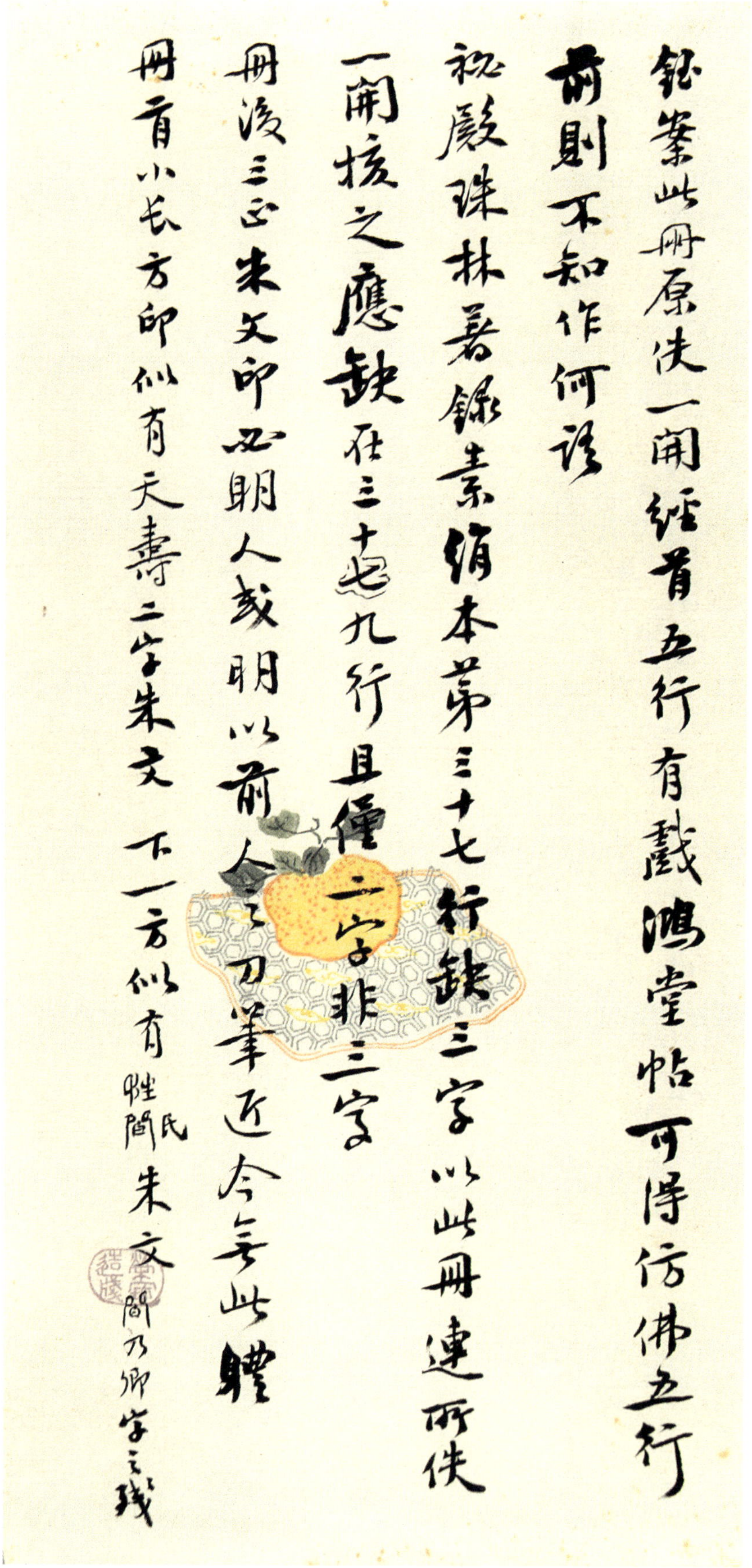
鈺案此冊原佚一開經首五行有戲鴻堂帖可得彷彿五行
前則不知作何語
秘殿珠林著錄素絹本第三十七行缺三字以此冊連所佚
一開核之應缺在三十九行且僅二字非三字
冊後三正朱文印必明人或明以前人刀筆近今無此體
冊首小長方印似有天壽二字朱文　下一方似有雕閒氏朱文閒乃卿字之殘

圖二三· 一.　黃庭內景經跋

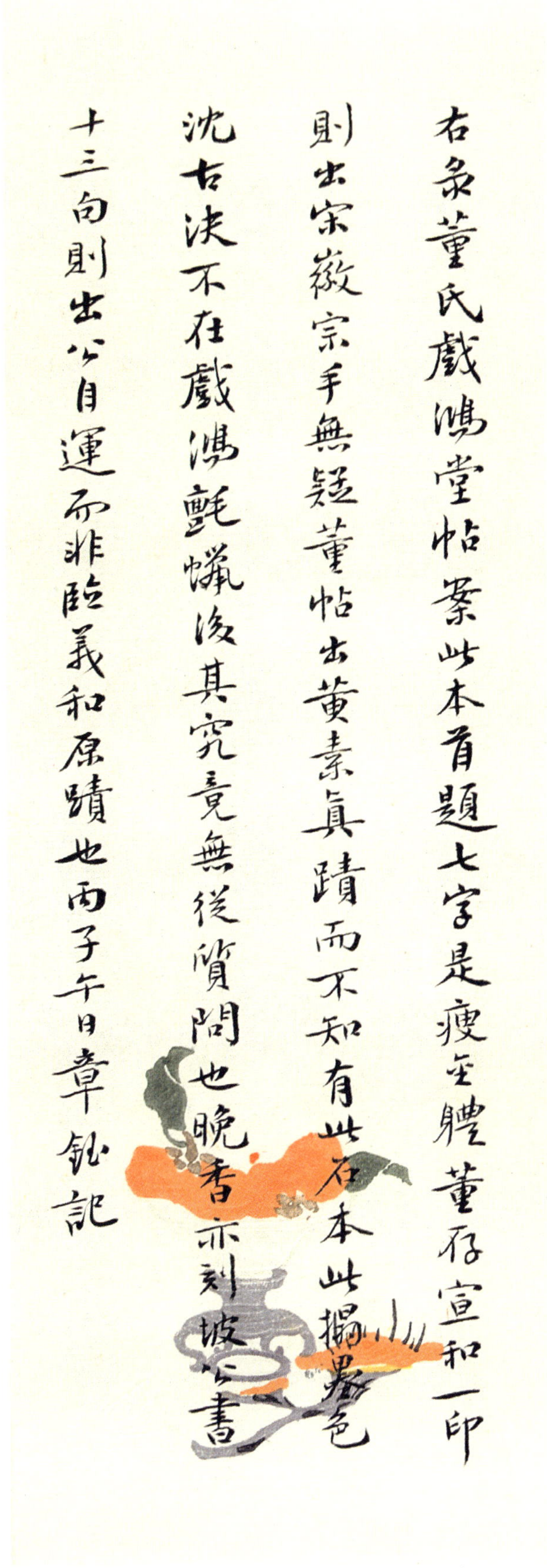
右彔董氏戲鴻堂帖槩此本首題七字是瘦金體董存宣和一印
則出宋徽宗手無疑董帖出黄素真蹟而不知有此石本此搨墨色
沈古決不在戲鴻氈蠟後其究竟無從質問也晚香亦刻坡公書
十三行則出公自運而非臨義和原蹟也丙子午日章鈺記

圖二三· 二. 黃庭內景經跋

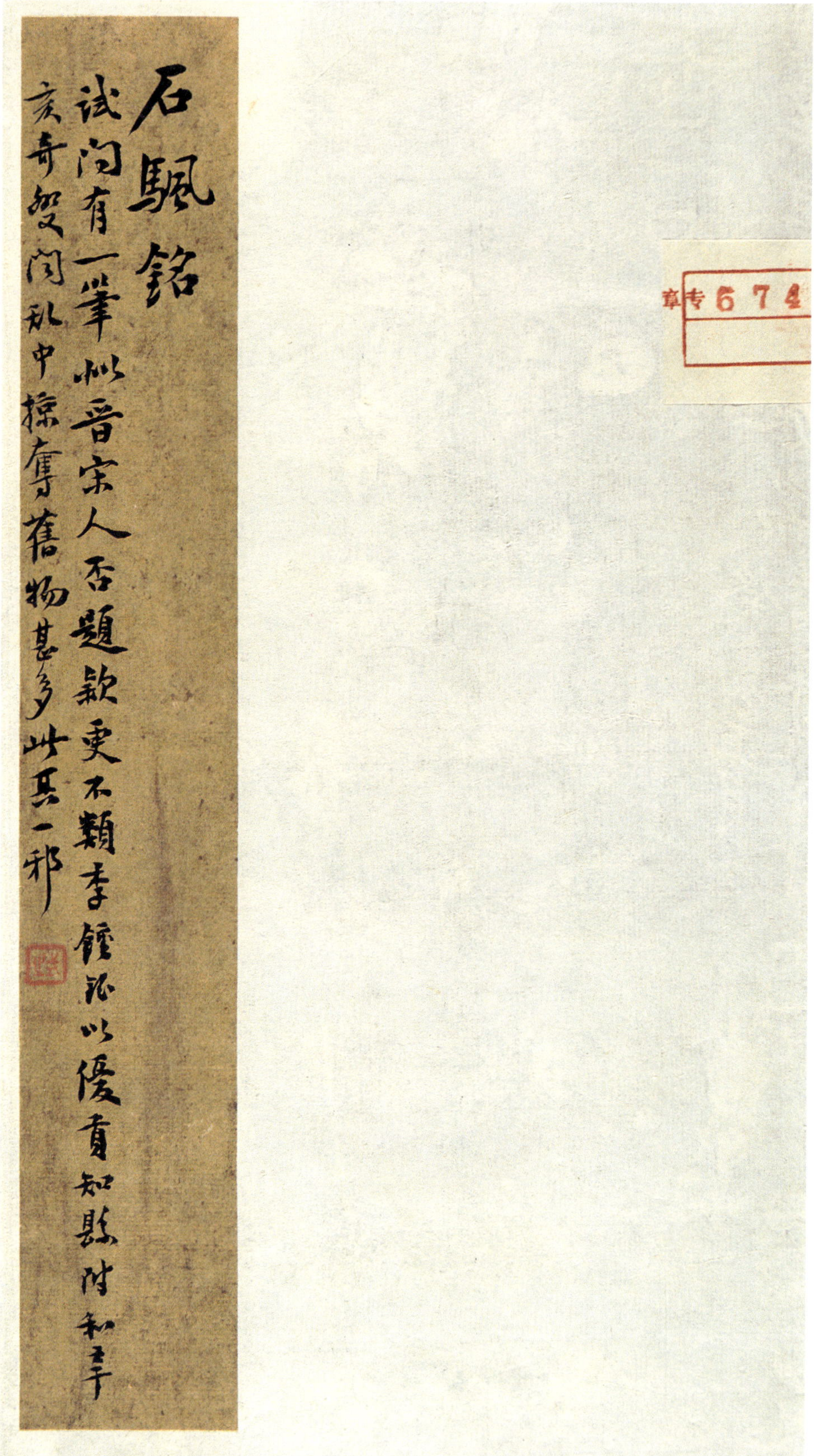

石飄銘

試問有一筆似晉宋人否題款更不類李鍾泌以優貢知縣附和珅

亥奇賀閏秋中掠奪舊物甚多此其一耶

圖二四. 石飄銘跋

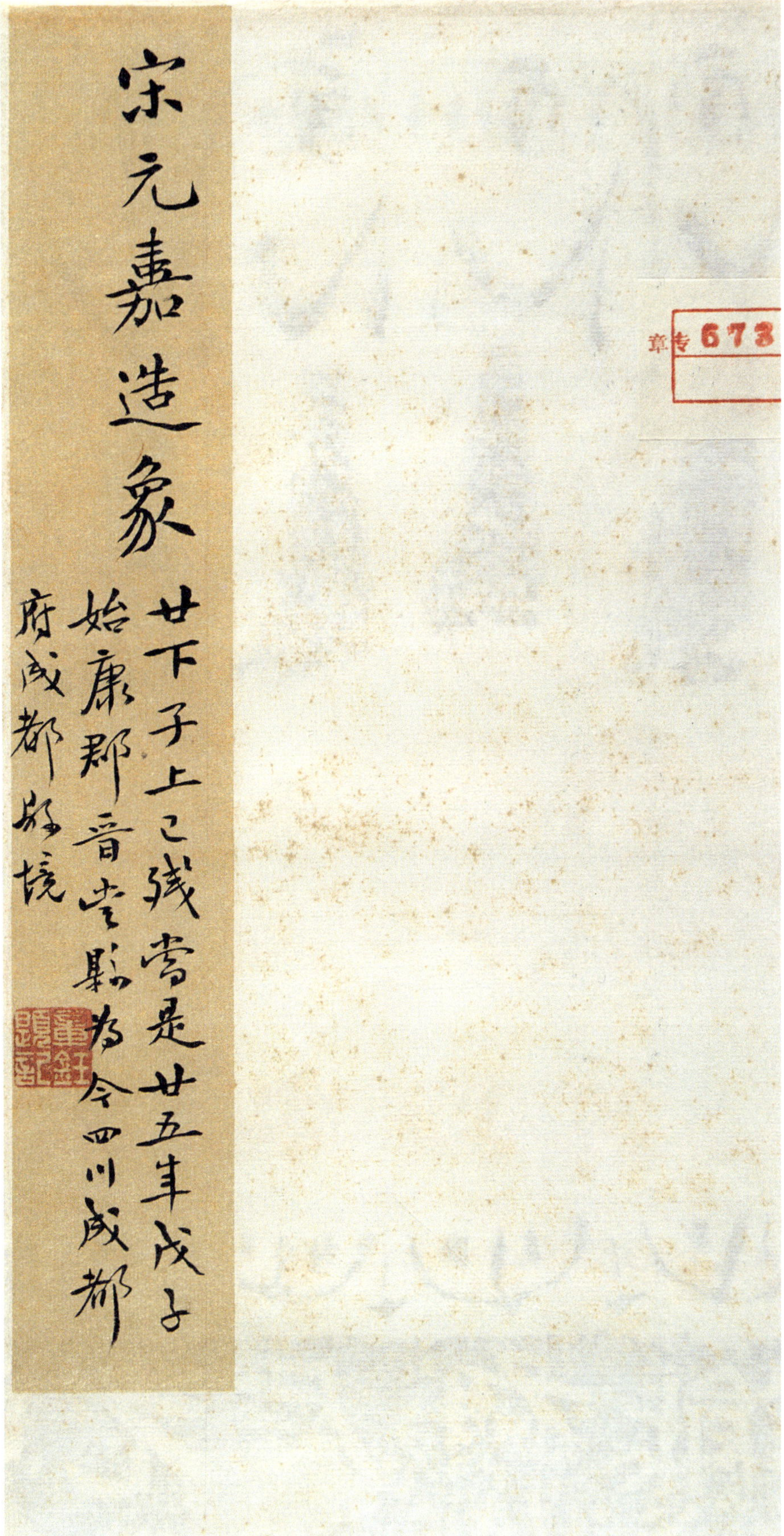

圖二五. □熊造像記跋

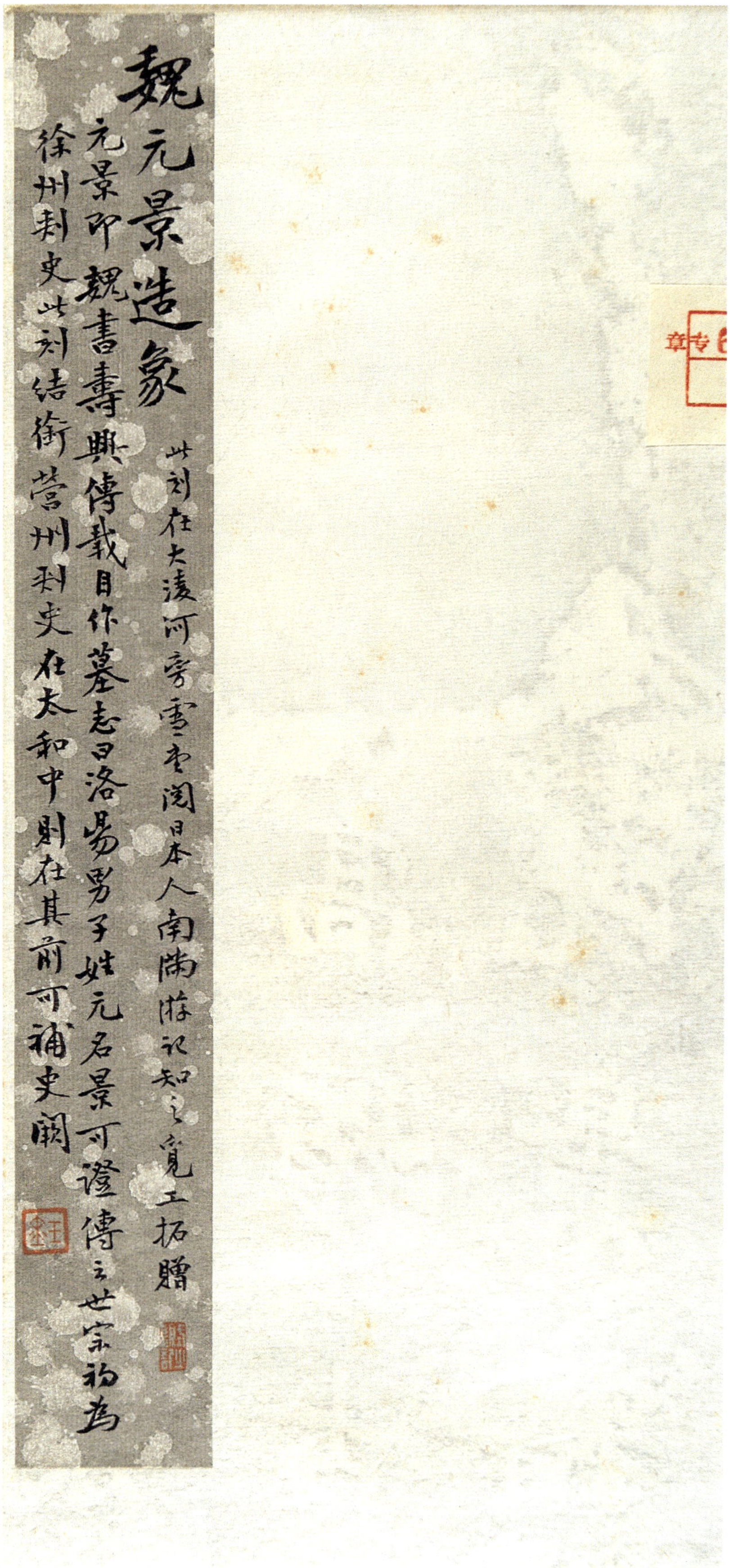
魏元景造象
此刻在大凌河旁雪堂閱日本人南滿游記知之覓工拓贈
元景即魏書壽興傳載自作墓志曰洛陽男子姓元名景可證傳云世宗初為
徐州刺史此刻結銜營州刺史在太和中則在其前可補史闕

圖二六. 元景造像記跋

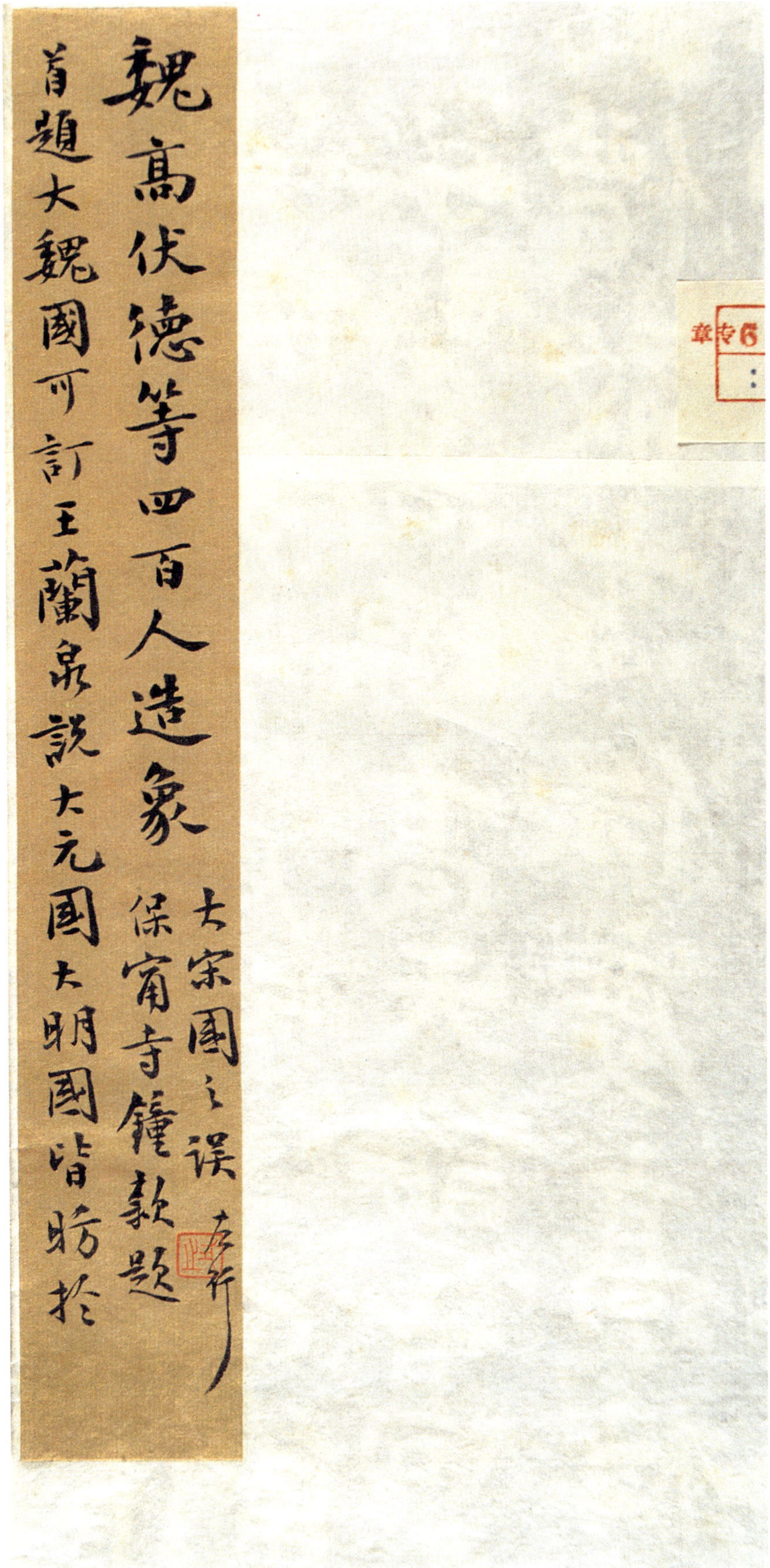

圖二七. 高伏德等造像記並側跋

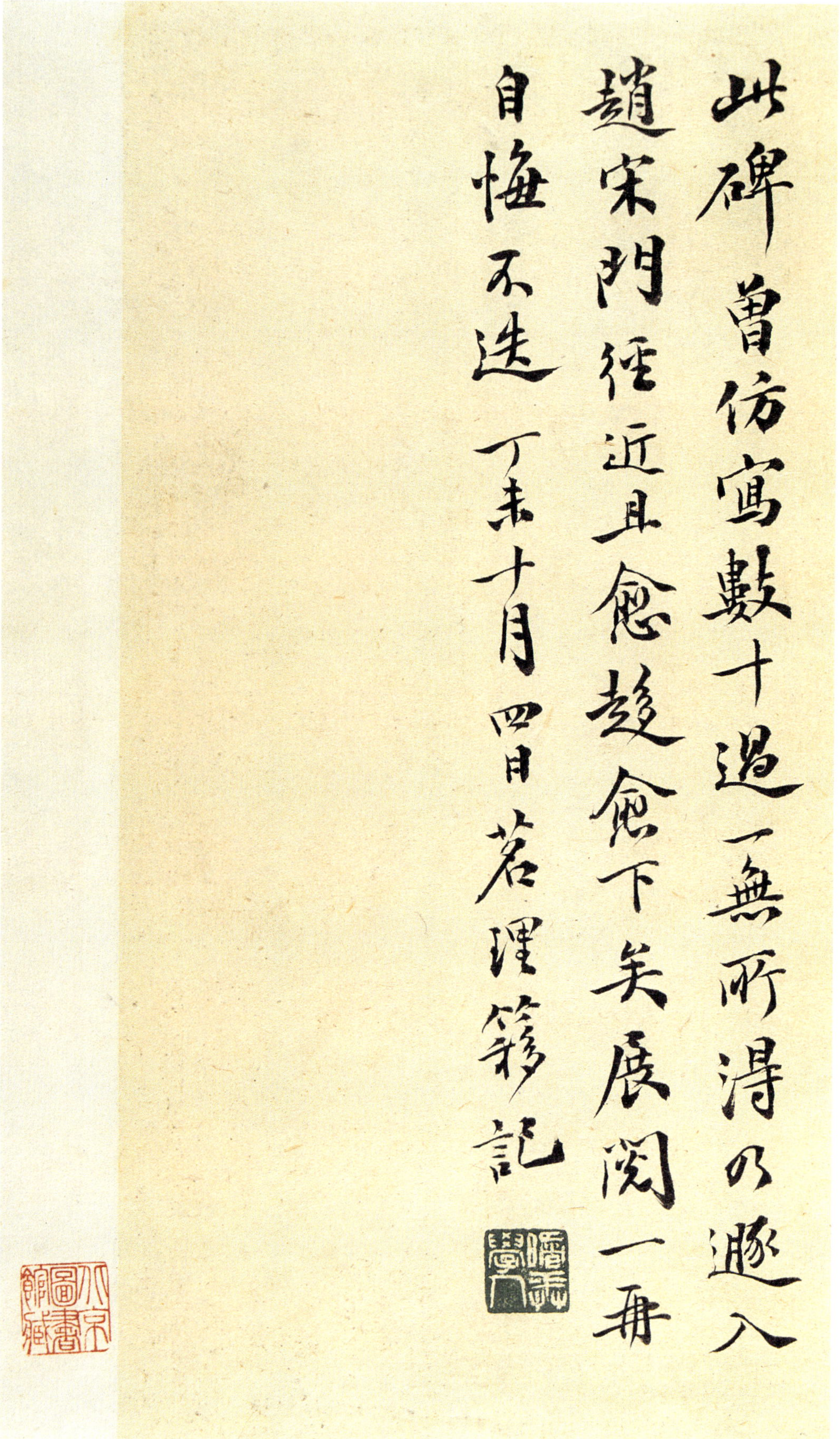
此碑曾仿寫數十過一無所得以邈入
趙宋門徑近且愈趨愈下矣展閱一冊
自悔不迭 丁未十月四日若理簃記

圖二八. 鄭羲下碑跋

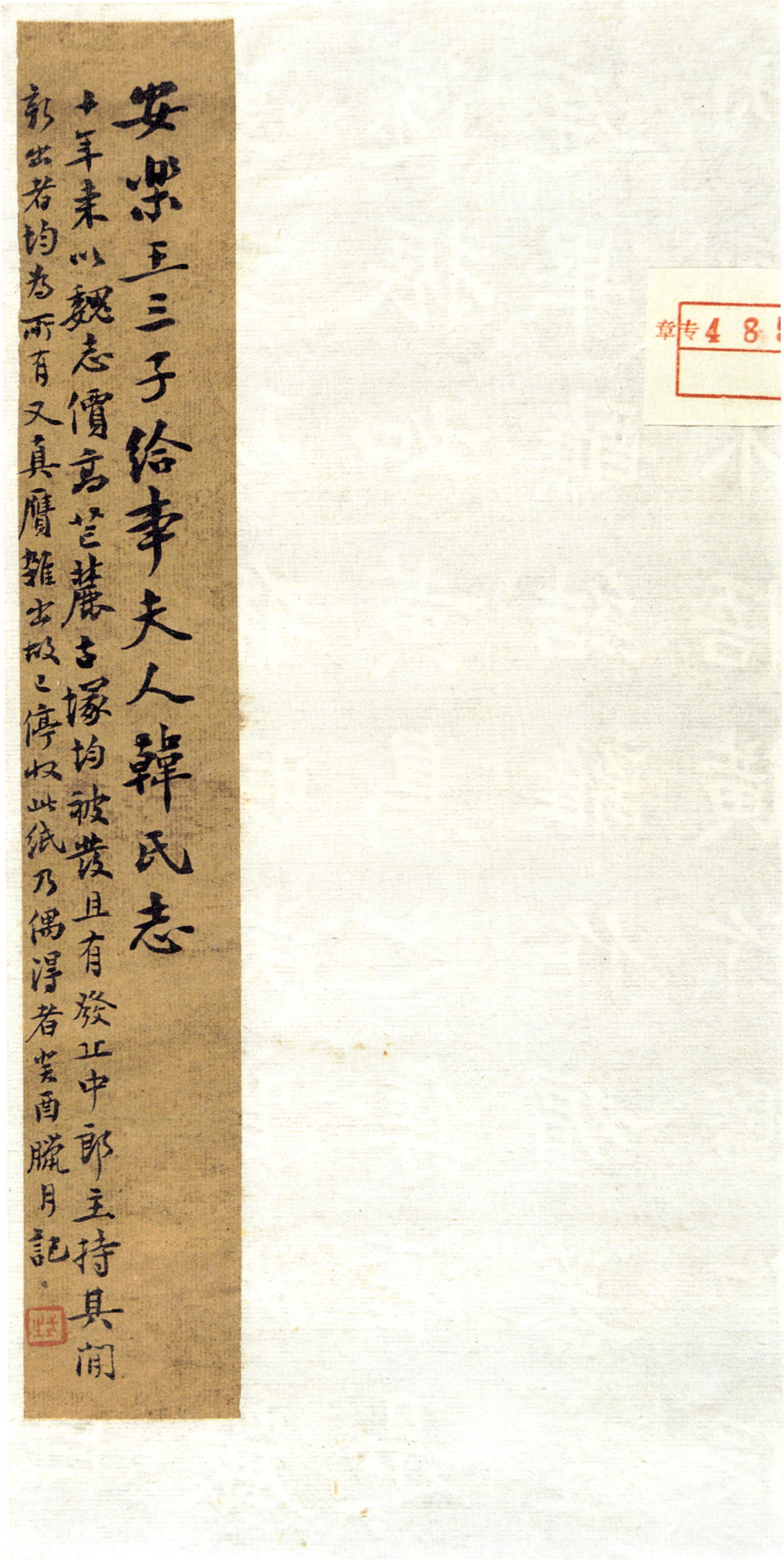

圖二九. 元君妻韓氏墓誌跋

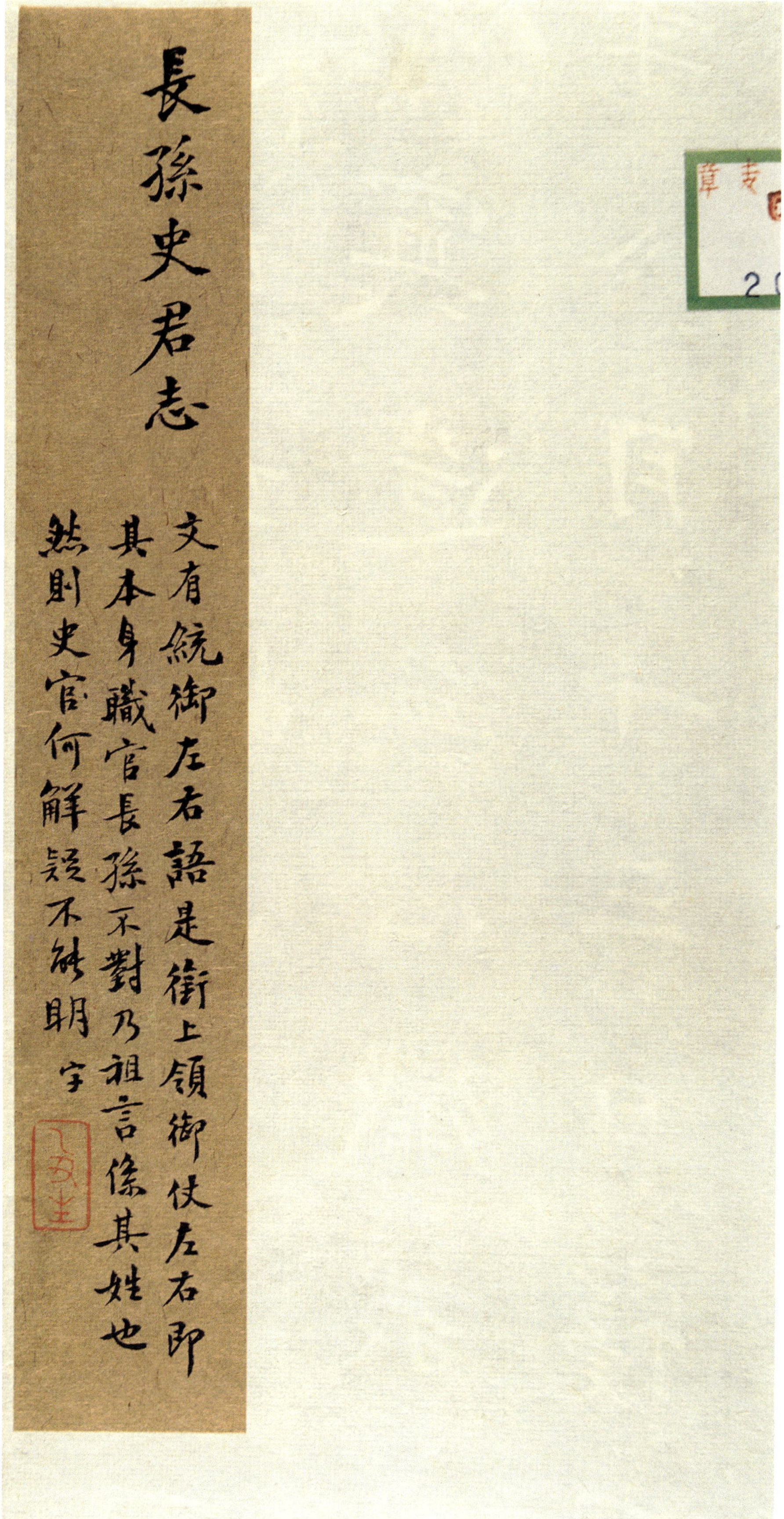
長孫史君志

文有統御左右語是銜上領御仗左右郎
其本身職官長孫不對乃祖言係其姓也
然則史官何解疑不能明

圖三〇．長孫瑱墓誌跋

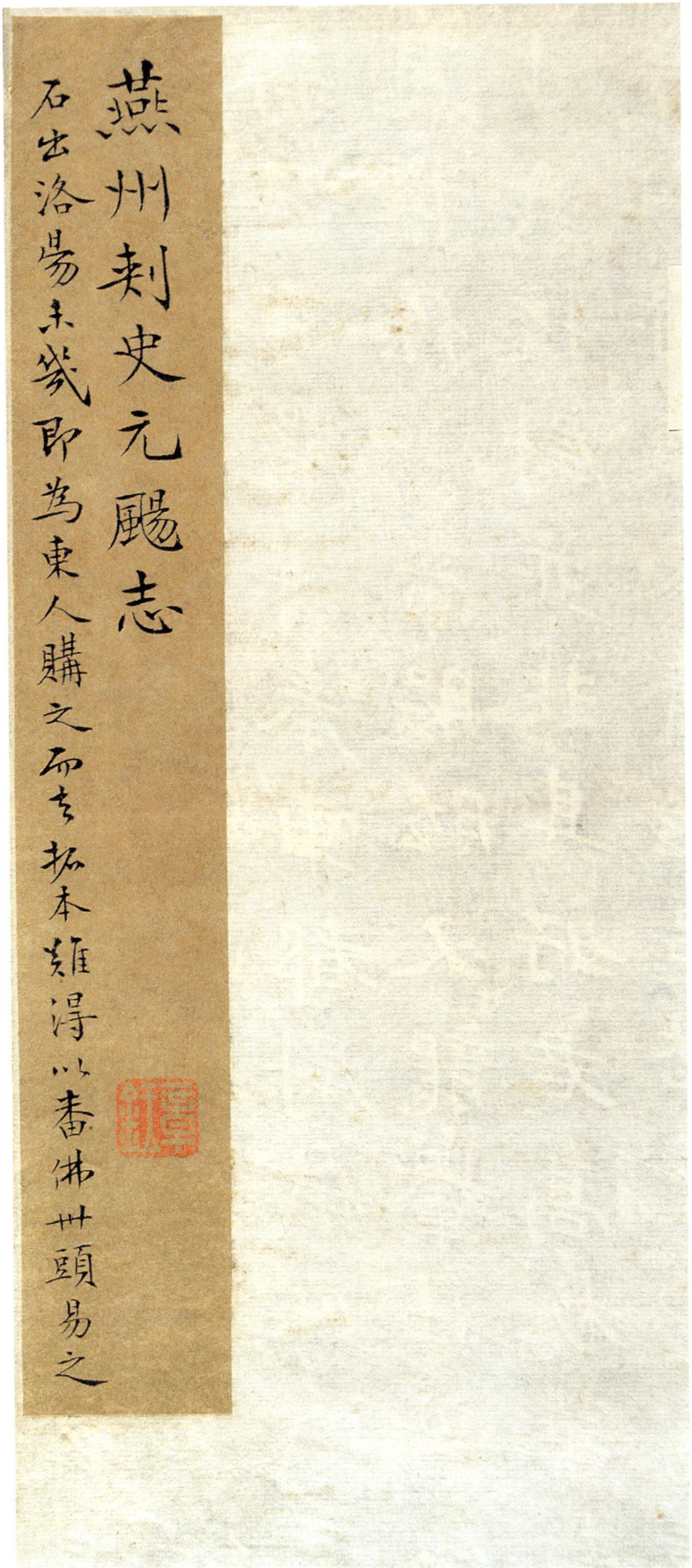

圖三一.　元颺墓誌跋

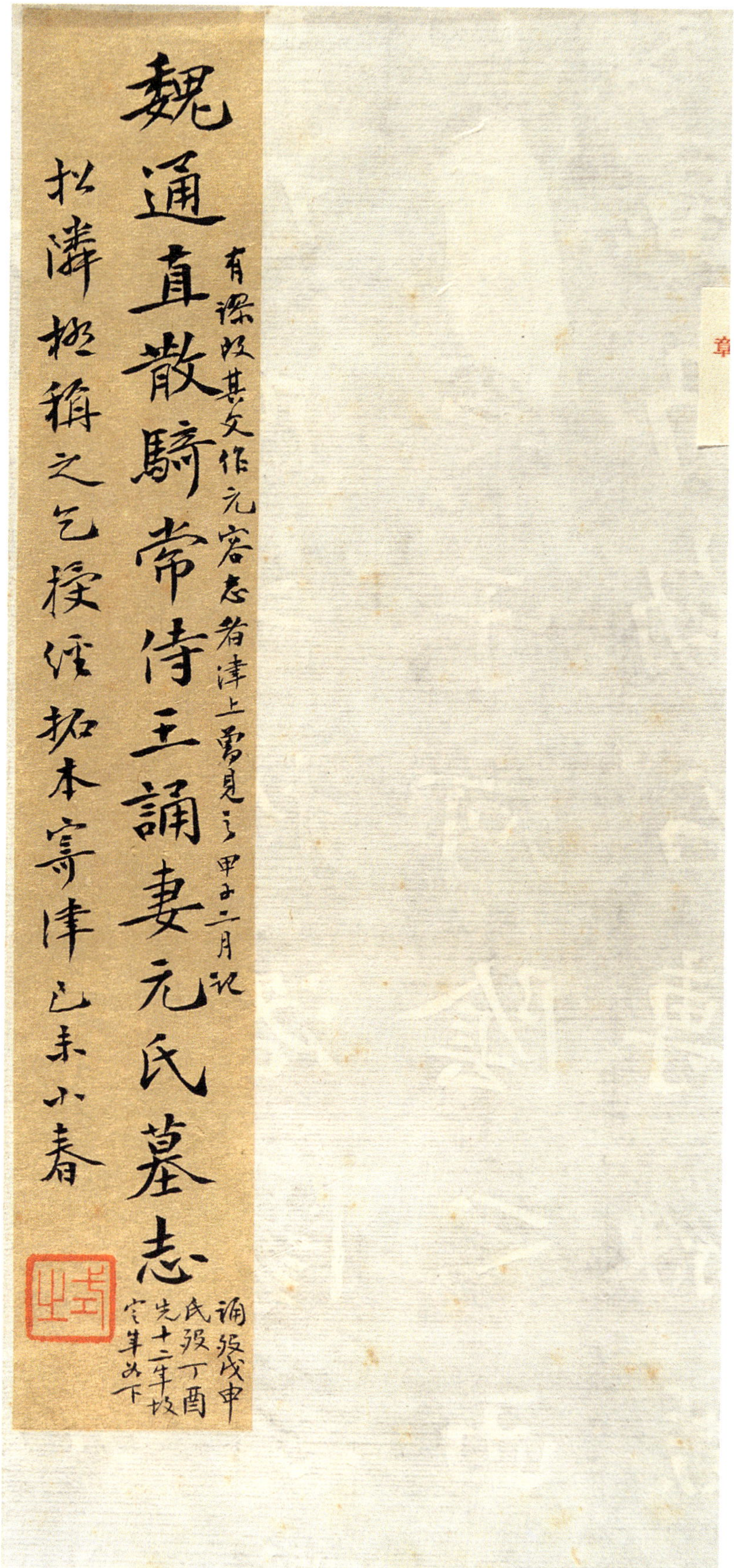

圖三二. 王誦妻元貴妃墓誌跋

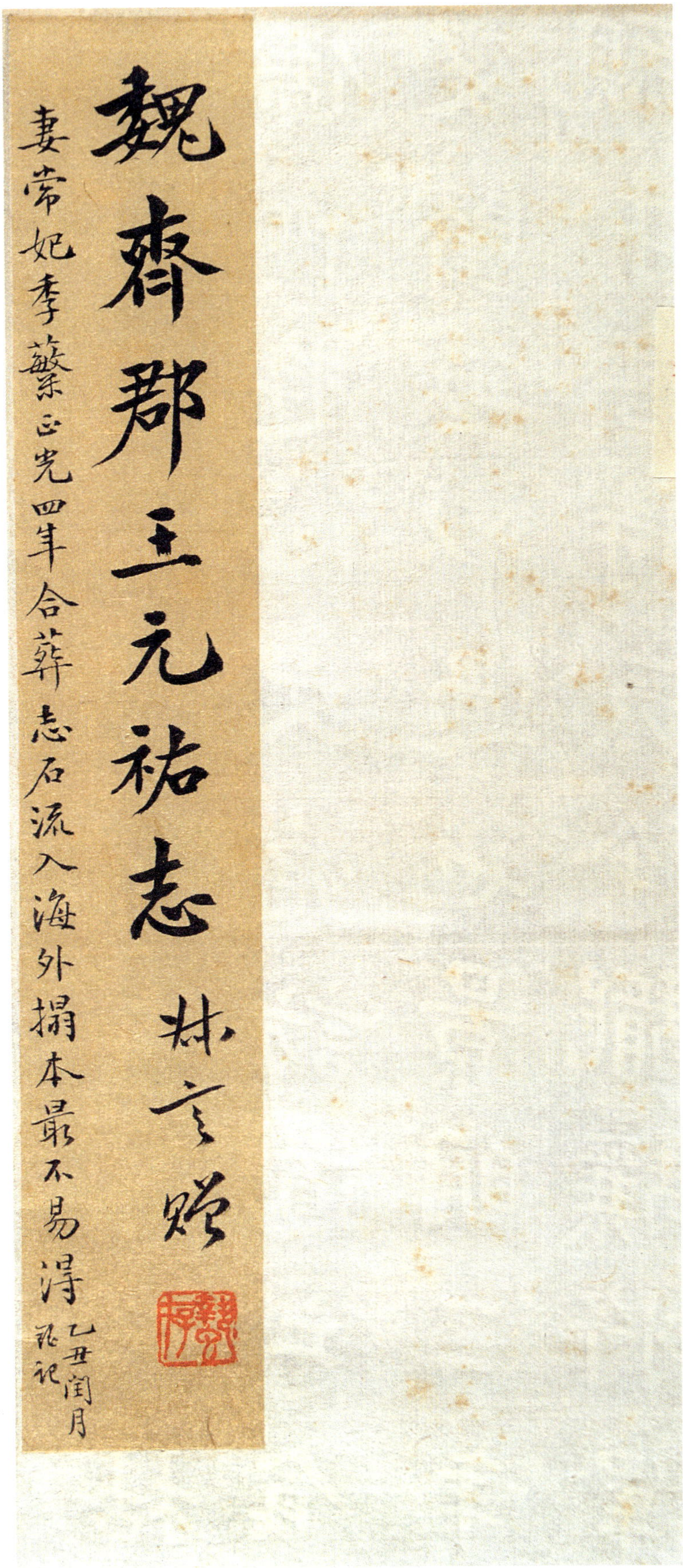

圖三三. 元祐墓誌跋

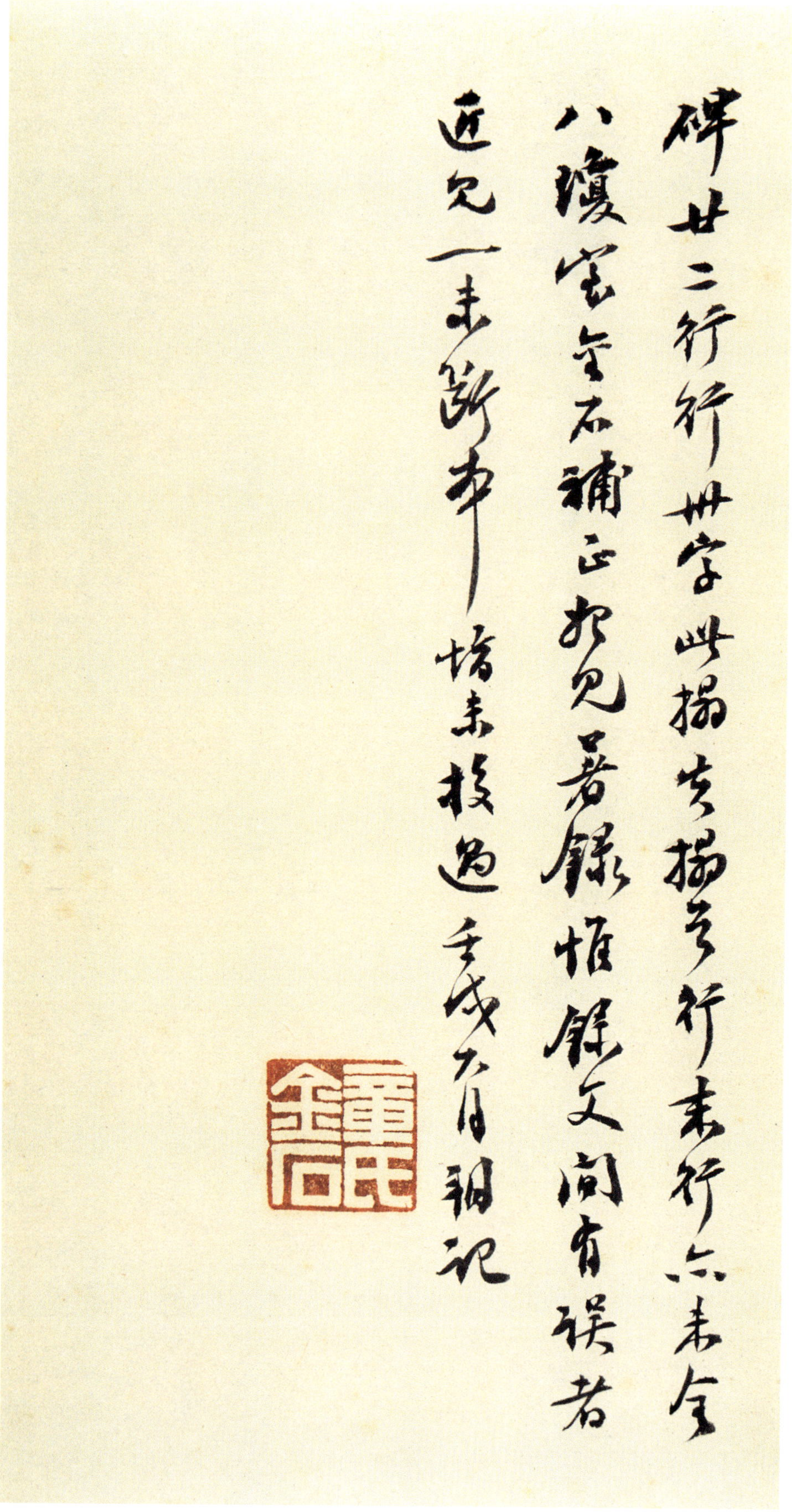

圖三四．馬鳴寺根法師碑跋

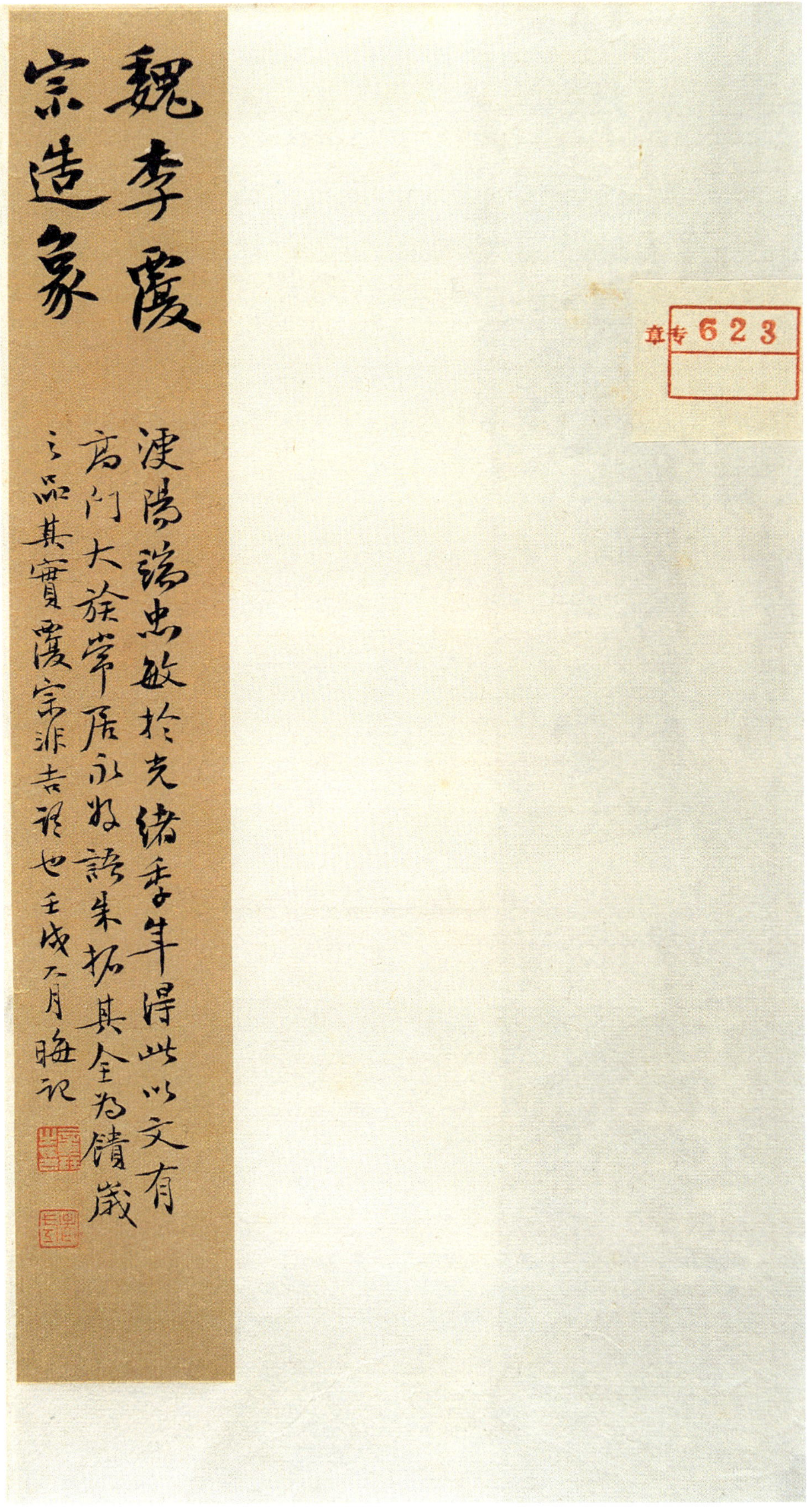

圖三五． 李覆宗造像記跋

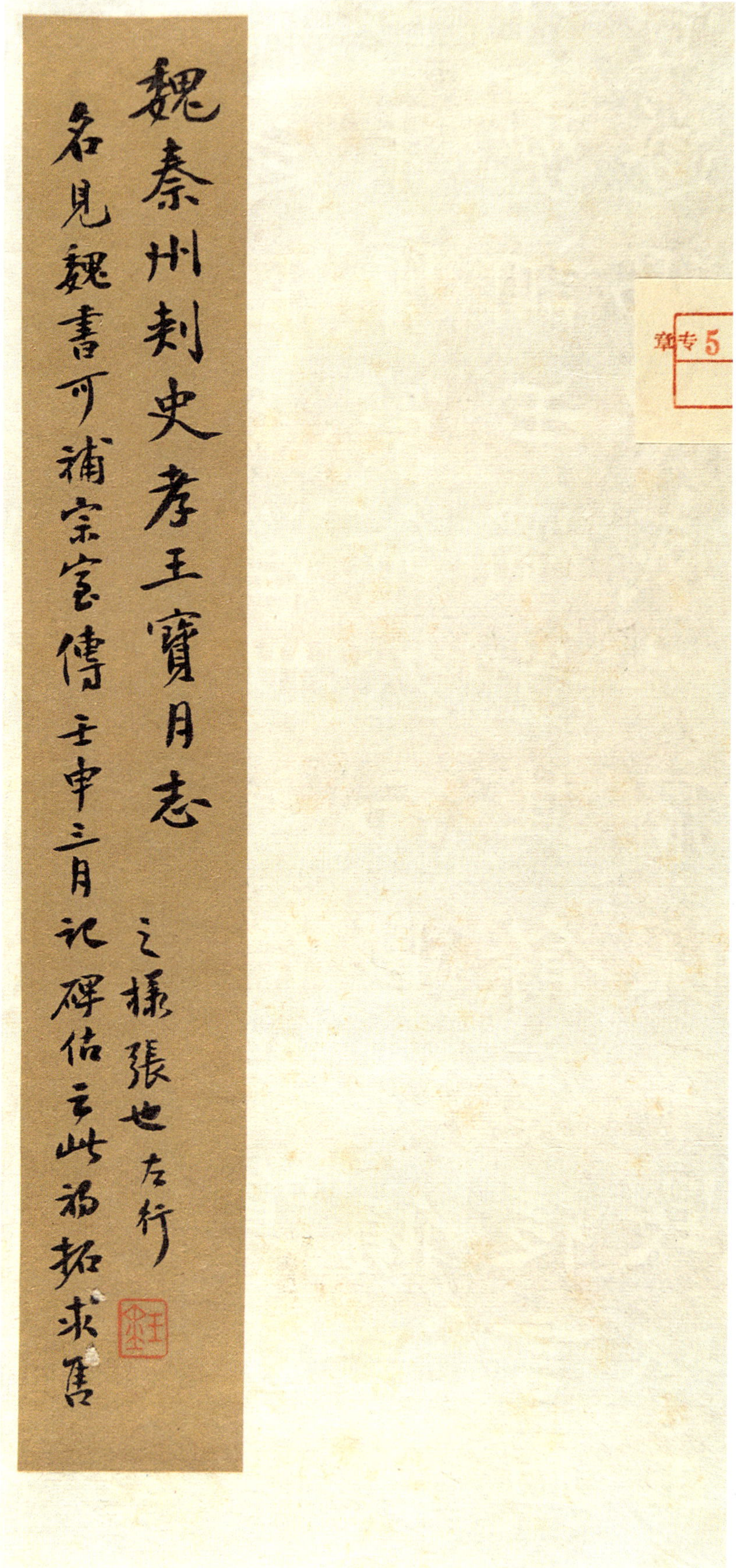

魏秦州刺史孝王寶月志

名見魏書可補宗室傳　壬申三月記　碑估云此福拓求售

之樣張也　右行

鈺

圖三六．元寶月墓誌跋

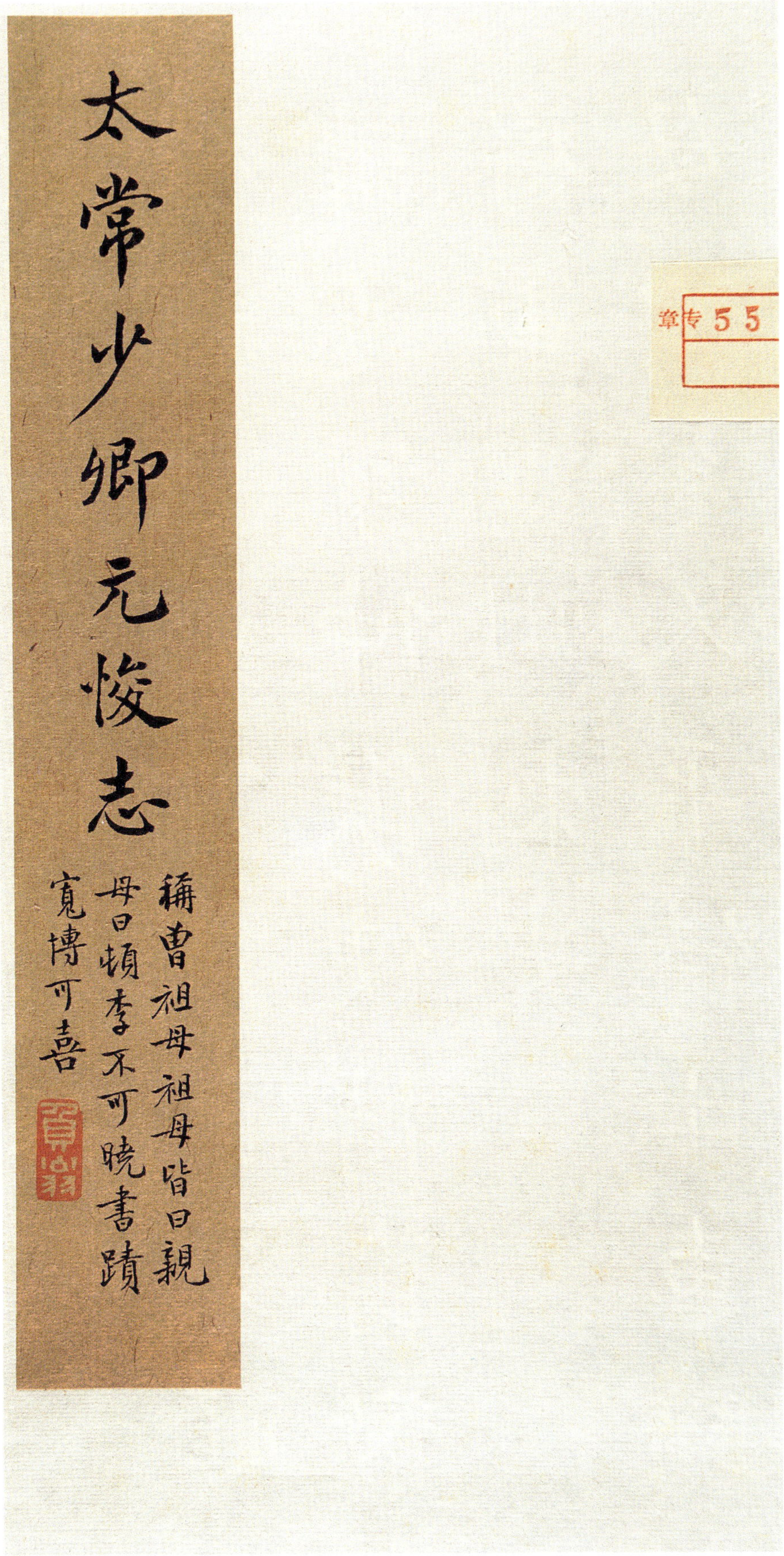

圖三七．元悛墓誌跋

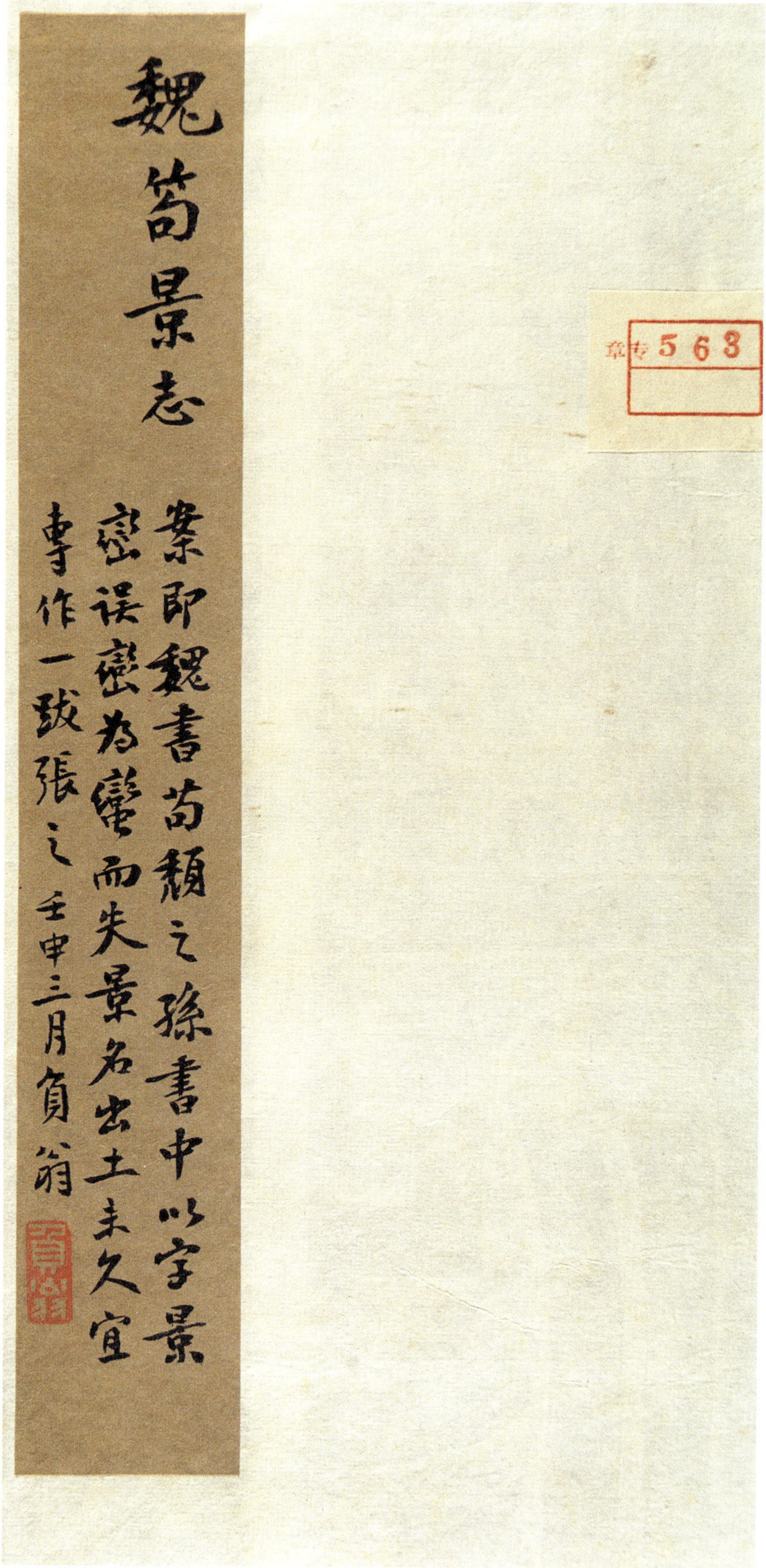

圖三八．笱景墓誌並蓋跋

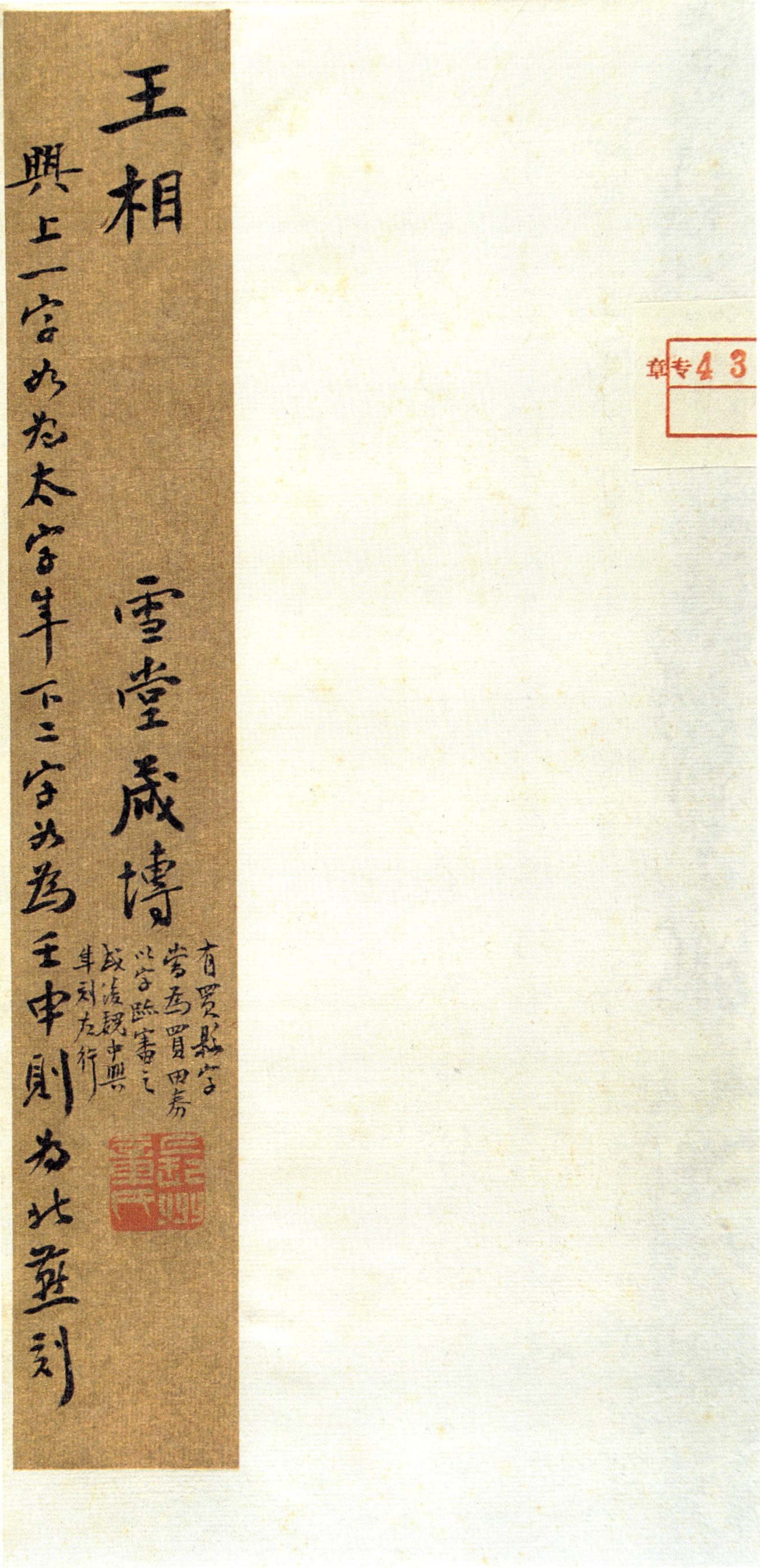

圖三九. 王相買地券跋

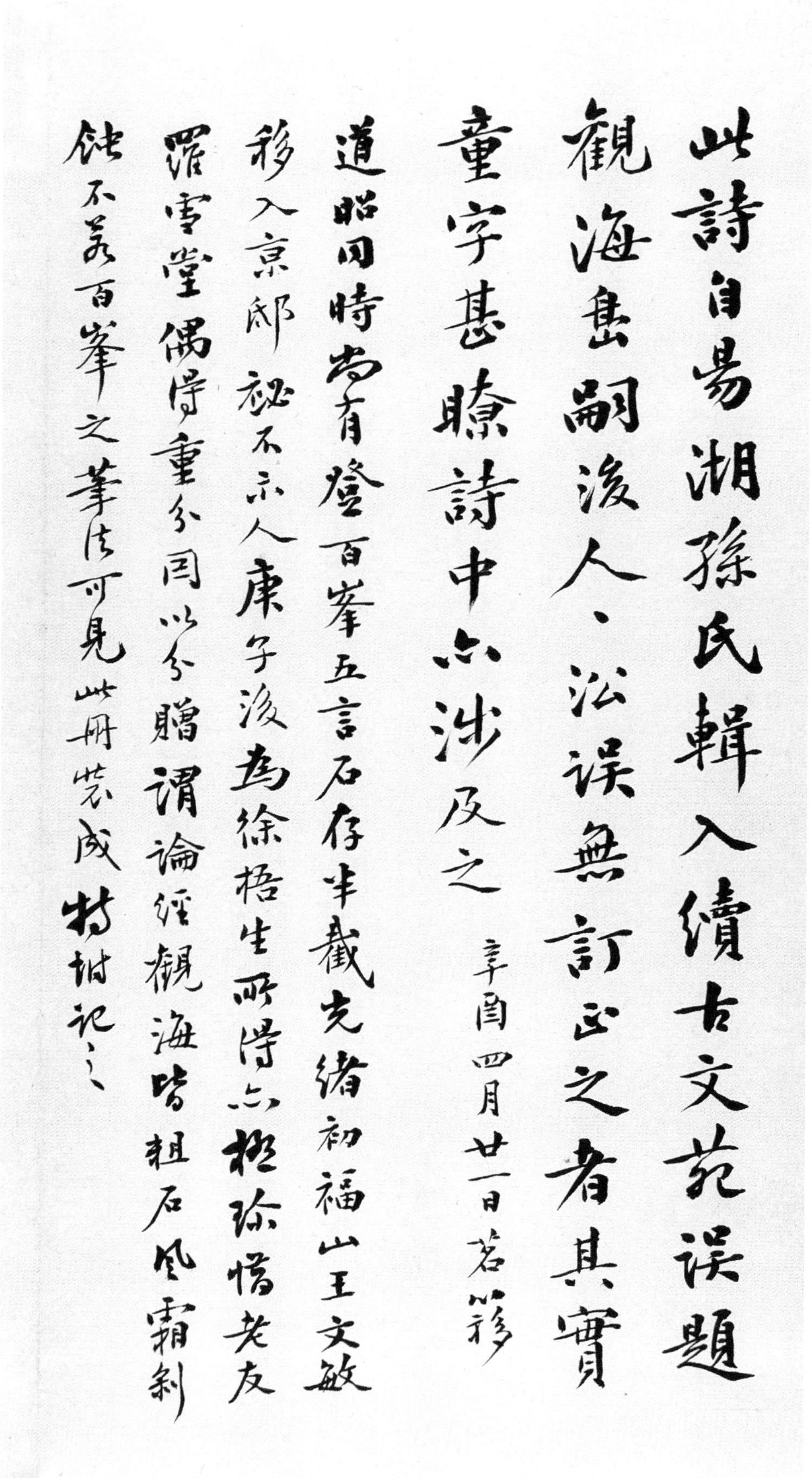

此詩自昜湖孫氏輯入續古文苑誤題觀海邑嗣後人、沿誤無訂正之者其實童字甚瞭詩中亦涉及之　辛酉四月廿一日茗簃

道昭同時尚有登百峯五言石存半截光緒初福山王文敏移入京邸祕不示人庚子後為徐梧生所得亦極珍惜老友羅雪堂偶得重刻因以分贈謂論經觀海皆祖石風霜剝蝕不若百峯之筆法可見此冊裝成　式之記之

圖四〇．觀海童詩跋

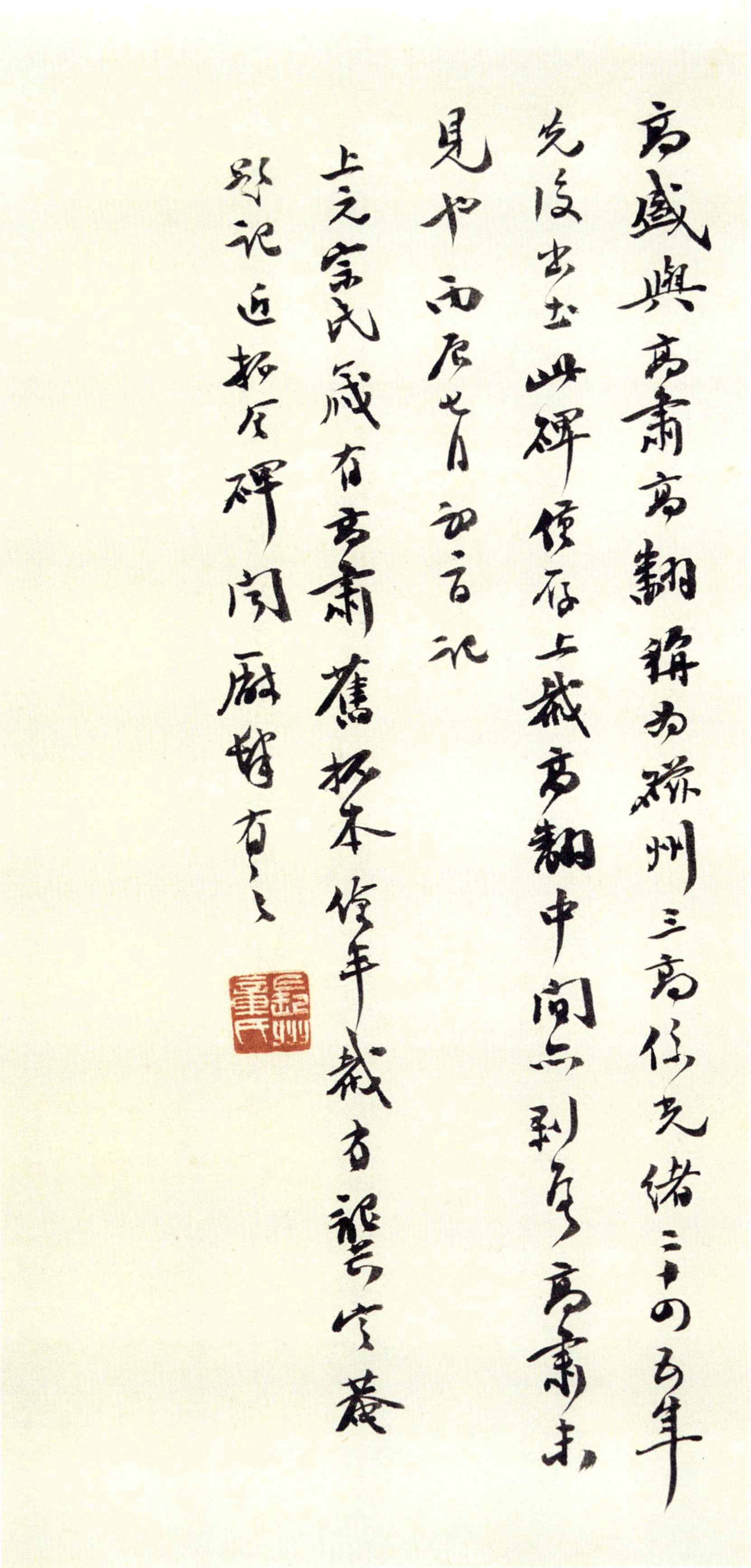
高盛與高肅高翻碑為磁州三高係光緒二十四年先後出土此碑僅存上截高翻中間亦剝蝕高肅未見也丙辰七月初吉記
上元宗氏藏有高肅舊拓本係年載有龔定菴跋記近拓各碑同觀聊存之

圖四一．高盛墓碑跋

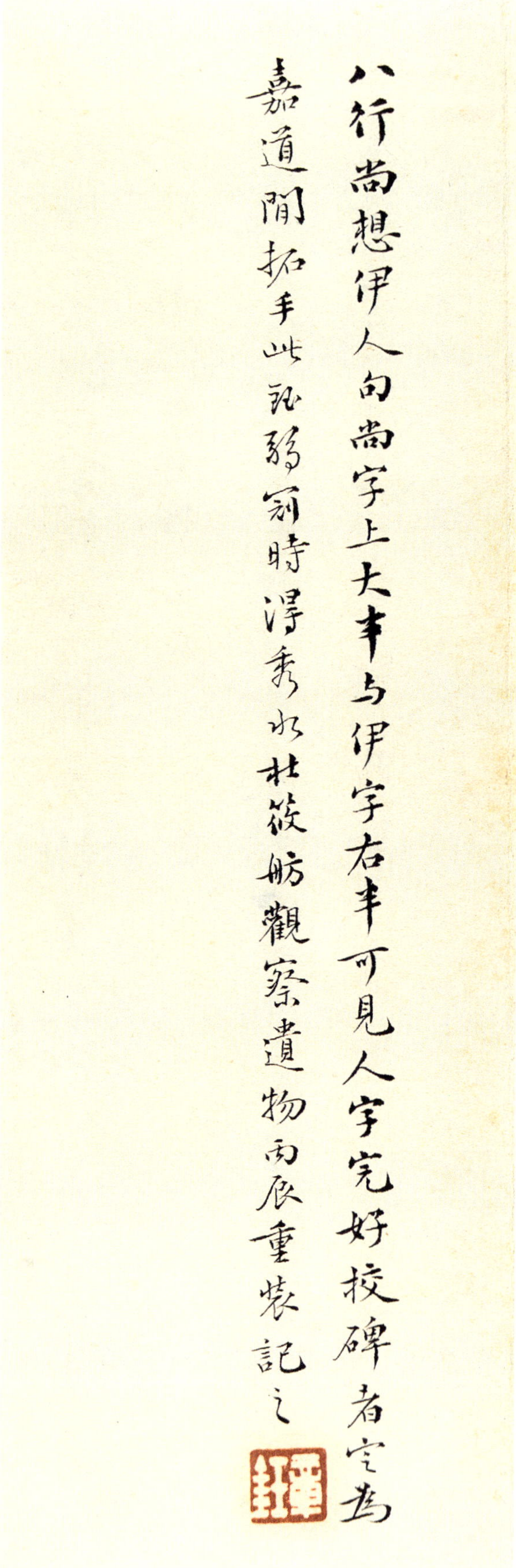
八行尚想伊人向尚字上大半与伊字右半可見人字完好拓碑者定為
嘉道閒拓手此琉璃廠時得秀水杜筱舫觀察遺物丙辰重裝記之

圖四二. 李仲璇修孔子廟碑跋

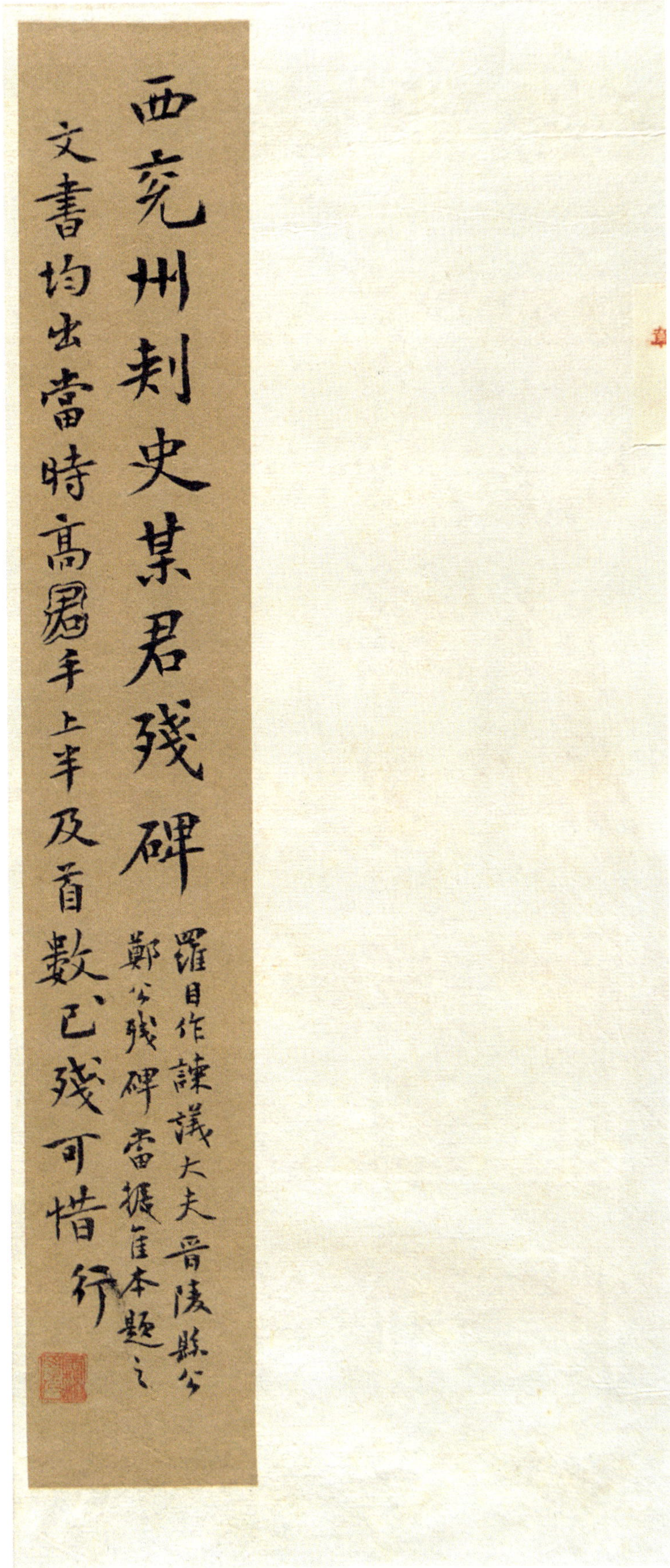

圖四三．兖州刺史碑跋

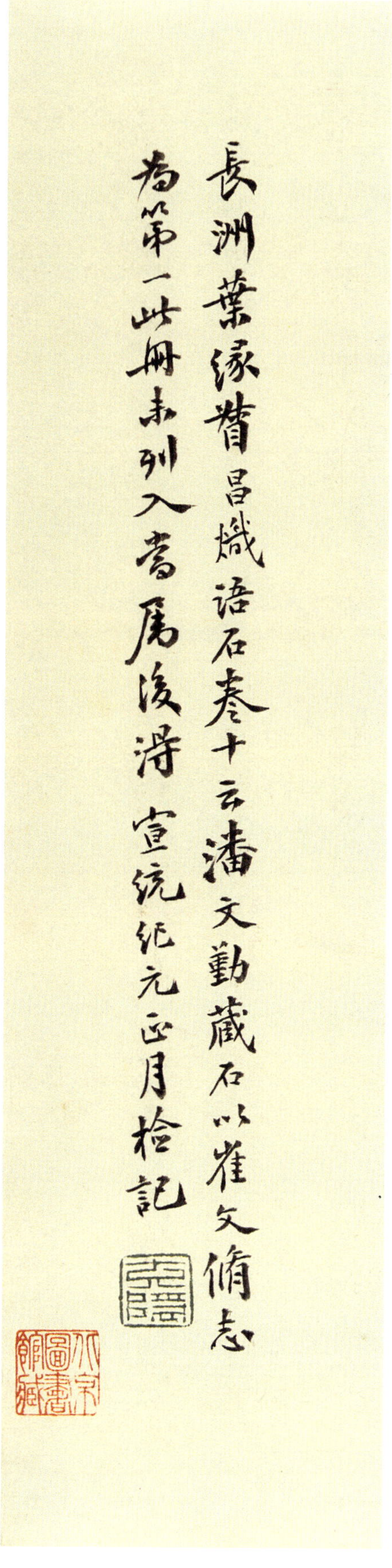

長洲葉緣督昌熾語石卷十云潘文勤藏石以崔文脩志為第一此冊未列入書屬後得 宣統紀元正月檢記

圖四四. 潘文勤藏石拓本跋

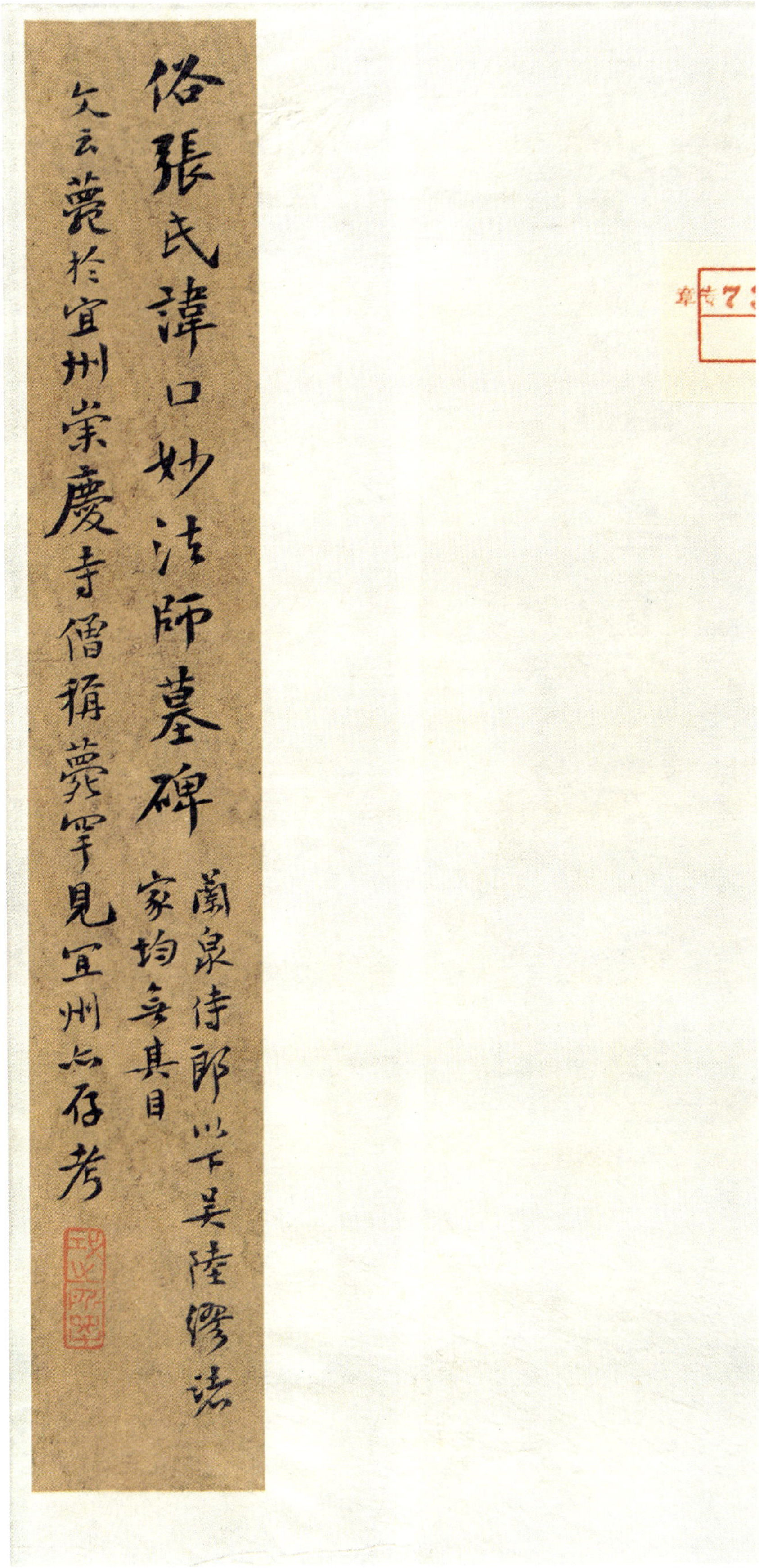

圖四五. □妙法師碑跋

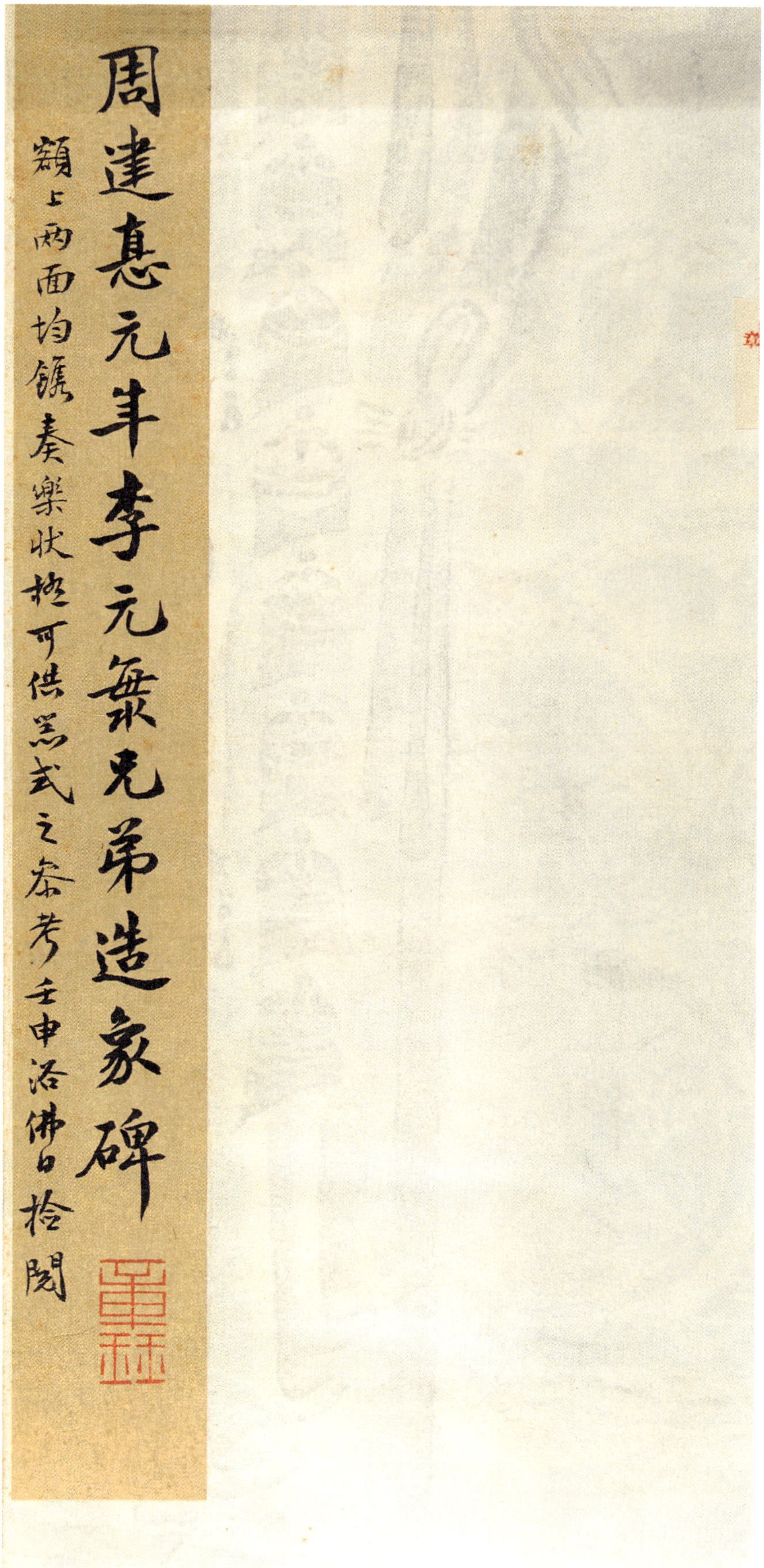

圖四六. 李元海兄弟造像碑跋(四四)

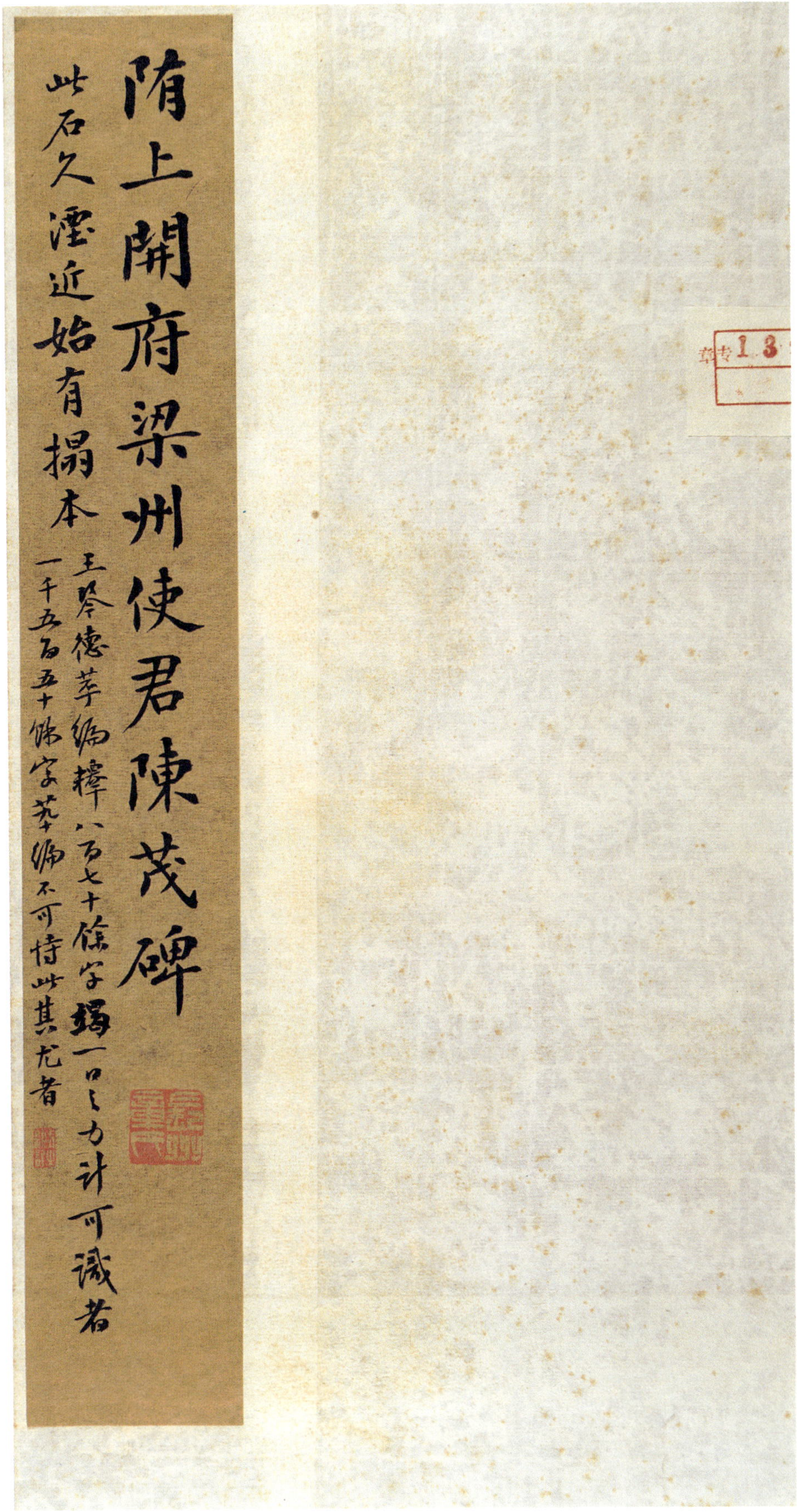
隋上開府梁州使君陳茂碑
此石久湮近始有搨本
王琴德萃編釋八百七十餘字竭一日之力計可識者
一千五百五十餘字萃編不可恃此其尤者

圖四七. 陳茂墓碑跋(四五)

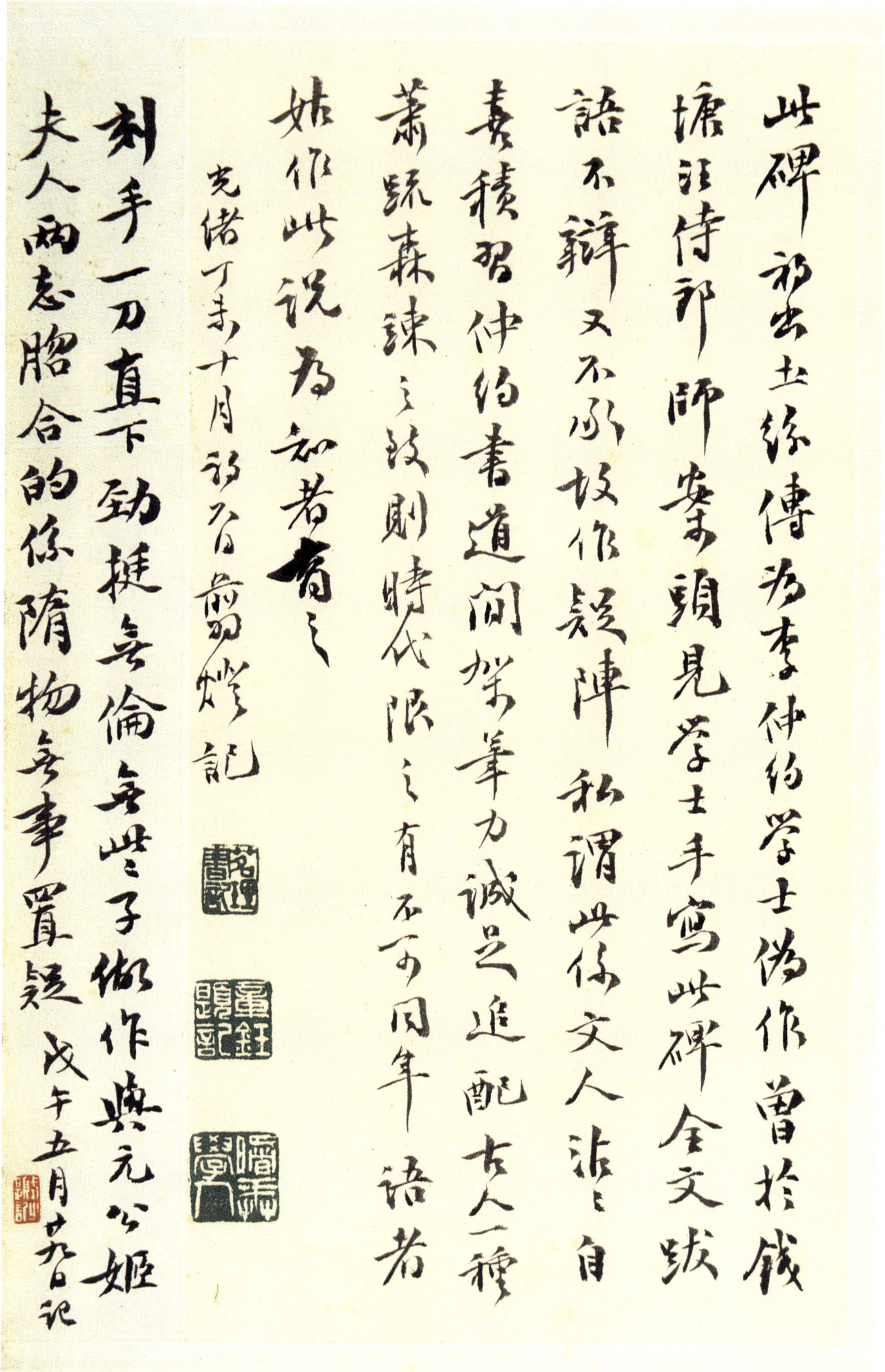

此碑初出土經傳為李仲約學士偽作曾於錢塘汪侍郎師韓案頭見學士手寫此碑全文跋語不辯又不承故作疑陣私謂此係文人狡獪自喜積習仲約書道閎深筆力誠足追配古人一種蕭疏森竦之致則時代限之有不可同年語若妄作此說為知者噱之

光緒丁未十月初八日俞功懋記

剞手一刀直下勁挺無倫無此子做作與元公姬夫人兩志脗合的係隋物無事置疑 戊午五月廿四日記

圖四八. 蘇慈墓誌跋

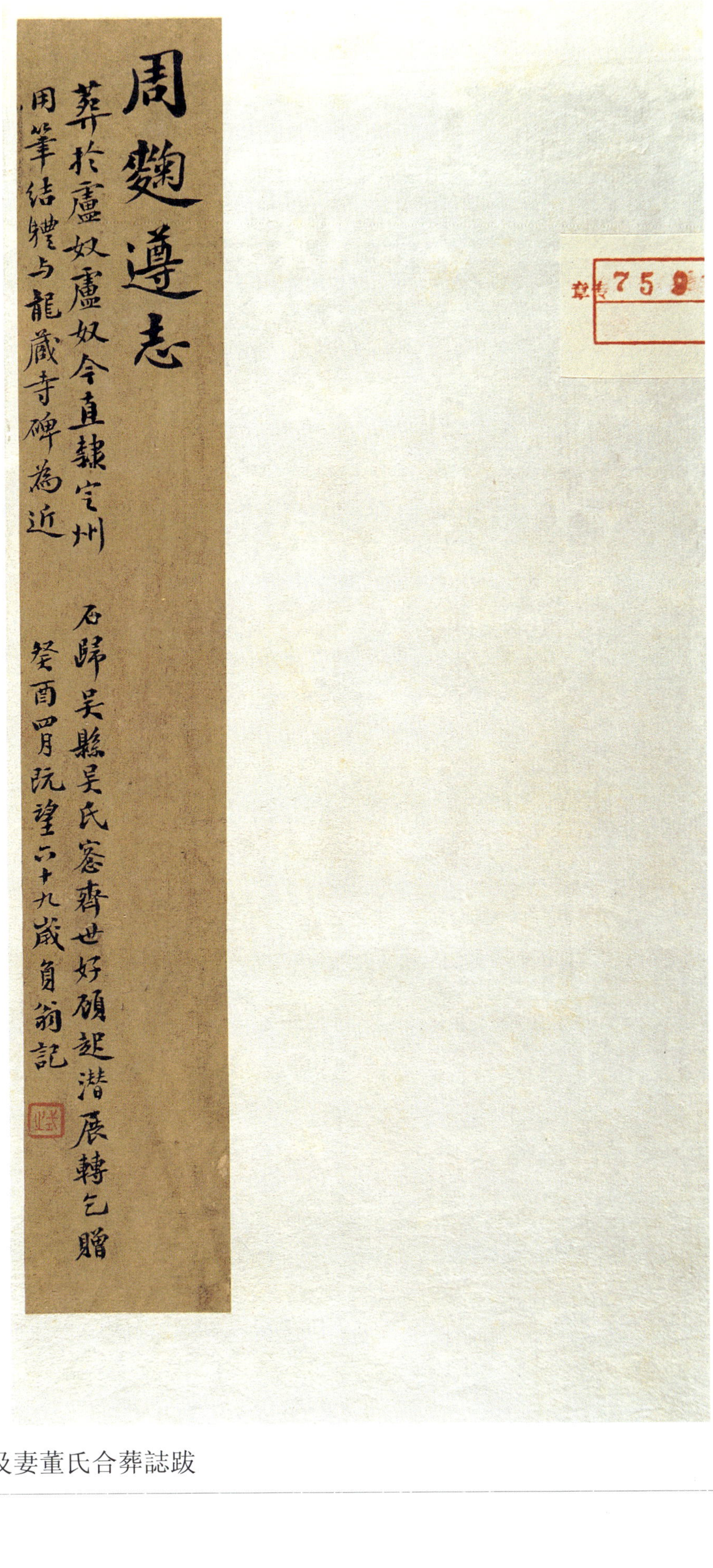

圖四九. 鞠遵及妻董氏合葬誌跋

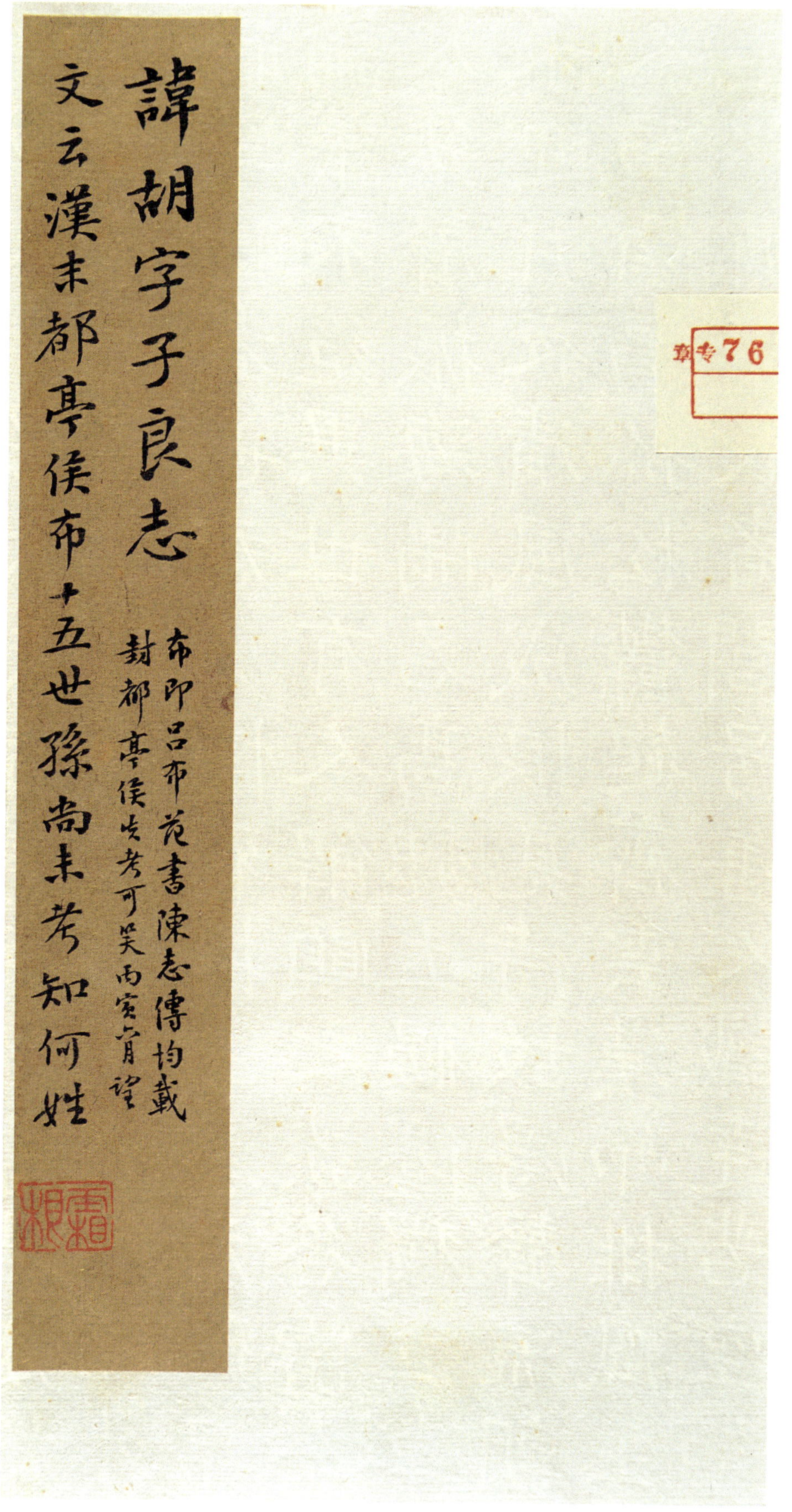
諱胡字子良志
布即呂布范書陳志傳均載
封都亭侯失考可笑丙寅六月望
文云漢末都亭侯布十五世孫尚未考知何姓
章专76

圖五〇. 呂胡墓誌跋

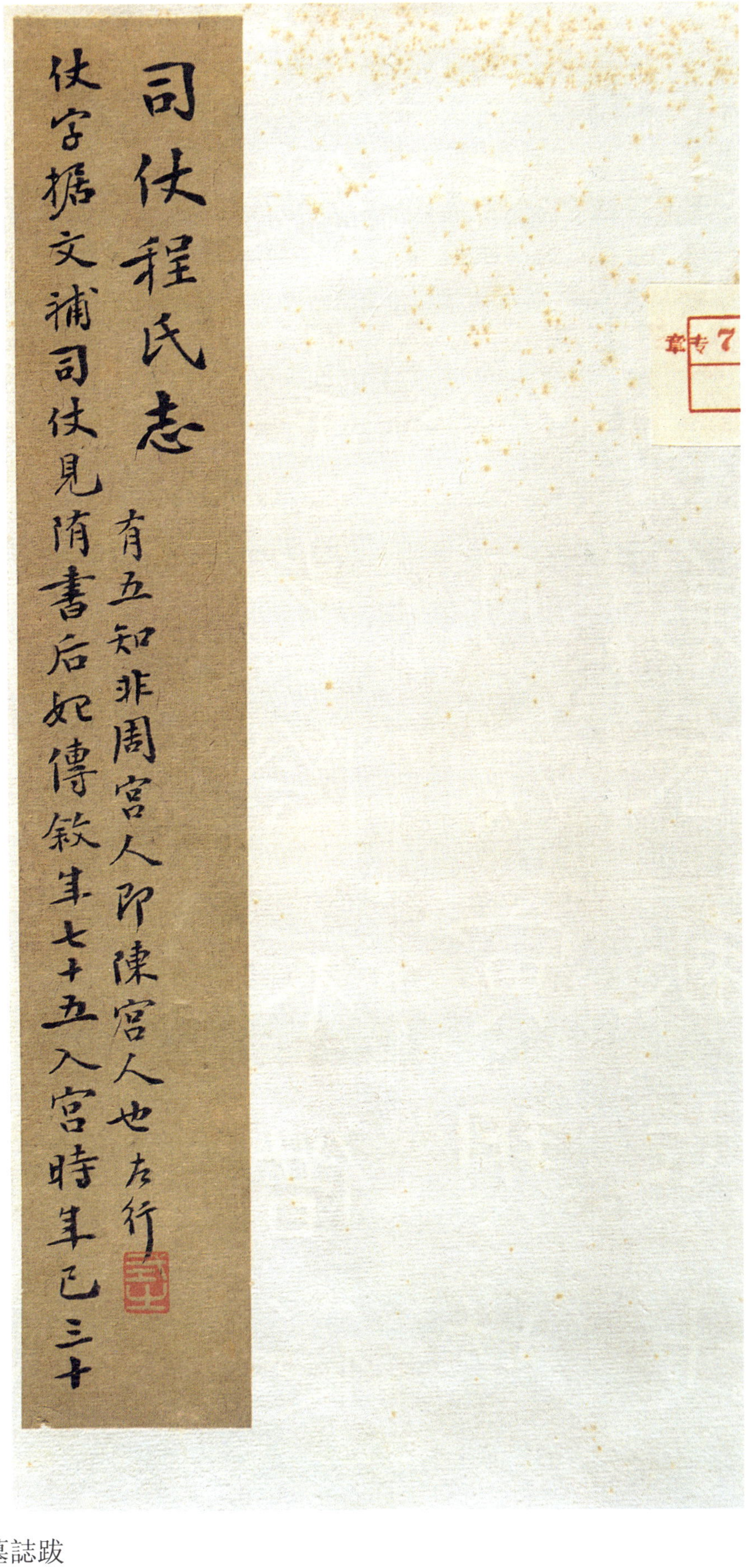

圖五一．程氏墓誌跋

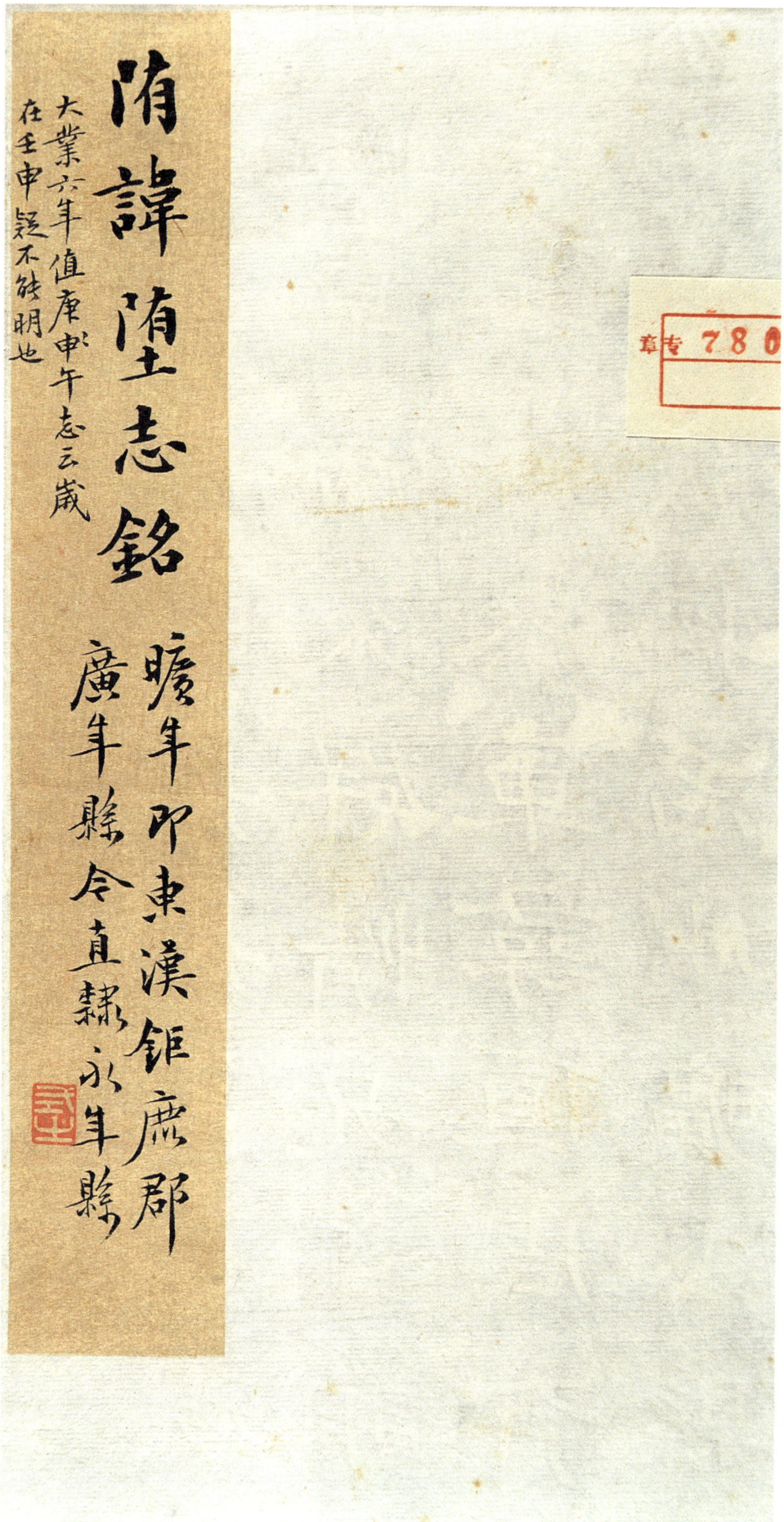

圖五二. □墮及妻趙氏墓誌跋

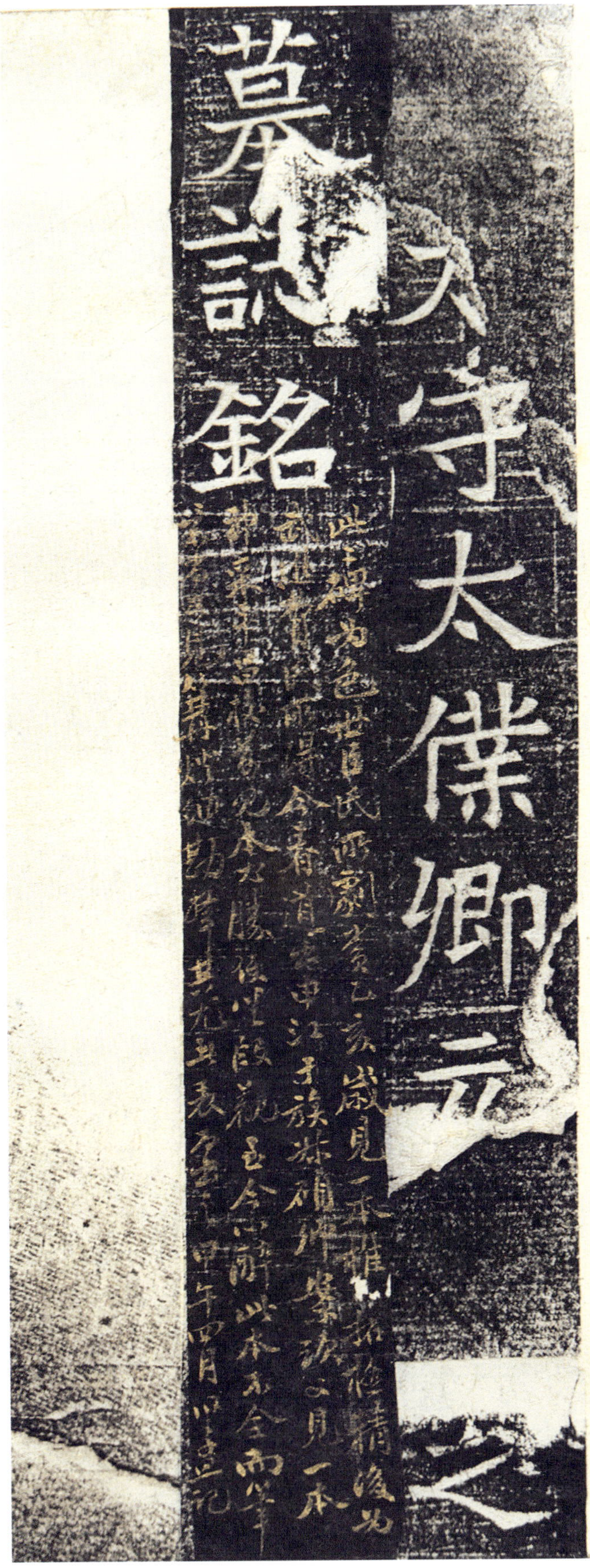

圖五三·一．元智妻姬氏墓誌跋

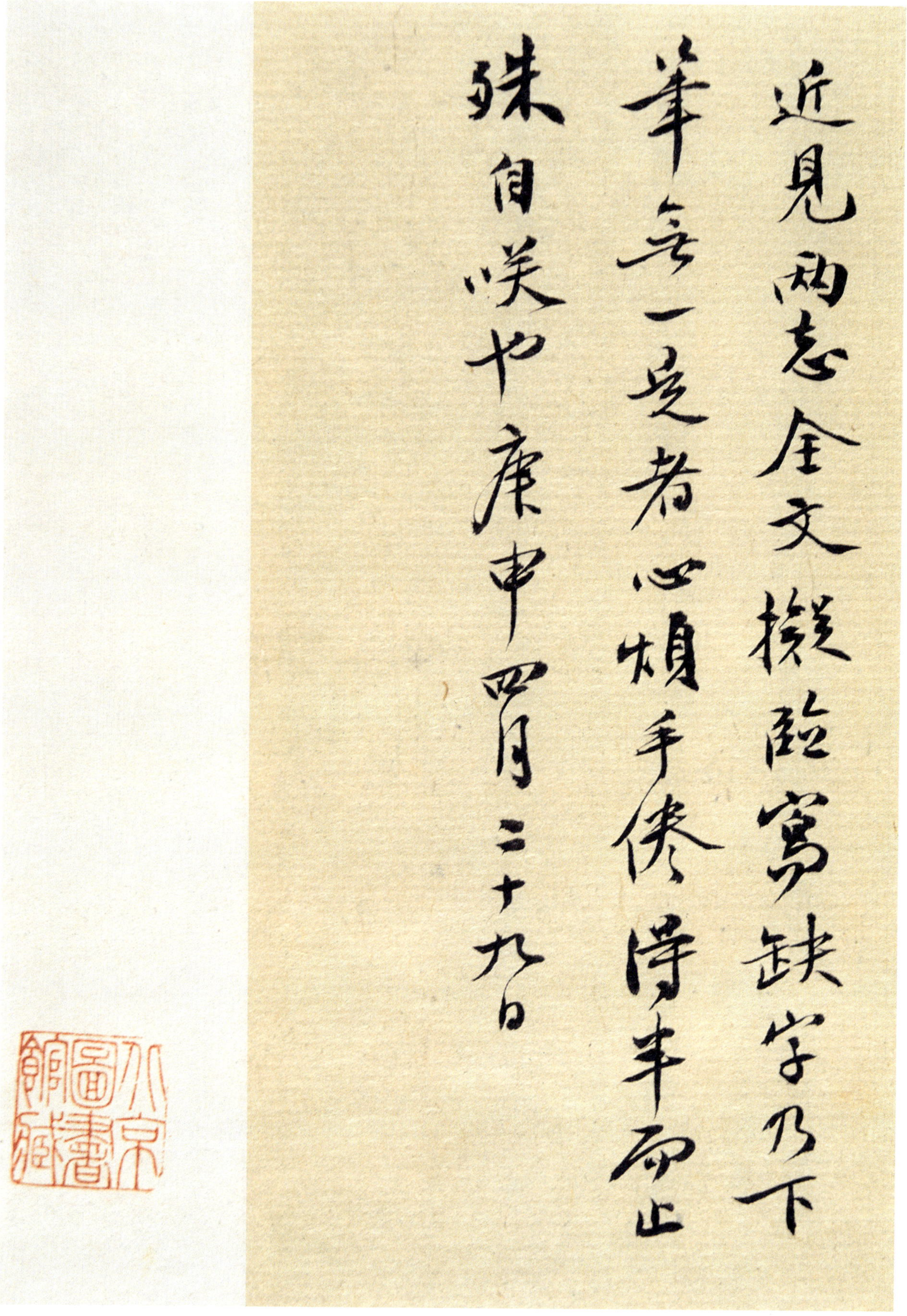

近見兩志全文擬臨寫缺字乃下筆無一是者心煩手倦得半而止殊自嘆也庚申四月二十九日

圖五三·二. 元智妻姬氏墓誌跋

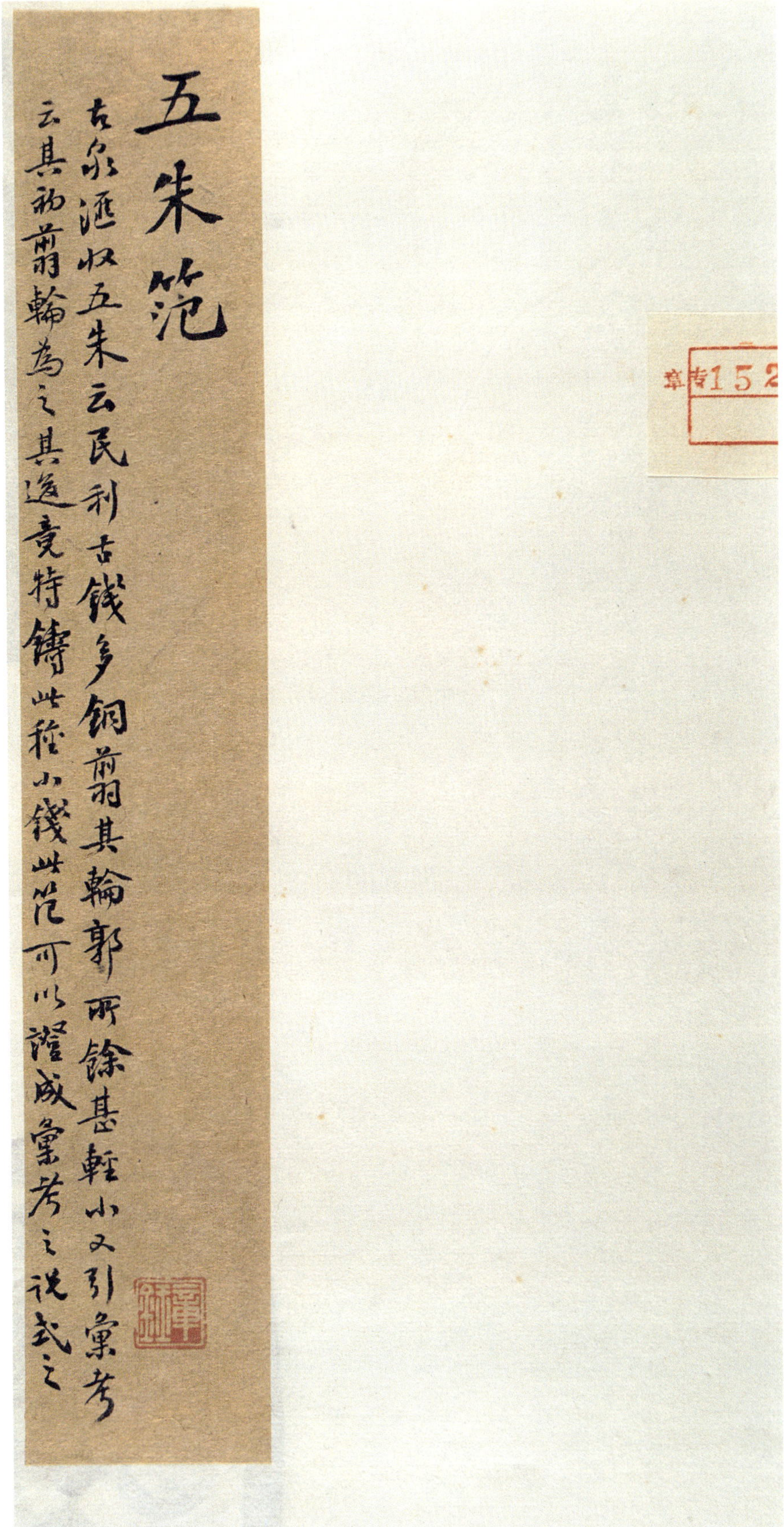
五朱笵
古泉滙收五朱云民利古錢多銅翦其輪郭所餘甚輕小又引棠考
云其初翦輪為之其後竟特鑄此種小錢此笵可以證成棠考之說式之
章鈺
章专152

圖五四．五朱泉範跋

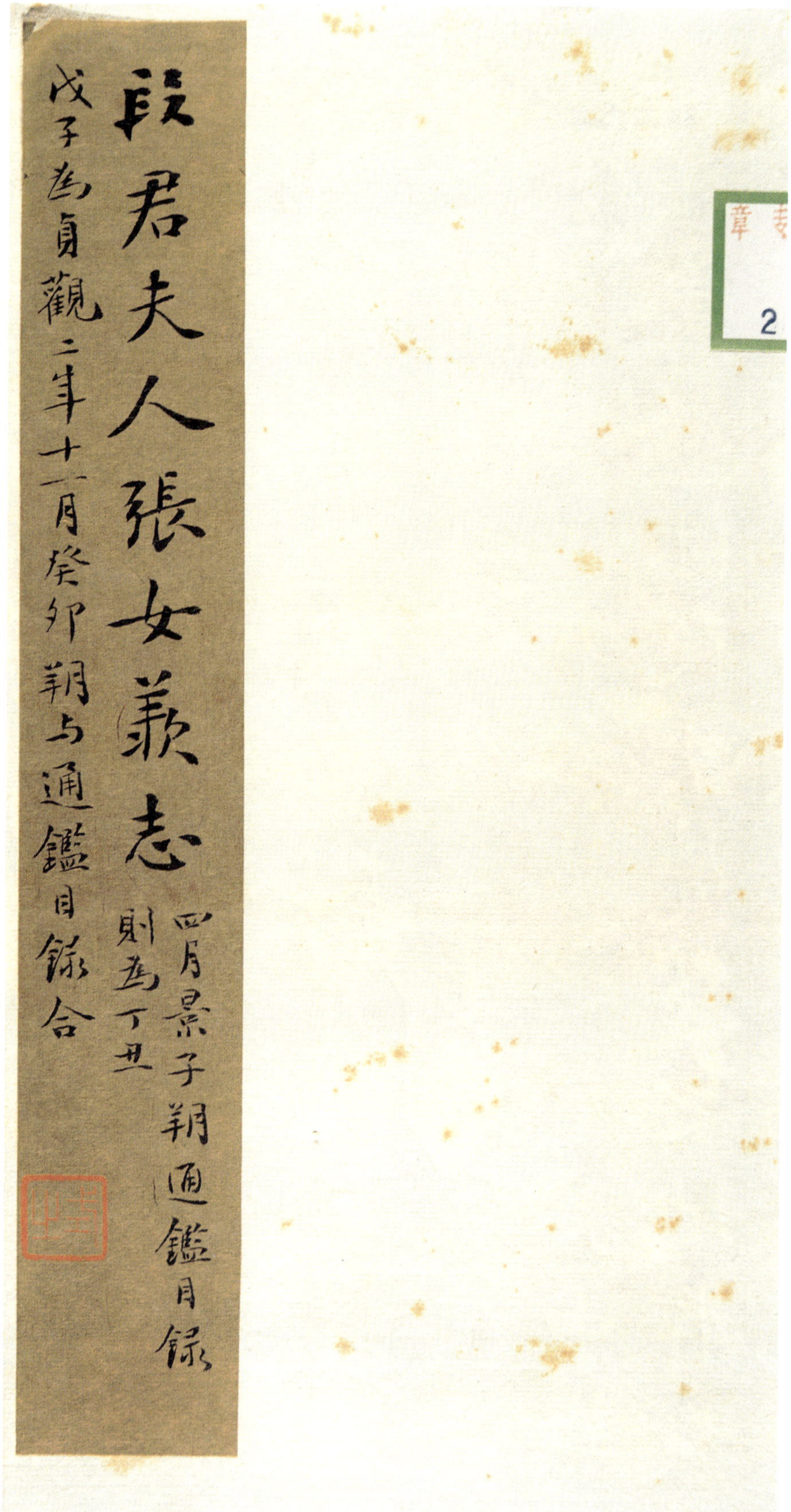

圖五五. 段君妻張女羨墓誌跋

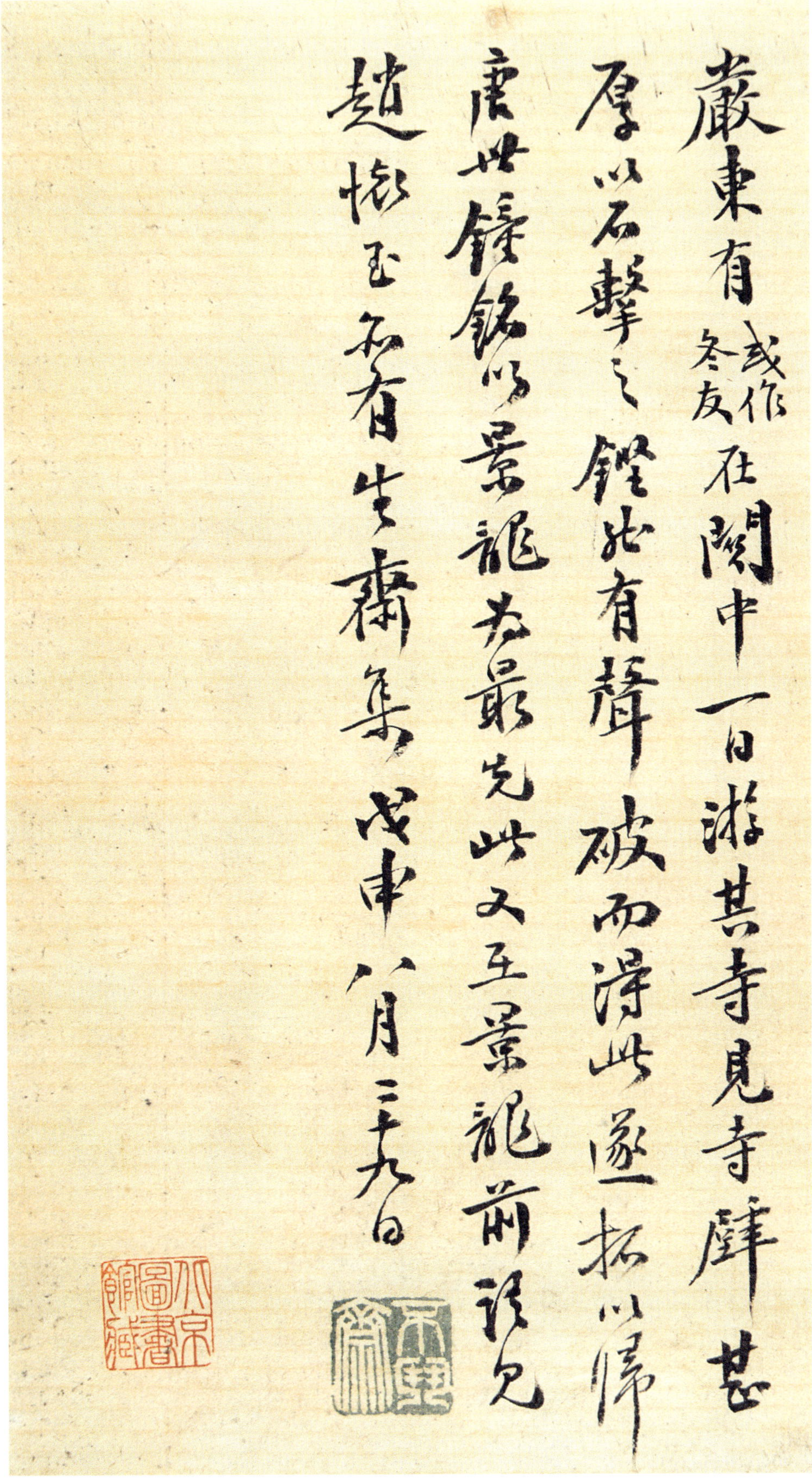

圖五六．寶室寺鐘銘跋

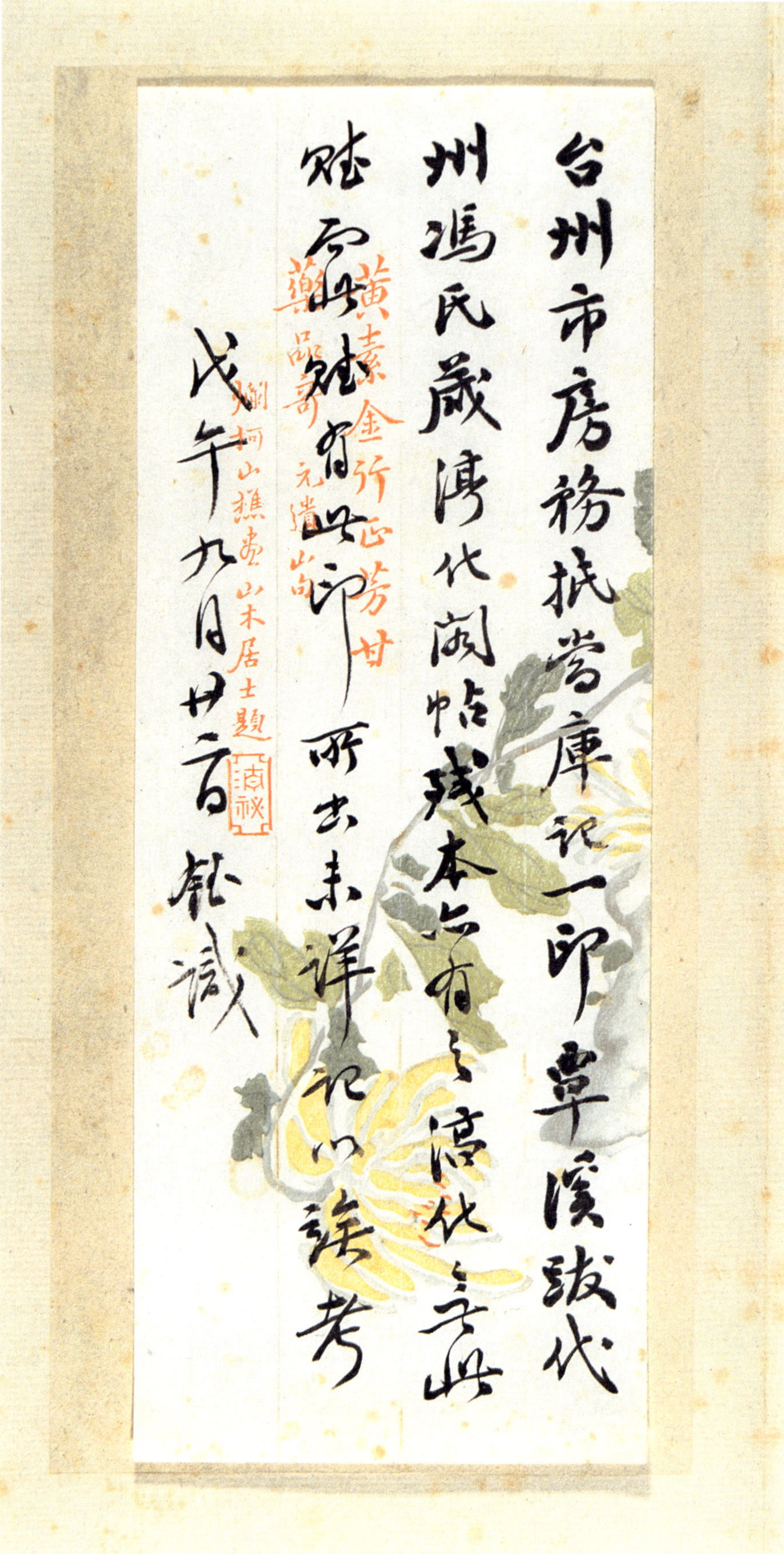

圖五七. 美人賦跋

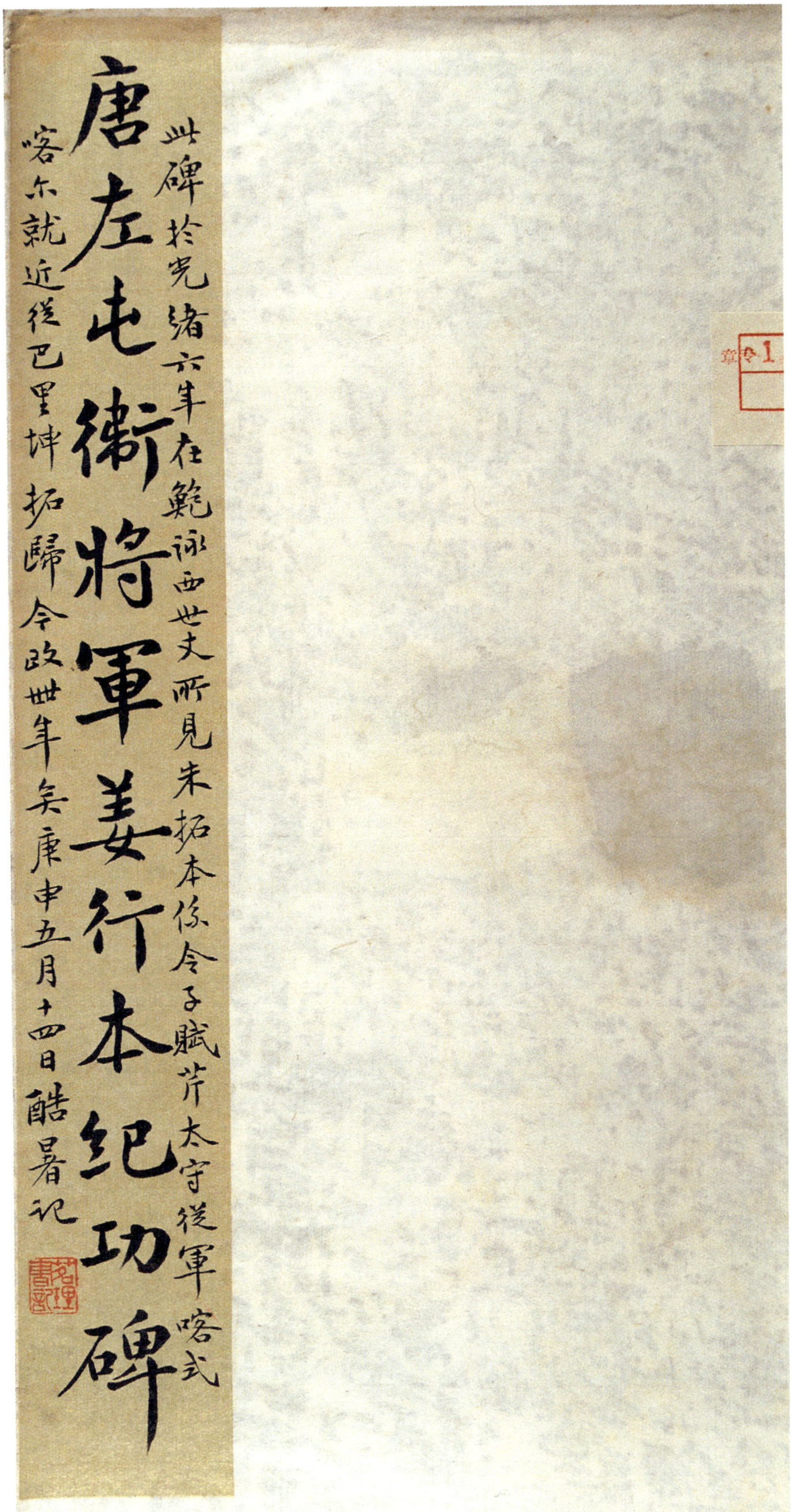
唐左屯衛將軍姜行本紀功碑
此碑於光緒六年在鮑詠西世丈所見朱拓本係令子賦芹太守從軍喀式
喀尔就近從巴里坤拓歸今致卌年矣庚申五月十四日酷暑記

圖五八. 姜行本紀功碑跋

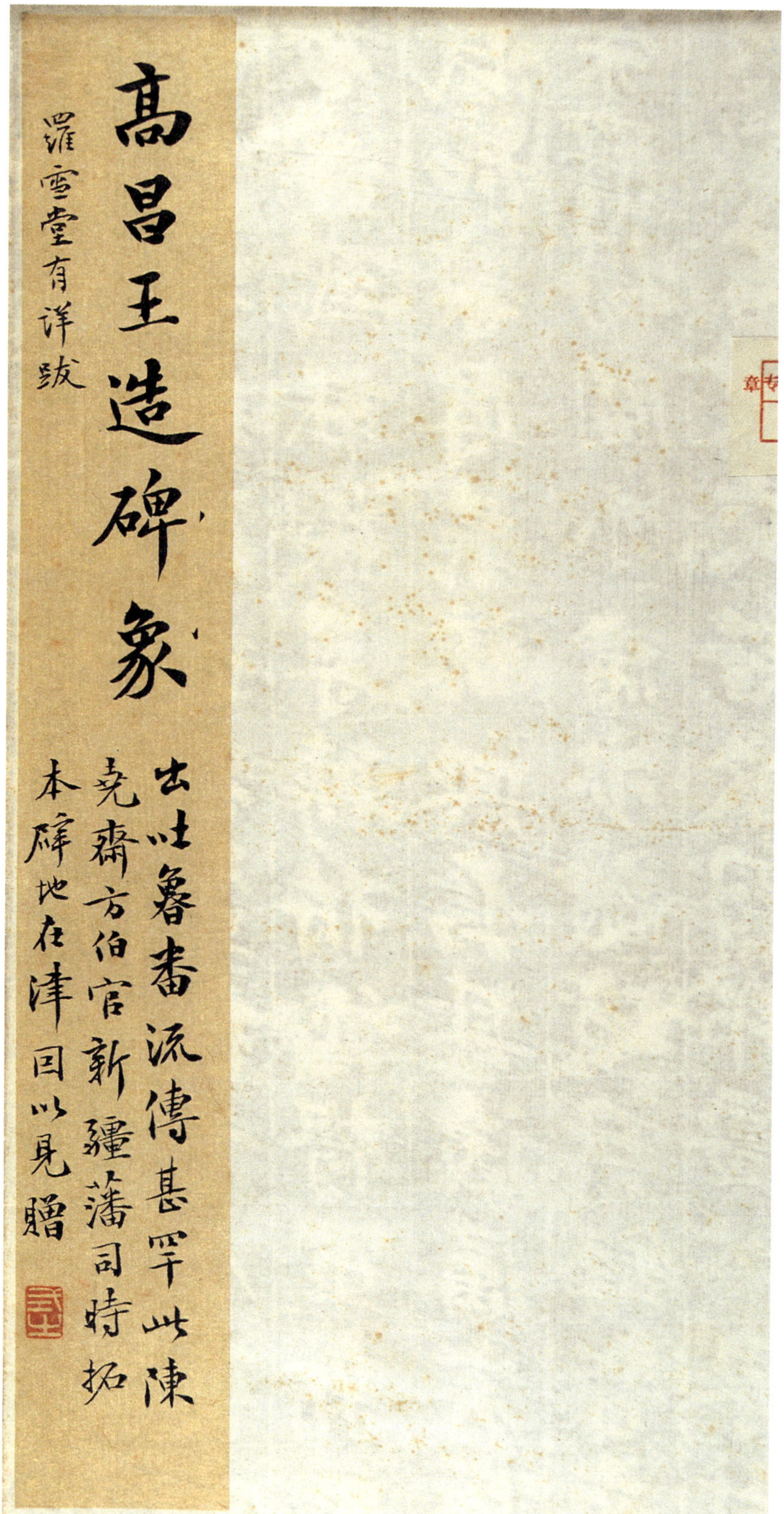

圖五九．高昌王造像碑跋

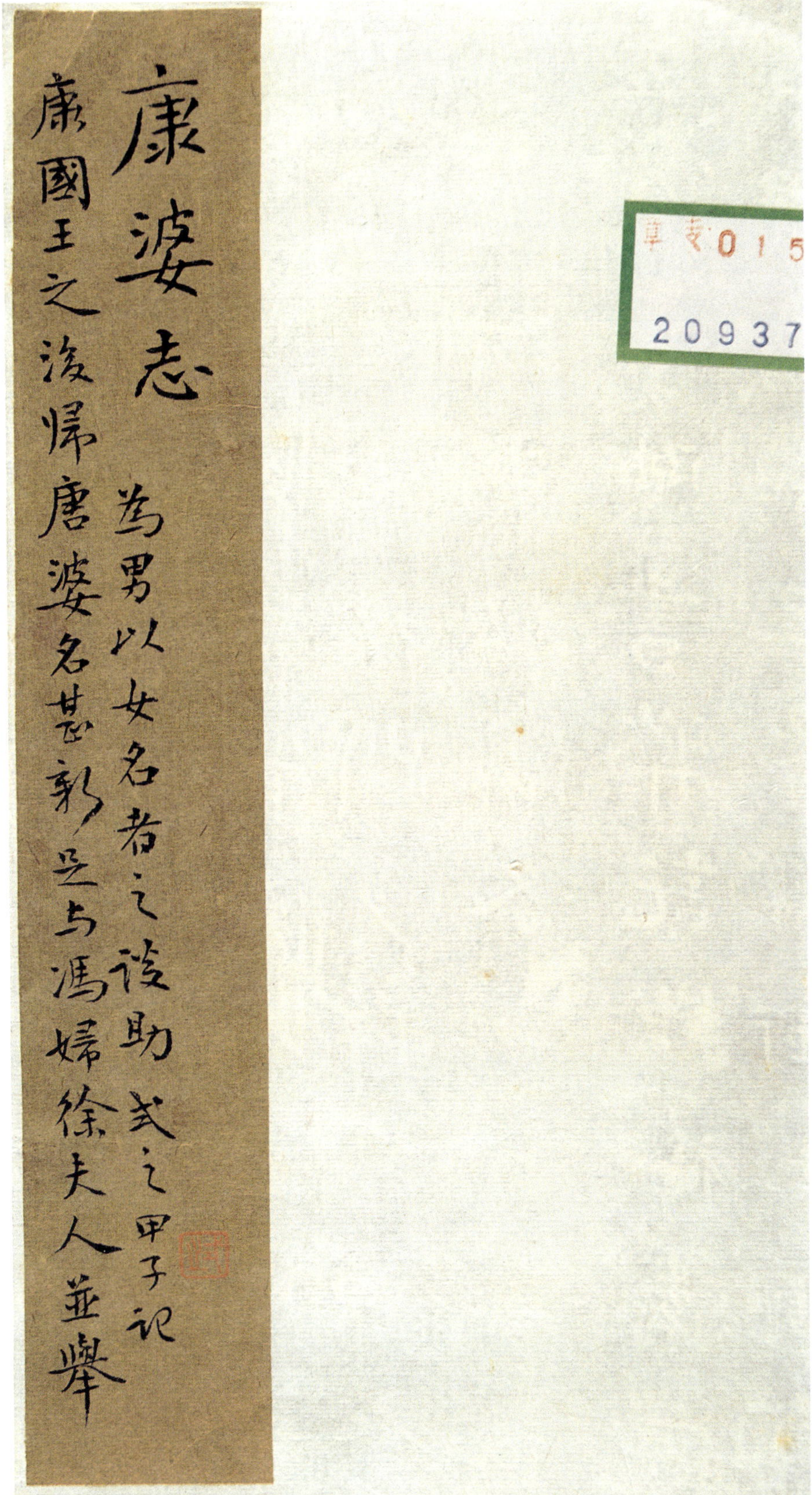

圖六〇. 康婆墓誌跋

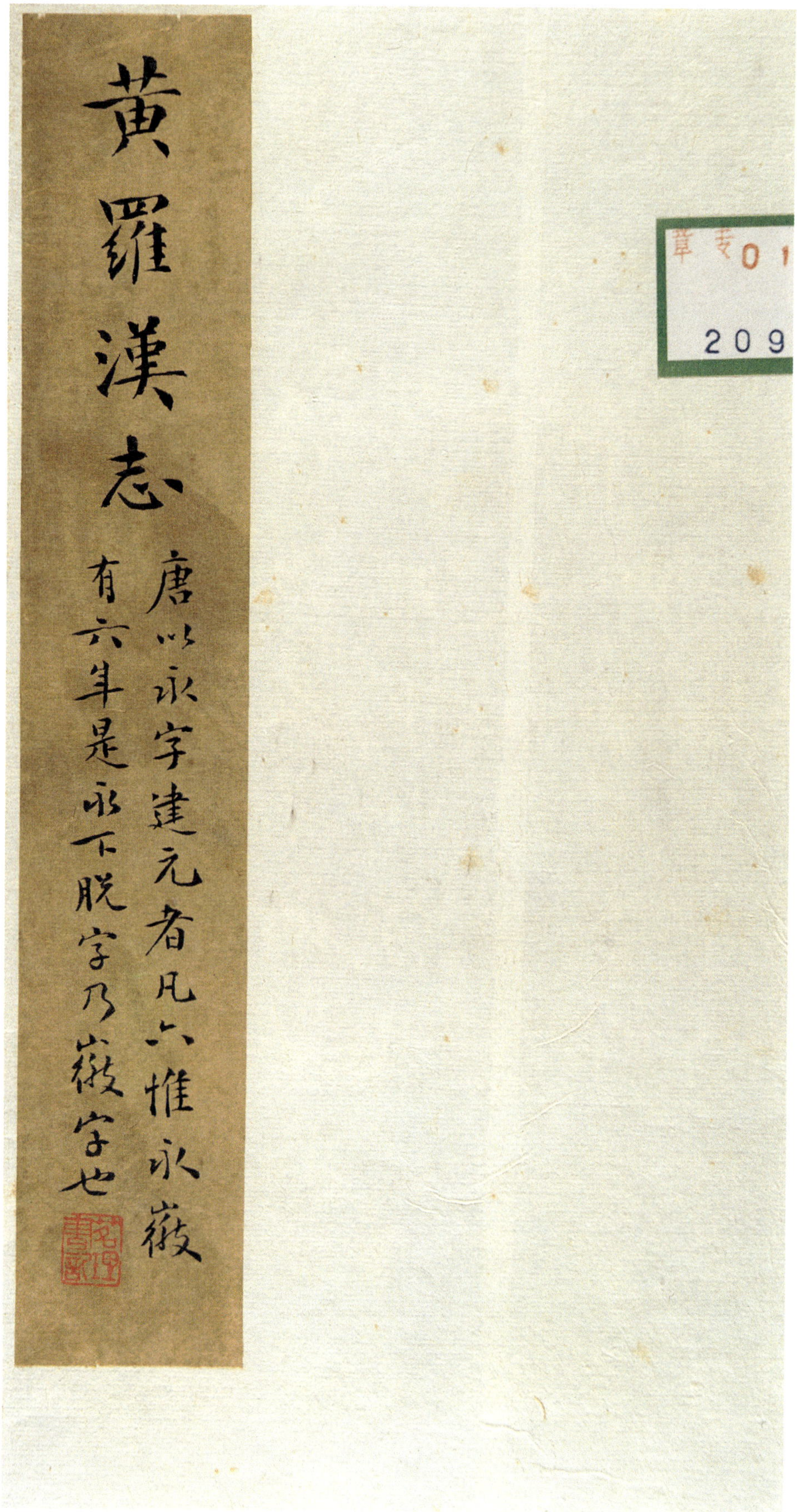

圖六一. 黃羅漢墓誌跋

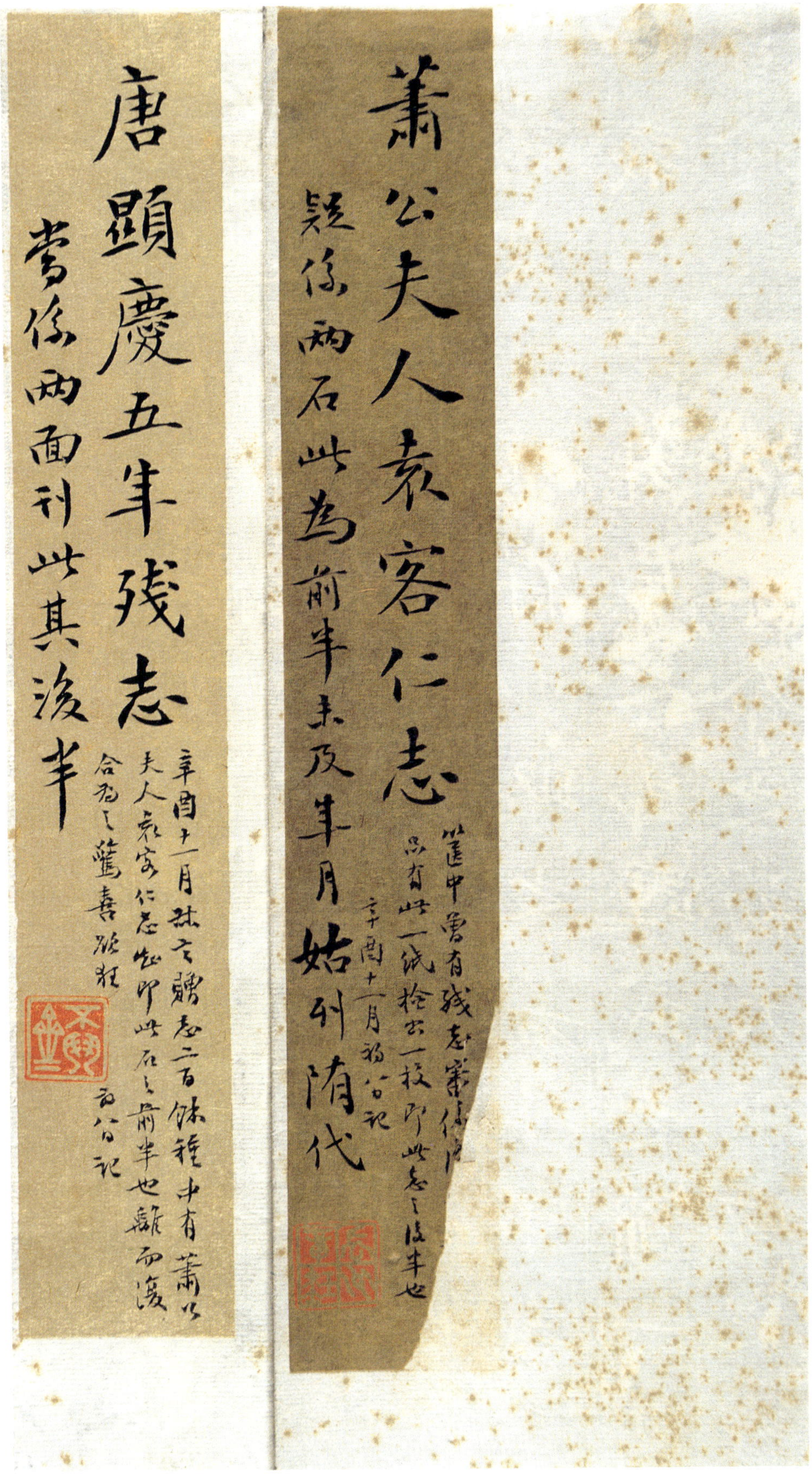

圖六二. 蕭君妻袁客仁墓誌跋

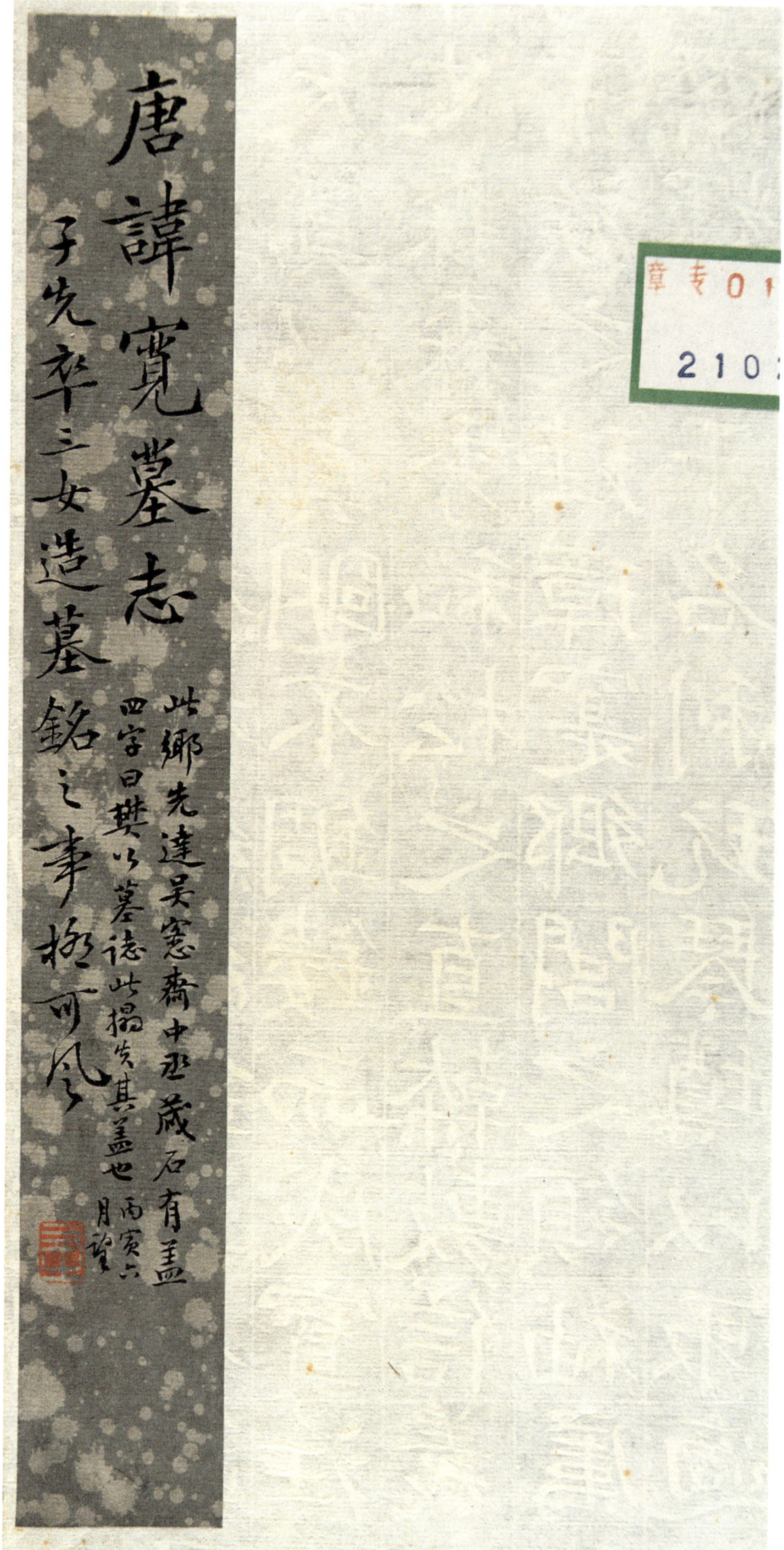

圖六三. 樊寬墓誌跋

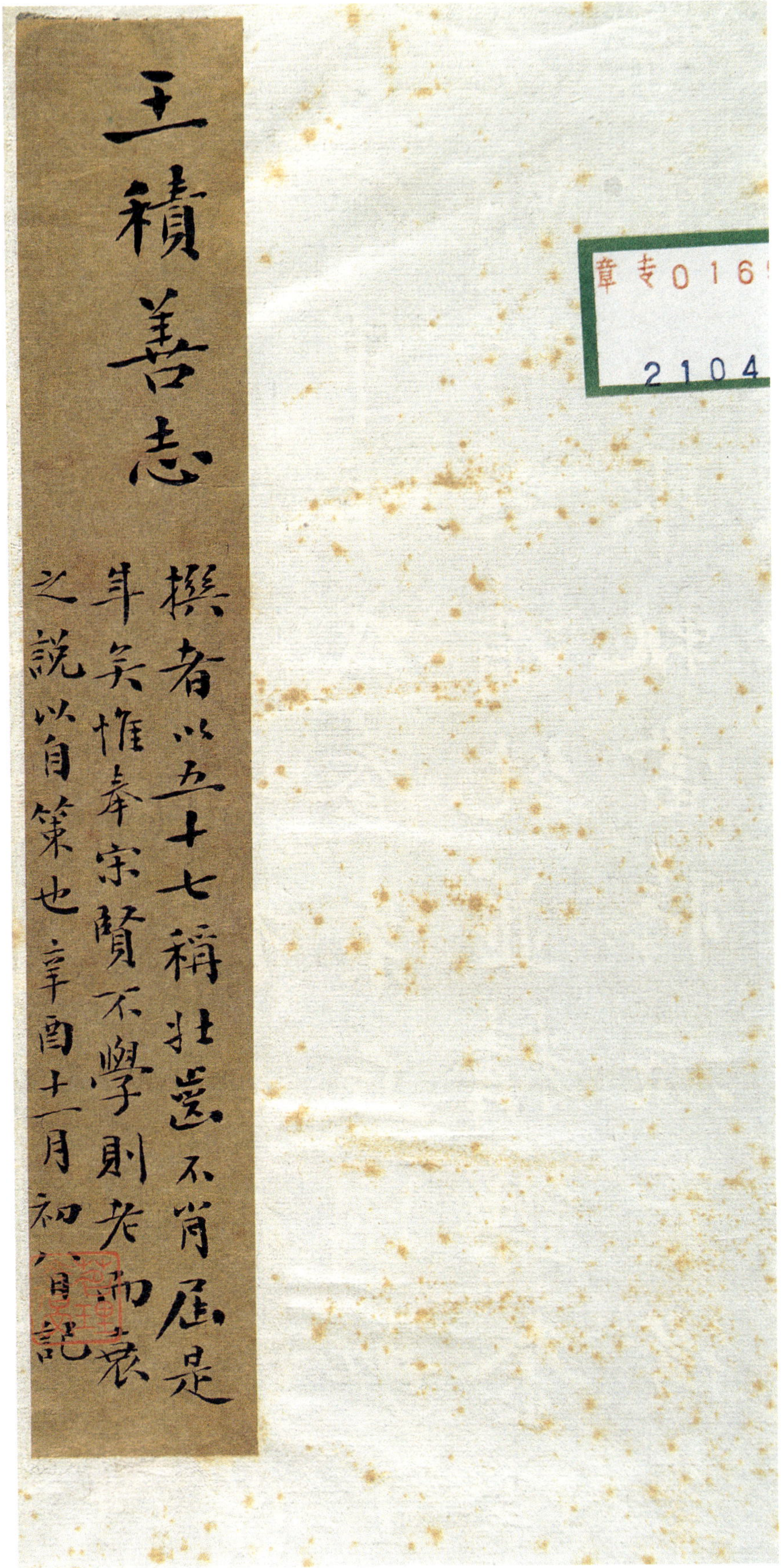
王積善志
撰者以五十七稱壯歲不肖屆是
年矣惟奉宗賢不學則老而衰
之說以自策也辛酉十一月初八日記
章专016
2104

圖六四. 王積善墓誌跋

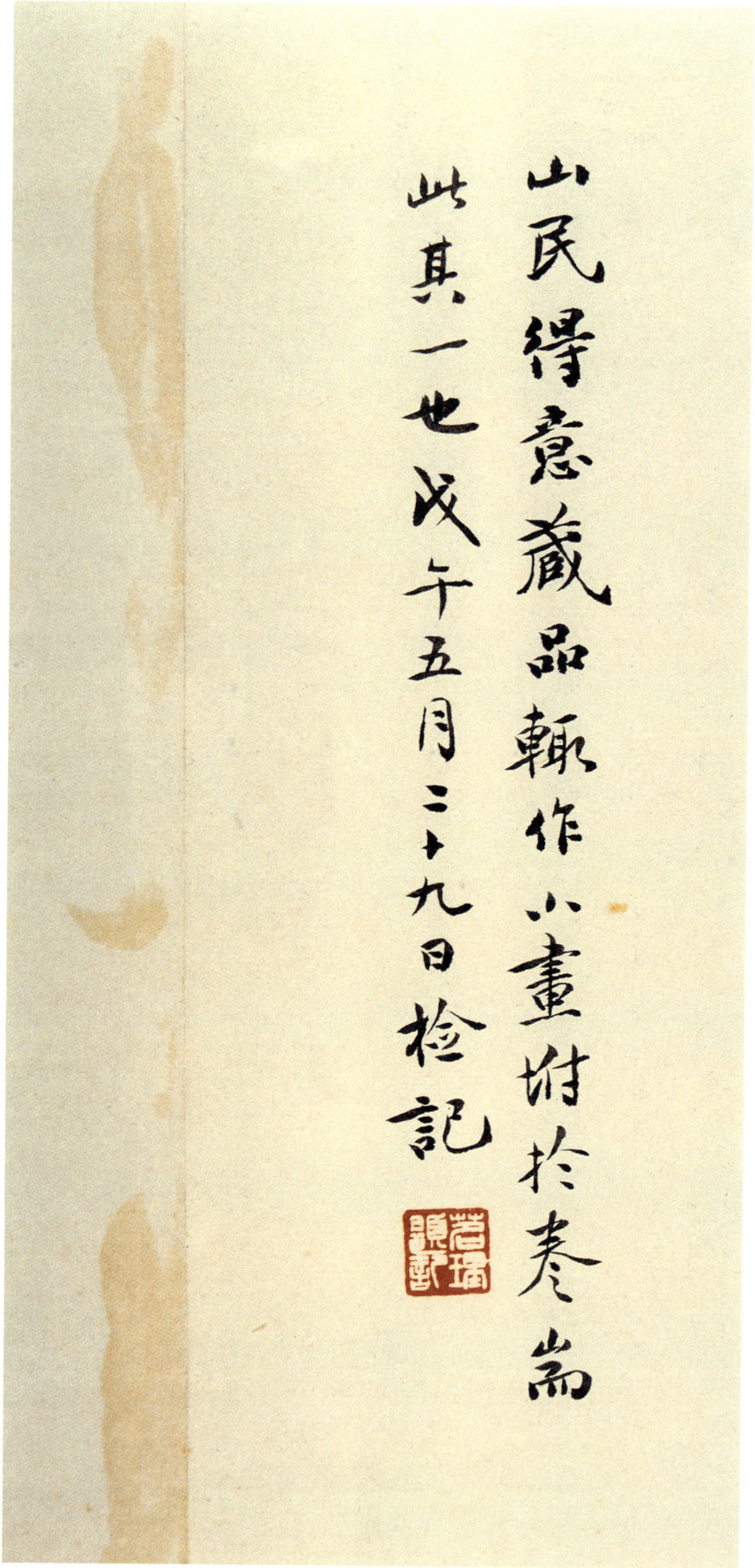
山民得意藏品輒作小畫附於卷端
此其一也戊午五月二十九日檢記

圖六五. 聖教序跋

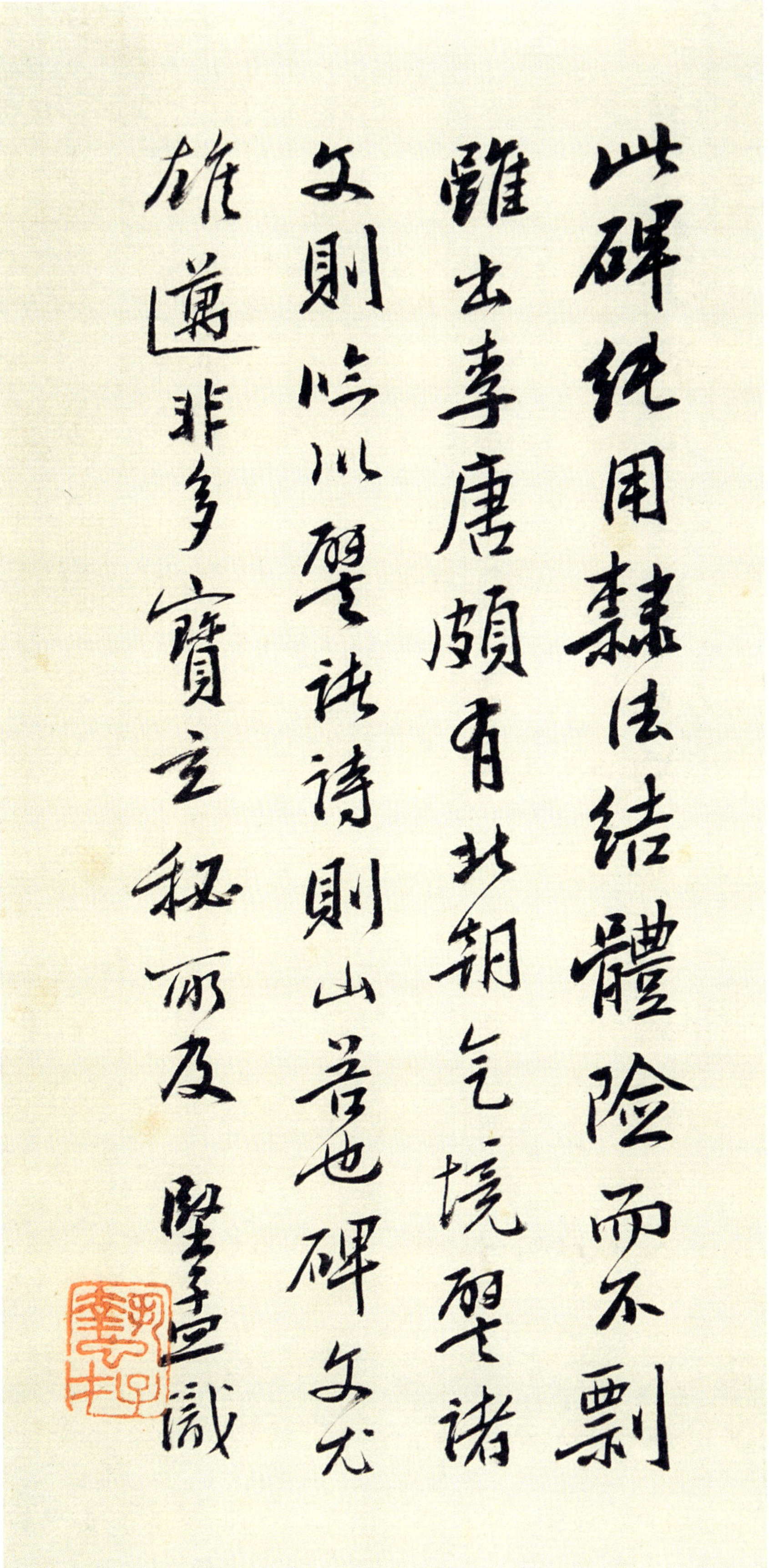
此碑純用隸法結體險而不剽
雖出李唐頗有北朝氣境與諸
文則臨川與諸詩則山谷也碑文尤
雄邁非多寶玄秘所及　堅孟識

圖六六．道因法師碑跋

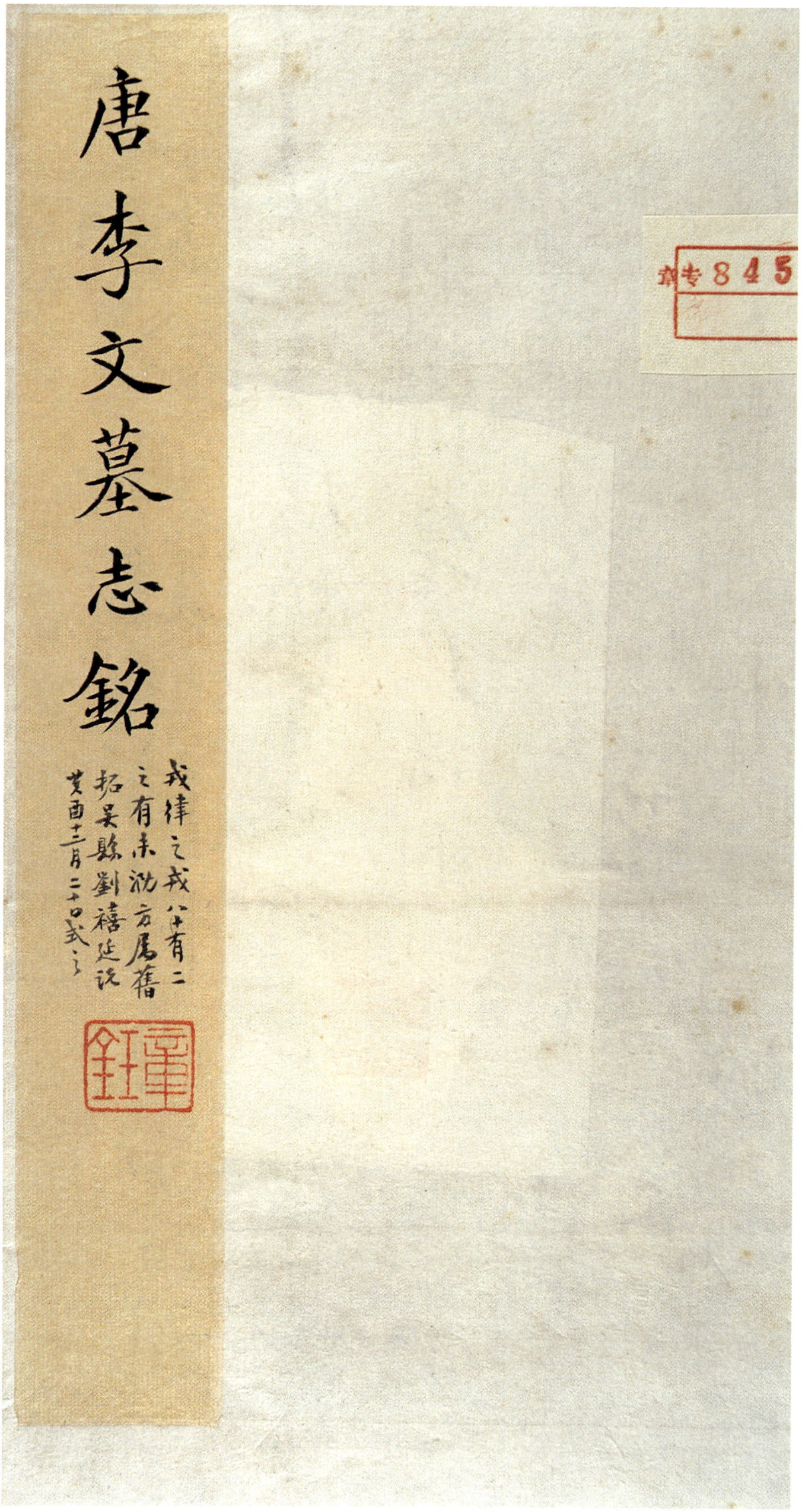

圖六七. 李文及妻劉氏墓誌跋

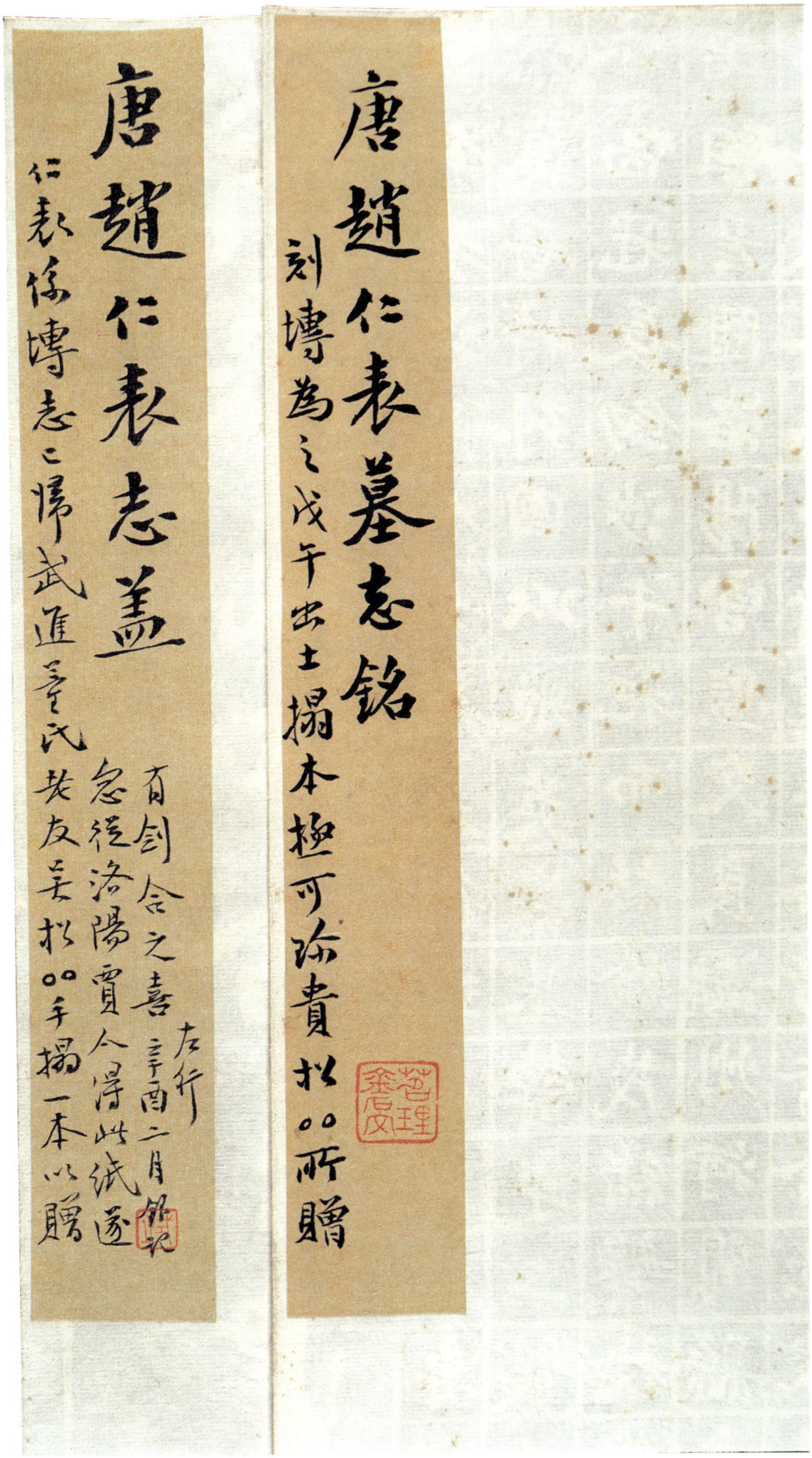

圖六八. 趙仁表墓誌並蓋跋

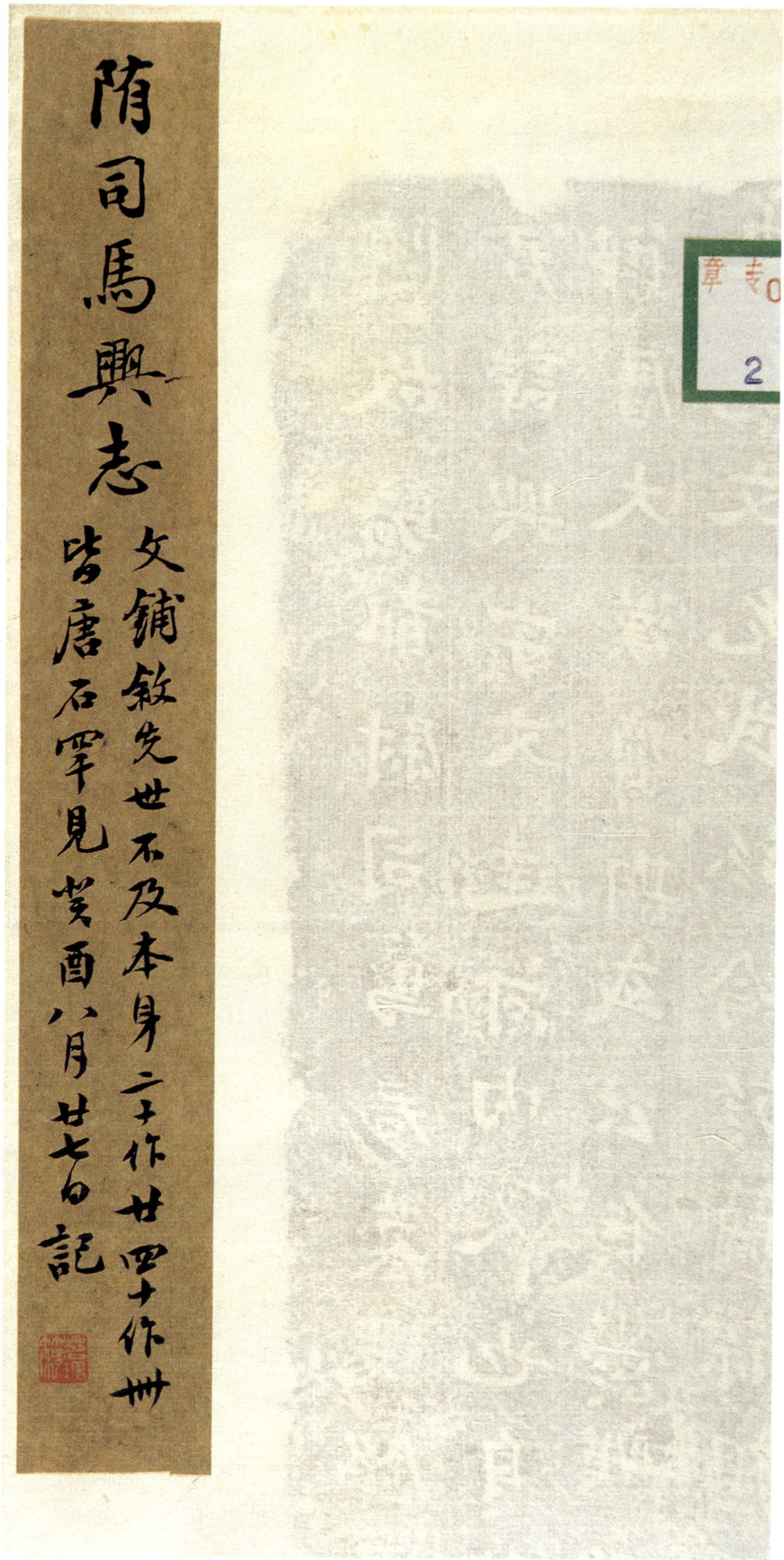

圖六九. 司馬興墓誌跋

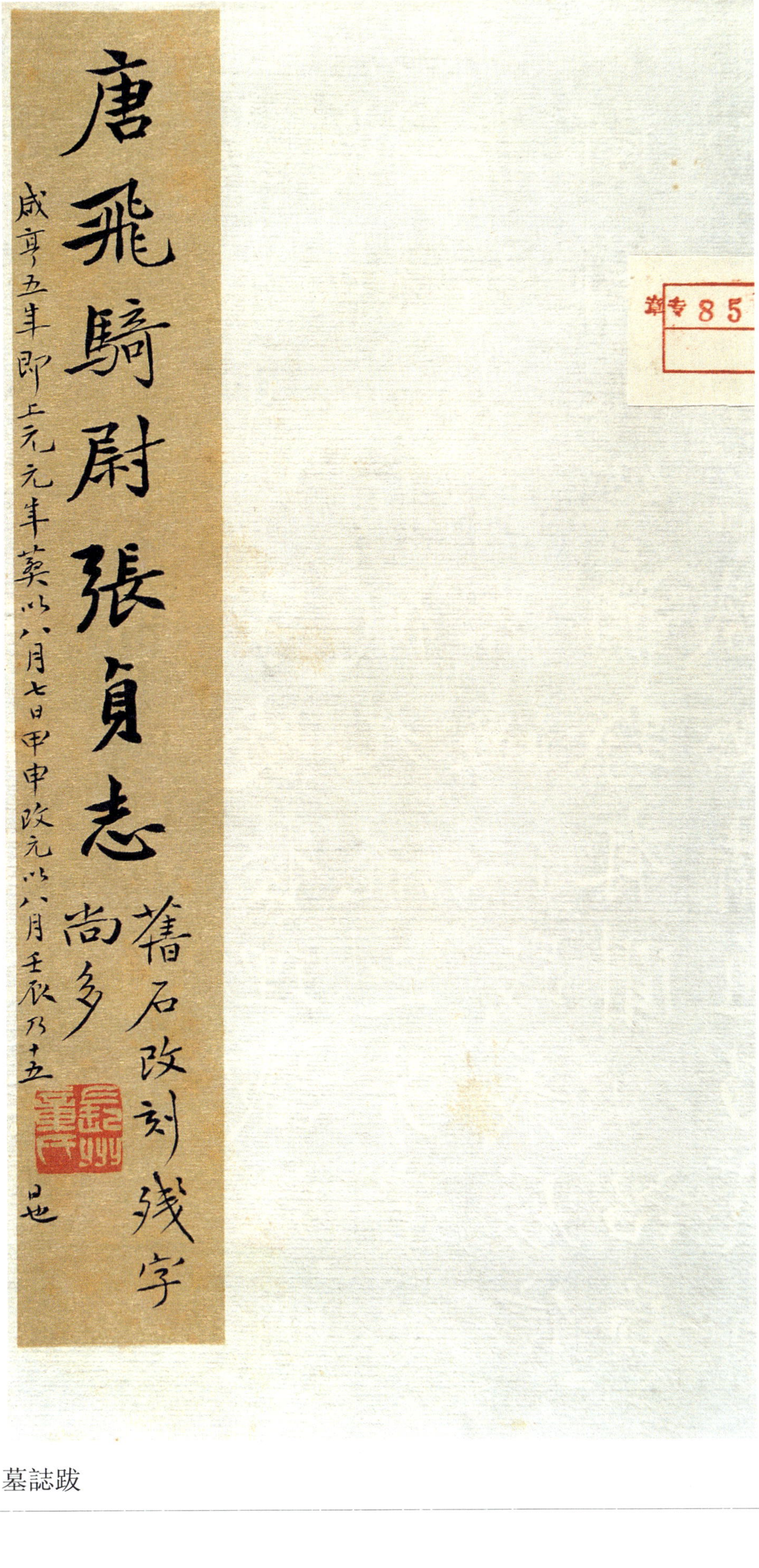

圖七〇．張貞墓誌跋

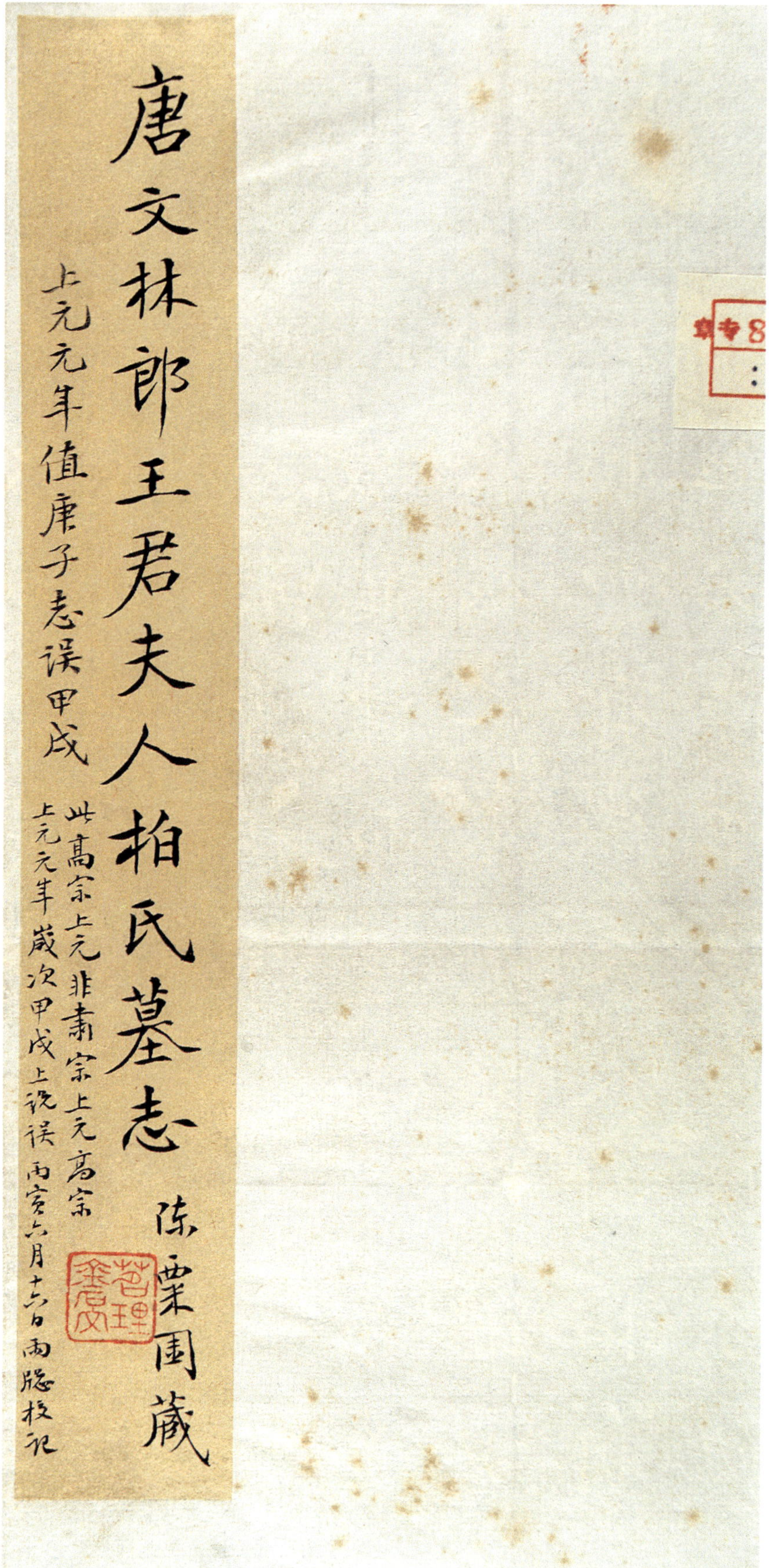

圖七一．王君妻柏氏墓誌跋

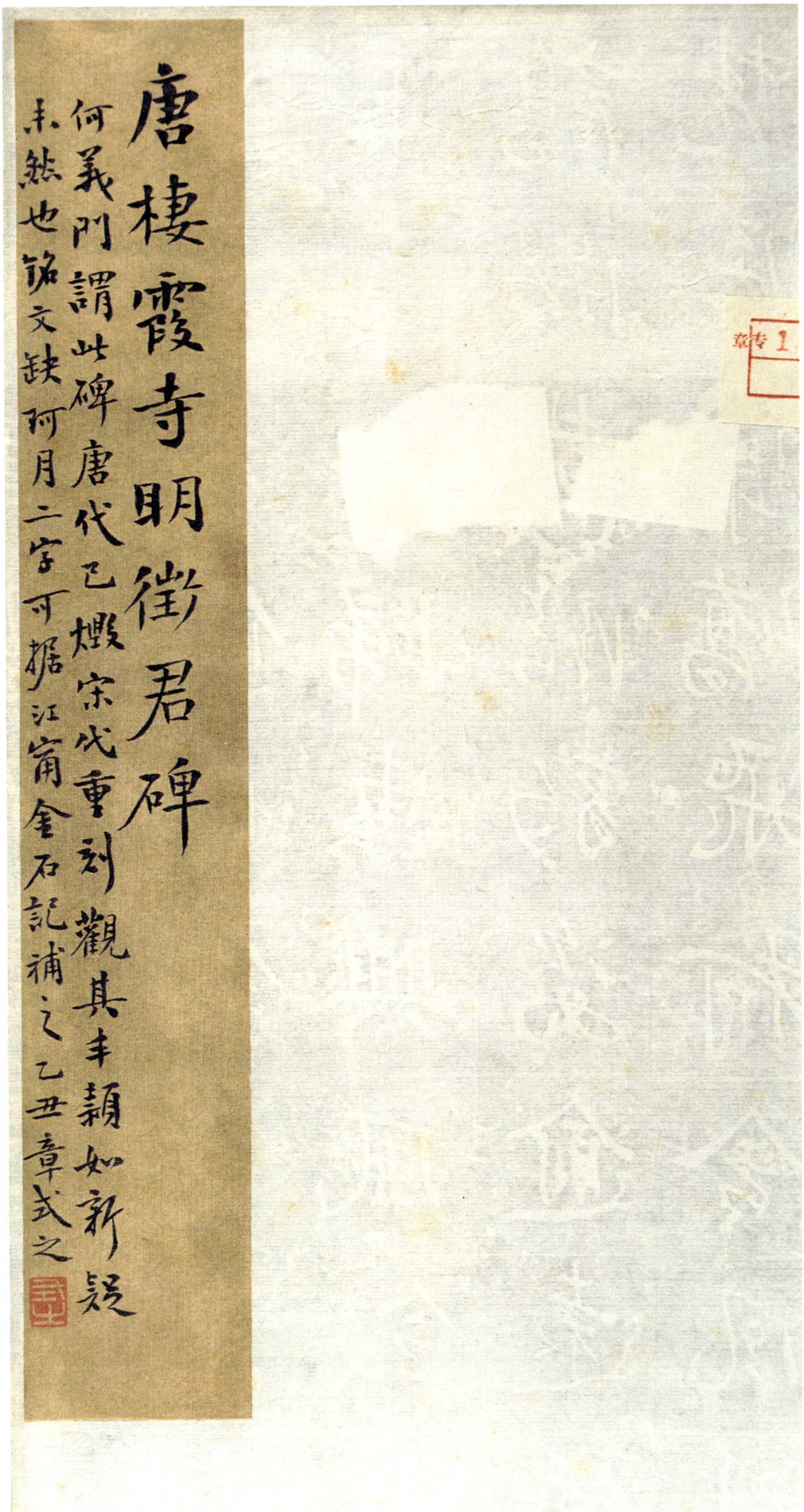
唐棲霞寺明徵君碑
何義門謂此碑唐代已燬宋代重刻觀其手蹟如新疑
未然也銘文缺珂月二字可据江甯金石記補之 乙丑章式之

圖七二. 僧紹碑跋

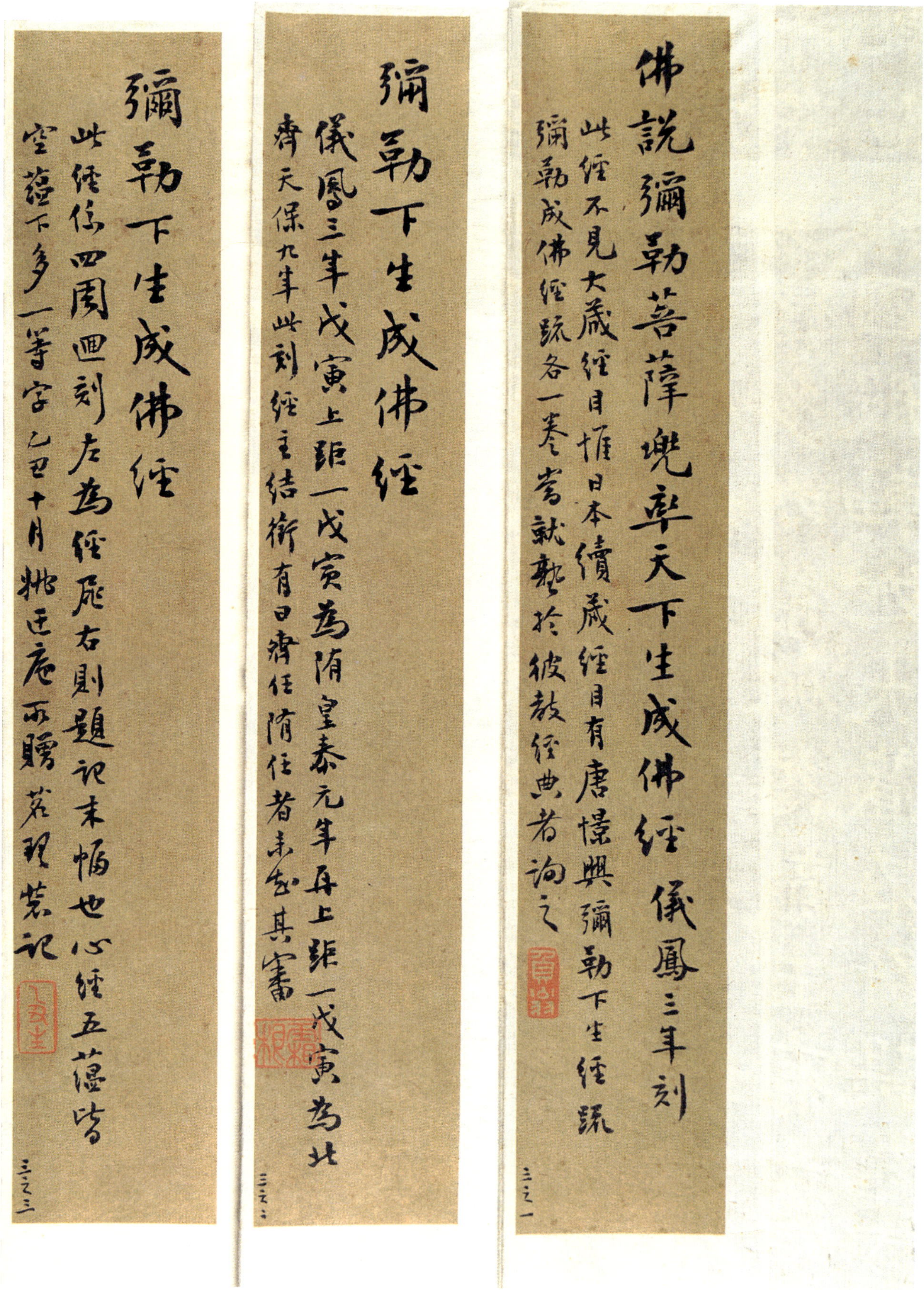

圖七三．兜率天下生成佛經碑跋

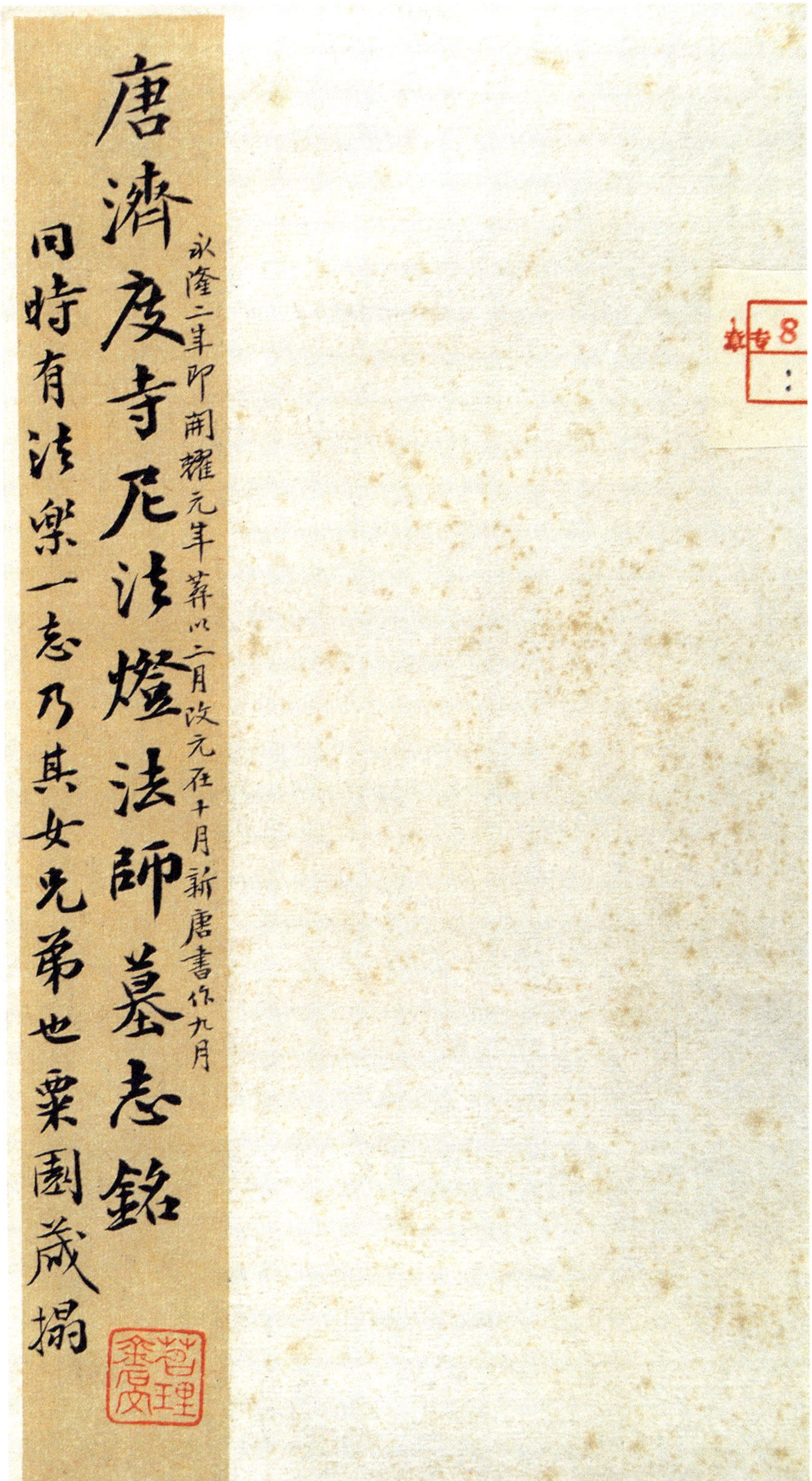
唐濟度寺尼法燈法師墓志銘
永隆二年即開耀元年葬以二月改元在十月新唐書作九月
同時有法樂一志乃其女兄弟也栗園藏搨

圖七四. 法燈墓誌跋

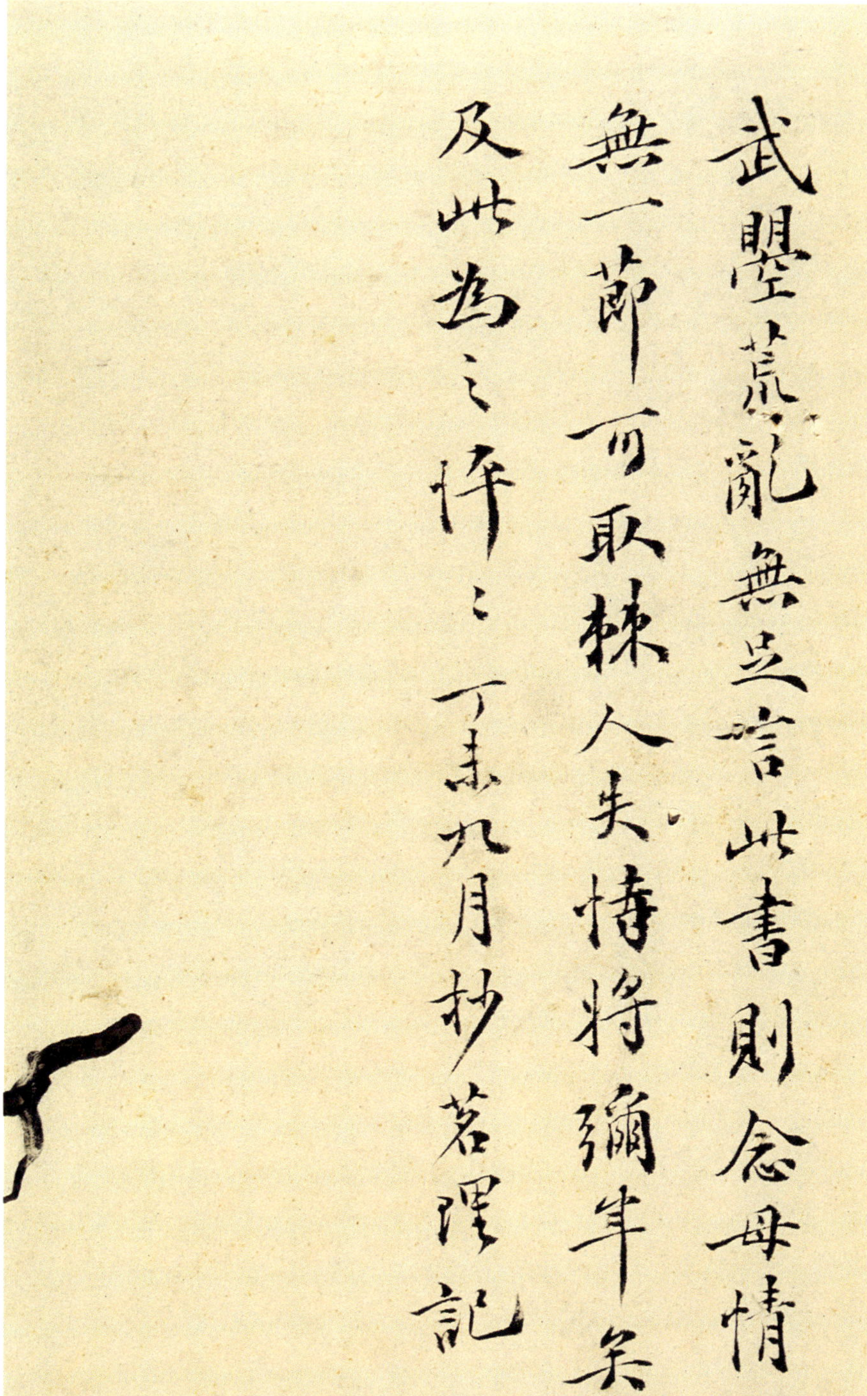
武曌荒亂無足言此書則念毋情切未嘗
無一節可取棘人失恃將彌年矣繙繹
及此為之怦怦 丁未九月杪若理記

圖七五．武曌御制詩跋

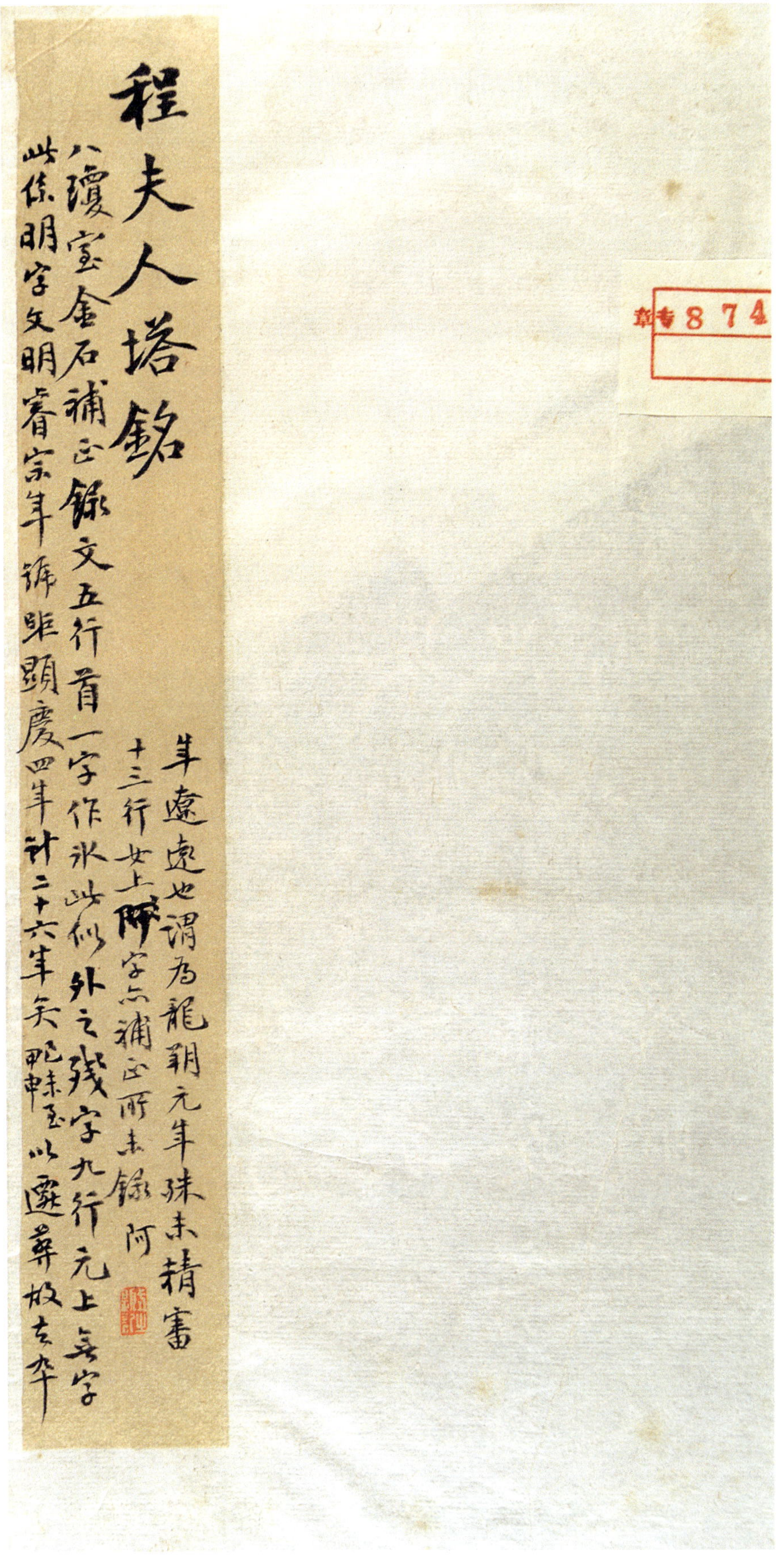

圖七六. 程氏塔銘跋

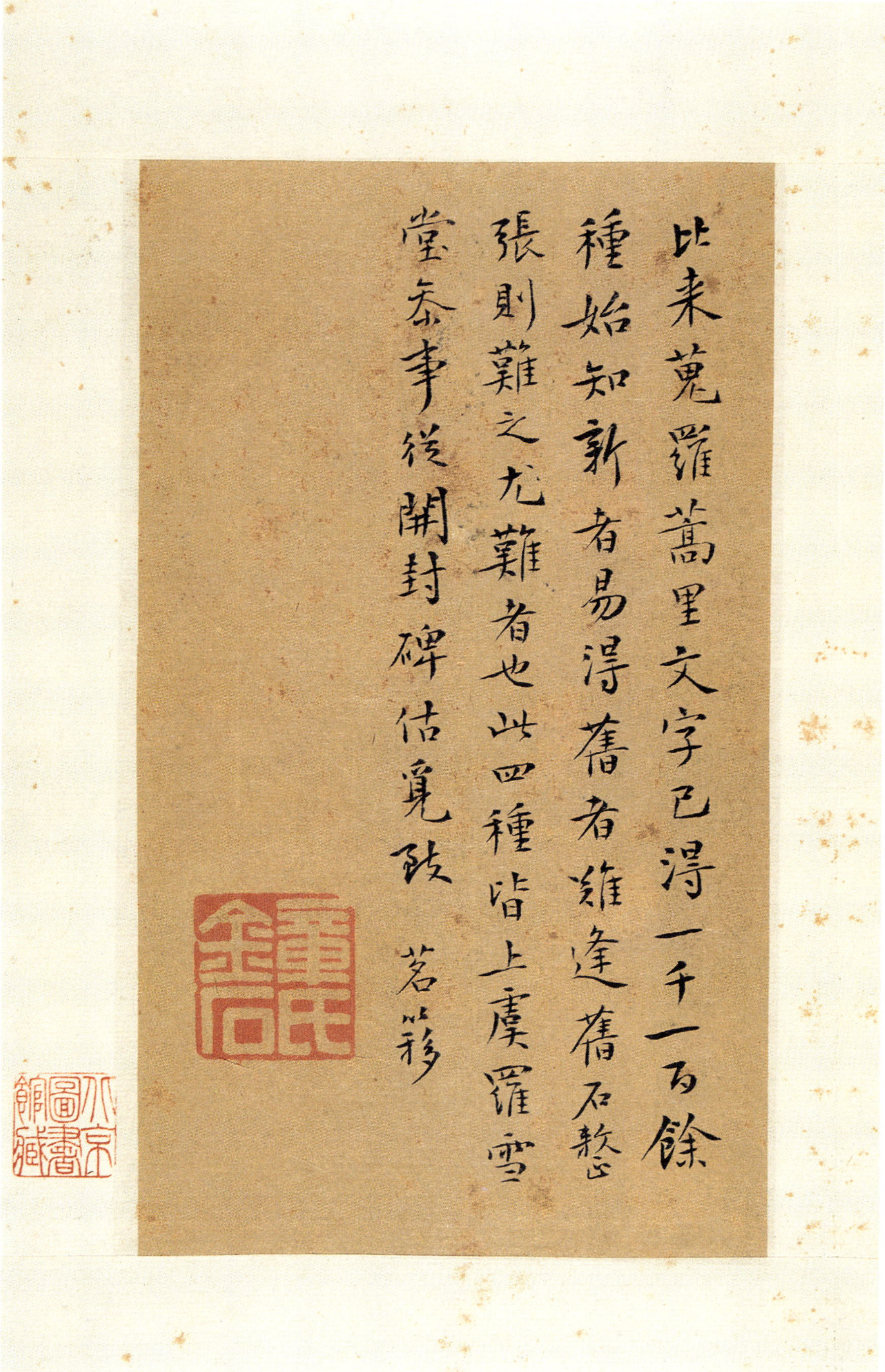
比來蒐羅蒿里文字已得一千一百餘
種始知新者易得舊者難逢舊石整
張則難之尤難者也此四種皆上虞羅雪
堂參事從開封碑估覓致
茗簃

圖七七. 唐墓誌四種跋

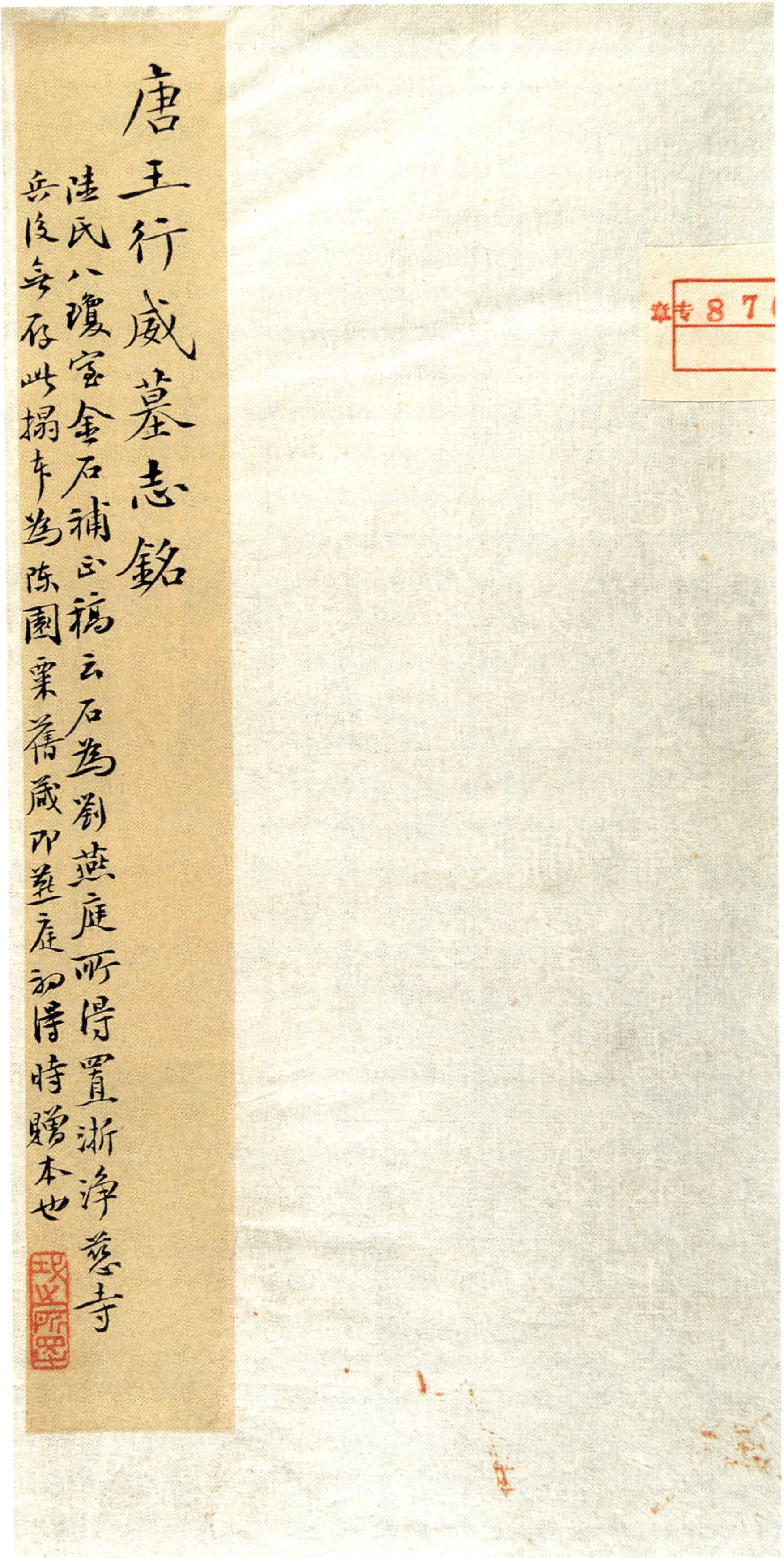
唐王行威墓志銘
陸氏八瓊室金石補正稿云石為劉燕庭所得置浙淨慈寺
兵後無存此搨本為陳園粟舊藏即燕庭初得時贈本也

圖七八. 王行威墓誌跋

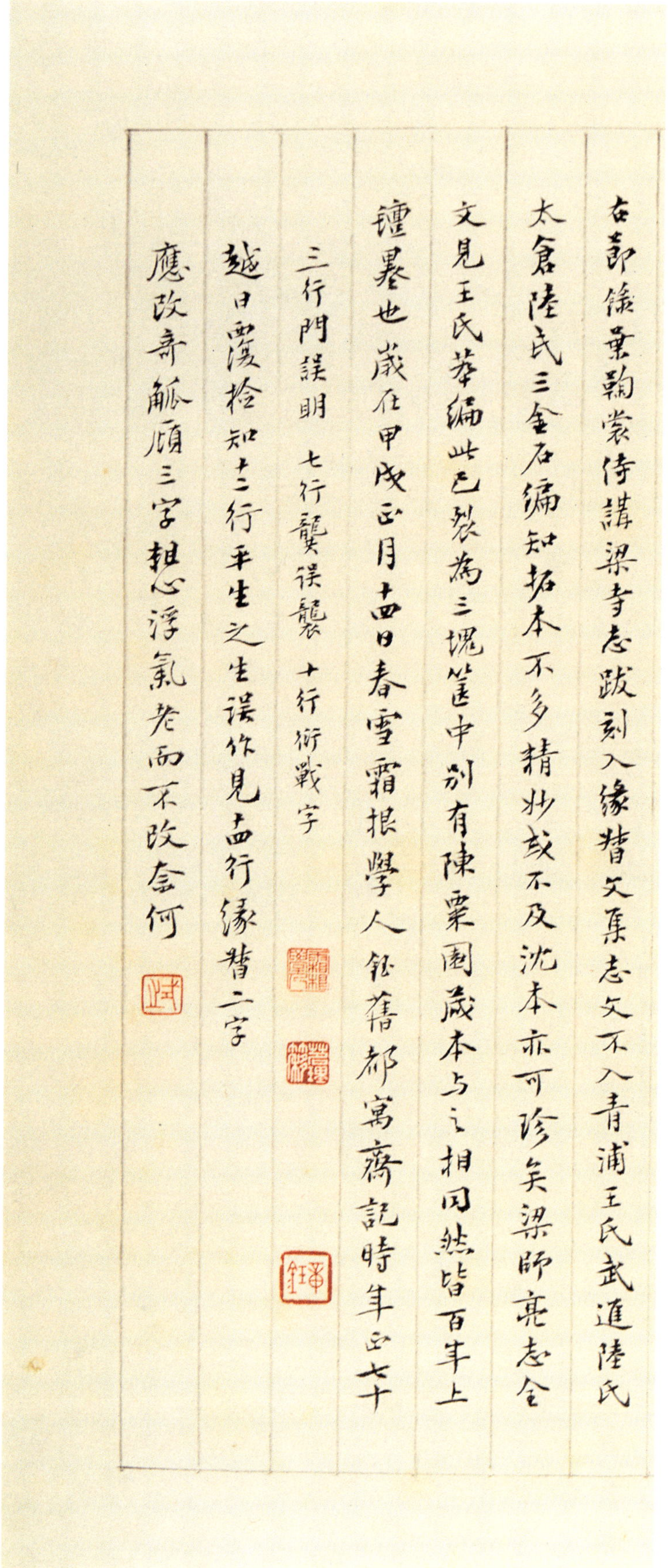
右節錄葉鞠裳侍講梁寺志跋刻入緣督文集志文不入青浦王氏武進陸氏
太倉陸氏三金石編知拓本不多精妙或不及沈本亦可珍矣梁師亮志全
文見王氏萃編此已裂為三塊篋中別有陳粟園藏本與之相同然皆百年上
鐘墨也歲在甲戌正月十四日春雪霜根學人鈺舊都寓齋記時年正七十
三行門誤明　七行龔誤襲　十行衍戰字
越日覆檢知十三行平生之生誤作見十四行緣督二字
應改奇觚廎三字想心浮氣老而不改奈何

圖七九．梁寺及妻唐惠兒合葬誌；梁師亮墓誌跋

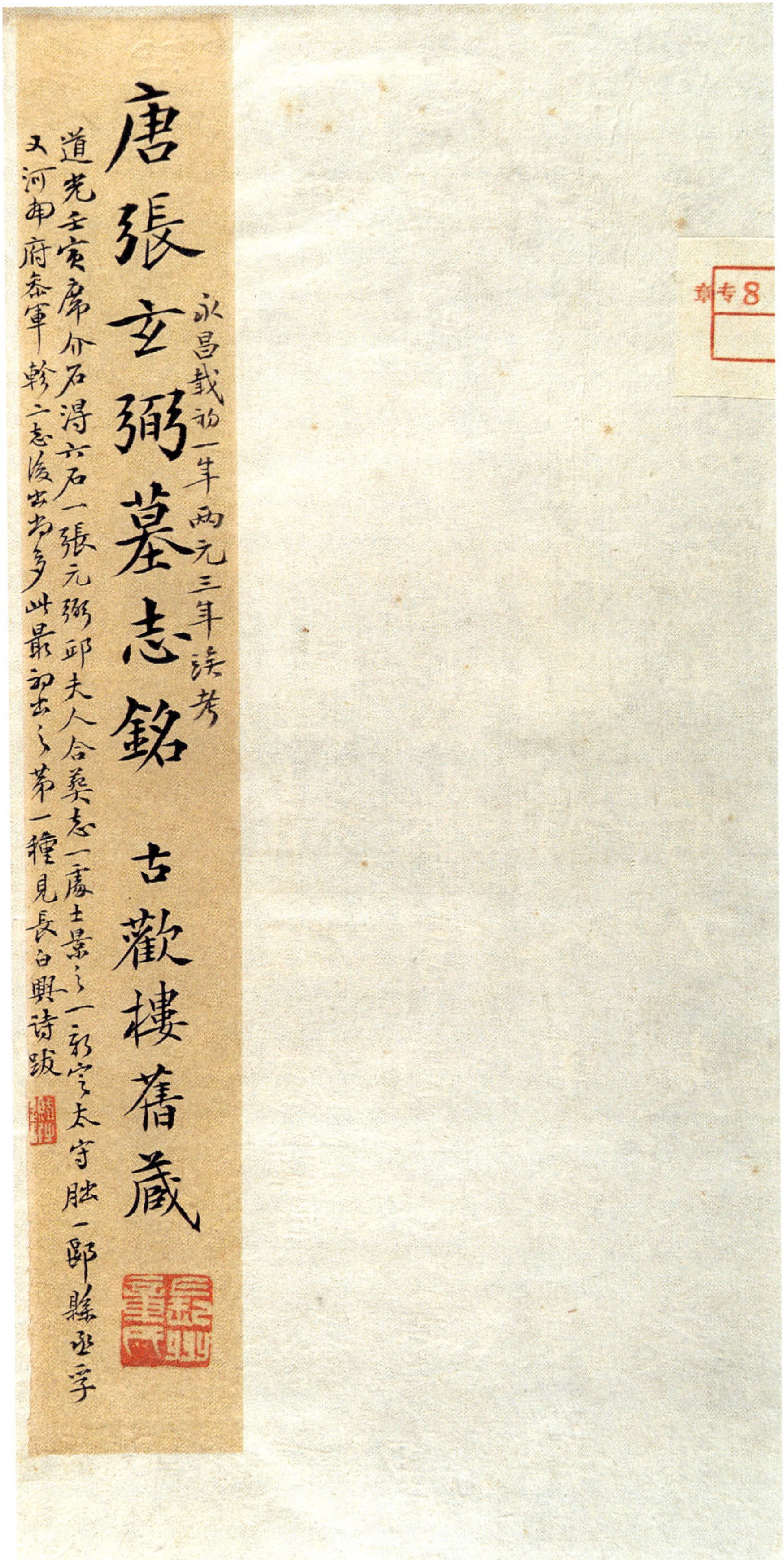

圖八〇．張玄弼墓誌跋（一）

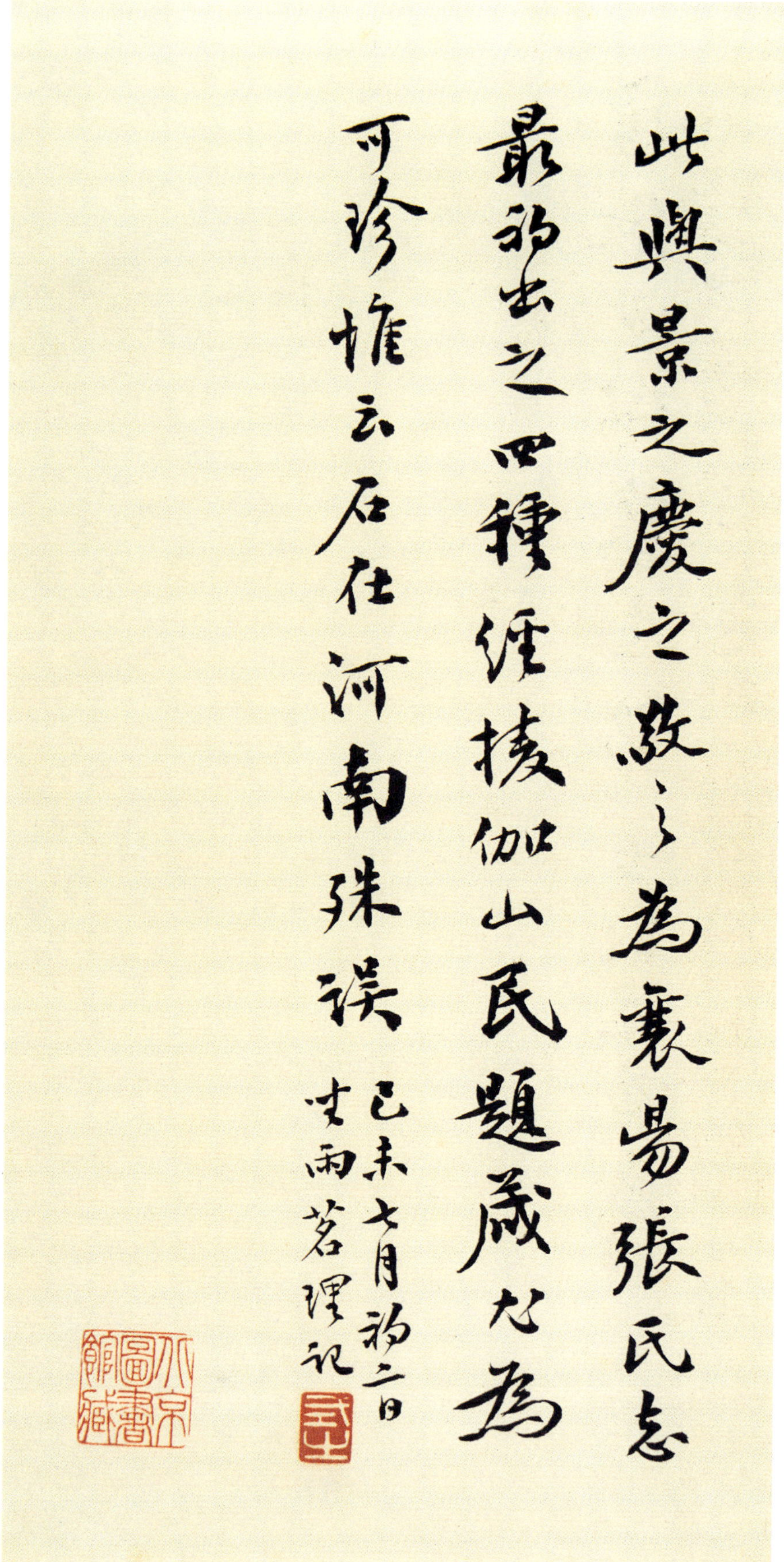

此與景之慶之敬〻為襄昜張氏志最初出之四種經棱伽山民題藏尤為可珍惟云石在河南殊誤

己未七月初二日

丈雨茗理記

圖八一．張玄弼墓誌跋（二）

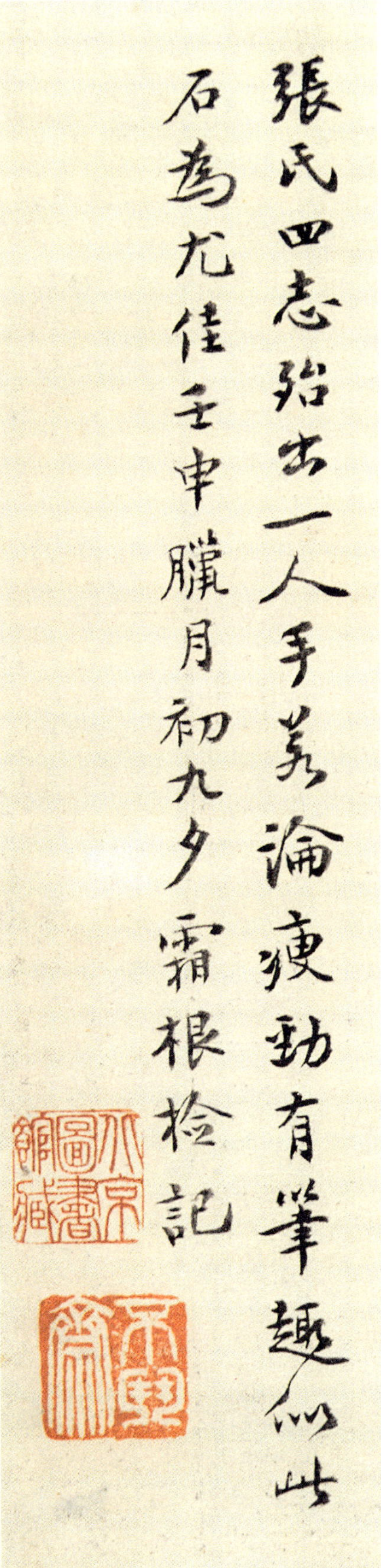

圖八二．張慶之墓誌跋

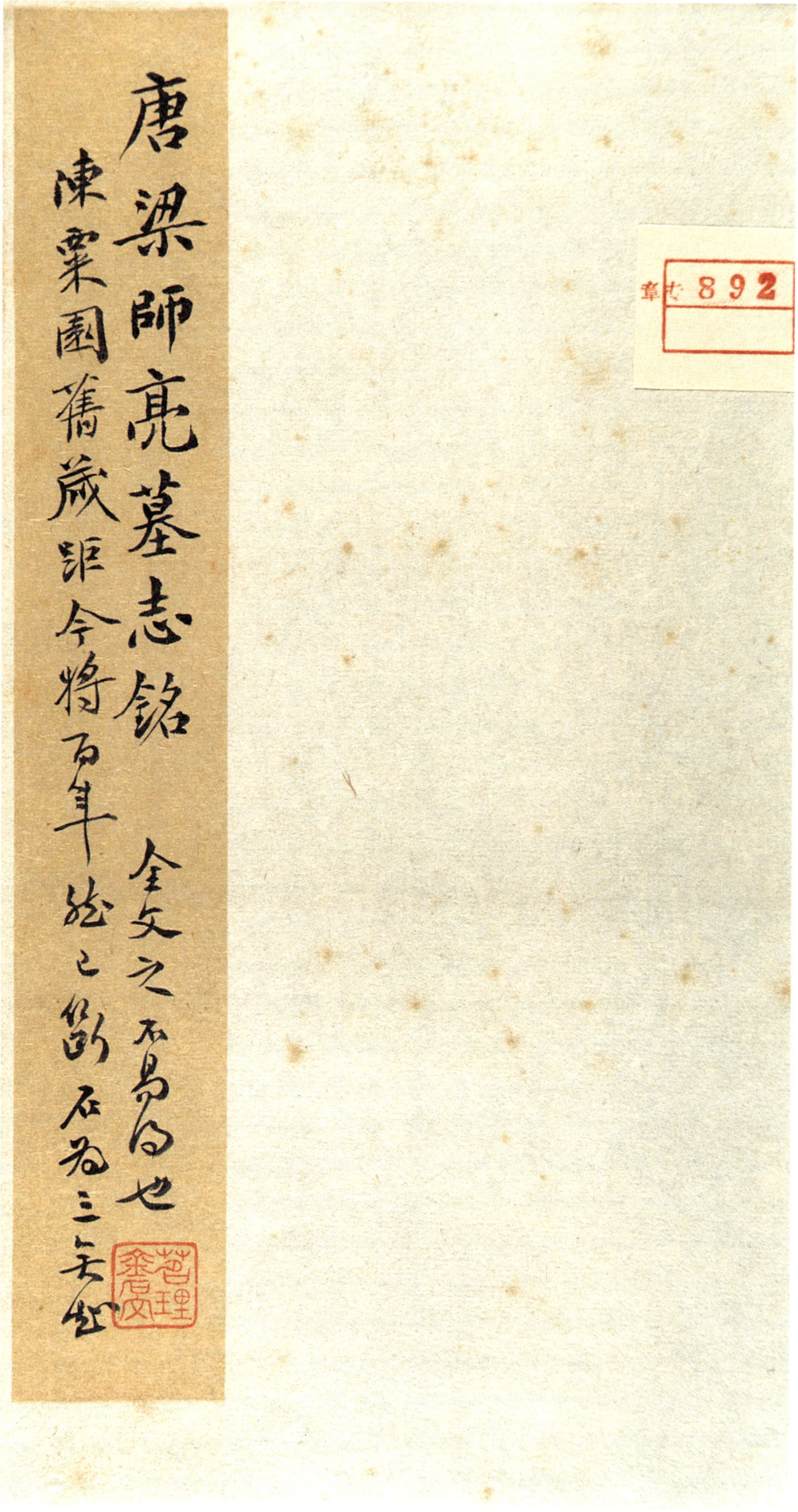

圖八三．梁師亮墓誌跋

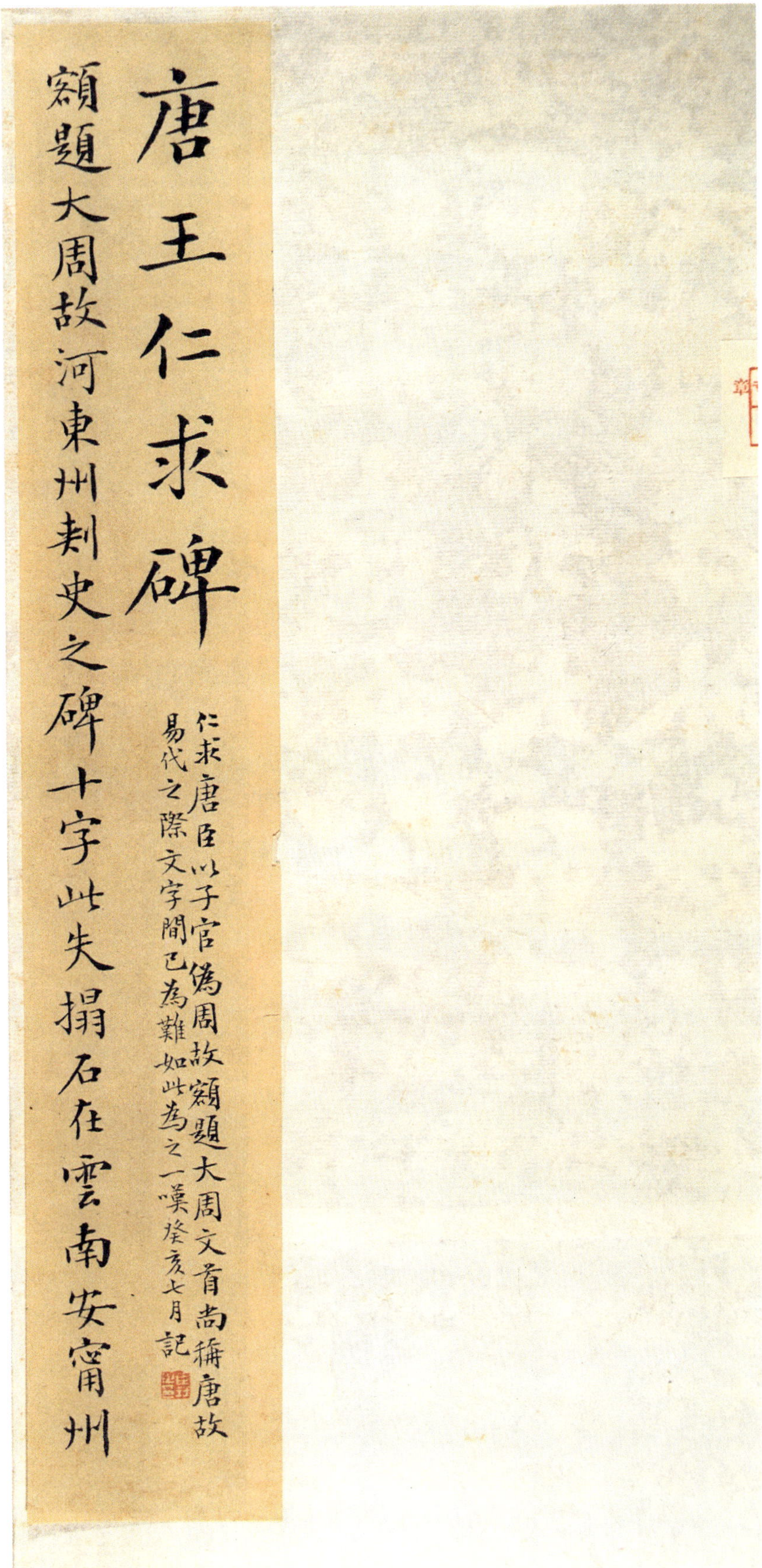

唐王仁求碑

仁求唐臣以子官僞周故額題大周文首尚稱唐故易代之際文字間已為難如此為之一嘆癸亥七月記

額題大周故河東州刺史之碑十字此失搨石在雲南安甯州

圖八四．王仁求墓碑跋

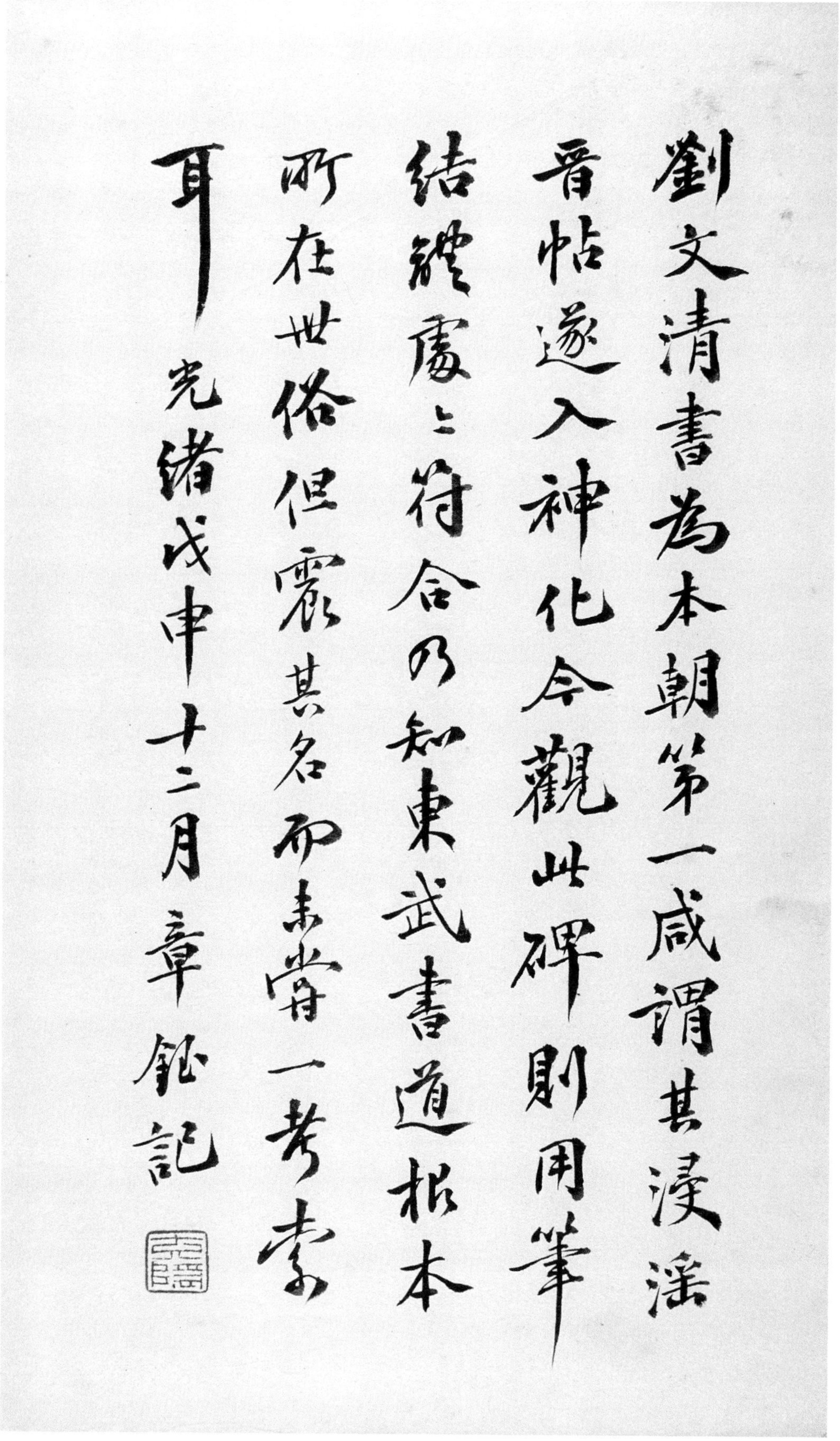
劉文清書為本朝第一咸謂其淩滛晉帖遂入神化今觀此碑則用筆結體處處符合乃知東武書道根本所在世俗但震其名而未嘗一考索耳 光緒戊申十二月章鈺記

圖八五·一．昇仙太子碑跋

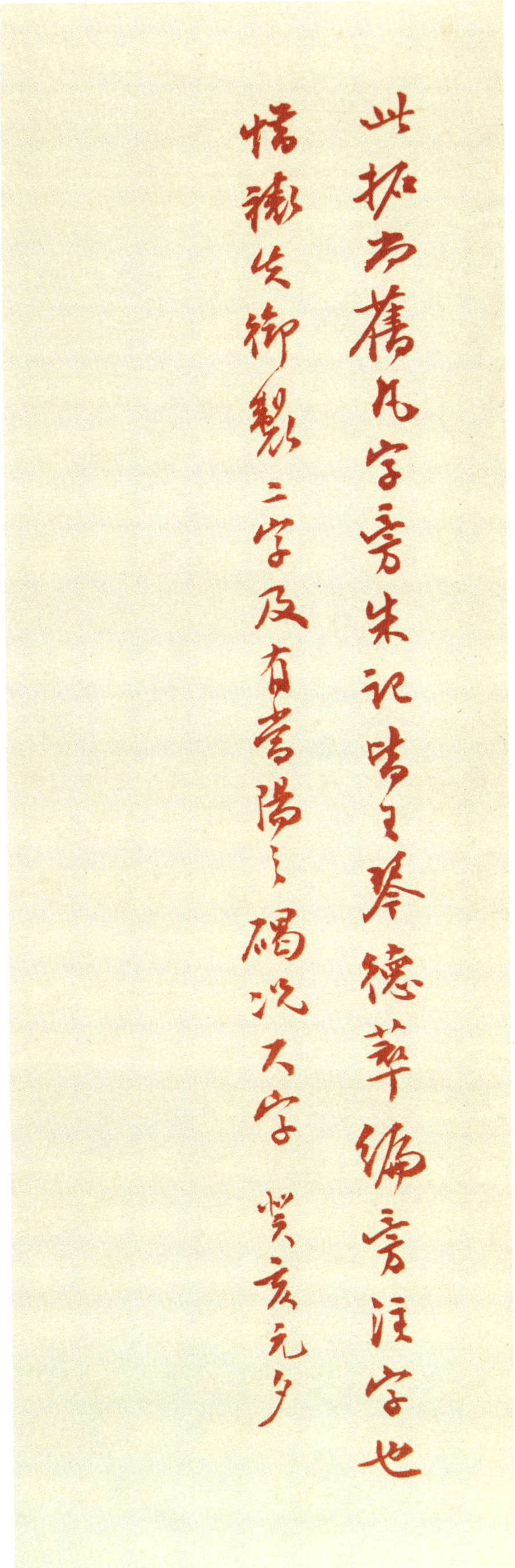
此拓為舊凡字旁朱記者王琴德萃編旁注字也
惜缺失御製二字及有書陽之碣况大字
癸亥元夕

圖八五·二. 昇仙太子碑跋

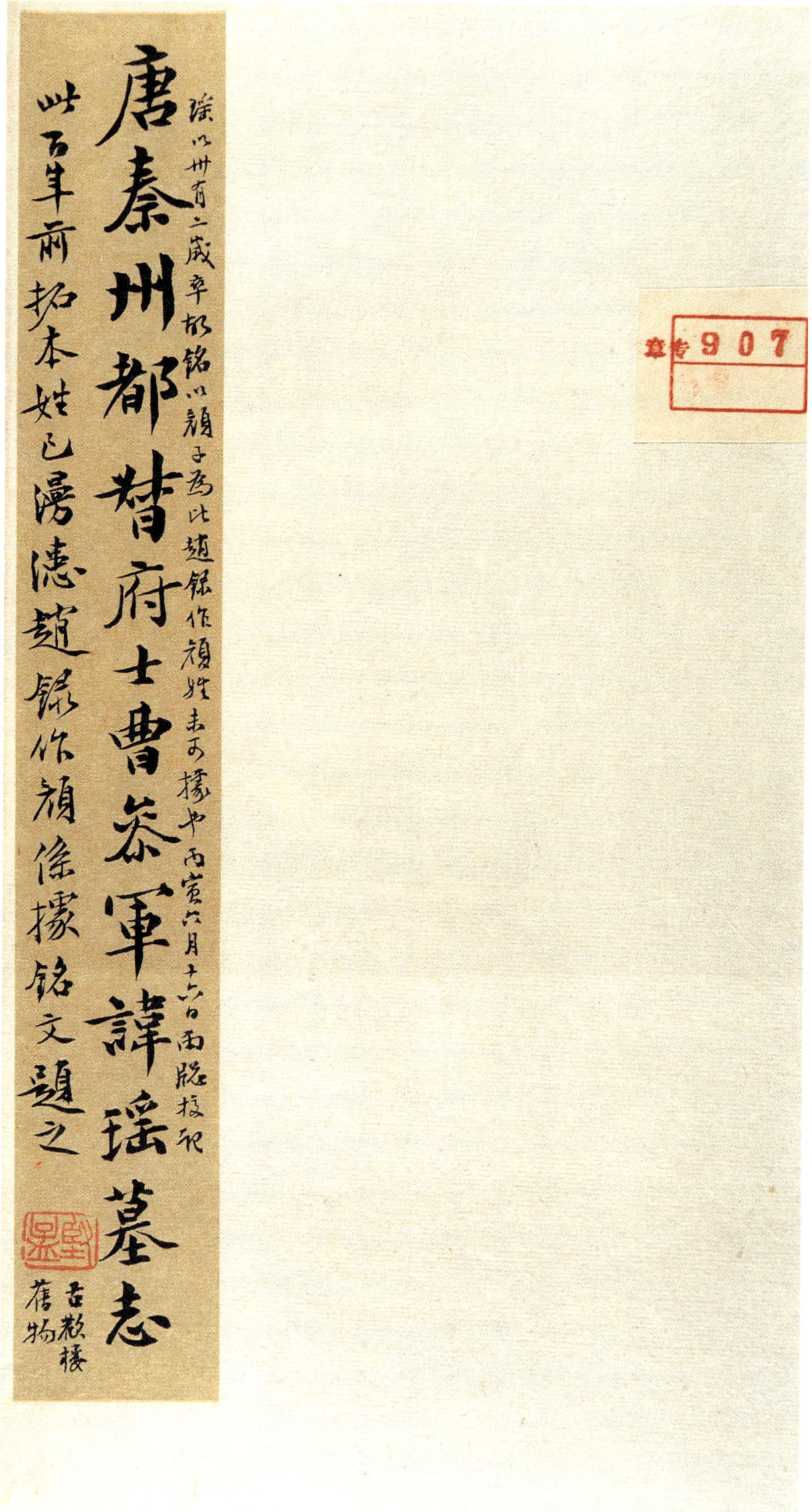

圖八六. □瑤墓誌跋

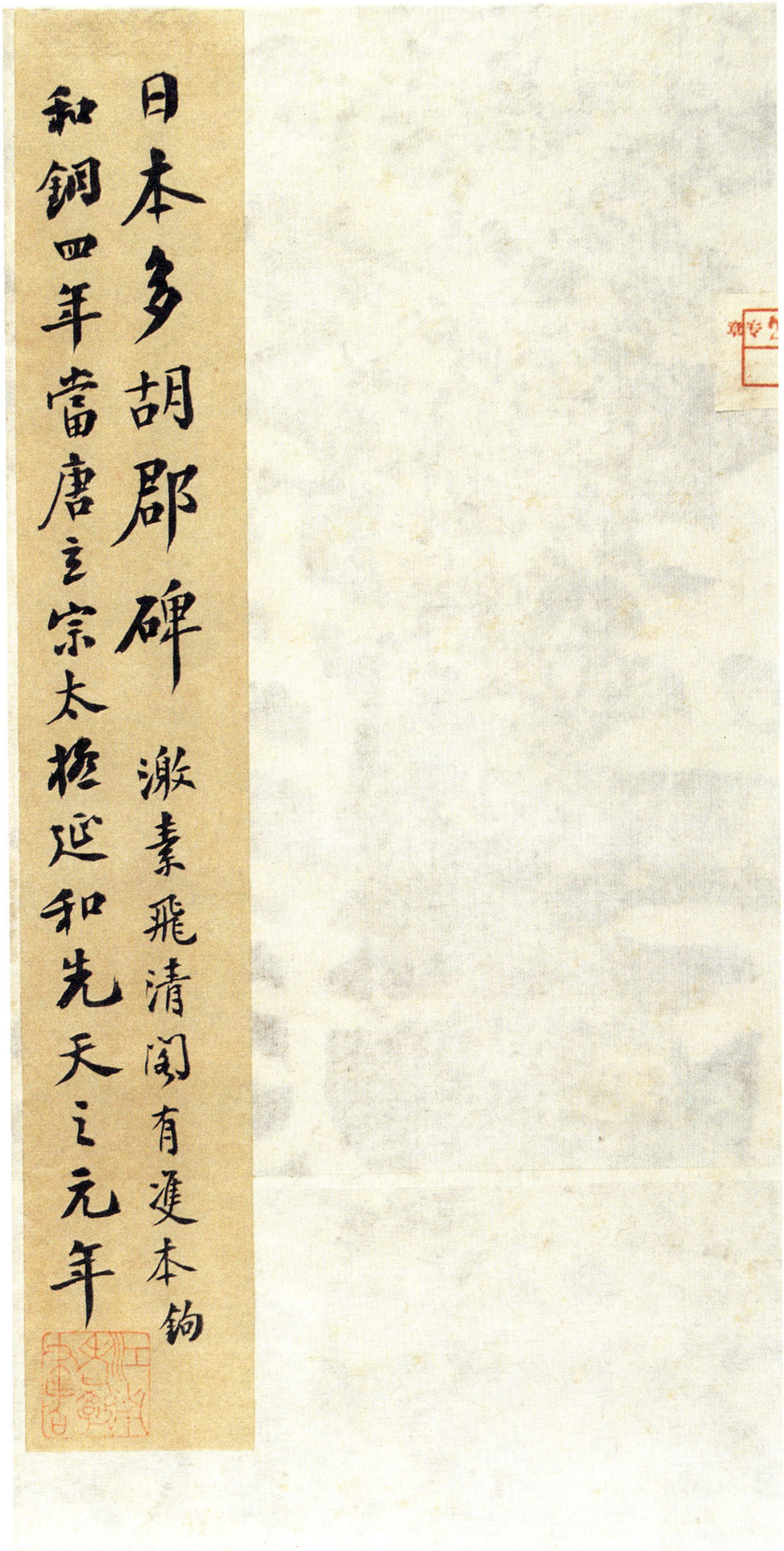

圖八七. 多胡郡碑跋

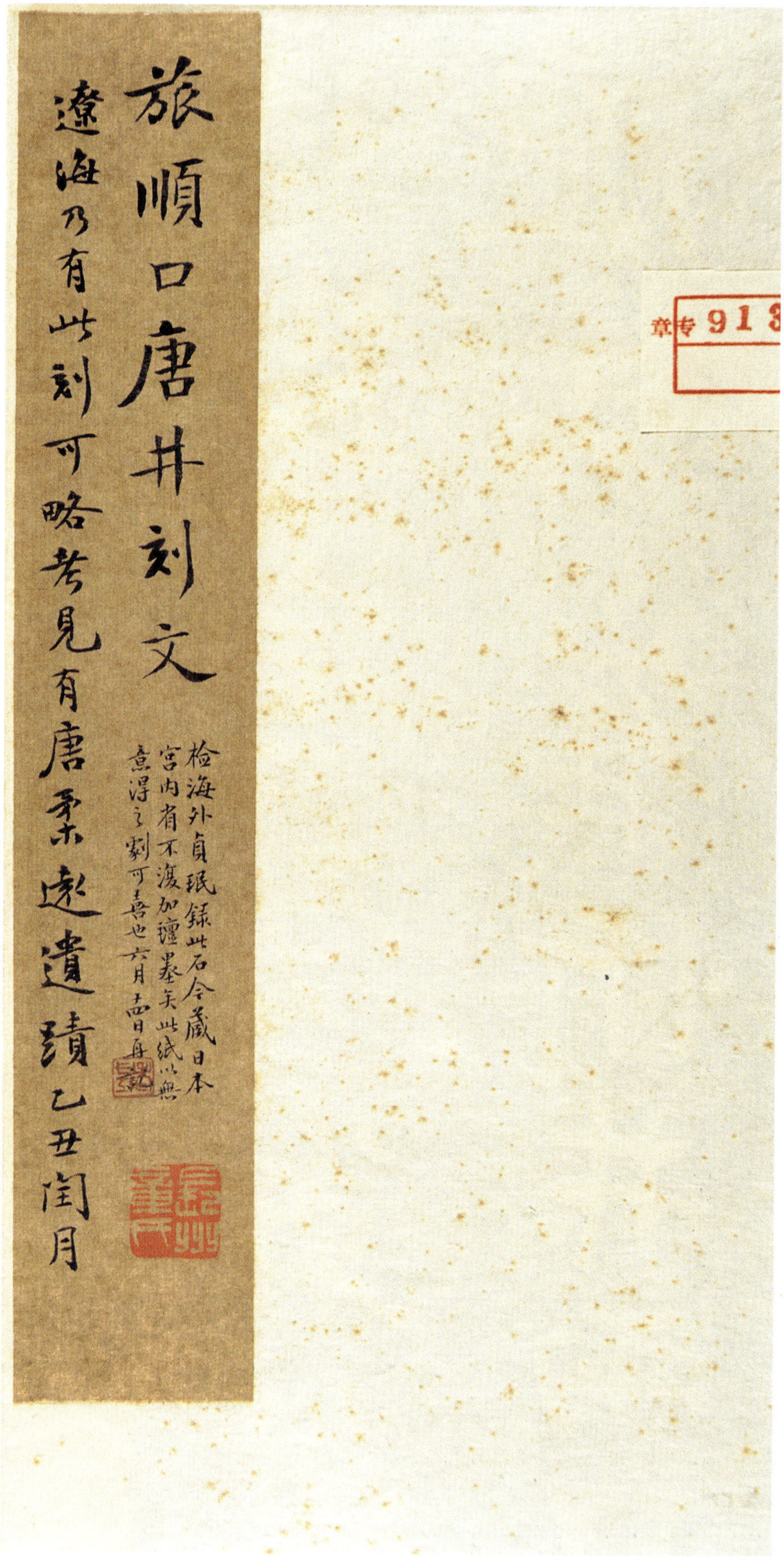

圖八八. 崔忻井口刻石跋

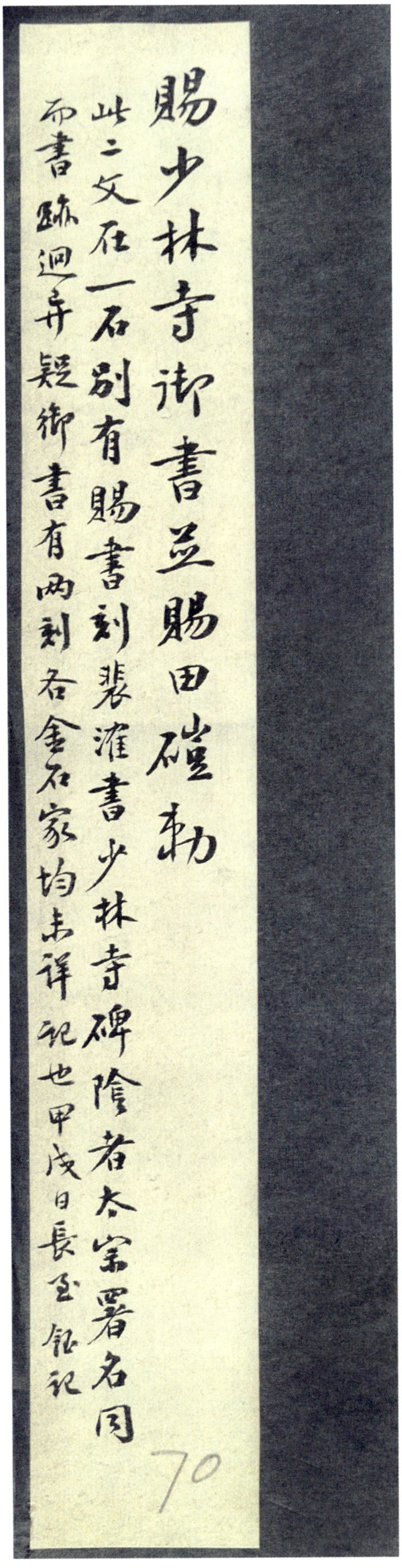

賜少林寺御書並賜田碻勅

此二文在一石别有賜書刻裴漼書少林寺碑陰者太宗署名同

而書跡迥异疑御書有兩刻各金石家均未詳記也甲戌日長至鈺記

70

圖八九·一. 賜少林寺御書並賜田碻敕跋

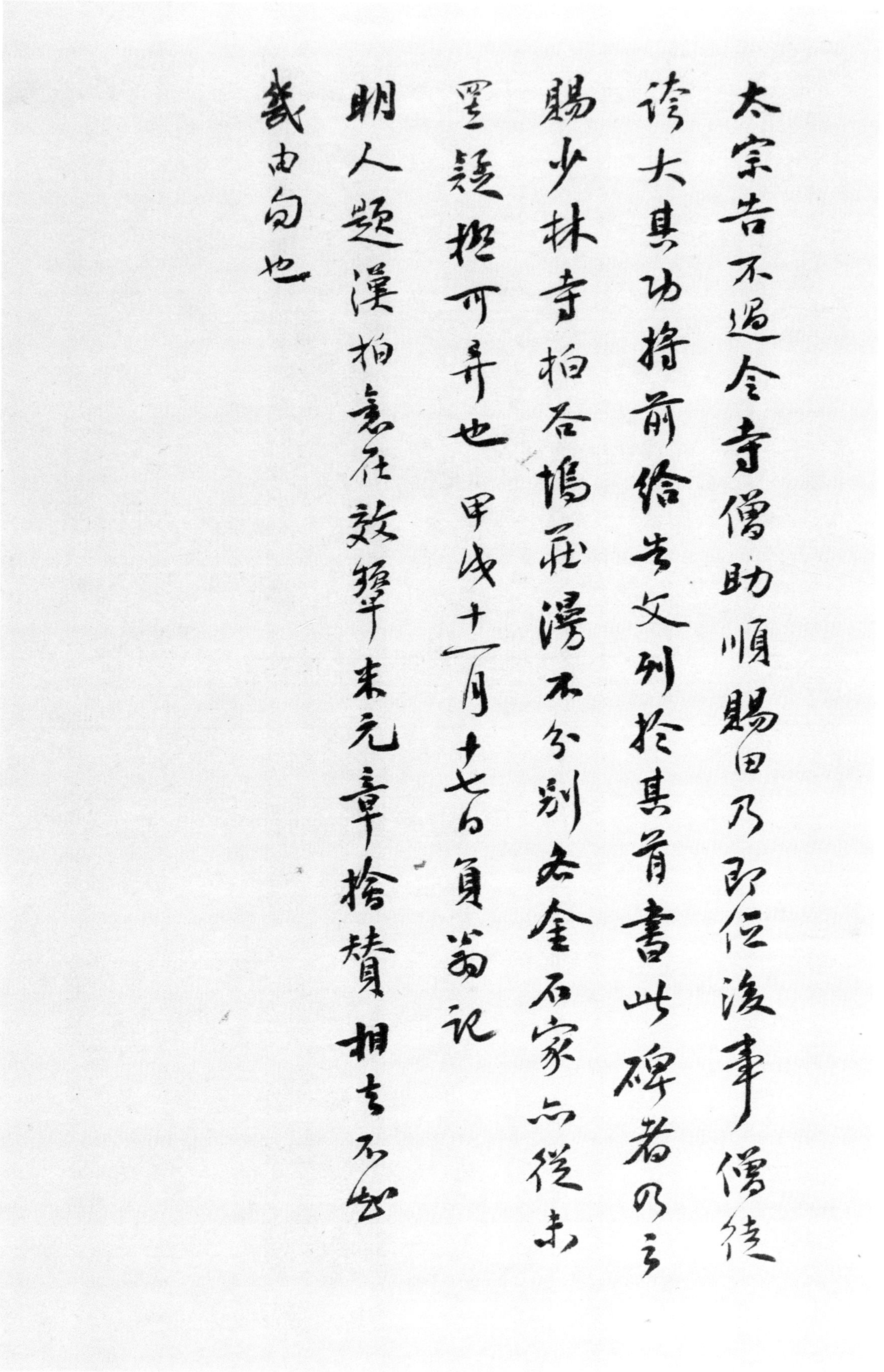
太宗告不過令寺僧助順賜田乃即位後事僧徒
誇大其功將前給告文列於其首書此碑者乃云
賜少林寺柏谷塢莊蕩不分別而金石家亦從未
署題殊可異也 甲戌十一月十七日負翁記
明人題漢柏意在效顰宋元章拾贅相去不知
幾由旬也

圖八九·二. 賜少林寺御書並賜田磑敕跋

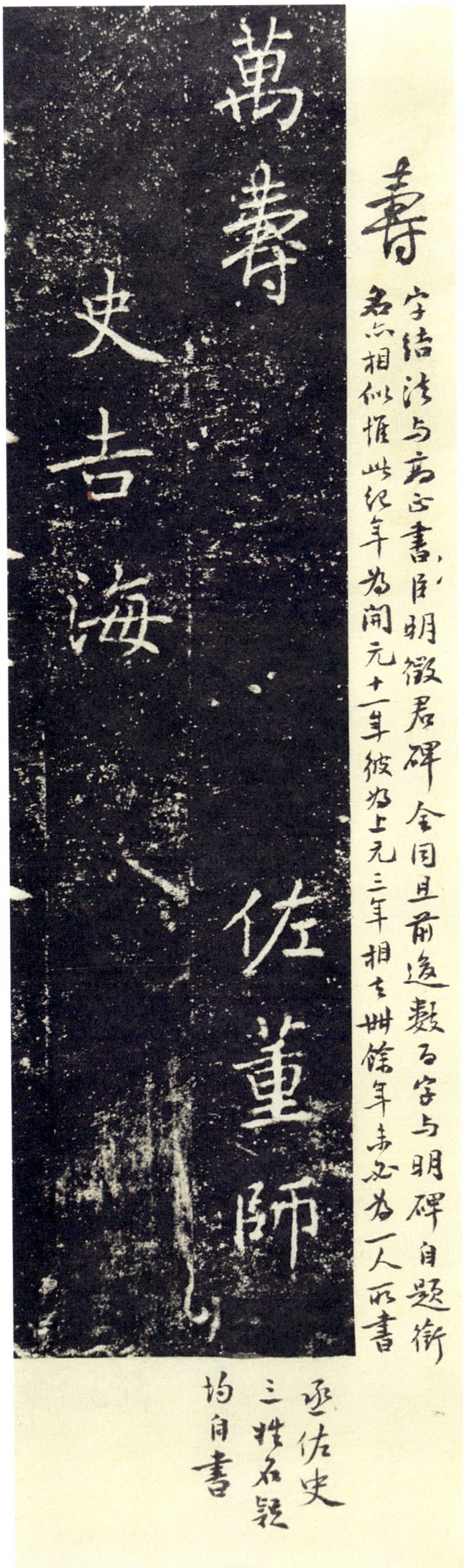

圖八九·三. 賜少林寺御書並賜田碹敕跋

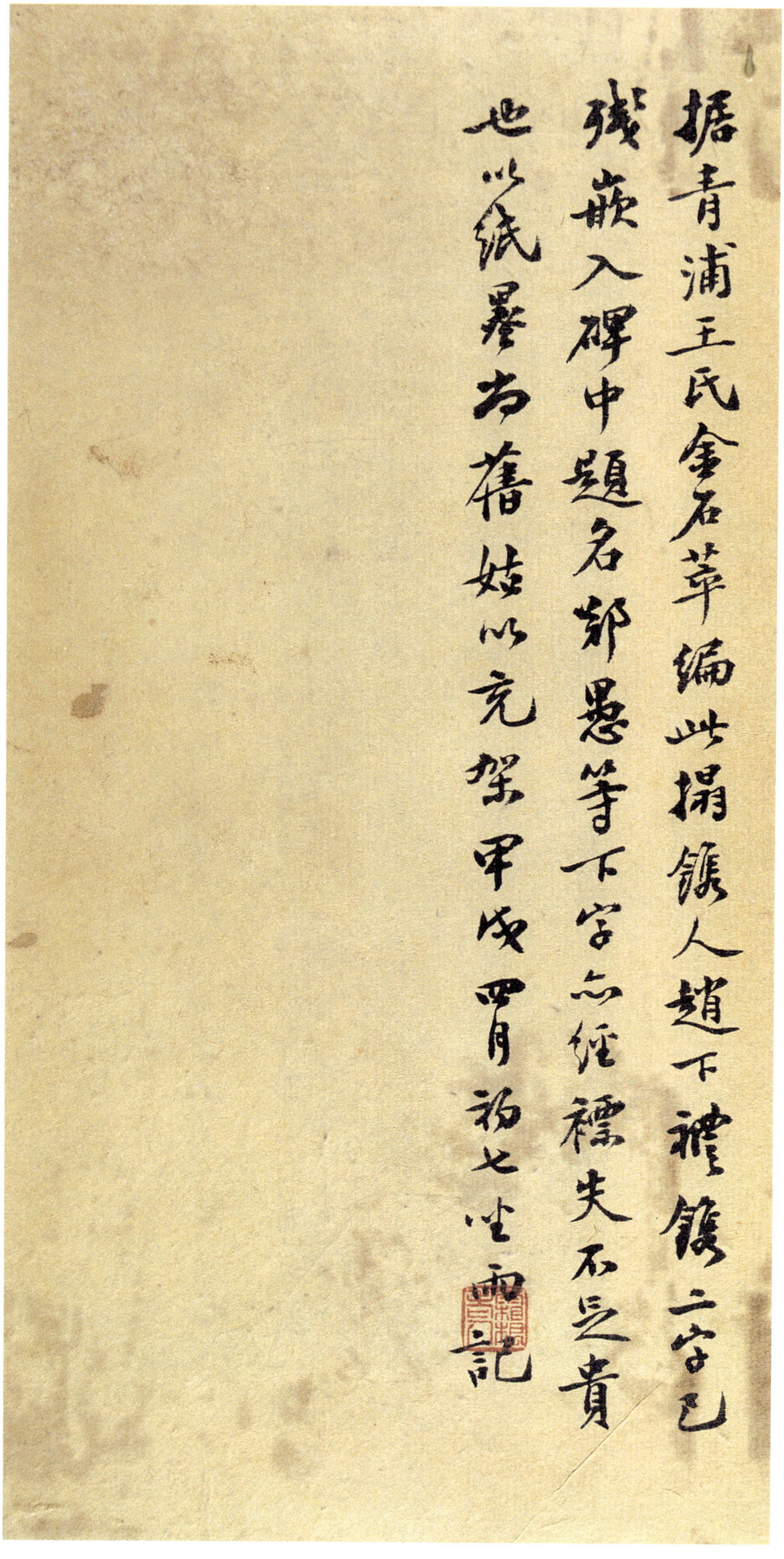

据青浦王氏金石萃編此搨鐫人趙下禮鐫二字已
殘蝕入碑中題名鄭愚等下字亦經標失不足貴
也以紙墨尚舊姑以充架甲戌四月初七坐雨記

圖九〇. 御史臺碑跋

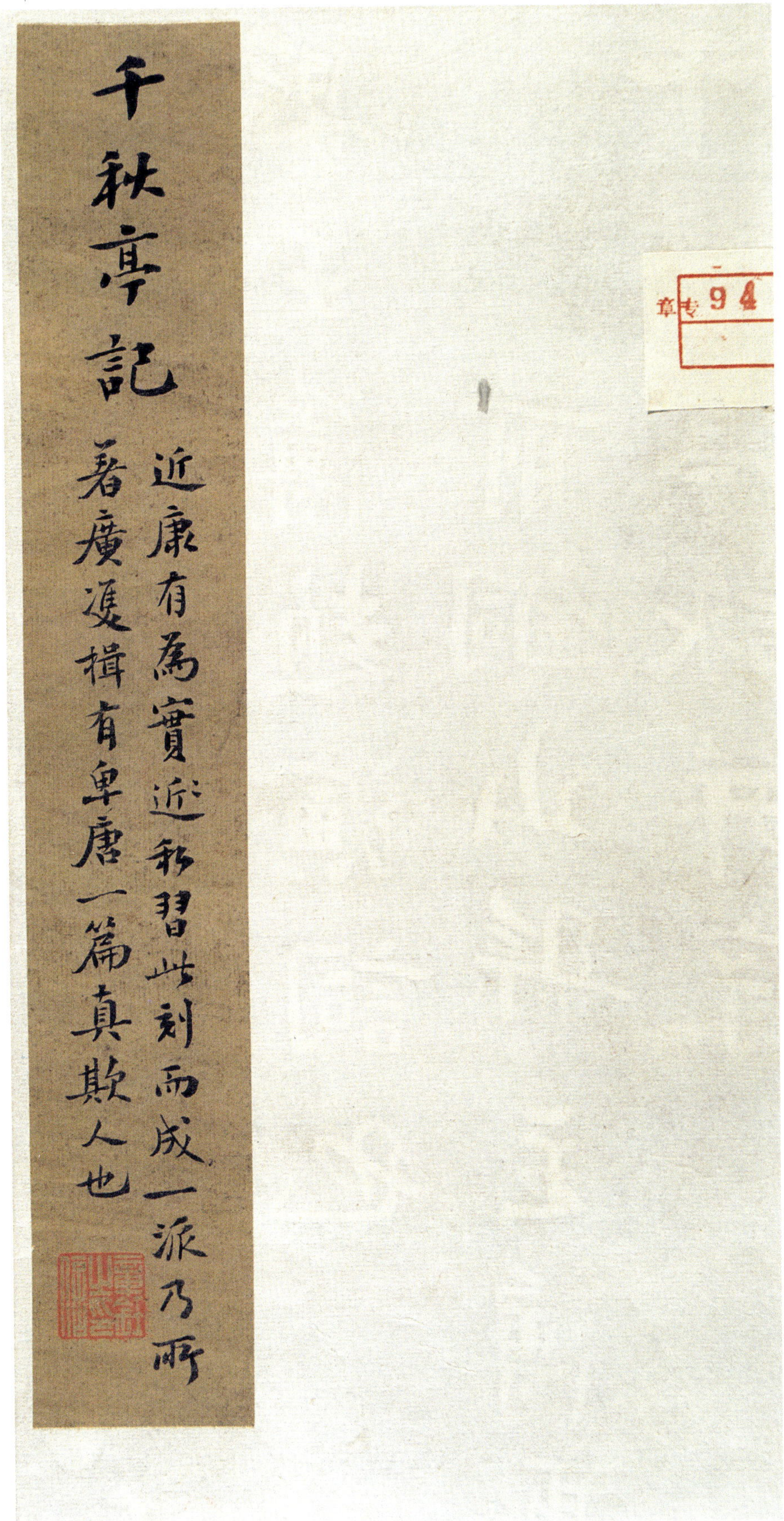

圖九一．千秋亭記跋

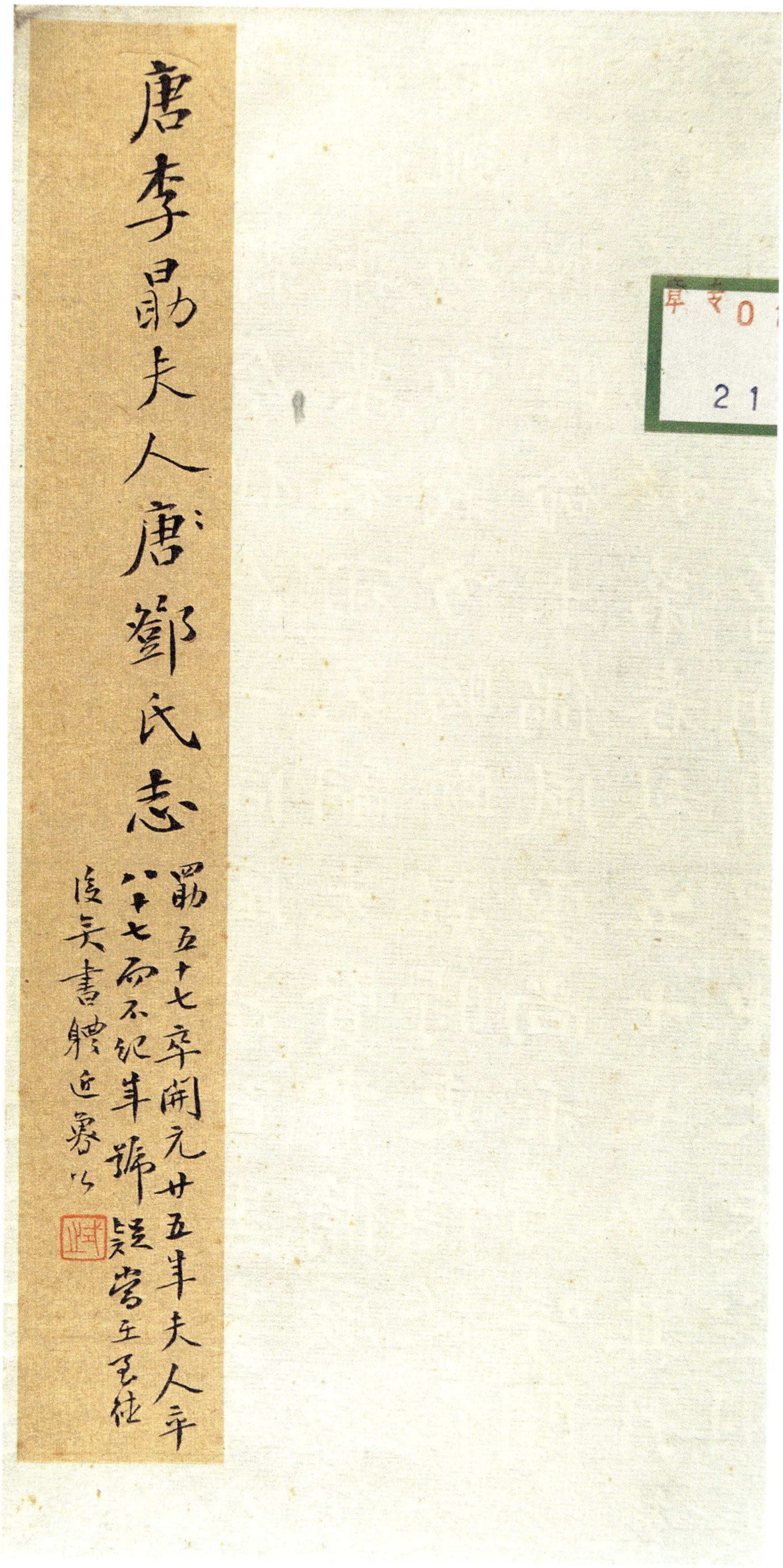

圖九二. 李勖妻鄧氏墓誌跋

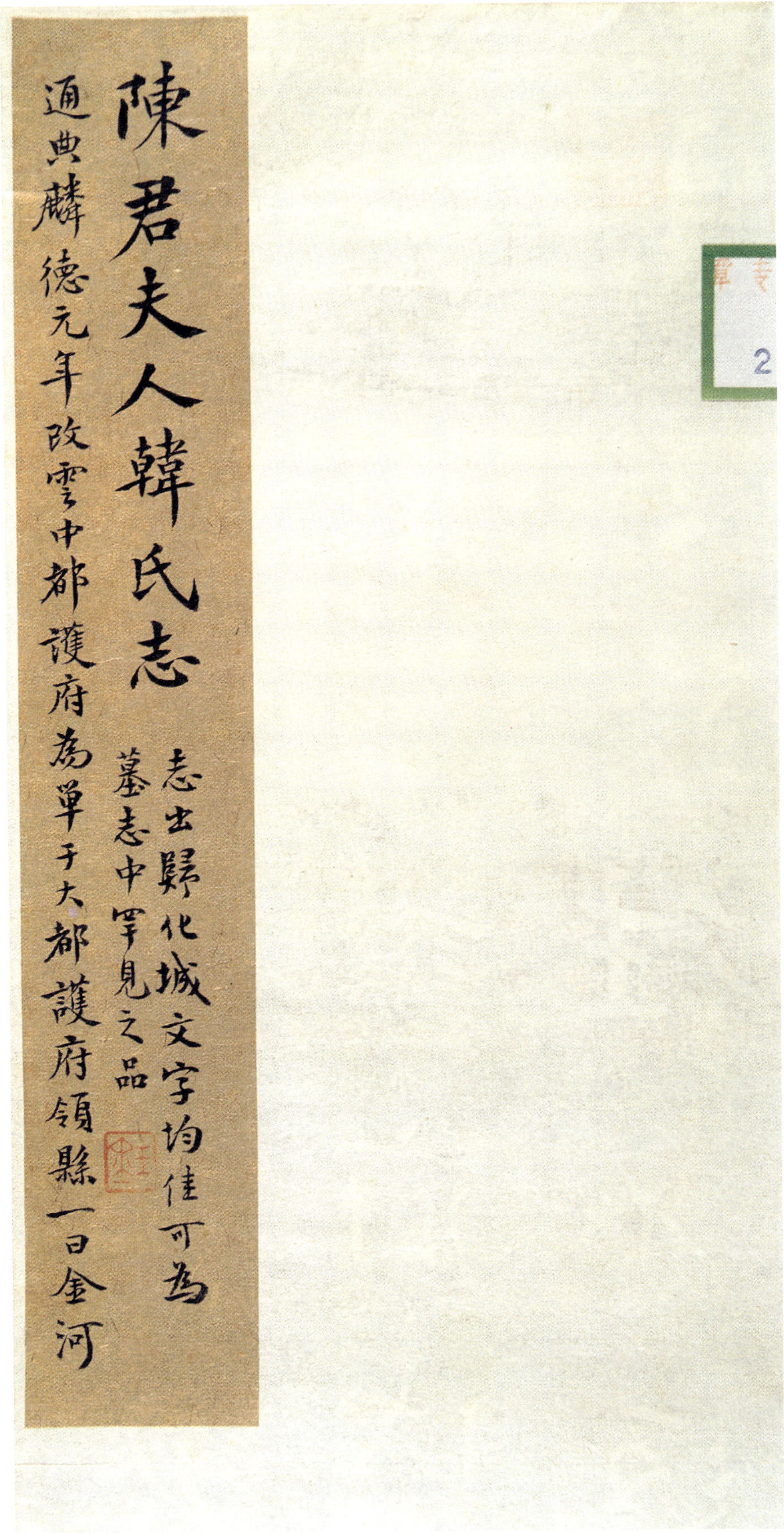

圖九三．陳令忠妻韓氏墓誌跋

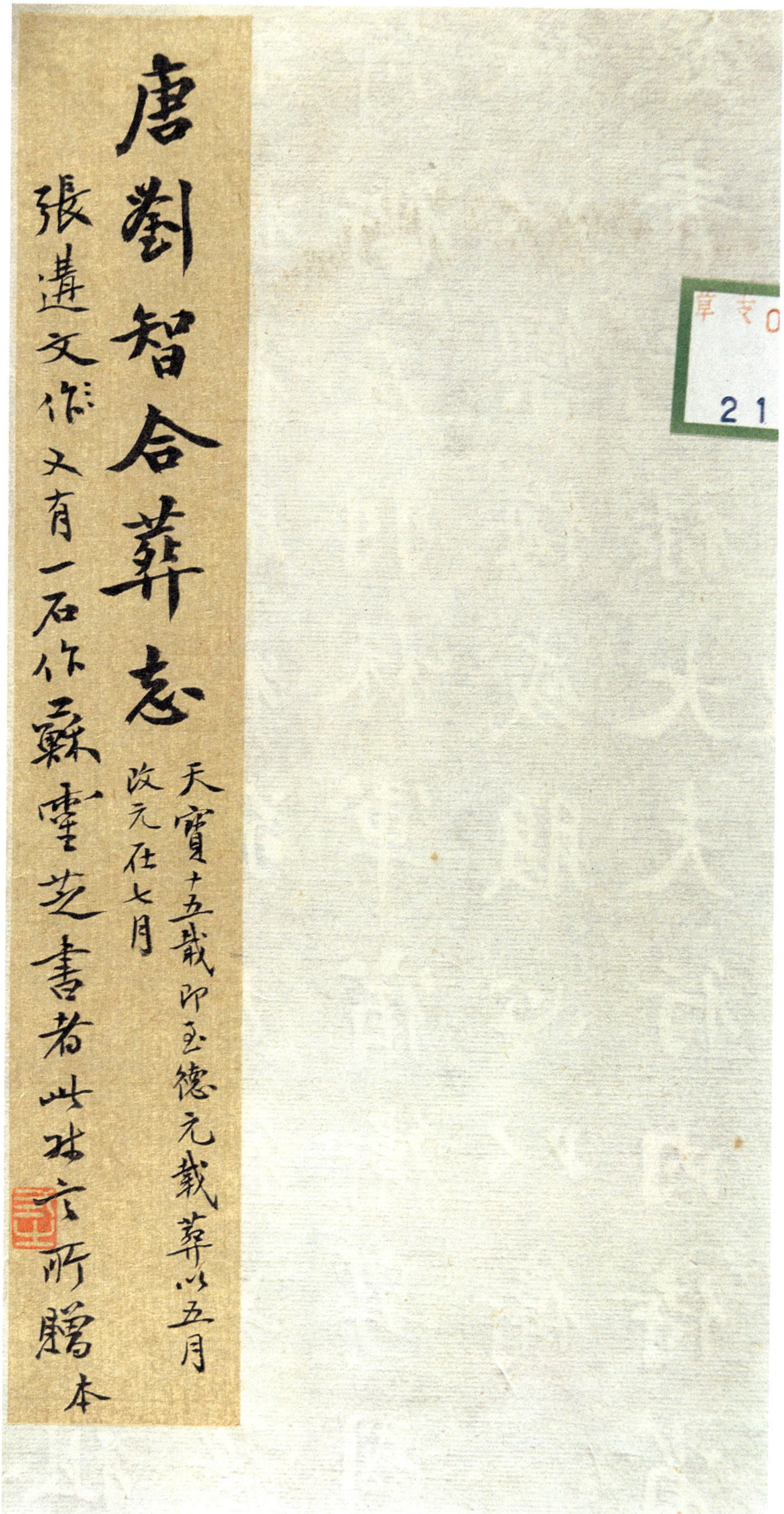

圖九四. 劉智墓誌跋

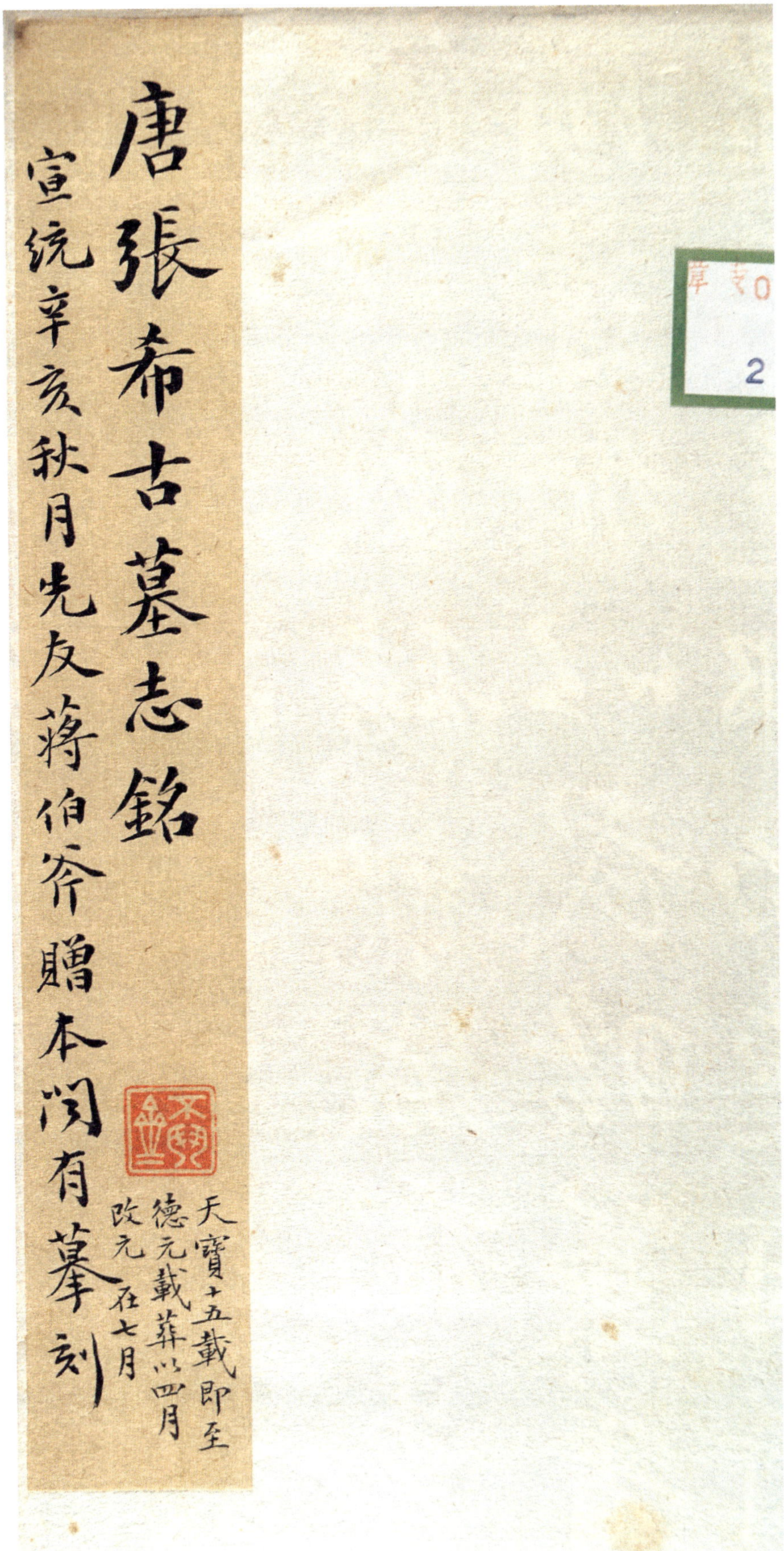

圖九五．張希古墓誌跋

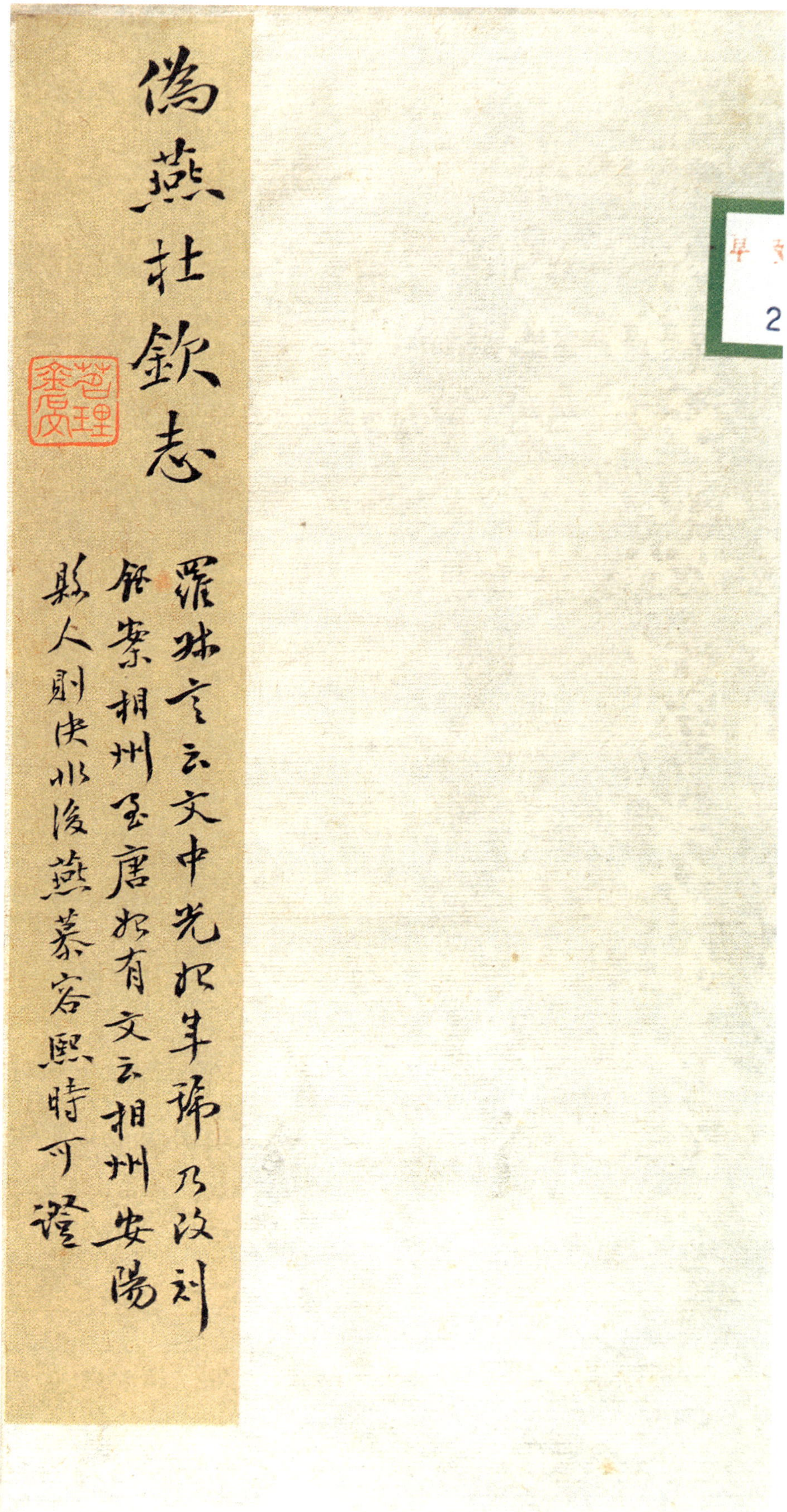

圖九六．杜欽墓誌跋

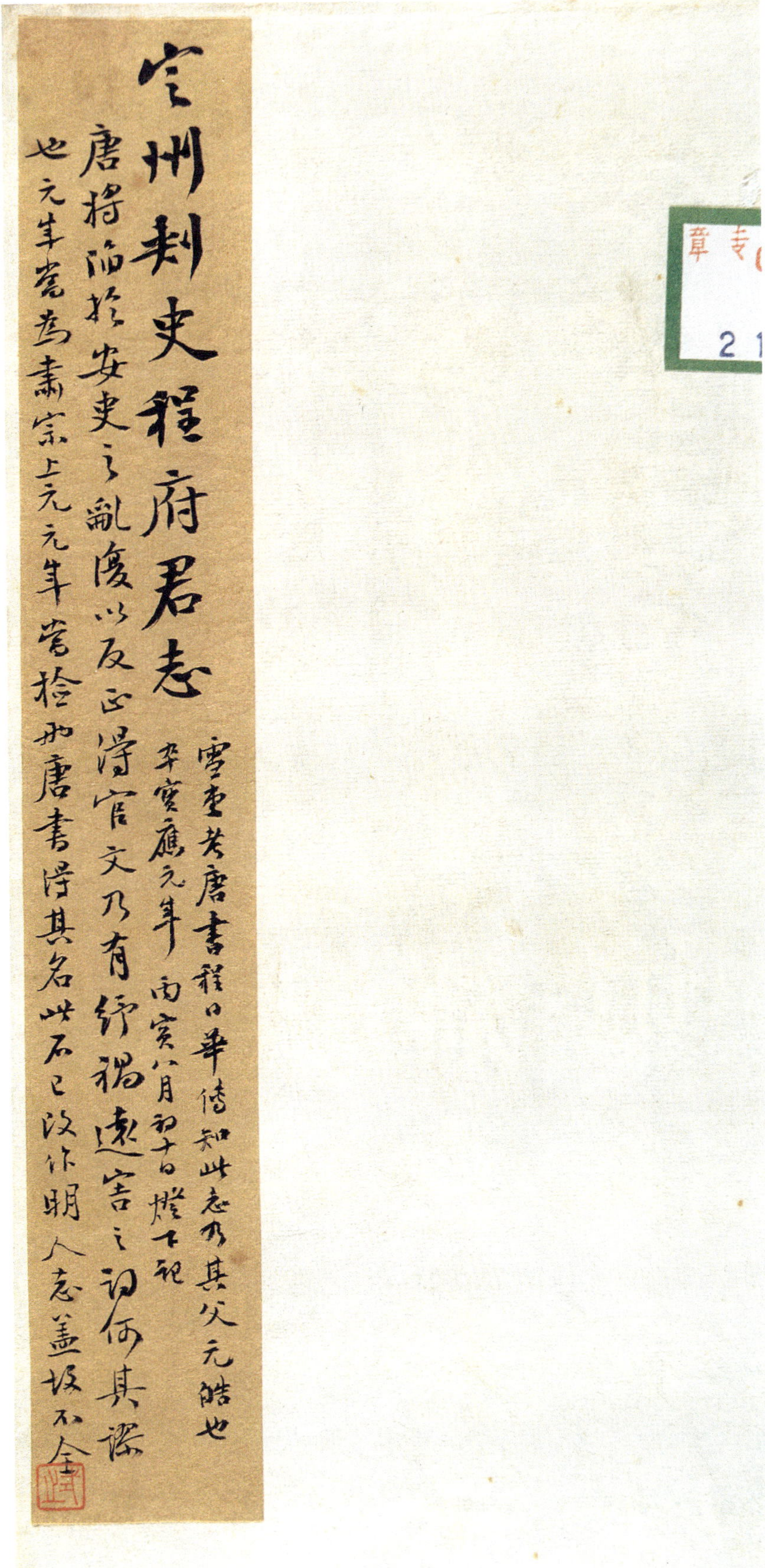
定州刺史程府君志
唐將陷於安史之亂復以反正得官文乃有紓禍遠害之詞何其謬
雪堂考唐書程日華傳知此志乃其父元皓也

圖九七. 程元皓墓誌跋

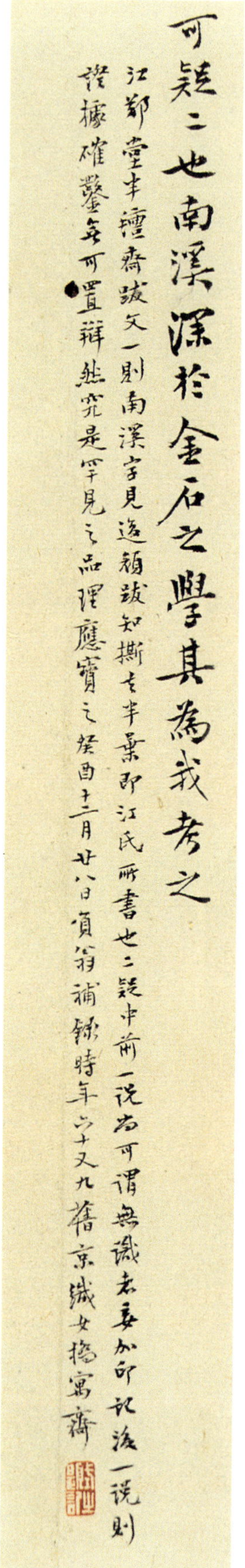

可疑二也南溪深於金石之學其為我考之
江鄭堂半氊齋跋文一則南溪字見遂額跋知撕去半葉即江氏所書也二疑中前一說尚可謂無識者妄加印記後一說則
證據確鑿無可置辯然究是罕見之品理應寶之 癸酉十二月廿八日貞翁補錄時年六十又九 舊京織女橋寓齋

圖九八. 十七帖跋

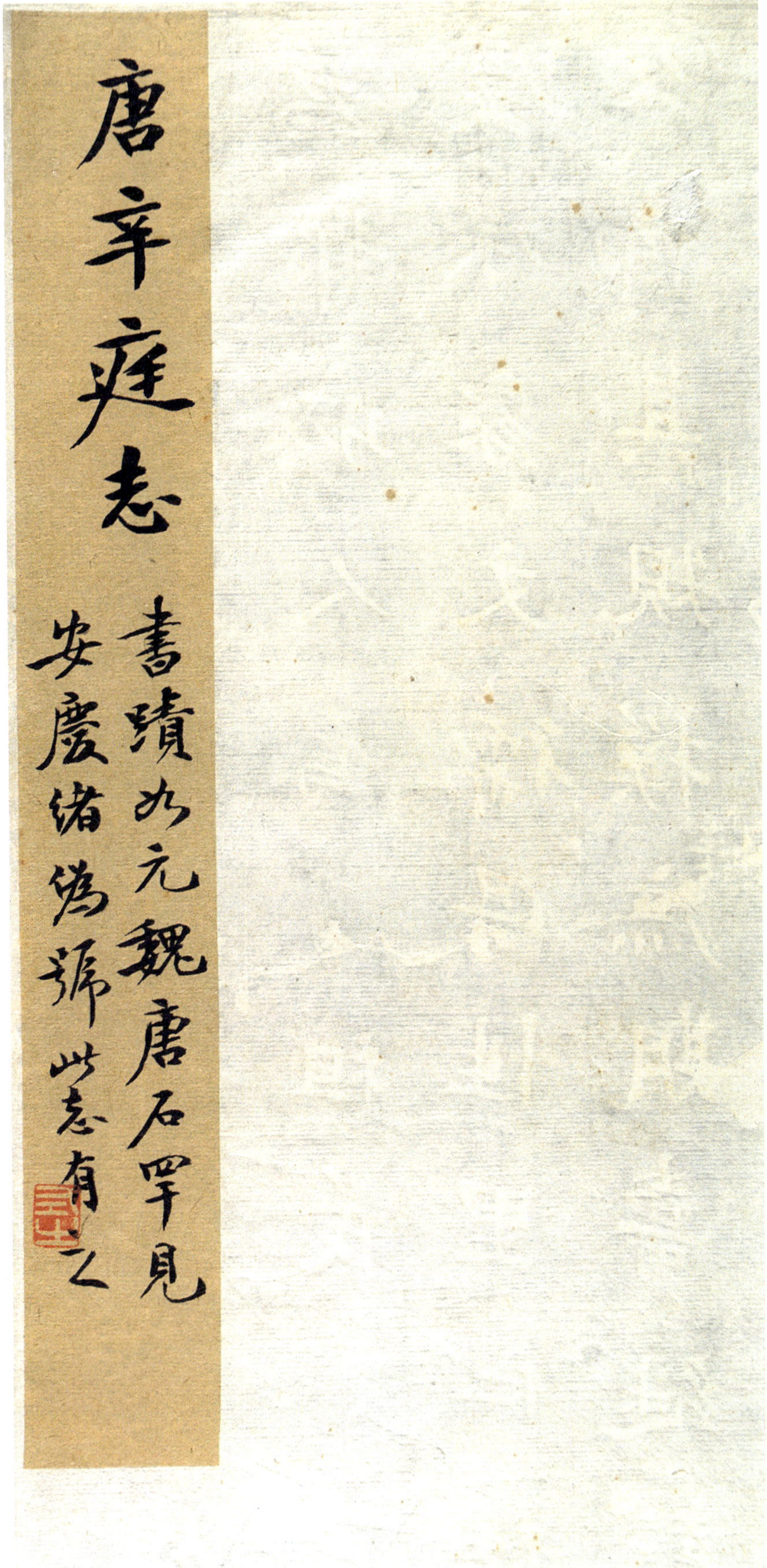

圖九九. 辛庭墓誌跋

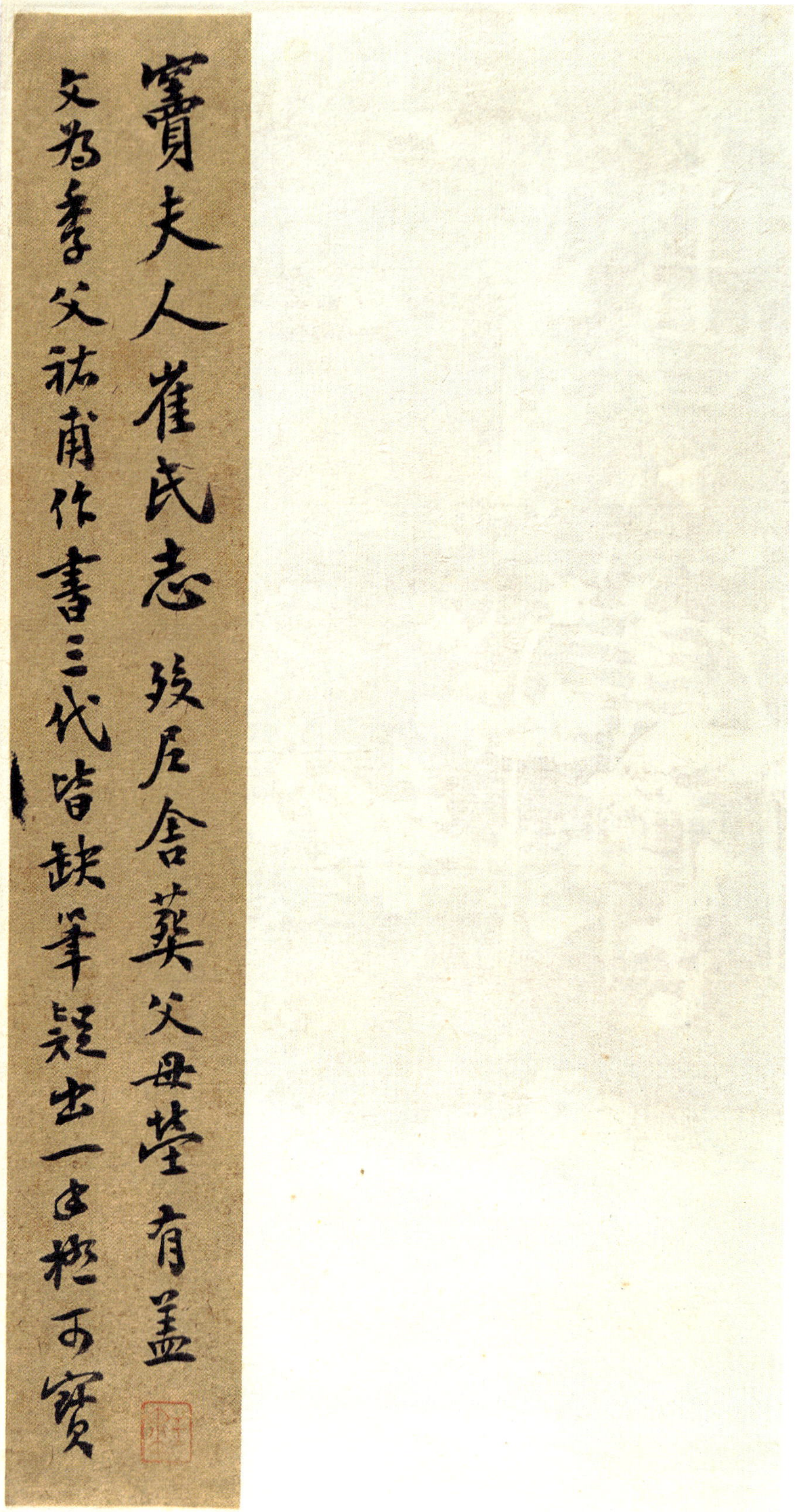

圖一〇〇. 竇叔華妻崔緼墓誌跋

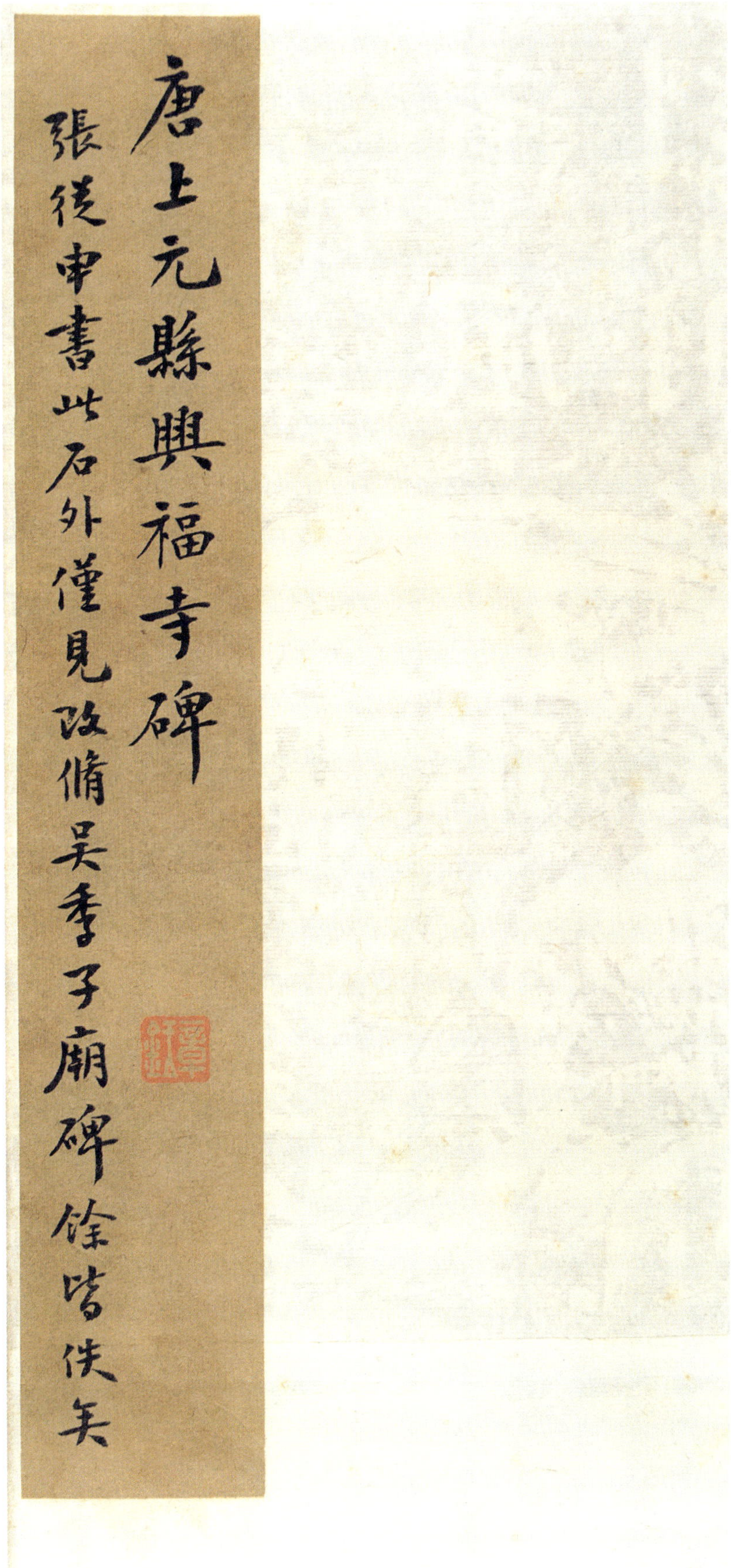

圖一〇一. 福興寺碑跋

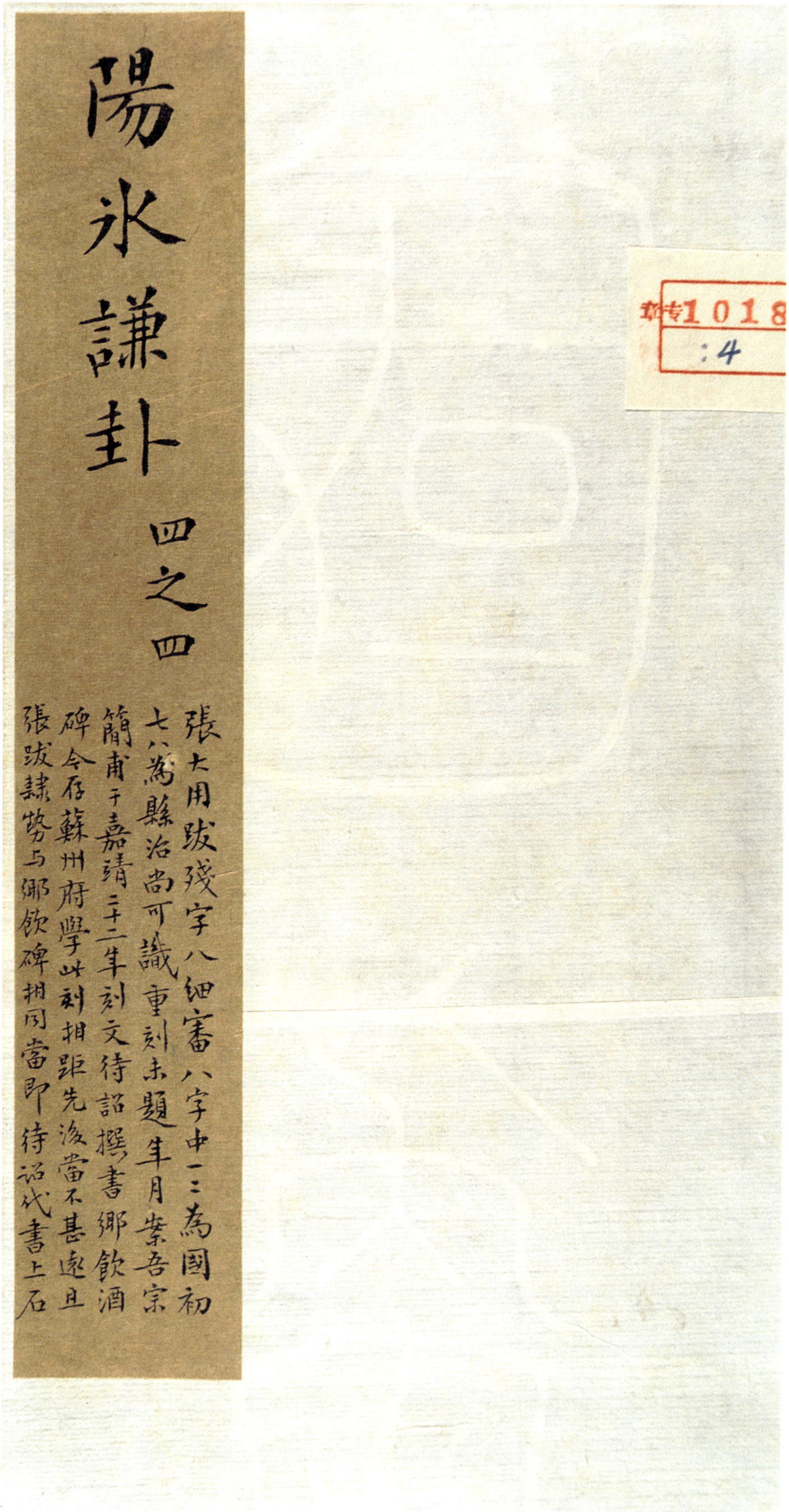
陽冰謙卦
四之四
張大用跋殘字八細審八字中一二為國初
七八為縣治尚可識重刻未題年月案吾宗
簡甫于嘉靖二十二年刻文待詔撰書鄉飲酒
碑今存蘇州府學此刻相距先後當不甚遠且
張跋隸勢與鄉飲碑相同當即待詔代書上石
章专1018
:4

圖一〇二. 謙卦碑跋

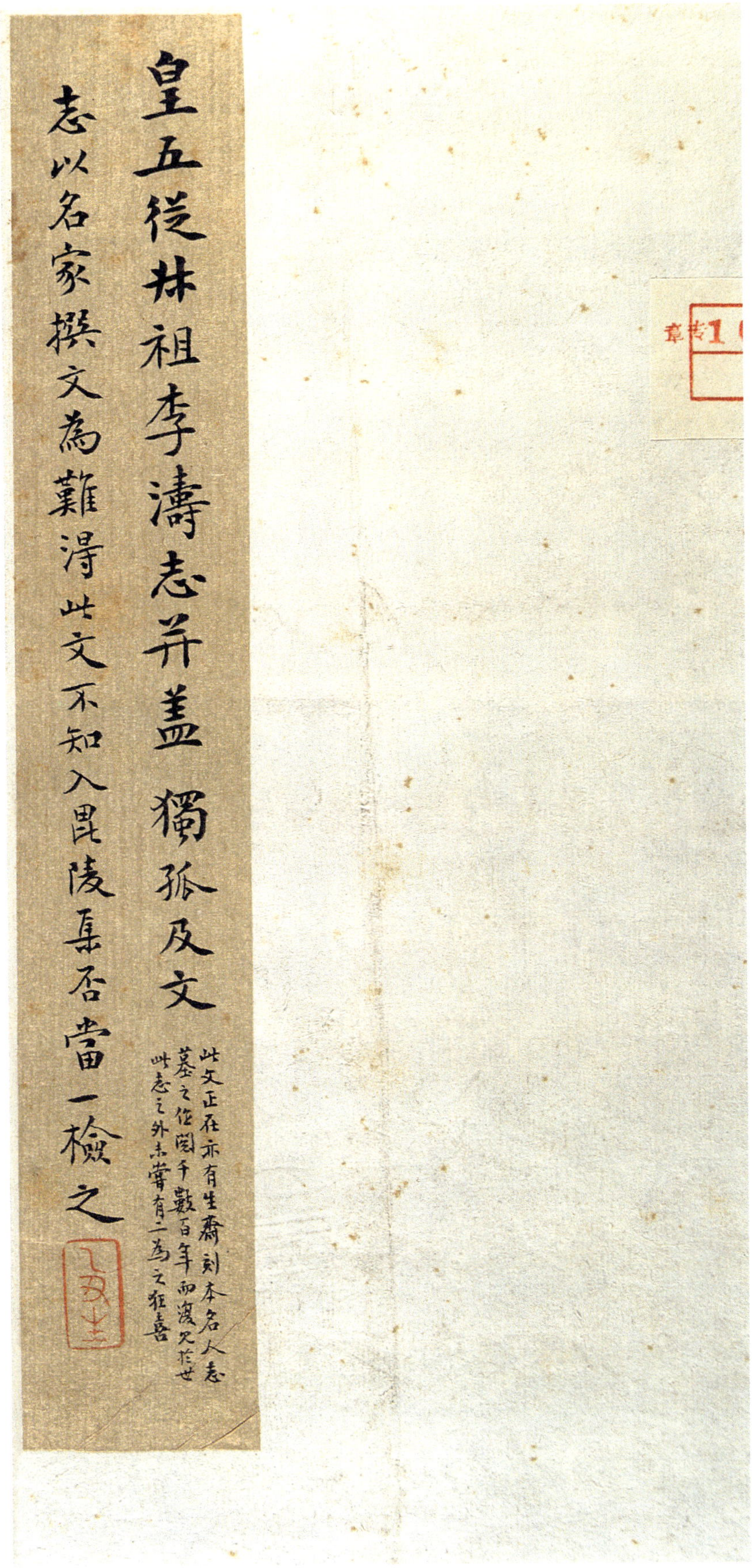
皇五從林祖李濤志并蓋　獨孫及文
志以名家撰文爲難得此文不知入毘陵集否當一檢之
此文正在亦有生齋刻本名人志
墓之作閱千數百年而復見於世
此志之外未嘗有二爲之狂喜

圖一〇三．李濤墓誌跋（一）

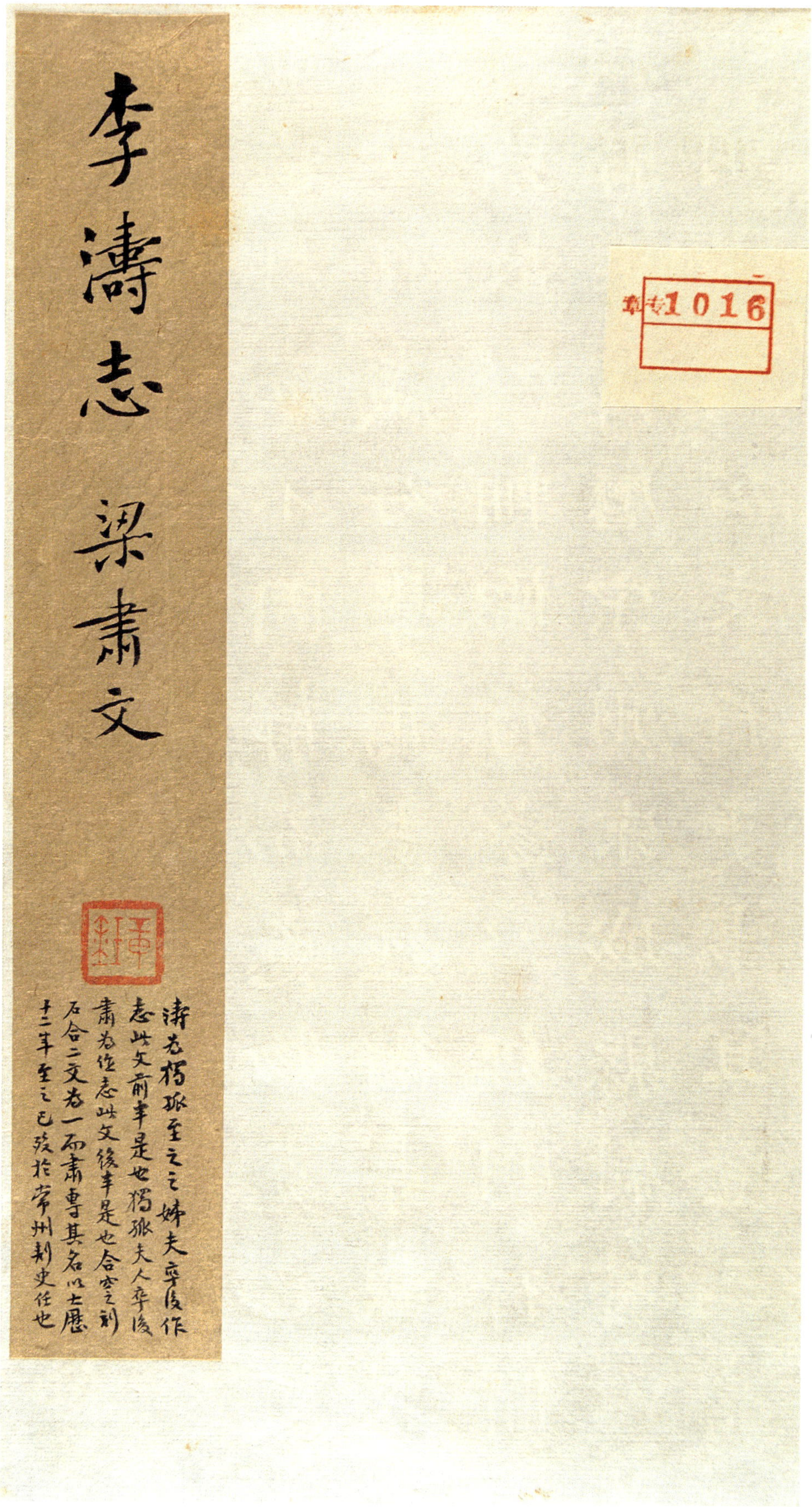

圖一〇四．李濤墓誌跋（二）

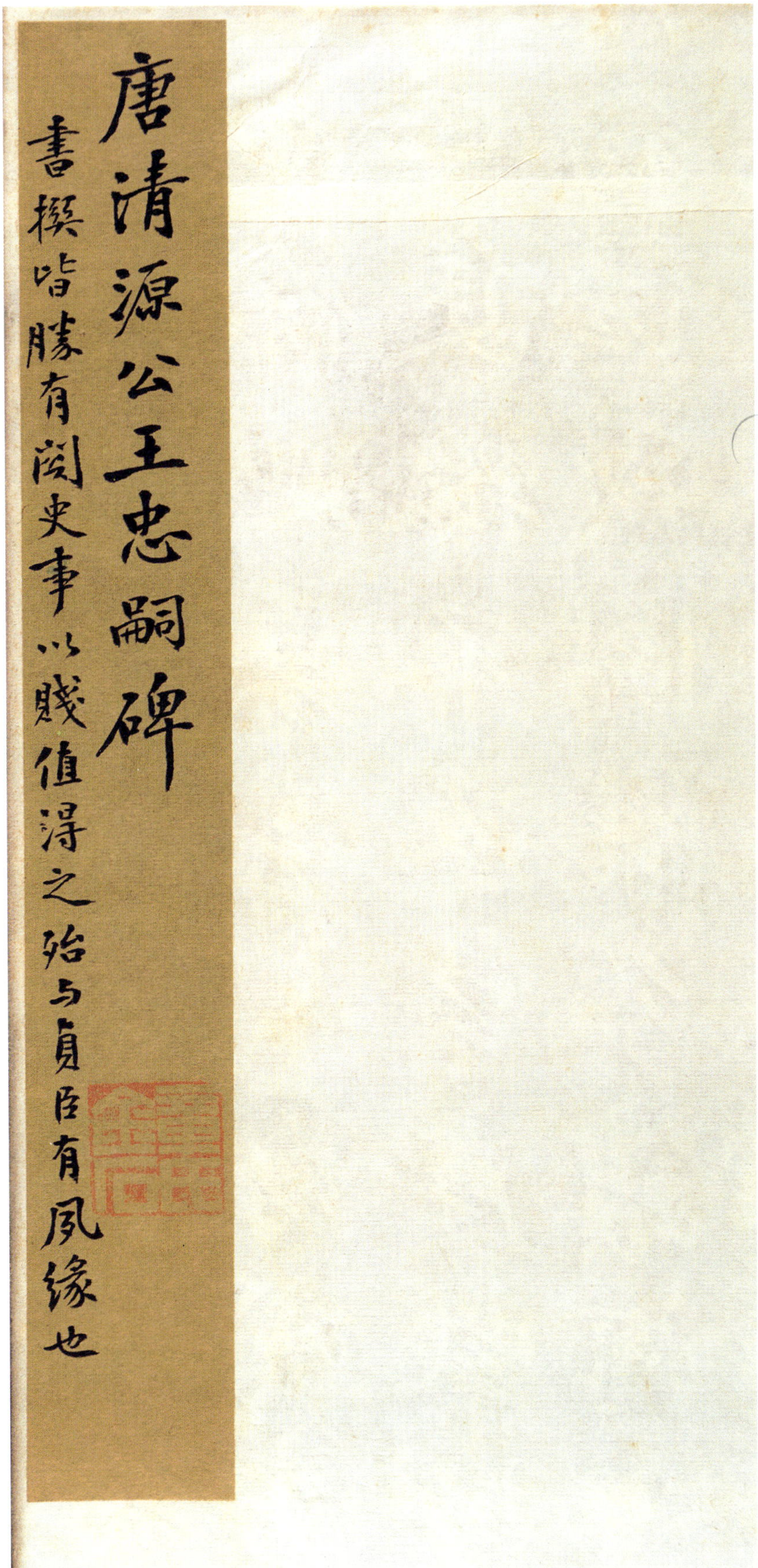

圖一〇五．王忠嗣神道碑跋

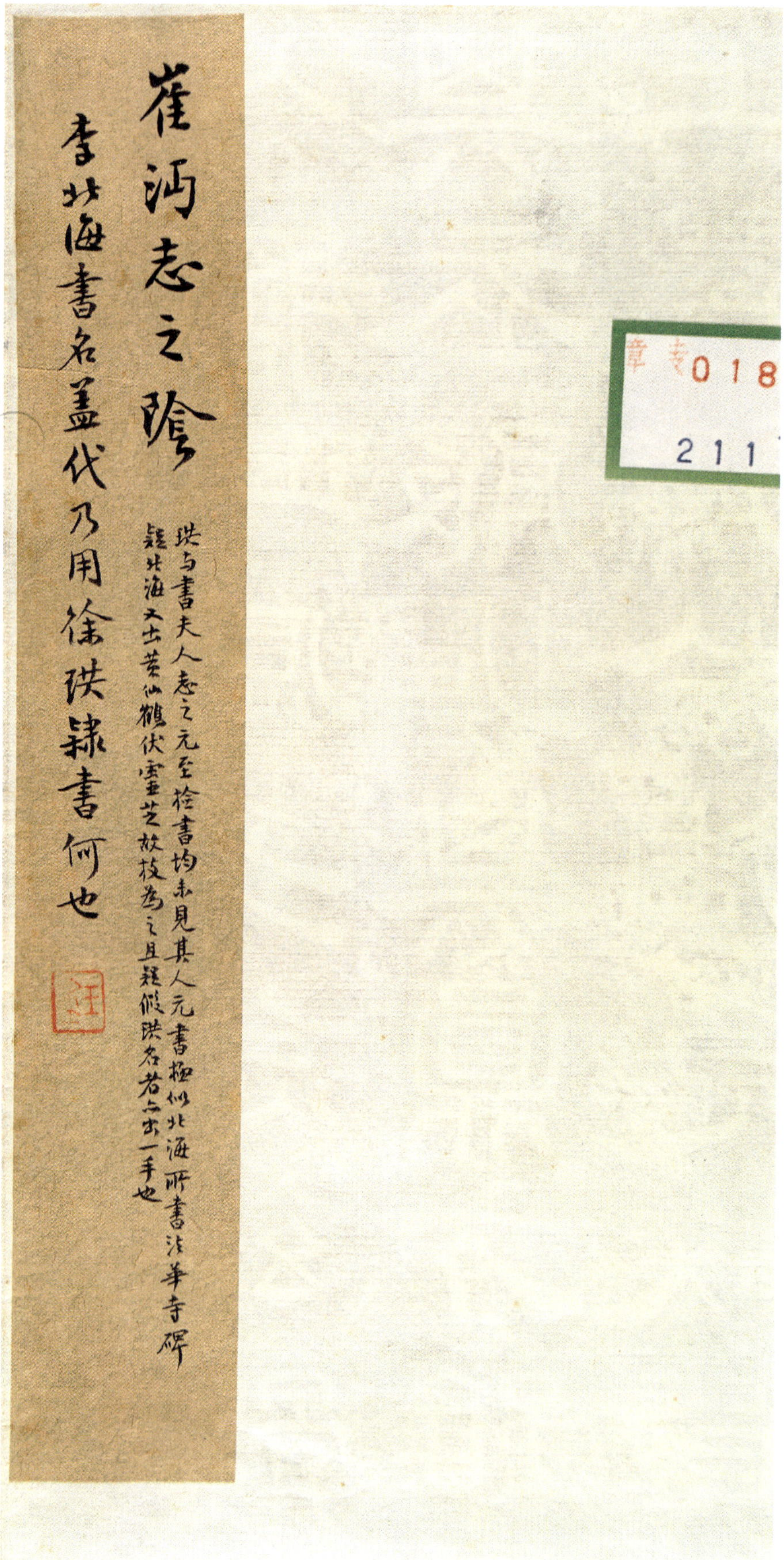

圖一〇六. 崔沔墓誌跋

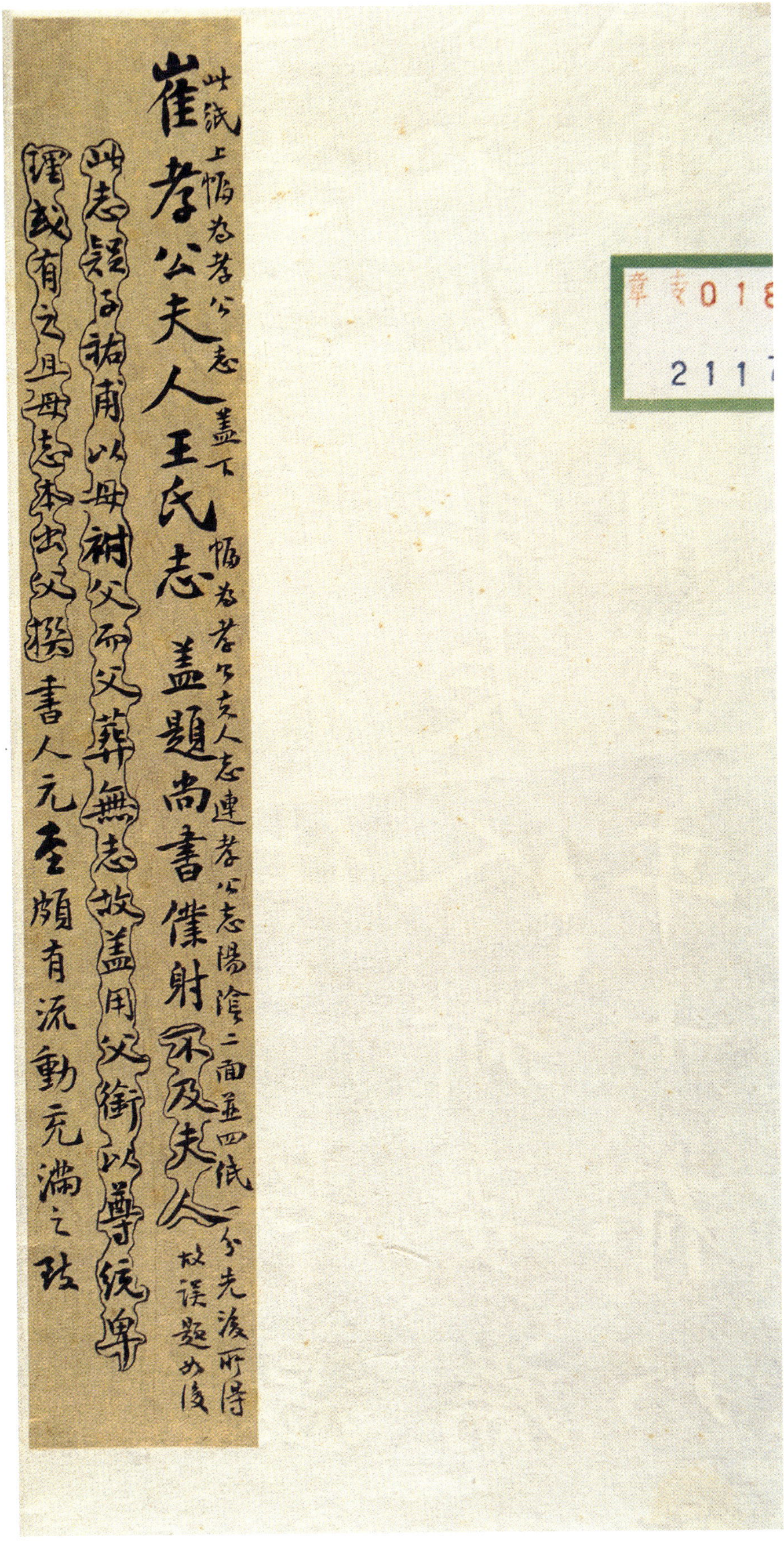

圖一〇七. 崔沔妻王方大墓誌跋

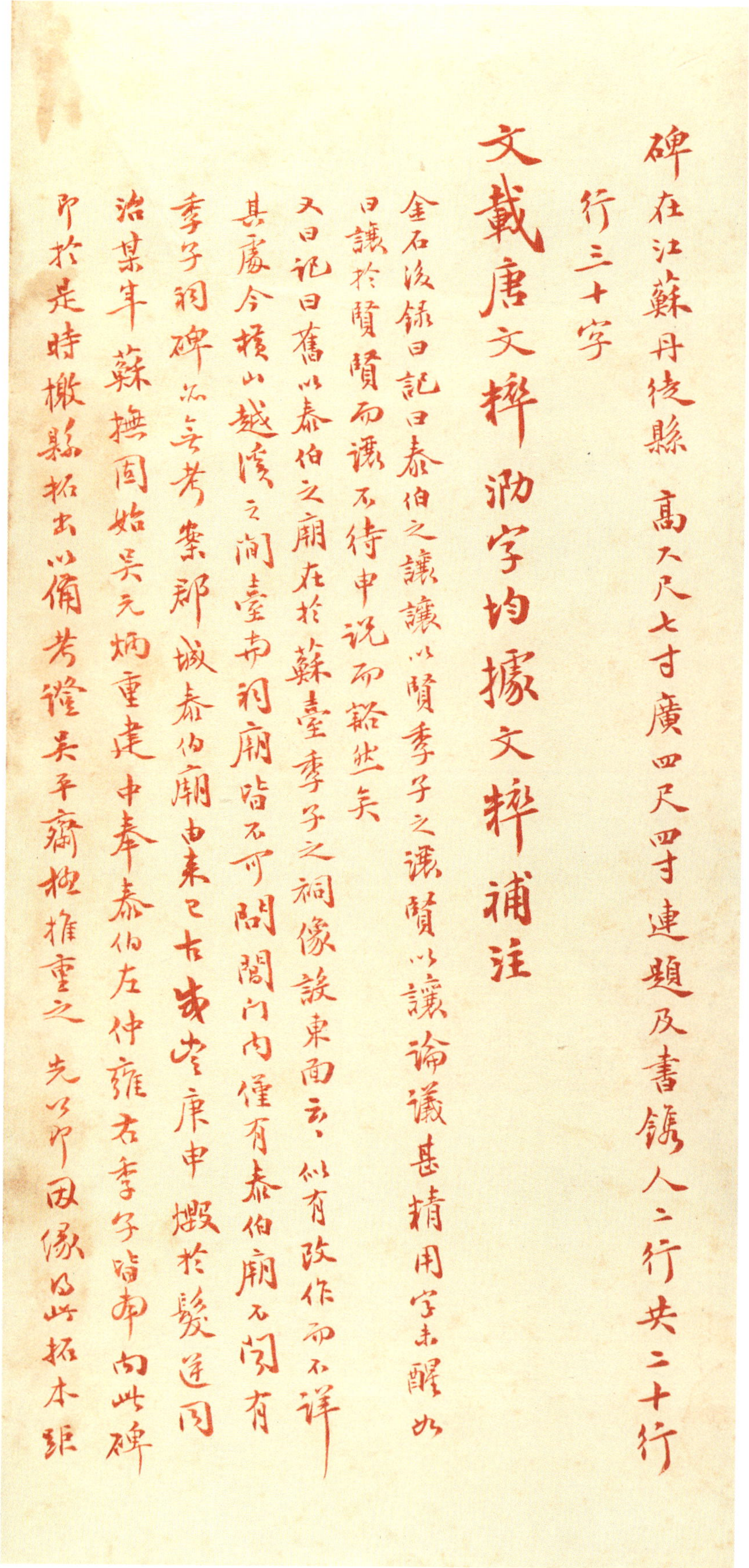
碑在江蘇丹徒縣　高七尺七寸廣四尺四寸連題及書鐫人二行共二十行
行三十字
文載唐文粹　泐字均據文粹補注
金石後錄曰記曰泰伯之讓讓以賢季子之讓賢以讓論議甚精用字未醒如
曰讓於賢賢而讓不待申說而語然矣
又曰記曰舊以泰伯之廟在於蘇臺季子之祠像設東面云云似有改作而不詳
其處今橫山越瀆之閒臺南祠廟皆不可問閶門内僅有泰伯廟不聞有
季子祠碑以吾考案郡城泰伯廟由來已古咸豐庚申燬於髮逆同
治某年蘇撫閩始吳元炳重建中奉泰伯左仲雍右季子皆南向此碑
即於是時檄縣拓出以備考證吳平齋極推重之　先以此因緣得此拓本距

圖一〇八·一.　吳延陵季子廟記跋

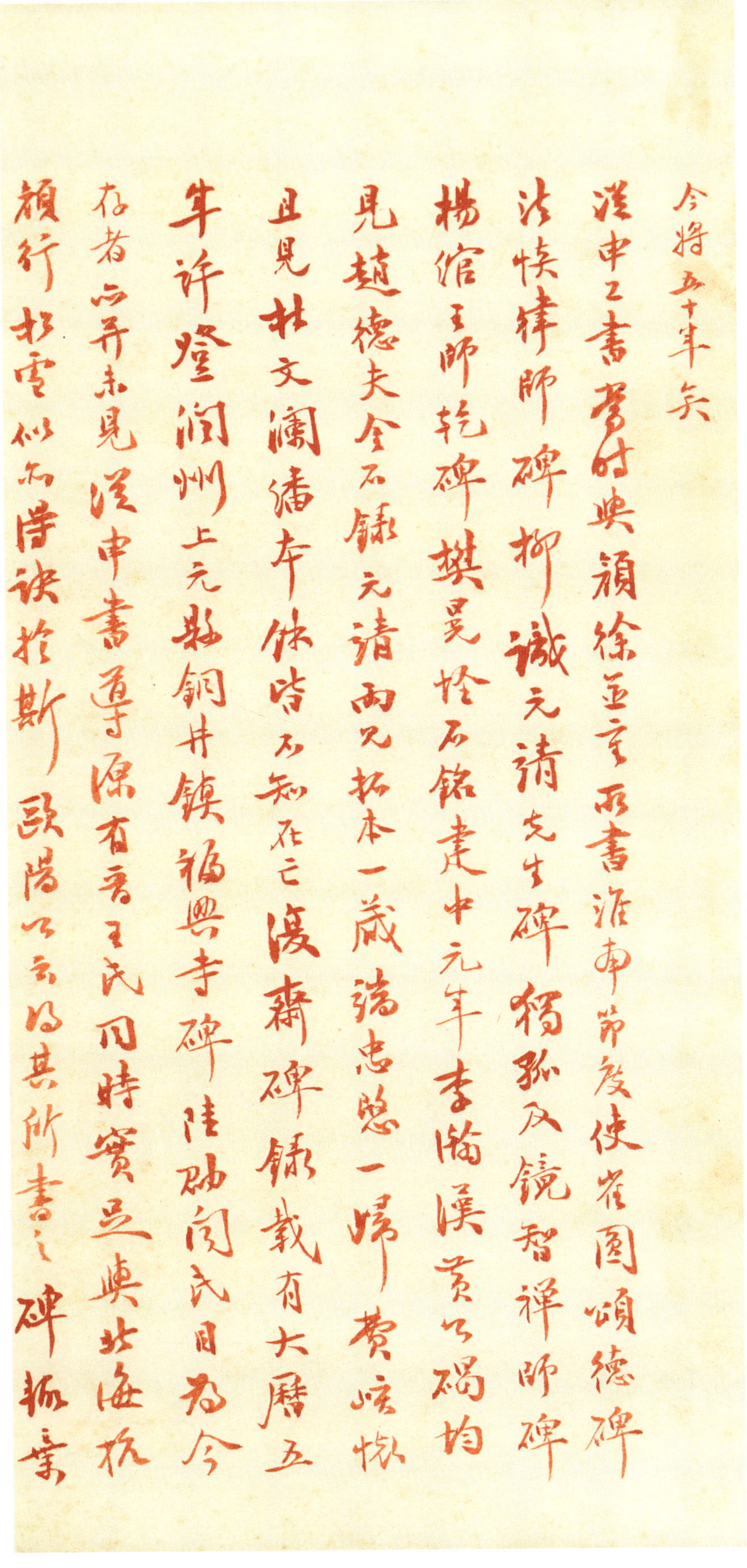

圖一〇八·二. 吳延陵季子廟記跋

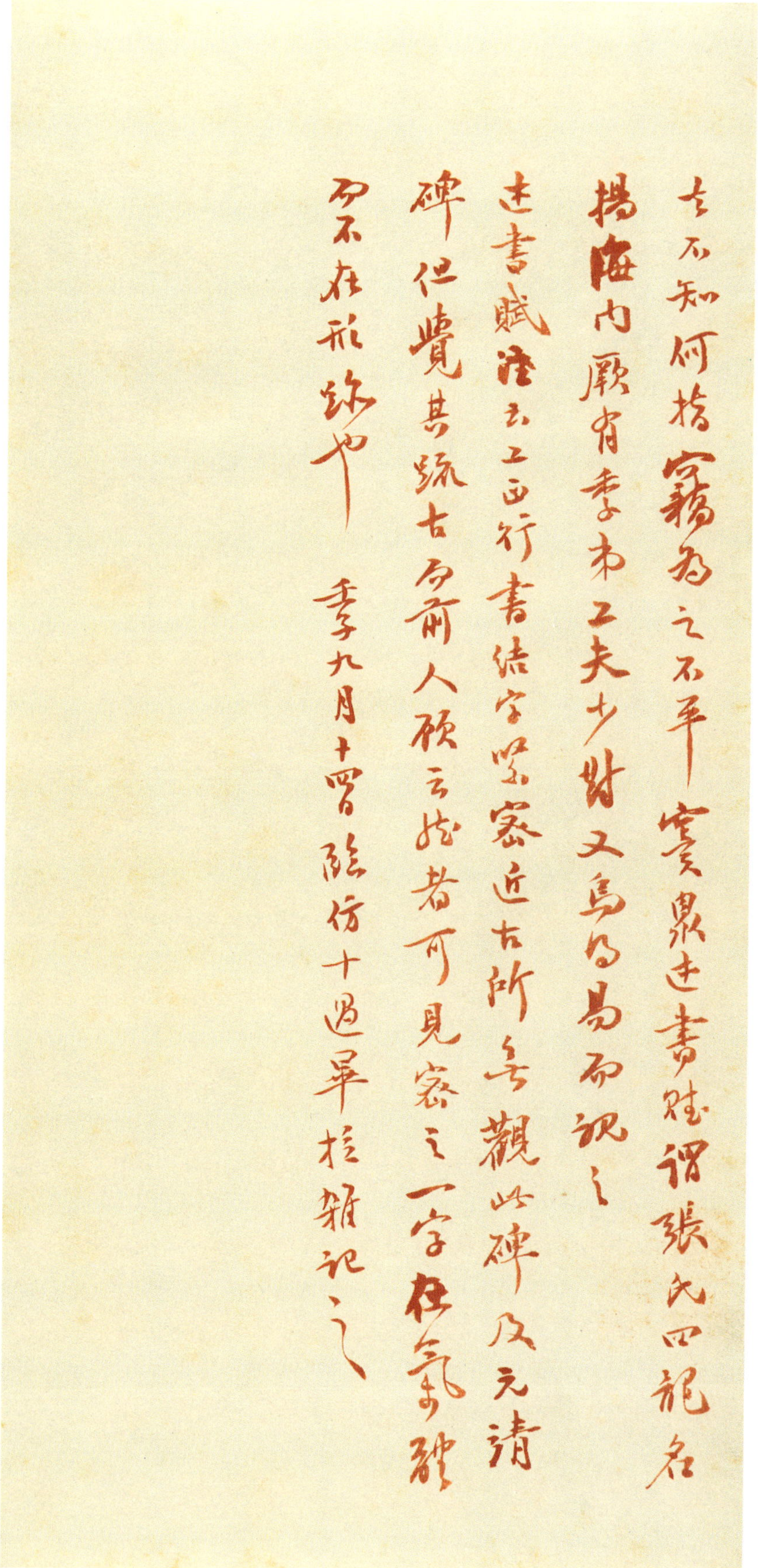

圖一〇八·三. 吳延陵季子廟記跋

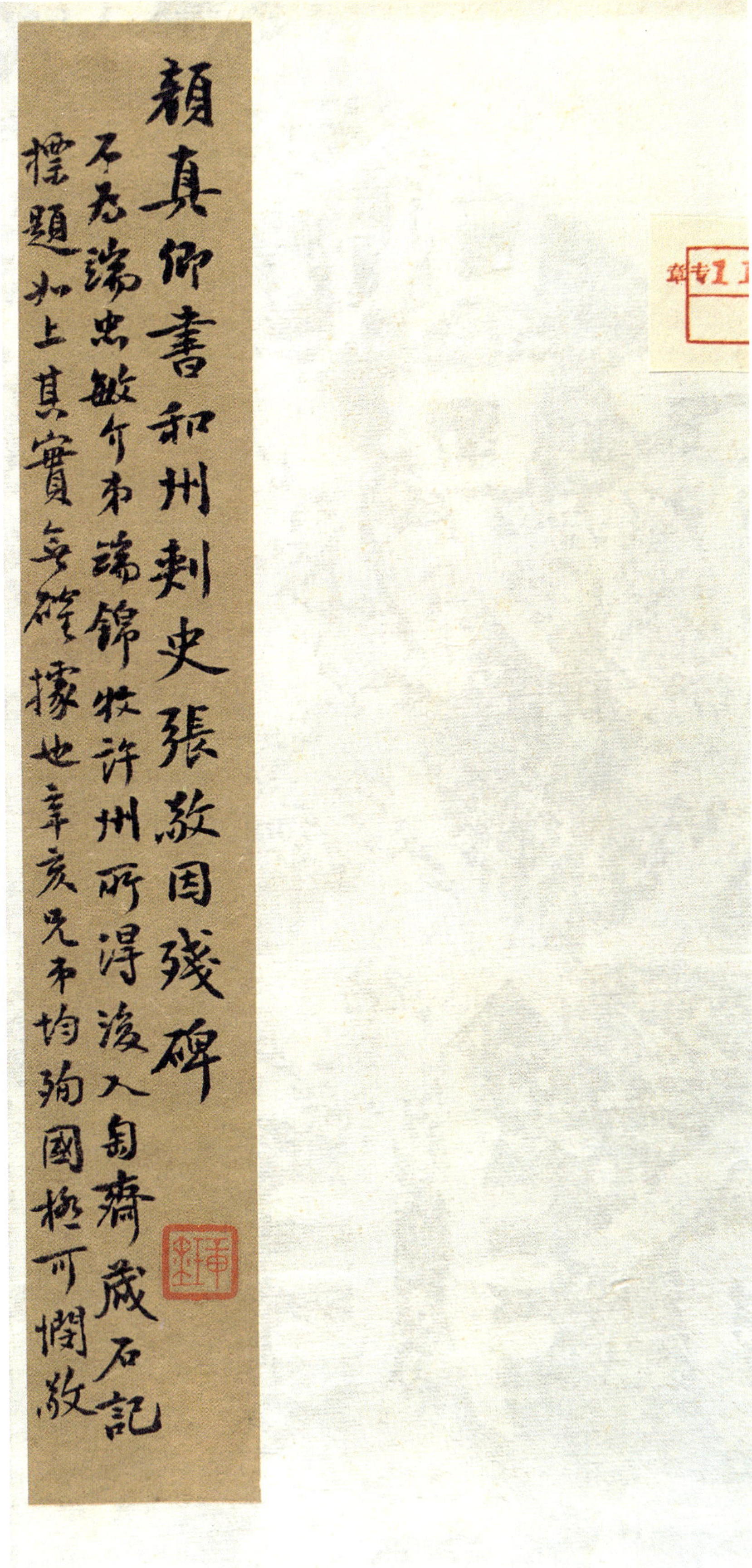

圖一〇九．張敬因碑跋

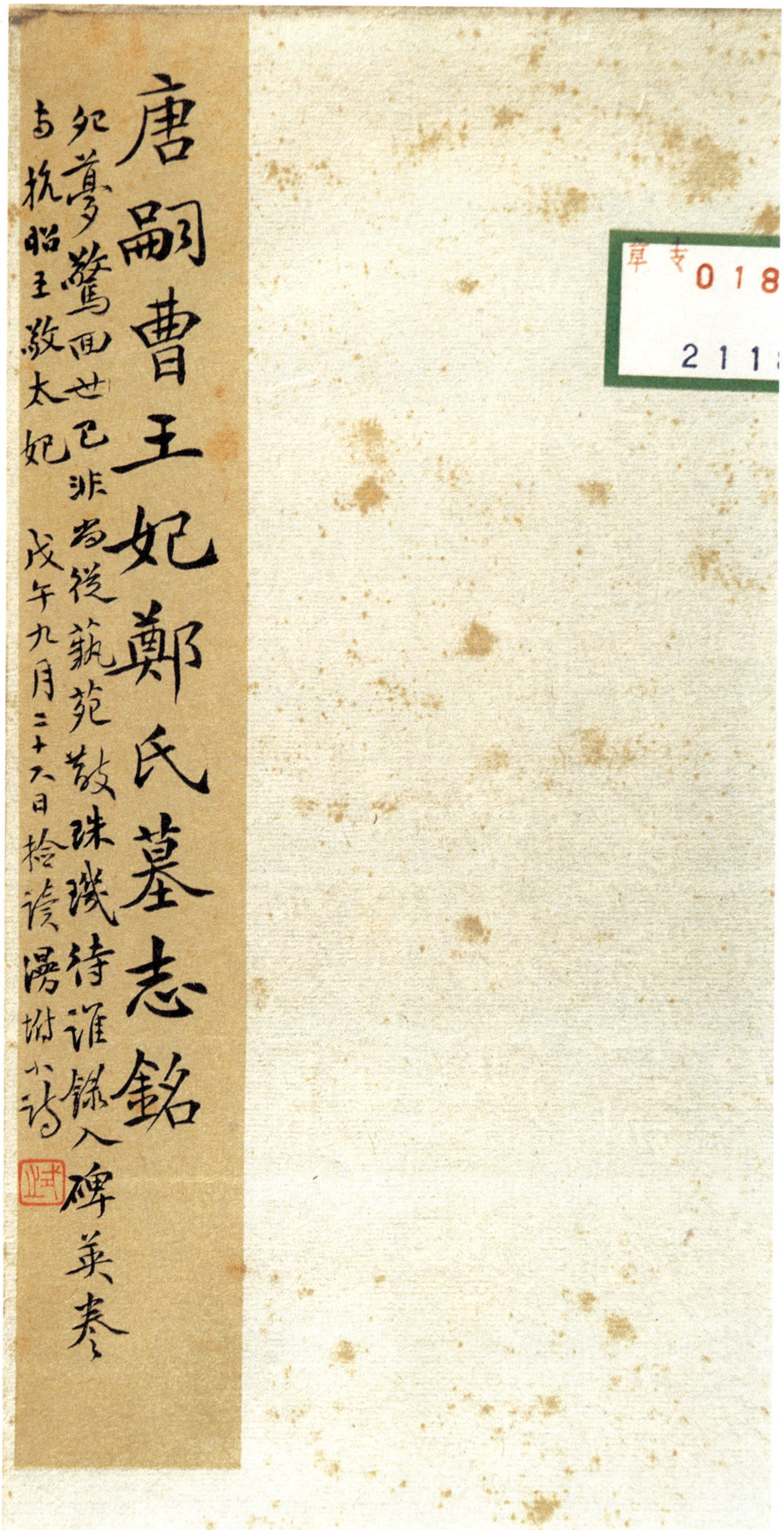

圖一一〇. 李戢妃鄭中墓誌跋

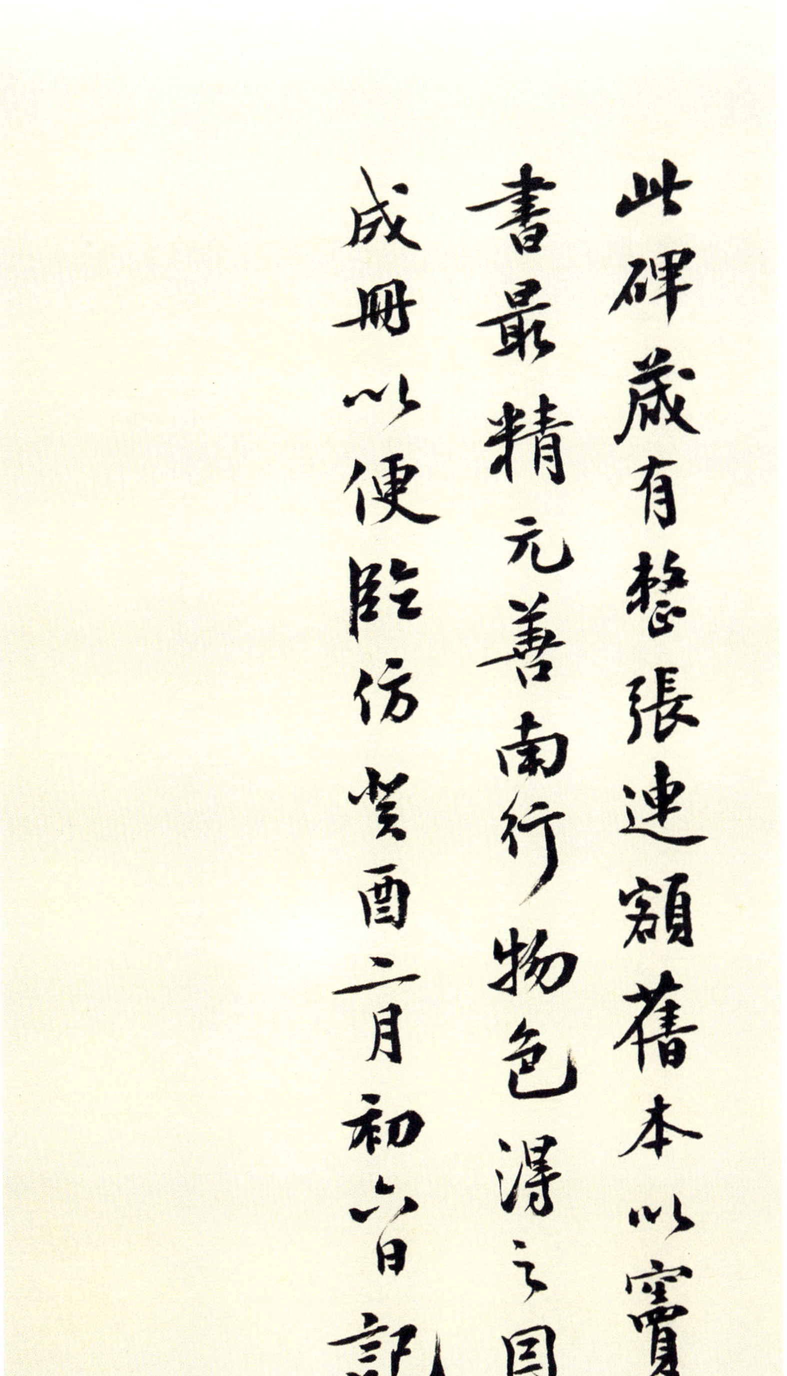

此碑藏有整張連額舊本以竇氏述書最精元善南行物色得之因付裝成冊以便臨仿 癸酉二月初六日記

圖一一一. 景昭墓碑跋

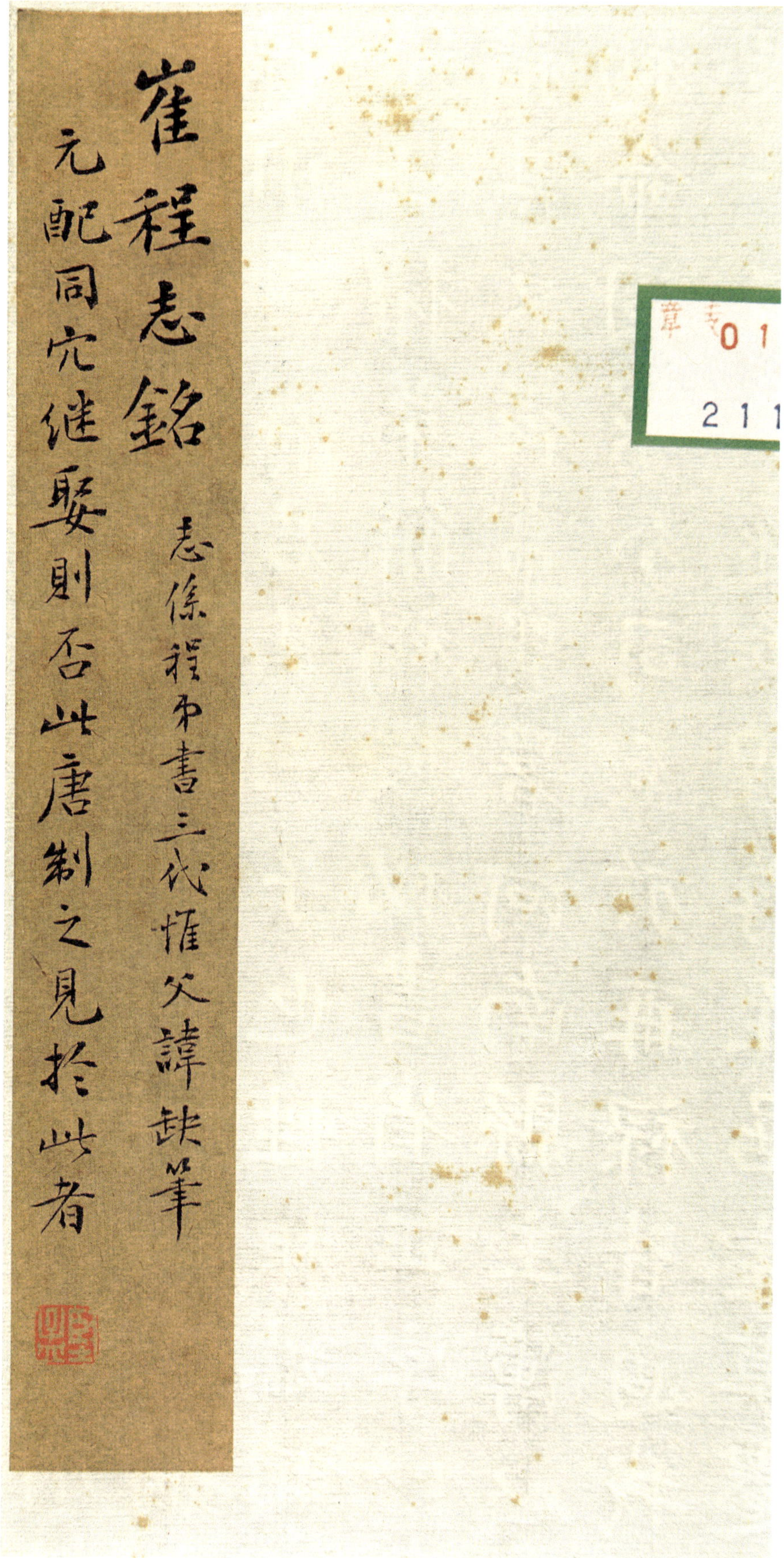

圖一一二. 崔程墓誌跋

圖一一三. 陳皆墓誌跋

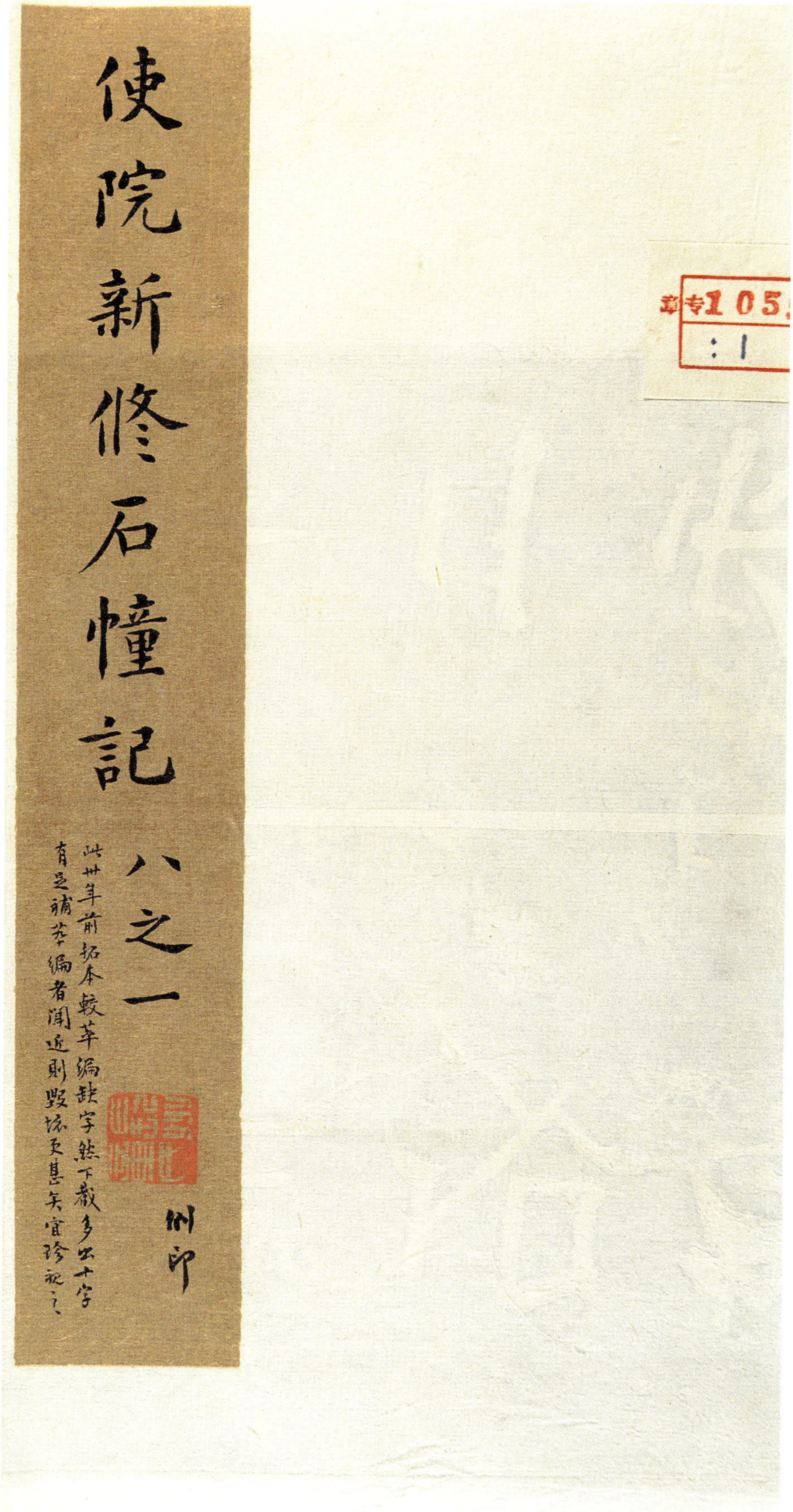

圖一一四．使院石幢記跋

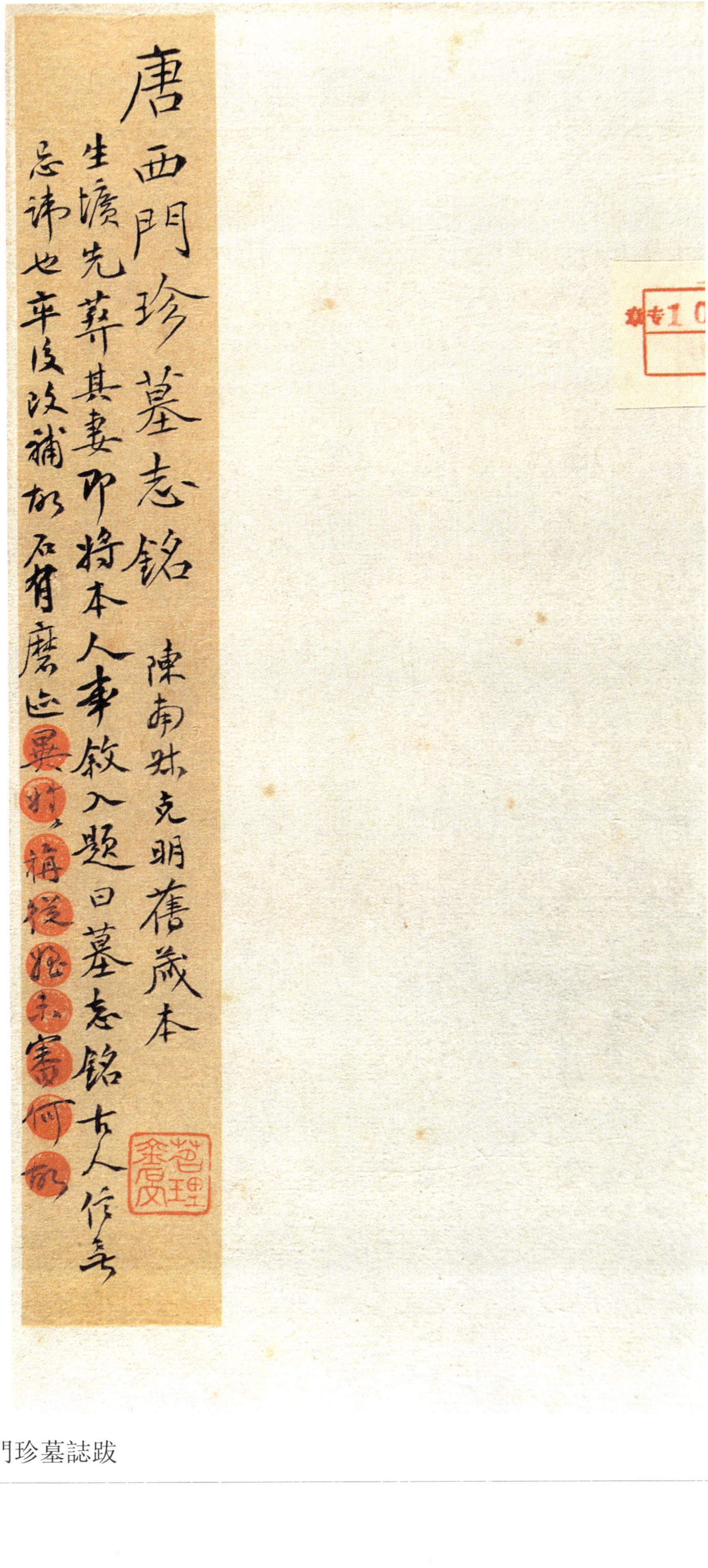

圖一一五．西門珍墓誌跋

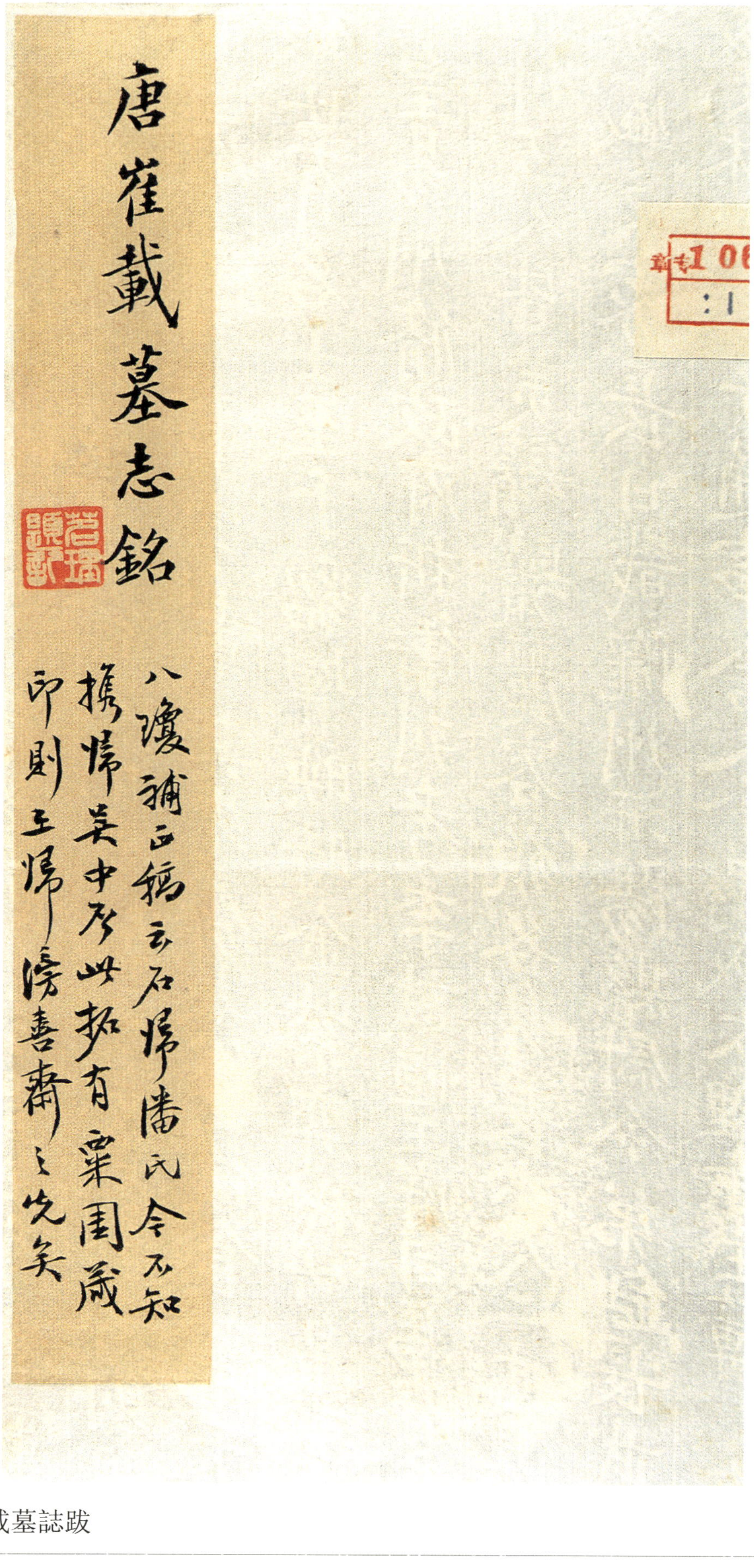

圖一一六. 崔載墓誌跋

圖一一七．楊君妻趙氏墓誌跋

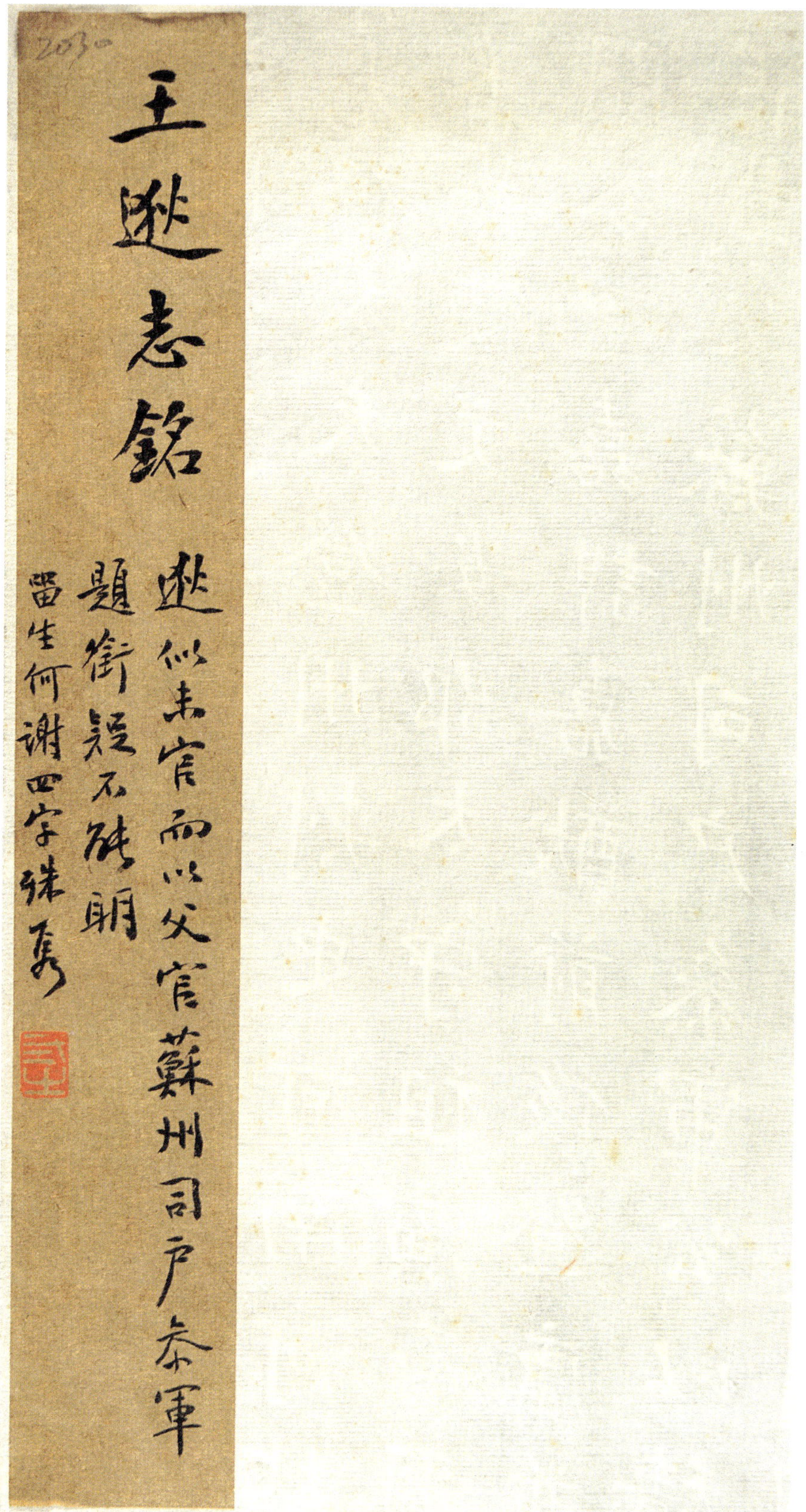

圖一一八．王逖墓誌跋

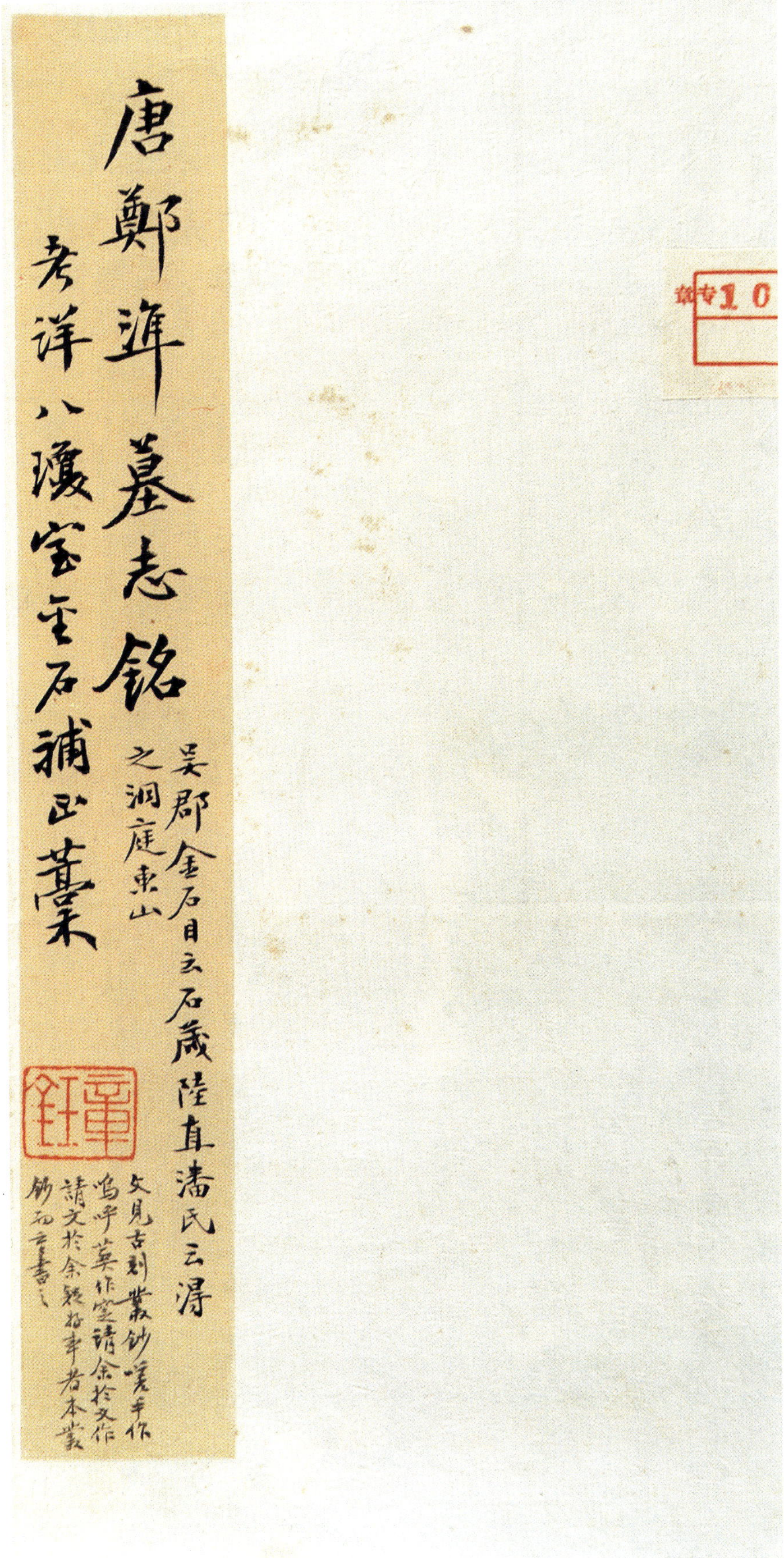

圖一一九. 鄭準墓誌跋

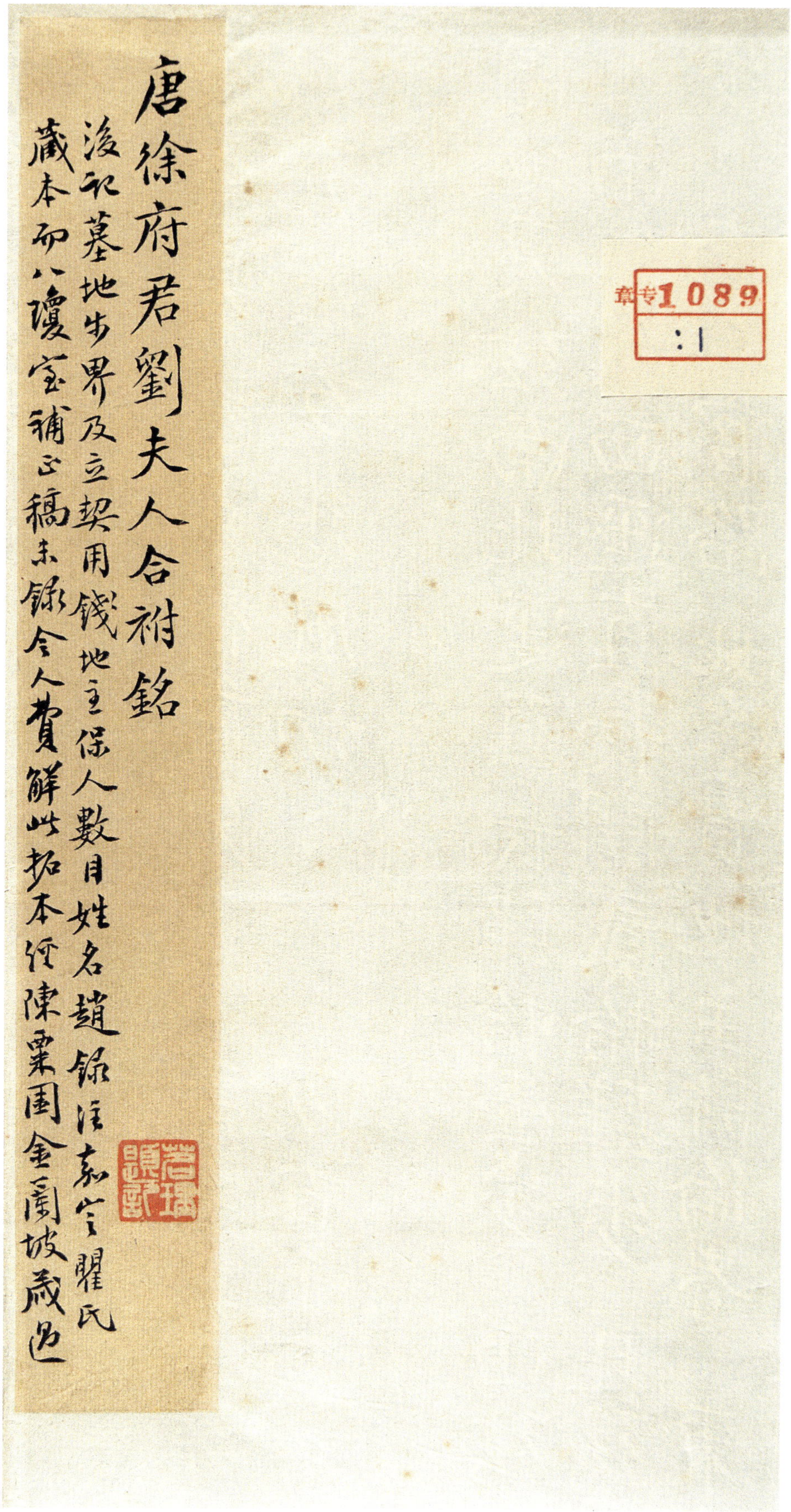

圖一二〇．徐及及妻劉氏墓誌跋

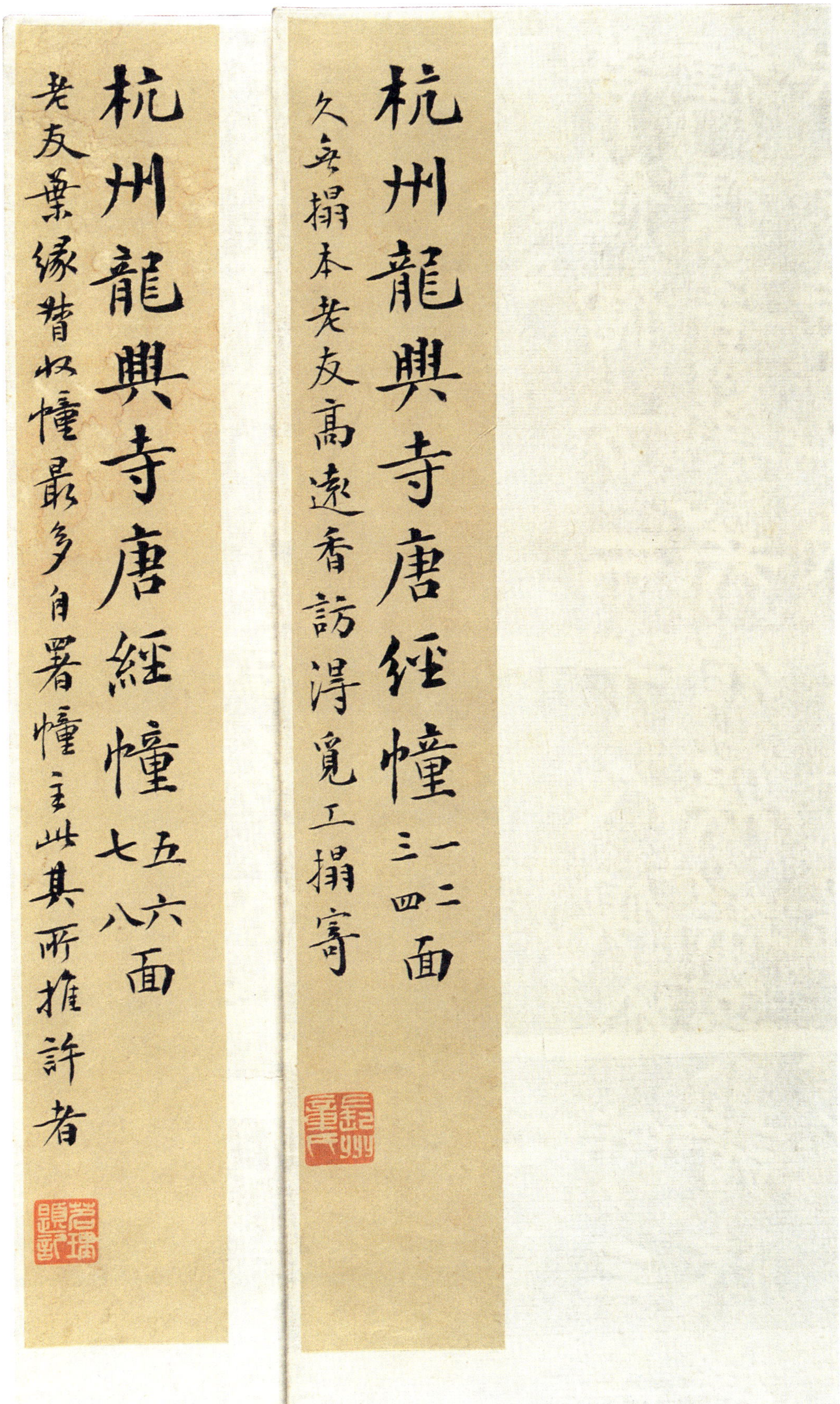
杭州龍興寺唐經幢一二三四面
久無搨本老友高遠香訪得覓工搨寄
杭州龍興寺唐經幢五六七八面
老友葉緣督收幢最多自署幢主此其所推許者

圖一二一．龍興寺經幢跋

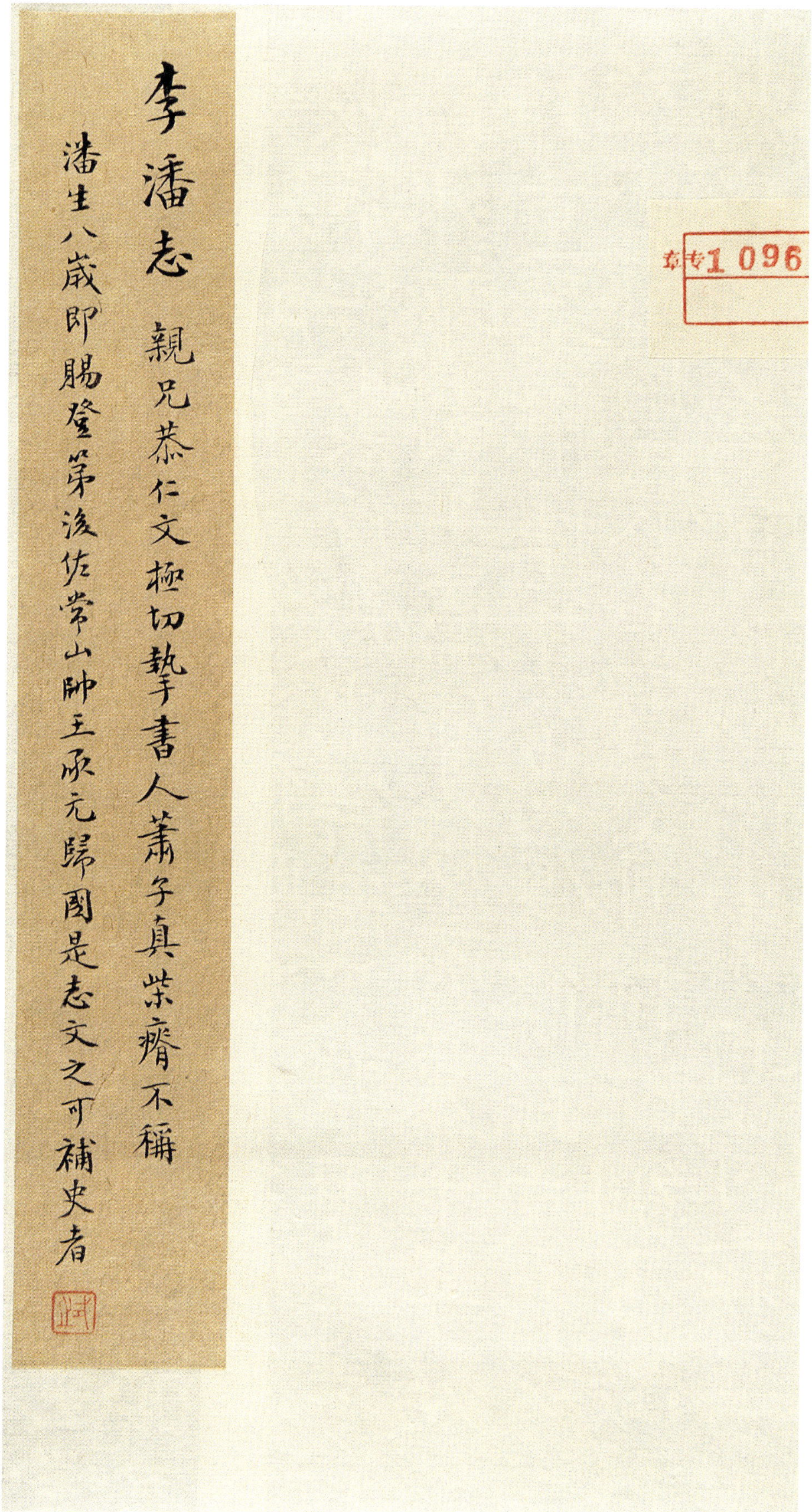

李潘志　親兄恭仁文極切埶書人蕭子真柴瘠不稱
潘生八歲即賜登第後佐常山帥王承元歸國是志文之可補史者

圖一二二．李潘墓誌跋

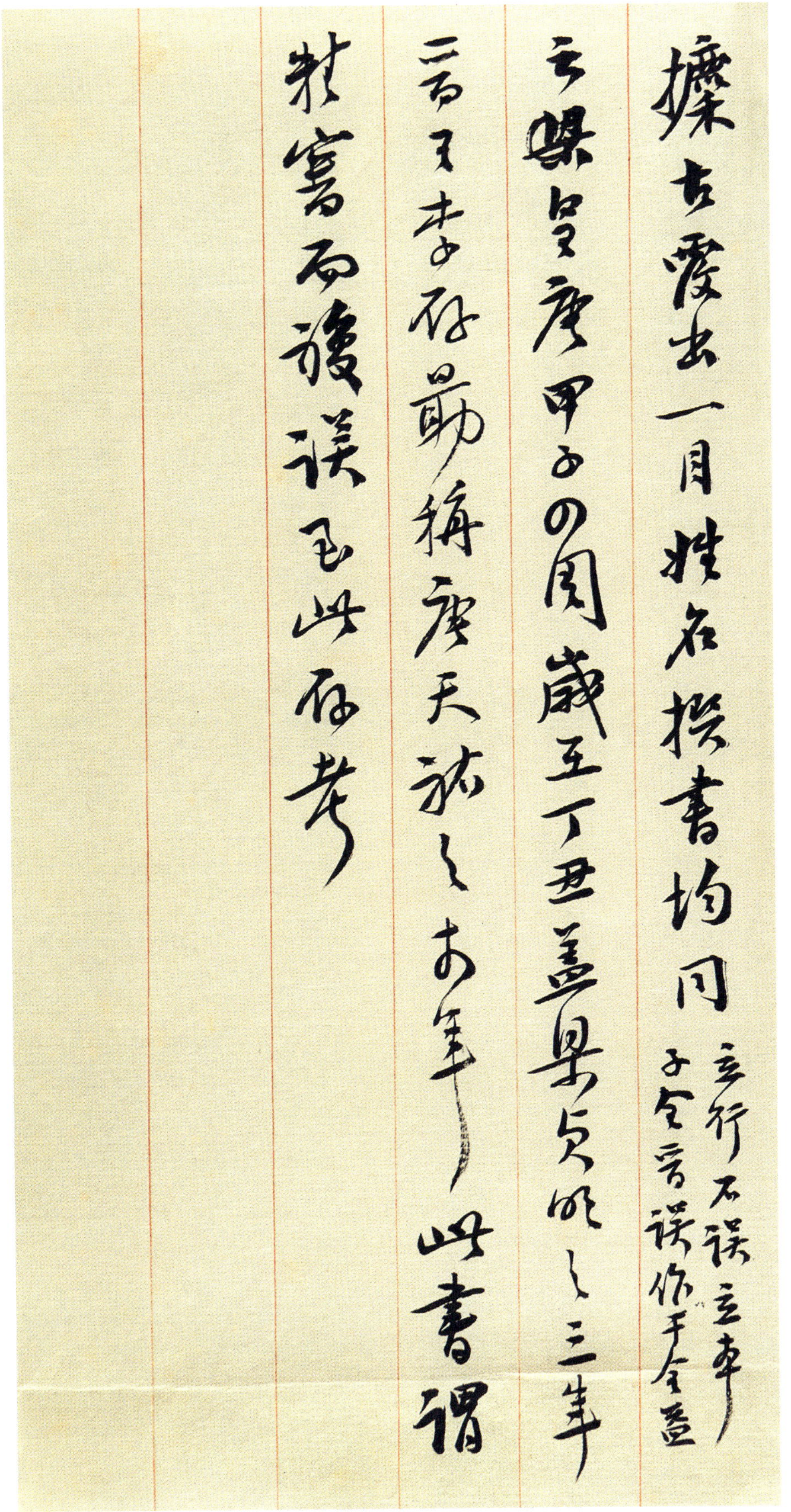

圖一二三．陳立行墓誌跋

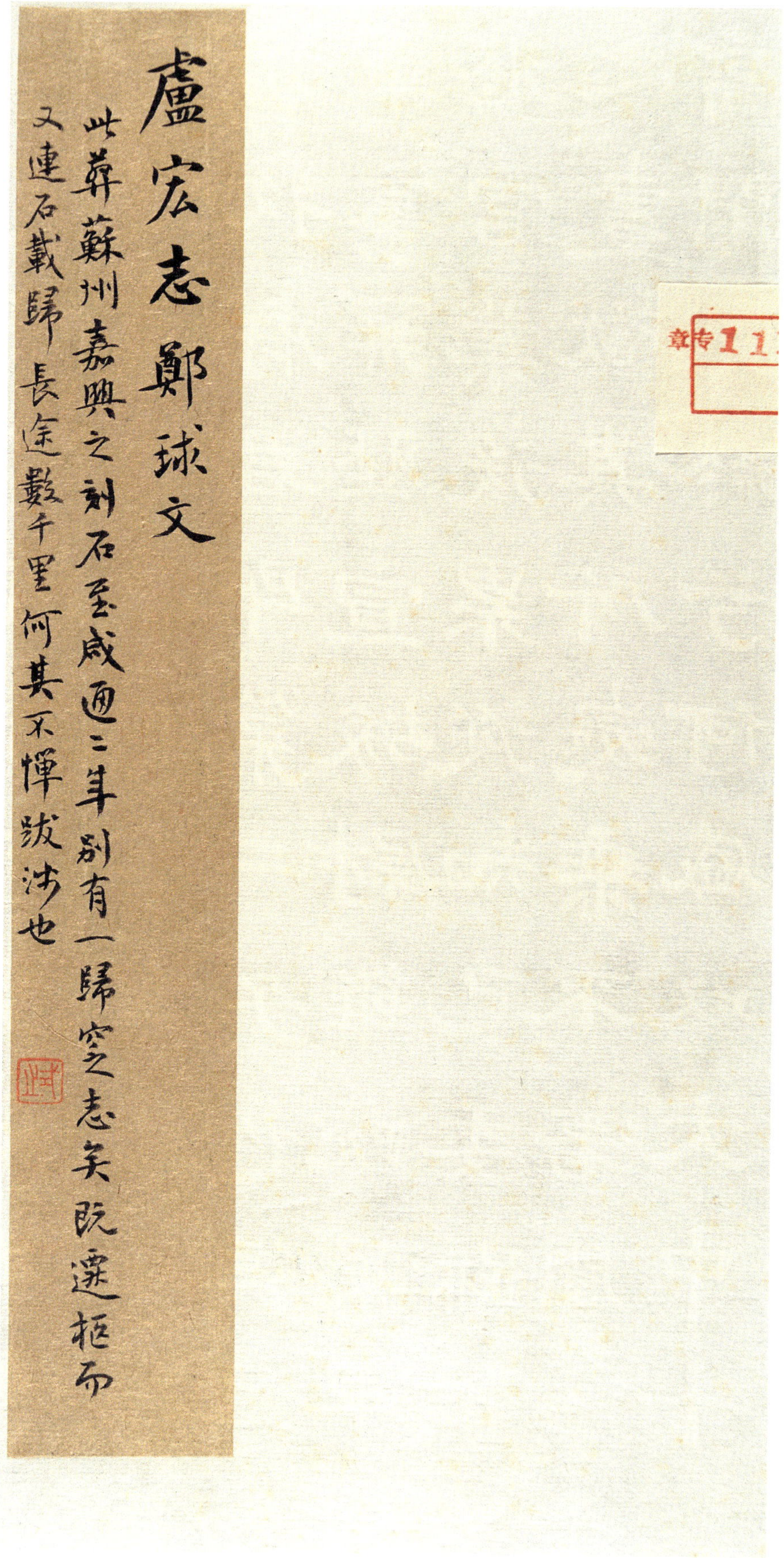

圖一二四. 盧宏及妻崔氏墓誌跋

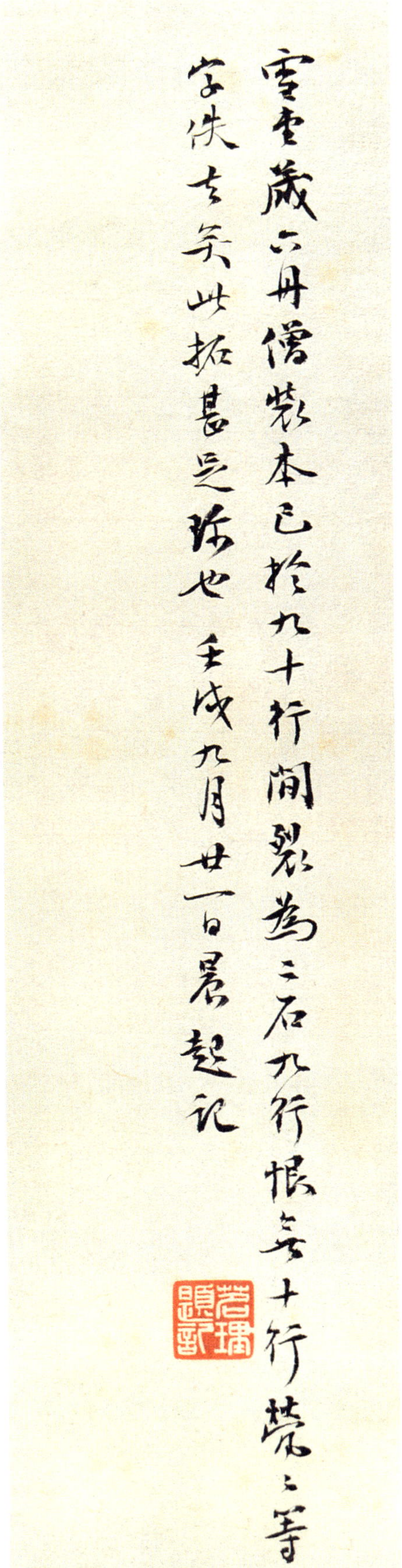

圖一二五. □冥墓誌跋

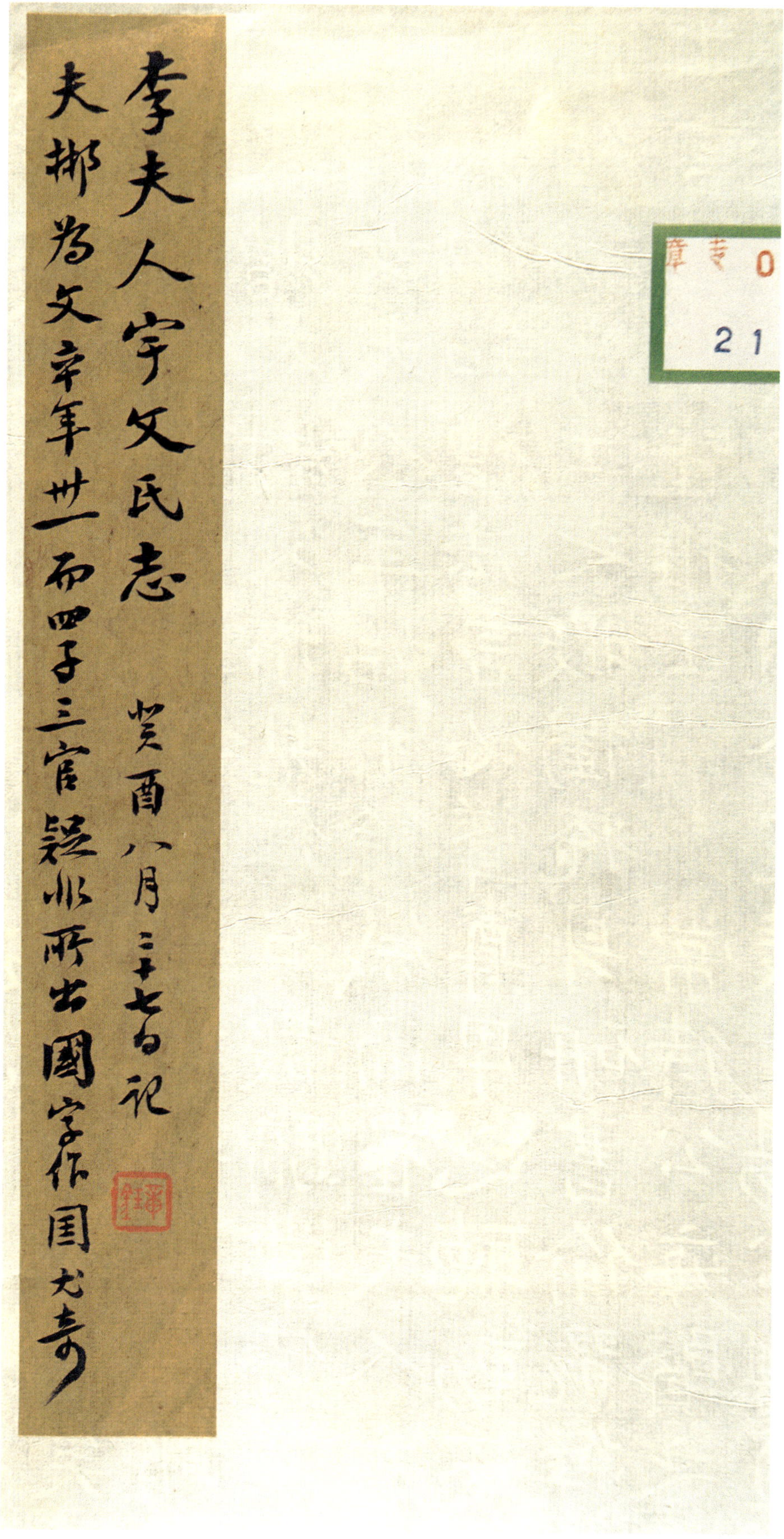

圖一二六. 李郴妻宇文氏墓誌跋

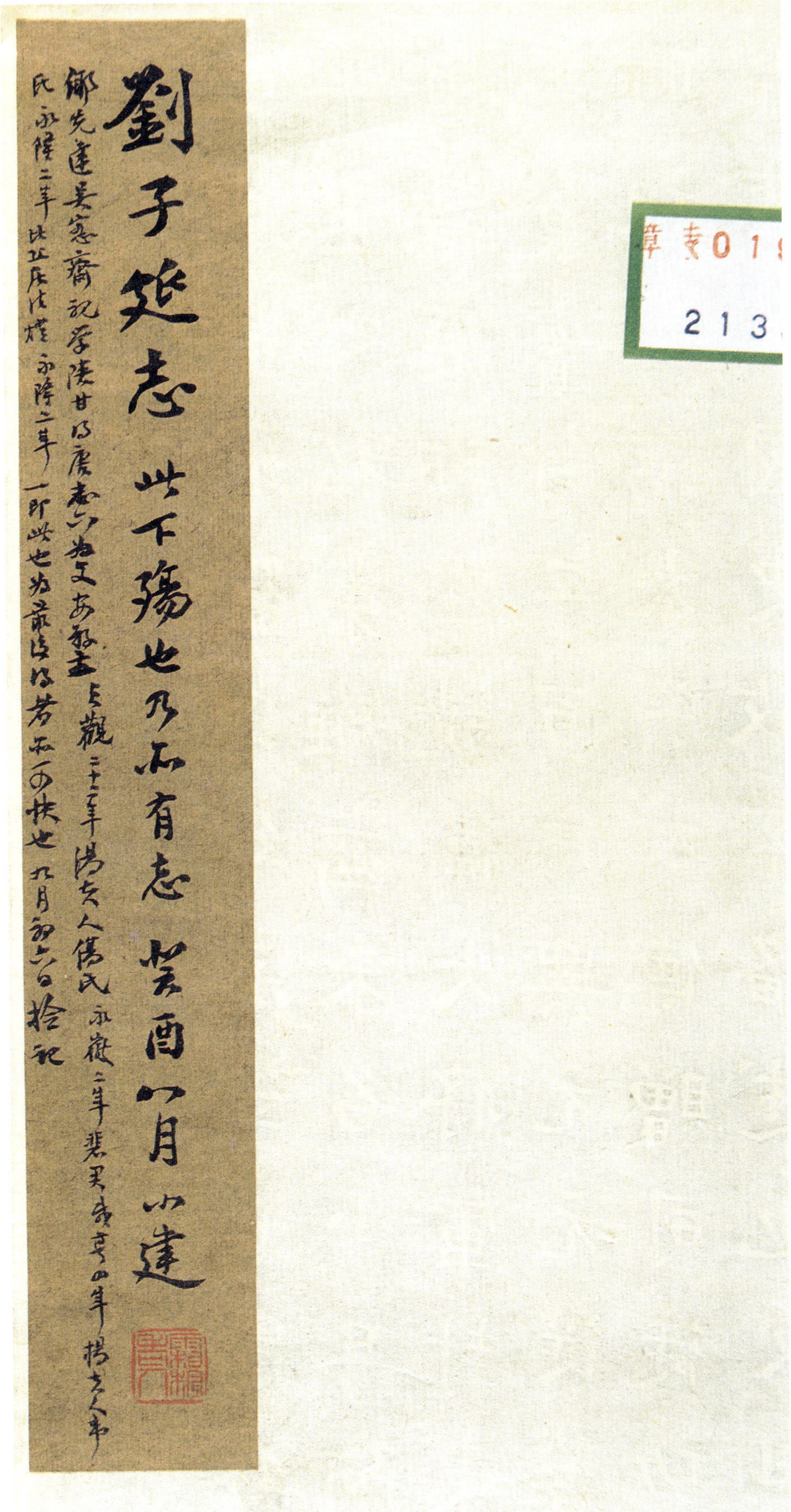

圖一二七. 劉阿延墓誌跋

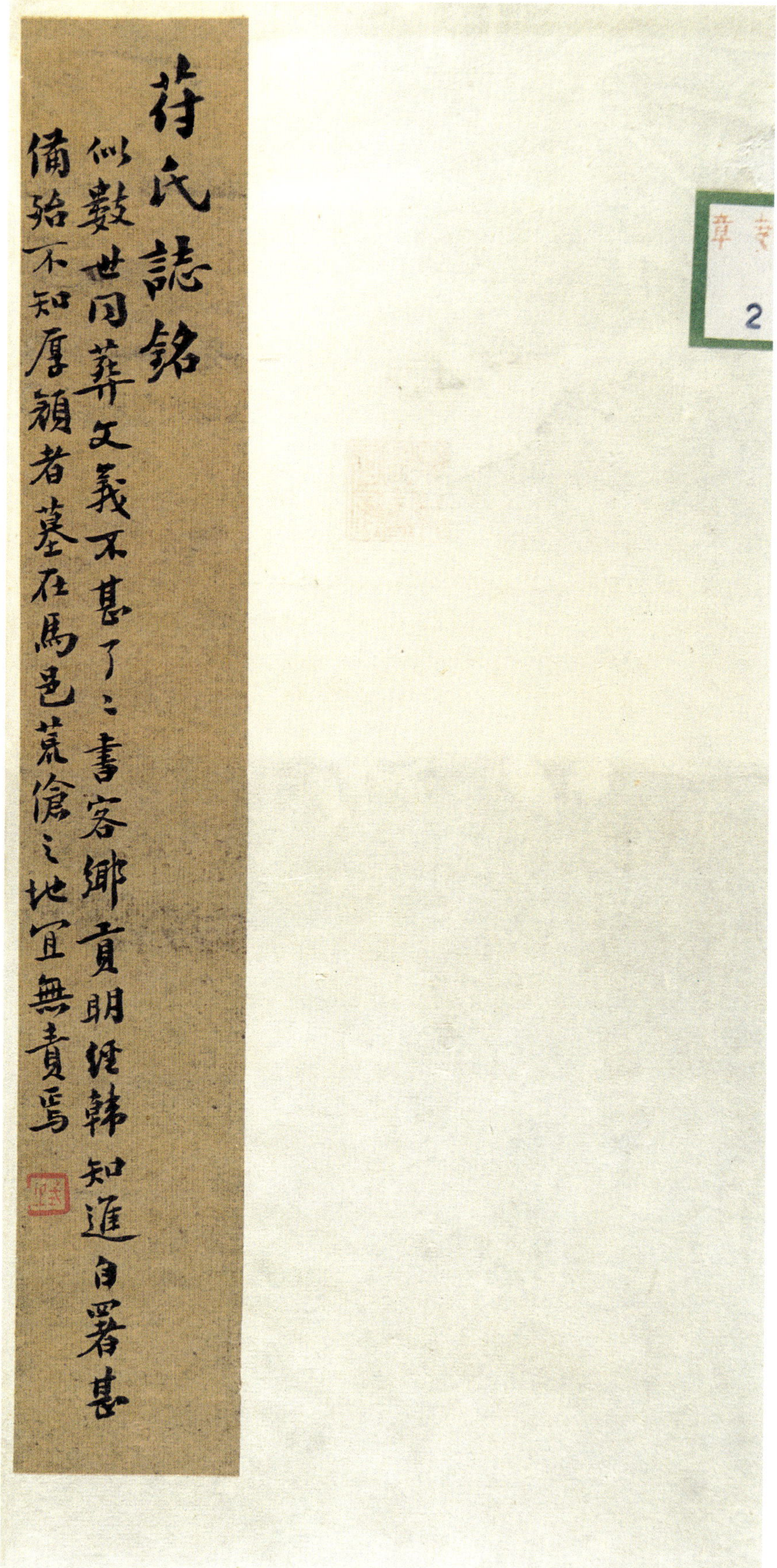

圖一二八．苻進昌墓誌跋

唐張宗志
羅目宗下乃諫字
唐以天祐四年亡晉稱天祐至十九年吳稱天祐至十五年張為
河內人則石晉人耳題仍系唐當時必有說俟考

圖一二九．張宗諫墓誌跋

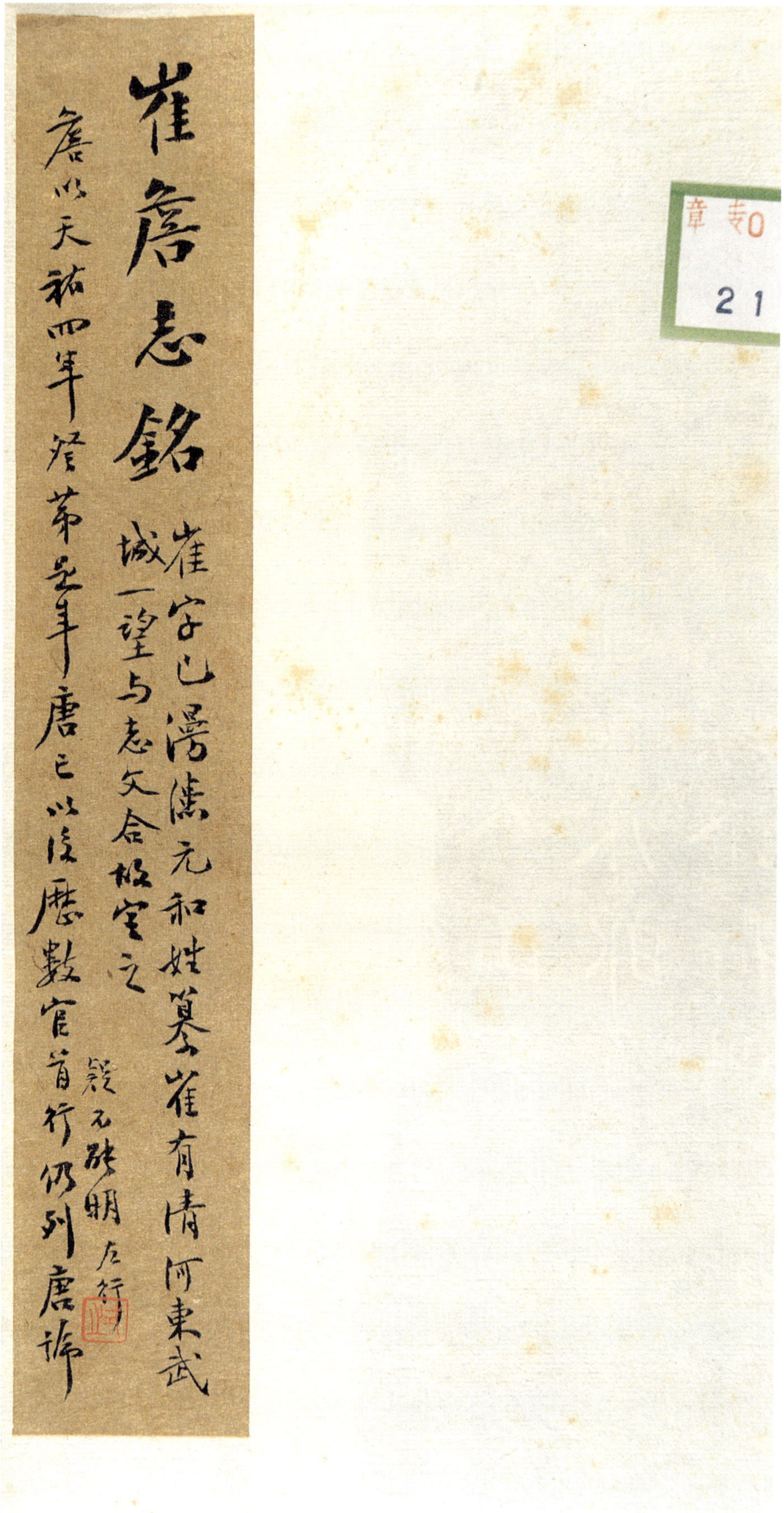

圖一三〇．崔詹墓誌跋

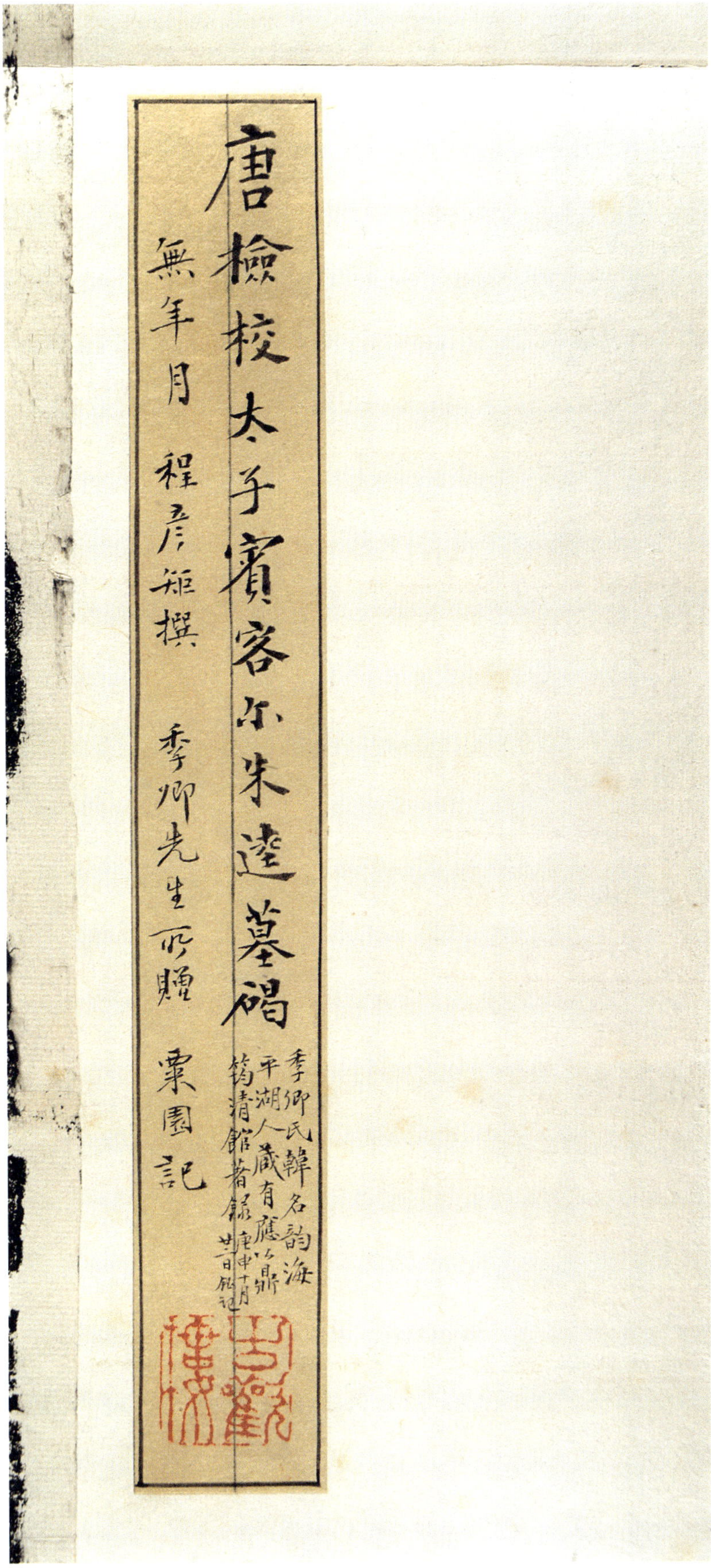

圖一三一．爾朱逵墓碣跋

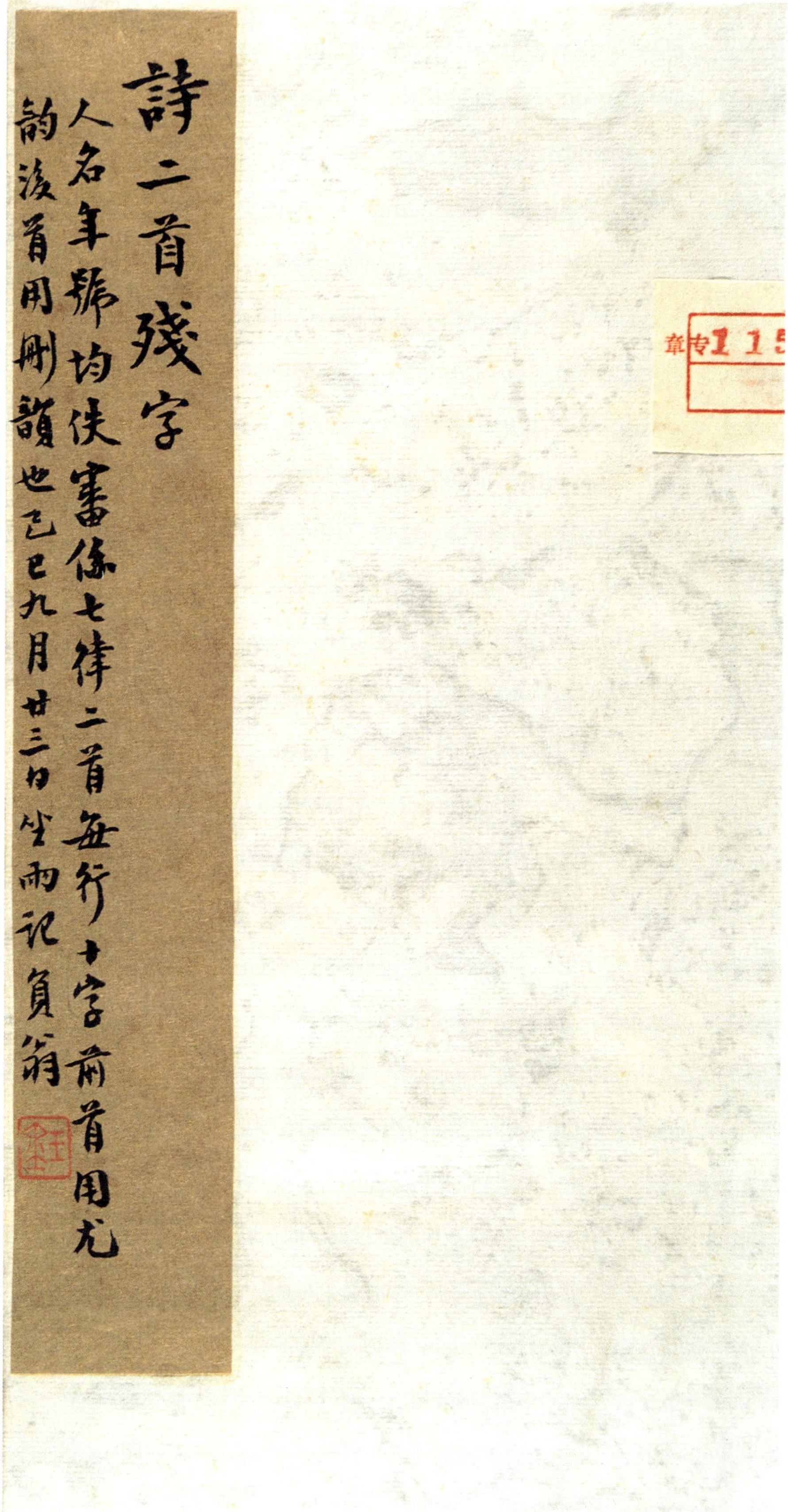
詩二首殘字
人名年號均佚審係七律二首每行十字前首用尤
韵後首用刪韻也己巳九月廿三日坐雨記 負翁

圖一三二. 唐詩二首跋

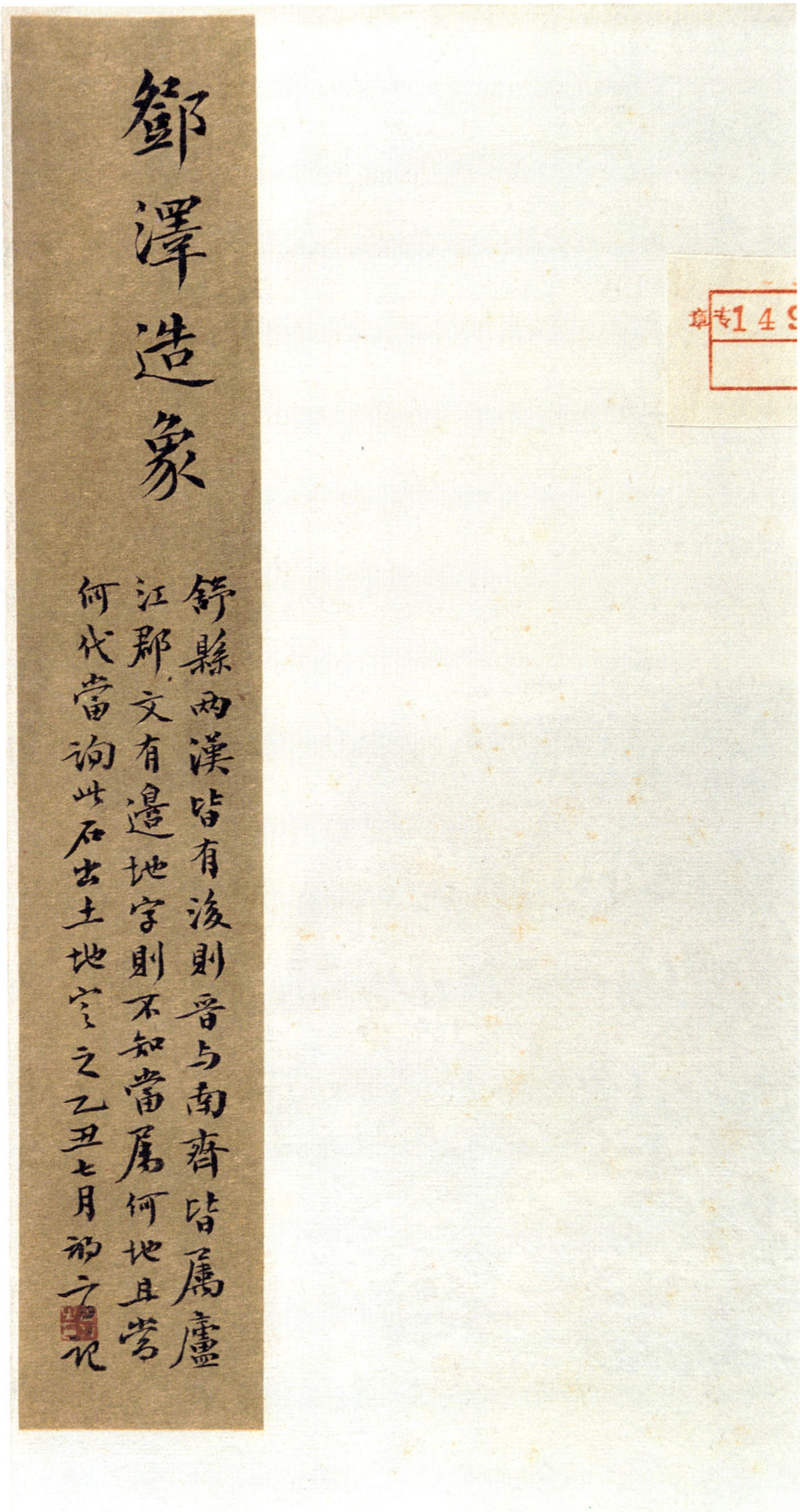
鄧澤造象
舒縣兩漢皆有後則晉與南齊皆屬廬
江郡文有邊地字則不知當屬何地且嘗
何代當詢此石出土地定之乙丑七月初六記
章专149

圖一三三．鄧澤造像記跋

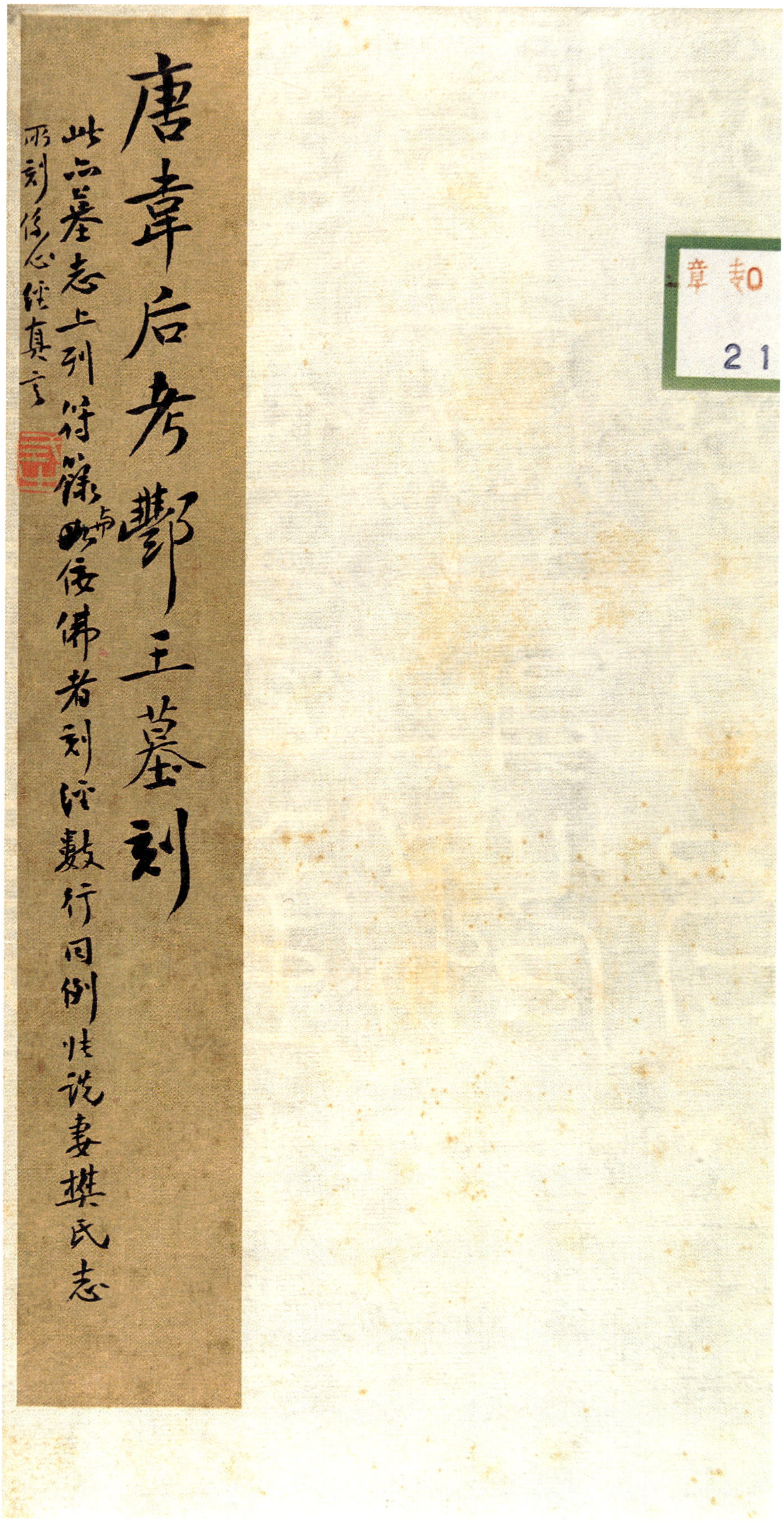

圖一三四. 邦王妃崔氏鎮符命石刻跋

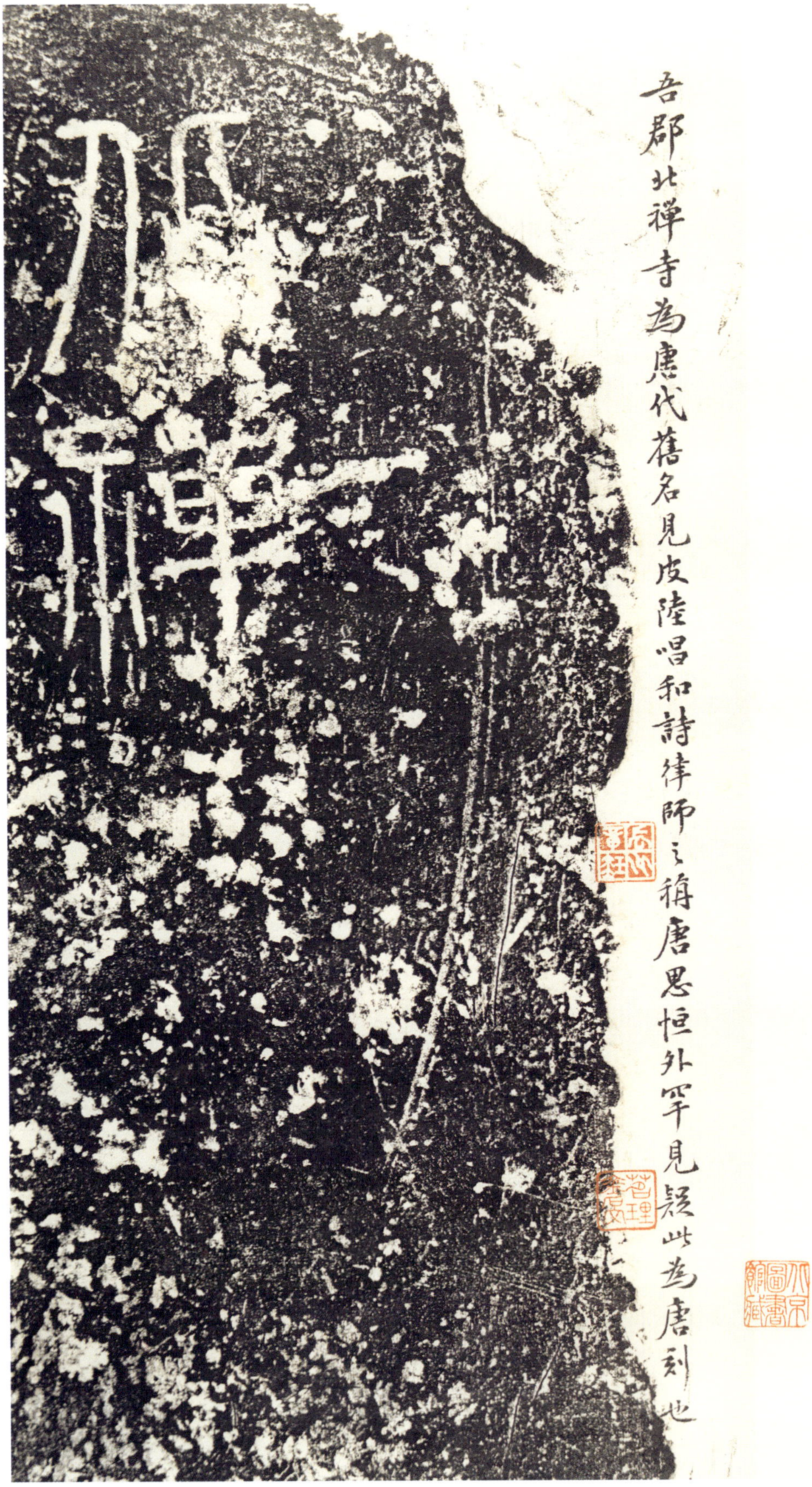

圖一三五· 一. 蘇城石刻拓本跋

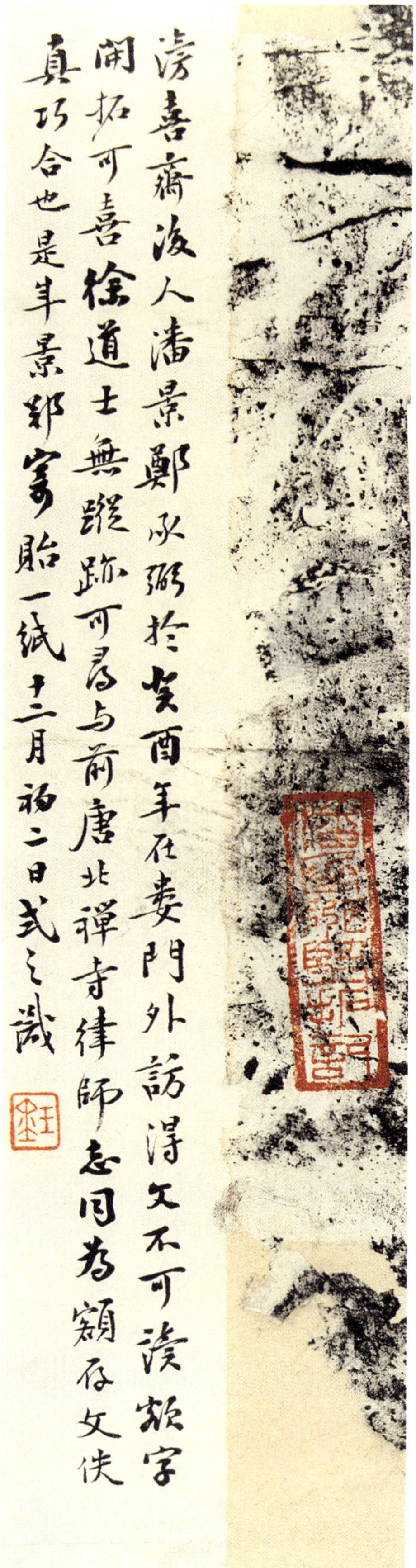

圖一三五· 二. 蘇城石刻拓本跋

王補安云此石於壬戌春北寺僧破殿牆發見爾拓兩紙翌晨再訪則已鑿去無一字矣是此紙殊可珍也 癸亥七夕

圖一三五·三. 蘇城石刻拓本跋

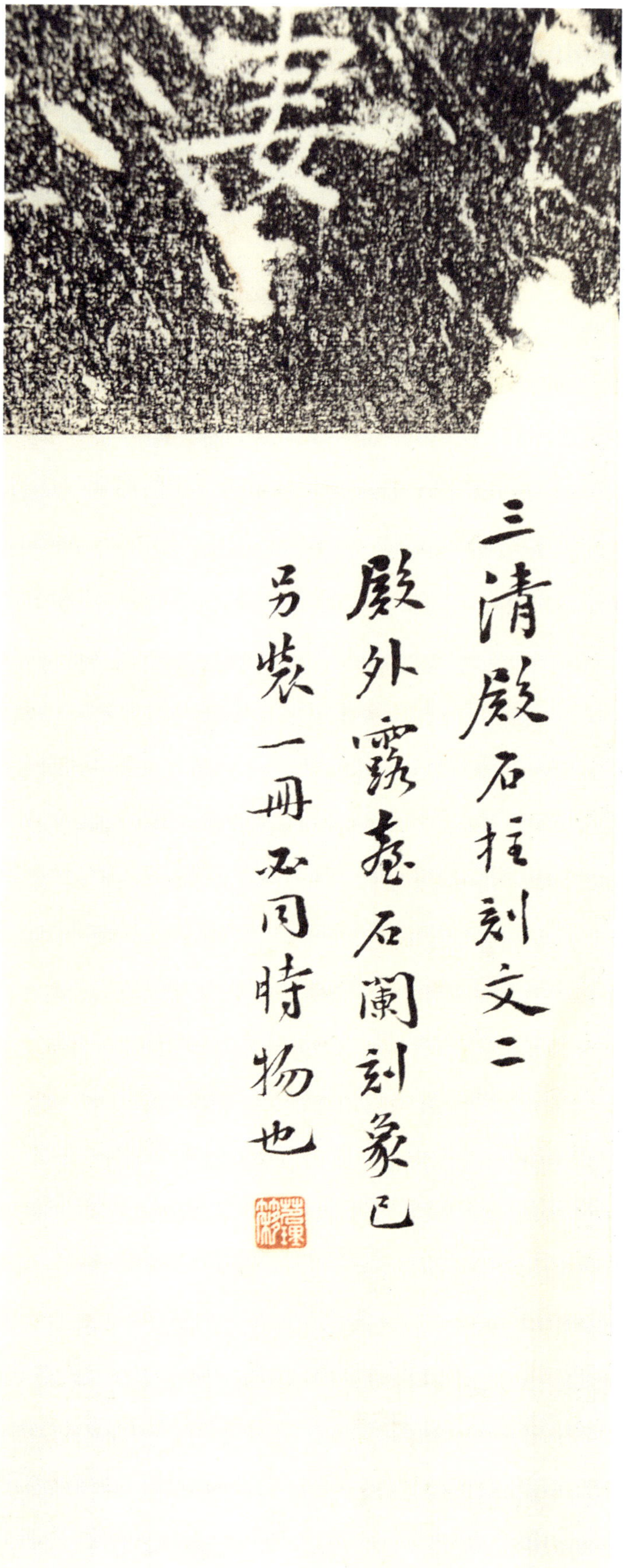

圖一三五·四. 蘇城石刻拓本跋

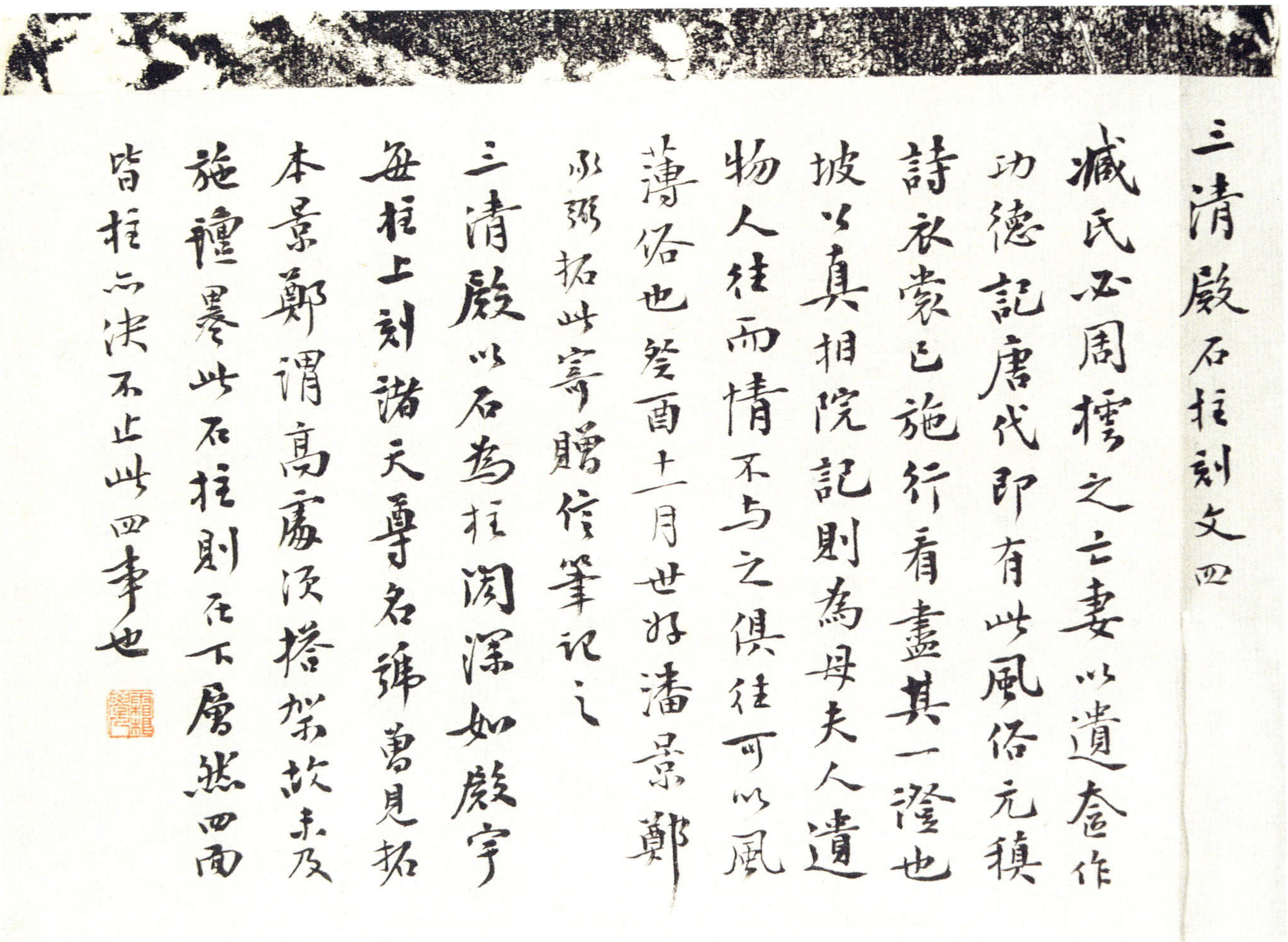

圖一三五· 五. 蘇城石刻拓本跋

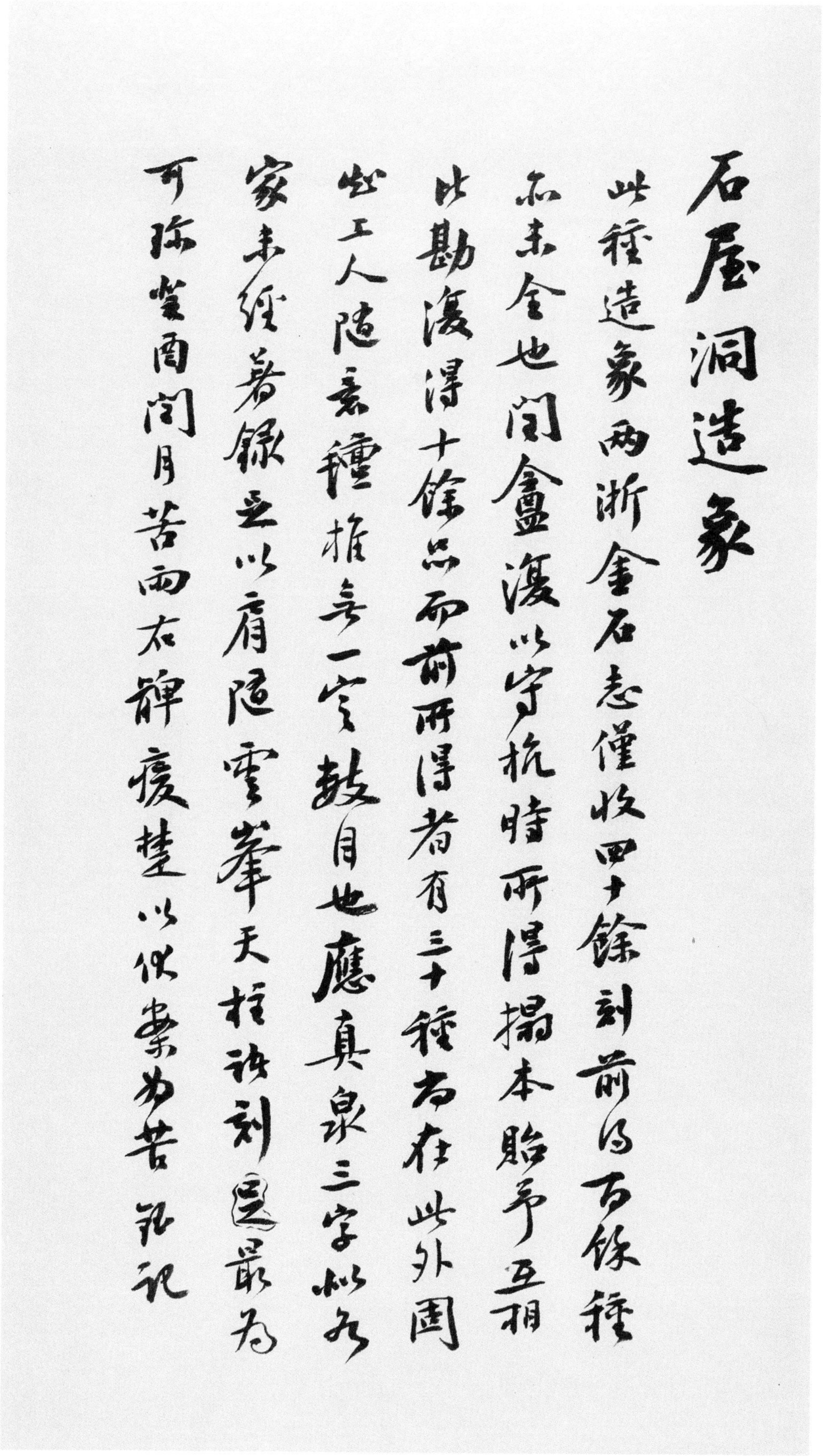
石屋洞造象
此種造象兩浙金石志僅收四十餘刻前後百餘種
尚未全也聞盦復以守杭時所得搨本貽予互相
比勘復得十餘品而前所得者有三十種尚在此外園
皆工人隨意鐫椎無一字鼓目也應真泉三字松石
家未經著録並以肩隨雲峯天柱諸刻是最爲
可珍 癸酉閏月苦雨右髀瘇楚以供案勞苦 錕記

圖一三六. 石屋洞造像題名集跋

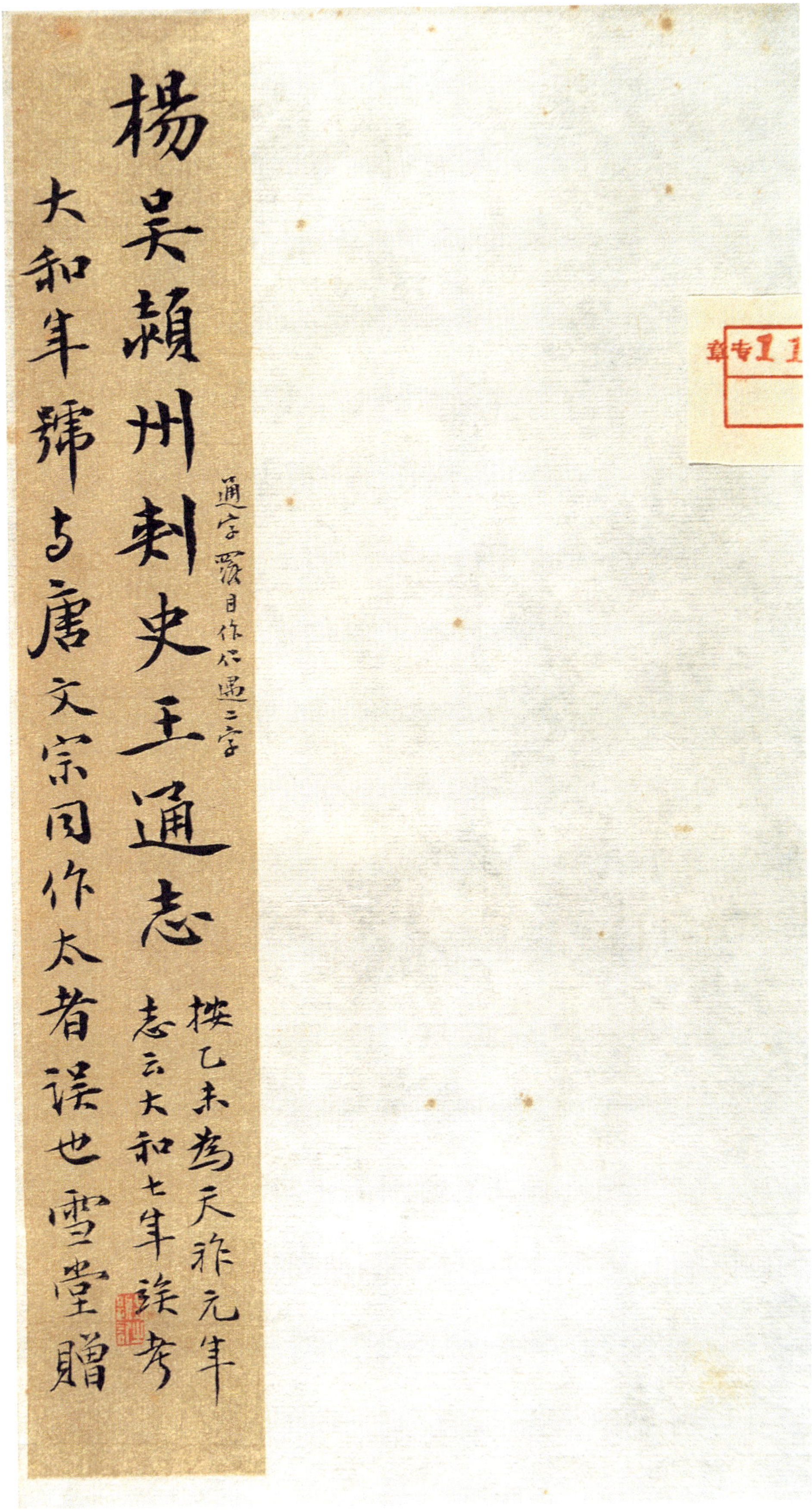
楊吳潁州刺史王通志
通字篆目作不遇二字
按乙未為天祚元年
志云大和七年誤考
大和年號与唐文宗同作太者誤也雪堂贈

圖一三七．王通墓誌跋

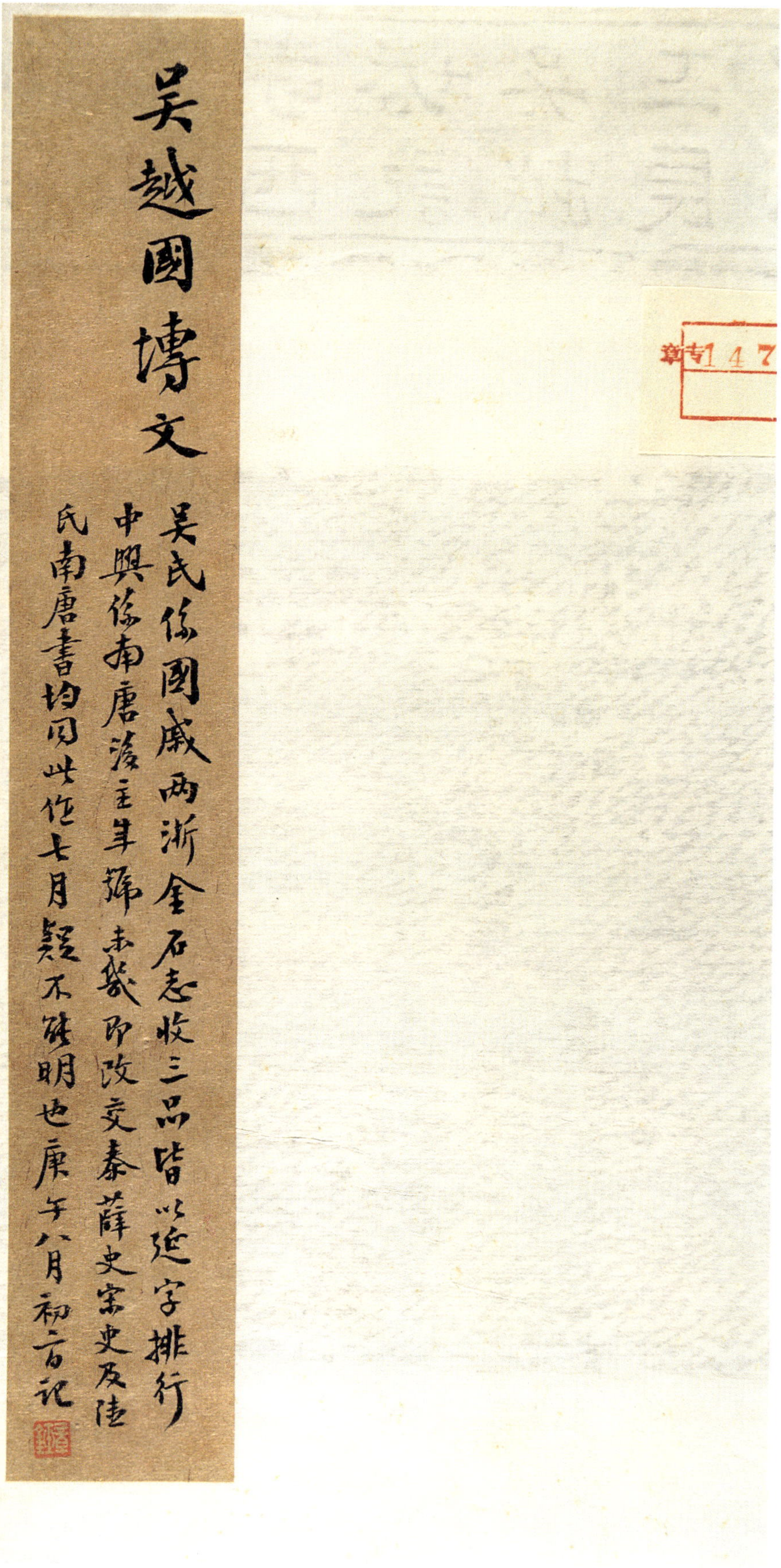

圖一三八．崇化寺西塔記跋

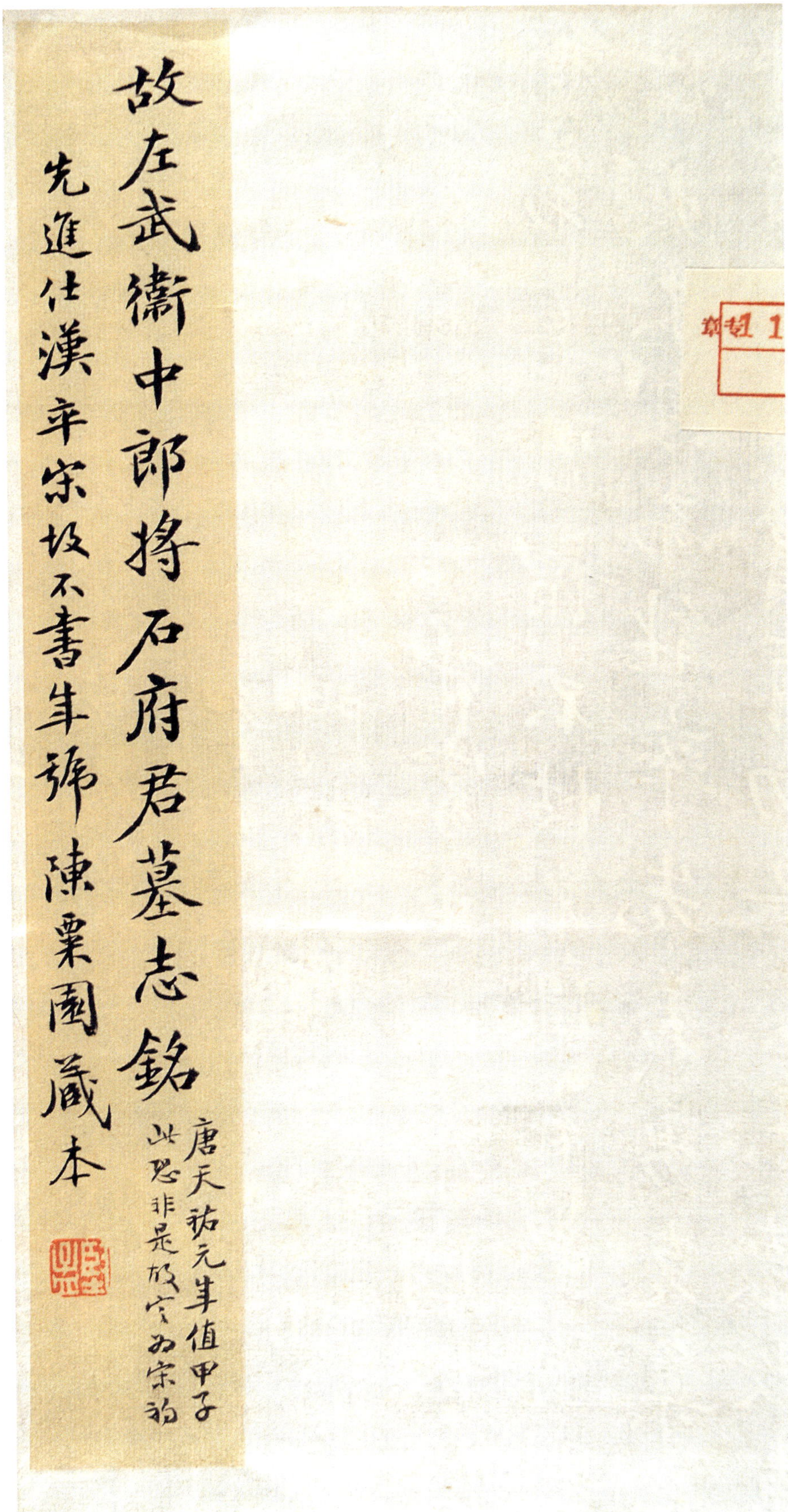

圖一三九．石暎墓誌跋

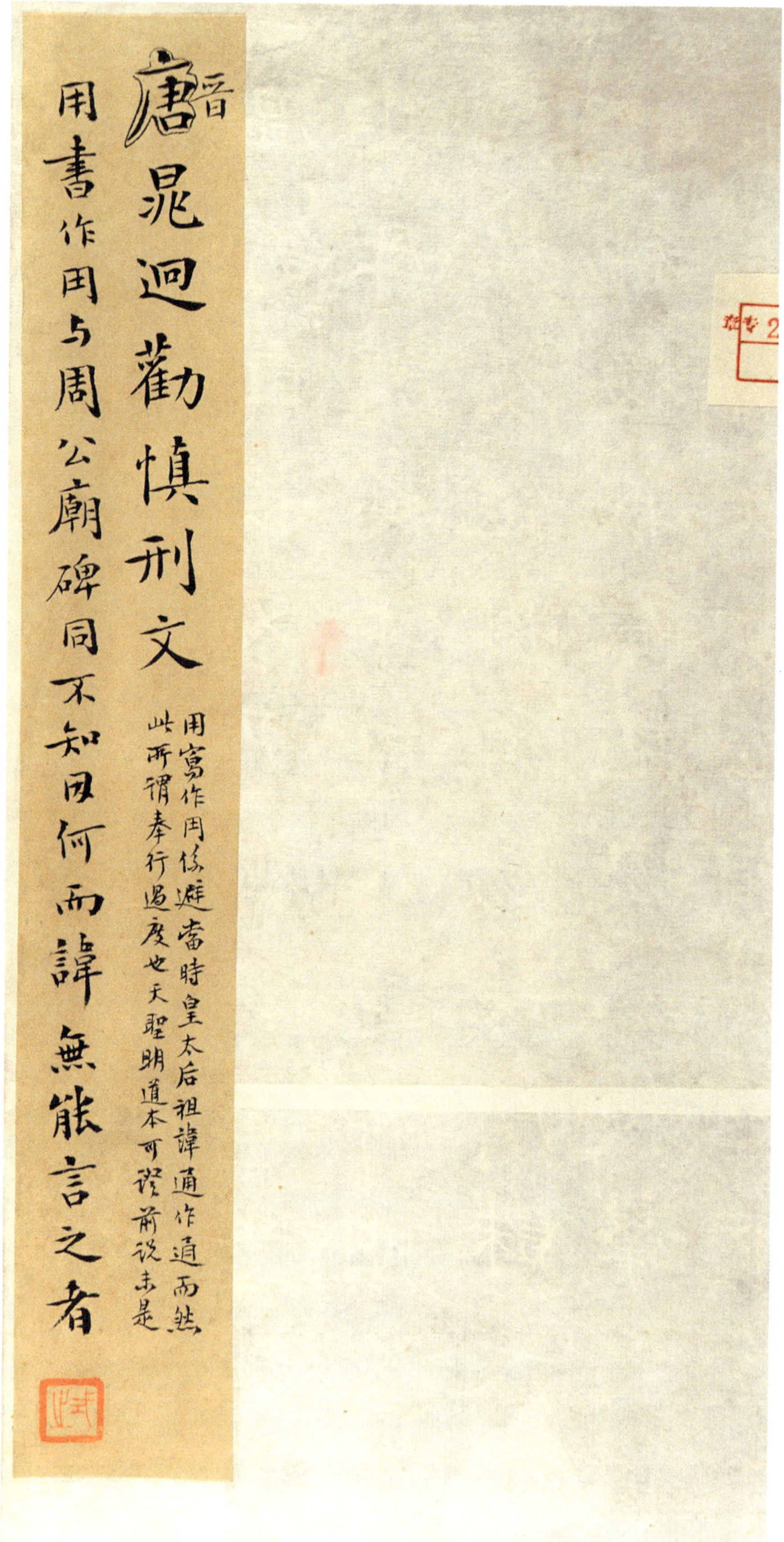
唐晉晁迴勸慎刑文

用寫作田係避當時皇太后祖諱通作追而然

此所謂奉行過度也天聖明道本可證前說未是

用書作田与周公廟碑同不知因何而諱無能言之者

圖一四〇．勸慎刑文跋

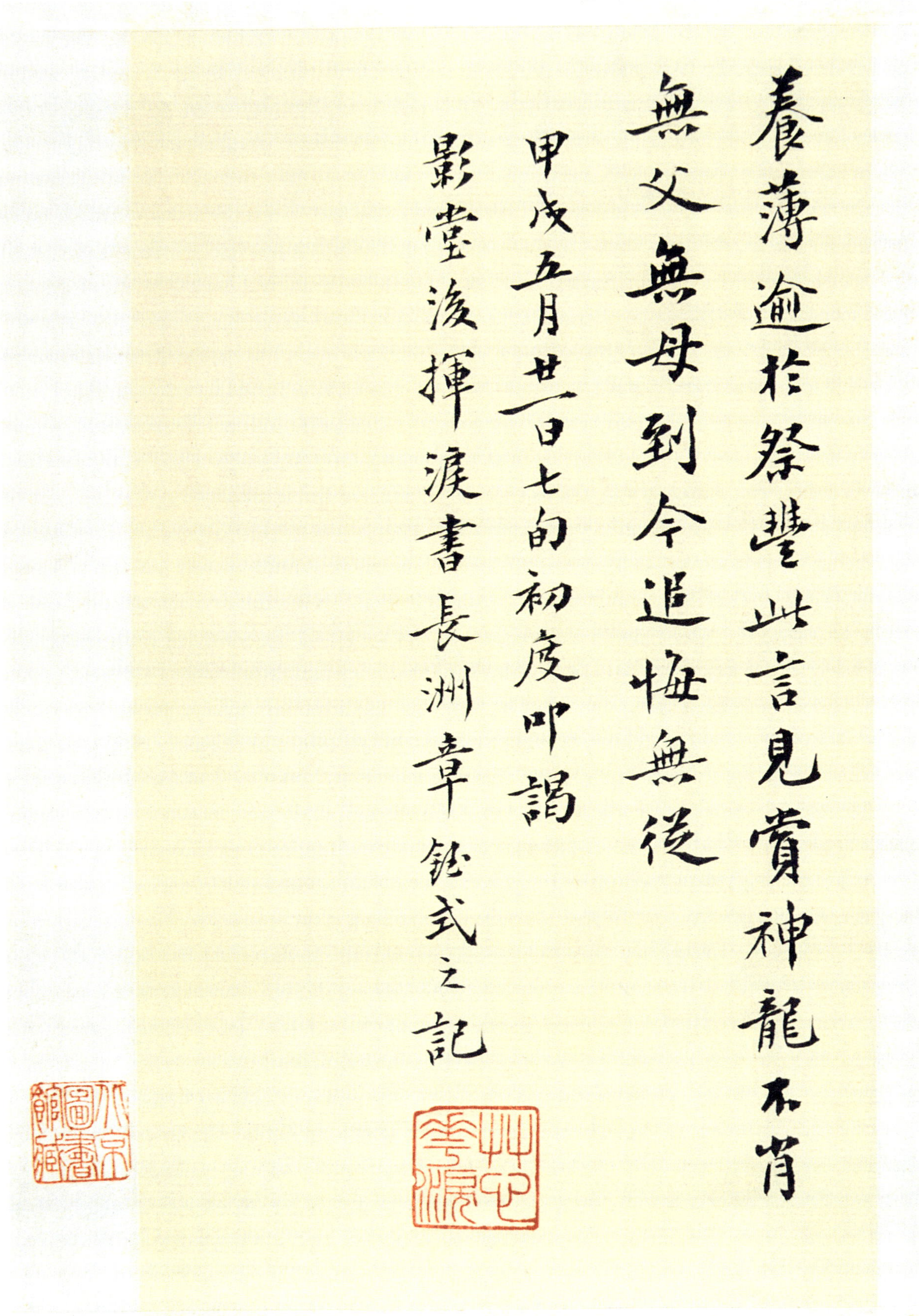

養薄逾於祭豐此言見賞神龍不肖
無父無母到今追悔無從
甲戌五月廿一日七旬初度叩謁
影堂後揮淚書長洲章鈺式之記

圖一四一. 瀧岡阡表跋

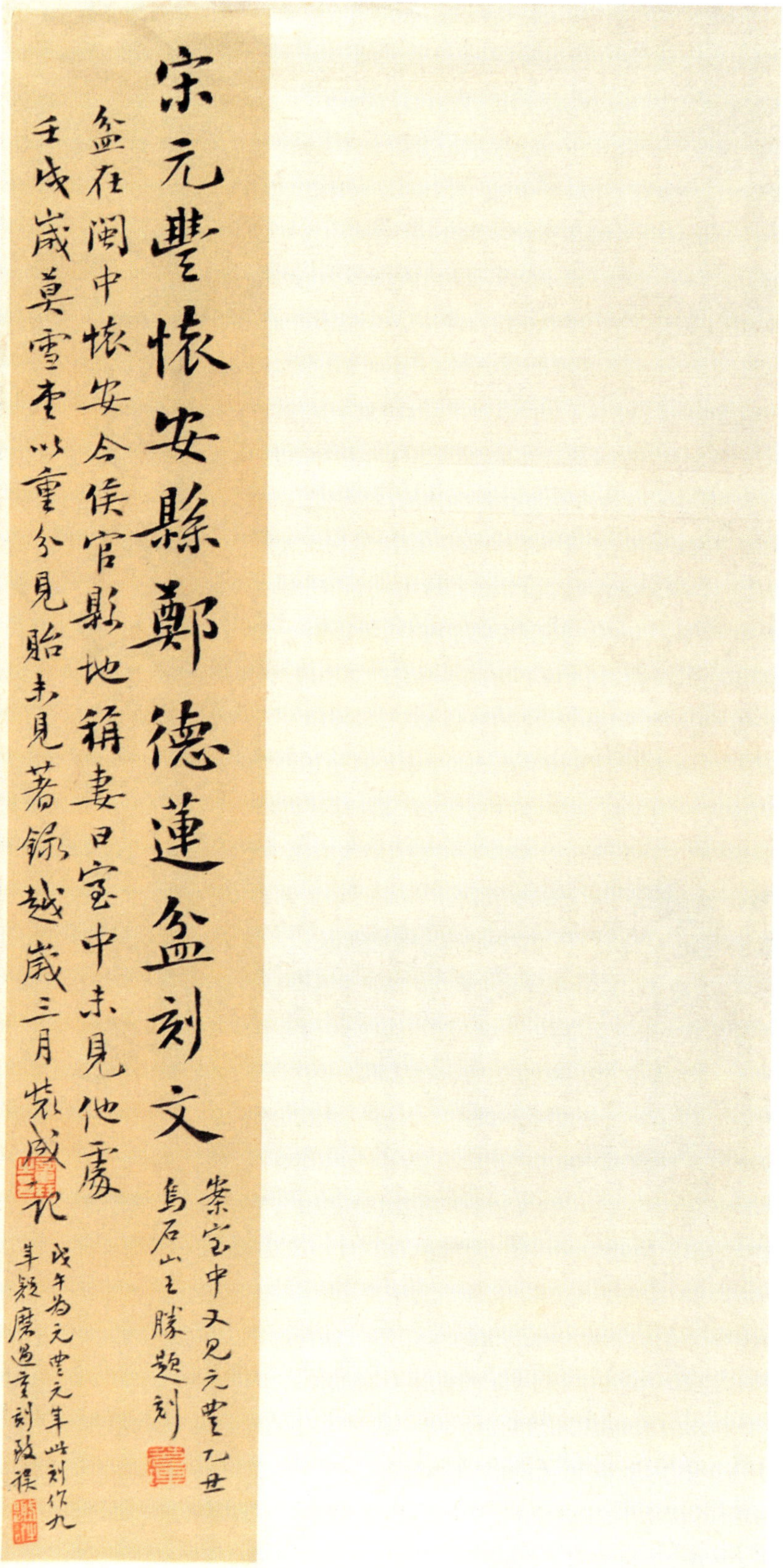
宋元豐懷安縣鄭德蓮盆刻文
盆在閬中懷安令侯官鄭地籍妻曰寶中未見他處
壬戌歲莫雪堂以重分見貽未見著錄越歲三月叔威記
案寶中又見元豐乙丑烏石山王滕題刻
戊午為元豐元年此刻作九年疑廣道章刻誤

圖一四二．蓮盆銘跋

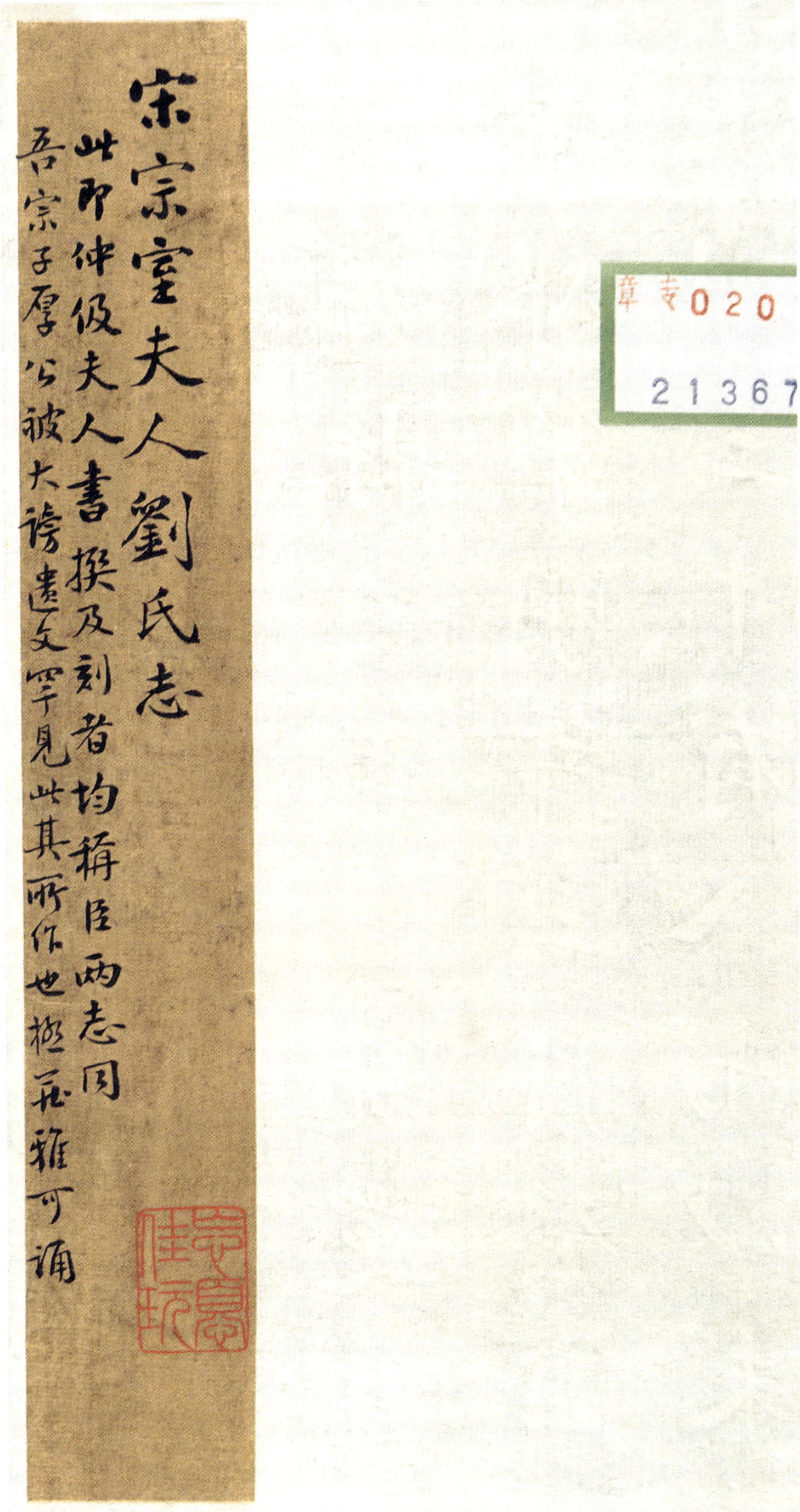

圖一四三. 趙仲伋妻劉氏墓誌跋

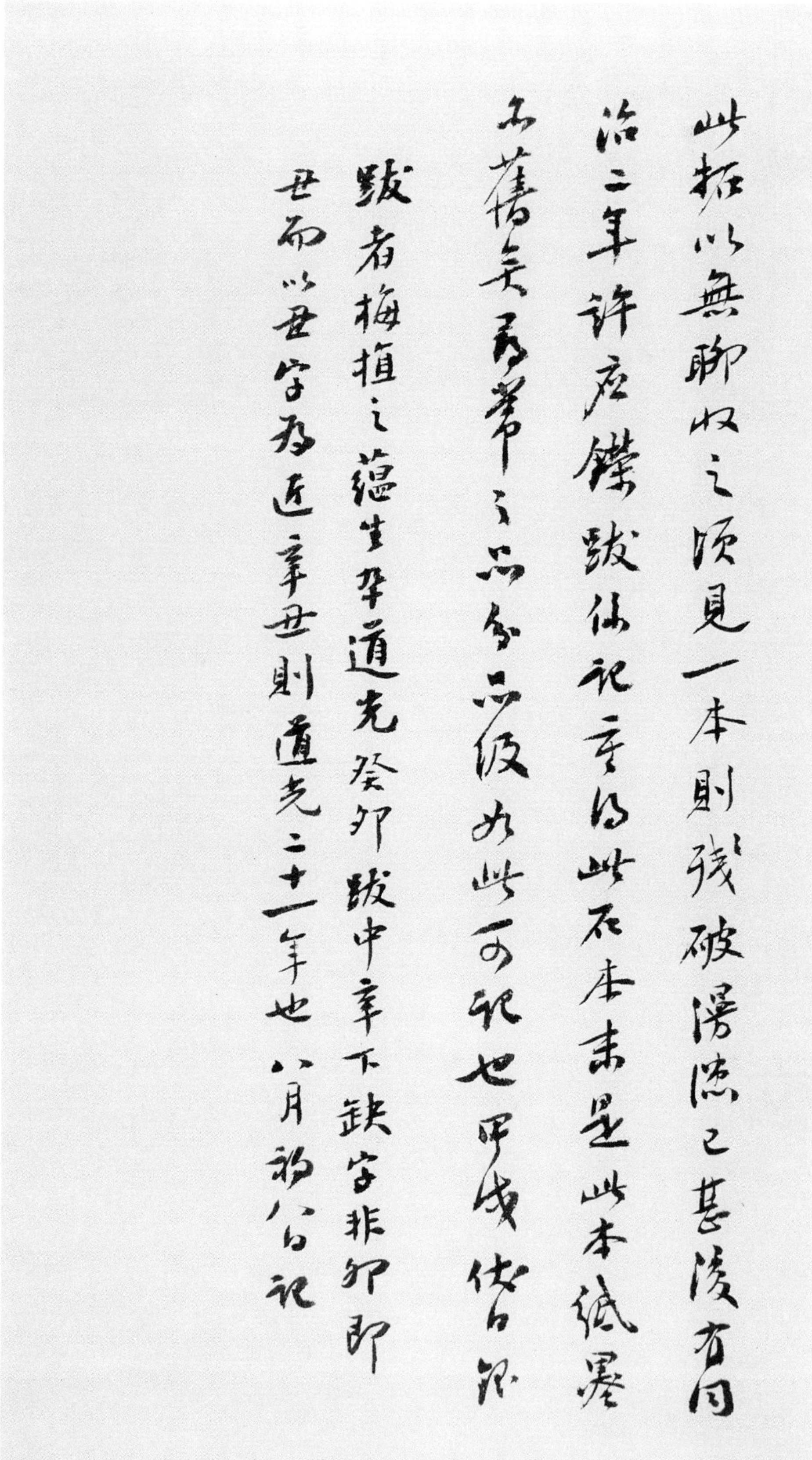
此拓以無聊收之須見一本則殘破漫漶已甚後有同
治二年許庚鏞跋仍記云得此石本未見此本紙墨
尤舊矣是第三品今無復如此可記也甲戌借得
跋者梅植之蘊生舉道光癸卯跋中辛下缺字非卯即
丑而以丑字為近辛丑則道光二十一年也 八月初八日記

圖一四四. 金剛經碑跋

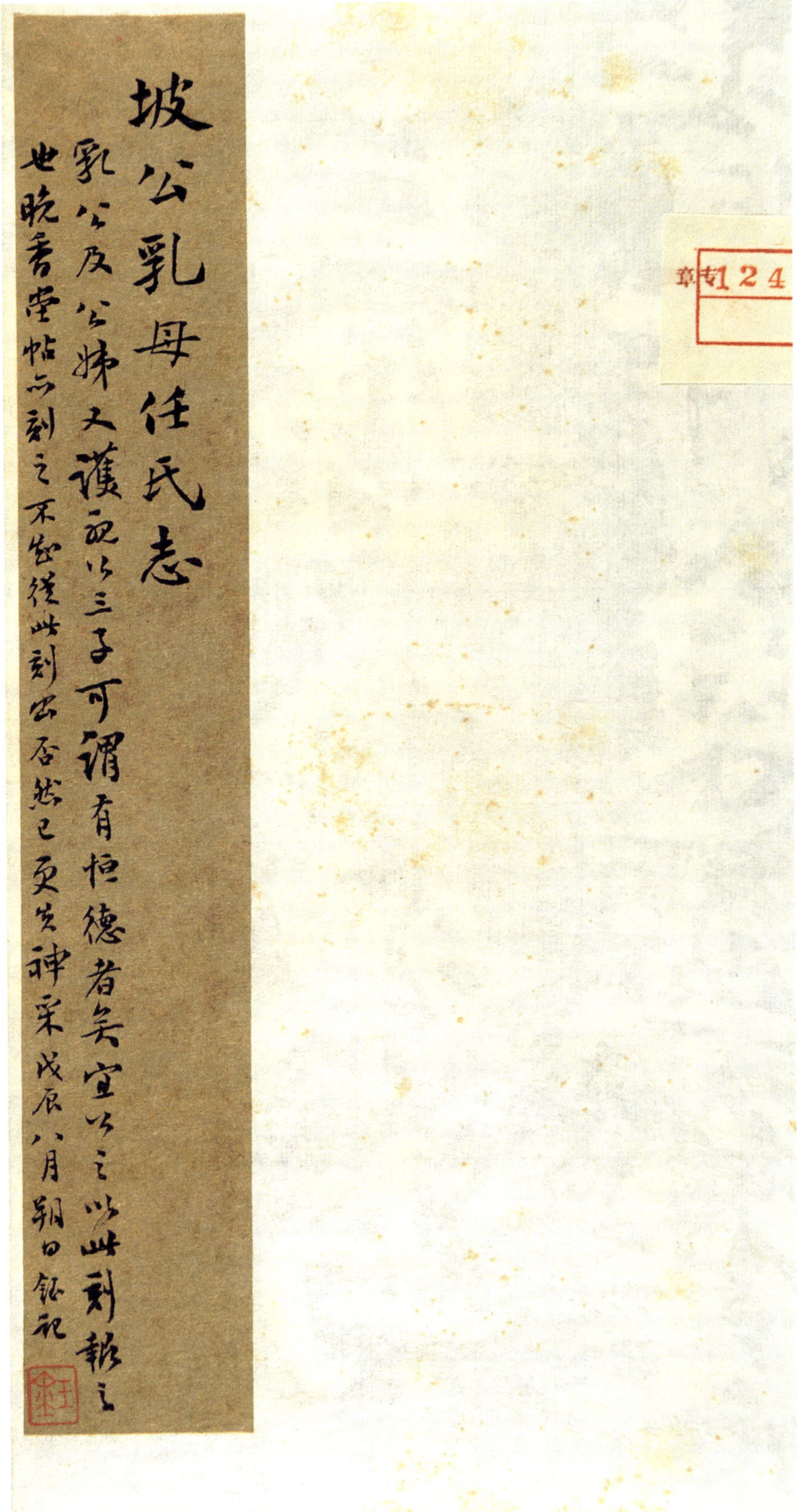

圖一四五. 蘇軾乳母任采蓮墓誌跋

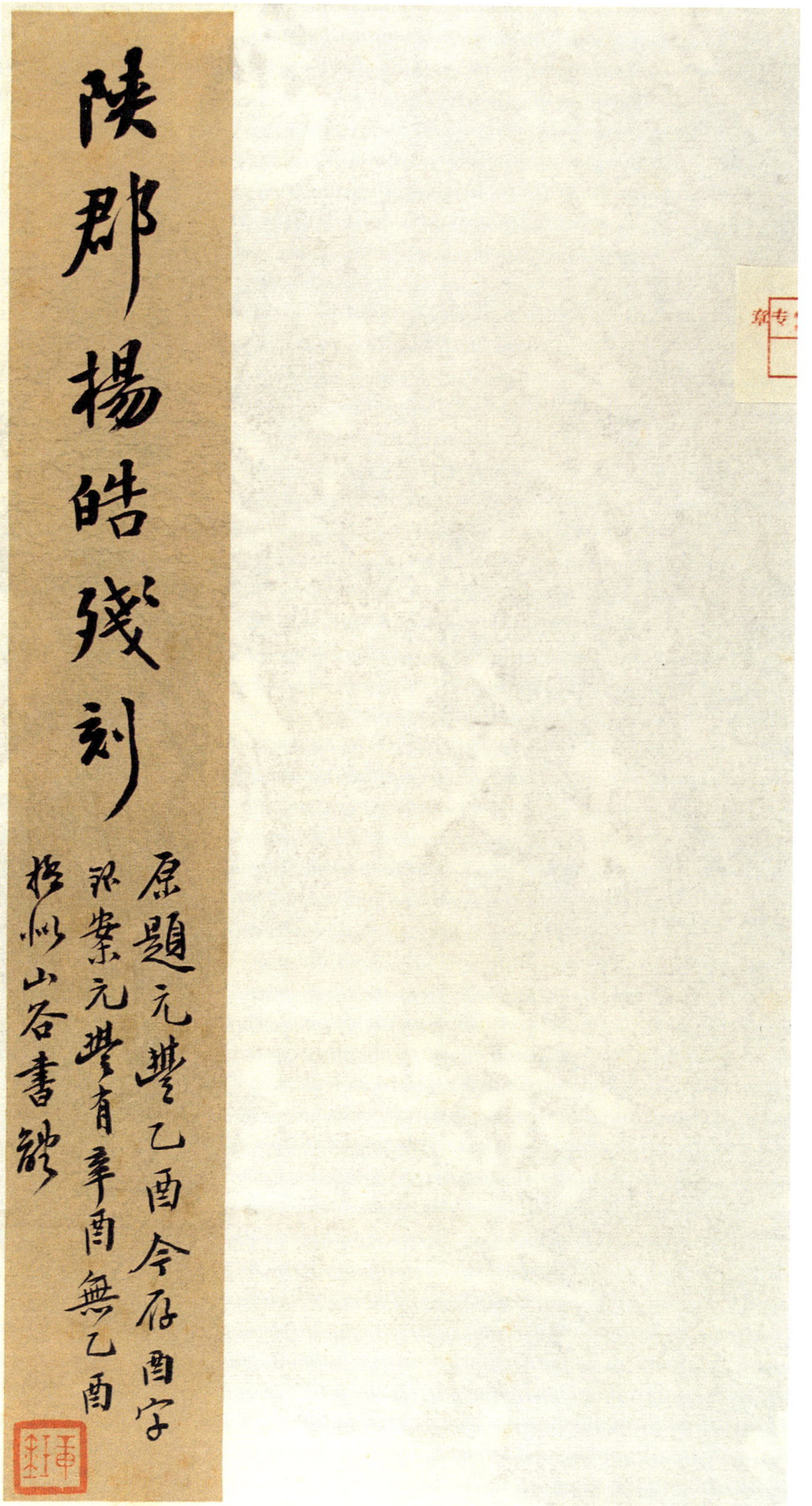

圖一四六. 楊皓題記跋

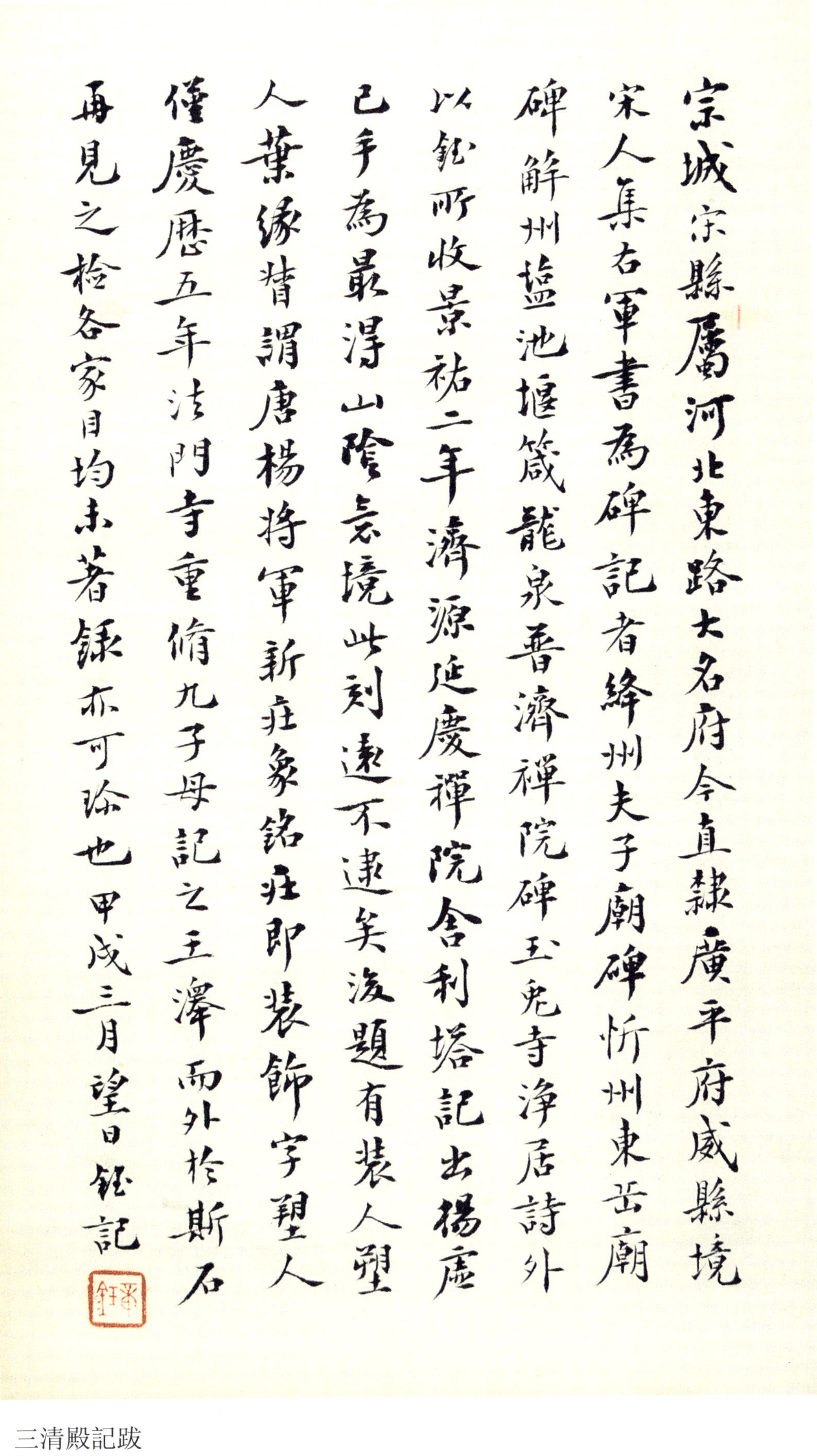

宗城宗縣屬河北東路大名府今直隸廣平府威縣境宋人集右軍書爲碑記者絳州夫子廟碑忻州東岳廟碑解州鹽池堰箴龍泉晉濟禪院碑玉兎寺淨居詩外以鈺所收景祐二年濟源延慶禪院舍利塔記出楊虛己手爲最得山陰意境此刻遠不逮矣後題有裝人望人葉緣背謂唐楊將軍新莊象銘莊即裝飾字望人僅慶曆五年法門寺重脩九子母記之王濬而外於斯石再見之檢各家目均未著錄亦可珍也 甲戌三月望日鈺記

圖一四七. 三清殿記跋

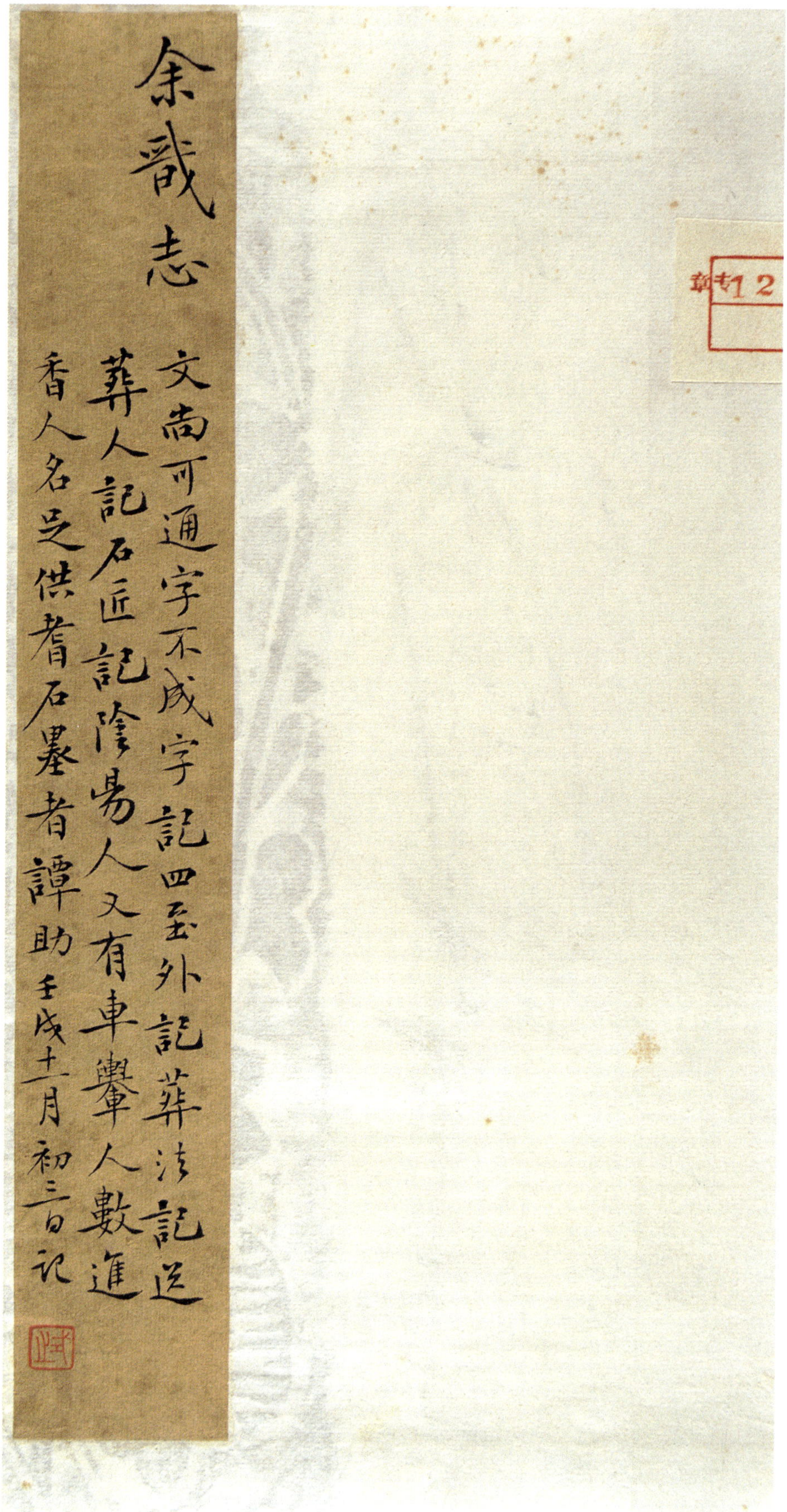

余戩志

文尚可通字不成字記四至外記葬法記送葬人記石匠記陰陽人又有車轝人數進香人名足供看石墨者譚助 壬戌十一月初三日記

圖一四八. 余戩墓誌跋

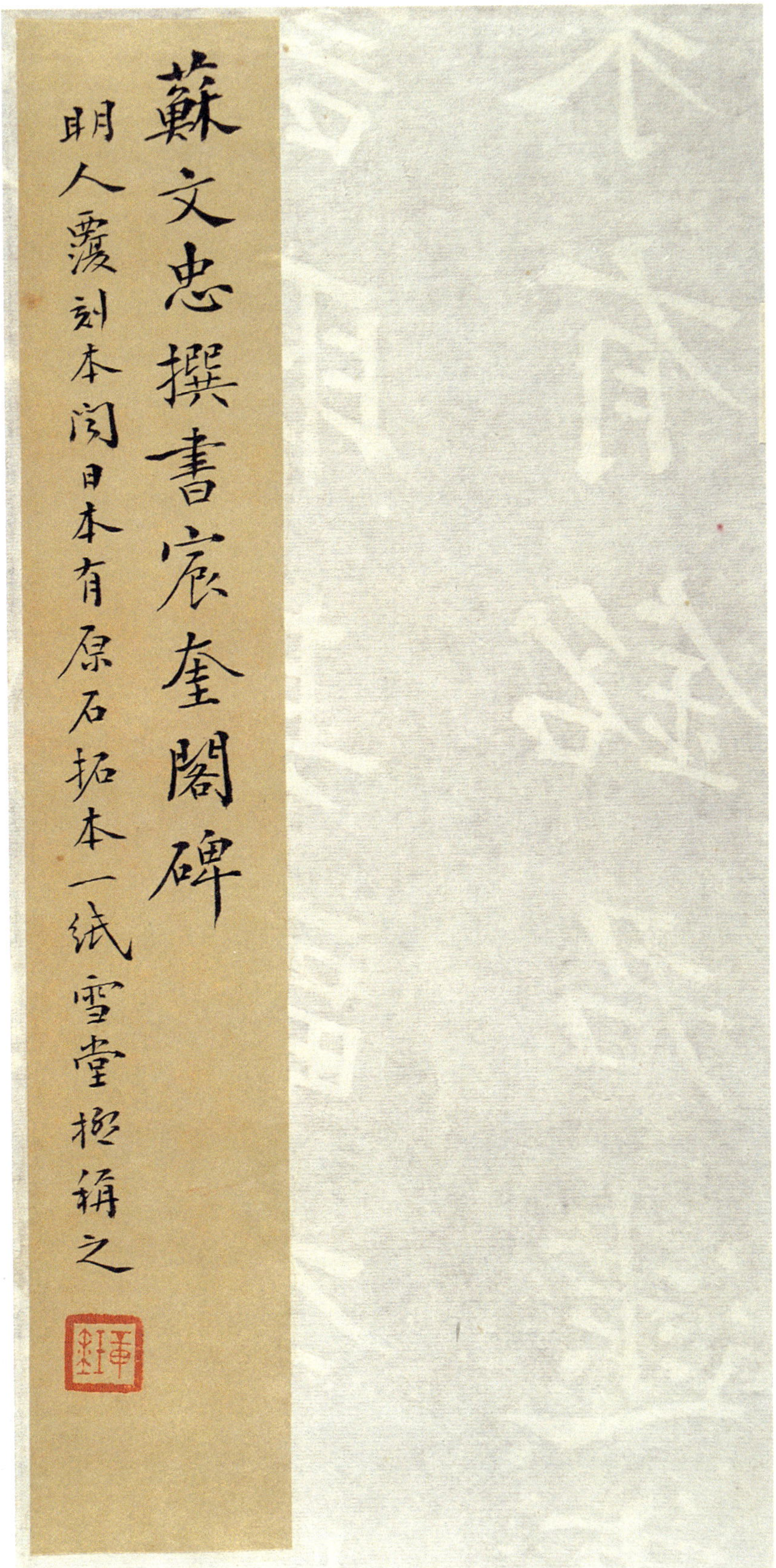

圖一四九．宸奎閣碑跋

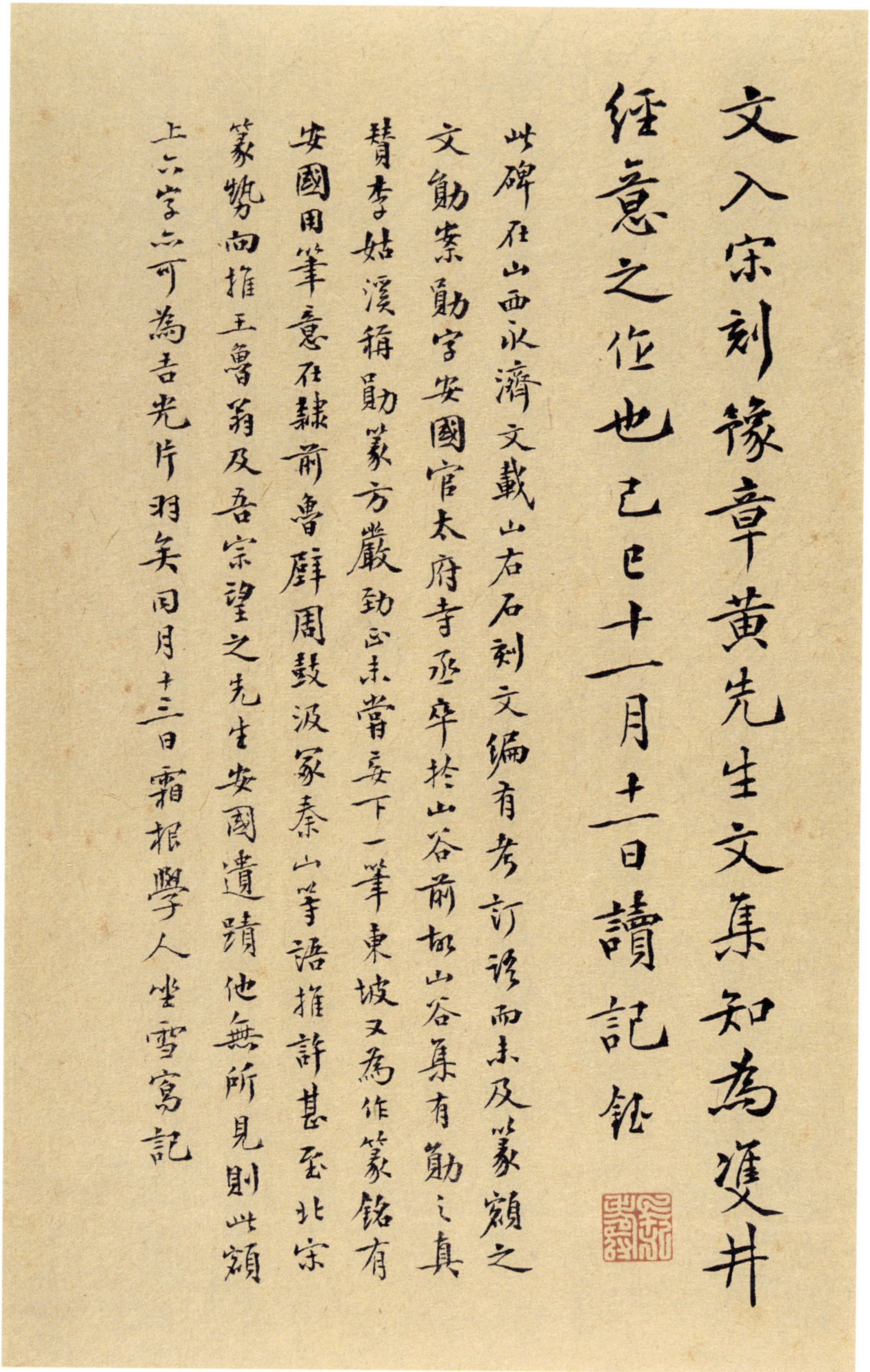
文入宋刻篆章黄先生文集知為濩井經意之作也己巳十一月十二日讀記　鈺

此碑在山西永濟文載山右石刻文编有考訂語而未及篆額之文勛案勛字安國官太府寺丞卒於山谷前故山谷集有勛之真賛李姑溪稱勛篆方嚴勁正未嘗妄下一筆東坡又為作篆銘有安國用筆意在隸前魯辟周鼓汲冢泰山筆語推許甚至北宋篆勢向推王魯翁及吾宗望之先生安國遺蹟他無所見則此額上六字亦可為吉光片羽矣同月十三日霜根學人坐雪窗記

圖一五〇．伯夷叔齊墓碑跋

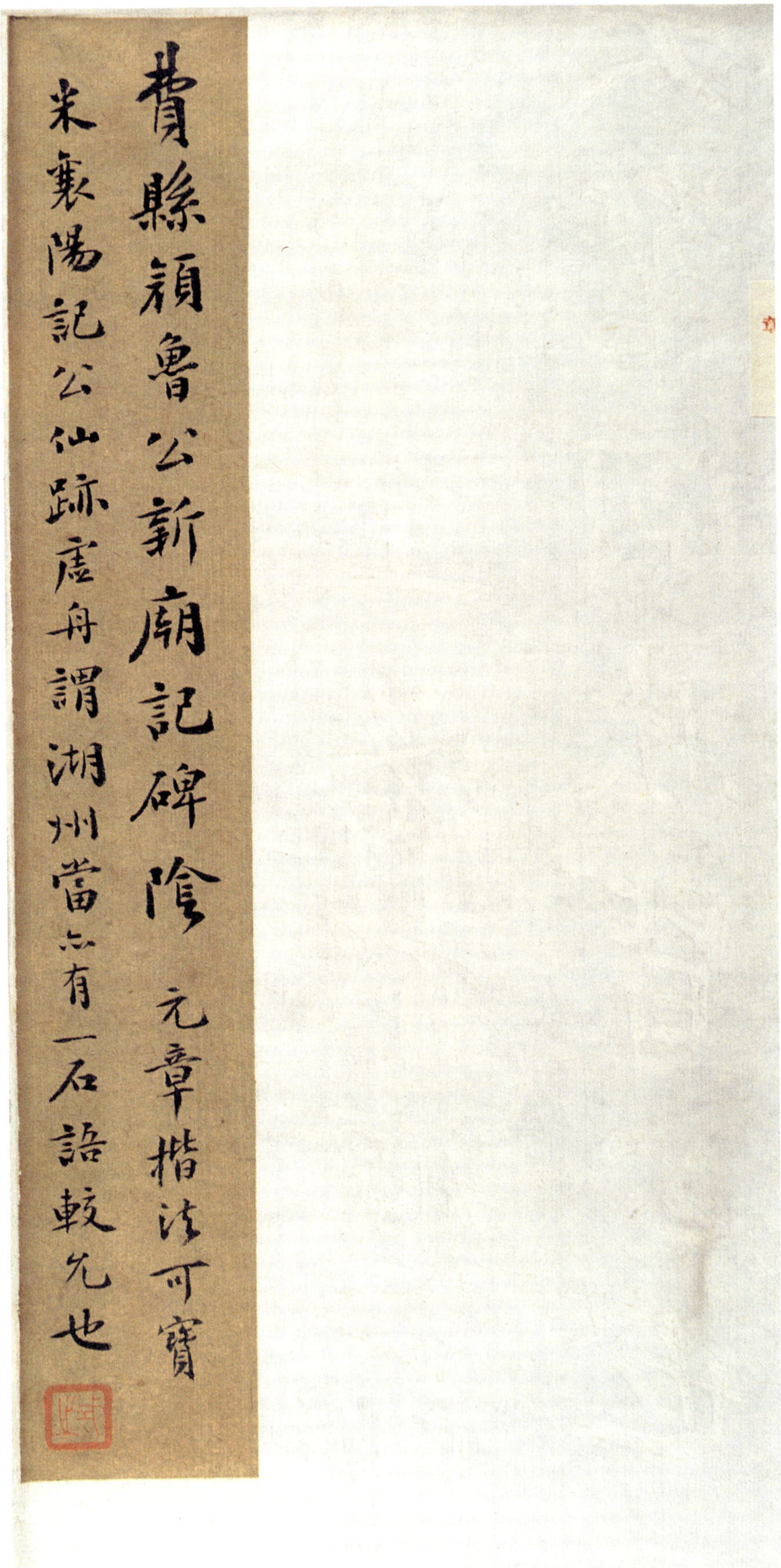

圖一五一. 顏真卿新廟記跋

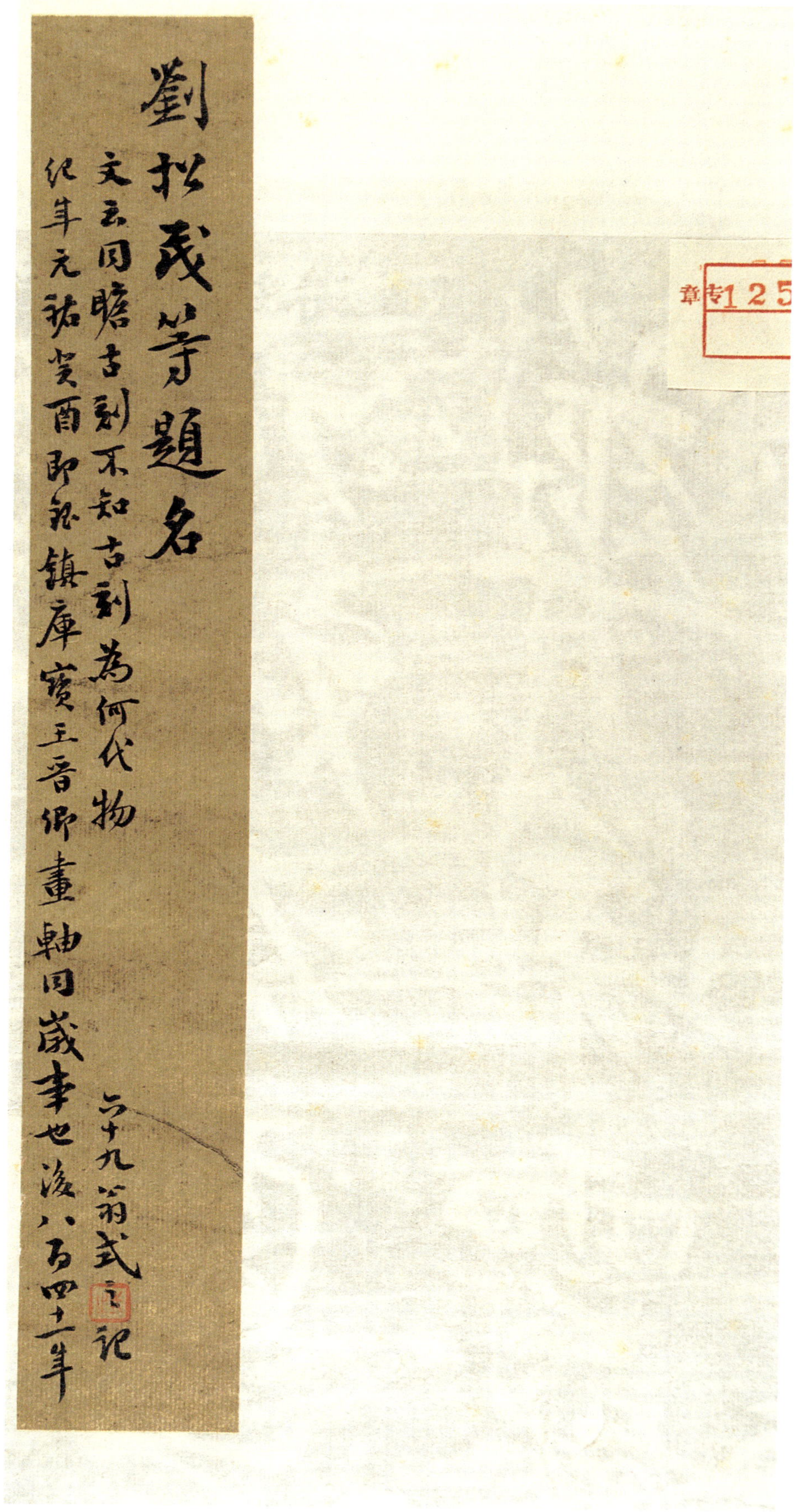

圖一五二. 劉松茂等題名跋

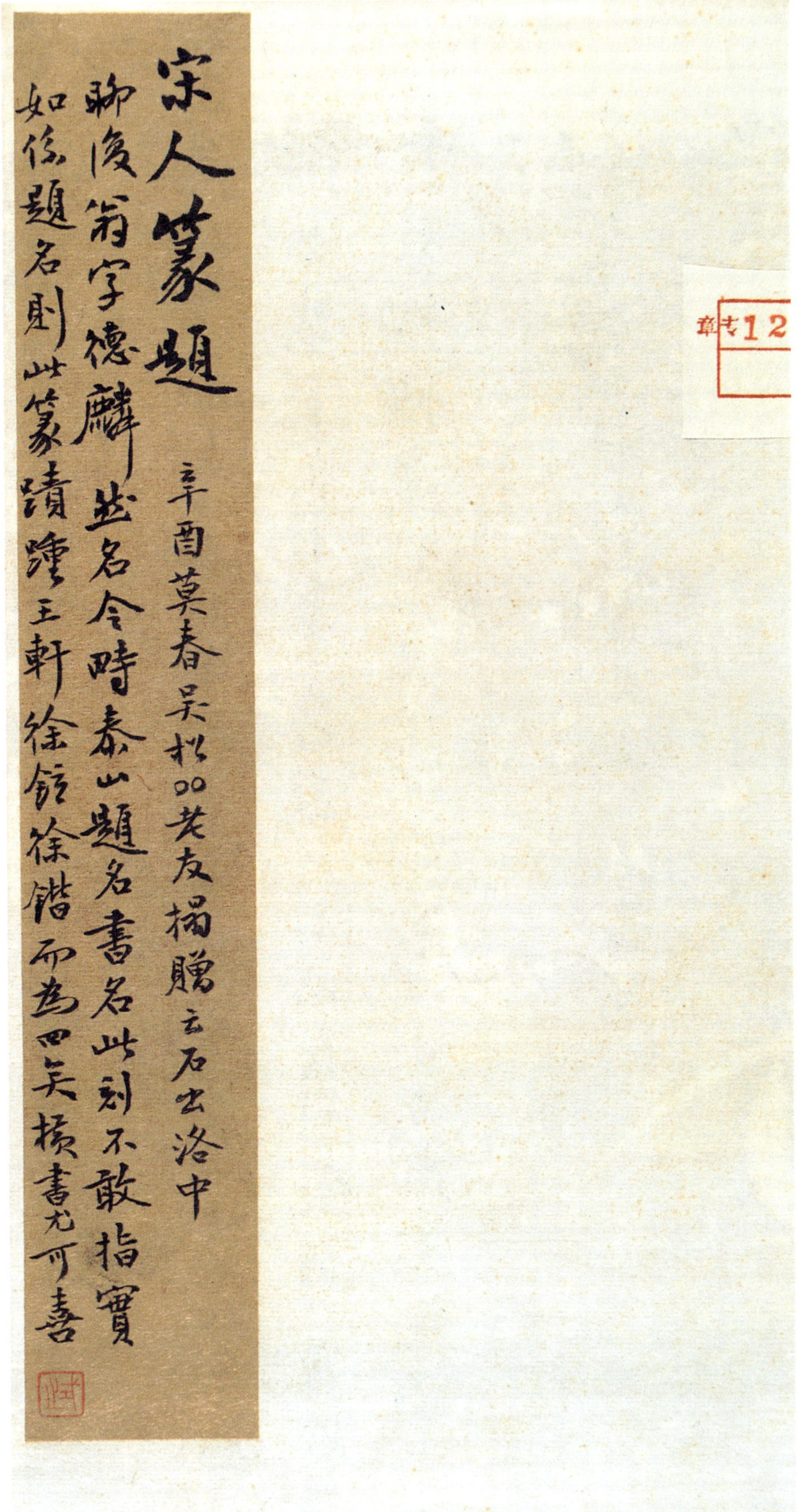

圖一五三．趙德麐題字跋

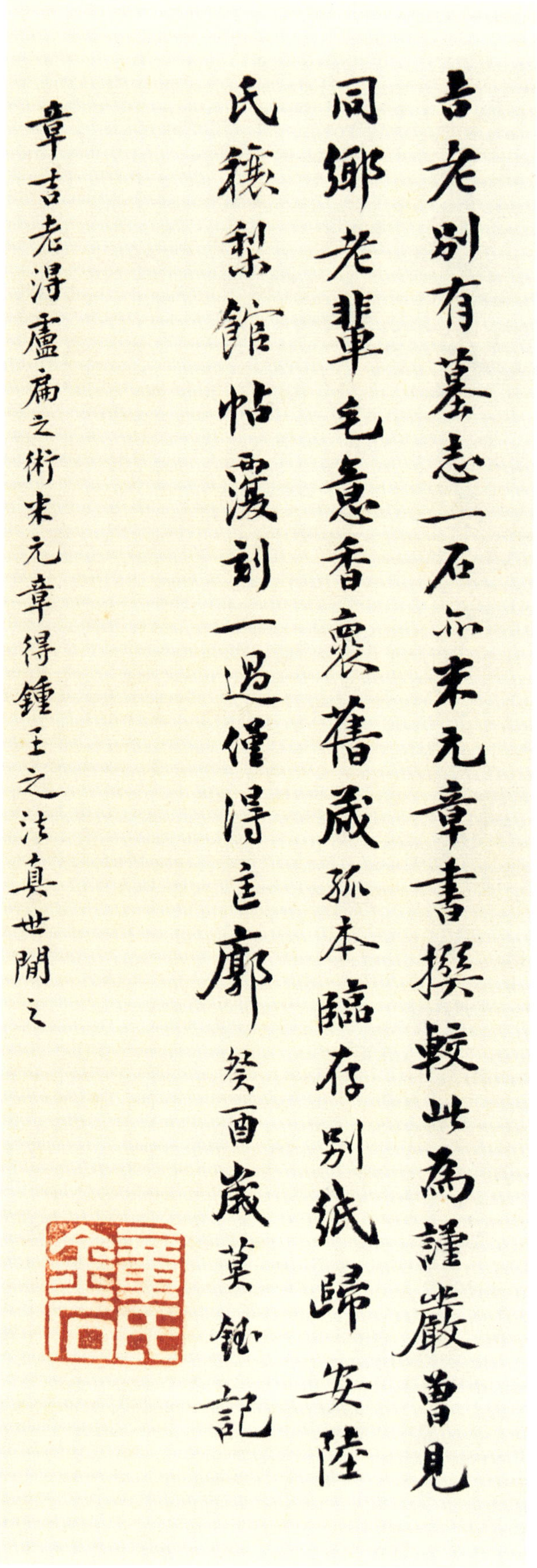
吉老別有墓志一石而米元章書撰較此為謹嚴曾見
同鄉老輩毛意香褱舊藏孤本臨存別紙歸安陸
氏穰梨館帖覆刻一過僅得其廓 癸酉歲莫鈺記
章吉老得盧扁之術米元章得鍾王之法真世間之

圖一五四·一. 章吉老墓表；朱樂圃墓表跋

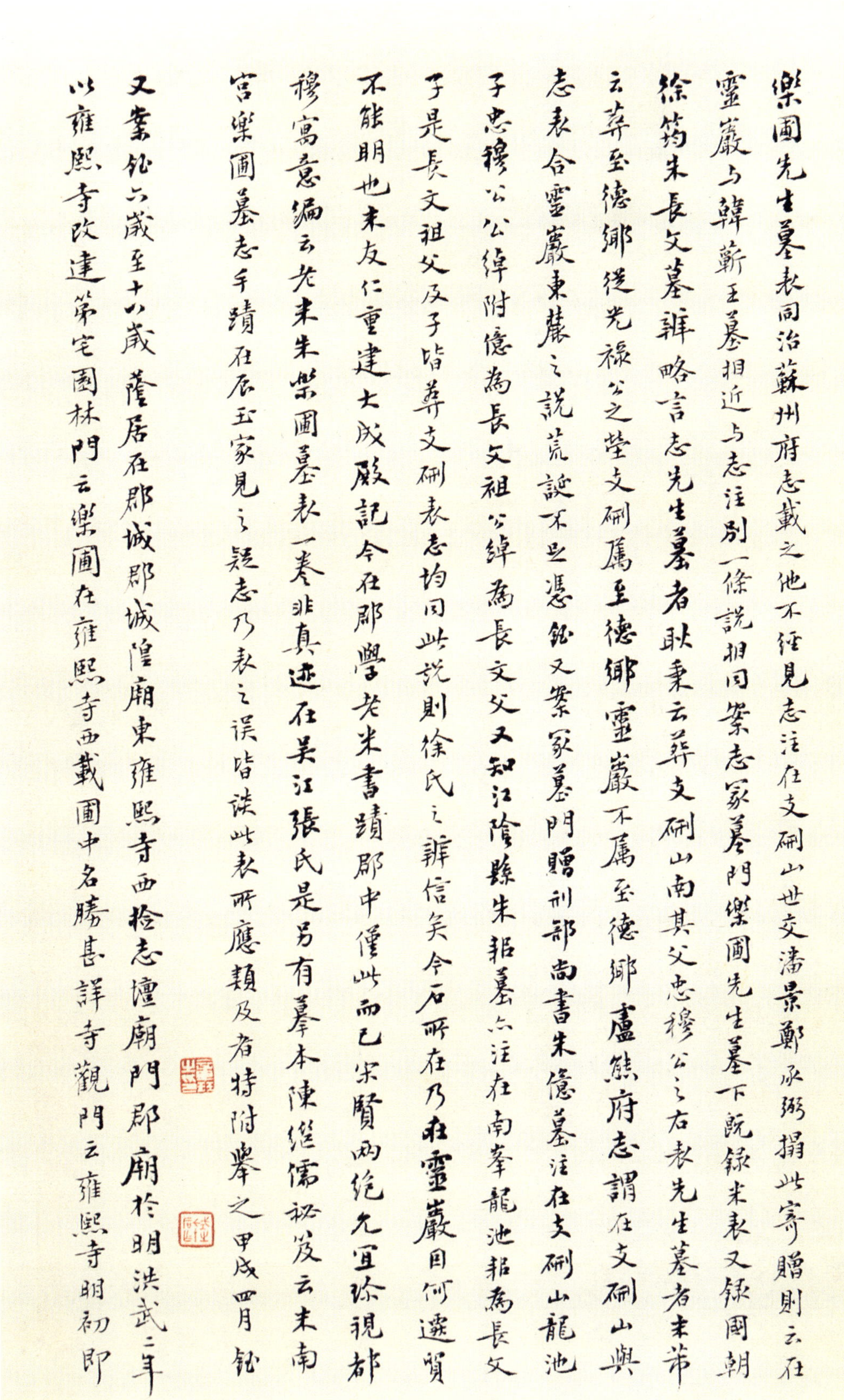
樂圃先生墓表同治蘇州府志載之他不經見志注在文硎山世交潘景鄭承弼搨此寄贈則云在靈巖與韓蘄王墓相近與志注別一條說相同案志冢墓門樂圃先生墓下既錄米表又錄國朝徐菿朱長文墓辨略言志先生墓者耿秉云葬文硎山南其父忠穆公之右表先生墓者米芾云葬至德鄉從光祿公之塋文硎屬至德鄉靈巖不屬至德鄉盧熊府志謂在文硎山與志表合靈巖東麓之說荒誕不足憑鈺又案冢墓門贈刑部尚書朱億墓注在文硎山龍池子忠穆公公綽附億為長文祖公綽為長文父又知江陰縣朱耜墓亦注在南峯龍池耜為長文子是長文祖父及子皆葬文硎表志均同此說則徐氏之辨信矣今石所在乃在靈巖因何遷貿不能明也米友仁重建大成殿記今在郡學老米書蹟郡中僅此而已宋賢兩絕尤宜珍視都穆寓意編云老米朱樂圃墓表一卷非真迹在吳江張氏是另有摹本陳繼儒秘笈云米南宮樂圃墓志手蹟在辰玉家見之疑志乃表之誤皆謂此表所應類及者特附舉之甲戌四月鈺

又案鈺六歲至十八歲僑居在郡城郡城隍廟東雍熙寺西拾志壇廟門郡廟於明洪武三年以雍熙寺改建第宅園林門云樂圃在雍熙寺西載圃中名勝甚詳寺觀門云雍熙寺明初即

圖一五四·二．章吉老墓表；朱樂圃墓表跋

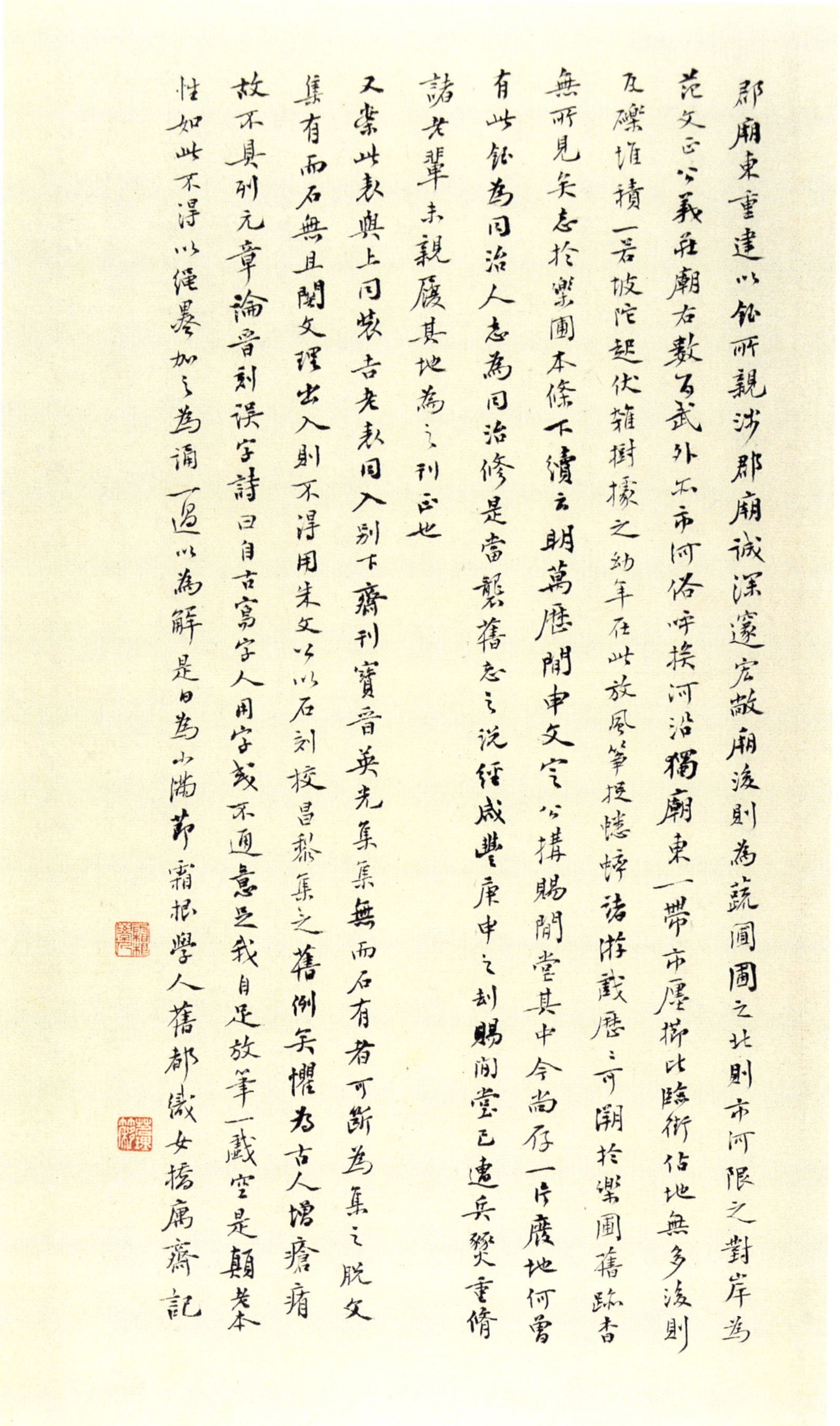

郡廟東重建以余所親涉郡廟誠深邃宏敞廟後則為蔬圃圃之北則市河限之對岸為
范文正公義莊廟右數百武外不市河俗呼挨河沿獨廟東一帶市廛櫛比臨街佔地無多後則
瓦礫堆積一若坡陀起伏雜樹椽之幼年在此放風箏捉蟋蟀諸游戲歷歷可溯於樂圃舊跡杳
無所見矣志於樂圃本條下續云明萬歷間申文定公構賜閒堂其中今尚存一片廢地何曾
有此余為同治人志為同治修是當襲舊志之說經咸豐庚申之刦賜閒堂已遭兵燹重脩
諸老輩未親履其地為之刊正也
又案此表與上同裝吉老表同入別下齋刊寶晉英光集集無而石有者可斷為集之脫文
集有而石無且關文理出入則不得用集文以以石刻校昌黎集之舊例矣懼為古人增瘡痏
故不具列元章論晉刻誤字詩曰自古寫字人用字或不通意足我自足放筆一戲空是顛老本
性如此不得以繩墨加之為誦一過以為解是日為小滿節霜根學人舊都織女橋廟齋記

圖一五四·三. 章吉老墓表；朱樂圃墓表跋

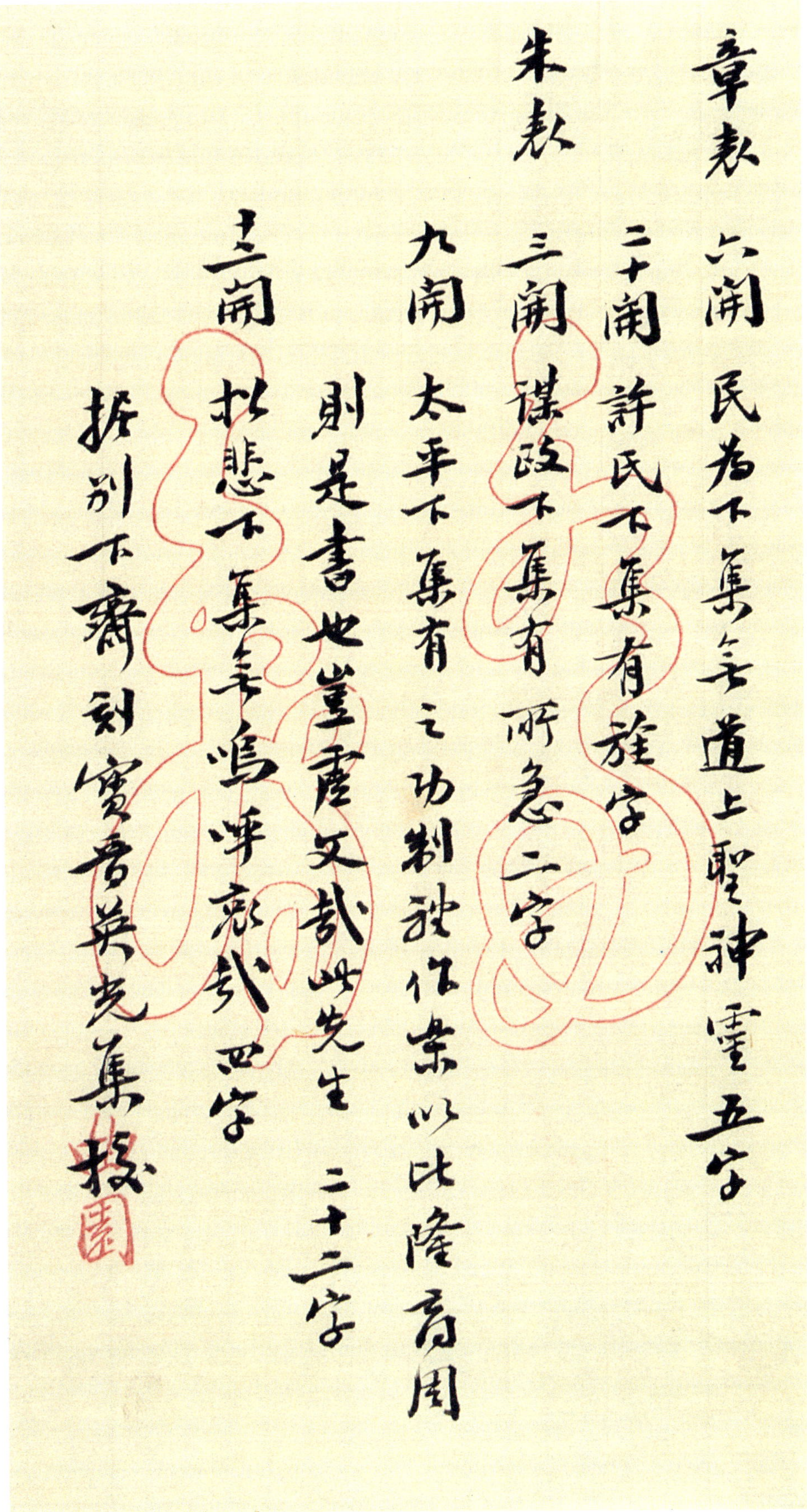
章表　六闕　民為下集舍道上聖神靈　五字
二十闕　許民下集有旌字
朱表　三闕　謀政下集有所急二字
九闕　太平下集有之功制被作業以比隆商周
則是書也豈虛文哉此先生　二十二字
十三闕　於悲下集無嗚呼哀哉四字
掊剔下齋刻寶晉英光集校

圖一五四·四. 章吉老墓表；朱樂圃墓表跋

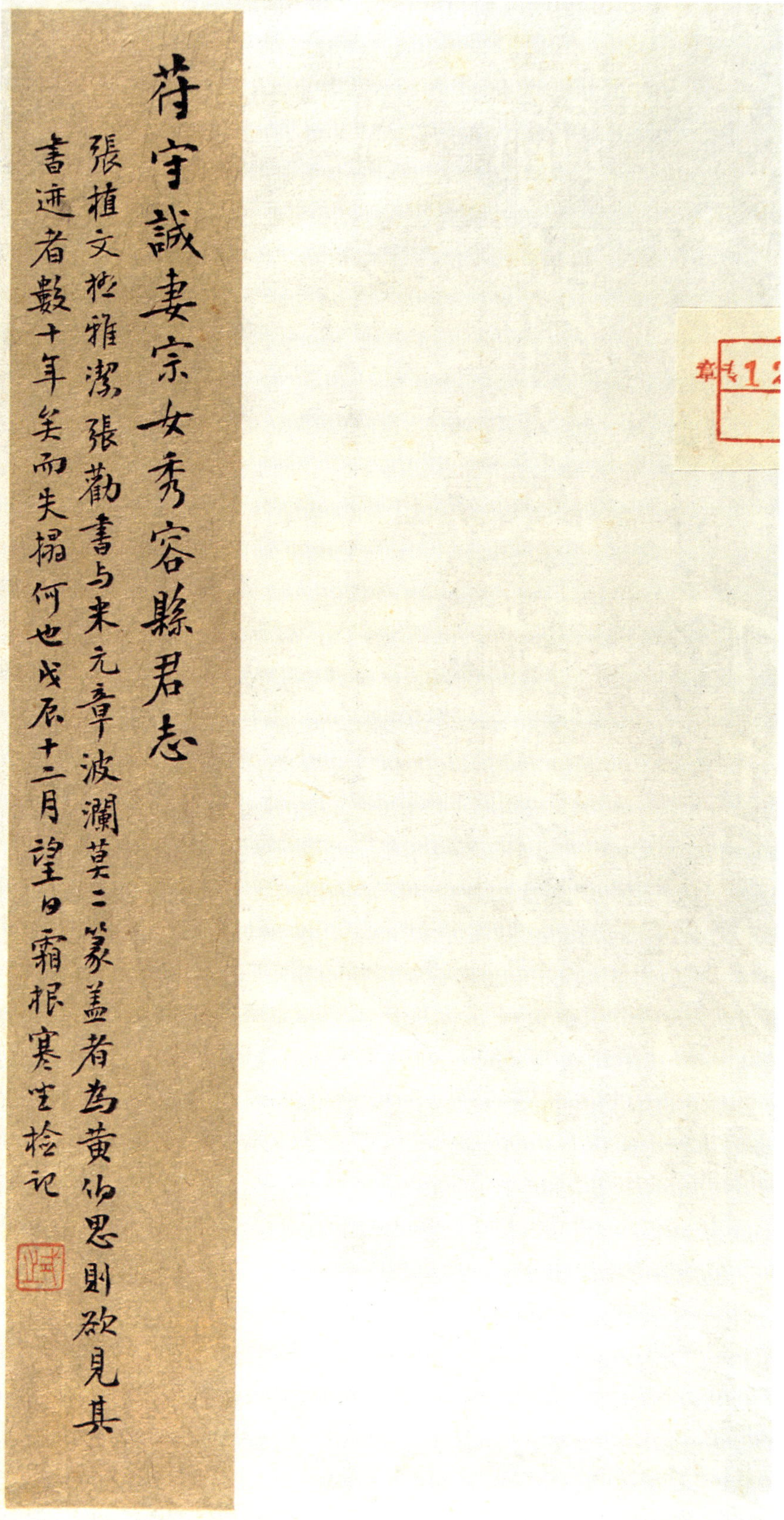
苻守誠妻宗女秀容縣君志
張植文楷雅潔張勸書與米元章波瀾莫二篆蓋者為黃伯思則欲見其
書迹者數十年矣而失搨何也戊辰十二月望日霜根寒生撿記

圖一五五．苻守誠妻張趙氏墓誌跋

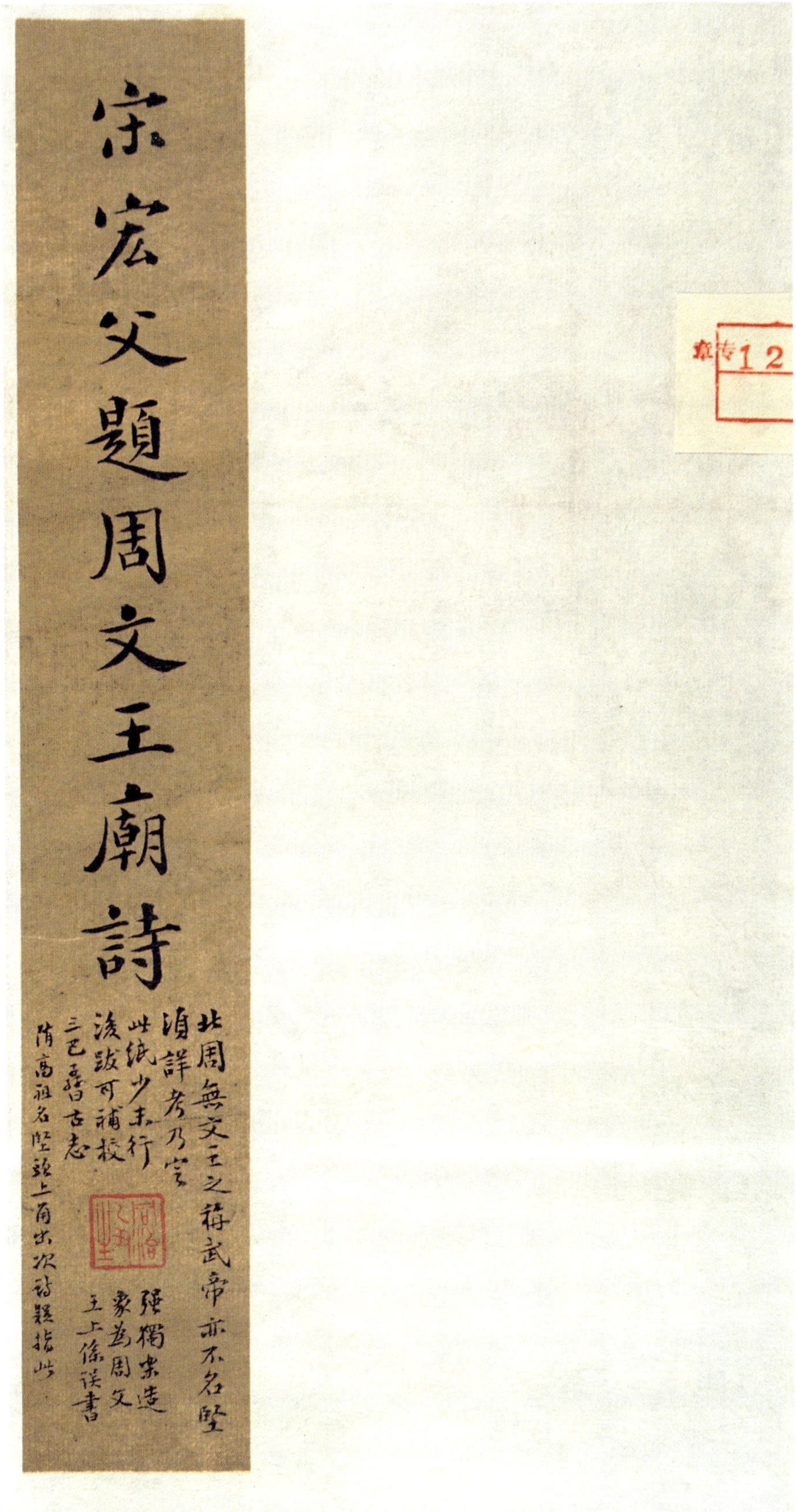

圖一五六. 周文王廟詩跋

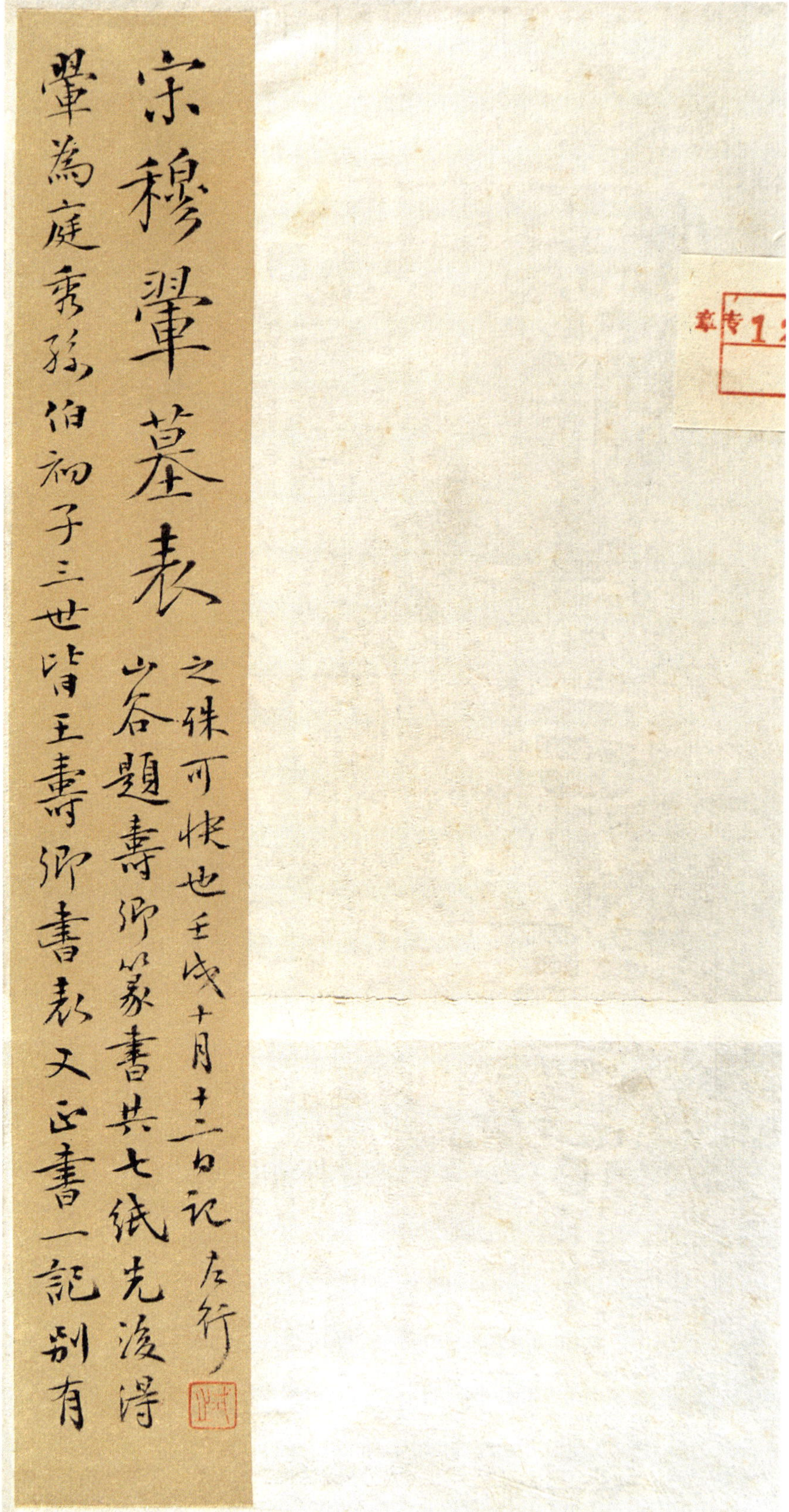
宋穆輦墓表
輦為庭秀孫伯初子三世皆王壽卿書表文正書一記別有
山谷題壽卿以篆書共七紙先後得
之殊可快也壬戌十月十二日記 左行

圖一五七．穆輦墓表跋

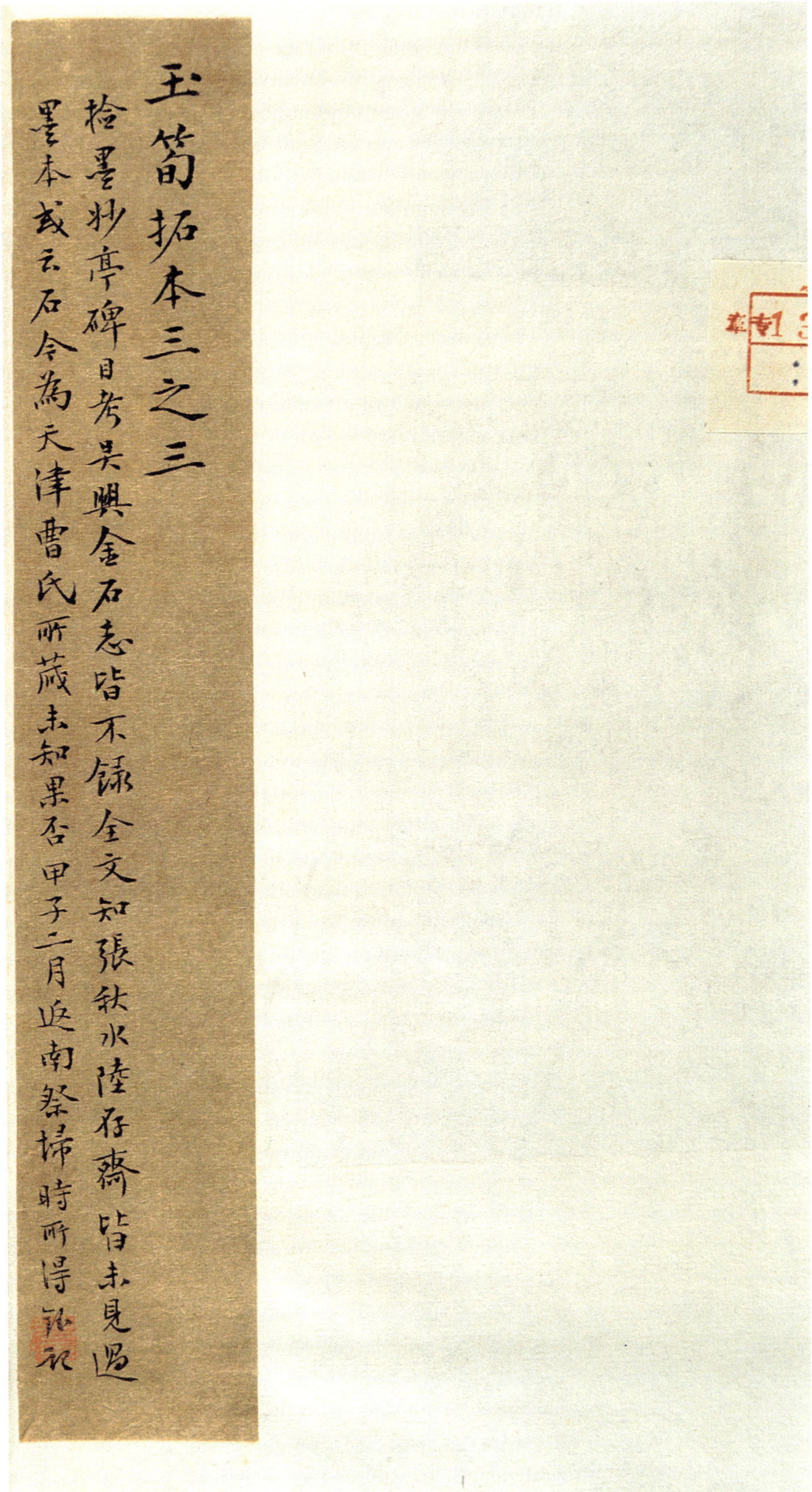

玉笱拓本三之三

檢墨妙亭碑目考吳興金石志皆不錄全文知張秋水陸存齋皆未見過墨本或云石今為天津曹氏所藏未知果否甲子二月返南祭掃時所得鈺記

圖一五八. 玉笱跋

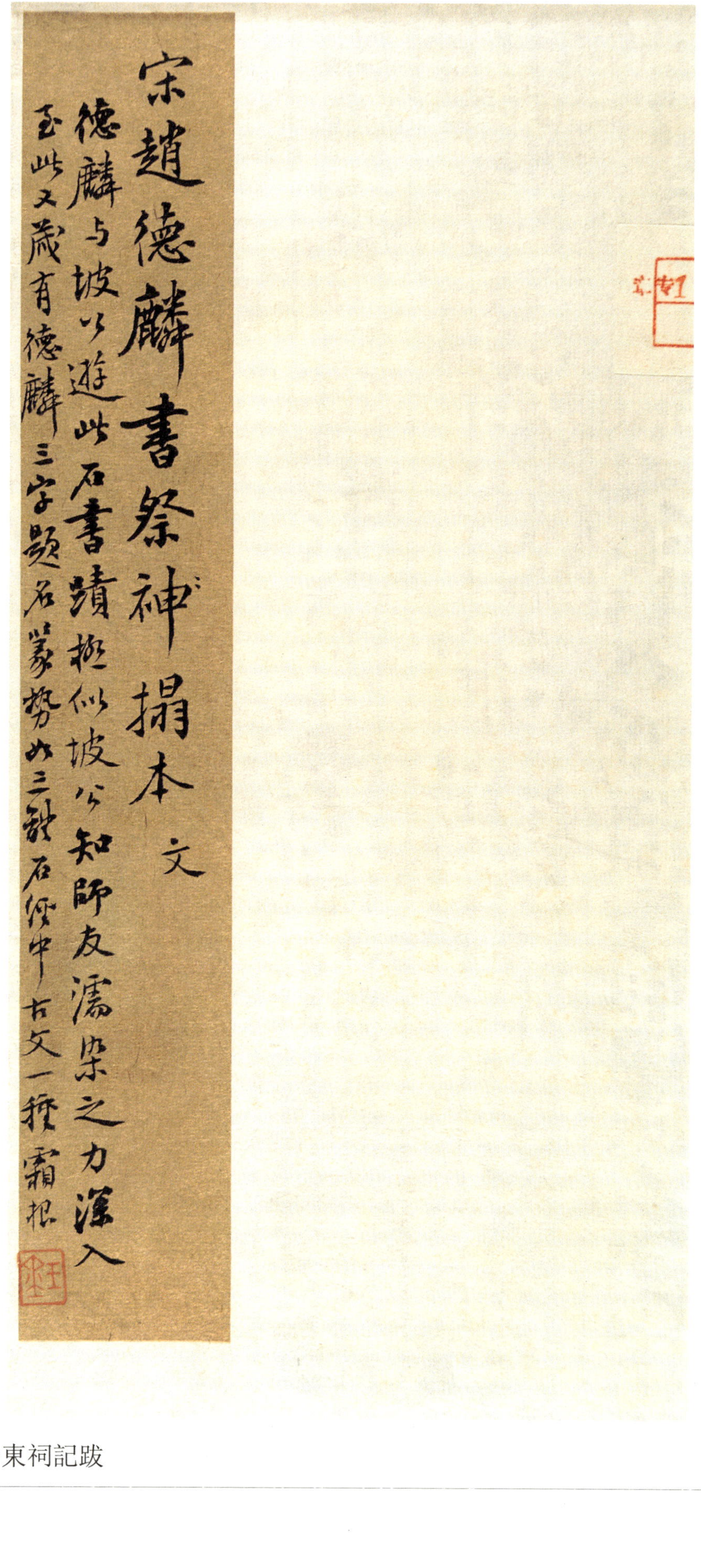
宋趙德麟書祭神搨本 文
德麟与坡以遊此石書蹟極似坡公知師友濡染之力深入
至此又藏有德麟三字題名篆勢如三體石經中古文一種 霜根

圖一五九．祭汾東祠記跋

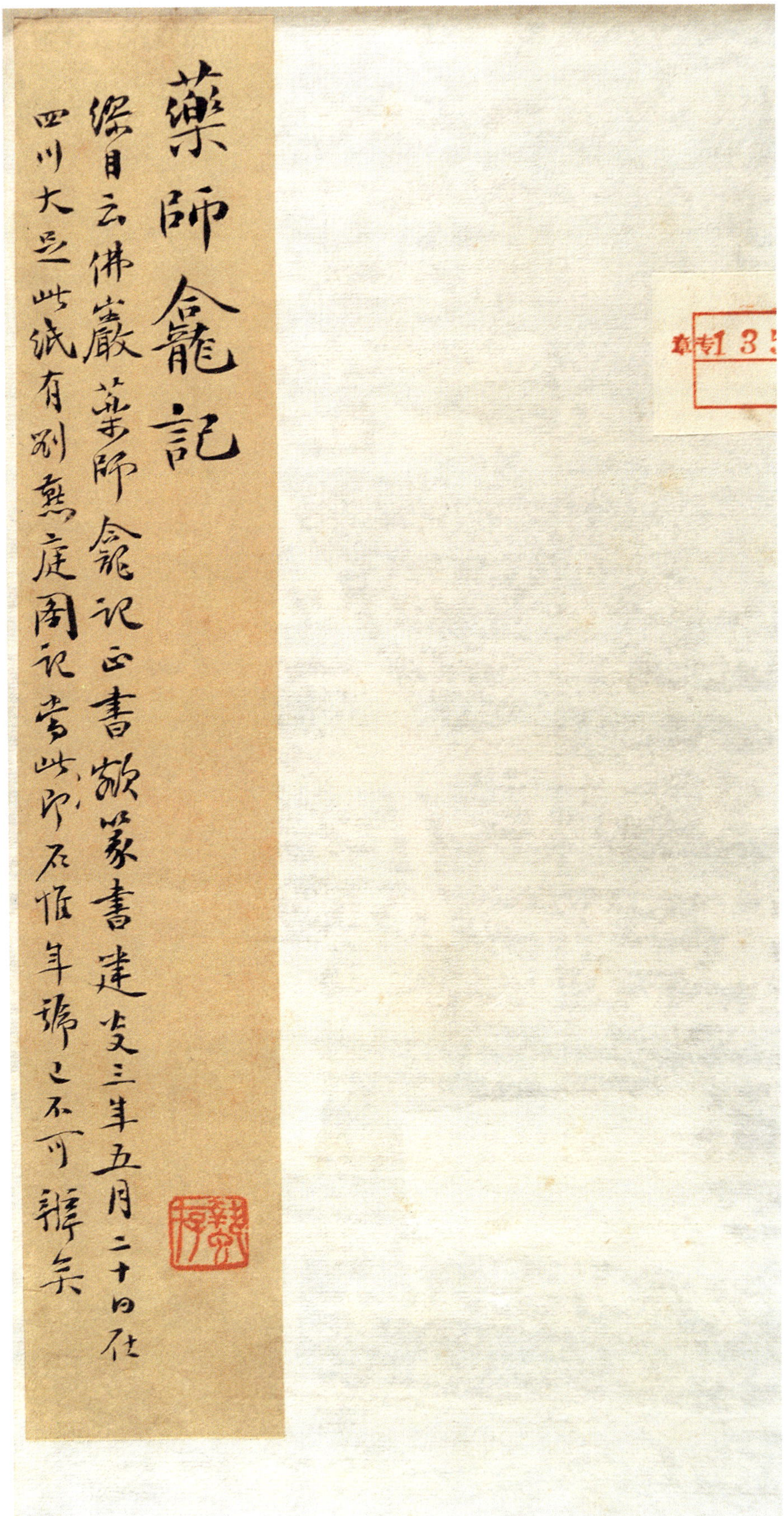

圖一六〇．藥師龕記跋

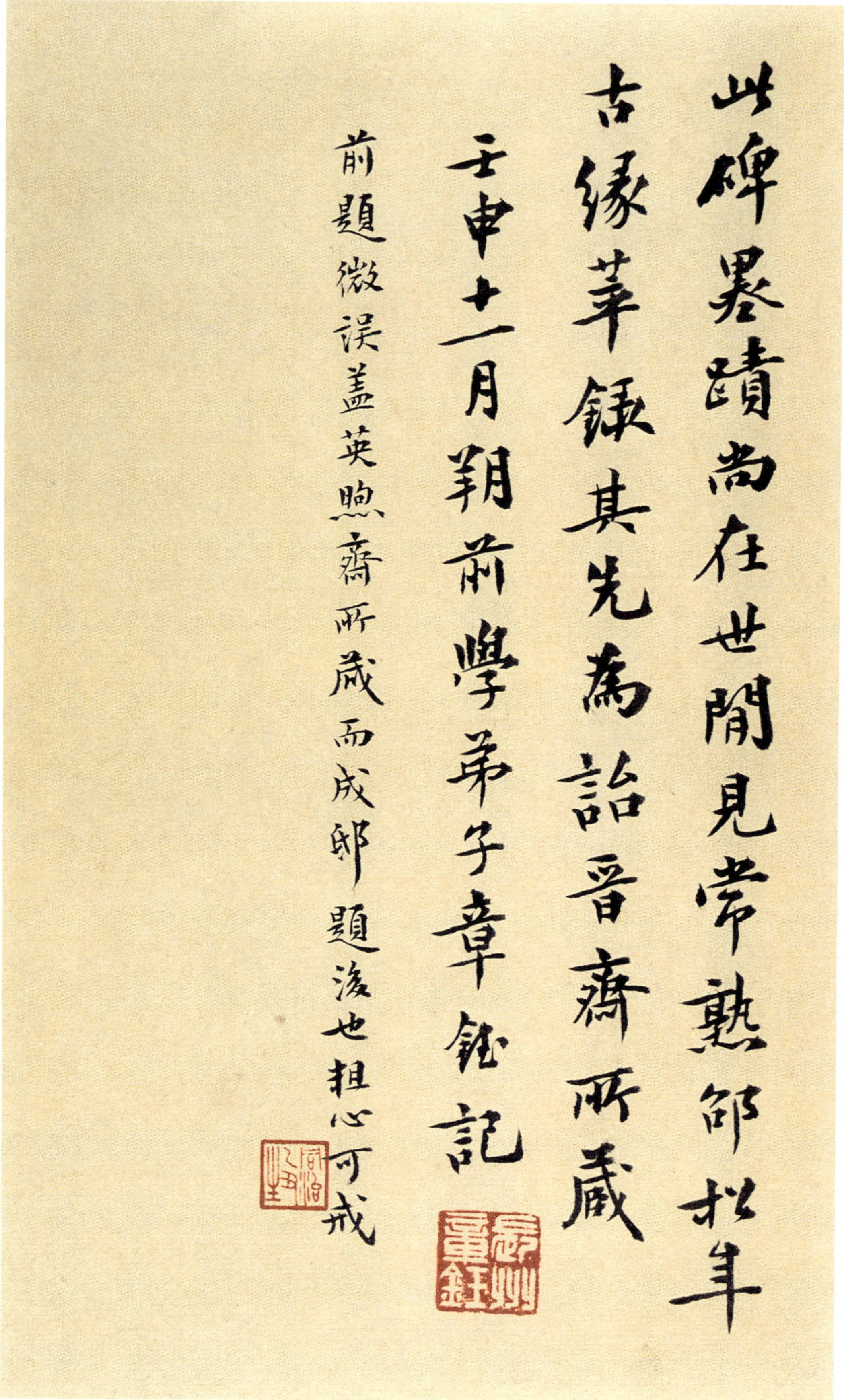
此碑墨蹟尚在世間見常熟邵松年古緣萃錄其先為詒晉齋所藏
壬申十一月朔前學弟子章鈺記
前題微誤蓋英煦齋所藏而成邸題後也粗心可戒

圖一六一．吳郡大成殿碑跋

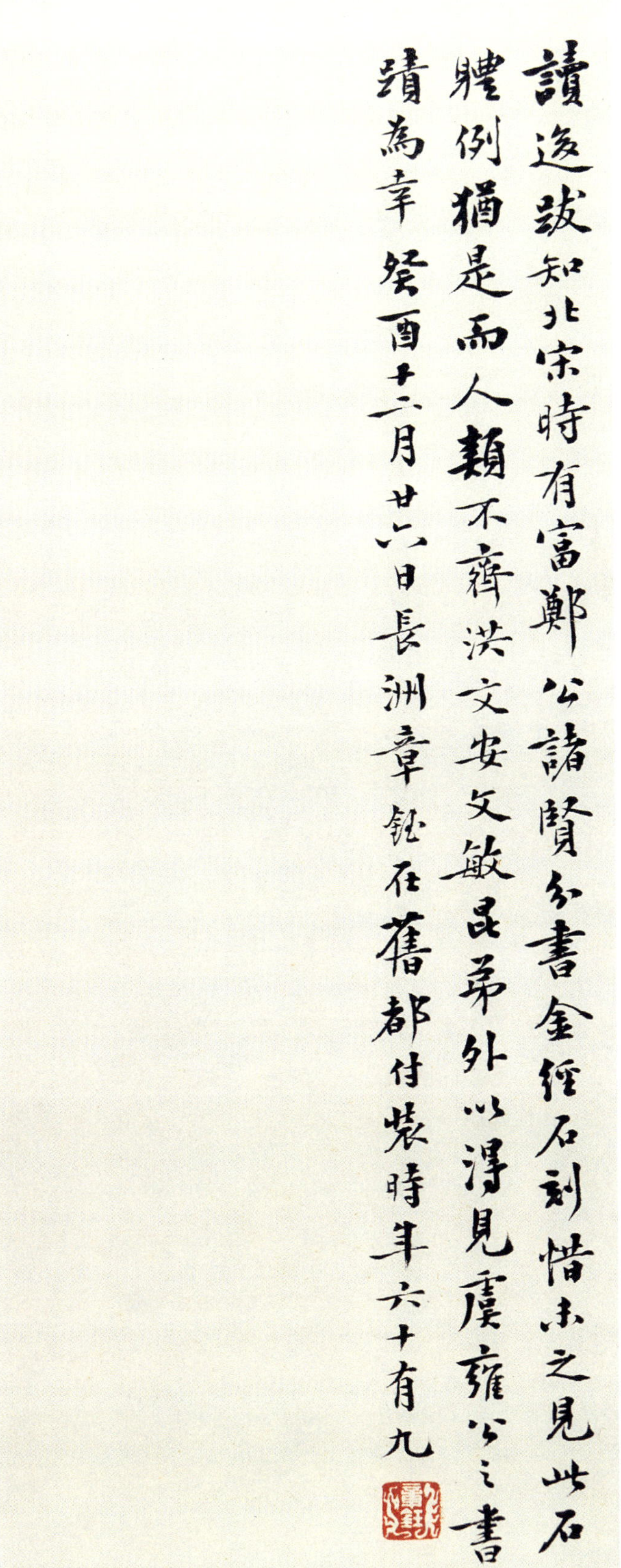
讀逸跋知北宋時有富鄭公諸賢分書金經石刻惜未之見此石
體例猶是而人類不齊洪文安文敏昆弟外以得見虞雍公之書
蹟為幸 癸酉十二月廿六日長洲章鈺在舊都付裝時年六十有九

圖一六二. 四十二章經跋

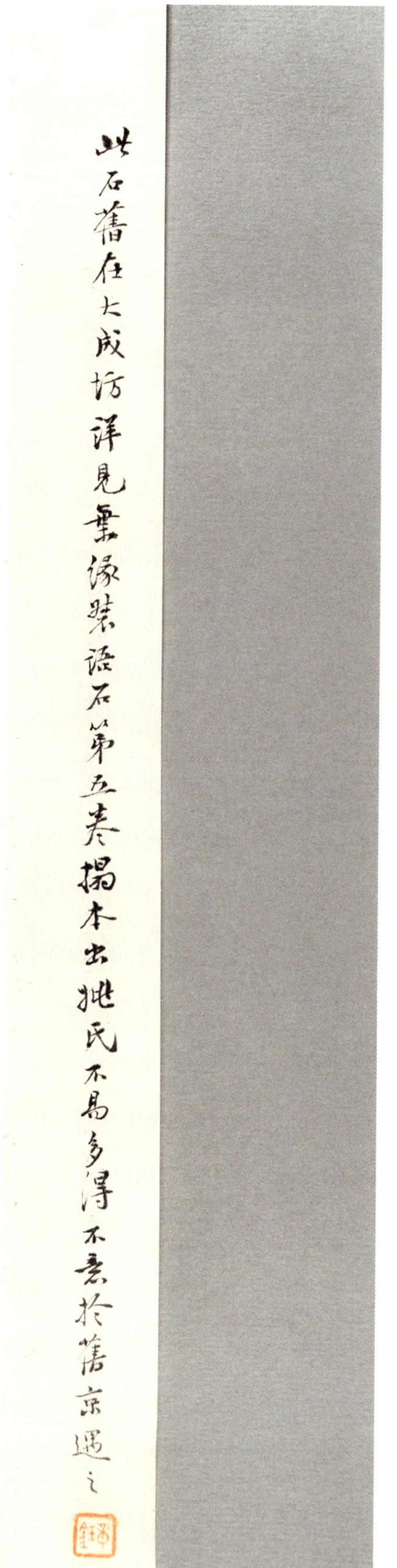
此石舊在大成坊詳見葉緣裻語石第五卷搨本出[illegible]氏不易多得不意於舊京遇之

圖一六三·一. 蘇城井欄拓本跋

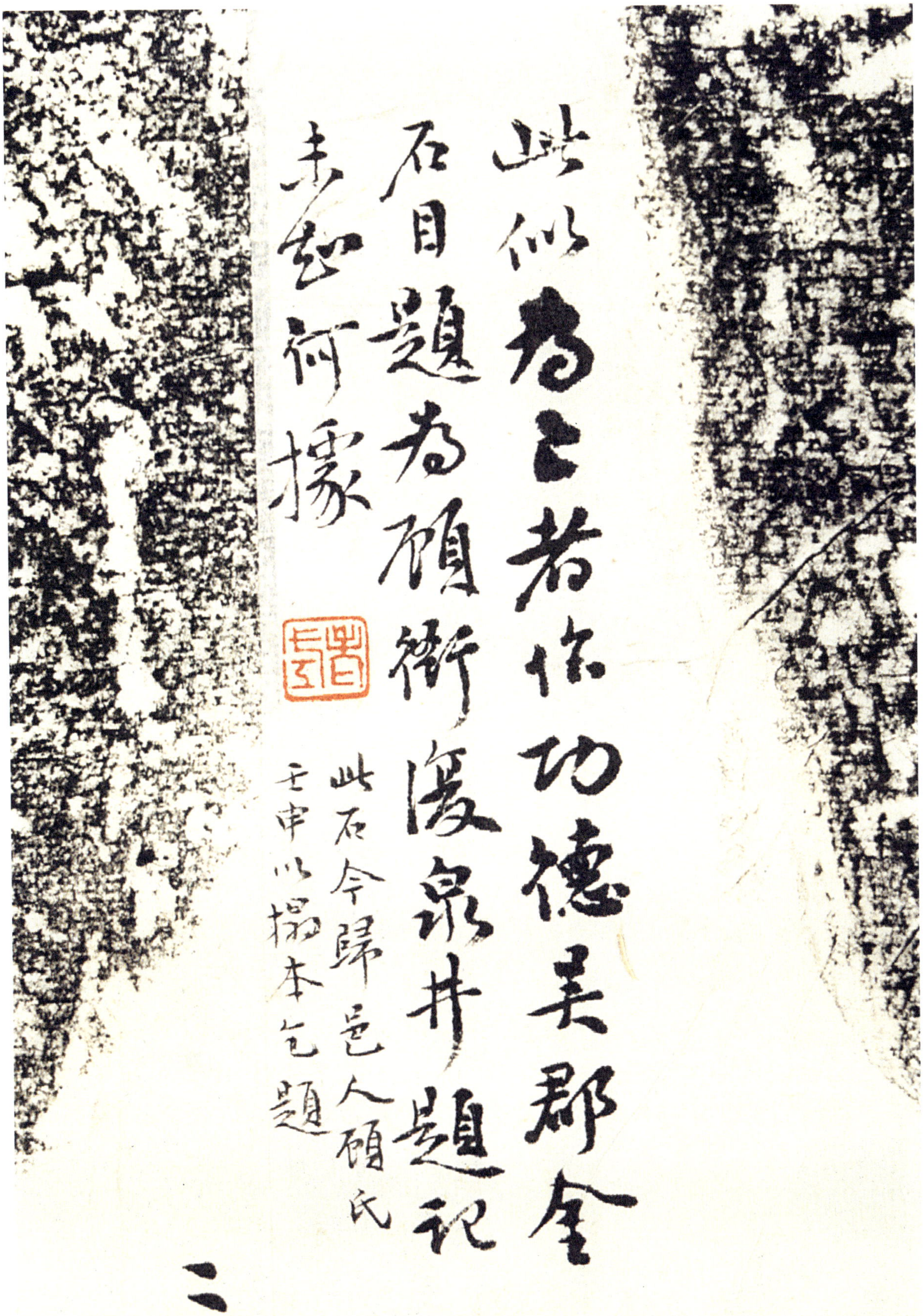

圖一六三·二. 蘇城井欄拓本跋

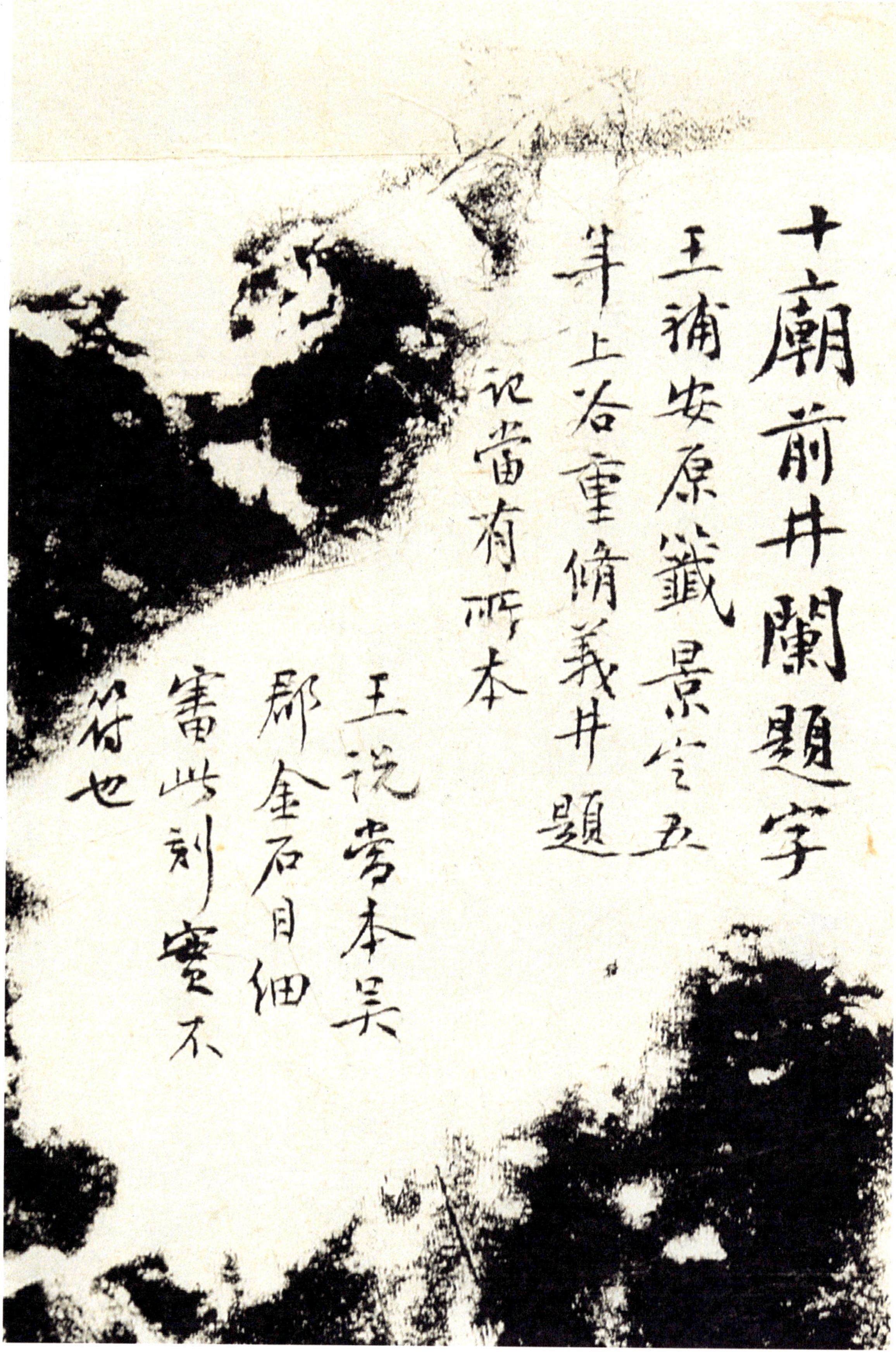

圖一六三·三. 蘇城井欄拓本跋

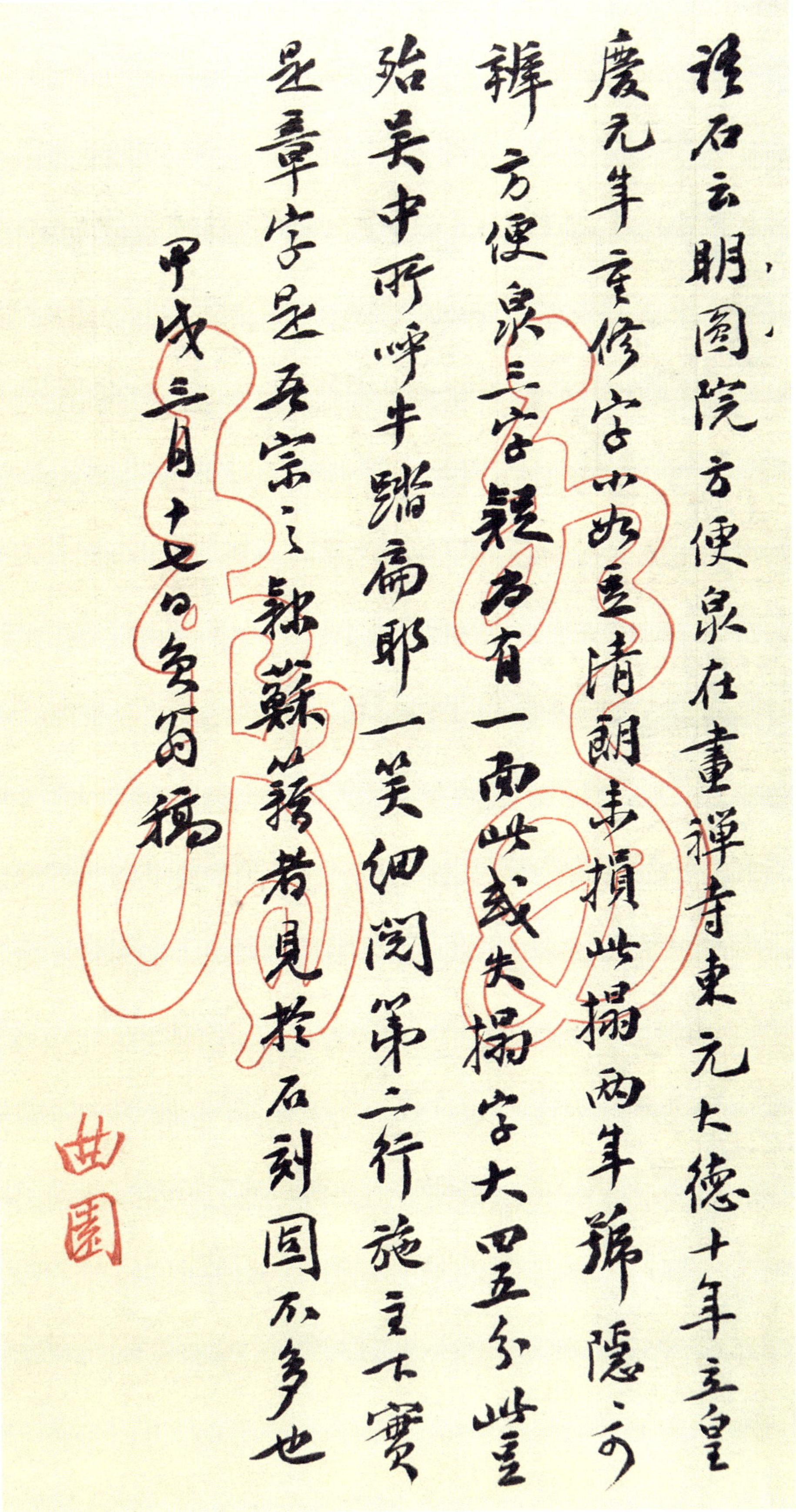

語石云明圓院方便泉在畫禪寺東元大德十年立皇慶元年重修字小如豆清朗未損此搨兩年籀隱所贈方便泉三字鋟有一面此或失搨字大四五分此豈殆吳中所呼牛蹄扁耶一笑細閱第二行施主卜寶是章字是吾宗之隸蘇州籍者見於石刻固不多也

甲戌三月十七日急寫稿

曲園

圖一六三·四. 蘇城井欄拓本跋

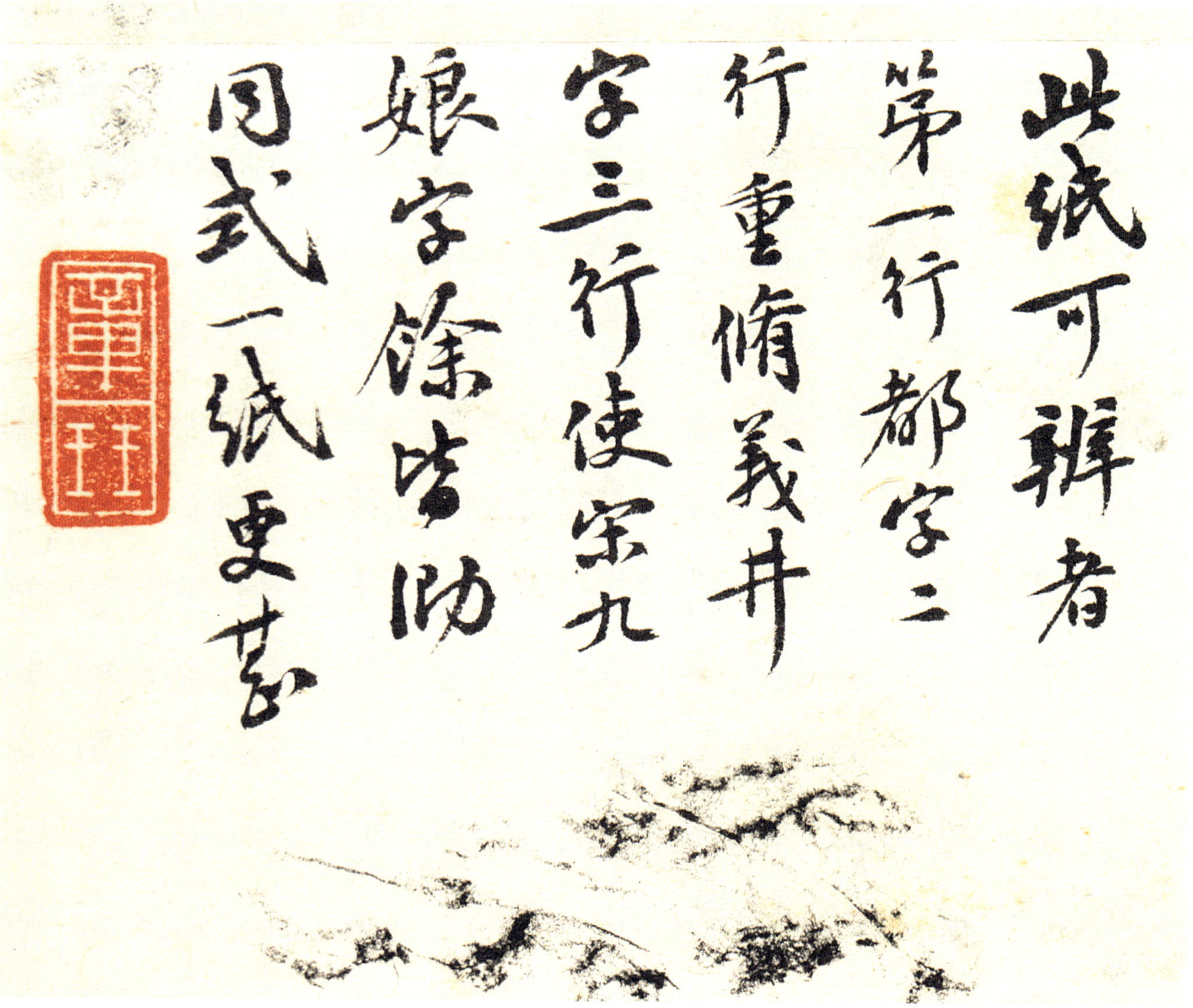

圖一六三·五．蘇城井欄拓本跋

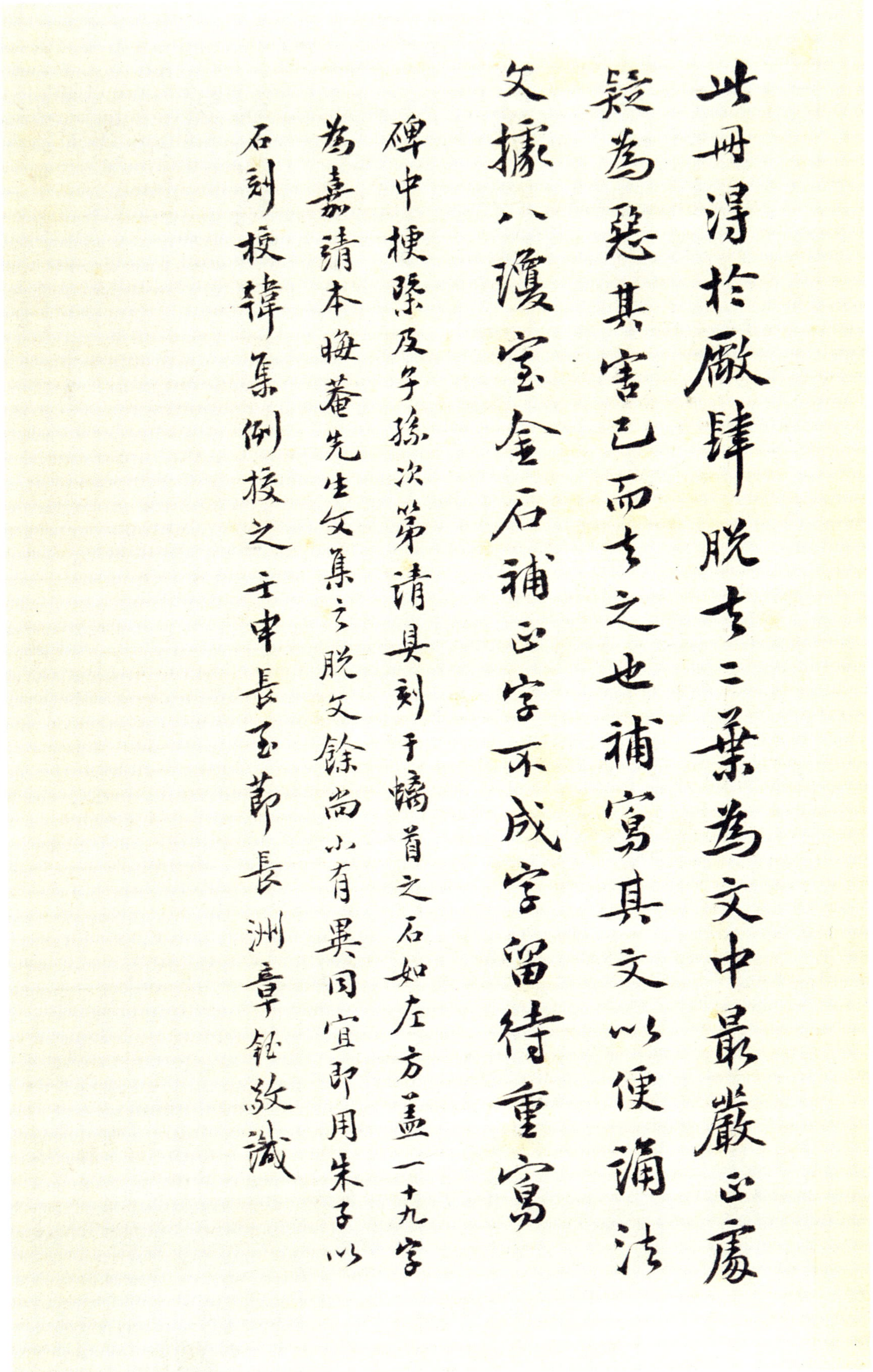

此冊得於厰肆脫去二葉為文中最嚴正處疑為惡其害己而去之也補寫其文以便誦法文據八瓊室金石補正字不成字留待重寫

碑中梗槩及子孫次第請具刻于螭首之石如左方蓋一十九字為嘉靖本梅菴先生文集之脫文餘尚小有異同宜即用朱子以石刻校韓集例校之　壬申長至節長洲章鈺敬識

圖一六四．黃中美神道碑跋

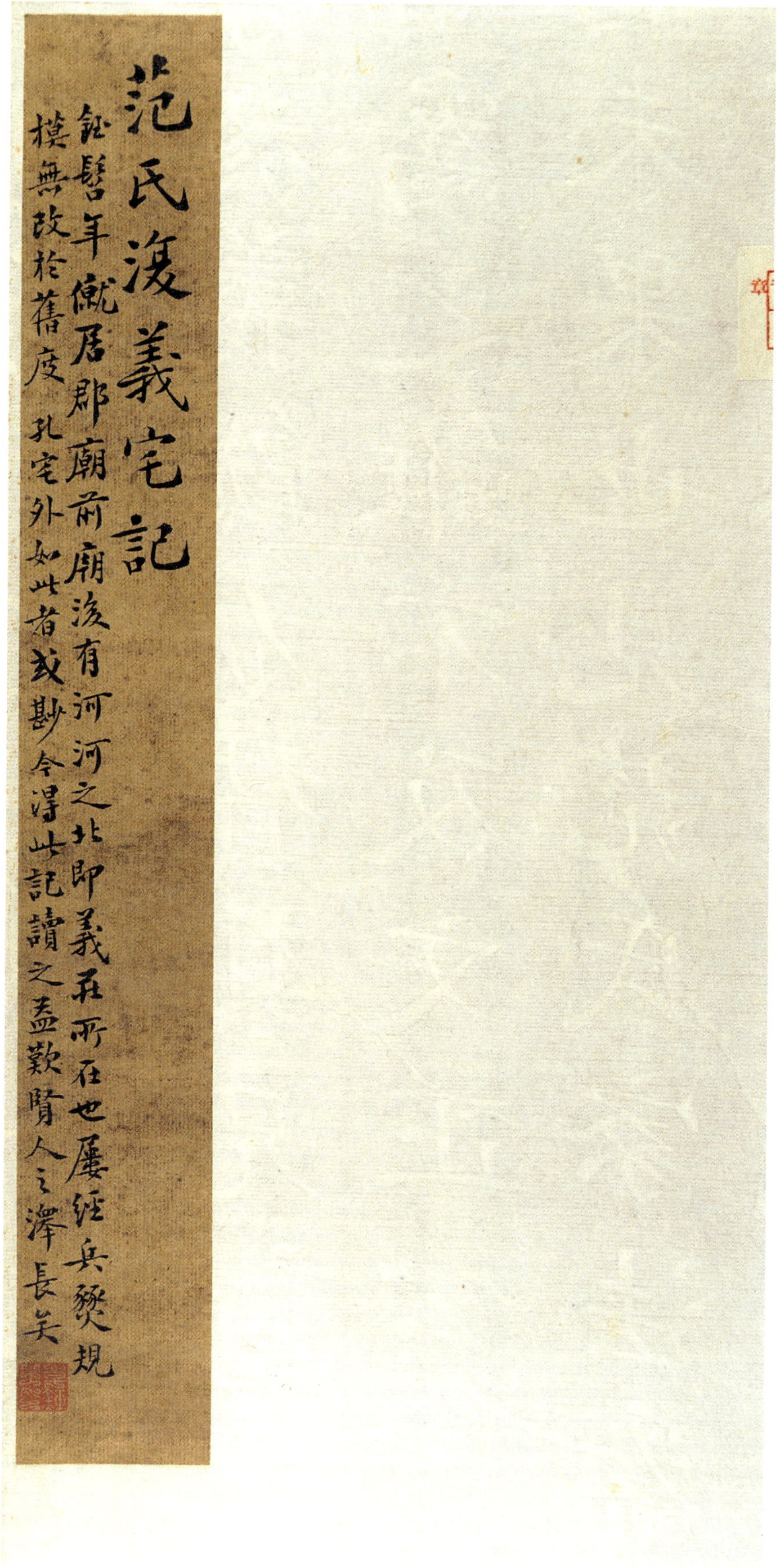
范氏復義宅記
鈺髫年僦居郡廟前廟後有河河之北即義莊所在也屢經兵燹規
模無改於舊度 孔宅外如此者或尠今得此記讀之益歎賢人之澤長矣

圖一六五．范氏復義宅記跋

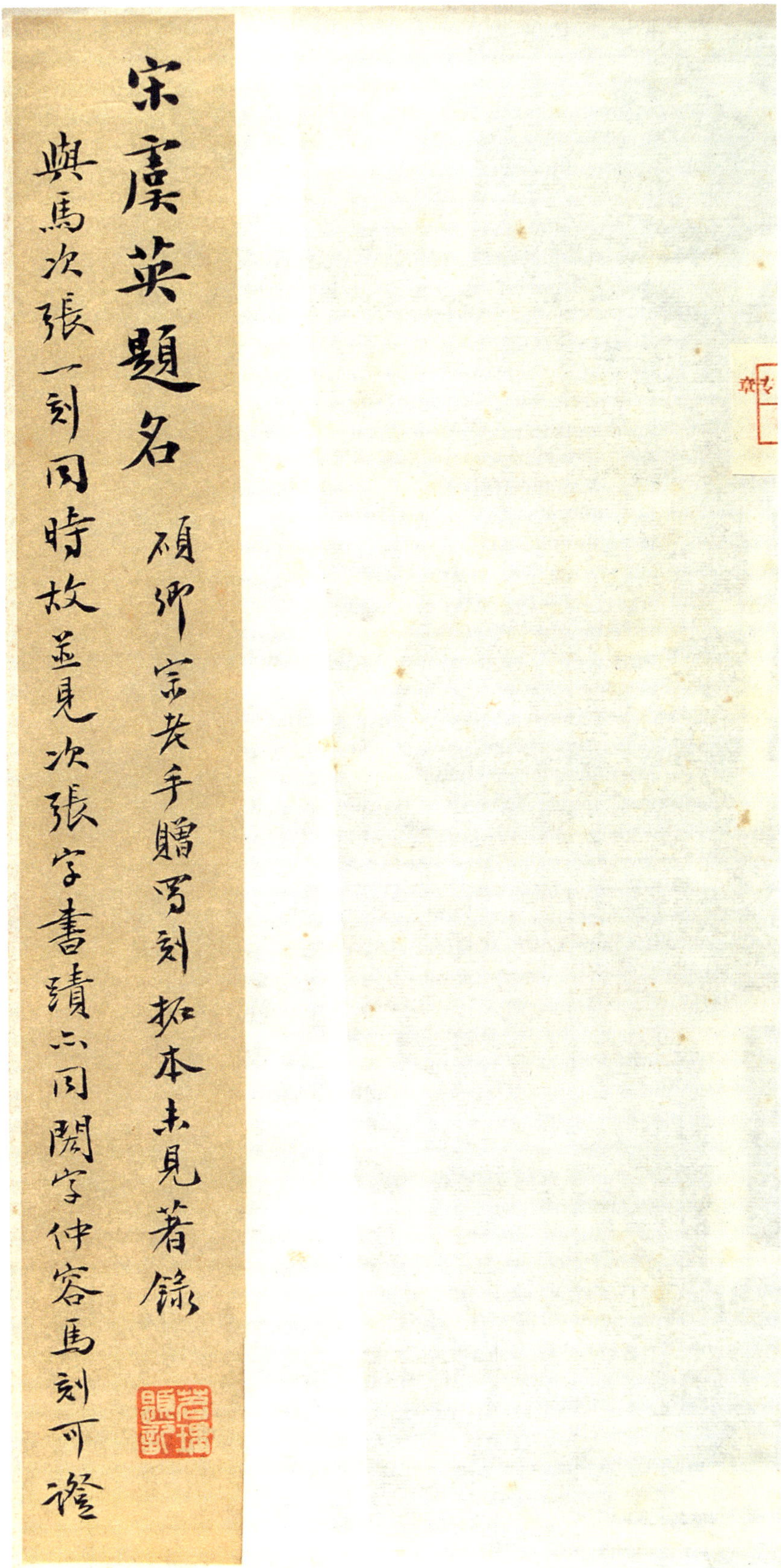

圖一六六. 虞英題名跋

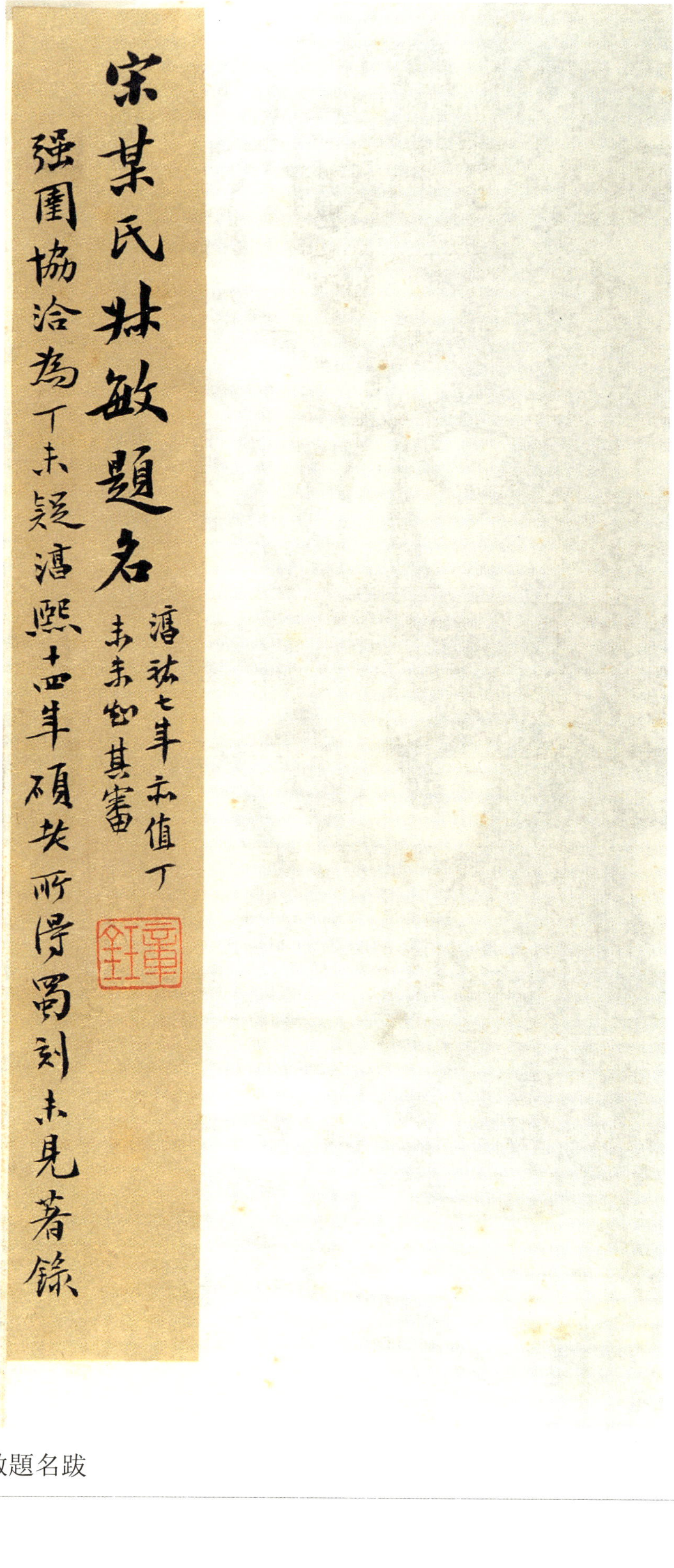

宋某氏叔敏題名

淳祐七年歲值丁
未未知其審

章鈺

强圉協洽爲丁未疑淳熙十四年碩夫所得蜀刻未見著錄

圖一六七. □叔敏題名跋

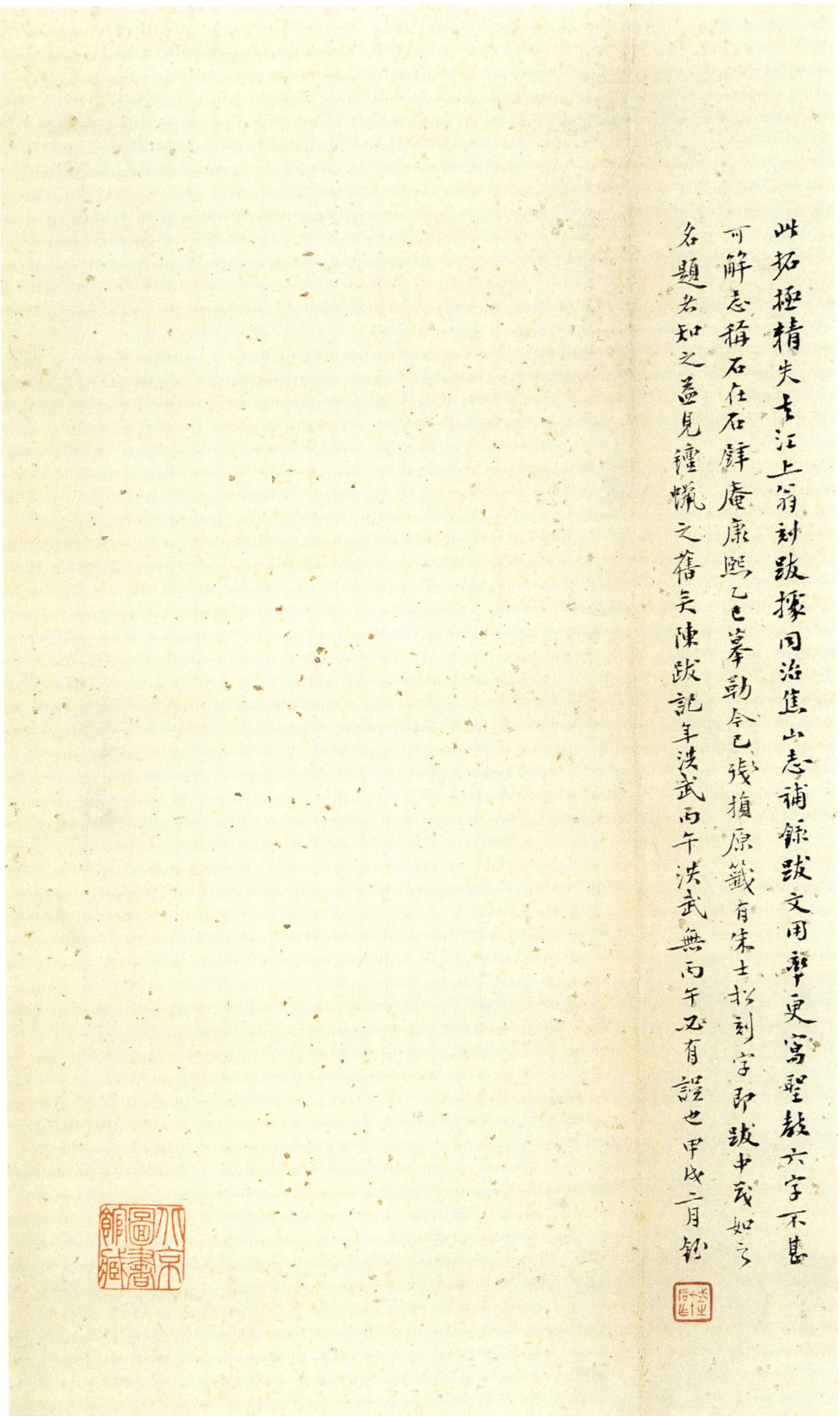

此拓極精失去江上翁刻跋據同治焦山志補錄跋文用章吏寫聖教六字不甚
可解志稱石在石壁庵康熙乙巳摹勒今已殘損原識有朱士杉刻字即跋中茂如之
名題名知之益見鐘慌之舊矣陳跋記年洪武丙午洪武無丙午必有誤也甲戌二月鈺

圖一六八．金剛般若波羅蜜經跋

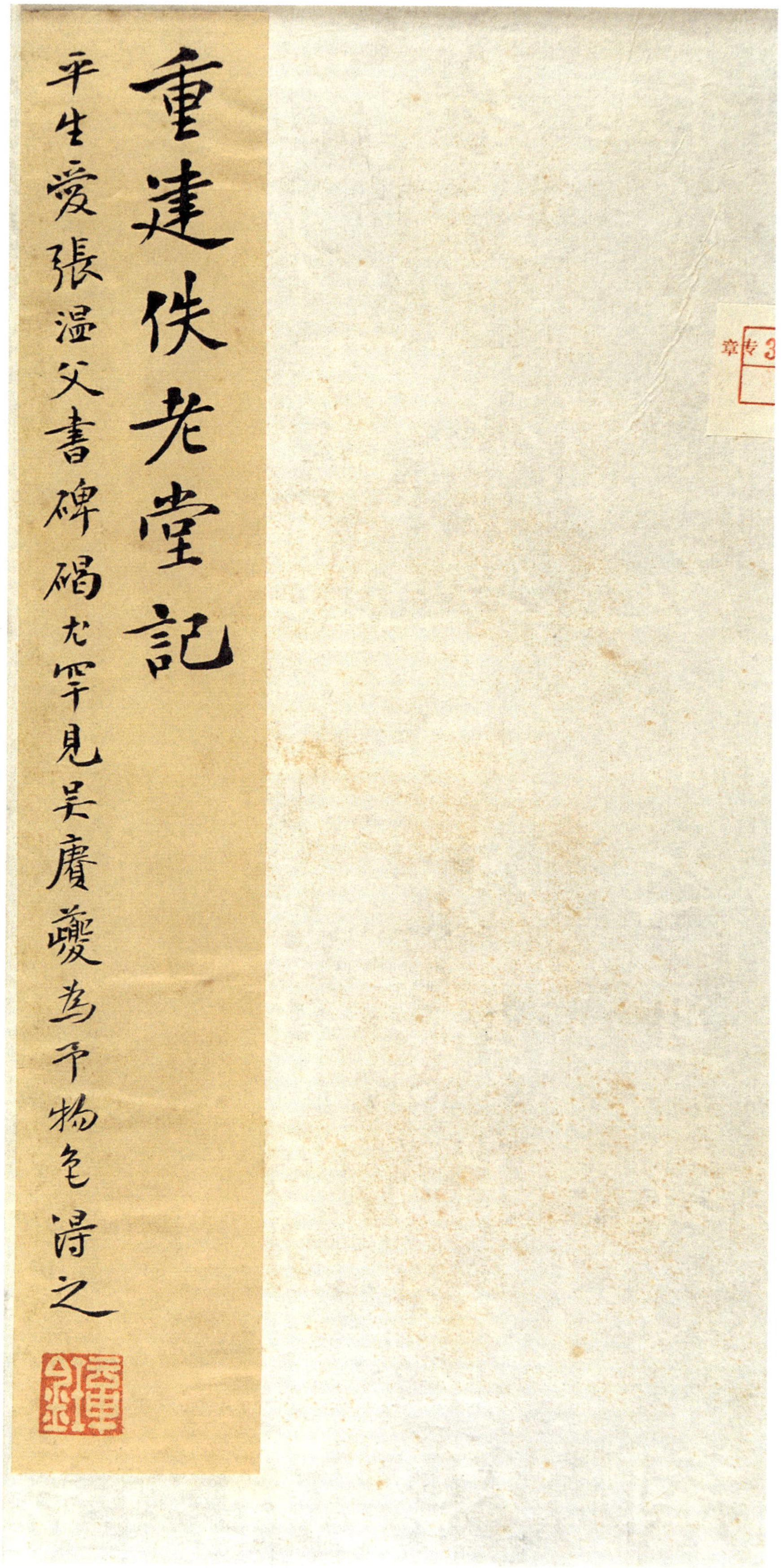

圖一六九．逸老堂記跋

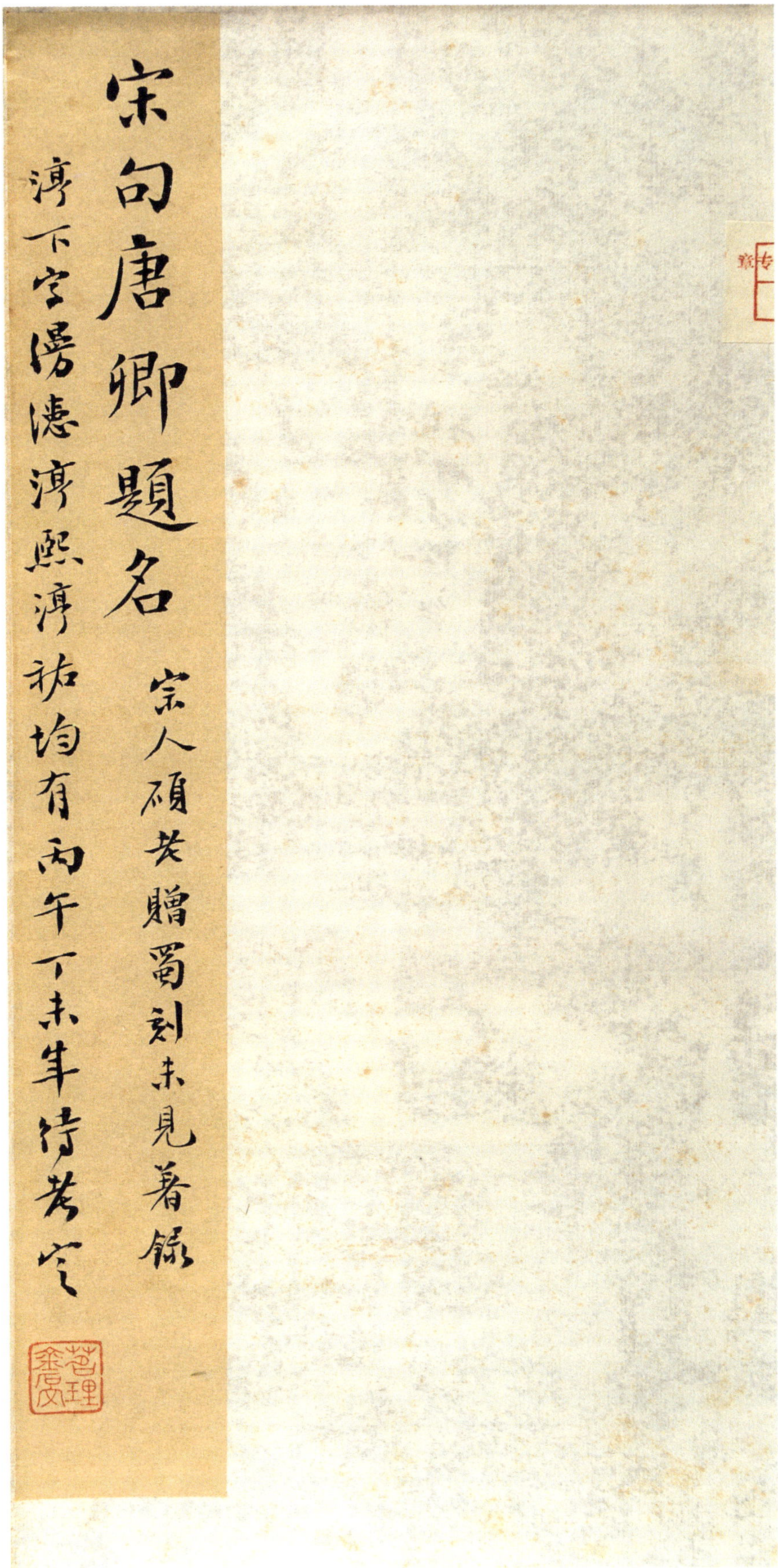

圖一七〇. 蘇唐卿題名跋

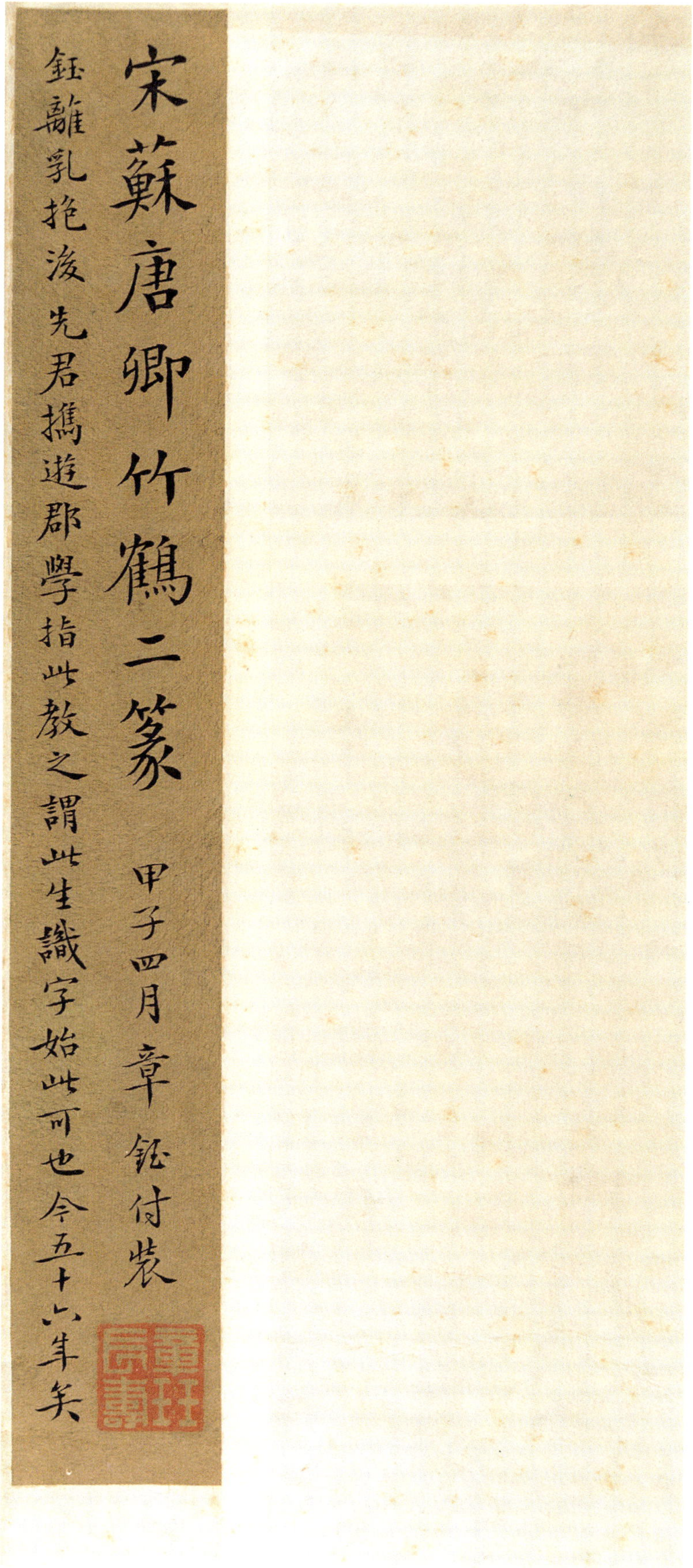
宋蘇唐卿竹鶴二篆

甲子四月章鈺付裝

鈺齠乳抱後先君攜遊郡學指此教之謂此生識字始此可也今五十六年矣

圖一七一．竹鶴榜書跋

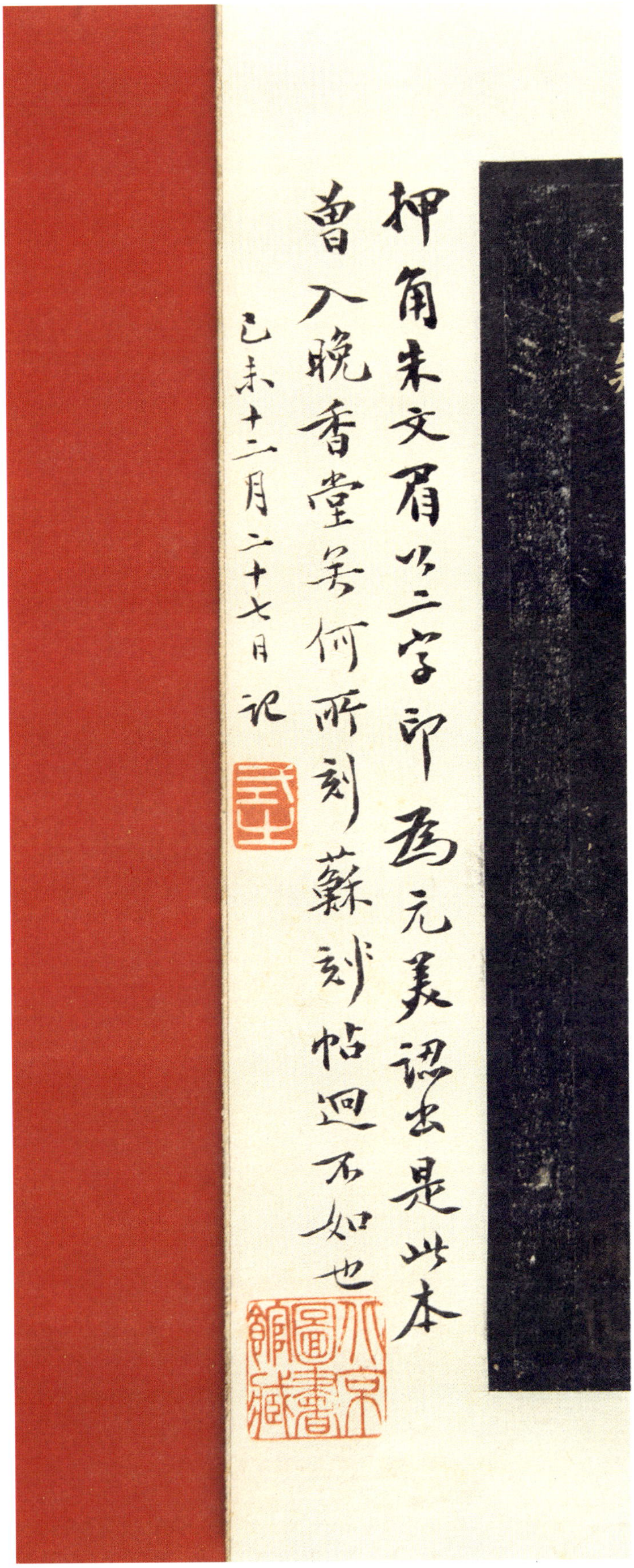

圖一七二．歸去來辭跋

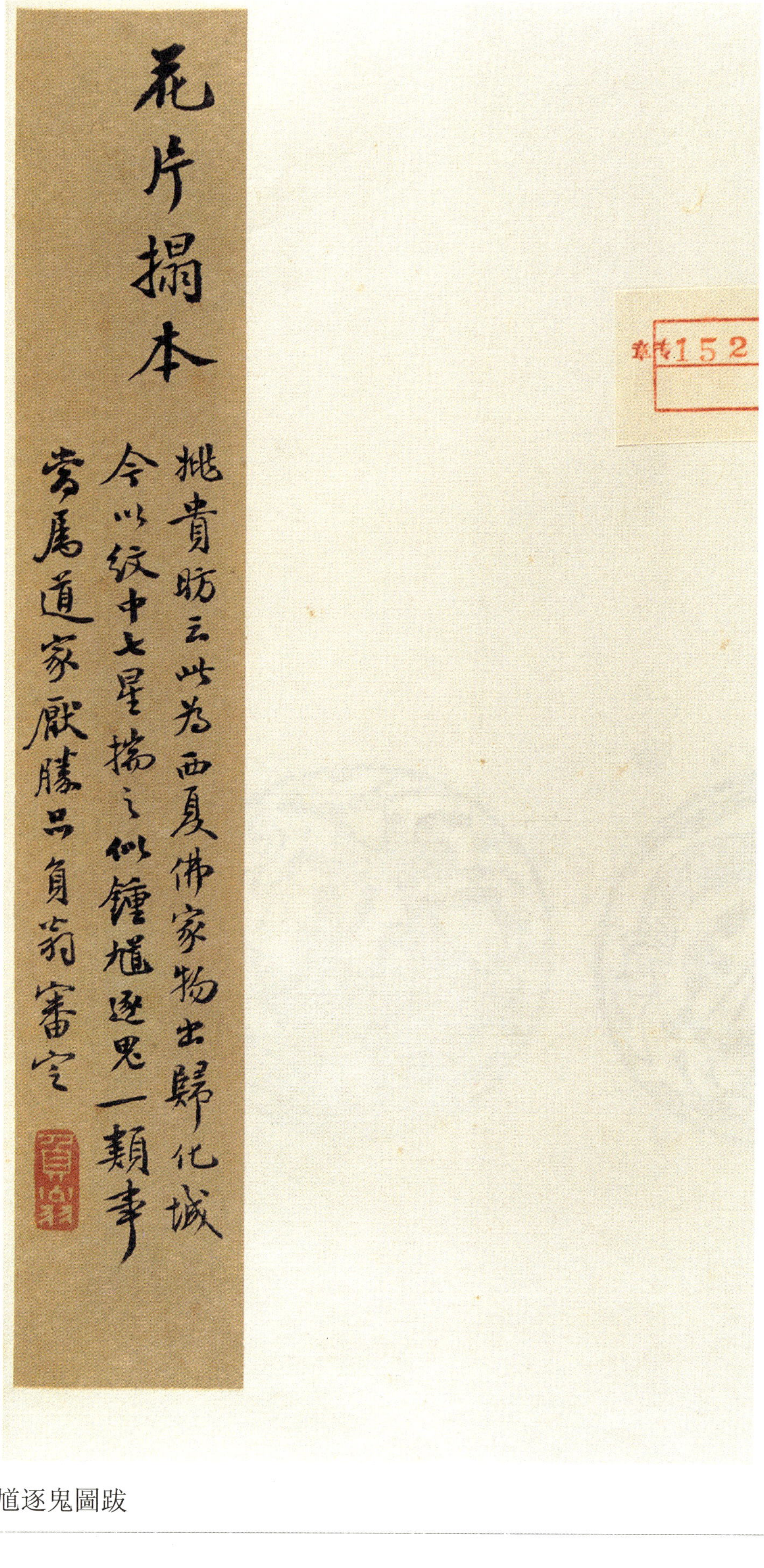

花片搨本
姚貴昉云此為西夏佛家物出歸化城
今以紋中七星搨之似鍾馗逐鬼一類事
尚屬道家厭勝品負翁審定
章 152

圖一七三. 鍾馗逐鬼圖跋

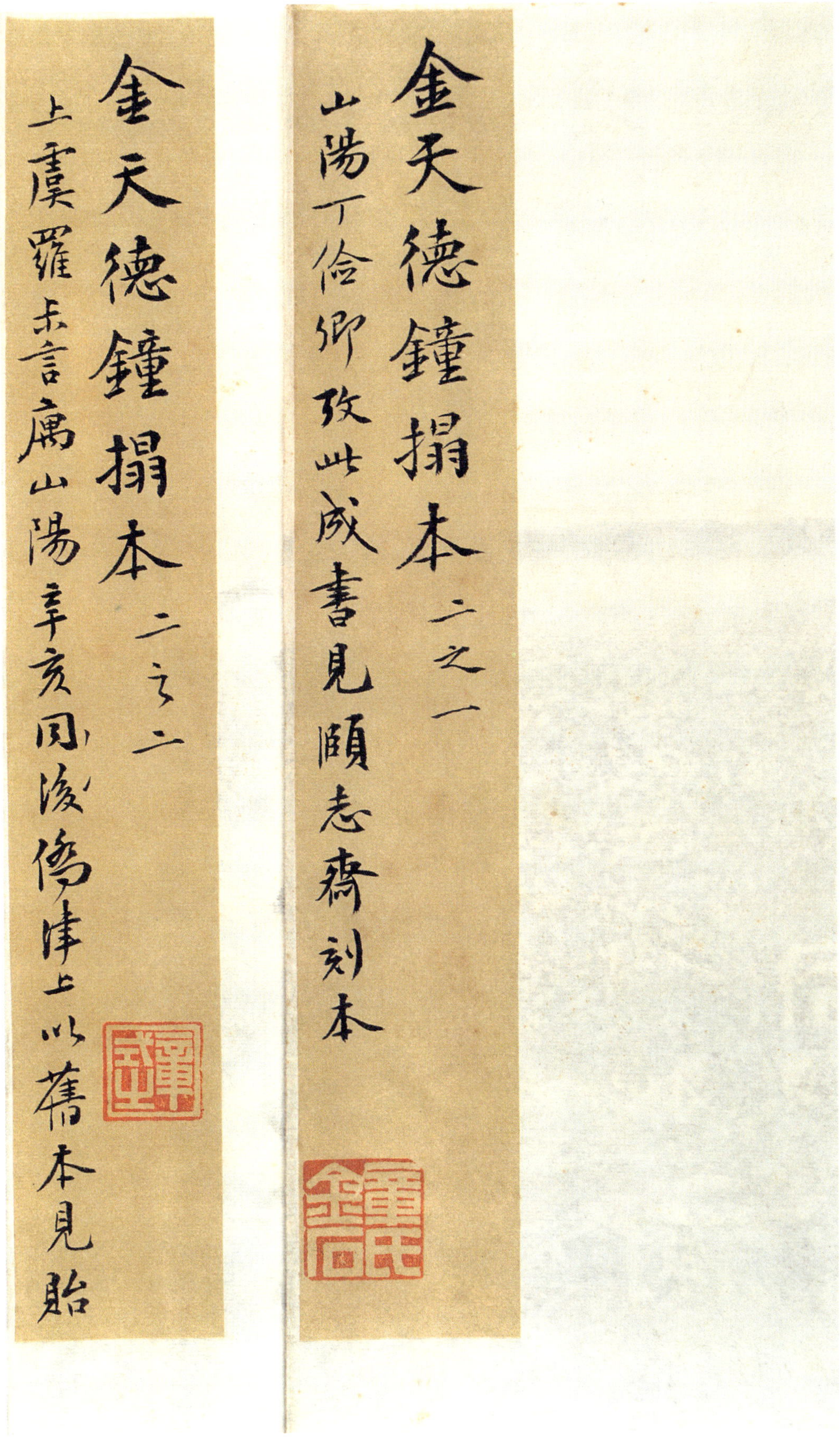
金天德鐘搨本 二之一
山陽丁儉卿致此成書見頤志齋刻本
金天德鐘搨本 二之二
上虞羅叔言寓山陽辛亥同後僑津上以舊本見貽

圖一七四. 普照寺鐘銘跋

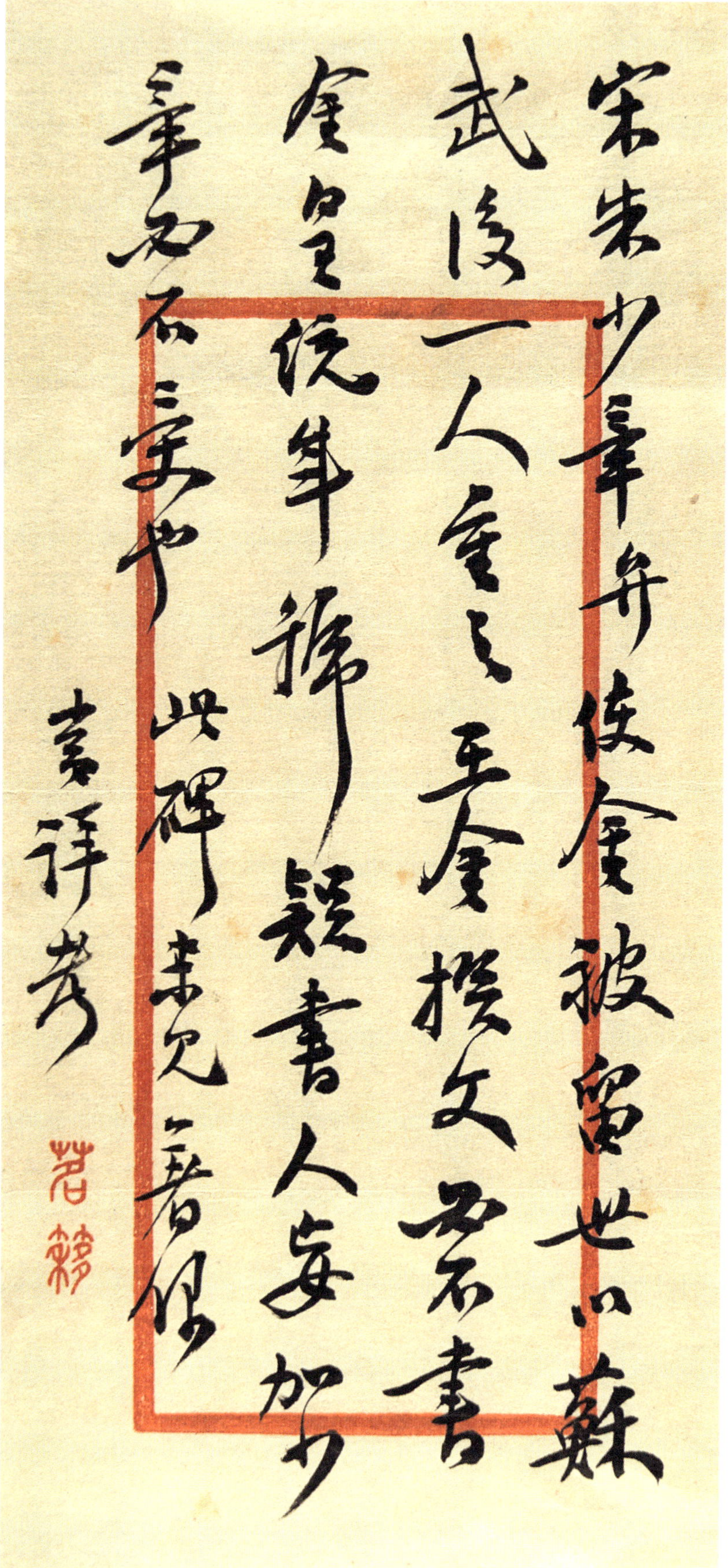

圖一七五．普恩寺大殿記跋

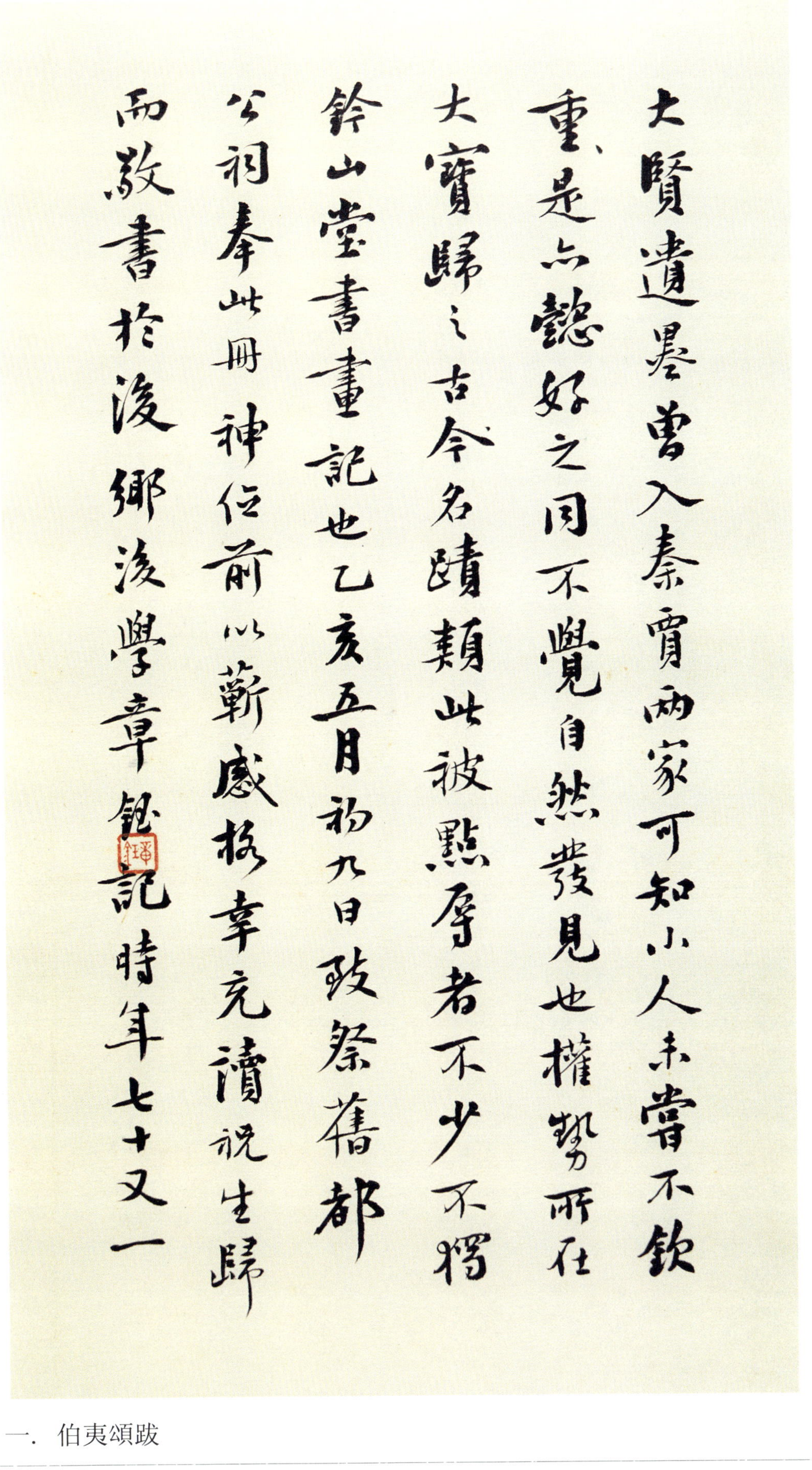
大賢遺墨曾入秦賈兩家可知小人未嘗不欽
重是亦懿好之同不覺自然發見也權勢所在
大寶歸之古今名蹟類此被點辱者不少不獨
鈐山堂書畫記也乙亥五月初九日致祭舊都
公祠奉此冊神位前以蘄感格章充瀆祝生歸
而敬書於後鄉後學章鈺記時年七十又一

圖一七六·一. 伯夷頌跋

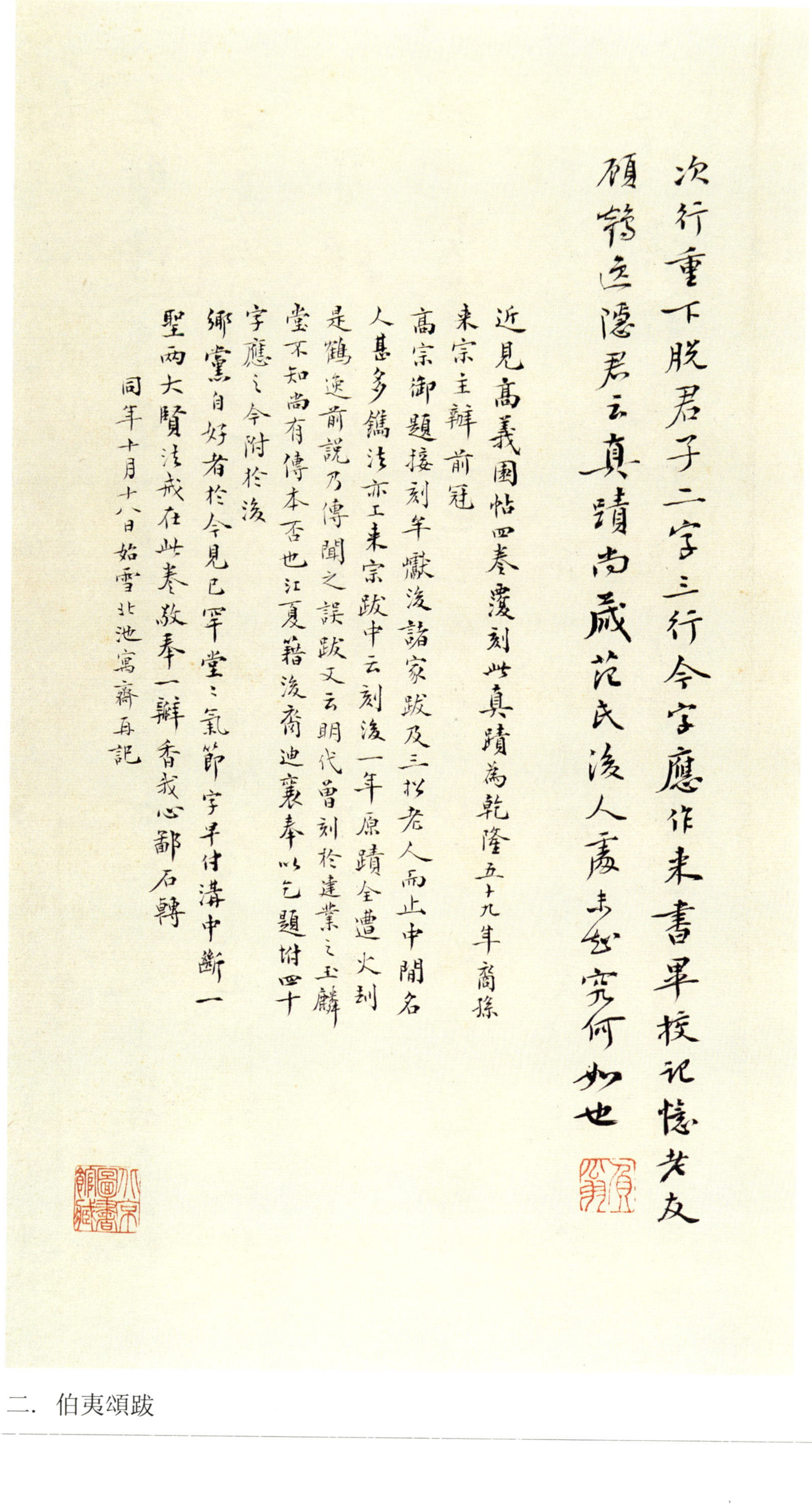

次行重下脫君子二字三行今字應作來書畢校記憶老友
頎鶴逸隱君云真蹟尚藏范氏後人處未知究何如也

近見高義園帖四卷覆刻此真蹟爲乾隆五十九年裔孫
來宗主辦前冠
高宗御題接刻年獻後諸家跋及三松老人而止中間名
人甚多鐫法亦工來宗跋中云刻後一年原蹟全遭火刦
是鶴逸前說乃傳聞之誤跋又云明代曾刻於達業之玉麟
堂不知尚有傳本否也江夏籍後裔迪襄奉以乞題因附四十
字應之令附於後
鄉黨自好者於今見已罕堂堂氣節字早付溝中斷一
聖兩大賢法戒在此卷敬奉一瓣香我心鄙石轉
同年十月十八日始雪北池寓齋再記

圖一七六·二. 伯夷頌跋

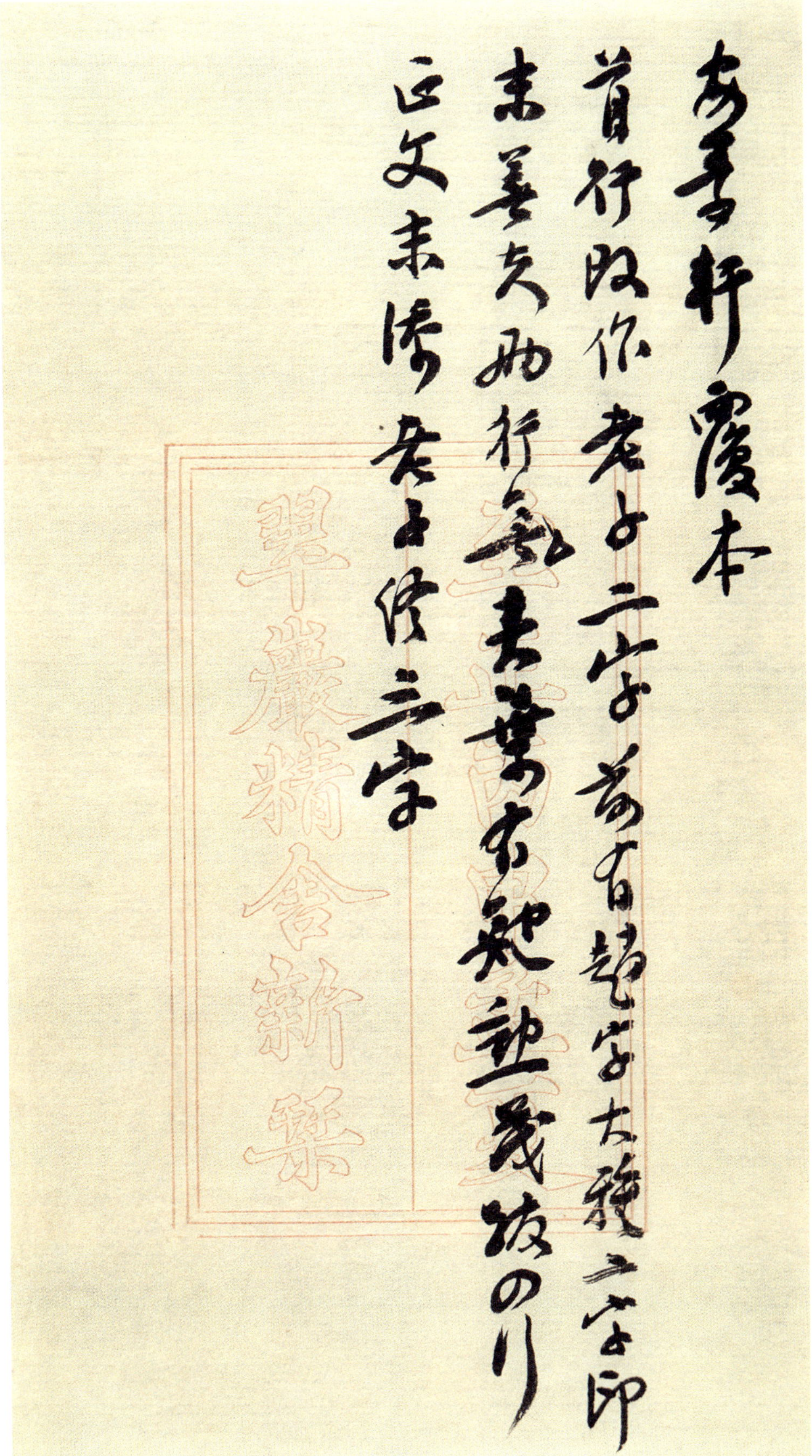

圖一七七. 道德經跋

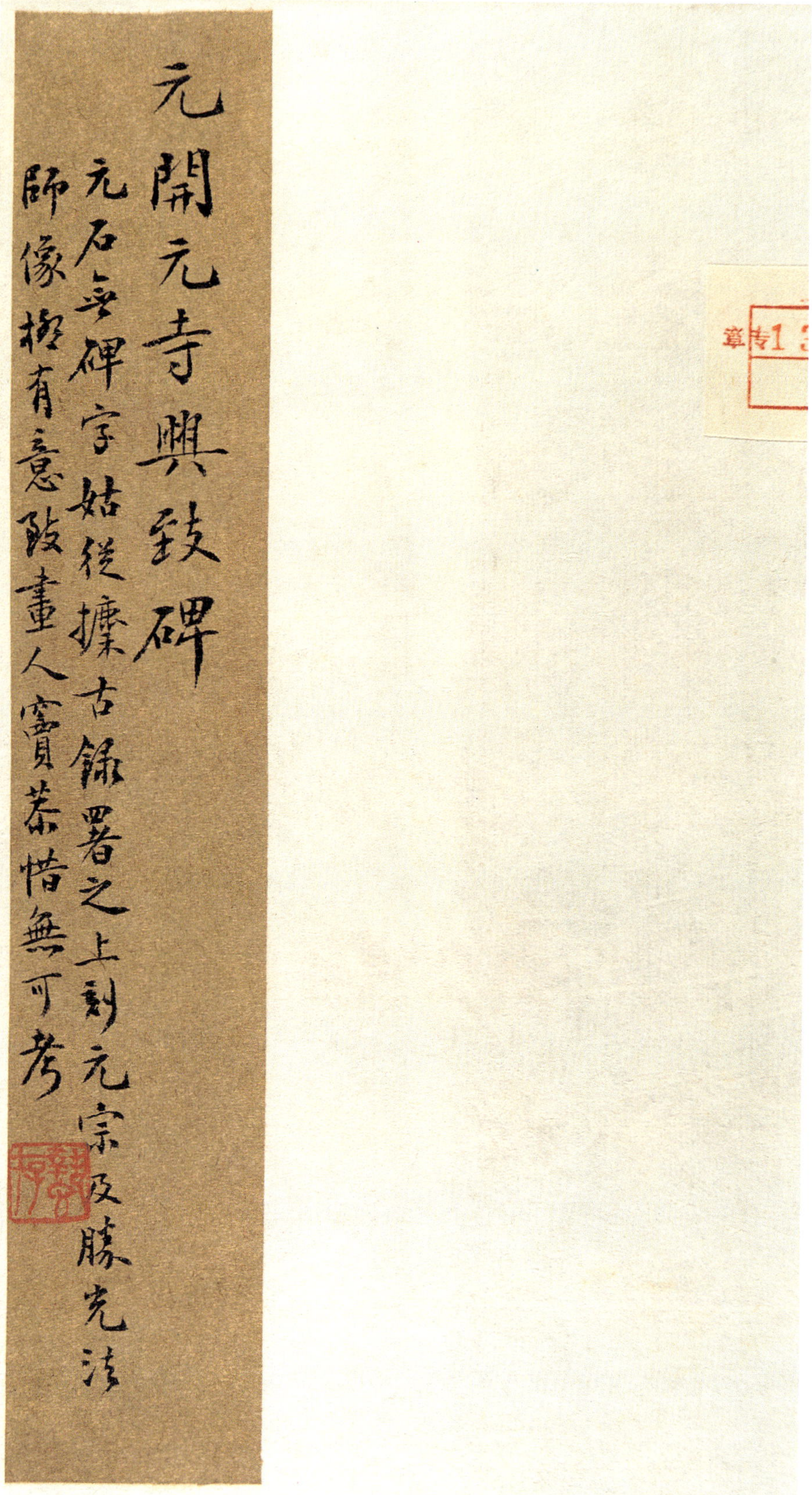

圖一七八. 大開元寺興致碑跋

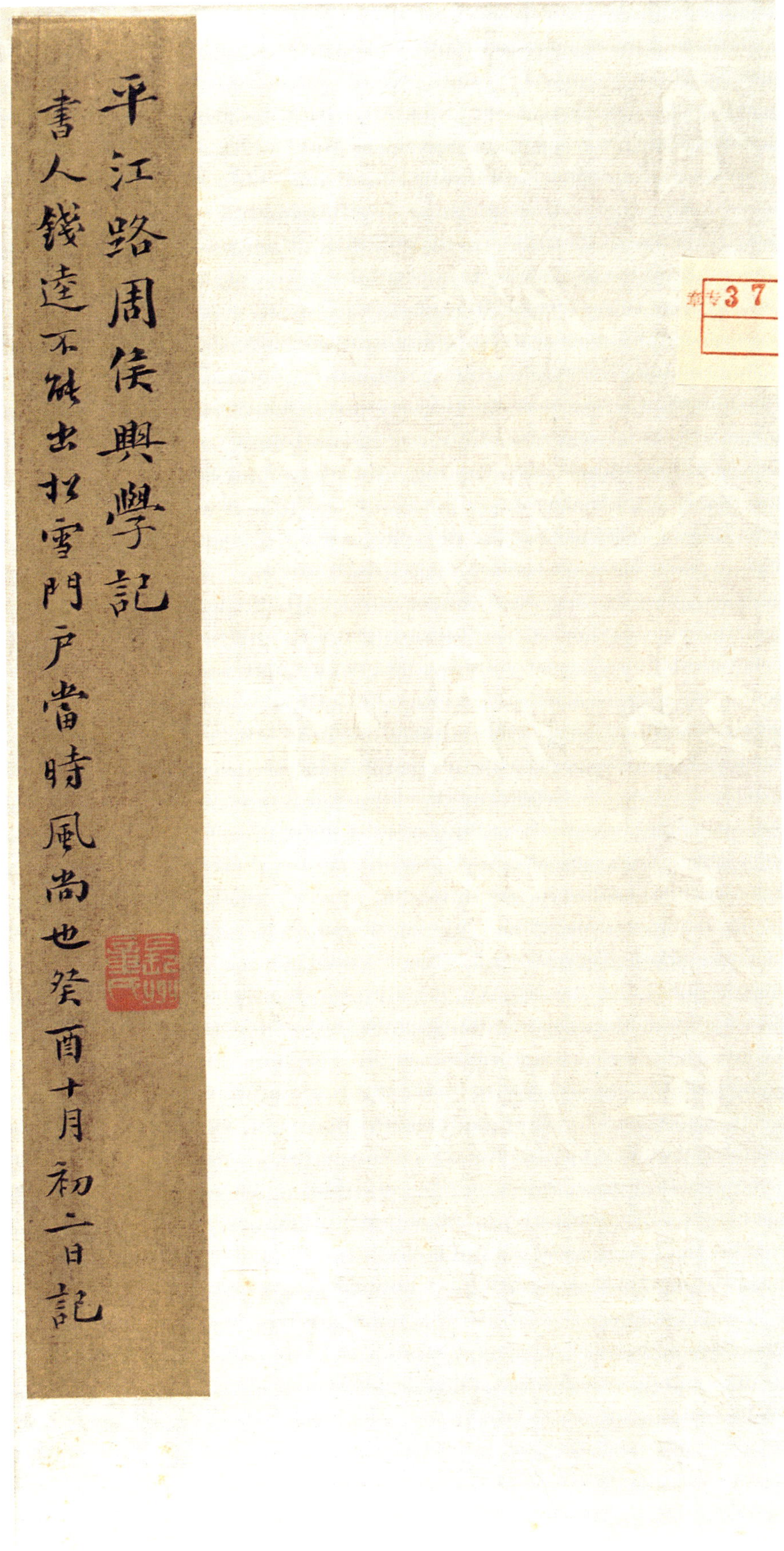

圖一七九．周侯興學碑跋

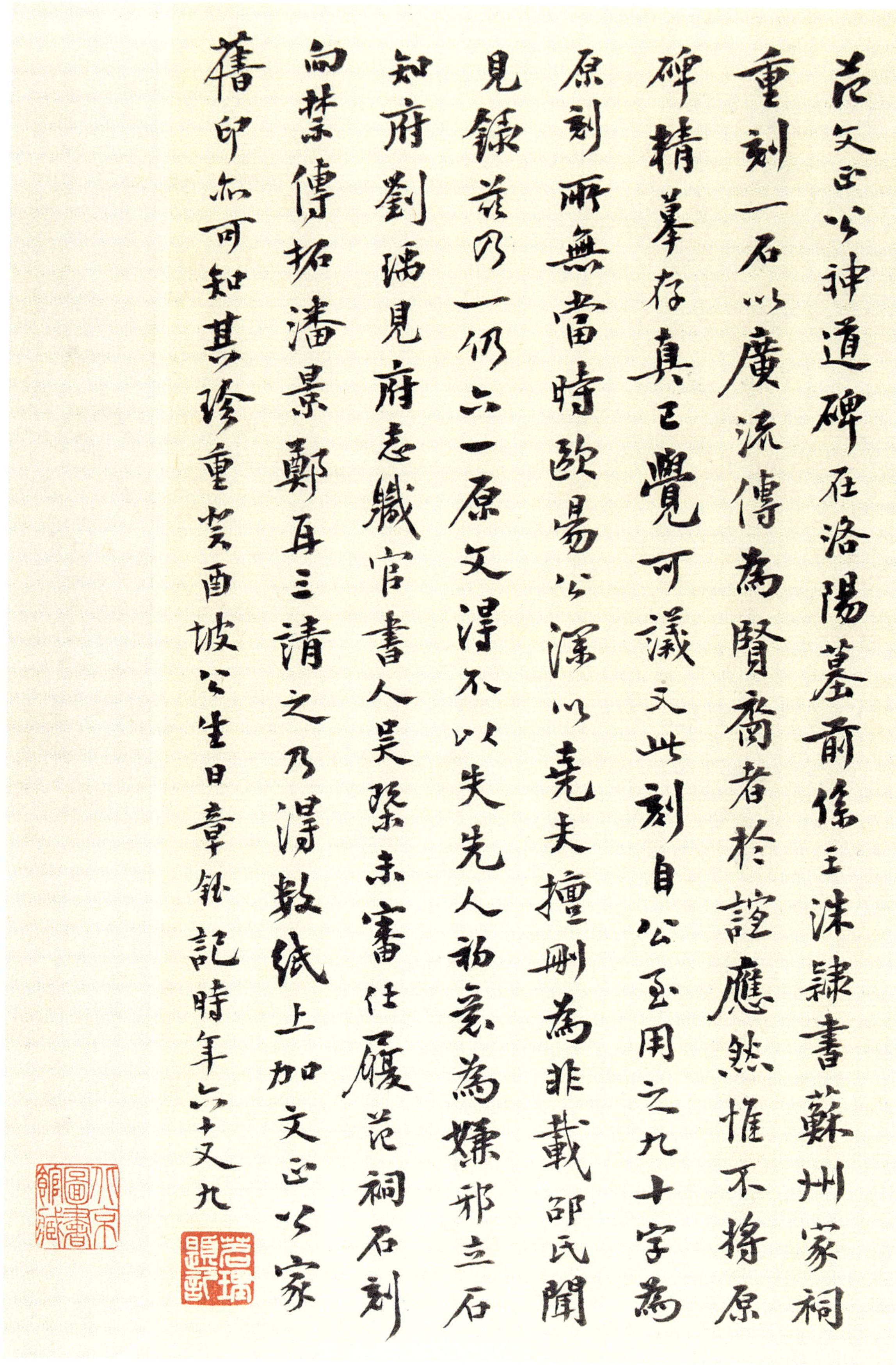

范文正公神道碑在洛陽墓前，係王洙隸書。蘇州家祠
重刻一石，以廣流傳，為賢裔者於誼應然。惟不擇原
碑精摹存真，已覺可議，又此刻自公至用之九十字為
原刻所無。當時歐陽公深以堯夫擅删為非，載邵氏聞
見錄，茲乃一仍六一原文，得不以失先人初意為嫌邪？立石
知府劉瑶見府志職官，書人吴琛未審任履。范祠石刻
向禁傳拓，潘景鄭再三請之，乃得數紙，上加文正公家
舊印，尤可知其珍重。癸酉坡公生日章鈺記，時年六十又九。

圖一八〇．范仲淹神道碑跋

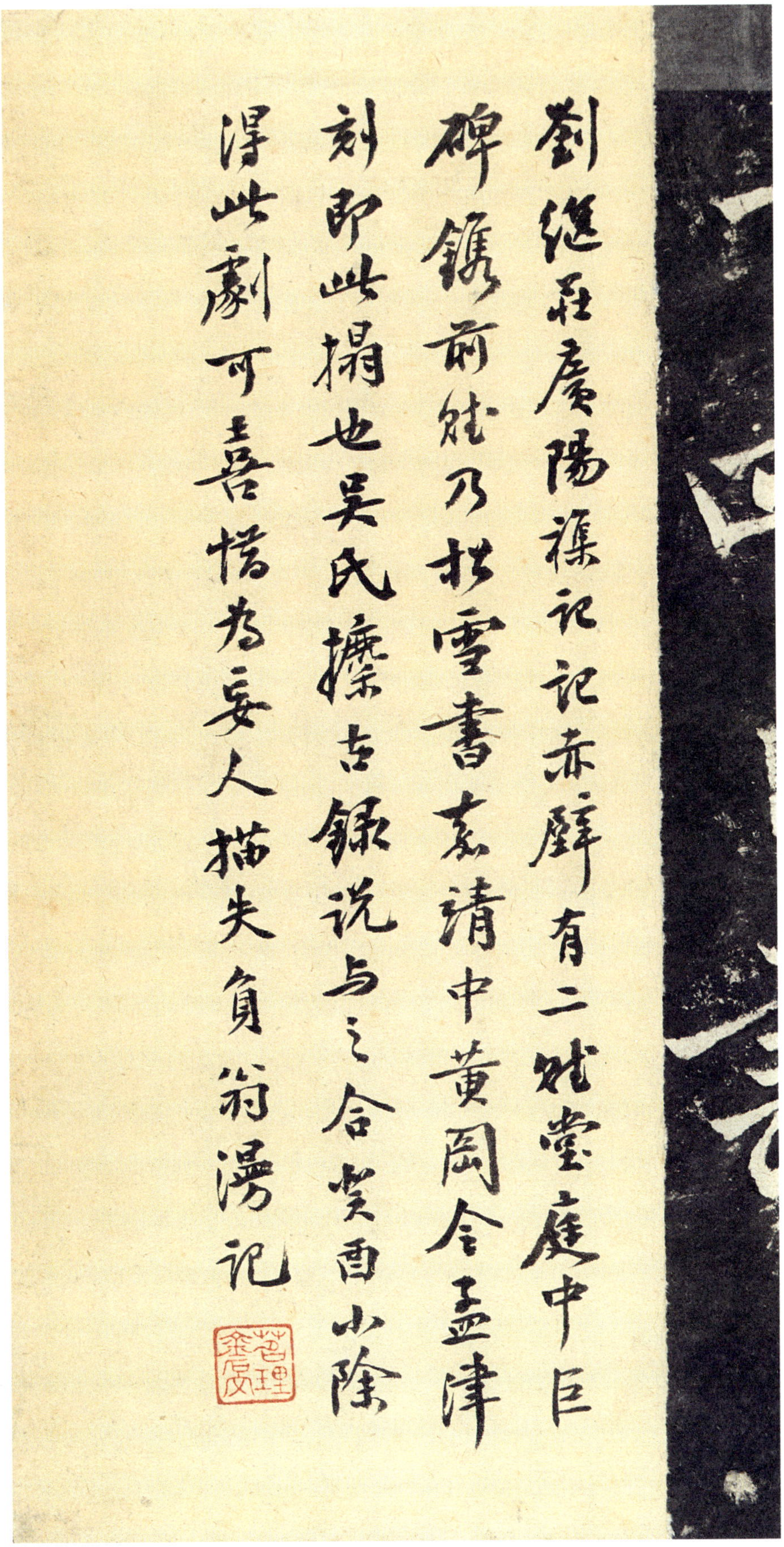
劉繼莊廣陽雜記記赤壁有二賦堂庭中巨
碑鐫前賦乃於雪書素請中黃岡令孟津
刻即此搨也吳氏攈古錄說与之合癸酉小除
得此劇可喜惜為妄人描失負翁湯記

圖一八一．赤壁賦跋

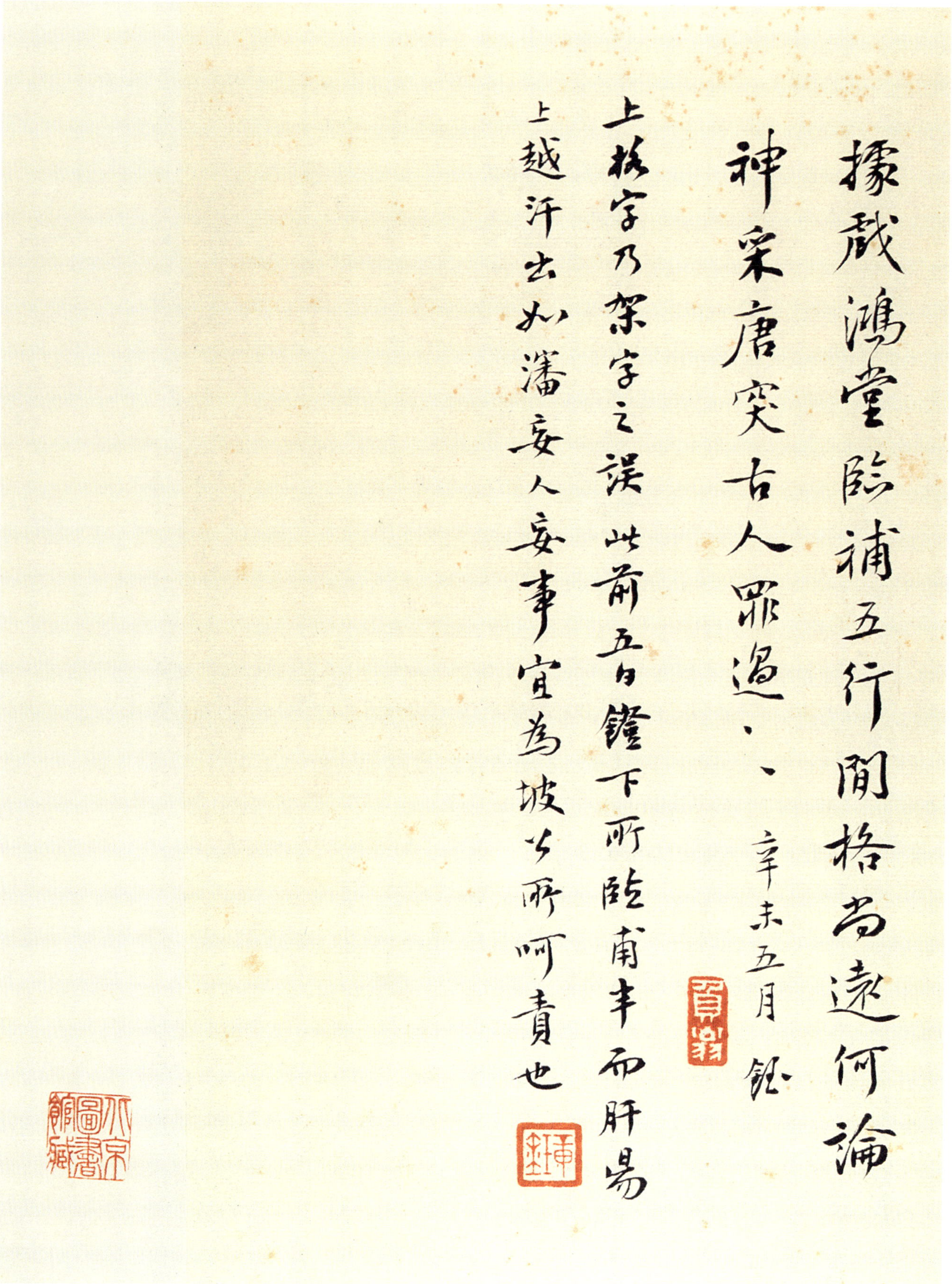
據戲鴻堂臨補五行間格尚遠何論神采唐突古人罪過、、

辛未五月鈺

上校字乃架字之誤 此前五日鐙下所臨甫半而肝昜上越汗出如瀋妄人妄事宜為坡公所呵責也

圖一八二. 虞蘇遺范跋

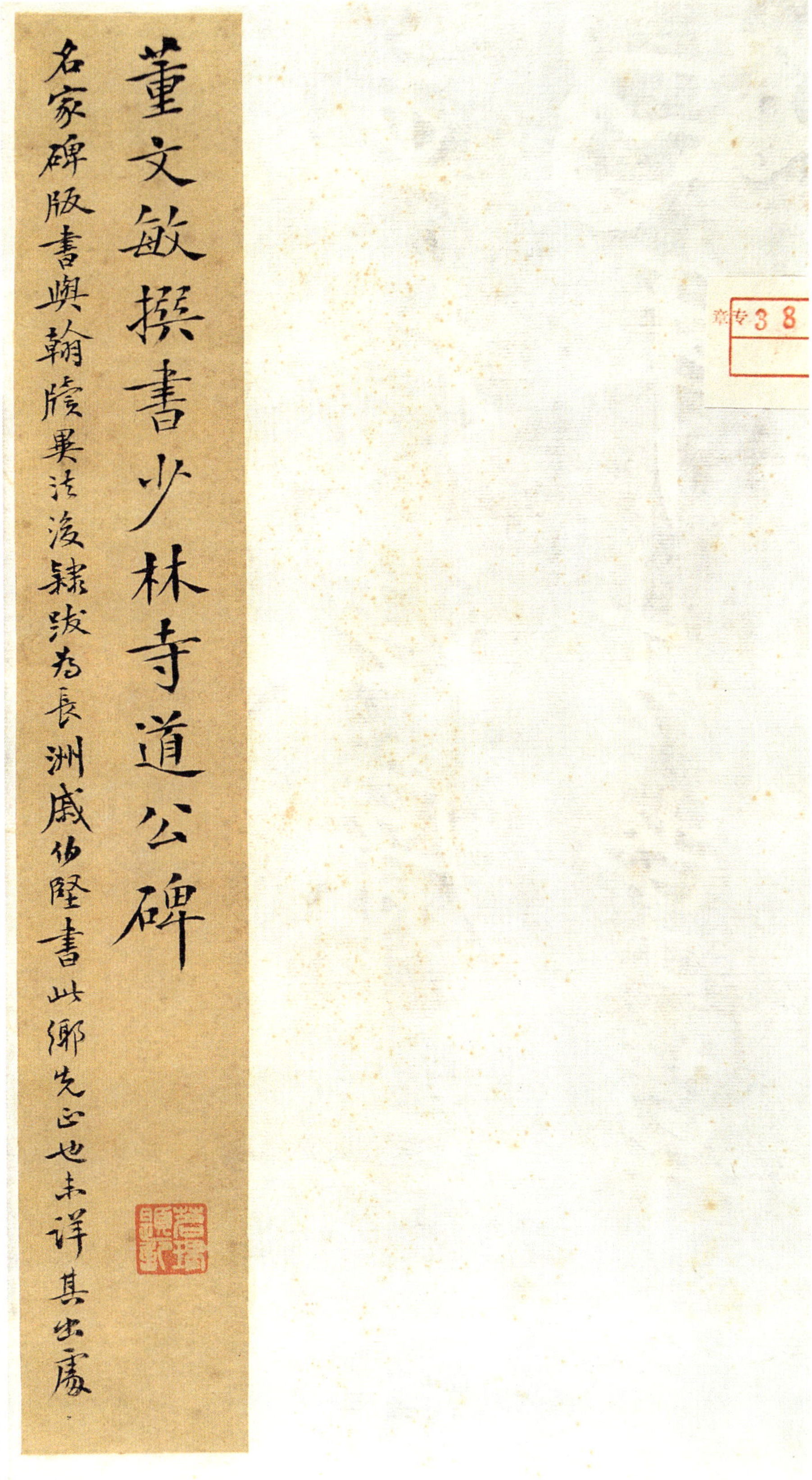

圖一八三. 正道禪師碑跋

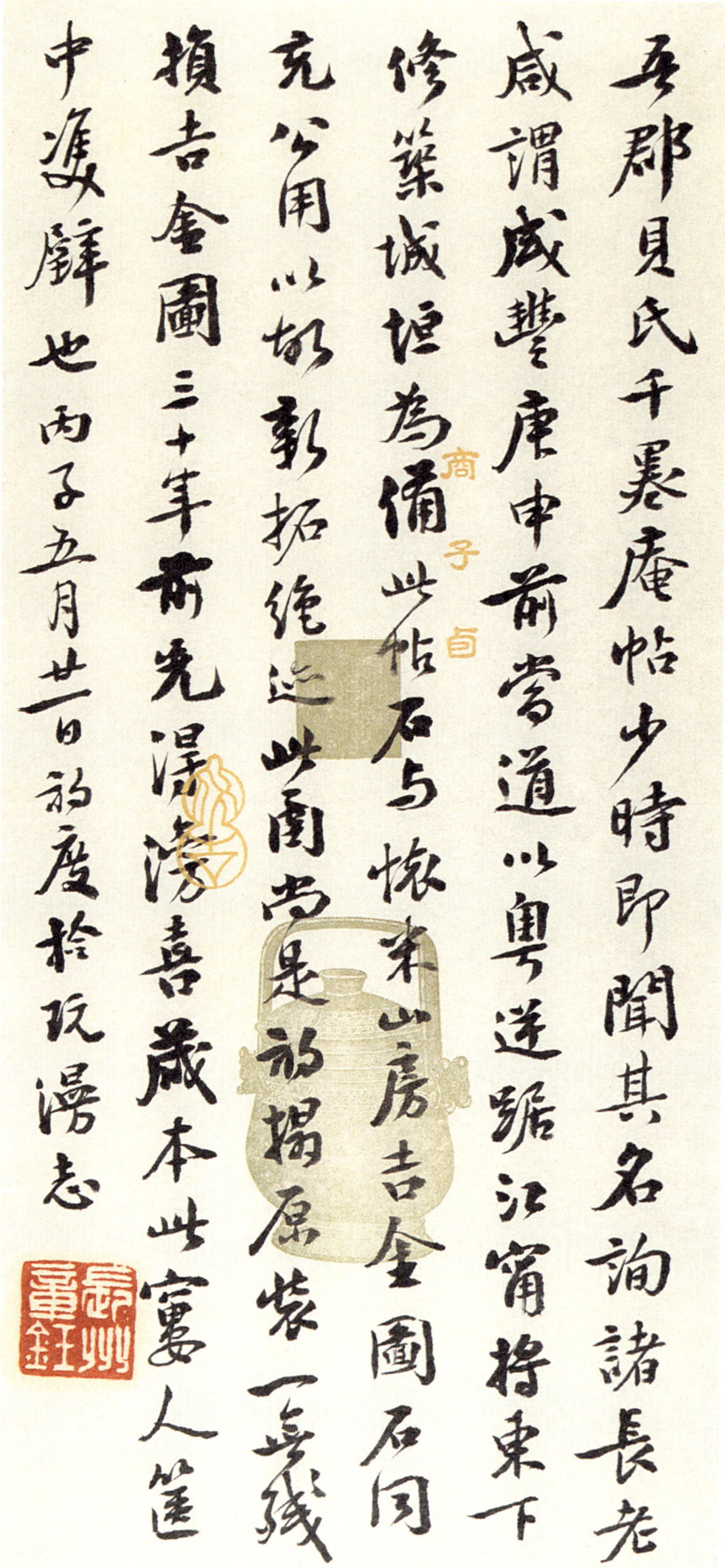
吾郡貝氏千墨庵帖少時即聞其名詢諸長老
咸謂咸豐庚申前嘗道以粵逆踞江甯將東下
修築城垣為備此帖石與懷米山房吉金圖石同
充公用以故新拓絶迹此圖尚是初搨原裝一卷殘
損吉金圖三十年前先澄濤喜藏本此寶人篋
中復歸也丙子五月廿一日初度於玩澄濤志

圖一八四. 千墨菴法帖跋

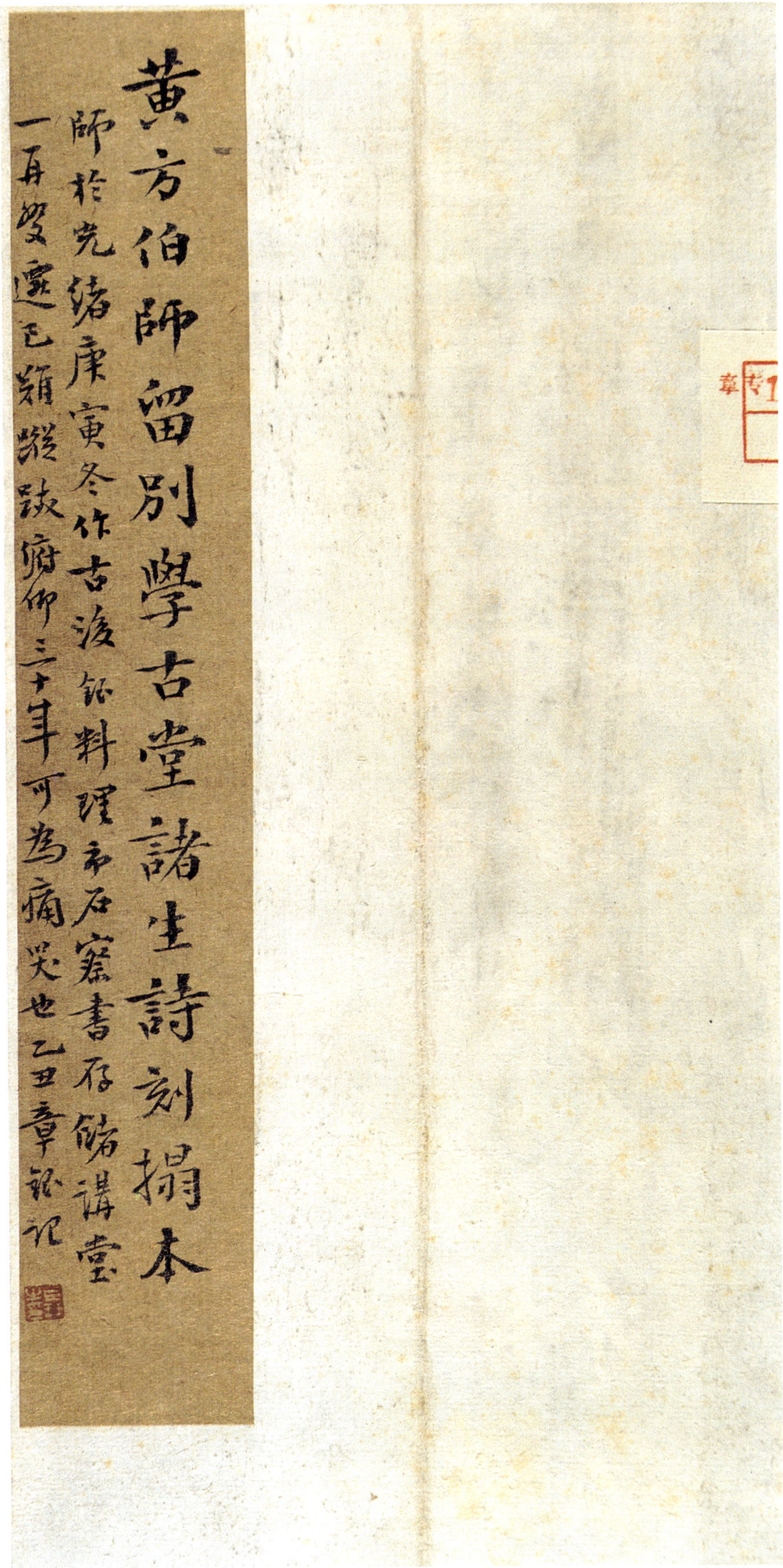
黃方伯師留別學古堂諸生詩刻搨本

師於光緒庚寅冬作古後鈺料理命石窯書存館講堂

一再變遷已難蹤跡俯仰三十年可為痛哭也乙丑章鈺記

圖一八五．留別學古堂諸生詩跋

魏齊隋三朝造象廿四種原裝成冊係老
友吳伯宛所藏沈韻初物中有劉喜海
瞿木夫胡鼻山諸朱記與韵初同時契好
魏稼孫趙撝叔印尤多齊高叡兩種
為北朝造像中無上上品尚有阿閦象一
種當從靈壽人訪之甲戌長至後二日

此光緒某年得之鳴琴室楊馥堂手尚有
顧亭林手札數通錢牧齋楞嚴經疏序稿
一篇查聲山字冊等件均同時價購國變後
与伯宛交集春明顧先生祠重建即以手札還
伯宛刻入顧祠集帖錢查等件亦物歸原主
伯宛貧病老懶長物於生前散盡今殁已十年
矣追想前遊為之腹痛　負翁同日記

圖一八六．魏齊隋造像集拓跋

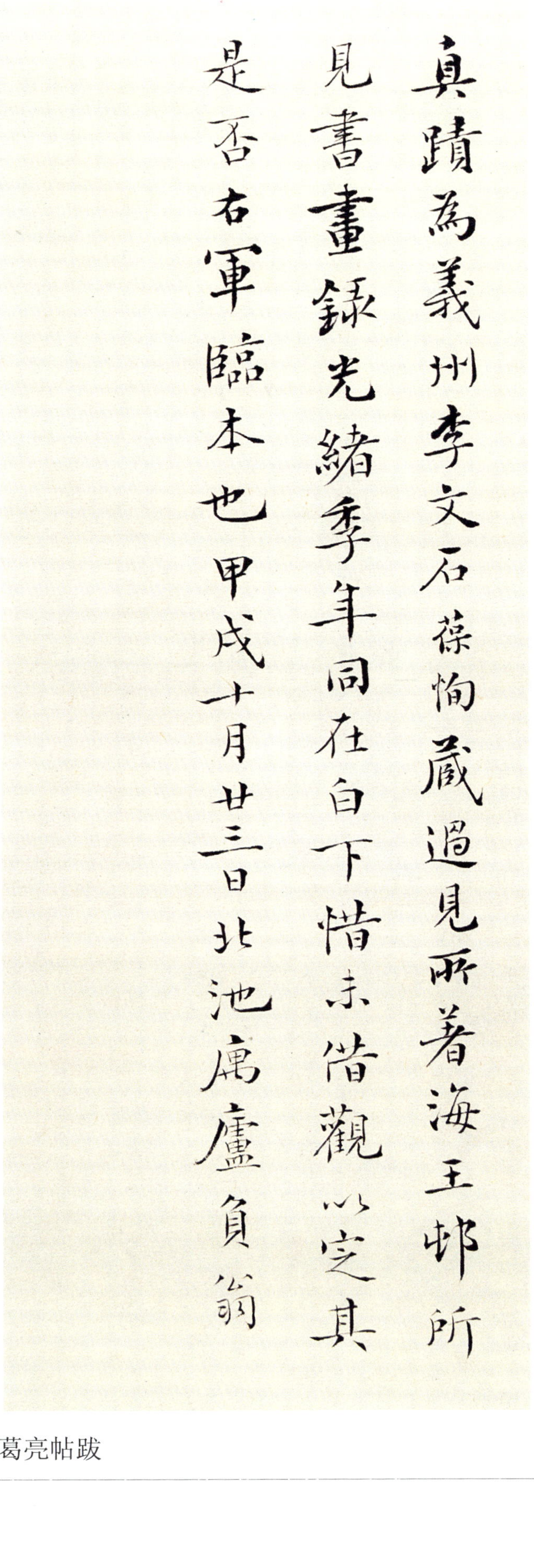

真蹟為義州李文石葆恂藏過見所著海王邨所見書畫錄光緒季年同在白下惜未借觀以定其是否右軍臨本也甲戌十月廿三日北池鹿盧負翁

圖一八七. 王羲之臨諸葛亮帖跋

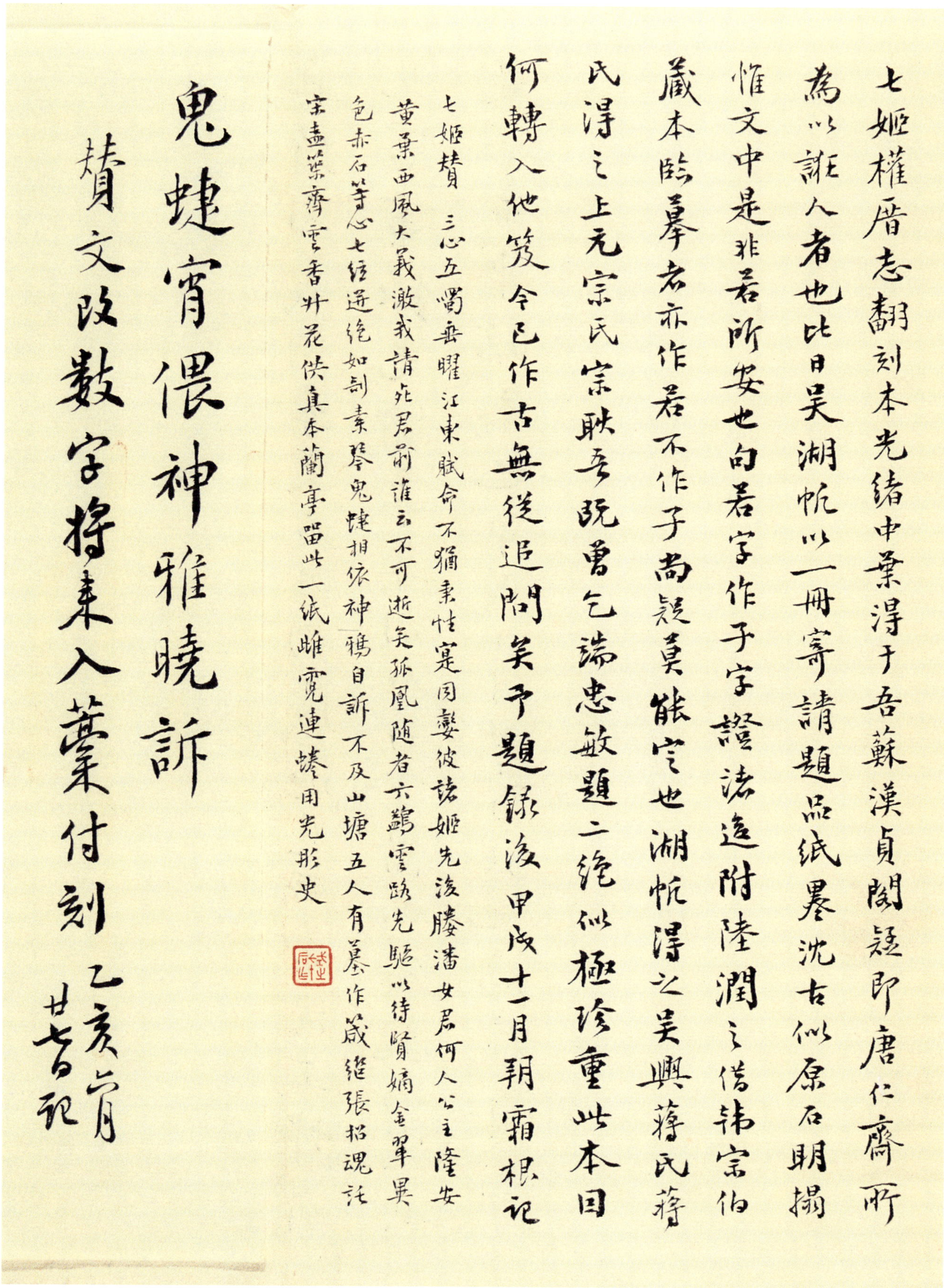

七姬權厝志翻刻本光绪中葉得于吾蘇漢貞閣疑即唐仁齋所爲以誑人者也比日吴湖帆以一冊寄請題品紙墨沈古似原石明搨惟文中是非若所安也句若字作予字證諸逸附陸潤之借韩宗伯藏本臨摹者亦作若不作予尚疑莫能定也湖帆得之吴興蔣氏蔣氏得之上元宗氏宗耿吾既曾乞端忠敏題二绝似極珍重此本因何轉入他笈今已作古無從追問矣予題録後甲戌十一月朔霜根記

七姬贊　三心五蜀無曜江東賦命不猶秉性寔同嬖彼諸姬先後媵潘女君何人公主隆安黄葉西風大義激我請死君前誰云不可逝矣孤凰随者六鶵雲路先驅以待賢嬪金翠昊色赤石等心七經遝绝如剖素琴鬼蜨相依神魂自訴不及山塘五人有墓作箴继張招魂託宋盡葉薺雲香艸花供真本蘭亭留此一紙雌霓連蜷用光彤史

鬼蜨宵偎神雅曉訴

贊文改數字將來入藁付刻　乙亥正月甘亭記

圖一八八．七姬權厝誌跋

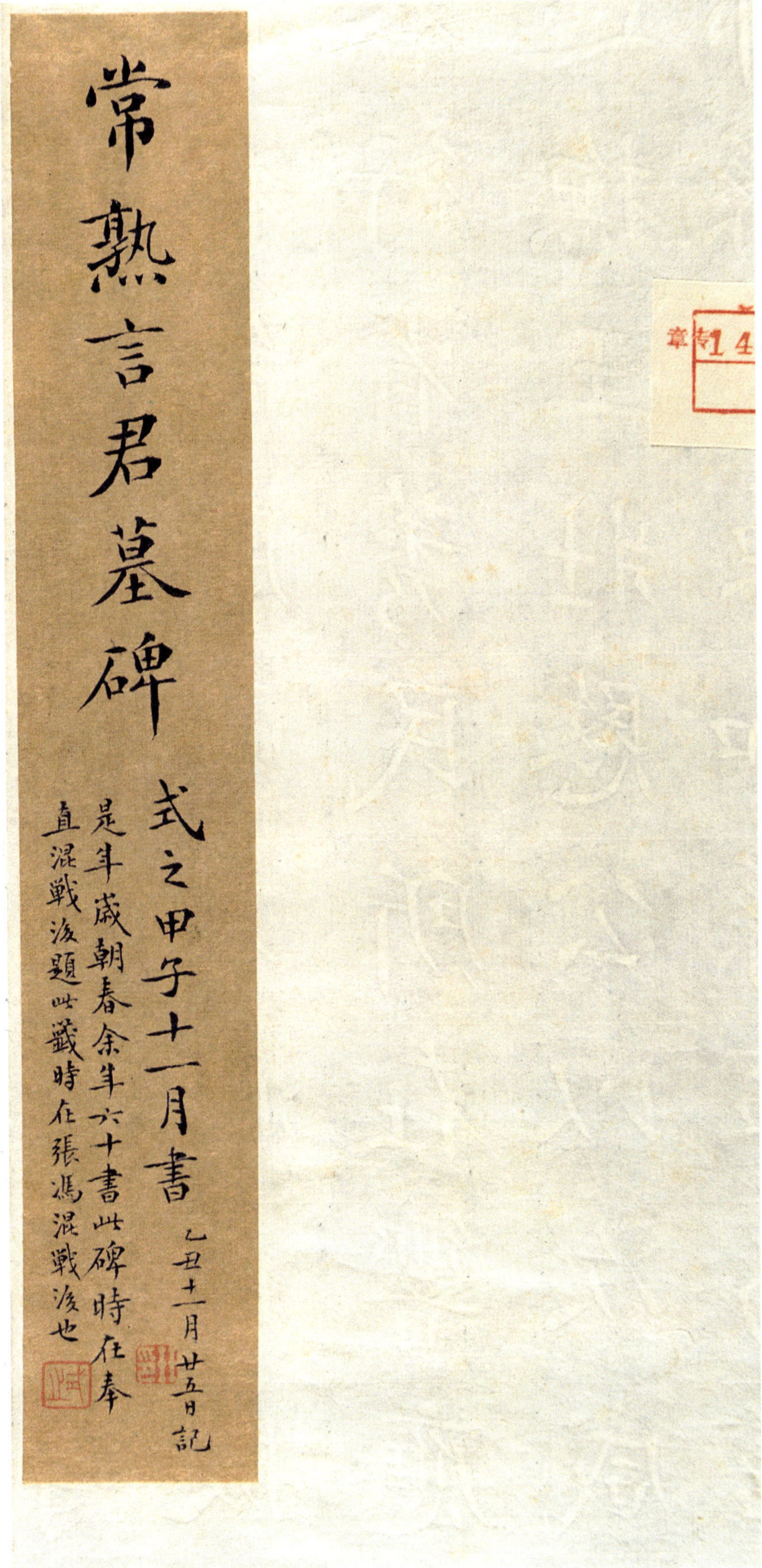
常熟言君墓碑
式之甲子十一月書
乙丑十一月廿五日記
是年歲朝春余年六十書此碑時在奉
直混戰後題此藏時在張馮混戰後也

圖一八九. 言良鈞墓表跋

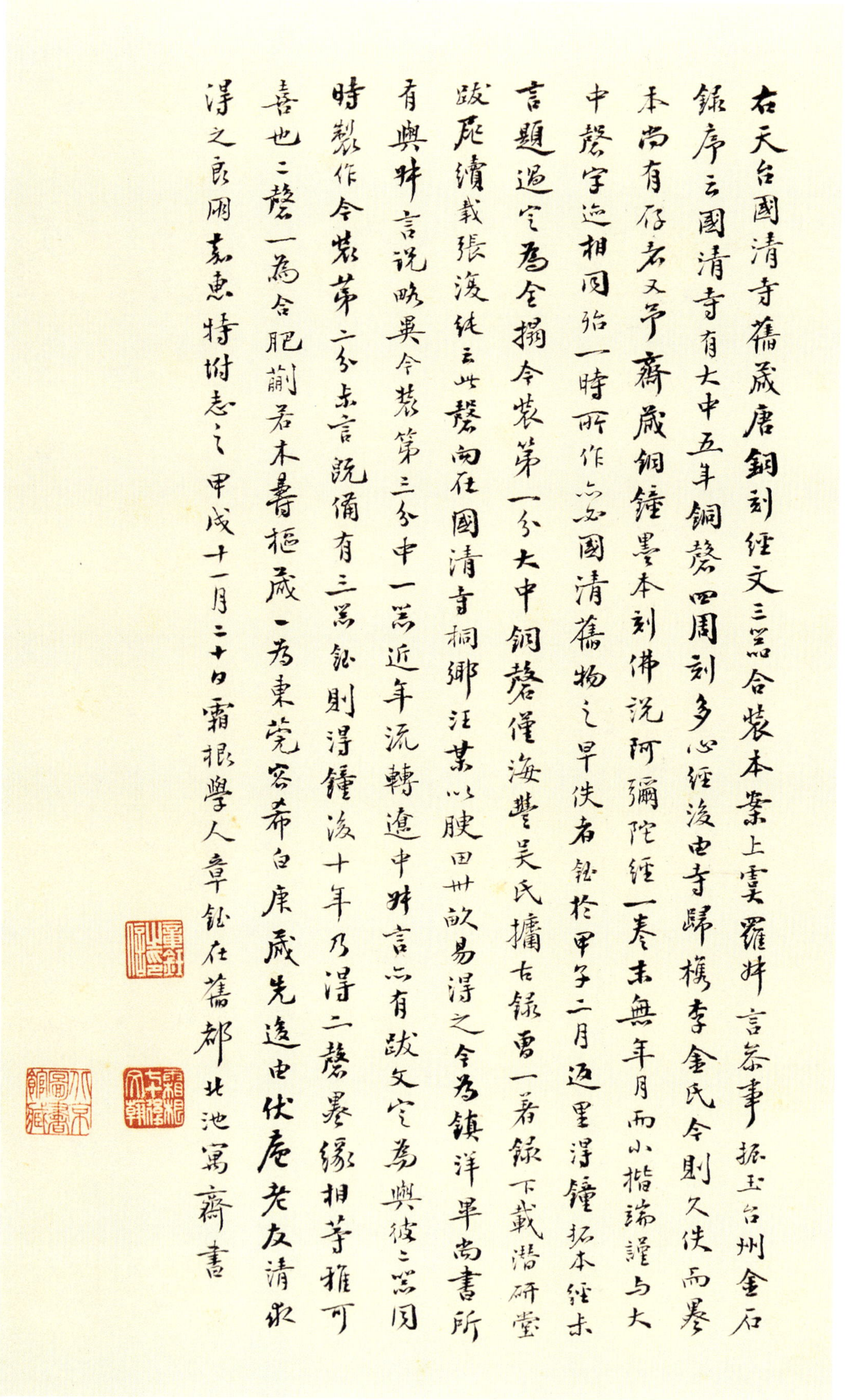

圖一九〇. 銅磬銅鐘三器合拓跋

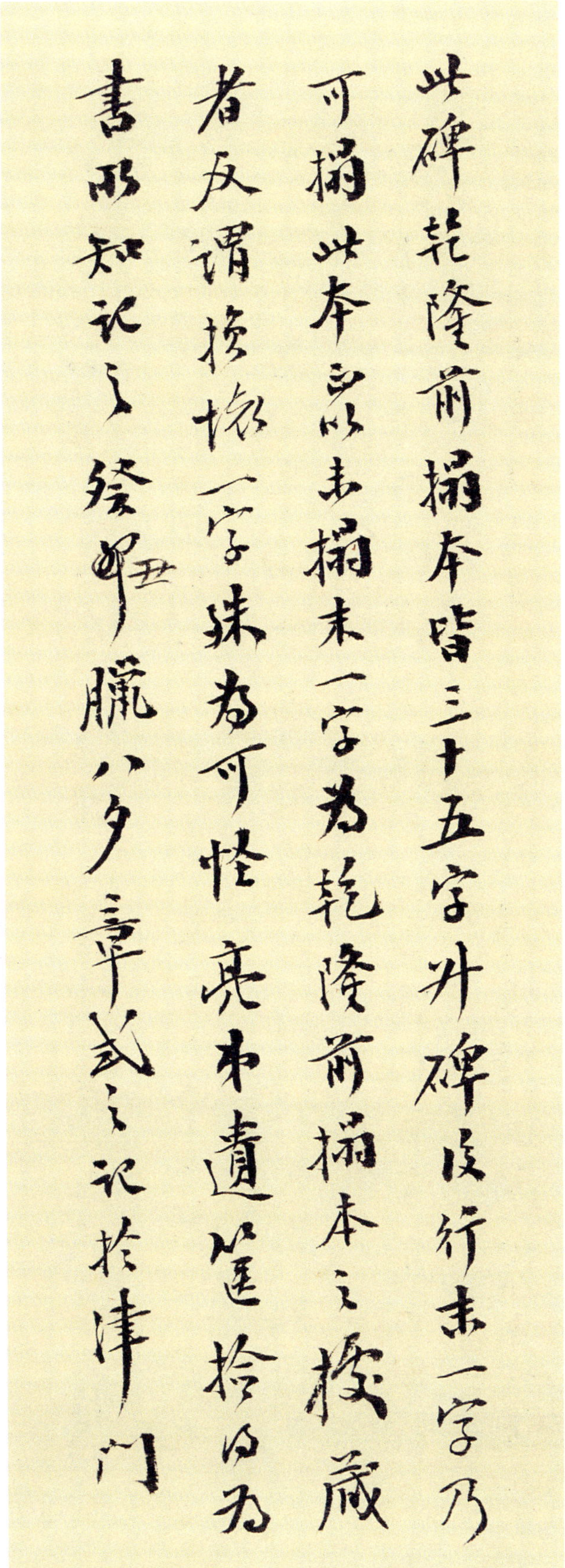

圖一九一．史晨碑跋

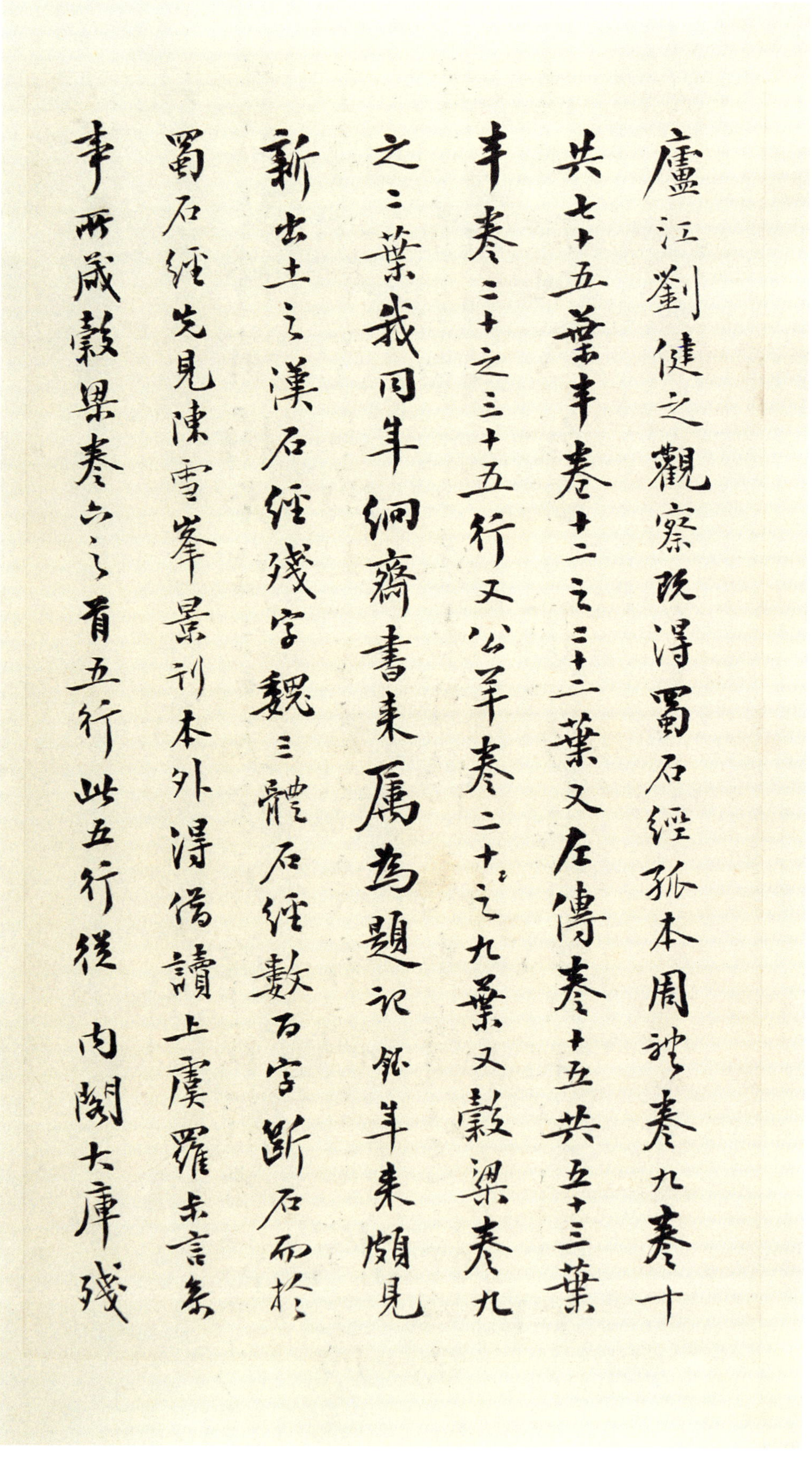
廬江劉健之觀察既得蜀石經孤本周禮卷九卷十
共七十五葉半卷十二之二十二葉又左傳卷十五共五十三葉
半卷二十之三十五行又公羊卷二十之九葉又穀梁卷九
之二葉我同年絅齋書來屬為題記邇年來頗見
新出土之漢石經殘字魏三體石經數百字斷石而於
蜀石經先見陳雪峯景刊本外得借讀上虞羅叔言參
事所藏穀梁卷六之首五行此五行從內閣大庫殘

圖一九二·一．廣政石經跋

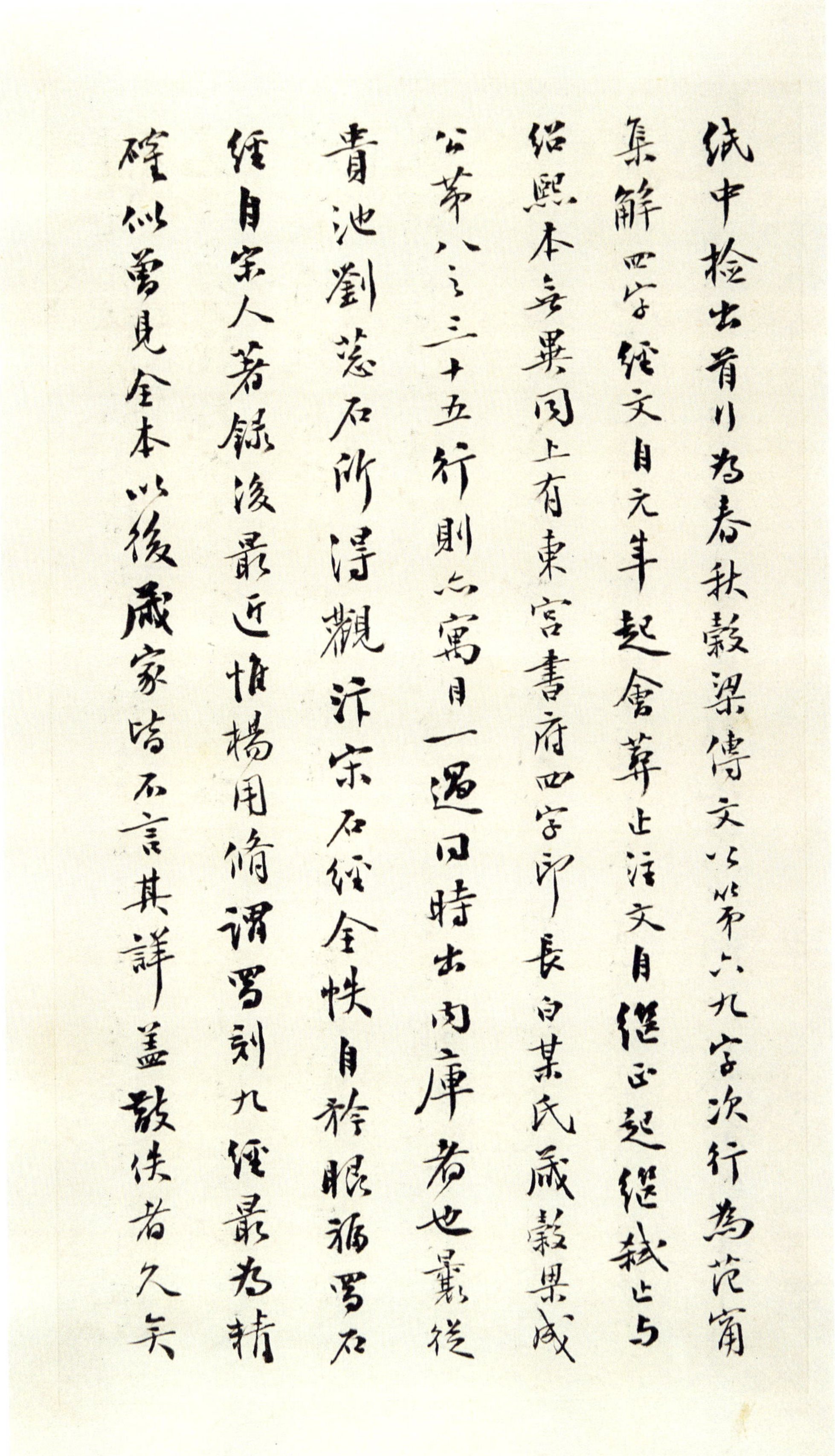

紙中檢出首行為春秋穀梁傳文以下第六九字次行為范甯
集解四字經文自元年起會葬止注文自繼正起繼弑止與
紹熙本無異同上有東宮書府四字印長白某氏藏穀梁成
公第八之三十五行則亦寓目一過同時出內庫者也纍從
貴池劉蔥石所得觀汴宋石經全帙自矜眼福蜀石
經自宋人著錄後最近惟楊用脩謂蜀刻九經最為精
確似曾見全本以後藏家皆不言其詳蓋散佚者久矣

圖一九二·二．廣政石經跋

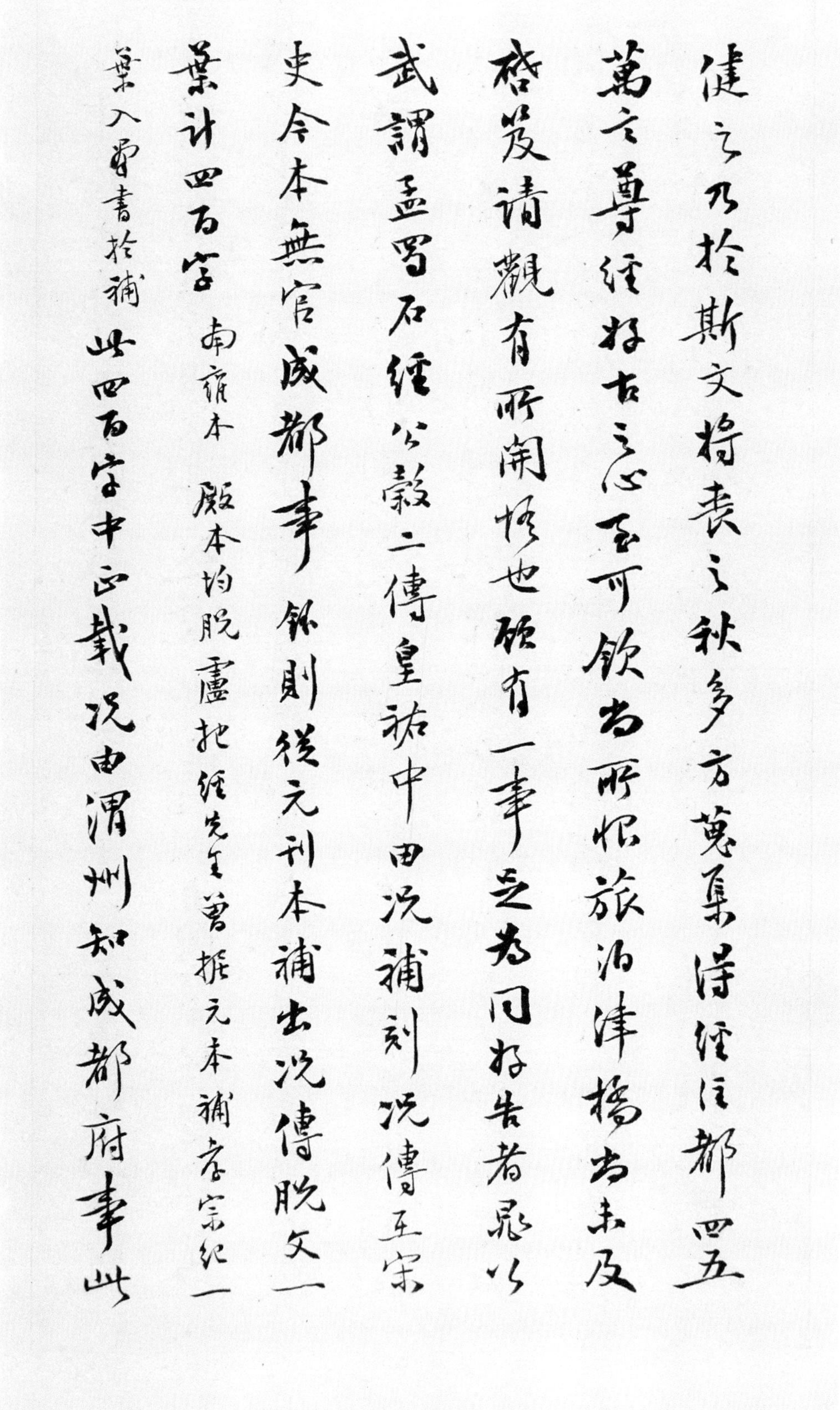
健之乃於斯文將表之秋多方蒐集得經注郡四五
萬之尊經好古之心至可欽也所惜旅泊津橋也未及
啓發請觀有所聞悵也頗有一事足為同好告者愚以
武謂孟蜀石經公穀二傳皇祐中田況補刻況傳至宋
史今本無官成都事 錄則從元刊本補出況傳脫文一
葉計四百字 南雍本 殿本均脫盧抱經先生曾據元本補孝宗紀一
葉入羣書拾補 此四百字中正載況由渭州知成都府事此

圖一九二·三. 廣政石經跋

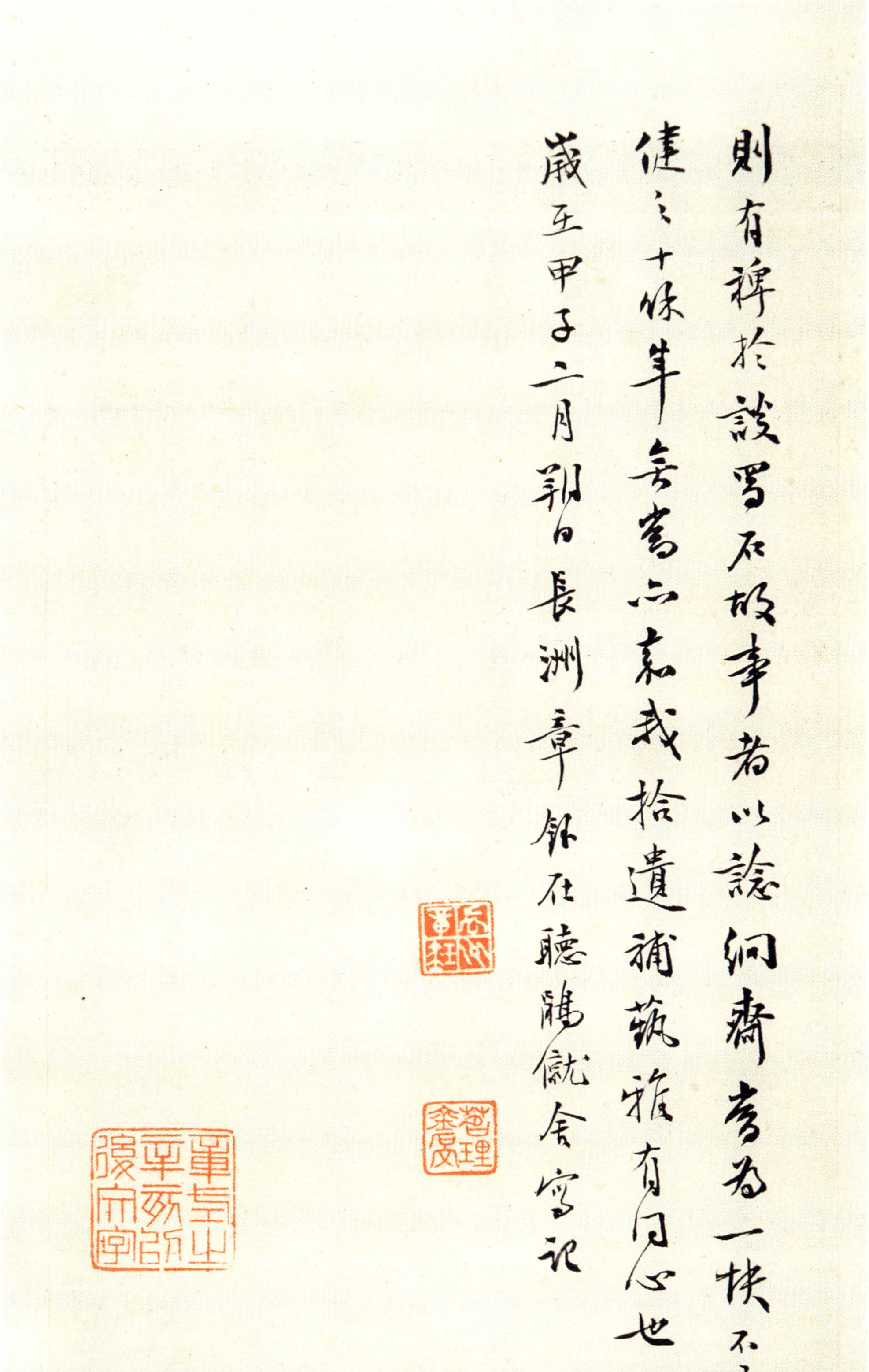

則有裨於談羅石故事者以諗絅齋當為一快不見
健之十餘年無當心嘉哉拾遺補藝雅有同心也
歲在甲子二月朔日長洲章鈺在聽鸝館舍寫記

圖一九二·四. 廣政石經跋

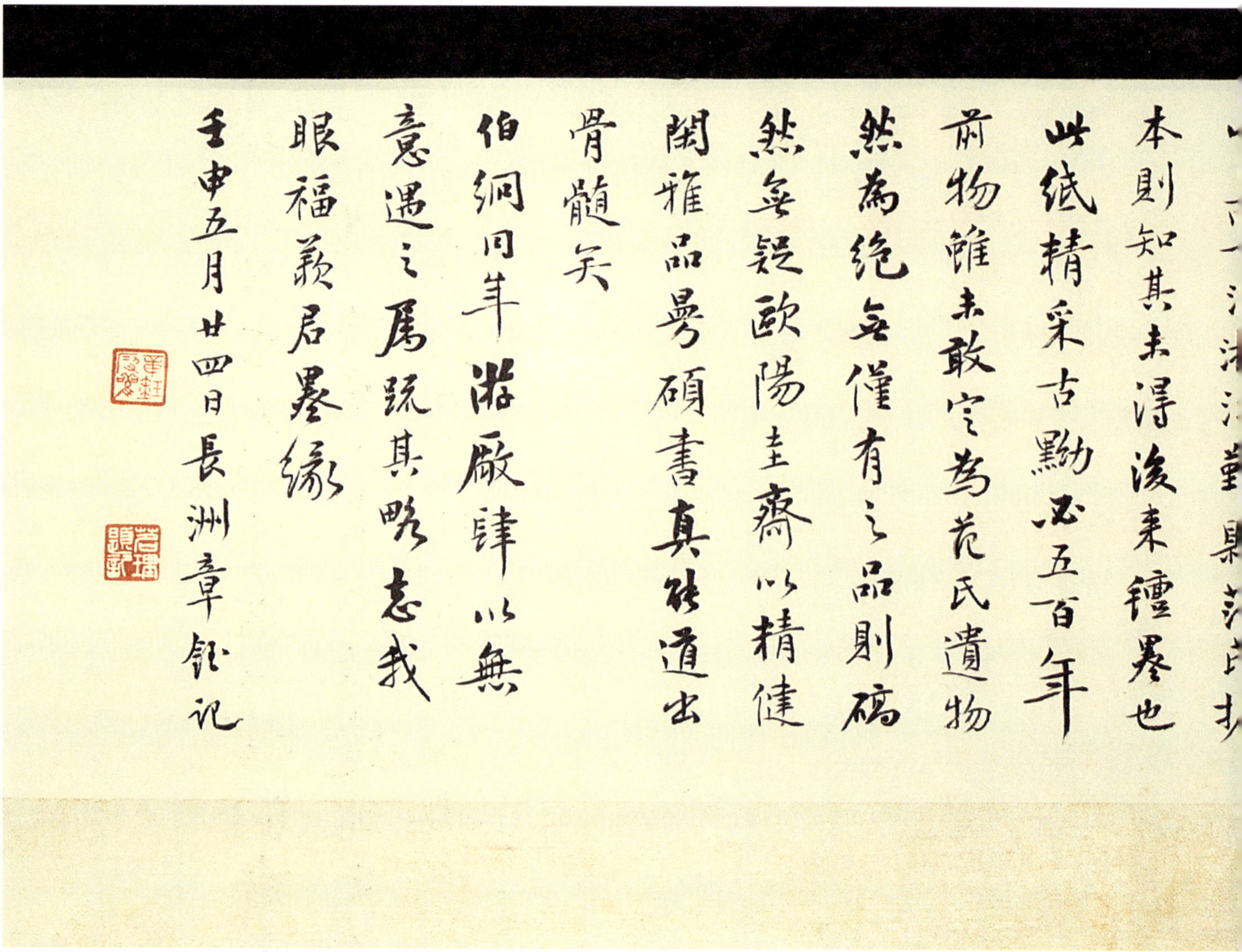

本則知其未得後來鍾墨也
此紙精采古黝必五百年
前物雖未敢定為范氏遺物
然為絕無僅有之品則確
然無疑歐陽圭齋以精健
閑雅品粵碩書真能道出
骨髓矣
伯絅同年游厰肆以無
意遇之屬跋其略志我
眼福蘇居墨緣
壬申五月廿四日長洲章鈺記

圖一九三．天一池記跋

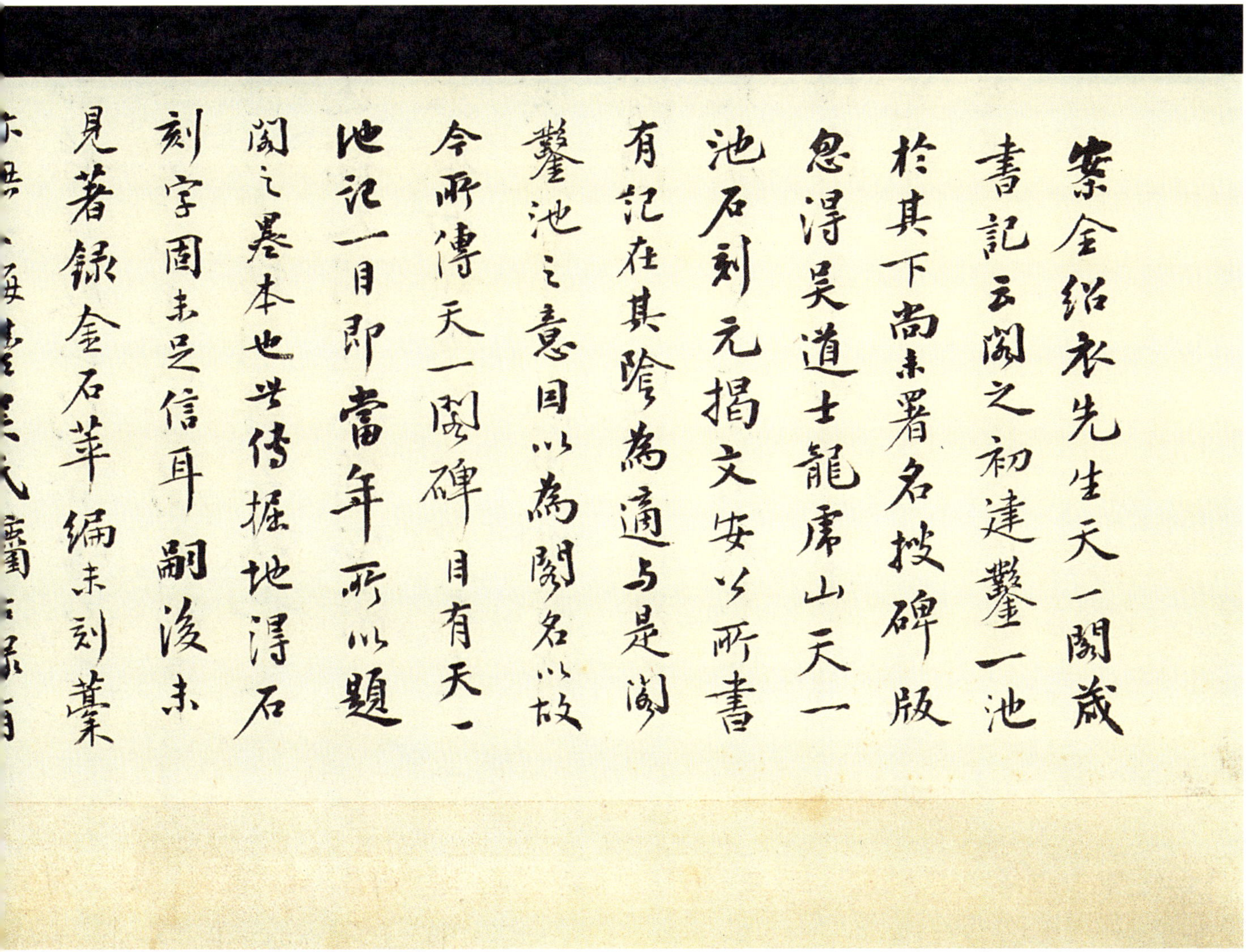
案全紹衣先生天一閣歲
書記云閣之初建鑿一池
於其下尚未署名搜碑版
忽得吳道士龍虎山天一
池石刻元揭文安以所書
有記在其陰為適与是閣
鑿池之意同以為閣名以故
今所傳天一閣碑目有天一
池記一目即當年所以題
閣之墨本也世傳掘地得石
刻字固未足信耳嗣後未
見著錄金石萃編未刻藁

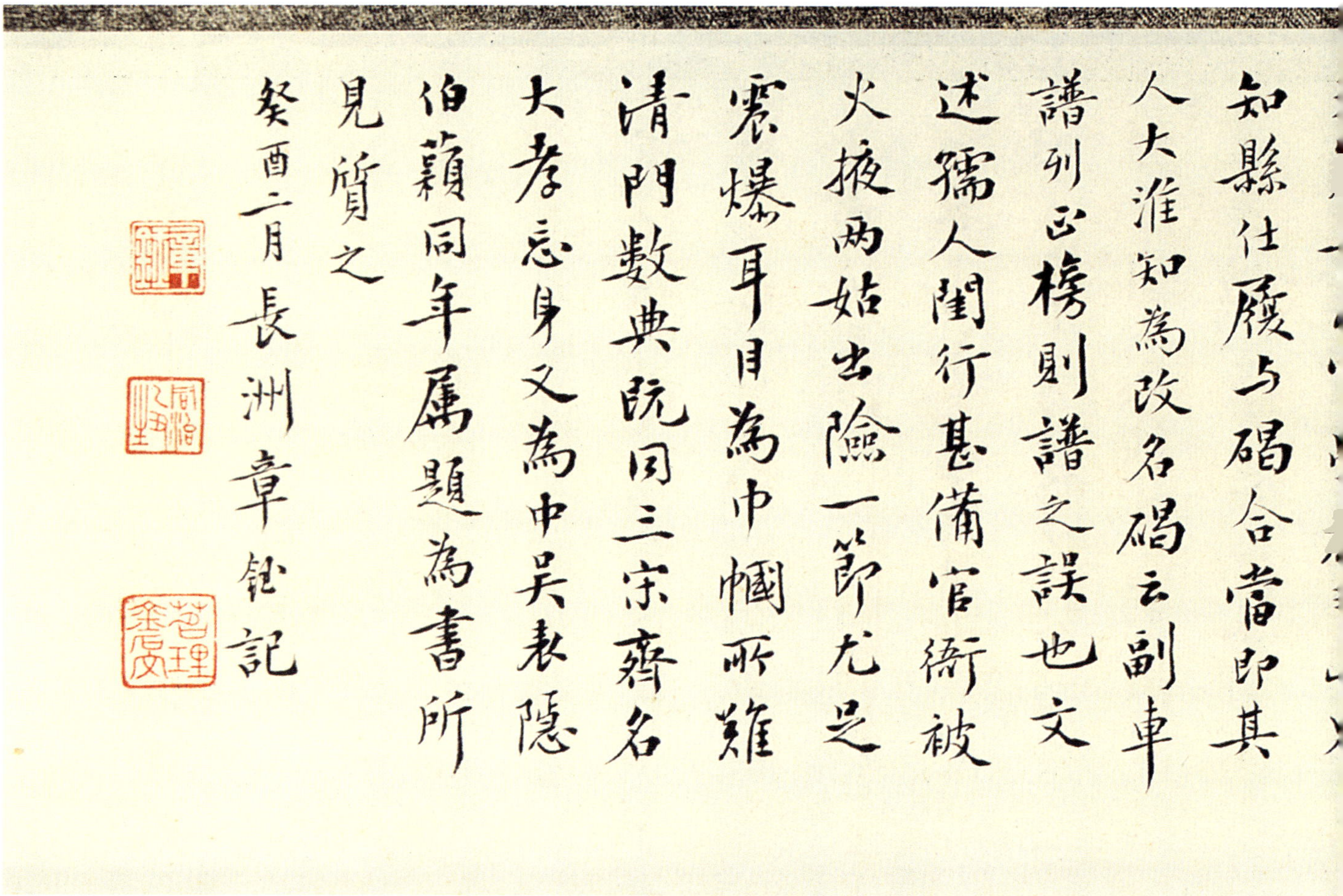

知縣仕履与碣合當即其
人大淮知為改名碣云副車
譜列正榜則譜之誤也文
述孺人閨行甚備官銜被
火掖兩姑出險一節尤足
震爆耳目為巾幗所難
清門數典既同三宗齋名
大孝忘身又為中吳表隱
伯蘋同年屬題為書所
見質之
癸酉二月長洲章鈺記

圖一九四. 王大淮妻程氏墓表跋

案撰文吴宜人張緗英
字孟緹爲翰風先生之長
女有澹鞠軒詞選有國
朝列女詩錄纂類者其
妹紈英若綺有餐楓軒集
書者亦其妹綸英婉紃取
法北碑尤負重名此碣合
同懷姊妹表彰一人畢畧
中罕有比例王程二姓並吾
吴人自愧生晚故家舊聞
未嘗耳及王大令係正途
入官同治府志表中未載
三邑科第譜嘉慶庚午
[illegible]